O
CICLO
DE VIDA
CORPORATIVO

O CICLO DE VIDA CORPORATIVO

NOS NEGÓCIOS, NOS INVESTIMENTOS E NA GESTÃO

Aswath Damodaran

Tradução de
Antenor Savoldi Jr.

Copyright © 2024, Aswath Damodaran
Todos os direitos reservados, incluindo o direito de reprodução total ou parcial, em qualquer formato.

Este livro foi publicado mediante acordo com Portfolio, um selo do Penguin Publishing Group, divisão da Penguin Random House LLC.

TÍTULO ORIGINAL
The Corporate Life Cycle

PREPARAÇÃO
Juliana Oliveira

REVISÃO
Rayssa Galvão
Rodrigo Rosa

REVISÃO TÉCNICA
Guido Luz Percú

DIAGRAMAÇÃO
Inês Coimbra

DESIGN DE CAPA
Irene Ng

CIP-BRASIL. CATALOGAÇÃO NA PUBLICAÇÃO
SINDICATO NACIONAL DOS EDITORES DE LIVROS, RJ

D171c

    Damodaran, Aswath, 1957-
    O ciclo de vida corporativo : nos negócios, nos investimentos e na gestão / Aswath Damodaran ; [tradução Antenor Savoldi Jr.] - 1. ed. - Rio de Janeiro : Intrínseca, 2025.
    624 p. ; 23 cm.

    Tradução de: The corporate life cycle : business, investment, and management implications
    Inclui índice
    ISBN 978-85-510-1401-1

    1. Administração financeira. 2. Empreendedorismo. 3. Desenvolvimento organizacional. 4. Sucesso nos negócios. I. Savoldi Jr., Antenor. II. Título.

24-95605   CDD: 658.15
                        CDU: 658.15

Mari Gleice Rodrigues de Souza - Bibliotecária - CRB-7/6439

[2025]
Todos os direitos desta edição reservados à
EDITORA INTRÍNSECA LTDA.
Av. das Américas, 500, bloco 12, sala 303
Barra da Tijuca, Rio de Janeiro - RJ
Rio de Janeiro — RJ
CEP 22640-904
Tel./Fax: (21) 3206-7400
www.intrinseca.com.br

*Para Michele, Rebecca e Kendra, professoras incríveis que,
na sala de aula, deram muito mais duro do que eu, e para Noah e Lily,
duas das minhas pessoas favoritas no mundo!*

SUMÁRIO

Prefácio		9
CAPÍTULO 1 •	A busca por uma teoria unificadora	15

I

O ciclo de vida corporativo: Estabelecendo as bases

CAPÍTULO 2 •	Os princípios básicos do ciclo de vida corporativo	33
CAPÍTULO 3 •	O ciclo de vida corporativo: Medidas e determinantes	59
CAPÍTULO 4 •	O ciclo de vida corporativo: Transições	85

II

Finanças corporativas ao longo do ciclo de vida

CAPÍTULO 5 •	Introdução às finanças corporativas: Uma visão geral do ciclo de vida	115
CAPÍTULO 6 •	Investimento ao longo do ciclo de vida	137
CAPÍTULO 7 •	Financiamento ao longo do ciclo de vida	161
CAPÍTULO 8 •	Política de dividendos ao longo do ciclo de vida	187

Valuation e precificação ao longo do ciclo de vida corporativo

CAPÍTULO 9 •	Introdução a valuation e precificação: Um panorama do ciclo de vida	213
CAPÍTULO 10 •	Valuation e precificação: Startups e empresas em estágio inicial de crescimento (young-growth)	233
CAPÍTULO 11 •	Valuation e precificação: Empresas de alto crescimento (high-growth)	263
CAPÍTULO 12 •	Valuation e precificação: Empresas maduras	301
CAPÍTULO 13 •	Valuation e precificação: Empresas em declínio	333

IV
Filosofias e estratégias de investimento ao longo do ciclo de vida

CAPÍTULO 14 •	Introdução às filosofias de investimento: Uma visão geral do ciclo de vida	369
CAPÍTULO 15 •	Investimentos na juventude	397
CAPÍTULO 16 •	Investimentos na meia-idade	429
CAPÍTULO 17 •	Investimentos no declínio e em dificuldades	461

V
Gestão ao longo do ciclo de vida

CAPÍTULO 18 •	Introdução à gestão: Uma visão geral do ciclo de vida	497
CAPÍTULO 19 •	A luta contra a idade: Vantagens e desvantagens	531
CAPÍTULO 20 •	Envelhecer com elegância: Em busca da serenidade	555

Agradecimentos	583
Notas	585
Índice Remissivo	595

PREFÁCIO

EM TODA DISCIPLINA, OS PROFISSIONAIS buscam por uma estrutura que os ajude a explicar os "por quê", "por que não" e "e se" de seu campo. No mundo das finanças corporativas e na área de valuation, houve muitas tentativas de elaborar teorias universais desse tipo e, na minha opinião, a estrutura mais promissora é a ideia do ciclo de vida corporativo. Sua premissa é a de que as empresas passam pelo processo de nascimento, crescimento e maturidade, até que, em determinado momento, chegam ao fim. Tenho retomado bastante esse assunto na tentativa de compreender o bom e o mau desempenho das empresas, as diferenças entre as perspectivas de investimento e o fascínio pela "próxima grande novidade".

O ciclo de vida corporativo

A jornada tem início na compreensão do processo de maturidade das empresas e suas transições, o que tento estabelecer na ilustração a seguir:

10 | Prefácio

PREFÁCIO 1.1 | O ciclo de vida corporativo

Exemplos em 2022	1. AI 2. Rivian	1. Palantir 2. Airbnb	1. Tesla 2. NVIDIA	1. Google 2. Facebook	1. Coca-Cola 2. Walmart	1. Exxon 2. GE

Rótulos do gráfico (da esquerda para a direita): O momento do eureca (da ideia) · O teste de produto · O Bar Mitzvah · O teste de escala · A crise da meia-idade · O fim do jogo — Receitas / Ganhos

Estágio do ciclo de vida	Startup	Estágio inicial (young--growth)	Alto crescimento (high-growth)	Maturidade e crescimento	Maturidade e estabilidade	Declínio
Descrição	Pensar em um negócio que atenda a uma necessidade não suprida no mercado	Criar um modelo de negócio que converta ideias em receita	Construir o negócio buscando alcançar cada vez mais benefícios (rumo à lucratividade)	Fazer o negócio progredir com crescimento da receita e margens maiores	Defender-se da concorrência e buscar novos mercados	Reduzir o negócio para acompanhar a redução de mercado

Uma startup é como um bebê sob alto risco de mortalidade. Apesar dos cuidados e da atenção, sair do papel já é uma exceção para um novo negócio. No estágio inicial de crescimento, o objetivo é encontrar um modelo de negócios que funcione mesmo com todos os desafios logísticos envolvidos. Se for bem-sucedido, começa a fase de alto crescimento, na qual as receitas aceleram (embora os lucros em geral demandem mais tempo), o que vai exigir aportes de capital para a continuidade do crescimento. As empresas mais bem-sucedidas poderão então desenvolver modelos de negócios efetivos e ver os lucros começarem a acompanhar as receitas — assim, além de conseguirem se autofinanciar, também poderão dar início aos pagamentos de fluxo de caixa para os proprietários e outros investidores de capital. Embora as melhores entre essas empresas maduras consigam estender a fase de glória, a meia-idade chega a todos os empreendimentos, trazendo um crescimento mais lento, ainda que os lucros e fluxos de caixa se mantenham sólidos.

A fase da meia-idade é muito menos emocionante que a fase jovem, e as coisas só pioram. Com a maturidade e a percepção de que seu mercado está encolhendo, e os lucros, desaparecendo, as empresas chegam ao fim. O ciclo de vida corporativo se assemelha ao arco da vida humana, e, assim como os humanos se valem de cirurgias plásticas e personal trainers na tentativa de se afastar dos efeitos da idade, as empresas fazem o mesmo, utilizando consultores e bancos que oferecem alternativas caras e infrutíferas para retomar o viço da juventude.

Uma jornada pelo livro

Na primeira parte deste livro, descrevo o ciclo de vida corporativo, incluindo os marcadores que indicam em que fase do ciclo a empresa se encontra e as forças que determinam como o formato e o tempo dos ciclos de vida variam nos diferentes tipos de negócios. Também saliento os pontos de transição em que as empresas passam de um estágio a outro do ciclo e os desafios que enfrentam ao realizarem essas transições.

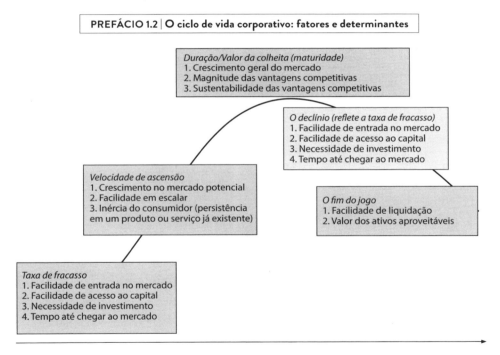

PREFÁCIO 1.2 | O ciclo de vida corporativo: fatores e determinantes

Na segunda parte, utilizo o ciclo de vida corporativo para explicar como e por que o foco de um negócio deve mudar à medida que a empresa avança pelas fases do ciclo. De preferência, empresas jovens precisam se concentrar quase por completo em encontrar bons investimentos; as empresas maduras, em mudar o mix e o tipo de financiamento; e as empresas em declínio, em aumentar a eficiência na produção de caixa. A partir do enquadramento a seguir, argumento que os atos mais destrutivos nos negócios ocorrem quando as empresas se recusam a agir de acordo com a fase em que se encontram, o que muitas vezes as faz despender grandes quantias.

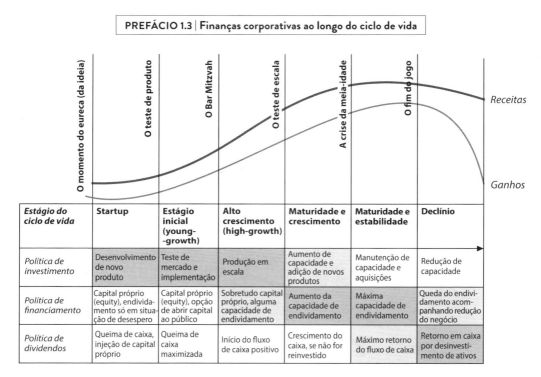

PREFÁCIO 1.3 | Finanças corporativas ao longo do ciclo de vida

Na terceira parte, utilizo o ciclo de vida corporativo para apresentar os desafios de avaliar os negócios à medida que mudam de fase. Para as empresas em estágio inicial, os maiores obstáculos são a ausência de informações sobre o desempenho de seus modelos de negócios e as incertezas sobre a evolução desses modelos. Para as empresas maduras, os principais desafios são a dependência excessiva de informações preexistentes e a suposição de que os acertos do passado permanecerão efetivos no futuro. Nas empresas em declínio, a maior luta para seu valuation é não considerar a possibilidade de que, com o tempo, as empresas possam diminuir e até deixar de existir. Em resposta, os analistas costumam inventar atalhos, recorrer à precificação de empresas e se valer de métricas de precificação, cuja escala muda conforme a idade da empresa: de usuários e assinantes (empresas jovens) para ganhos (empresas maduras) até valor contábil (empresas em declínio).

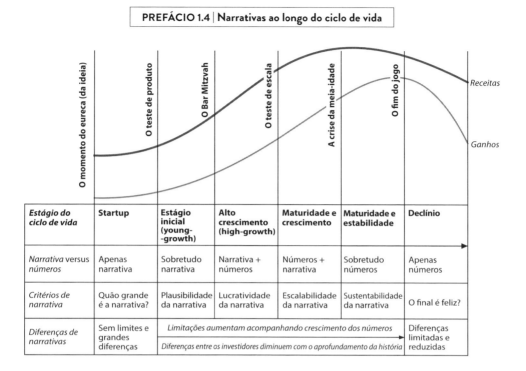

Na quarta parte, o ciclo de vida corporativo entra em jogo para explicar as diferenças entre as filosofias de investimento e, em particular, entre investimento em valor (value investing) e em crescimento (growth investing). Enquanto o primeiro — pelo menos na prática da atualidade, com ênfase nos lucros e no valor contábil — leva seus adeptos às empresas maduras, o segundo se concentra em empresas que estão em fases anteriores do ciclo. Na verdade, o ciclo de vida provê alertas para os riscos que cada grupo pode enfrentar de acordo com suas respectivas filosofias. Quem investe em crescimento corre o risco de pagar caro por empresas supostamente jovens pouco antes de elas fazerem a transição para a meia-idade; já os investidores em valor correm o risco de injetar dinheiro em empresas maduras prestes a entrar em declínio.

Na quinta parte, trago aos gestores ideias e aplicações que podem surgir a partir da análise do ciclo de vida corporativo. Meu primeiro foco é explorar o que forma um bom gestor, e então defendo a narrativa de que uma gestão de "tamanho único" não funciona para todos os casos, visto que os conjuntos de competências essenciais na gestão de uma empresa em crescimento inicial são diferentes daqueles necessários em uma empresa madura.

Analiso também os sonhos de renascimento e reencarnação que dão ânimo a gerentes de empresas maduras e quais lições podem ser aprendidas com as poucas empresas que tiveram sucesso nessa empreitada e com as muitas que fracassaram. Por fim, examino como a mudança de manufatura para tecnologia alterou e reduziu os ciclos de vida corporativos na economia global e por que muito do que aceitamos como boas práticas no mundo dos negócios não acompanhou essas mudanças.

A busca por uma teoria unificadora

O SONHO DE MUITOS pesquisadores e profissionais, qualquer que seja seu campo de estudo, é criar um construto que explique todo o comportamento observado e um modelo de previsão de comportamento. Nas ciências físicas, essa pesquisa é amparada pela natureza, que dita sua ordem aos fenômenos observados e, assim, permite testes mais puros para qualquer teoria. Nas ciências sociais, a pesquisa tem sido menos focada, em parte porque o comportamento humano nem sempre segue padrões previsíveis.

É fácil entender por que procuramos teorias universais, já que oferecem a promessa de restaurar a ordem em meio ao caos, mas essa busca também tem riscos. Desses, o mais significativo é o excesso: teorias sensatas são levadas ao ponto de ruptura e além, na tentativa de que expliquem fenômenos que nunca foram destinadas a abranger. Quando uma teoria se torna a sabedoria predominante de determinada disciplina, a tentação de usá-la para explicar tudo se torna implacável.

O segundo grande risco é o viés, que toma forma à medida que os adeptos mais ferrenhos de uma teoria se tornam seletivos na avaliação de evidências: optam por considerar apenas o que querem a respeito do que foi apresentado nos dados, apoiam-se em evidências que confirmam sua teoria e negam as que a contradizem. Em algum momento, caso uma teoria tenha elos mais fracos ou se prove errada, o peso dos dados ou das evidências que a contradizem provocará sua modificação ou seu descarte — mas não antes que surjam danos provenientes de sua adoção por apoiadores obstinados.

A busca na área das finanças e dos investimentos

A economia é uma ciência social diferente das outras devido à abundância de dados econômicos e de fácil acesso, sobretudo os de mercado. Pesquisadores e muitos profissionais têm tentado, ao longo do tempo, elaborar teorias ou modelos econômicos que expliquem tudo: desde o modo como as empresas investem até as decisões sobre financiamento e dividendos e como os investidores avaliam as empresas. Nesta seção, vou expor algumas das tentativas dos últimos setenta anos de elaboração de uma teoria abrangente das finanças — e explicarei por que todas falharam.

Teorias econômicas

As finanças são um desdobramento da economia, então é compreensível que muitas de suas primeiras teorias tenham vindo dessa área e que o trabalho dos economistas a respeito da aversão ao risco e das funções de utilidade impulsionem a busca por teorias financeiras sobre precificação de mercado e retorno ao investidor. É possível argumentar que as finanças modernas tiveram início quando Harry Markowitz, com a ajuda do campo da estatística, apresentou seu trabalho sobre a moderna Teoria da Carteira.[1] De fato, Markowitz baseou-se na lei dos grandes números para argumentar que, para qualquer nível de risco, investir em múltiplos ativos de risco que não se movem em conjunto geram retornos melhores do que investir em um ativo individual. A fronteira eficiente de Markowitz proporcionou uma maneira elegante de concentrar o processo de investimento na procura por retornos mais elevados utilizando o risco como limitador.

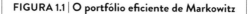

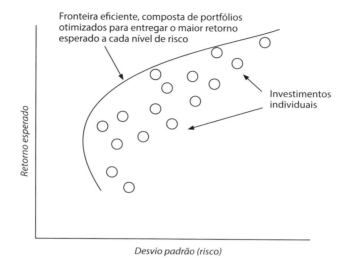

O poder da teoria de Markowitz foi muito além das carteiras otimizadas que poderia gerar e subverteu a própria noção de risco nos mercados, suplantando a antiga ideia de que os investidores deveriam avaliar o risco de um investimento individualmente, seguindo a visão de que o risco do investimento individual vem do impacto que ele incorpora a uma carteira de investimentos.

Ao introduzir um ativo livre de risco no universo de Markowitz, John Lintner e William F. Sharpe alteraram e simplificaram a fronteira eficiente. Eles mostraram que, para todos os investidores, não importa seu nível de aversão ao risco, a combinação de um ativo livre de risco com uma carteira extremamente diversificada (rotulada "carteira de mercado" porque inclui todos os ativos negociados no mercado), mantida em proporção ao valor de mercado de cada ativo, geraria uma relação risco/retorno melhor do que qualquer carteira composta apenas por investimentos de risco.

A Figura 1.2 ilustra tal efeito.

FIGURA 1.2 | Modelo de precificação de ativos de capital

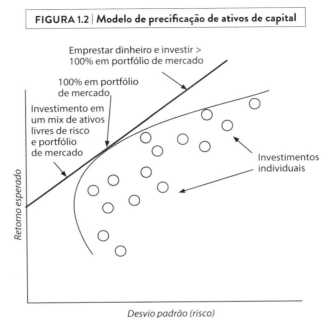

O modelo de precificação de ativos de capital de Lintner e Sharpe ("o CAPM", sigla em inglês para "modelo de precificação de ativos de capital", como é conhecido no mundo das finanças) também teve um alcance que excedeu em muito a aplicação principal, uma vez que permitiu o uso de uma equação linear tanto para explicar retornos passados quanto para prever retornos em ativos de risco:

$$E(\text{Retorno do Investimento}_j) = \text{Taxa Livre de Risco} + \text{Beta}_j$$
$$(\text{Retorno Esperado da Carteira de Mercado} - \text{Taxa Livre de Risco})$$

A equação abrange tanto empresas que a utilizam para determinar suas "hurdle rates", as taxas mínimas de atratividade (para aceitar ou rejeitar investimentos), quanto investidores que se valem disso para estimar os retornos esperados de ações e carteiras individuais, o que fez dela um dos modelos econômicos mais utilizados e estudados na história. Porém, a partir desses estudos revelou-se uma verdade dolorosa: o modelo carecia de poder preditivo para grandes segmentos do mercado.

O benefício da base teórica que caracteriza os modelos baseados em teoria — que parte dos primeiros princípios da economia para então se desenvolver nos modelos — é que o processo de desenvolvimento impede o ajuste de dados observados a conceitos possivelmente já estabelecidos sobre o funcionamento do mundo. A desvantagem desses modelos é que, para que sejam úteis, são necessárias suposições simplificadas acerca do comportamento humano (desde como os indivíduos interpretam a utilidade até o que compreende a racionalidade) e, na medida em que as suposições são errôneas, os modelos podem ser elegantes na teoria, mas têm pouca capacidade de explicar o mundo real.

Teorias e modelos baseados em dados

Enquanto a teoria da carteira de Markowitz e o modelo de precificação de ativos de capital (CAPM) eram apresentados como capazes de oferecer respostas a todas as questões relacionadas à área de finanças, um grupo de pesquisadores da Universidade de Chicago apresentava uma abordagem diferente, baseada na crença de que os mercados eram eficientes e que, portanto, os preços de mercado eram os sinalizadores definitivos da verdade. No mundo do mercado eficiente, a resposta do mercado determina se uma decisão empresarial foi boa ou ruim; as boas decisões provocam reações positivas, e as ruins, negativas. A perspectiva do mercado eficiente a respeito do investimento ativo, no qual investidores tentam acertar o timing de mercado para escolher as melhores ações, era que essa abordagem não funcionava, uma vez que os preços de mercado já refletiam toda a informação disponível.[2]

Diante de uma abundância de dados (tanto no âmbito de mercado quanto no da empresa) de fácil acesso ao longo de décadas, é possível argumentar que a área de finanças descobriu o big data muito antes de o restante do mundo ter aderido ao seu fascínio. Na verdade, o primeiro desafio real ao modelo de precificação de ativos de capital foi o modelo de precificação por arbitragem, no qual os pesquisadores utilizam dados observados sobre preços de ativos e retornos esperados e os relacionam a fatores estatísticos (e não identificados).[3] Com efeito, no modelo de precificação de arbitragem, o pressuposto é que, se os ativos de risco forem precificados no mercado para evitar lucros sem risco (arbitragem), é possível retirar os fatores de risco da precificação. Essas tentativas de fixação de preços baseadas em dados, que começaram no fim da década de 1970, ganharam força nos anos seguintes, à medida que o acesso a dados macro e microeconômicos foi expandido e aprofundado, o que resultou nos chamados "modelos de precificação de fatores".

Em 1992, Eugene Fama e Kenneth French analisaram os retornos de todas as ações dos Estados Unidos entre 1962 e 1990 e notaram que parte significativa da variação nos retornos anuais entre as ações ao longo desse período poderia ser explicada por duas características: sua capitalização de mercado e seu índice *book-to-market*, indicando a razão entre valor contábil e valor de mercado.[4] Em específico, os dois descobriram que ações de pequena capitalização de mercado e alto valor contábil (baixo preço/valor contábil) obtiveram retornos anuais mais elevados do que ações de grande capitalização de mercado e baixo valor contábil (alto preço/valor contábil). Além disso, também atribuíram os retornos mais elevados aos riscos em ações com pequena capitalização de mercado e baixo preço/valor contábil.

Nos anos seguintes, com o acesso a mais e melhores dados, os pesquisadores ampliaram a lista de características que explicam as diferenças entre os retornos do mercado, no que pode ser categorizado de modo genérico como modelos de precificação de fatores. Em 2019, mais de quatrocentos fatores já haviam sido identificados como capazes de explicar a movimentação de preços e as diferenças nos retornos nas principais publicações do ramo das finanças, levando alguns pesquisadores a falar de um "zoológico de fatores" e argumentar que a maioria desses fatores "explicativos" do mercado são mais atribuíveis à mineração de dados do que ao comportamento do mercado em si.[5]

Enquanto acadêmicos eram atraídos por modelos de precificação baseados em dados devido à sua capacidade de explicar o comportamento dos investidores e do mercado, os profissionais se interessaram por esses modelos por uma razão muito mais prosaica: sua capacidade de revelar erros de precificação do mercado, oferecendo, então, potencial de lucros para aqueles que conseguem encontrar esses erros e tirar proveito de sua correção. Jim Simons foi um dos primeiros a adotar essa abordagem, e suas habilidades matemáticas e estatísticas permitiram retornos superiores ao mercado durante décadas.[6]

Nos anos mais recentes, o investimento quantitativo atraiu mais participantes para esse jogo, e, com a adição de uma computação poderosa ao mix, foram reduzidos os retornos decorrentes da utilização de dados para descobrir possibilidades de investimento. Para simplificar, o uso de computadores potentes para encontrar oportunidades de ganhar dinheiro, como faziam os traders de alta frequência no início da década anterior, trouxe consigo uma contagem regressiva para a obtenção de lucros, à medida que novos investidores entravam no mercado com o próprio poder computacional.

Os modelos de preços baseados em dados têm uma vantagem sobre os modelos teóricos: sua capacidade de explicar o comportamento observado. No entanto, pode-se argumentar que essa é uma comparação injusta, considerando que um modelo baseado em dados preserva a capacidade de adicionar mais ou diferentes variáveis a fim de melhorar seu poder explicativo, sem restrições teóricas nem qualquer necessidade de fornecer uma justificativa econômica para a presença de um fator.

Falando como alguém que trabalhou com o uso de dados e que acredita nisso, entendo como é fácil manipulá-los para produzir os resultados que se quer ver, ainda mais em casos de um histórico sólido. Em termos simples, o acesso aos dados se provou uma bênção para finanças e investimentos, capaz de produzir bons resultados com a combinação de algumas análises de dados e uma grande dose de sofismas que apenas alegam ser orientados pelos dados.

Modelos comportamentais

As falhas e limitações dos modelos baseados em teoria, que deram origem aos orientados por dados descritos na última seção, também deram início a um movimento muito diferente, enraizado na psicologia, que agora se tornou rico e profundo o suficiente para ser chamado de "finança comportamental", uma fusão de psicologia com finanças. Na década de 1970, Daniel Kahneman e Amos Tversky iniciaram essa tendência com a incorporação de padrões bem-estabelecidos do comportamento humano ao estudo dos mercados para obterem explicações para fenômenos e comportamentos que antes eram considerados inexplicáveis ou tratados como anomalias.[7] Partindo de suas ideias provenientes do ramo da psicologia, os dois propuseram uma nova teoria para explicar a tomada de decisões nas áreas de negócios e investimentos, a "teoria da perspectiva", cujo pressuposto é que as pessoas subestimam resultados prováveis e superestimam resultados certos, o que as leva à aversão ao risco em decisões que envolvem ganhos seguros e exposição ao risco em escolhas que envolvem perdas garantidas.

Nas décadas seguintes, as finanças comportamentais chegaram ao cerne do pensamento financeiro, ao passo que Richard Thaler, Robert Shiller e outros indivíduos estenderam seu alcance para explicar a tomada de decisões de negócios e investidores. Thaler adotou a ideia da "racionalidade limitada" e estendeu o trabalho de Kahneman e Tversky à precificação dos ativos; também desenvolveu a teoria da "contabilidade mental", na qual as pessoas categorizam o dinheiro em agrupamentos com base na fonte e no uso pretendido, depois utilizam diferentes critérios de tomada de decisão referentes a como gastar em cada um desses grupos. Com seu trabalho inicial, Shiller mostrou que a volatilidade do preço das ações ao longo do tempo não pode ser explicada apenas por fundamentos e formou a base para sua crença de que existem bolhas de mercado que podem ser explicadas por "espíritos animais".[8]

Comparadas a outras teorias, as finanças, com sua combinação de psicologia e finanças, são muito mais divertidas e acessíveis a muitos investidores que estão adentrando os mercados financeiros. Por começar com um reconhecimento básico de como os humanos se comportam bem ou mal, estão fundamentadas na realidade. No entanto, durante grande parte de sua existência (ainda que com exceções), as finanças comportamentais tiveram dois problemas: o primeiro é que gastam mais recursos tentando explicar o comportamento passado de investidores e negócios do que oferecendo soluções prescritivas para qualquer um dos grupos; o segundo é que, como nas abordagens orientadas por dados, nas quais a mineração de dados levou à proliferação de conjecturas de fatores que explicam o mercado, o número de peculiaridades comportamentais "identificado" na tomada de decisões e em investimentos foi expandido até um ponto em que quase todas as ações têm uma explicação comportamental, sem importar quão estranhas sejam.

Resumo

Em suma, nenhuma das três abordagens amplas (teórica, por dados ou comportamental) que até aqui foram usadas no ramo de finanças fornece um caminho abrangente para explicar o comportamento do mercado, mas cada uma é promissora em relação a algum aspecto dele. Uma solução é utilizar uma combinação dessas abordagens em que você começa com a teoria, se mantendo aberto em relação aos seus limites, depois realiza testes e retestes com os dados e, por fim, sobrepõe essa pesquisa com as peculiaridades comportamentais que aprendemos que são exibidas por investidores para explicar desvios nos resultados. Dito isto, a busca por uma teoria unificadora não será interrompida, conforme novas gerações de pesquisadores adentram a disciplina, munidos de mais dados e ferramentas mais poderosas do que as gerações anteriores.

O ciclo de vida corporativo

Não sou muito versado em teoria nem tenho muita experiência com ciência de dados e psicologia para criar uma teoria universal própria capaz de explicar tudo o que acontece nos negócios e nos mercados. Em vez disso, pegarei emprestado a noção de um ciclo de vida corporativo — ideia que foi pesquisada e utilizada extensivamente, embora mais nas áreas de gestão e estratégia do que na de finanças — para argumentar que, embora não seja inédita nem seja a resposta para todas as perguntas desse ramos das finanças, é uma noção com um poder explicativo de abrangência surpreendente.

O ciclo de vida

O ciclo de vida corporativo é um conceito que há décadas é citado e estudado nos círculos de gestão e estratégia. Ichak Adizes, especialista em gestão, desenvolveu um modelo de dez fases, apresentado na Figura 1.3, para descrever esse ciclo e o utilizou como base para a fundação de um instituto voltado a promover suas ideias e também para um livro sobre o conceito.[9]

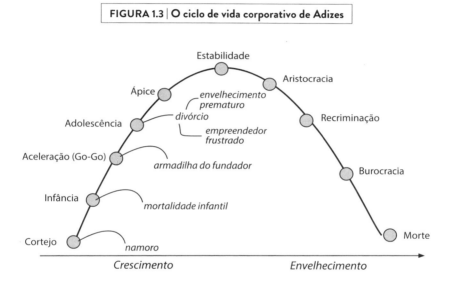

FIGURA 1.3 | O ciclo de vida corporativo de Adizes

O foco do ciclo de vida corporativo de Adizes recai mais sobre a gerência e as escolhas estratégicas que as empresas devem fazer em cada estágio. As questões financeiras eram enfrentadas sob o ponto de vista de que o envelhecimento não seria fácil de reverter, mas que um bom gerenciamento tornaria isso possível. Mesmo no campo da pesquisa gerencial, parece não haver consenso sobre o número de estágios no ciclo de vida corporativo e o processo de envelhecimento. Em um artigo de 1984, Danny Miller e Peter H. Friesen apresentaram uma versão do ciclo de vida corporativo que apreendia cinco estágios comuns: nascimento, crescimento, maturidade, renovação e declínio. Essa avaliação é baseada em um pequeno grupo de 36 empresas, estudadas por eles durante 161 intervalos de tempo. Os dois concluíram que o caminho e o momento do ciclo de vida variam bastante entre as empresas.[10]

No ramo de finanças, o ciclo de vida corporativo tem sido aplicado com menos frequência. Em geral é usado para explicar aspectos da tomada de decisão da empresa ou do investidor. Os pesquisadores de contabilidade, por exemplo, já o utilizaram para desvendar como os índices contábeis medem a alavancagem e a rentabilidade ao longo do tempo. Eles usaram as evidências para fornecer métricas que determinam o estágio do ciclo em que as empresas se encontram. Os pesquisadores de governança corporativa encontraram indicações de que os desafios da governança corporativa são maiores para as empresas jovens e que as práticas nesse campo melhoram à medida que amadurecem.

No campo de valuation, usei o conceito de ciclo de vida corporativo para analisar por que os desafios da avaliação são distintos para empresas em diferentes estágios e como adaptar os modelos de valuation para enfrentá-los.[11] No ramo de finanças, a pesquisa, além de ser escassa, tem maior enfoque em como as decisões financeiras corporativas relativas a investimento, financiamento e pagamento de dividendos variam ao longo do ciclo de vida.

Uma versão padronizada do ciclo de vida

Dado o trabalho preexistente sobre o tema em outras disciplinas, você pode se perguntar que novidade apresentarei neste livro. Partindo da pesquisa e da literatura existentes, pretendo aprofundar a discussão sobre decisões financeiras corporativas durante todo o ciclo de vida e, além disso, examinar de que forma os desafios em avaliar o valor de uma empresa podem mudar ao longo do ciclo e como diferentes filosofias de investimento (investimento em valor, investimento em crescimento, trade por informações) podem estar ligadas ao tópico.

A divisão em seis fases, representada na página 10, tem mais a intenção de fornecer uma estrutura comum do que de fazer afirmações a respeito do número de fases no ciclo. Podem existir cinco, oito ou dez estágios. Na verdade, atribuir um número maior ou menor de fases quase não fará diferença para as conclusões às quais chegarei nos próximos capítulos.

Embora o Capítulo 2 explique todas as fases do ciclo de vida corporativo, aqui está um breve resumo do foco de cada uma: na fase de startup, fundador ou fundadores têm a ideia de um produto que acreditam que atenderá a determinada necessidade do mercado e tentarão materializar essa ideia. Supondo que a tentativa seja bem-sucedida — e a de muitas startups não é —, a fase de crescimento inicial (young-growth) exige a criação de um modelo de negócios que converta o produto ou o serviço em negócio, que gere receitas e ofereça pelo menos um caminho para a obtenção de lucros. Para o subconjunto de empresas nascentes que conseguem criar modelos de negócios, a fase de ampliação ou de alto crescimento (high-growth) se dá no momento em que tentam se tornar maiores, dentro dos limites da ambição do fundador, das restrições de capital e do tamanho do mercado a que seu produto atende. Uma vez que a empresa escala, a manutenção das taxas de crescimento se torna mais difícil, mas as empresas em crescimento maduro ainda podem encontrar modos de crescer ao identificarem novos mercados para produtos existentes ou por meio da criação de novos. Em determinado estágio, porém, o crescimento desaparece à medida que as empresas entram na fase estável da maturidade, e o foco deve assumir uma posição defensiva à medida que os concorrentes e disruptores vêm ao ataque de seus produtos já estabelecidos, sobretudo se forem muito lucrativos. A fase final do ciclo de vida corporativo é o declínio, em que as receitas e margens das empresas são pressionadas a diminuírem, dado que seus mercados outrora lucrativos se reduzem.

No desenrolar da leitura desta seção, tenho certeza de que surgirão questionamentos ou dúvidas sobre essa estrutura. Por exemplo, como lidar com empresas que encontram (ou parecem encontrar) formas de reverter o envelhecimento e assim voltarem a ser empresas em crescimento, como foi o caso da Apple, em 2000, ou da Microsoft, em 2013? Por que certas empresas (GE, GM) levam décadas para percorrer o caminho até a maturidade enquanto outras (Facebook, Google) o fazem em alta velocidade? Como explicar as empresas familiares que duraram não apenas décadas, e sim séculos, gerando crescimento e lucros constantes? No Capítulo 3, analisarei os fatores que determinam a rapidez com que o ciclo de vida das empresas se desenrola, quanto tempo duram na fase de maturidade e com que rapidez entram em declínio.

Como cada fase em geral apresenta desafios bastante diferentes, e há transições nas quais as empresas precisam ser bem-sucedidas para lidar com essas diferenças, abordarei no Capítulo 4 as transições de uma fase à próxima e analisarei as transições tanto operacionais quanto financeiras. Neste último contexto, examinarei o financiamento via capital de risco, muitas vezes o caminho que as startups escolhem para se tornarem empresas em estágio inicial de crescimento; as ofertas públicas iniciais, uma opção de saída disponível para algumas das empresas de crescimento inicial mais bem-sucedidas; e as mudanças na estrutura e nas práticas de ambos, em especial nas últimas décadas. Analisarei também as aquisições (buyouts) — meios pelos quais algumas empresas de capital aberto, em geral mais tarde no ciclo de vida, são alvo de investidores de private equity para fecharem seu capital — e suas motivações.

Implicações

O ciclo de vida de uma empresa é fascinante por si só, mas torna-se ainda mais quando utilizado para explicar como as empresas se comportam nas diferentes fases (finanças corporativas), como os fatores e os desafios para sua avaliação variam ao longo do ciclo (valuation) e como diferentes filosofias de investimento podem reivindicar para si o crédito de maximizar os retornos para os investidores, apesar de suas abordagens divergentes.

NAS FINANÇAS CORPORATIVAS

As finanças corporativas estabelecem os princípios financeiros prioritários que regem a administração da empresa, e todas as decisões tomadas estão sob sua alçada. Divido essas decisões de negócios em três grupos: de investimento, que determinam os ativos ou projetos nos quais a empresa investirá; de financiamento, que abrangem como a empresa levantará fundos (a combinação entre endividamento e capital próprio e o tipo de financiamento utilizado) para financiar esses investimentos; e sobre dividendos, que determinam quanto dinheiro a empresa retornará aos proprietários e de que forma o fará. Caso você não esteja familiarizado com finanças corporativas, o Capítulo 5 fornece uma introdução aos primeiros princípios de investimento, financiamento e dividendos, bem como as principais ferramentas e processos que utilizo para colocá-los em prática.

No Capítulo 6, aponto as decisões de investimento com mais detalhes ao longo do ciclo de vida, examinando como os tipos e os desafios de investimento variam durante o processo de envelhecimento das empresas, e, acompanhando essas variações, como elas devem adaptar suas técnicas de investimento e regras de tomada de decisão. Já no Capítulo 7, começo com uma análise do balanceamento que determina o quanto uma empresa deve pegar emprestado para depois usar essa medida para optar por como o mix e o tipo de financiamento mudam (ou devem mudar) no momento em que as empresas passam do estágio de crescimento para a maturidade. No Capítulo 8, descrevo o processo que pode ser usado para determinar o montante que um negócio pode gerar de retorno e depois aplicá-lo para avaliar o montante (quando há) que uma empresa deve gerar de retorno, dado seu estágio no ciclo de vida. Em cada capítulo, também examino as consequências da adoção de políticas financeiras corporativas incompatíveis com a idade da empresa.

EM VALUATION

O valor de um negócio é sempre uma função dos fluxos de caixa que os investidores esperam receber e da incerteza de que esses fluxos de caixa de fato serão recebidos.

Porém, essa verdade universal pode apresentar funcionamentos muito diversos ao longo do ciclo de vida. Nas empresas em estágio inicial, cujos modelos de negócio ainda não estão formados e é fundamental reinvestir para garantir o crescimento, os fluxos de caixa esperados serão muitas vezes negativos, pelo menos no curto prazo, com incerteza substancial não apenas sobre o nível dos fluxos de caixa como também sobre a sobrevivência da empresa em si. Nos casos em que a empresa é mais madura, os fluxos de caixa talvez sejam positivos e mais previsíveis, mas preocupações com a disrupção e com a concorrência afetam seu valor. Já nas empresas em declínio, além de a diminuição das receitas e a redução das margens poderem causar o declínio dos fluxos de caixa esperados, em caso de uma dívida significativa, mesmo esses fluxos de caixa reduzidos trazem o risco de dificuldades e até de falência.

No Capítulo 9, forneço uma visão básica sobre valuation, explicando uma estrutura simples de avaliação para ilustrar como os fluxos de caixa e o crescimento e o risco se conectam ao valor de um negócio. Depois, prossigo contrastando esse processo com noções básicas de precificação, fazendo uma estimativa de quanto pagar por uma empresa com base no que os investidores estão aplicando em negócios semelhantes. Utilizo esses princípios de valuation e de precificação para examinar os desafios na avaliação e na precificação de startups e de empresas em estágio inicial no Capítulo 10, de empresas de alto crescimento no Capítulo 11, de empresas maduras no Capítulo 12 e de empresas em declínio no Capítulo 13. Nesses capítulos, analiso tipos muito diferentes de empresas, e será possível notar que, em vez de inventar novos modelos e métricas, faço uso dos já existentes, ajustando-os de acordo com os fatores prioritários da estimativa, bem como adapto o processo para refletir os desafios de cada estágio do ciclo de vida.

EM INVESTIMENTOS

Investimentos em ações são feitos com a pretensão de se obter retornos elevados, garantindo a melhor proteção possível contra os riscos de desvalorização. Essa é talvez a única coisa que os investidores têm em comum entre si, considerando que defendem visões muito diferentes sobre como os mercados funcionam (ou não funcionam), o que os leva a escolher tipos distintos de ação para sua carteira. O investidor de valor clássico, influenciado pela análise de investimentos de Ben Graham e pelos ensinamentos de Warren Buffett, procura empresas que apresentem lucros estáveis, crescimento sólido e "fossos" de defesa seguros. O investidor que aposta em empresas em crescimento acredita que os mercados estejam subestimando as taxas de crescimento de algumas dessas empresas. O trader de informação tenta ganhar dinheiro com base em lucros e notícias, na esperança de tirar vantagem do seu poder superior de previsão ou das reações excessivas ou insuficientes da análise posterior a esses anúncios. O trader purista ganha dinheiro com base no humor e no momentum, aproveitando o impulso de alta ou baixa, saindo antes que a tendência mude. Cada um desses grupos reivindica uma posição elevada na hierarquia de mercado, alegando ter encontrado a forma "certa" de investir, mas apenas alguns indivíduos de cada grupo se consolidam como cases de sucesso. No Capítulo 14, analiso essas filosofias de investimento contrastantes, com detalhes sobre os pressupostos, por vezes explícitos e quase sempre implícitos, dos investidores que seguem cada filosofia.

À primeira vista, pode parecer que não há conexão entre essas filosofias de investimento tão diferentes e o ciclo de vida das empresas, contudo, no Capítulo 15, observo como o investimento de crescimento, tanto nos mercados privados (capital de risco) quanto nos mercados abertos, é uma aposta na construção de modelos de negócios e na expansão de empresas em estágio inicial de crescimento. No Capítulo 16, vinculo o investimento em valor à fase madura do ciclo de vida corporativo e o divido entre suas muitas formas, desde a busca passiva por ações baratas até apostas contrarian, então apresento outra vez os ingredientes para o sucesso e os perigos potenciais. No Capítulo 17, concluo com uma avaliação do que é necessário para vencer ao investir ou negociar em empresas em declínio ou que enfrentam dificuldades. Durante toda a minha explanação, espero mostrar por que nenhuma filosofia de investimento pode reivindicar ser a "melhor", levando em consideração que cada uma requer determinada mentalidade e habilidades diferentes para serem bem-sucedidas, além de mostrar que a escolha de uma filosofia de investimento leva à busca por empresas em fases muito diferentes do ciclo de vida.

NA GESTÃO

Empresas são geridas por pessoas, e por muito tempo debati a questão de quais características deveríamos querer ver na alta gestão de uma organização. Embora exista uma tendência, tanto no meio acadêmico quanto na vida prática, de pressupor que há um protótipo para um grande CEO, o ciclo de vida corporativo limita essa ideia. As habilidades e os traços de personalidade desejados para os principais gestores de uma empresa em crescimento serão muito diferentes daqueles que seriam procurados nos principais gestores de uma empresa madura ou em declínio. No Capítulo 18, apresento esse conceito por meio de uma análise dos desafios que os gestores enfrentam em cada fase do ciclo de vida e argumento que os conjuntos de competências necessários na alta gestão mudam à medida que as empresas envelhecem. Embora alguns membros da alta gestão sejam suficientemente adaptáveis às mudanças nos negócios, muitos não o são, o que acarreta desafios de governança.

No Capítulo 19, faço a observação inicial de que, na tomada de decisões, aceitar o envelhecimento e adaptar-se a ele costuma oferecer as maiores chances de sucesso para gestores e proprietários. Em seguida, examino por que o combate ao envelhecimento da empresa é o caminho seguido com mais frequência. Analiso tanto as boas notícias, de empresas que conseguem reverter o processo de envelhecimento e se rejuvenescerem, quanto as ruins, de empresas saudáveis e em crescimento que acabam entrando em colapso, muitas vezes da noite para o dia, e examino a linha tênue entre o sucesso e o fracasso. Em ambos os casos, defendo o papel crucial da alta gerência, positivo nos renascimentos e negativo nos colapsos, e que uma série de outros fatores, além da sorte, também fazem a diferença. Ainda nesse capítulo, analiso a "sustentabilidade", termo que adquiriu grande peso nos círculos empresariais — tanto no sentido benigno, no qual reflete as ações tomadas pelas empresas para ampliar a criação de valor nas suas fases de crescimento, quanto no maligno, em que adota o caráter de "sobrevivência a qualquer custo" nas empresas em declínio. No Capítulo 20, encerro o livro argumentando que uma boa gestão empresarial e de investimentos exige serenidade, começando pela aceitação do envelhecimento dos negócios antes que sejam traçados planos ambiciosos para revertê-lo ou encerrá-lo.

Conclusão

É inegável que, assim como seres humanos, as empresas envelhecem e que os desafios que enfrentam mudam ao longo de seus respectivos ciclos de vidas. Dito isto, os ciclos das empresas são muito mais variados do que os da vida humana e recebem chances de reencarnação e renascimento que não são dadas aos seres humanos. À medida que uso o ciclo de vida corporativo para elucidar por que o foco e a mecânica das finanças corporativas podem mudar durante o envelhecimento das empresas, para examinar os fatores e o processo de valuation em cada fase do ciclo de vida e para avaliar sua adequação às diferentes filosofias de investimentos, também me alicerço no entendimento de que, como em qualquer modelo ou teoria econômica, existem exceções e variações e, às vezes, contrariedade para com os dados.

O ciclo de vida corporativo: Estabelecendo as bases

2

Os princípios básicos do ciclo de vida corporativo

NO CAPÍTULO 1, apresentei o ciclo de vida corporativo como um conceito de longo histórico nas áreas de gestão e estratégia, um artifício útil para explicar diferenças no foco e na prática das finanças corporativas das empresas e nos fatores e na mecânica de valuation, além de ser fácil de combinar com as diferentes filosofias de investimento. Neste capítulo, inicio o processo de expansão a partir dessa ideia, fornecendo mais descrições do ciclo de vida corporativo e de cada uma de suas etapas, desde o nascimento até a morte do negócio.

Introdução

Embora eu tenha utilizado o ciclo de vida humano como base para o corporativo, também observei que este último tem peculiaridades e diferenças que merecem atenção. Para examinar essas diferenças, vamos revisitar o ciclo de vida corporativo na Figura 2.1, agora com foco nas principais tarefas enfrentadas em cada fase e nos principais riscos que surgem ao longo do caminho.

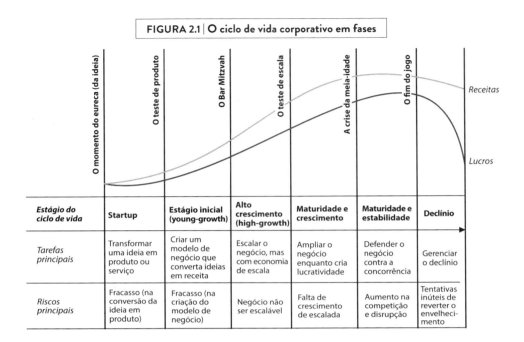

FIGURA 2.1 | O ciclo de vida corporativo em fases

Conforme descrevi no primeiro capítulo, o ciclo de vida que vamos estudar dispõe de seis fases:

- A fase de *startup* é o período em que, após a fundação da empresa, fundador ou fundadores tentam converter uma ideia de negócio em um produto ou serviço, enquanto levantam capital suficiente para dar continuidade ao negócio.
- Durante o *estágio inicial de crescimento*, a startup trabalha para elaborar um modelo de negócio que gere receitas e lucros a partir do produto ou serviço proposto — tendo em vista que tal modelo pode não existir e, nesse caso, o negócio não sobreviverá.
- Durante a fase de *alto crescimento*, a empresa decide se deve aumentar as receitas e os lucros de um novo produto ou serviço e, caso o faça, qual será o tamanho da expansão, considerando a dimensão do mercado, a concorrência e as restrições de capital.
- Durante o *crescimento da maturidade*, a empresa continua a aumentar as receitas, embora em taxas mais baixas e em maior escala, e trabalha na melhoria das margens de lucro, o que permite que os lucros cresçam mais depressa do que as receitas.
- Na *estabilidade da maturidade*, o crescimento das receitas começará a cair em direção à taxa de crescimento da economia, e as margens estabilizarão à medida que a empresa encontra algum grau de constância.

- Na fase de *declínio e dificuldades*, a empresa enfrenta uma combinação de receitas estagnadas ou em contração e margens de lucro sob pressão, o que, se acompanhado de endividamento, colocará a empresa em situação difícil.

Nas seções seguintes, analiso cada fase e forneço mais detalhes sobre os desafios dos negócios e das finanças enfrentados pelas empresas em cada estágio, ao mesmo tempo em que observo como as estruturas de propriedade mudam à medida que as empresas envelhecem.

Fase 1: Startup

Uma empresa nasce quando uma pessoa (ou várias) percebe uma necessidade de mercado que pode ser atendida por um produto ou serviço. Em muitos casos, essa necessidade não suprida só existe na imaginação do fundador. E, mesmo que exista de fato, o produto ou serviço planejado pode não atendê-la, o que explica por que a maioria das ideias de negócios já nasce morta, em termos de ciclo de vida. Para as poucas que sobrevivem a esse escrutínio, a conversão da ideia em um produto ou serviço ainda apresenta desafios logísticos, de capital e de gestão.

Os números

O ponto de partida para uma discussão sobre startups são os números: é preciso observar a quantidade de empresas criadas a cada ano e sua distribuição geográfica e por setor. Estima-se que, em 2021, houve 5,4 milhões de solicitações para abertura de novos negócios nos Estados Unidos, de acordo com o US Census Bureau, o departamento de Censo do país. A Figura 2.2 resume o número de novos pedidos de negócios a cada ano, bem como os pedidos de alto potencial — aos quais o Census Bureau atribui maior probabilidade, com base em contratações e outras variáveis observáveis, de levar a um novo negócio.

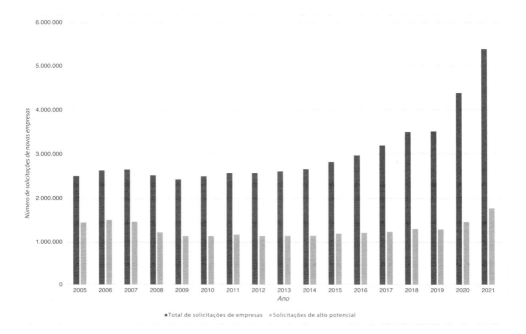

FIGURA 2.2 | Solicitações para novas empresas no Census Bureau, 2005–2021

Muitas dessas solicitações são para negócios de curto prazo e vida finita, como projetos de construção ou entrega de contratos governamentais, mas o Census Bureau também acompanha o número de solicitações por setor de negócios, e esses dados são resumidos na Figura 2.3.

FIGURA 2.3 | Solicitações de novos negócios agrupados por setor, 2005-2021

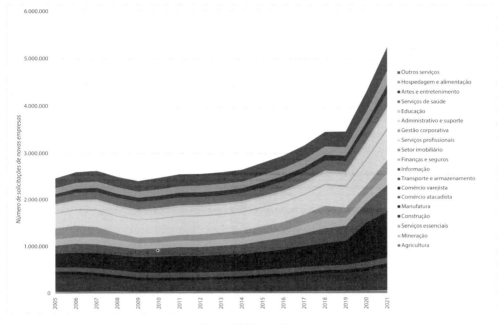

Fonte: US Census Bureau

É possível notar o aumento no registro de negócios entre 2019 e 2021, assim como a diversidade do conjunto de novos negócios iniciados nos Estados Unidos. Fica evidente, pelo grande número, que muitas dessas solicitações nunca se tornaram negócios ou, ainda que tenham se tornado, seus fundadores tinham ambições limitadas em relação à duração e ao tamanho que projetaram para o empreendimento.

Utilizando uma medida mais restrita de startups — considerando apenas as constituídas e capitalizadas —, os Estados Unidos permanecem na liderança numérica, mas há sinais de crescimento em todo o mundo. Por exemplo, o número de startups por país em 2021 pode ser conferido na Figura 2.4.

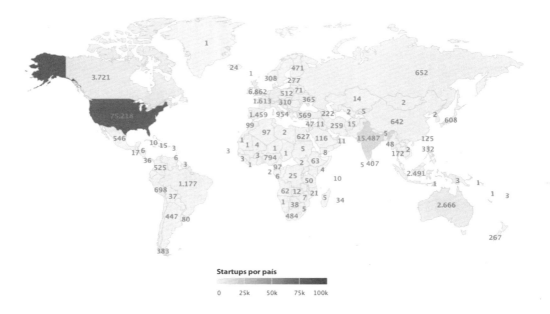

FIGURA 2.4 | Número de startups por país, 2021

Em 2021, os Estados Unidos tinham mais startups, com 75.218; seguidos pela Índia, com 15.487; pelo Reino Unido, com 6.862; pelo Canadá, com 3.721; e pela Austrália, com 2.666. Dado seu peso na economia global, Europa, China e Japão estão atrasados em termos de novas startups.

O efeito fundador

Além dos pontos fortes, as empresas refletem os pontos fracos de seus gestores, o que se evidencia em startups e empresas em estágio inicial de crescimento, cujos fundadores trabalham para converter ideias em produtos e novos modelos de negócio. Entretanto, alguns fatores parecem separar os (poucos) fundadores que têm sucesso dos muitos que não o têm.

- **Idade:** Embora a ideia geral seja que as empresas são fundadas por jovens, a partir de um artigo da *Harvard Business Review* concluiu-se que a média de idade do fundador de uma empresa de sucesso é de 45 anos, ainda que existam grandes variações (ver Figura 2.5).[1] Em resumo, a noção convencional de que quem está na faixa dos trinta já perdeu as melhores oportunidades de iniciar um negócio é falsa, tendo em vista o número surpreendentemente elevado das mais bem-sucedidas startups que contam com fundadores na faixa dos 50 ou mesmo 60 anos.

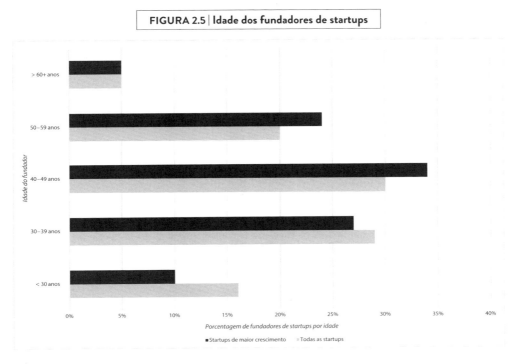

FIGURA 2.5 | Idade dos fundadores de startups

- **Traços de personalidade:** certos traços de personalidade parecem compartilhados por fundadores de sucesso, sendo os mais fortes uma tolerância maior aos riscos e mais autoconfiança, que pode chegar ao limite do excesso, agindo como uma faca de dois gumes. O lado positivo desses traços é que permitem aos fundadores superar as falhas que são parte inevitável de iniciar um negócio, já o negativo se manifesta como uma teimosa má vontade em abandonar ideias ruins.

Em um estudo de revisão em que analisou-se a psicologia dos empreendedores, foram listadas as características que os pesquisadores descobriram ser comuns a todos os empreendedores, inclusive nos que têm sucesso, e parece haver pouco consenso.[2] A partir do estudo, observou-se que existem grandes diferenças na composição dos empreendedores entre os países, sugerindo que isso pode ser causado por fatores culturais.

O desafio do negócio

Nesse estágio de incubação, em que as empresas se esforçam para converter ideias em produtos ou serviços comercializáveis, não é nenhuma surpresa que o foco operacional esteja inteiramente nesse processo de conversão, que vai exigir experimentação no design de produtos e testes de marketing, bem como avaliação de quanto os clientes estão dispostos a pagar (se é que estão). Considerando todas essas incertezas, não surpreende que a maioria das startups nem chegue à fase de produto. É possível observar essa elevada taxa de mortalidade em outra interessante série de dados, mantida nos Estados Unidos pelo Departamento de Estatísticas do Trabalho, que acompanha as taxas de sobrevivência das startups norte-americanas em termos cumulativos e marginais. A Figura 2.6 apresenta a taxa de sobrevivência do universo de startups de 2006 ao longo dos 15 anos subsequentes.

FIGURA 2.6 | Taxa de mortalidade de empresas ao longo do tempo

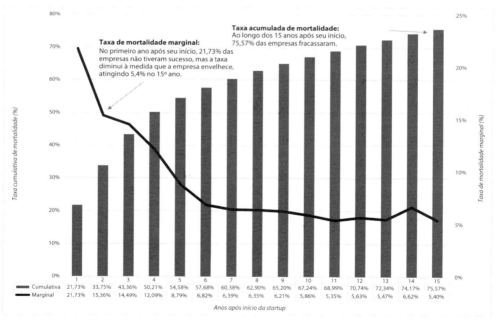

Fonte: Departamento de Estatísticas do Trabalho (Estados Unidos)

Os princípios básicos do ciclo de vida corporativo | 41

Cerca de 22% de todas as startups não passam do primeiro ano, e quase 76% fracassam antes do 15º ano. Porém, a taxa de mortalidade diminui à medida que as empresas envelhecem, caindo para 5,4% para empresas no 15º ano de operação.

O departamento também decompõe a taxa de mortalidade por setor, que embora em todos os setores sofra um decréscimo com a progressão da idade da empresa, permanece muito maior em alguns setores do que em outros, como pode ser visto na Figura 2.7:

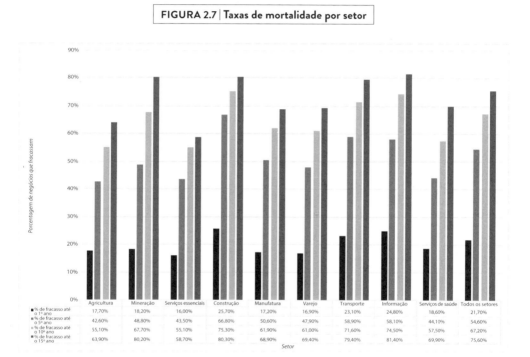

FIGURA 2.7 | Taxas de mortalidade por setor

Fonte: Departamento de Estatísticas do Trabalho (Estados Unidos)

No grupo de 2006, a taxa de mortalidade excedeu os 80% nos setores de informação e de construção, mas foi inferior a 60% nos serviços essenciais, tendo a taxa de mortalidade global passado dos 75% para todas as empresas analisadas.

A situação financeira

Desde o início, diante da falta de receitas e das despesas grandes e crescentes com folha de pagamentos, desenvolvimento de produtos e P&D, as jovens empresas não só perdem dinheiro como também queimam o caixa. As startups e as empresas pré--receitas estão destinadas a perder dinheiro, e a extensão dessas perdas é determinada por duas variáveis: a primeira é o potencial de mercado, com empresas que consideram importante se manterem dispostas a perder mais dinheiro enquanto tentam converter ideias em produtos; a segunda é a ambição do fundador, que, quando maior, se traduz em sonhos, custos e perdas maiores.

Para simplificar: julgar uma startup pela quantidade de dinheiro perdida ou pelos fluxos de caixa negativos pode fornecer uma visão distorcida da empresa. Dito isto, é preciso avaliar se as empresas estão gastando com as prioridades certas, e, nessa fase do processo, o alvo deve ser converter ideias em produtos e serviços. Startups que se precipitam, alugando escritórios de luxo ou contratando vendedores antes do desenvolvimento de produtos, podem ser máquinas de queima de dinheiro.

Os desafios do capital e da propriedade

A menos que os fundadores tenham bolsos cheios, apoio familiar ou benfeitores ricos, vai chegar um momento em que outsiders (capitalistas de risco e investidores de private equity) precisarão ser abordados em busca do capital necessário para cobrir a queima de caixa, caso a pretensão seja de que a empresa continue existindo. Esse "financiamento anjo", quando disponível, vem com um custo, pois os investidores enfrentam incerteza e riscos imensos em relação às habilidades dos fundadores e à viabilidade dos negócios, então exigirão uma participação societária significativa em troca do capital. Em suma, seguindo com a analogia do ciclo de vida, nesse início, as empresas se assemelham a bebês e crianças pequenas, que têm necessidade constante de cuidado, capital e atenção — embora com uma taxa de mortalidade muito alta.

É lógico que, quanto maior for o acesso ao capital de risco, maior será a probabilidade de testemunhar o surgimento e a sobrevivência de novas empresas. Historicamente, esse acesso tem sido responsável pela vantagem dos Estados Unidos em relação ao restante do mundo no que diz respeito à incubação de startups. Apesar dos avanços globais, ainda se nota uma grande lacuna entre os Estados Unidos e o restante do mundo, exemplificada na Figura 2.8, que apresenta uma análise dos acordos via capital de risco por região no quarto trimestre de 2021.

Os princípios básicos do ciclo de vida corporativo | **43**

FIGURA 2.8 | Acordos de capital de risco (venture capital) por região no quarto trimestre de 2021

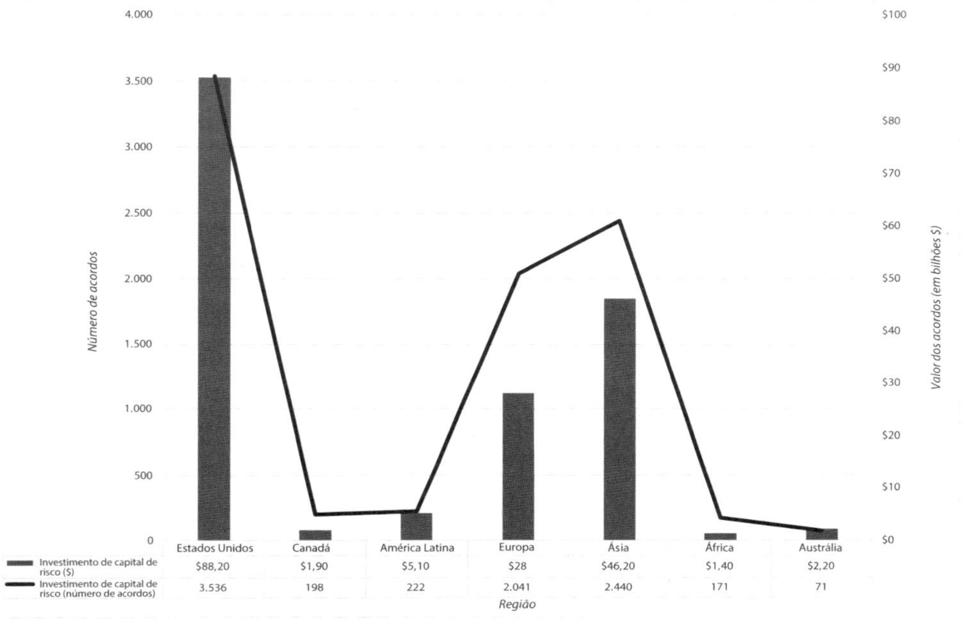

	Estados Unidos	Canadá	América Latina	Europa	Ásia	África	Austrália
Investimento de capital de risco ($)	$88,20	$1,90	$5,10	$28	$46,20	$1,40	$2,20
Investimento de capital de risco (número de acordos)	3.536	198	222	2.041	2.440	171	71

Região

Fonte: Relatório Venture Capital KPMG

Uma parcela dessa vantagem acompanha a história, dado que o capital de risco, na sua forma organizada, tem raízes mais profundas nos Estados Unidos. Parte disso pode refletir uma cultura de maior afeição a riscos, e parte pode refletir o benefício que uma startup obtém por estar mais perto do local onde a ação acontece, uma vantagem do networking no acesso ao capital de risco. Cada vez mais, os capitalistas de risco parecem dispostos a investir para além de suas fronteiras, e, persistindo nesse processo, espero um aumento na incubação de startups no restante do mundo.

Fase 2: Young-Growth — Estágio inicial de crescimento

As empresas que conseguem superar o desafio dos primeiros testes são as que desenvolveram formas de converter ideias em produtos e serviços que oferecem pelo menos uma porta de entrada para o sucesso. Na segunda fase do ciclo de vida, o trabalho inicial deve ser a construção de modelos de negócio, ou seja, encontrar formas de monetizar produtos e serviços e encontrar caminhos para a rentabilidade. Note que não afirmei que as empresas no estágio inicial de crescimento devem ganhar dinheiro, apenas que devem encontrar formas plausíveis de garantir que haverá ganho.

44 | O ciclo de vida corporativo

O desafio do negócio

Em termos de desafios operacionais, os fundadores e os proprietários das empresas terão que começar a trabalhar no básico dos negócios, desde opções de produção até cadeias de fornecimento e planos de marketing. Para muitos fundadores, cuja especialização pode não estar relacionada aos negócios, haverá uma curva de aprendizado. Um engenheiro de software experiente pode ter o conjunto de habilidades para criar um software inovador, mas é provável que seja novato quando o assunto é contratar e manter funcionários, precificar produtos e gerar vendas.

Em alguns casos, os investidores anjos podem ajudar nessas questões a partir de suas experiências anteriores com empresas de sucesso. Em outros, os fundadores talvez precisem trazer alguém de fora com experiência em estruturação de negócios, tendo mais uma vez que oferecer uma participação acionária como incentivo. Essa tensão entre o desejo do fundador de manter o controle e o desejo dos investidores de mudar a forma como um negócio é gerido pode levar ao que Noam Wasserman rotulou como "dilema do fundador".[3] Em um estudo de Wasserman, examinou-se 202 empresas jovens com 5.930 meses de dados para análise das taxas de rotatividade da gestão e concluiu que os fundadores têm maior probabilidade de serem demitidos logo após uma ideia ser transformada em produto, à medida que os investidores buscam novos conjuntos de habilidades para a estruturação dos negócios.[4]

As opções de modelo de negócios dessa fase do ciclo de vida exigem compensações, mas, depois de tomadas, essas decisões de modelagem podem se tornar difíceis de mudar. Pense no Spotify e na Netflix e em como seus modelos de negócios divergiram cedo, com consequências significativas para o crescimento e a lucratividade. A Netflix escolheu um modelo em que se paga pelo conteúdo, seja ele alugado, seja uma produção original, e depois agrega assinantes que consomem esse conteúdo. Esse artifício torna o conteúdo um custo fixo, mas aumenta as receitas marginais obtidas pela empresa a partir de todos os usuários adicionais, e assim provoca o aumento do valor do crescimento. No início, o Spotify decidiu que pagaria os fornecedores de conteúdo de acordo com a quantidade de assinantes que os consumissem, tornando os custos com o conteúdo algo variável. Isso reduziu o risco no modelo, pois os custos de conteúdo aumentam e diminuem conforme as receitas, mas também acabou por reduzir o valor agregado a cada novo assinante.

A situação financeira

No campo financeiro, as empresas que passam pelo estágio inicial de crescimento testemunharão o início de resultados tangíveis com a chegada dos primeiros fluxos de receitas e possivelmente até com o crescimento das taxas elevadas. Porém, essas receitas muitas vezes serão contrabalançadas por despesas contínuas e crescentes. Na verdade, mesmo quando as receitas das empresas jovens aumentam depressa, as despesas crescem com velocidade ainda maior, em parte devido aos custos de estruturação de negócios. Isso levará a perdas crescentes e, com o aumento do reinvestimento para gerar crescimento, a fluxos de caixa ainda mais negativos. Embora esses números agregados possam parecer pouco informativos, pelo menos em termos do que se pode aprender sobre a rentabilidade de um modelo de negócio, existem números subjacentes capazes de fornecer pistas sobre sua viabilidade e rentabilidade:

1. **Crescimento *versus* despesas operacionais:** Embora as despesas precedam as receitas para a maioria das empresas nesse estágio do ciclo de vida, o que importa é se estão associadas aos produtos ou aos serviços vendidos no período vigente ou se são fruto das ambições da empresa por crescimento. Na linguagem contábil, os primeiros são despesas operacionais, e as últimas são despesas de capital, mas, em empresas jovens, costuma ser difícil distinguir. Se a distinção for possível, é melhor atribuir maior valor a um negócio em estágio inicial que perde dinheiro, mas cujas despesas são direcionadas ao crescimento futuro, do que a um negócio semelhante, mas com despesas associadas prioritariamente às receitas atuais.

2. **Economia unitária:** A economia unitária de uma empresa mede a lucratividade marginal de cada unidade extra vendida, capturando a diferença entre a receita gerada nessa unidade e seus custos de produção. Quanto melhor a economia unitária, medida como margens de contribuição ou de lucro bruto, maior o potencial de crescimento para as empresas em estágio inicial. Observe que essa "unidade" tem uma definição ampla, de forma a incluir tudo, desde um carro extra vendido por uma empresa automobilística, um pacote extra de software vendido pela Microsoft, até um usuário ou assinante extra em uma empresa baseada em usuários.

3. **Compensação baseada em ações:** As empresas em estágio inicial têm fluxos de caixa negativos e, em sua busca por contratar e reter funcionários, muitas só conseguem se manter competitivas ao oferecer remuneração acionária, na forma

de ações ou opções nos negócios subjacentes. Essas despesas muitas vezes são contabilizadas no cálculo de receita "ajustada" na percepção errônea de que não são operações monetárias, e são utilizadas como base para reportar margens de lucro elevadas. Esse é um argumento absurdo, tendo em vista que essas opções representam a remuneração dos funcionários e são despesas reais, que a empresa está usando para cobrir com seu patrimônio.

Resumindo, o estágio inicial de crescimento é a fase do ciclo de vida em que as ideias se transformam em negócios e os modelos de negócio são elaborados. Não é de surpreender que, dadas as perdas e a queima de caixa, as taxas de mortalidade sejam elevadas nessa fase, mas devem começar a diminuir ao passo que o modelo de negócio toma forma.

Os desafios de capital e propriedade

À medida que atravessam a transição de ideia para produto e tentam criar modelos de negócios que possam gerar lucros, as empresas continuarão perdendo dinheiro e apresentando fluxos de caixa cada vez mais negativos. Isso vai exigir aportes de capital, em geral de capitalistas de risco e, portanto, uma diluição da participação dos fundadores na empresa. Para os fundadores que resistem a abrir mão do controle, essa é a fase na qual devem decidir se preferem manter o controle de um negócio menor, com menos ambições de crescimento e, por consequência, com menor necessidade de capital externo, ou se estão dispostos a desistir de uma participação significativa na propriedade e até no controle para poder acelerar o crescimento e construir um negócio maior.

Para ter uma noção de como a participação dos fundadores é diluída, observe a participação da propriedade do fundador em uma startup dos Estados Unidos que passa por cinco rodadas de investimento de venture capital (a rodada semente e as séries A-D) na Figura 2.9.

Os princípios básicos do ciclo de vida corporativo | 47

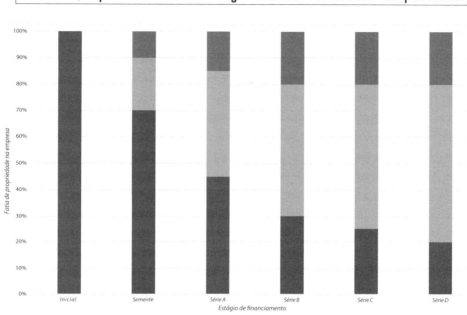

FIGURA 2.9 | Propriedade do fundador ao longo das rodadas de investimento de capital de risco

A diluição será específica para cada empresa e vai depender de uma série de fatores, mas algumas proposições gerais são válidas. Em primeiro lugar, quanto mais capital de investidores externos (venture capital e outros) uma empresa jovem procura, maior será a diluição na participação acionária de um fundador. Em segundo, quanto maior for a proporção desse capital externo que chega no início do processo, mais significativa será a diluição da propriedade. Para simplificar, os fornecedores do capital semente vão exigir participações acionárias muito maiores, caso todo o restante seja mantido, do que os capitalistas de risco posteriores. Em terceiro lugar, se os fundadores conseguirem obter capital sob a forma de endividamento (dívida via capital de risco, ou outra forma), poderão reduzir a diluição da propriedade, mas também criarão empresas que apresentarão maior risco de falência. Ao longo do caminho, a extensão da diluição proporcionada pela remuneração baseada em ações dos funcionários vai depender, em grande parte, de quantos e que tipo de funcionários a startup procura. Um número crescente de funcionários e conjuntos de competências especializadas criam ainda mais diluição.

Fase 3: Alto crescimento

Tendo convertido a ideia em produto ou serviço e depois elaborado um modelo de negócio (talvez ainda um trabalho em andamento) que começou a gerar receitas, as empresas na fase seguinte do ciclo de vida enfrentam um teste de expansão. Ou seja, as que obtiveram certo grau de sucesso em uma escala pequena ou local descobrirão se querem crescer e, em caso afirmativo, até que ponto essa expansão é viável, dadas as suas circunstâncias.

O desafio do negócio

O teste de expansão tem um componente operacional, mas também traz à tona o balanço entre controle e capital, já predominante nas duas primeiras fases do ciclo. Escalar pode exigir tanto capital que os fundadores em busca desse montante precisarão ceder parte de sua participação acionária a investidores externos, o suficiente para que percam o controle de seus respectivos negócios. Em alguns casos, se o negócio oferecer escalabilidade suficiente, abrir o capital será uma opção. Embora os pesquisadores em geral prestem mais atenção às fases iniciais do ciclo de vida (ou seja, à conversão de ideias em produtos e ao estabelecimento de um modelo de negócio), a fase de escalada e expansão pode ser o estágio em que grande parte de seu valor é criado. A partir de um estudo de 2020 da McKinsey, estimou-se que quase dois terços do valor gerado em novos negócios provêm da fase de escalada, como pode ser visto na Figura 2.10.

FIGURA 2.10 | Valor por crescimento *versus* aumento de escala

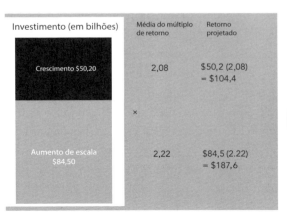

Fonte: McKinsey (2020)

Dito isto, a partir dos dados também sugere-se que apenas uma em cada cinco empresas é bem-sucedida em escalar. Apesar de o mistério de por que algumas empresas atingem esse objetivo enquanto outras fracassam ser muito pesquisado, não temos respostas concretas. Em alguns casos, o fracasso pode ser atribuído a fatores externos, como um produto ou um serviço projetado de forma restrita para servir a um mercado limitado, ou a restrição de acesso ao capital. Em muitos casos, porém, o fracasso pode estar em fatores dentro da empresa, inclusive em fundadores que não se mostram dispostos a abrir mão do controle, modelos de negócios falhos (como dependência de instalações de produção e cadeias de suprimentos incapazes de absorver um crescimento rápido com facilidade), e a cultura de negócios. No Capítulo 4, examinarei fatores externos e internos que fazem algumas empresas permanecerem pequenas, permitindo que outras cresçam.

A situação financeira

Em termos financeiros, o alto crescimento é a fase em que o modelo de negócios da empresa será testado e medido. Em caso de sucesso, o crescimento da receita continuará a taxas altas, enquanto as despesas aumentarão a taxas mais baixas (devido a economias de escala), o que implica menos saldo negativo e, em alguns casos, até lucros positivos. A rapidez desse processo depende em grande parte da economia unitária do negócio, mencionada na última seção. Em empresas como as da área de software, na qual a unidade adicional vendida quase não tem custo, os lucros se tornarão positivos em uma velocidade muito maior do que em empresas como as fábricas de automóveis, nas quais há custos significativos associados a cada unidade adicional vendida.

A questão principal é que nem todas as empresas de sucesso escalam, e o insucesso nisso pode ser tanto porque o negócio não é escalável quanto porque seus fundadores não querem abrir mão de estar no controle. As empresas que optam por não escalar não devem ser encaradas como fracassadas, uma vez que pequenas empresas autossustentáveis e que atendem a uma necessidade de mercado representam uma parte essencial de qualquer economia.

Os desafios de capital e propriedade

As empresas capazes de aumentar as receitas e entregar lucros são as que elaboraram modelos de negócios funcionais e, embora talvez optem por se manter com capital fechado, os incentivos para que entrem nos mercados abertos vão aumentar com o tempo, ainda mais quando ganham escala. Um dos incentivos é permitir que os fundadores, investidores e funcionários liquidem suas fatias de participação ao vender suas ações ou ao exercer suas opções em mercados abertos, de maior liquidez. Outro é que as empresas jovens que ainda estão queimando caixa e precisam aumentar o capital em geral encontram melhores condições para isso nos mercados de ações do que com os capitalistas de risco (em comparação à ideia de ceder sua participação). A pressão para abrir o capital será maior para empresas maiores, em regiões do mundo onde há mercados de capitais com liquidez e em setores que investidores consideram destinos de investimento atraentes.

Quando as empresas abrem o capital, a diluição de propriedade, iniciada nas fases anteriores do ciclo de vida, continuará conforme as ações forem emitidas nos mercados acionários, embora, como mostrarei no Capítulo 4, essa diluição, pelo menos no momento da oferta, diminua com o tempo. Nas últimas duas décadas, também houve um movimento de inclinação para ações de classe dupla, um sistema que permite aos fundadores e membros da empresa manterem ações com mais direitos de voto enquanto oferecem ações com menor poder de voto ao mercado de acionistas, o que viabiliza a manutenção do controle, mesmo com o avanço da diluição.

Fase 4: Crescimento maduro

Um negócio que sobrevive aos primeiros testes, desenvolve um modelo de negócios e, em seguida, aumenta em escala já é um vencedor no páreo, dadas as altas taxas de mortalidade de empresas jovens e considerando que poucas das empresas bem-sucedidas estão dispostas ou são capazes de escalar. Muitas empresas que chegam a essa fase se contentam com o status quo e com o crescimento, com ênfase na melhoria das margens. Porém, algumas conseguem um segundo impulso e encontram maneiras de continuar a crescer, embora a taxas mais baixas do que durante a fase de alto crescimento, e ao mesmo tempo melhorar a lucratividade.

O desafio do negócio

Nesta fase, o desafio operacional para as empresas que optam por continuar a crescer é que esse crescimento precisa ocorrer em uma escala muito maior. Em suma, aumentar as receitas a 25% ao ano é muito mais simples quando as receitas do ano-base são de 10 milhões de dólares do que quando são de 1 bilhão. Empresas que realizam

Os princípios básicos do ciclo de vida corporativo | 51

esse feito incomum são excepcionais e costumam ser apontadas como as estrelas do mercado. Outro desafio empresarial fundamental nessa fase é a melhoria das margens operacionais que, em parte, advém do aperfeiçoamento dos modelos de negócios para que se tornem mais eficientes, e, em parte, de mais economias de escala.

Para uma noção de como o crescimento com escala pode criar valor, é importante observar as ações FANGAM (Facebook, Amazon, Netflix, Google, Apple e Microsoft) durante toda a década de 2010, momento em que as seis empresas (quatro das quais já haviam escalado em 2010), no início da década, mantiveram um registro de taxas de crescimento anual de dois dígitos para suas respectivas receitas (Tabela 2.1).

Tabela 2.1 • Crescimento em escala — Ações FANGAM, 2010–2020

	Receitas ($ bilhões)		Taxa de Crescimento da Receita Anual Composta (CAGR) ao longo da década
	Em 2010	Em 2020	
Facebook	$1,974	$117,900	50,53%
Amazon	$34,204	$469,800	29,95%
Netflix	$2,163	$29,700	29,95%
Google	$29,321	$257,600	24,27%
Apple	$65,225	$378,300	19,22%
Microsoft	$62.484	$184.900	11.46%

Embora seja verdade que o Facebook e a Netflix tiveram receitas menores no início da década e, portanto, foram capazes de crescer a partir de uma escala inicial muito menor, observe que a Amazon, empresa com receitas de 34 bilhões de dólares no fim de 2010, conseguiu acompanhar a taxa de crescimento registrada pela Netflix no mesmo período de dez anos. A Apple e a Microsoft já despontavam entre as maiores empresas do mundo em termos de capitalização de mercado em 2010 e tinham taxas de crescimento anuais compostas na casa dos dois dígitos entre 2010 e 2020. Na Figura 2.11, demonstro os ganhos pela capacidade de crescimento, com escala, tendo em mente os limites de mercado dessas seis ações em relação ao mercado acionário geral dos Estados Unidos.

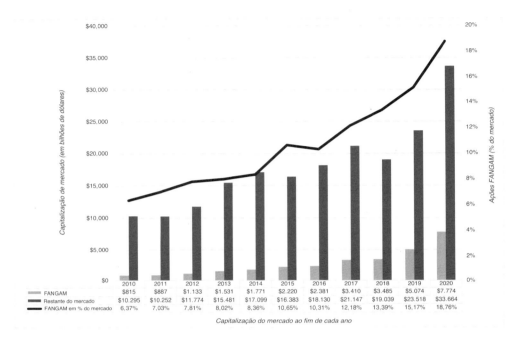

Durante a década, essas seis empresas adicionaram em conjunto 7 trilhões de dólares em capitalização de mercado, representando 24,28% do aumento da capitalização de mercado de ações dos Estados Unidos naquela década.

A situação financeira

Com o crescimento contínuo da receita e a melhoria das margens, as empresas de crescimento maduro estão no ponto ideal no ciclo de vida, em que, mesmo a uma taxa de crescimento moderada de receita, o aumento dos lucros supera o da receita. Para essas empresas, a desaceleração da expansão também rende um bônus: a geração de fluxos de caixa mais altos e mais positivos aliada à diminuição da necessidade de reinvestimento. Caso essas empresas optem por não retornar dinheiro aos proprietários, também apresentam saldos crescentes em caixa.

Para as empresas de sucesso, esta fase do ciclo de vida representa o melhor dos mundos, já que o ânimo do crescimento é acompanhado do conforto de lucro e do fluxo de caixa sólido. Ou seja, é uma fase de ajuste, em que empresas jovens que antes

Os princípios básicos do ciclo de vida corporativo | **53**

tinham de racionar o capital entre investimentos concorrentes passam a ter dinheiro, mas sem possibilidades de investimento suficientes.

Os desafios de capital e propriedade

No momento em que as empresas em crescimento amadurecem, tornam-se predominantemente autossuficientes em relação aos fluxos de caixa, o que elimina a necessidade de aumentos de capital. Caso essas empresas abram capital, a parcela de propriedade em posse do fundador e dos primeiros investidores vai diminuir à medida que eles embolsam seus lucros e passam para outros empreendimentos. Em muitos casos, é nessa fase que o mix de investidores do mercado acionário da empresa muda, e investidores individuais e traders serão substituídos por investidores institucionais, que podem impor demandas diferentes a quem gerencia o negócio. Se os fluxos de caixa da empresa se tornarem positivos e/ou a empresa se tornar apta a tomar empréstimos, alguns desses investidores institucionais podem pressioná-la para que comece a tomar empréstimos e pagar dividendos ou iniciar recompras de ações.

Para os fundadores que permanecem na alta gerência, este é um período em que as desvantagens de ser uma empresa de capital aberto talvez se façam presentes. Primeiro, as divulgações contábeis e regulatórias se tornam mais onerosas, à medida que os investimentos da empresa se tornam mais amplos e os requisitos de divulgação aumentam. Em segundo lugar, os fundadores e a alta gestão terão de direcionar mais tempo às relações com investidores, tendo que se dedicar ao noticiário em torno dos anúncios de lucros e em fornecer orientação sobre o futuro da empresa. Em terceiro, será preciso lidar com a pressão dos acionistas sobre a política de investimentos, financiamentos e dividendos, embora a existência de ações de dupla classe para voto possa reduzir a necessidade de reagir a isso.

Fase 5: Estabilidade madura

Se fosse possível escolher, a maioria das empresas gostaria de permanecer no estágio de crescimento, mas, assim como os seres humanos, é inevitável que cheguem à meia-idade, porém com duas ressalvas. A primeira é que as empresas mais bem geridas poderão atrasar a entrada na fase de estabilidade madura por muito mais tempo do que a concorrência. A segunda é que algumas empresas serão capazes de pausar o envelhecimento, ou mesmo de revertê-lo, pelo menos por um tempo, ao se inserir em novos negócios ou mercados.

O desafio do negócio

O maior desafio das empresas nesta fase é a mudança de mentalidade, após passarem do ataque, em que o foco é se inserir em novos mercados ou ganhar participação de mercado, para jogar na defesa, cujo objetivo principal é proteger da concorrência sua atual participação no mercado e margem de lucro. A capacidade de um negócio de jogar na defesa será determinada, em grande parte, por suas vantagens competitivas, ou seus "fossos" de defesa, que podem vir de diferentes fontes. Em alguns casos, as proteções contra a concorrência são legais, como é o caso das patentes em empresas farmacêuticas e de tecnologia. Em outros, é uma função do nome da marca, em geral construída com o tempo, a conquista da lealdade da clientela e o poder de precificação. Não importa qual seja a fonte, proteger essas vantagens competitivas passa a ser a tarefa primordial dos gestores. Nas últimas duas décadas, essa tarefa foi dificultada pelos disruptores, empresas jovens sem nada a perder e modelos de negócios inovadores (baixa intensidade de capital, orientados pela tecnologia) que conseguem contornar esses fossos de defesa.

A situação financeira

Na frente financeira, a combinação de baixo crescimento e margens estáveis, pelo menos para empresas com fortes defesas, gera um período de estabilidade nos lucros. Rendimentos estáveis e elevados permitem que as empresas de capital aberto retornem mais dinheiro aos proprietários, sob a forma de dividendos e recompras, e que os proprietários embolsem o dinheiro de empresas privadas ou familiares. Além disso, considerando os benefícios fiscais para empréstimos (com juros dedutíveis dos impostos), esta é também a fase em que a capacidade de endividamento é maximizada, embora nem todas as empresas maduras optem por esse artifício. Como mostrarei nos capítulos sobre finanças corporativas e valuation, o passado das empresas maduras tem maior probabilidade de ser um indicativo do futuro. A inércia impulsionará a política financeira corporativa; as empresas farão investimentos, financiamentos e pagarão dividendos assim como no passado. Para o valuation, extrapolar linhas de tendência histórica sobre receitas, margens operacionais e outras variáveis pode trazer estimativas razoáveis sobre o valor dessas empresas.

No entanto, a estabilidade em empresas maduras pode ocultar ineficiências, e há momentos em que continuar com práticas passadas na gestão desses negócios pode trazer destruição de valor, porque o negócio subjacente mudou ou foi alvo de disrupção. Como mostrarei nos próximos capítulos, reconhecer esse fato às vezes pode

Os princípios básicos do ciclo de vida corporativo | 55

levar as empresas maduras a se reestruturarem, empreendendo grandes desvios das escolhas anteriores em relação aos investimentos, financiamentos ou dividendos, seja por vontade própria, seja por pressões externas.

Os desafios de capital e propriedade

A tensão entre a estabilidade e a necessidade de mudança que citei em relação às finanças também repercutirá na estrutura e nas ações de propriedade. As empresas maduras, ainda mais se forem negociadas no mercado acionário, têm um histórico e, ao longo do tempo, reúnem uma base de acionistas que reflete suas escolhas. Para simplificar, as empresas que desenvolveram a prática de pagar dividendos elevados e crescentes acumularão investidores que preferem dividendos elevados e crescentes. Esse fenômeno é chamado de "efeito clientela" e, embora possibilite adquirir certa estabilidade, pode se tornar um problema caso ela precise adotar uma abordagem diferente, seja por desafios externos, como disrupção ou nova concorrência, seja devido a decisões internas. Quando uma empresa madura altera sua política de dividendos ou de financiamento, mesmo que por boas razões comerciais, é inteiramente possível . que a reação inicial do mercado seja negativa, uma vez que os investidores existentes abandonam a empresa. Embora essa reação possa se dissipar mais adiante, a base de investidores da empresa será diferente após a mudança.

Fase 6: Declínio

A fase final e mais temida do ciclo de vida corporativa é o declínio, em que uma empresa enfrenta um futuro sombrio de diminuição das receitas, às vezes com pressão sobre as margens de lucro, enquanto os aspectos econômicos do negócio se tornam menos atraentes. Como poucas empresas querem passar para essa fase, também é quando muitas se esforçam para reverter o envelhecimento, às vezes de forma desesperada.

O desafio do negócio

Em termos de operações, o principal desafio para as empresas em declínio é lidar com uma base de receitas cada vez menor, já que os custos nem sempre diminuem, o que resulta em margens de lucro mais baixas. Se a opção for que essas empresas encontrem crescimento, é difícil ter alguma perspectiva de como conseguirão, enquanto preservam pelo menos uma aparência de saúde financeira quando há forças de mercado ou macroeconômicas alinhadas contra elas. As empresas do setor tabagista, por mais bem geridas que sejam, terão dificuldade em encontrar caminhos para retomar o crescimento em um mundo onde fumar está se tornando mais raro. Dito isto, a elevada margem bruta (o custo de fabricação de um cigarro é uma pequena fração do seu preço) das empresas de tabaco permitiu que seus anos de declínio continuassem lucrativos, considerando a manutenção de seus lucros elevados. No entanto, para um subconjunto de empresas, a redução das receitas e o declínio das margens vão se combinar para fazer os lucros caírem mais depressa do que as receitas. Se essas empresas fizerem empréstimos durante a fase de maturidade, o fracasso no pagamento da dívida durante a diminuição das receitas e dos lucros criará momentos de ajuste de contas, e é quando a falência se torna uma possibilidade.

No caso de muitas empresas em declínio, os gestores aspiram a um renascimento, ou, pelo menos, uma reformulação, o que lhes permitiria, mais do que frear esse declínio, revertê-lo. Embora as probabilidades de fracasso contra essas tentativas possam ser altas, algumas obtêm sucesso, o que as torna objeto de estudos de caso para escolas de negócios e consultores, que as examinam na esperança de replicar tal sucesso, e transformam seus CEOs em lendas no mundo dos negócios.

A situação financeira

Na fase de declínio, as linhas de tendência das principais métricas operacionais de uma empresa são negativas, por conta da diminuição das receitas e da pressão nas margens operacionais. Porém, muitas empresas maduras e até algumas de alto crescimento podem enfrentar anos em que as receitas caem e as margens operacionais diminuem, e um conjunto de circunstâncias é o que distingue as empresas em declínio daquelas que acabaram de ter um (ou mais) ano "ruim":

1. **As linhas de tendência ao longo do tempo:** em um ano, ou até dois, o declínio da receita pode ser explicado como extraordinário, mas uma sequência que dura cinco ou dez anos é indicativa de deterioração nos negócios subjacentes.
2. **Fatores macro:** empresas maduras ou mesmo em crescimento podem enfrentar séries de receitas decrescentes se essas receitas forem impulsionadas por uma variável macro que se move em ciclos. É o caso, por exemplo, das empresas de commodities, nas quais o ciclo de preços pode refletir anos de queda nos preços das commodities, o que provoca a quedas de receitas nas empresas que as produzem.

As empresas em declínio podem colocar lenha na fogueira se ostentarem grandes dívidas que permanecem intactas mesmo quando as operações se deterioram. Elas enfrentarão dificuldades, o que poderá acelerar ainda mais a deterioração das operações e, por vezes, terminar em falência.

Os desafios de capital e propriedade

Ao olhar para o espectro de propriedade nas empresas, comece pelos investidores em startups e empresas muito jovens que assumem um papel ativo na gestão e que pressionam por mudanças, caso necessário. Quando as empresas crescem, e por vezes abrem o capital, os investidores tendem a se tornar mais passivos e preferem vender suas ações e seguir em frente, em vez de desafiar os gestores existentes. Já foi citado que, com um subconjunto de empresas maduras e estáveis, os investidores que sentem a necessidade de mudança vão se tornar mais ativistas, e esse ativismo vai aumentar no momento em que as empresas entrarem em declínio, com três grupos de atores. O primeiro deles, que inclui fundos de investimento de capital privado e fundos hedge ativistas, vai fazer pressão por mudanças na política operacional e de financiamento e, às vezes, adquirir empresas inteiras para fazer com que essa mudança aconteça através de aquisições. O segundo grupo de investidores foca mais valor disponível em liquidar seus ativos ou no desmembramento da empresa do que em mantê-la em funcionamento. O terceiro vai se concentrar em empresas que estejam enfrentando dificuldades e negociará seus títulos (tanto ações como dívida), seja por estarem mal avaliados, seja para explorar fricções no processo legal de liquidação das operações.

As fases inicial e final do ciclo de vida corporativo representam extremos opostos dos fluxos de capital, sendo o capital levantado por empresas jovens e devolvido por empresas em declínio, embora ambas tendam a atrair investidores mais propensos a se fazer presentes e a pressionar por mudanças. São também os períodos em que a incerteza sobre o futuro é maior, e faz muitos evitarem essas empresas, o que talvez aumente o retorno para aqueles que estão dispostos a enfrentar essa mesma incerteza.

Conclusão

Neste capítulo, expus as fases do ciclo de vida das empresas, desde a fase de startup até seu desaparecimento, e os desafios enfrentados em cada fase, tanto em termos operacionais quanto em financeiros. O ciclo de vida corporativo é uma estrutura que explica como as empresas evoluem ao longo do tempo, mas vale a pena voltar a salientar que, apesar da verdade de que todas as empresas envelhecem, a forma como isso acontece pode ser muito diferente. Para simplificar: há muitas empresas que nunca crescem, mas duram muito tempo, coexistindo com empresas que passam por um grande aumento de escala, mas minguam com a mesma rapidez.

O ciclo de vida corporativo: Medidas e determinantes

NO CAPÍTULO 2, dividi o ciclo de vida corporativo em fases, a começar pela fase de startup e terminando com o declínio da empresa. Neste capítulo, começo por abordar uma questão fundamental: medir em que fase a empresa está, partindo da ferramenta mais simplista, a idade corporativa, para então analisar métricas mais ligadas às operações da empresa. Na segunda parte do capítulo, passo a abordar a questão de por que o ciclo de vida corporativo parece mudar de uma empresa para a outra, apresentando três dimensões nas quais esses ciclos variam (duração, auge e inclinação), além de uma avaliação de fatores macro e micro que podem explicar desvios.

Medidas do ciclo de vida corporativo

Se, como postula a noção de ciclo de vida corporativo, as empresas avançam sucessivamente pelas fases, seria lógico poder desenvolver medidas ou métricas que permitam determinar em que ponto do ciclo a empresa está. Como mostrarei nesta seção, essa busca não leva a respostas fáceis, mas mesmo assim vale a pena, dado que os aprendizados obtidos no processo podem ser úteis na próxima seção do capítulo, em que tentarei explicar as diferenças nos ciclos de vida entre diferentes negócios.

Idade da empresa

Se usarmos a analogia com o ciclo de vida humano, a medida mais direta da fase do ciclo de vida corporativo em que se encontra uma empresa é sua idade corporativa. Para simplificar: uma empresa que existe há apenas cinco anos tem maior probabilidade de ser jovem, com oportunidades de crescimento e testes de modelo de negócios à frente, enquanto uma que existe há cem anos tem maior probabilidade de estar envelhecendo e talvez até mesmo em declínio. Para se ter uma ideia de como consiste a duração da vida corporativa, vamos começar por observar a distribuição das empresas com ações negociadas em bolsa por idade corporativa e por região, segundo os dados da Figura 3.1.

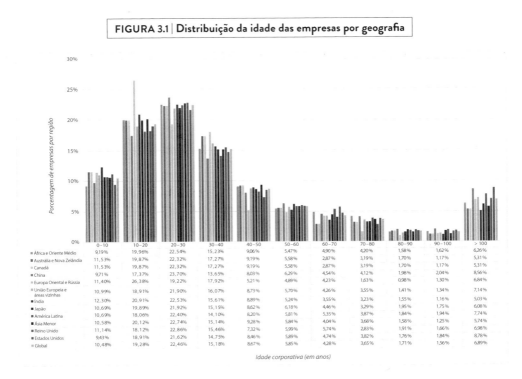

FIGURA 3.1 | Distribuição da idade das empresas por geografia

A média de idade de uma empresa de capital aberto, levando-se em conta os índices de todo o mundo, é de 29 anos, métrica que cai para 25 anos ao se considerar apenas os Estados Unidos. O Japão tem mais empresas antigas do que qualquer outro lugar do mundo com a idade corporativa mediana de 54 anos, um indicativo de sua economia envelhecida e de um sistema que dificulta a disputa dos recém-chegados contra o status quo. Os Estados Unidos têm a maior porcentagem de empresas jovens, ostentando um primeiro quartil de onze anos — o que indica que um quarto de todas as empresas norte-americanas têm menos de onze anos. (Observe, porém, que essa análise não inclui negócios de capital fechado, e pode-se argumentar que essas empresas talvez tenham uma vida útil mais curta.)

Embora seja um bom ponto de partida para posicionar as empresas no ciclo de vida, por ser fácil de calcular e simples de entender, a idade corporativa tem seus limites como ferramenta. Primeiro de tudo, algumas empresas parecem envelhecer mais depressa do que outras, e, como mostrarei mais adiante neste capítulo, esse tem sido o caso das empresas de tecnologia — muitas partem de pouca ou nenhuma substância para se tornarem grandes empresas em períodos muito curtos. Além disso, a data de fundação da empresa é utilizada como o ano de início para calcular a idade corporativa, porém pode ser fácil subestimar a idade das empresas que permanecem pequenas e de propriedade privada durante um longo período antes de embarcarem em uma jornada de crescimento. Um modo de medir até que ponto a idade corporativa funciona para mostrar a situação da empresa em relação ao seu ciclo de vida é observar as métricas operacionais, sobretudo o crescimento das receitas e das margens operacionais, discriminadas por decil de idade, conforme a Tabela 3.1.

Tabela 3.1 • Métricas operacionais por decil de idade corporativa

Decil (idade)	# empresas	Taxa de Crescimento da Receita Anual Composta (CAGR nos últimos 3 anos)				Margem operacional			
		Primeiro quartil	Mediana	Terceiro quartil	% crescimento negativo	Primeiro quartil	Mediana	Terceiro quartil	% margens negativas
Decil inferior	4.026	-4,86%	18,16%	72,42%	14,80%	-176,76%	-3,29%	12,22%	54,91%
2º decil	4.164	-6%	13,58%	41,46%	25,55%	-53%	0%	13,77%	48,17%
3º decil	4.930	-7,18%	8,88%	26,08%	28,86%	-15,02%	4,28%	15,61%	37,39%
4º decil	4.098	-4,55%	8,58%	21,60%	29,77%	-5,30%	4,95%	14,04%	31,63%
5º decil	4.785	-6,01%	6,19%	17,61%	32,18%	-0,48%	5,76%	14,91%	27,79%
6º decil	4.029	-7,11%	4,15%	15,51%	35,84%	0%	5,79%	13,98%	25,83%
7º decil	4.653	-7,04%	3,74%	14,20%	35,63%	0%	5,48%	13,54%	25,08%
8º decil	4.414	-6,22%	2,19%	9,87%	40,17%	0,40%	6,20%	13,42%	20,93%
9º decil	4.582	-5,24%	1,32%	8,38%	42,12%	1,21%	6,03%	12,57%	17,03%
Decil superior	4.473	-3,97%	1,57%	7,33%	40,73%	0%	5,86%	12,37%	12,22%

Como observei no Capítulo 2, as empresas na fase de crescimento inicial costumam apresentar aumento rápido das receitas e perda de dinheiro, as empresas maduras têm crescimento das receitas moderado ou baixo e margens de lucro sólidas e as empresas em declínio têm receitas estáveis ou em redução. A partir dos resultados da tabela sugere-se que a idade corporativa é um indicador aproximado da fase em que as empresas se encontram, uma vez que as mais jovens (no decil mais baixo) apresentam crescimento elevado das receitas e margens operacionais negativas, enquanto as mais antigas (no decil mais alto) têm crescimento menor das receitas, mas suas margens são quase as mesmas das empresas que se enquadram na parte média da distribuição da idade corporativa.

Embora essas medidas de idade sejam relativas às empresas de capital aberto, vale notar que alguns dos negócios mais antigos do mundo são de propriedade privada, em geral, de propriedade familiar e com séculos de história, não décadas. Em um estudo conjunto da Ernst & Young e a Universidade de St. Gallen sobre as quinhentas maiores empresas familiares do mundo, em 2021, descobriu-se que uma empresa hipotética que seguisse a média desse grupo teria mais de 50 anos de existência, e 9% delas operavam havia mais de 150 anos. É evidente que há um viés de seleção nesse caso, já que os citados são os mais bem-sucedidos exemplos de empresas familiares, e muitas não resistem por tanto tempo, mas, a partir da análise dos dados, sugere-se que há algum aspecto da propriedade familiar que contribua para a longevidade. Voltarei ao tema e examinarei a possível a razão na próxima seção.

Setor

Não é incomum que investidores e analistas utilizem o setor em que a empresa opera como indicador da fase do ciclo de vida em que ela se enquadra. Assim, as de tecnologia quase sempre são categorizadas como jovens e de elevado crescimento apenas por serem desse ramo, e as de serviços essenciais são consideradas velhas e maduras apenas por serem dessa área. Na Figura 3.2, começo por analisar a divisão por setor das empresas cotadas em bolsa nos mercados globais.

O ciclo de vida corporativo: Medidas e determinantes | 63

FIGURA 3.2 | Divisão de empresas por setor

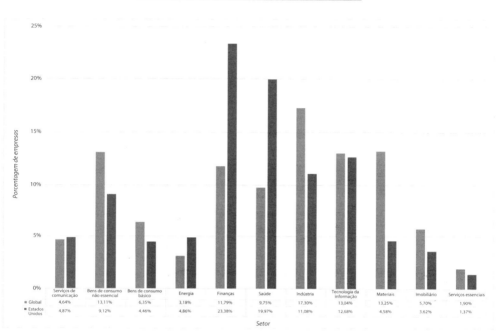

Em julho de 2022, 6.246 empresas de tecnologia de capital aberto foram listadas globalmente (913 nos Estados Unidos). Se o atalho por setor for usado para definir a fase do ciclo de vida, todas essas seriam empresas de crescimento jovem, e as 1.522 empresas de energia de capital aberto listadas globalmente (350 nos Estados Unidos) seriam maduras ou mesmo estariam em declínio.

Utilizar o artifício do setor para posicionar a empresa no ciclo de vida é tão problemático quanto — talvez até mais — o uso da idade corporativa. Primeiro que com o envelhecimento e a diversificação dos setores, fica mais difícil englobar todas as empresas do mesmo ramo na mesma fase do ciclo de vida corporativo. Quando, na década de 1980, todo o ramo da tecnologia estava iniciando sua escalada de crescimento, e a maioria das empresas era jovem e crescia, surgiu a noção de que todas as empresas do setor são jovens e de alto crescimento. Em 2022, quando a área da tecnologia passou a abrigar algumas das empresas mais valiosas do mercado e foi responsável pela maior fatia da capitalização geral de mercado, o setor já englobava empresas muito diversas, sendo elas companhias em crescimento, maduras e até em declínio.

Para se ter uma ideia de como as categorias setoriais funcionam como indicadores do ciclo de vida corporativo, observei o crescimento das receitas e as estatísticas da margem operacional, todas discriminadas por setor, e estimei a distribuição etária das empresas em cada setor, conforme exposto na Tabela 3.2:

Tabela 3.2 • Métricas operacionais e idade por setor — empresas globais, julho de 2022

Setor primário	# empresas	Média de idade	Primeiro quartil	Mediana	Terceiro quartil	% crescimento negativo	Primeiro quartil	Mediana	Terceiro quartil	% margens negativas
Serviços de comunicação	2.223	23	-10,76%	1,92%	16,98%	40,40%	-13,06%	4,68%	14,59%	37,22%
Bens de consumo não essenciais	6.277	34	-11,29%	0,37%	11,37%	45,45%	-3,68%	4,16%	10,10%	32,10%
Bens de consumo básico	3.041	38	-3,99%	3,93%	12,66%	32,65%	0,39%	4,87%	11,03%	23,54%
Energia	1.522	25	-12,03%	0,18%	14,34%	40,47%	-10,34%	4,19%	22,19%	34,64%
Finanças	5.646	28	-3,29%	6,90%	18,74%	24,35%	0,00%	0,00%	10,27%	21,94%
Saúde	4.670	21	-1,74%	10,42%	34,55%	22,36%	-209,09%	-0,64%	13,89%	50,52%
Indústria	8.288	35	-5,97%	2,98%	14,45%	37,52%	0,27%	5,57%	11,63%	24,21%
Tecnologia da informação	6.246	25	-1,87%	8,47%	22,19%	26,48%	-6,52%	4,96%	12,66%	32,33%
Materiais	6.345	29	-3,81%	5,25%	16,24%	24,37%	1,34%	7,69%	14,55%	22,21%
Imobiliário	2.728	28	-12,02%	1,81%	16,06%	41,39%	5,47%	22,69%	52,20%	19,14%
Serviços essenciais	910	27	-2,13%	4,22%	14,44%	30,66%	4,64%	14,96%	27,90%	15,16%
Total	47.907	29	-5,75%	4,44%	17,04%	32,35%	-1,79%	5,07%	13,74%	29,29%

Os dois setores com maiores taxas de crescimento da receita são tecnologia e saúde, mas ambos também têm margens acima da média. Para aumentar a confusão, o setor de saúde possui a maior porcentagem de empresas que estão perdendo dinheiro: 50,5% de todas as empresas do ramo estão divulgando perdas operacionais. Ao observar a média de idade, o setor de saúde tem as empresas mais jovens, com idade corporativa média de 21 anos, enquanto as mais antigas estão no setor de bens de consumo básico. Em suma, os números que surgem de uma análise setorial, na melhor das hipóteses, apresentam uma ligação tênue com o ciclo de vida corporativo, então a única conclusão sólida é a de que o setor com maior probabilidade de conter empresas em estágio inicial de crescimento em julho de 2022 é o da saúde, enquanto os que parecem ter mais empresas em declínio são o de energia e o de bens de consumo não essenciais, também conhecido como "setor de consumo discricionário".

Isso significa que nunca devemos usar o setor como indicador da posição de uma empresa no ciclo de vida? Não necessariamente! As divisões setoriais podem ser amplas demais para servirem de atalho, mas as segmentações por indústria às vezes podem ser úteis. Por exemplo, embora o setor de tecnologia como um todo não divirja tanto do restante do mercado, as empresas de software para a internet têm crescimento muito maior das receitas e margens operacionais muito mais negativas, consistentes com o fato de muitas ou da maioria das empresas estarem no estágio inicial de crescimento. Do mesmo modo, segmentar apenas as empresas de biotecnologia do setor de saúde exibe números com maior crescimento das receitas e margens mais negativas do que o restante do mercado. Dividindo o mercado em 93 segmentos, constato que cinco deles tiveram o maior crescimento das receitas, ilustrados na Tabela 3.3:

Tabela 3.3 • Segmentos de indústria com maior crescimento da receita, julho de 2022

Segmento industrial	# empresas	Média de idade	Taxa de Crescimento da Receita Anual Composta (CAGR nos últimos 3 anos)				Margem operacional			
			Primeiro quartil	Mediana	Terceiro quartil	% crescimento negativo	Primeiro quartil	Mediana	Terceiro quartil	% margens negativas
Informação e tecnologia em saúde	447	20	2,91%	17,08%	40,44%	17,90%	-80,78%	-1,26%	14,78%	50,51%
Varejo (on-line)	381	17	-0,68%	14,90%	38,34%	23,62%	-16,93%	-0,21%	5,54%	50,86%
Software (internet)	152	21	1,32%	13,41%	36,96%	21,71%	-22,93%	2,16%	11,26%	43,80%
Medicamentos (biotecnologia)	1.293	15	-23,51%	13,33%	59,02%	25,29%	-1439,25%	-267,69%	-15,53%	79,66%
Software (sistemas e aplicações)	1.625	21	-1,18%	12,74%	31,93%	23,38%	-44,89%	-0,23%	11,99%	50,24%

Esses cinco segmentos da indústria contêm um número desproporcional de empresas em estágio inicial de crescimento, uma vez que, em muitas dessas empresas, o crescimento da receita é acompanhado de margens operacionais negativas. Em resumo, não é irracional partir do pressuposto de que é provável que uma empresa de softwares de biotecnologia esteja em estágio inicial de crescimento.

No outro extremo do espectro, os segmentos da indústria que apresentam as menores taxas de crescimento da receita estão listados na Tabela 3.4:

Tabela 3.4 • Segmentos da indústria com menor crescimento da receita, julho de 2022

Segmento industrial	# empresas	Média de idade	Taxa de Crescimento da Receita Anual Composta (CAGR nos últimos 3 anos)				Margem operacional			
			Primeiro quartil	Mediana	Terceiro quartil	% crescimento negativo	Primeiro quartil	Mediana	Terceiro quartil	% margens negativas
Transporte aéreo	154	31	-27,38%	-17,35%	-7,62%	79,87%	-39,77%	-12,28%	5,20%	65,25%
Hotéis/Jogos	644	32	-31,62%	-16,85%	-1,65%	71,74%	-48,83%	-10,09%	8,79%	62,29%
Transporte (ferrovias)	51	47	-10,74%	-5,69%	2,59%	66,67%	-0,47%	4,55%	21,18%	26,00%
Restaurantes/ Alimentação	382	31	-15,49%	-5,20%	5,07%	60,47%	-11,54%	-0,49%	6,42%	51,82%
Editoras e jornais	334	38	-10,76%	-2,77%	7,27%	53,59%	-0,53%	5,03%	10,71%	26,86%

Não há surpresas nessa lista, que inclui cinco indústrias em que o crescimento das receitas é negativo para uma mediana, e três dos cinco segmentos industriais também possuem margens operacionais negativas. Essa é uma combinação tóxica para qualquer negócio ativo e indica nitidamente que esses segmentos incluem um número desproporcionalmente grande de empresas em declínio.

Métricas operacionais

Como as duas últimas seções deixam nítido, as medidas definitivas para afirmar a fase em que a empresa se enquadra no ciclo de vida estão baseadas não na idade nem no setor ou segmento, e sim nas operações. Ao utilizar o crescimento da receita e as margens operacionais como principais métricas, a Tabela 3.5 resume o que deve ser esperado em empresas situadas em cada estágio do ciclo de vida:

O ciclo de vida corporativo: Medidas e determinantes | 67

Tabela 3.5 • Métricas operacionais ao longo do ciclo de vida

Estágio do ciclo de vida	Startup	Estágio inicial de crescimento	Alto crescimento	Crescimento maduro	Estabilidade madura	Declínio
Crescimento da receita	N/D pré-receita; muito alto para receitas iniciais	Muito alto	Alto	Moderado	Baixo	Perto de zero ou negativo
Margem operacional	Muito negativa	Negativa, talvez piorando com o tempo	Negativa, mas melhorando com o tempo	Positiva e melhorando com o tempo	Estável e previsível	Positiva, mas em declínio
Reinvestimento	Alto	Muito alto	Alto, mas estável em relação às receitas	Alto, mas em declínio em relação às receitas	Baixo e em função das receitas	Desinvestimento e redução
Fluxos de caixa livres (dinheiro disponível após impostos e reinvestimento)	Muito negativo	Muito negativo, talvez piorando com o tempo	Negativo, mas melhorando com o tempo	Positivo e crescendo mais rápido do que receitas e ganhos	Positivo e estável	Mais positivo que os lucros

Em suma, o melhor indicador da posição de uma empresa no seu ciclo de vida vai ser suas demonstrações financeiras. Ao dar enfoque apenas no crescimento da receita e na margem operacional, dividi as empresas em dez fatias percentuais (decis) para cada dimensão, então criei uma tabela cruzada, em que observei o número de empresas que se enquadram em cada célula (Figura 3.3):

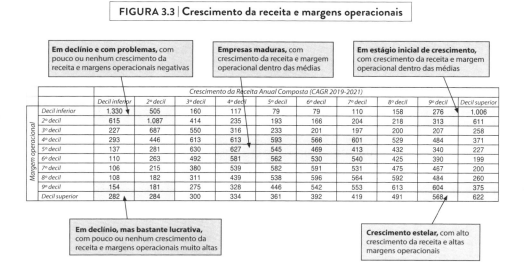

FIGURA 3.3 | Crescimento da receita e margens operacionais

Como é possível constatar, a combinação de crescimento da receita e margens operacionais observada nas empresas varia muito. A conclusão é que, independentemente da fase do ciclo de vida, há centenas de empresas, por vezes milhares, que se enquadram em determinado grupo em um recorte de análise global.

Outros caminhos

Há outros caminhos para categorizar as empresas no ciclo de vida corporativo, mas a maioria está fatalmente equivocada. Alguns pensadores argumentam que o porte da empresa, medido em termos operacionais (receitas), deve ser um bom critério, sob o qual empresas menores têm maior probabilidade de estar na fase de crescimento, e empresas maiores, na fase madura. Pode até ser que esse argumento esteja correto, mas o ponto crucial é que parece haver pouca correlação entre o porte da empresa e as métricas operacionais (crescimento da receita e margens operacionais). Há quem acredite que uma métrica de mercado é melhor do que uma operacional, já que os mercados têm a capacidade de incorporar o que esperam que aconteça no futuro. Porém, mais uma vez, esse argumento não se sustenta com os dados, pois as empresas de menor capitalização (small caps) não parecem ter um crescimento esperado mais alto do que as empresas de grande porte.

Em resumo, acredito que a idade corporativa e a segmentação por indústria oferecem informações que podem ser utilizadas para avaliar o estágio do ciclo de vida no qual a empresa se encontra, mas os melhores indicadores constam nas demonstrações financeiras, tendo como principais indicadores o crescimento da receita e as margens operacionais.

Dimensões e determinantes do ciclo de vida

Todo negócio terá um ciclo de vida, mas alguns vão conclui-lo mais depressa, enquanto outros alcançarão picos mais altos (aumentam sua escala), e, ainda, outros se contentarão com menos. Nesta seção, examinarei as dimensões que caracterizam o ciclo de vida corporativo e as razões para as diferenças entre as empresas.

Dimensões

Correndo o risco de simplificar demais a questão, a forma de um ciclo de vida corporativo pode ser capturada em quatro dimensões. A primeira é a duração, o período de

O ciclo de vida corporativo: Medidas e determinantes | **69**

existência do negócio, em que algumas empresas duram muito mais do que outras. A segunda é o auge, caracterizado pelo ápice dos negócios, o maior pico alcançado. A terceira dimensão é a inclinação da curva, refletida pela rapidez com que um fundador ou um novato nos negócios é capaz de ampliar o tamanho da empresa, bem como a rapidez com que a corporação diminui. A dimensão final é a parte plana, uma medida de quanto tempo a empresa é capaz de permanecer no topo após a maturidade.

Duração do ciclo de vida

A duração do ciclo de vida se baseia no tempo que determinada empresa leva da fase de startup até seu desaparecimento. A empresa mais antiga do mundo, a Kongo Gumi, fundada em 578 d.C. e adquirida em 2006, manteve seu negócio de construção de templos e santuários no Japão durante quase 1.500 anos. A empresa mais antiga cotada em bolsa nos mercados acionários dos Estados Unidos é a Consolidated Edison, que começou como New York Gas Light em 1824, e tanto a GE quanto a Exxon Mobil têm mais de cem anos de existência. No entanto, empresas como essas, de vida longa, são muito mais a exceção do que a regra — estima-se que as empresas norte-americanas tenham uma vida útil de pouco mais de dez anos antes de sofrerem falência, serem adquiridas ou encerrarem as atividades. Os fatores que determinam a duração do ciclo de vida corporativo estão listados abaixo:

a. **Tipo de empresa:** algumas empresas têm mais poder de permanência do que outras porque os produtos e serviços que oferecem dispõem de uma demanda durável. É provável que uma grande varejista tenha uma vida útil mais longa do que uma varejista especializada, ainda mais uma que oferece um produto de nicho.

b. **Hora de construir o negócio:** empresas que levam tempo para se estabelecer têm maior probabilidade de atingir maior longevidade do que aquelas capazes de aumentar a produção e logo entrar no mercado. Portanto, não é surpresa que empresas de infraestrutura, que podem levar anos, ou mesmo décadas, para dar início às operações, alcancem uma longevidade muito maior do que uma empresa de software, que pode começar a gerar receitas sem dispor de longos períodos de tempo em instalações para produção ou construção.

c. **Barreiras competitivas à entrada:** com frequência, o declínio e o desaparecimento de empresas resultam do surgimento de novos competidores no mercado, e a existência de barreiras fortes e duradouras que impeçam a entrada pode permitir que as empresas se mantenham por muito mais tempo do que se operassem em ambientes de mais livre concorrência.

d. **Condições macroeconômicas:** uma empresa que opera em um ambiente macroeconômico mais volátil vai enfrentar mais fatores de riscos capazes de encurtar sua vida útil em comparação a um negócio semelhante em um ambiente estável. Assim, é de se esperar que a média de longevidade das empresas em mercados emergentes seja mais curta do que a de mercados já desenvolvidos.

e. **Estrutura de propriedade e governança:** para que uma empresa prospere é necessário continuidade de gestão. Um negócio que depende de uma pessoa ou pessoas-chave para sua operação contínua terá a vida mais curta do que o negócio que possui uma equipe de gerenciamento e planos de sucessão bem-estabelecidos. À primeira vista, isso parece sugerir que as empresas de capital aberto têm maior longevidade do que as de propriedade privada, mas, embora isso em geral seja verdade, vale notar que alguns dos negócios mais longevos do mundo são de propriedade familiar, nos quais a família desenvolveu uma estrutura para uma transição suave da gestão para a próxima geração.

f. **Horizonte temporal:** uma das razões pelas quais uma empresa familiar de sucesso pode ter um horizonte temporal muito mais longo do que uma empresa bem-sucedida de capital aberto é a estrutura de incentivos dos tomadores de decisão que desenvolvem o negócio e como ela pode afetar a vida útil dos negócios. Em um empreendimento familiar, os proprietários recebem o lucro residual e esperam que prossiga na gestão da família no longo prazo, então presume-se que as decisões deem preferência a estender a vida da empresa em detrimento de gerar lucros maiores no curto prazo ao custo da longevidade. Em contrapartida, a alta gestão de uma empresa de capital aberto pode ter mais recompensas ao buscar preços mais altos das ações para os investidores e embolsar sua remuneração baseada nas ações, mesmo que a decisão cause a redução da vida útil corporativa.

O Japão oferece um laboratório para pesquisa sobre empresas longevas que abrange mais de 20 mil empresas com mais de 100 anos, e os japoneses cunharam uma palavra, "shinise", para descrever negócios tão duradouros. A maioria dessas empresas é pequena e familiar, o que sugere uma compensação, que examinarei em mais detalhes na próxima seção, entre desejar mais longevidade para um negócio e buscar ampliá-lo, sendo que o aumento na escala diminui o tempo de vida.

Auge do ciclo de vida

O auge do ciclo de vida faz referência ao porte da empresa após sua fase de aumento de escala. É, na verdade, uma medida das receitas no ápice do empreendimento e, mesmo com o empirismo casual, é possível perceber que algumas empresas chegam muito mais alto que outras. Uma mistura de fatores internos e externos determina as diferenças de pico de receita entre as empresas. Os fatores externos incluem:

a. **Mercado potencial do produto ou serviço:** as escolhas de oferecer um produto ou serviço a um mercado de nicho ou a um mercado de massa podem determinar a altitude de escalada de um empreendimento. Uma montadora de luxo como a Ferrari nunca poderia gerar tanta receita quanto uma empresa de automóveis de mercado de massa como a Volkswagen — ainda assim, é preciso ressaltar que a primeira poderá gerar margens muito mais altas em sua base de receita menor.

b. **Alcance geográfico:** nas últimas três décadas, empresas de todo o mundo aprenderam a se inserir para além dos mercados locais em busca de crescimento. Isso viabilizou que empresas que, de acordo com o padrão histórico, teriam sido limitadas a permanecerem pequenas, por operarem em mercados nacionais reduzidos, se expandissem para mercados estrangeiros e aumentassem sua dimensão.

c. **Inovação tecnológica e econômica:** algumas inovações na história abriram as portas para as empresas alcançarem níveis que, antes, não poderiam ser atingidos. Quase três séculos atrás, a revolução industrial permitiu às empresas expandir a produção, recorrendo às fábricas para atingir níveis inalcançáveis com mão de obra artesanal. Em meados do século passado, a introdução de linhas de montagem impulsionou o potencial de produção e permitiu aos adotantes mais bem-sucedidos produzir e vender muito mais do que era possível em anos anteriores. Na década de 1990, a evolução da internet abriu as portas para o comércio eletrônico, possibilitando que empresas on-line alcançassem mercados maiores. Neste século, a invenção e a onipresença do smartphone de fácil acesso permitiram que as empresas construíssem negócios que, mais do que fáceis de escalar, têm limites muito mais elevados em casos de sucesso. Afinal, sem o alcance e a conveniência do smartphone, é improvável que a Uber tivesse revolucionado o negócio de serviços de automóveis e conseguido escalar tanto quanto o fez.

d. **Benefícios do networking:** uma característica da revolução tecnológica tem sido a vantagem competitiva das empresas que conseguem estabelecer uma posição dominante precoce em seu mercado. Elas descobrem que seu domínio facilita a atração de clientes e recursos à medida que crescem — são os benefícios do networking. Um ambiente em que o "vencedor leva tudo" pode acabar com dois ou três players muito grandes no mercado, cada um capaz de gerar receitas muito superiores à média. O mercado publicitário oferece um bom exemplo: dois grandes players, Google e Facebook, aumentam sua fatia de mercado todos os anos, à custa dos jornais, outdoors e canais de televisão e de rádio que constituíam o mercado. Ter aumentado sua fatia no setor os tornou mais atraentes para os anunciantes.

e. **Restrições regulatórias:** o potencial de crescimento de uma empresa pode ser limitado por leis que derrubam os oligopólios e monopólios naturais, limitando a fatia de mercado e de crescimento para as empresas maiores.

Além desses fatores macro, alguns fatores no nível dos negócios também podem delimitar tetos sobre o crescimento. Um importante é a tensão entre ambições de crescimento e de controle, pois a maior expansão por vezes exige que os fundadores da empresa cedam o controle para aqueles que fornecem o capital que viabiliza a expansão. Assim, as receitas de empresas cujos proprietários (fundadores ou família) não estão dispostos a ceder o controle a pessoas de fora podem alcançar um patamar estável muito mais cedo do que aquelas cujos fundadores estão dispostos a abrir mão de parte do controle em troca de maiores injeções de capital.

Inclinação da curva do ciclo de vida

A inclinação mede a taxa na qual uma empresa sobe na curva do ciclo de vida. Algumas levam décadas para crescer, outras obtém o mesmo resultado em poucos anos. Para explicar essas diferenças, examinemos os seguintes fatores:

a. **Intensidade de capital:** leva mais tempo para erguer um empreendimento e começar a gerar fluxos de caixa positivos em indústrias de capital intensivo do que em ambientes de capital menos intensivo. Os negócios de telecomunicações e de TV a cabo que perduraram durante décadas ao longo do século passado exigiram longos períodos de investimento antes de dar início às operações. Dito isso, algumas das empresas mais bem-sucedidas da última década foram startups que criaram modelos de capital leve para entrar e derrubar indústrias de capital intensivo. Tomemos como exemplo o ramo da hotelaria, no qual a abordagem convencional ao crescimento das empresas hoteleiras era meticulosa e demorada e demandava a construção de hotéis em diversas partes do mundo ou, ainda mais caro, a aquisição de hotéis já estabelecidos por outras redes. A Airbnb, fundada em 2009, conquistou uma fatia significativa no setor, maior do que a de qualquer empresa hoteleira estabelecida, ao atuar como intermediária entre anfitriões (pessoas que disponibilizam alojamentos) e clientes (pessoas com interesse de se hospedar nesses alojamentos), um modelo de negócio que requer pouco capital e se expande depressa.

b. **Acesso ao capital:** mesmo para empresas com pouco capital, como Airbnb e Uber, é fundamental o acesso a ele para financiar investimentos de crescimento rápido. Quando há capital acessível e disponível em grandes quantidades, as empresas podem passar pelo ciclo de vida mais rápido do que quando têm acesso limitado ou nulo. Durante décadas, uma das razões pelas quais as startups nos Estados Unidos puderam crescer mais depressa do que as startups em grande parte do mundo foi a existência de uma agitada base de capital de risco (venture capital) no país. No outro extremo do espectro, a ausência de mercados de capitais na Ásia e na América Latina criou economias dominadas por empresas familiares, muitas das quais nunca escalaram. Mesmo que o capital de risco tenha sido globalizado, o acesso a ele pode fluir ou refluir ao longo do tempo, como mostrarei no próximo capítulo, e as startups que têm a sorte de começar com capital abundante poderão crescer mais depressa do que aquelas que começam com capital de risco mais escasso.

c. **Inércia do consumidor:** em marketing, a inércia do consumidor refere-se ao fenômeno de clientes que permanecem fiéis ao que é oferecido pelo status quo (empresas existentes que dominam o mercado), relutantes em experimentar produtos ou serviços de novas empresas. O que diferencia a inércia dos consumidores da lealdade do cliente é que o apego às ofertas existentes está enraizado mais no medo de tentar algo novo do que em suas necessidades serem ou não atendidas. Dito isto, a inércia do consumidor varia entre as empresas, às vezes entre as culturas e, talvez, entre as faixas etárias. Uma empresa que oferece produtos vitais a um público mais velho, como por exemplo no setor de saúde, lida mais com a inércia do que uma que oferece produtos mais discricionários a um público mais jovem, como no setor de moda. O sucesso inicial da Uber no compartilhamento de viagens veio de clientes mais jovens, que consideraram a abordagem de usar smartphones para contratar as viagens mais intuitiva e atraente do que chamar um táxi, e o crescimento inicial da empresa foi suficiente para que abocanhasse clientes mais velhos, atraídos pelos custos reduzidos e pela maior conveniência.

d. **Restrições regulatórias:** startups em setores que exigem licenciamento ou aprovação regulatória para expandir ficam limitadas, por natureza própria, pela velocidade com a qual podem começar a mostrar sucesso operacional. Pense no setor de biotecnologia, em que mesmo os players mais promissores devem passar pelo demorado processo de testagem de produtos antes da aprovação para a venda, o que resulta em uma longa jornada até que possam decolar. Um aspecto controverso dos modelos da Uber e do Airbnb é que escolheram primeiro crescer em diversas novas localidades para só depois buscar a aprovação regulatória, o que acarretou custos legais e proibições diretas, pelo menos em algumas partes do mundo.

Uma última questão sobre a inclinação na curva do ciclo de vida vale a pena ser mencionada: em geral, as mesmas forças que determinam a rapidez com que uma empresa sobe no ciclo de vida determinam a rapidez com que ela é forçada a descer. Assim, uma empresa em um mercado de capital menos intensivo vai escalar muito mais depressa, contudo, em muitos casos também, vai diminuir muito mais rápido.

Permanecendo no topo

A dimensão final do ciclo de vida mede o tempo que determinada empresa, já amadurecida, consegue permanecer nesse estágio — e colhendo os benefícios de ter chegado lá. A variabilidade aqui está nas vantagens competitivas que os negócios construíram durante a caminhada até a maturidade e no quanto essas vantagens são defensáveis frente aos ataques dos concorrentes. As empresas capazes de sair na frente com vantagens competitivas fortes e sustentáveis devem ter estadias mais longas e lucrativas no topo do que as que não conseguem.

Não sou estrategista e, em vez de aborrecer o leitor com uma lista de possíveis vantagens competitivas, vou reproduzir a sólida, embora datada, avaliação dessas vantagens feita pela Morningstar, com exemplos de forte a fraco, na Tabela 3.6:

Tabela 3.6 • Avaliação dos fossos econômicos pela Morningstar

	Marca	Custo de mudança	Efeito do network	Vantagens de custo	Eficiência de escala
Amplo	**Coca-Cola:** apenas água com açúcar, mas os consumidores pagam mais	**Oracle:** vínculos com bancos de dados integrados tornam a mudança muito cara	**Chicago Mercantile Exchange:** função de intermediação cria volume cativo	**UPS:** investimentos logísticos anteriores resultam em baixos custos marginais da entrega	**International Speedway:** possui a única pista da NASCAR que cada área metropolitana pode sustentar
Estreito	**Snapple:** marca sólida, mas com menor poder de precificação	**Salesforce:** popular, mas com custos de mudança menores	**NYSE Euronext:** líder no mercado, mas a liderança não cria tanto efeito de rede	**FedEx:** custos fixos mais elevados do segmento de logística aérea criam vantagens de custos menores	**Southern Company:** monopólio geográfico natural, apoiado pela regulamentação
Sem fosso econômico	**Cott:** player genérico, sem lealdade à marca ou poder de precificação	**TIBCO:** software de ponta, mas com custos baixos ou mesmo nenhum custo para mudar para os concorrentes	**Knight Capital:** criadora de mercado e intermediadora de ordens, com pouco em termos de benefícios de rede	**Con-way:** empresa de transporte rodoviário, mas negócio fragmentado com poucas vantagens de custo	**Valero:** refinaria que precisa ser tomadora de preços em um negócio de commodities

Fonte: Morningstar

Há muito o que debater sobre a escolha de empresas para as várias células da tabela feita pela Morningstar, e eu discordo das avaliações sobre o fosso de algumas delas, mas o processo seguido para fazer essas avaliações é saudável. Em vez de criar uma longa lista de vantagens competitivas, e misturar vantagens fortes, fracas e inexistentes, a Morningstar exibe o contraste entre as vantagens fortes e duráveis e as fracas e fugazes.

Avaliar o nível de segurança do fosso econômico que beneficia uma empresa é tanto uma arte quanto uma ciência, mas Michael J. Mauboussin fez um trabalho valioso para estruturar essa análise ao se valer das divulgações contábeis e do retorno sobre o capital para medir o tamanho de um fosso e a duração das vantagens competitivas (com base nos preços do mercado) para medir sua sustentabilidade.[1] Ao se considerar as vantagens de um fosso econômico para um negócio, vale notar que mesmo os maiores fossos podem se desmanchar com o tempo e que um negócio considerado inviolável em determinado período pode se tornar vulnerável em outro.

Contrastando ciclos de vida

Como é possível perceber, vários fatores determinam por que os ciclos de vida variam entre as empresas, e alguns, como o acesso ao capital, desempenham um papel tanto na longevidade quanto na velocidade de crescimento de uma empresa. Dito isto, também é evidente que alguns desses fatores não estão sob o controle das empresas em estágio inicial, e uma startup nascida em um ambiente de grande regulamentação e capital difícil de levantar já está em desvantagem em relação a outra em um setor no qual a expansão é fácil, o capital é acessível e há pouca inércia do consumidor. Na Figura 3.4, reúno todos esses fatores para explicar as dimensões do ciclo de vida (duração, pico, inclinação e estabilidade).

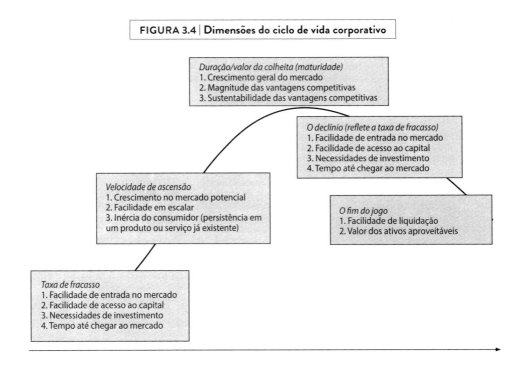

Como resultado das diferenças entre as empresas, não surpreende que o ciclo de vida corporativo possa assumir muitas formas. Na Figura 3.5, ilustro apenas três delas:

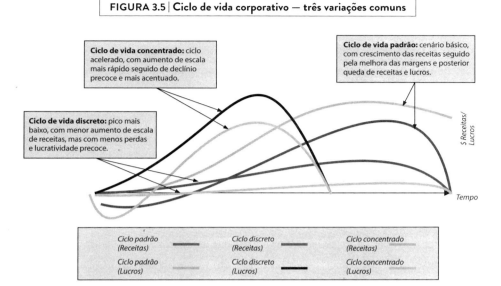

FIGURA 3.5 | Ciclo de vida corporativo — três variações comuns

Para simplificar: a ilustração básica ou padrão do ciclo de vida — que tenho usado como ponto de partida para a discussão — pode muito bem ser a exceção, já que apenas algumas empresas seguem o caminho de construção gradual como um negócio em crescimento, de permanência prolongada como um negócio maduro e de declínio gradual. Algumas empresas encontram formas mais aceleradas de crescer, mas depois permanecem maduras durante períodos mais curtos antes de entrarem em um rápido declínio, exibindo assim um ciclo de vida concentrado. Muitas empresas, mesmo que sejam bem-sucedidas, nunca crescem, limitadas pela ausência de capital, pela falta de ambição ou por um mercado-alvo pequeno, e por isso têm ciclos de vida discretos que podem se prolongar por períodos muito longos.

Reviravoltas, tendências e mudanças no ciclo de vida

O influxo de empresas de tecnologia mudou mercados e economias. Nesta seção, gostaria de usar o conceito do ciclo de vida corporativo para discutir duas mudanças que a tecnologia trouxe ao mercado, com consequências significativas para negócios e investimentos.

Ciclos de vida das empresas tech *versus* empresas não tech

As grandes empresas do século XX dos setores ferroviário, petrolífero e siderúrgico, que dominaram a economia nas décadas anteriores às empresas de fabricação de automóveis (que, por sua vez, representavam o coração da economia e o mercado na metade do século passado), tinham características em comum. Todas demandavam grandes investimentos em recursos produtivos, em períodos nos quais o capital nem sempre era de fácil acesso, o que arrastou seu processo de expansão por décadas. No entanto, quando atingiram a maturidade, foram capazes de usar os mesmos fatores que diminuíram o ritmo de sua escalada na curva do ciclo de vida para afastar a competição e permanecer maduras por décadas. O setor de automóveis é um bom exemplo: as três grandes montadoras (GM, Ford e Chrysler) praticamente dominavam o mercado dos Estados Unidos até a crise do petróleo na década de 1970 e a ascensão dos concorrentes japoneses. É inegável que as montadoras enfrentaram desafios e talvez tenham até decaído nas últimas décadas, mas esse declínio foi lento e irregular.

Para comparação, citemos o Yahoo!, uma empresa fundada na década de 1990, mas que eu consideraria um protótipo de uma empresa típica do século XXI. Seu motor de busca logo começou a gerar receitas, embora com perdas, e a capitalização de mercado da empresa ultrapassou os 100 bilhões de dólares em 1999, menos de uma década após a fundação. Nas últimas duas décadas, esse tipo de crescimento acelerado ocorreu em muitas outras empresas, à medida que escalavam os rankings de capitalização de mercado e superavam os concorrentes tradicionais. Embora empresas em status quo tenham assistido com inveja a essas histórias de rápida expansão, há um lado sombrio no crescimento acelerado das empresas de tecnologia. As mesmas forças que permitem esse crescimento muitas vezes se tornam uma desvantagem quando elas chegam ao estágio de maturidade e aceleram seu declínio. A permanência do Yahoo! no topo como mecanismo de busca, com as concomitantes receitas de publicidade on-line, durou cinco anos, até que o Google surgiu e o substituiu como líder de mercado, e, quando o Yahoo! começou a declinar, seu desmoronamento foi rápido e devastador ao longo da década seguinte. Na Figura 3.6, ilustro o ciclo de vida das empresas tech em comparação aos ciclos de fora do setor, e é possível notar por que afirmo que as empresas de tecnologia envelhecem em "anos caninos".

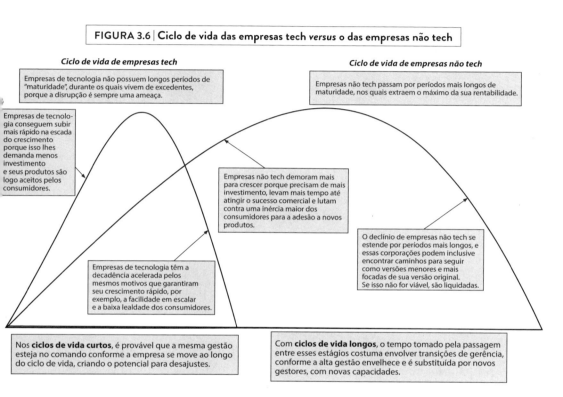

Na medida em que o centro de gravidade da economia e dos mercados se deslocou para empresas com ciclos de vida muito mais curtos, administrar uma empresa de sucesso hoje em dia exige repensar a gestão empresarial e os investimentos. Grande parte das lições dos livros de negócios que leio e uso em modelos de negócios foi desenvolvida no século XX, para empresas com ciclo de vida longo, e aplicá-las em uma empresa com ciclo de vida concentrado pode ser um desastre. Para dar um exemplo concreto, ao fazer a avaliação de uma empresa utilizando um modelo de fluxo de caixa descontado, a prática convencional para finalizar a análise é estimar um valor terminal para o negócio no fim do período de previsão, em geral partindo do pressuposto de que vai durar para sempre. A suposição de perpetuidade é feita por conveniência, pois o valor resultante é muito próximo ao obtido pela projeção de que o negócio duraria por cinquenta, sessenta ou oitenta anos, uma suposição factível para uma empresa de ciclo de vida longo. Ao avaliar uma empresa com um ciclo de 25 anos, utilizar um pressuposto de perpetuidade no fim da primeira década de existência, quando é provável que lhe restem apenas quinze anos de vida, vai produzir um valor terminal distorcido.

Conglomerados e holdings

Há uma última questão que deve ser abordada, pelo menos para efeitos de compreensão do ciclo de vida corporativo: a distinção entre uma empresa e um negócio. Embora grande parte da discussão anterior tenha sido sobre o ciclo de vida das empresas, é possível criar uma corporação que dure mais que empresas individuais. Para compreender isso, é preciso considerar que uma corporação pode estar em múltiplos negócios, criando um verdadeiro portfólio de empreendimentos, alguns jovens, alguns maduros, outros em declínio. Esse nitidamente poderia ser o perfil de um conglomerado, mas colocar empresas de crescimento elevado, maduras e em declínio sob o mesmo guarda-chuva empresarial acarreta o risco de dar espaço ao subsídio cruzado (caso de empresas com alto fluxo de caixa) e à ineficiência na gestão. Em resumo, os bons negócios na carteira do conglomerado podem financiar o crescimento dos ruins, com consequências desastrosas para seu valor.

Uma holding seria mais adequada, pois além de poder ter participações em estágios diferentes, também pode adicionar novos negócios e abandonar os antigos para manter o ciclo de vida em equilíbrio. Existem holdings de controle familiar na Europa, na Ásia e na América Latina que fazem exatamente isso e, ao fazer bem-feito, essas entidades terão uma vida útil muito mais longa do que as empresas de capital aberto que operam em apenas um ou dois negócios e são mantidas por investidores institucionais. Por exemplo, considere o Tata Group, um dos grupos familiares mais antigos e conceituados da Índia. Fundado em 1868, quando Jamsetji Tata comprou uma fábrica de óleo falida e a converteu em uma fábrica de algodão, o grupo agora inclui mais de uma centena de empresas sob seu guarda-chuva de holding, além de ter se expandido em vários negócios, como pode ser constatado na Figura 3.7, que avalia um subconjunto de empresas do grupo.

O ciclo de vida corporativo: Medidas e determinantes | 81

FIGURA 3.7 | Tata Group — Análise dos negócios

Em 1868	Tata Group em 2021	
	Setor	Empresas Tata
Jamsetji Tata fundou uma empresa comercial que comprou uma indústria de óleo falida em Chinchpokli, Mumbai, e a converteu em uma indústria de algodão.	Metais	Tata Steel, Tata Metaliks
	Tecnologia	Tata Elxsi, Tata Consultancy Services
	Finanças	Tata Capital, Tata AIG, Tata AIA
	Automotivo	Tata Motors, Tata AutoComp, JLR
	Varejo	Tata Starbucks, Tata CLiQ, Tata Tanishq
	Infraestrutura	Tata Power, Tata Projects
	Telecom	Tata Sky, Tata Communications, Tata Teleservices
	Turismo	Taj & Ginger Hotels, Vivanta, Vistara, AirAsia
	Aeroespacial e defesa	Tata Advanced Systems
	Agricultura e alimentação	Tata Tea, Tetley, Tata Agrico
	Bens de consumo	Titan, Voltas
	Habitação	Tata Housing

Nas últimas duas décadas, enquanto as empresas de tecnologia disparavam em termos de capitalização e lucros, muitas empresas familiares acrescentaram subsidiárias do setor, embora com diferentes montantes de capital investidos e diferentes graus de separação da empresa-mãe familiar. A maior fatia do Grupo Tata é a Tata Consultancy Services, uma empresa de tecnologia, mas, na última década, o grupo investiu em diversas startups de tecnologia. Nem todos esses empreendimentos são bem-sucedidos, e a extensão da vida de cada empresa varia.

Note que a maior longevidade das empresas de grupos familiares não as torna necessariamente mais valiosas ou produtivas do que as empresas independentes. De fato, há evidências de que os investidores nessas holdings descontam seu valor por possíveis conflitos de interesses, quando as propensões familiares são colocadas à frente das preferências dos acionistas, assim como as ineficiências podem se proliferar entre as empresas do grupo. A cultura familiar também tem dois lados: ajuda algumas empresas do grupo e atrapalha outras. Mesmo no grupo Tata, há acionistas que discordaram da governança corporativa em empresas individuais e levantaram questões a respeito de se os serviços de consultoria da Tata, com sua imensa rentabilidade e seu imenso valor, estão carregando outras empresas do grupo nas costas.

O efeito disruptor

A disrupção sempre fez parte dos negócios, pois os novatos procuram formas de entrar em um mercado existente com um novo produto ou modelo de negócio e alterar o status quo. No entanto, o ritmo e o alcance da disrupção parecem ter aumentado nas últimas duas décadas, em parte devido à evolução da tecnologia, em parte devido ao maior acesso ao capital, não apenas das fontes tradicionais (como o capital de risco) como também dos investimentos do mercado acionário. Negócios que há apenas algumas décadas eram considerados imunes a perturbações, como as telecomunicações, a energia e os automóveis, foram derrubados pelos recém-chegados.

Embora grande parte desse debate dê enfoque aos disruptores, vale a pena dar a mesma atenção aos disruptados. Os efeitos devastadores da Amazon no varejo físico nos Estados Unidos estão bem documentados, e a Netflix, com seu modelo por assinatura e grandes investimentos, tornou o negócio de entretenimento muito mais arriscado e menos lucrativo para as empresas tradicionais do setor. As empresas globais de aplicativos de transporte deixaram pouco para as empresas menores e locais de táxi, e o Google e o Facebook dizimaram as empresas de publicidade convencionais.

Do ponto de vista prático, é possível argumentar que hoje em dia a probabilidade de empresas em quase todos os setores serem disruptadas é muito maior do que apenas alguns anos atrás, e essa ameaça deve estar presente nas práticas empresariais e de investimento. Em primeiro lugar, a ideia de reversão à média, que está no centro de como analistas administram e avaliam empresas, deve ser reexaminada. Ou seja, um declínio nas margens em uma empresa com um longo histórico de obtenção de margens elevadas pode não ser temporário se houver uma possibilidade de disrupção, e o pressuposto de que haverá um retorno às margens históricas pode não ser justificado. Em segundo, mesmo as empresas com fortes vantagens competitivas (marca, licenciamento, economias de escala) deveriam ter planos de contingência, considerando que a transformação causada pela disrupção, quando ocorrer, será abrupta e prejudicial. A inércia, que mantém as empresas agindo com base no que deu certo no passado, pode implicar que elas não estejam preparadas para as mudanças promovidas pelos disruptores. Em terceiro lugar, reguladores e legisladores devem ter em mente que as regras e as leis produzidas para manter controle sobre as empresas existentes, muitas vezes com a melhor das intenções (aumentar a concorrência, proteger os clientes), podem prejudicá-las quando os disruptores entrarem no jogo. As operadoras de táxis, sem dúvida, foram colocadas em desvantagem pelas regras impostas pelos reguladores, enquanto a Uber não teve escrúpulos em ignorá-las, e parte do crescimento das fintech pode ser atribuída à sua capacidade de fornecer produtos e serviços em negócios do setor financeiro que os players tradicionais (bancos, companhias de seguros) estão proibidos de prestar sem enfrentar as mesmas restrições regulamentares.

Conclusão

O ciclo de vida corporativo pode assumir formas muito distintas em diferentes negócios, com variações de duração, auge e tamanho da fase estável (seu platô). Neste capítulo, examinei os fatores que talvez expliquem essas variações e argumentei que, embora alguns estejam fora do controle de um negócio, outros não estão. Uma startup cujo fundador se recusa a abrir mão do controle crescerá mais devagar que outra cujo fundador está mais disposto a trocá-lo pelo capital, e há empresas, como a Uber e o Airbnb, que encontraram maneiras de superar barreiras convencionais ao crescimento, às vezes pegando atalhos e quebrando regras. Se há uma mensagem primordial, é que toda abordagem traz trocas e compensações, pois as escolhas que permitem a rápida escalada de uma empresa podem atrapalhar a tentativa de criação de um modelo de negócios sustentável e lucrativo.

O ciclo de vida corporativo: Transições

NOS CAPÍTULOS QUE NOS TROUXERAM ATÉ AQUI, abordei as fases que compõem o ciclo de vida corporativo e discuti por que ele assume formas distintas em negócios distintos. Neste capítulo, gostaria de examinar com mais detalhes as transições em relação à propriedade, à operação e ao financiamento que são necessárias para passar de uma fase a outra. Essas transições são importantes por dois motivos: o primeiro é que sempre envolvem mudanças, e nem todas as empresas (ou seus fundadores) lidam bem com isso, embora o sucesso seja mais frequente nos negócios que conseguem uma navegação mais suave pelas transições. O segundo é que, em cada transição, existem alterações macro que valem um exame atento, pois têm implicações para as empresas que estão se aproximando dessas etapas.

Transições no ciclo de vida corporativo

Conforme avança pelo ciclo de vida, a empresa encara desafios que deverá superar para chegar à fase seguinte. Às vezes, eles podem ocorrer em um momento específico, mas é mais provável que isso aconteça durante um período mais longo, e há fases em que uma empresa que já passou por desafios volta a ser testada. Com todas essas advertências, começarei classificando essas transições em três grupos:

- O primeiro grupo são as *transições operacionais*. É quando as startups enfrentam o teste de precisar converter ideia em produto. As empresas em estágio inicial de crescimento tentam passar da condição de ter um produto para a de desenvolver um modelo de negócios viável; as empresas de alto crescimento tentam atravessar o desafio de tornar grande uma empresa pequena; as empresas em crescimento maduro tentam manter um alto crescimento em uma escala muito maior; as empresas maduras e estáveis descobrem como evitar que concorrentes e disruptores comprometam seus negócios; e as empresas em declínio enfrentam os problemas resultantes da redução de seu mercado.

- O segundo grupo são as *transições financeiras*. Para startups, isso quase sempre vai exigir a busca por financiamento externo de fundos de venture capital (VC) e outros fornecedores de capital de risco dispostos a apostar em ideias ainda não comprovadas. Para empresas em estágio inicial de crescimento, a necessidade de capital aumenta ainda mais, pois uma combinação de modelos de negócios e investimentos necessários para o crescimento criará fluxos de caixa negativos, e acontecerão novas rodadas de financiamento de capital de risco. Para empresas de alto crescimento, a opção de entrar nos mercados acionários pode ser disponibilizada, pelo menos para as mais bem-sucedidas, à medida que os investidores de capital de risco planejam suas estratégias de saída e investidores do mercado acionário entram no jogo. Para as empresas em crescimento maduro, o sucesso operacional trará os benefícios do financiamento interno, às vezes aumentado pelo financiamento do mercado de ações, na forma de dívida ou de participação em patrimônio. Para empresas estáveis e maduras, as operações lucrativas e o crescimento estável se combinam, criando fluxos de caixa grandes e positivos, o que lhes permite cogitar empréstimos (dívidas) e devolver dinheiro aos proprietários (dividendos e recompras). Para empresas em declínio, o principal desafio financeiro é reduzir o endividamento (eliminando a dívida existente conforme chegam os vencimentos) e diminuir o patrimônio (pela liquidação de dividendos) à medida que a empresa diminui.

- Quando a empresa passa por essas transições operacionais e financeiras, também haverá *transições de governança* em cada fase, o que às vezes pode ser difícil para os fundadores. Na fase de startup, trazer provedores de capital externo (capitalistas de risco) vai exigir que os fundadores compartilhem a propriedade de seus negócios com indivíduos que talvez tenham opiniões muito divergentes sobre como devem evoluir. No estágio inicial de crescimento, os desafios do desenvolvimento de uma empresa são um teste para a disposição dos fundadores em receber conselhos sobre a construção de negócios, e compartilhar poder operacional com pessoas de fora pode ser estressante. Na fase de alto crescimento, ainda mais em empresas com possibilidade de escalar, a capacidade de criar equipes de gerenciamento e delegar a responsabilidade pode fazer a diferença entre o sucesso e o fracasso. Na fase de crescimento maduro — especialmente entre as empresas que abrem o capital —, os administradores enfrentarão o desafio de equilibrar interesses internos (dos fundadores) com os interesses dos investidores do mercado acionário, e a desproporcional maioria destes últimos prefere o crescimento aos retornos em caixa. Na fase de maturidade e estabilidade, a mudança do foco para os interesses dos acionistas persiste, mas é provável que a composição dos acionistas mude, transicionando para investidores que priorizam valor, focados menos no crescimento e mais em retornos de caixa, assumindo o controle. No estágio de declínio, caso a empresa permaneça com o capital aberto, é provável que enfrente pressão dos investidores ativistas para desmembramentos ou desinvestimento de ativos, em busca de maior retorno monetário e, em alguns casos, os investidores poderão voltar a fechar o capital, com a intenção de liquidar grandes fatias e embolsar o lucro.

Na Figura 4.1, faço um resumo dessas transições:

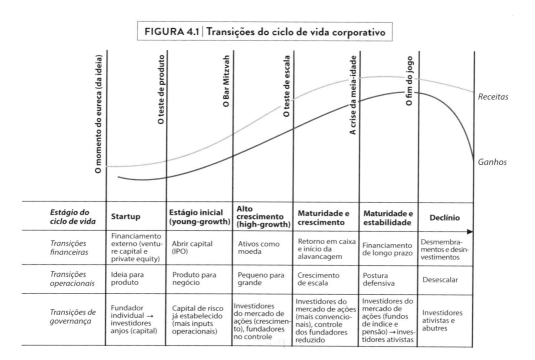

FIGURA 4.1 | Transições do ciclo de vida corporativo

Estágio do ciclo de vida	Startup	Estágio inicial (young-growth)	Alto crescimento (high-growth)	Maturidade e crescimento	Maturidade e estabilidade	Declínio
Transições financeiras	Financiamento externo (venture capital e private equity)	Abrir capital (IPO)	Ativos como moeda	Retorno em caixa e início da alavancagem	Financiamento de longo prazo	Desmembramentos e desinvestimentos
Transições operacionais	Ideia para produto	Produto para negócio	Pequeno para grande	Crescimento de escala	Postura defensiva	Desescalar
Transições de governança	Fundador individual → investidores anjos (capital)	Capital de risco já estabelecido (mais inputs operacionais)	Investidores do mercado de ações (crescimento), fundadores no controle	Investidores do mercado de ações (mais convencionais), controle dos fundadores reduzido	Investidores do mercado de ações (fundos de índice e pensão) → investidores ativistas	Investidores ativistas e abutres

No Capítulo 2, falei sobre transições operacionais e por que tão poucas ideias se tornam produtos, bem como por que apenas um subconjunto desses produtos se tornam negócios, e uma fração ainda menor consegue escalar. No restante deste capítulo, vou me concentrar nos players que surgem nas fases de transição das empresas, a começar pelos capitalistas de risco e outros que fornecem capital para empresas muito jovens, passando pelos investidores do mercado de ações, tanto no momento em que a empresa abre o capital quanto nos anos seguintes, e concluirei com os investidores ativistas e de private equity, que passam a régua nas empresas em declínio.

Financiamento de empresas em estágio inicial

As empresas em estágio inicial necessitam de capital para sobreviver aos primeiros anos; ao longo da história, esse capital tem vindo de investidores dispostos a enfrentar o risco de fracasso que é parte integrante dessas empresas. Inicio esta seção com a análise do capital de risco — ou venture capital (VC) — como principal fonte de financiamento para empresas jovens, partindo de sua história para então examinar o processo desse financiamento, bem como seus altos e baixos ao longo do tempo. Passarei, então, à forma como o financiamento de empresas em estágio inicial se ampliou para incluir braços de capital de risco corporativo, crowdfunding e investidores do mercado aberto e como essa expansão criou um mercado cinza na intersecção entre investimento privado e mercado aberto, no qual grandes empresas podem manter seu capital fechado enquanto desfrutam do acesso ao capital que antes só estava disponível para empresas de capital aberto.

Capital de risco

Embora eu considere que o capital de risco sempre existiu como fonte de injeções monetárias para empresas privadas, sua forma atual e estruturada tem origem mais recente e, nos primórdios de sua existência, sua base primária era nos Estados Unidos. Esta seção começa com uma análise do processo de financiamento por capital de risco, prosseguindo para uma história de seus altos e baixos ao longo do tempo.

UMA BREVE HISTÓRIA

As empresas jovens sempre recorreram a provedores de capital, e seus primeiros fornecedores datam de séculos atrás. Para ilustrar as primeiras ocorrências do capital de risco como investimento, Tom Nicholas, em sua pesquisa sobre a história do capital de risco, relembra os empreendimentos baleeiros do século XIX nos Estados Unidos — muito lucrativos quando bem-sucedidos, mas com elevada probabilidade de fracasso.[1] A construção das ferrovias no fim do século XIX e início do século XX exigia imensas quantidades de capital, que era fornecido por banqueiros — Andrew Mellon e J. P. Morgan eram duas das várias figuras-chave.

A história do capital de risco como fonte organizada de capital remonta à American Research and Development Corporation, fundada em 1946 por Georges Doriot, professor da Harvard Business School que empregou o financiamento levantado de fundações, doações e fundos de pensões para investir em empresas jovens. Um de seus maiores sucessos foi, em 1957, o investimento de 70 mil dólares na Digital Equipment Corporation, que entregou um valor de 52 milhões de dólares alguns anos depois. Um fator precipitante no crescimento dos negócios de capital de risco foi o programa Empresas de Investimentos em Pequenos Negócios (SBIC, na sigla em inglês), promulgado pelo Congresso na década de 1950 com a intenção de direcionar financiamento do governo para startups. Embora esse financiamento tivesse um impacto pequeno, abriu portas para empresas de venture capital, das quais o destaque inicial foi da Sutter Hill Ventures, uma empresa de Palo Alto fundada por William Draper e Paul Wythes em 1964. Nos anos seguintes, o Vale do Silício permaneceu como um centro para o capital de risco. Com alguns vencedores de longo prazo — e muita entrada e saída, pois os fundos de capital de risco fluíram e secaram ao longo do tempo —, seu alcance se expandiu para além dos Estados Unidos (Boston, Nova York, Austin e Miami), atingindo o nível global. Entre 2010 e 2020, o capital de risco mais do que multiplicou seu tamanho (em capital), e também exerceu uma influência exagerada nos mercados de ações, pois as empresas que construiu ficaram entre as mais bem-sucedidas do mercado.

O PROCESSO DO VENTURE CAPITAL

Quando uma startup ou empresa em estágio inicial decide ir atrás de capital de risco, precisa passar por um processo (que apresenta grandes variações entre empresas). As primeiras rodadas de investimento, chamadas de "financiamento pré-semente" ou "inicial", são fornecidas por capitalistas de risco dispostos a investir em negócios mais arriscados e que aceitam altas taxas de insucesso. Se aceitarem esse capital inicial e passarem para a próxima fase do ciclo de vida, as empresas buscarão mais capital de risco nas rodadas seguintes, e cada rodada exigirá algum sacrifício de propriedade em troca do financiamento fornecido, como pode ser visto na Figura 4.2:

FIGURA 4.2 | O processo do venture capital

Pré-semente e semente	Série A	Série B	Série C
Em geral o primeiro capital levantado por uma startup, serve para converter uma ideia em produto.	Financiamento maior do que o da fase semente, direcionado a empresas mais adiantadas na transição entre ideia e produto.	Financiamento para empresas que em geral estão trabalhando para desenvolver o modelo de negócio e possuem atividade de usuários/consumidores.	Financiamento para empresas cujos modelos de negócios geram resultados, mas que desejam escalar.

Condições do VC	Precificação do VC	Rodadas de VC	Rodadas "up & down" de VC
Em troca de prover capital, os capitalistas de risco ficam com uma parcela da propriedade da empresa, que é baseada em sua precificação.	Os capitalistas de risco precificam as empresas em estágio inicial com base em métricas de atividade (usuários, downloads, assinantes), ou múltiplos futuros de receitas ou lucros.	Uma empresa em crescimento pode passar por muitas rodadas de financiamento por capital de risco a cada estágio, cada rodada com uma precificação diferente.	Uma nova rodada de financiamento que ocorre a um preço maior (ou menor) que a anterior é chamada de "up" (ou "down"). Essas rodadas por vezes alteram os termos das anteriores.

Muitas pessoas, inclusive alguns capitalistas de risco, acreditam na concepção errônea de que as empresas são avaliadas com base no julgamento sobre a quantidade de propriedade exigida em troca do capital fornecido. A verdade é que os capitalistas de risco precificam com base no valor que outros capitalistas de risco pagam pelas empresas, dimensionando esse preço para uma métrica observável. Assim, o capital de risco que analisa uma startup jovem com poucas receitas, grandes perdas e um milhão de assinantes vai definir seu preço com base no número de assinantes e no que outros investidores de risco estão pagando por assinante nas empresas em que investem. Quando um negócio começa a mostrar receitas tangíveis, com a promessa de recuperação nos lucros em alguns anos, o preço pode mudar para receitas futuras, ou lucros, e um múltiplo de preços baseado nessas métricas, com uma taxa de desconto alvo operando em parte como um mecanismo para refletir o risco e o valor do tempo e, em parte, como ferramenta de negociação.

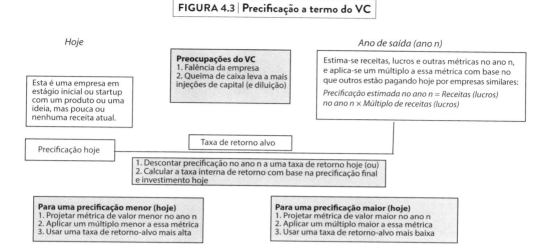

Um exemplo muito simples: suponha que você represente um fundo de venture capital avaliando uma empresa cuja receita esperada no quarto ano de operação é de 50 milhões de dólares, que outros VCs estão pagando receitas cinco vezes maiores para empresas semelhantes e que sua taxa de retorno-alvo seja de 40%. Sua estimativa para precificação da empresa hoje é:

Precificação da empresa no ano 4 = 50 milhões de dólares x 5 = 250 milhões de dólares

$$\text{Precificação hoje} = \frac{250 \text{ milhões de dólares}}{(1{,}40)^4} = 65{,}08 \text{ milhões de dólares}$$

Como existe um preço bem-delimitado e apenas levemente atrelado aos fundamentos da empresa, esse passa a ser um processo de negociação, com os capitalistas de risco pressionando por receitas mais baixas no ano 4, o que geraria um múltiplo mais baixo a ser aplicado a essas receitas, e, consequentemente, uma maior taxa de retorno-alvo, enquanto o fundador força no sentido oposto. Para aqueles que estão familiarizados com a avaliação intrínseca, a taxa de retorno-alvo pode parecer uma taxa de desconto, mas não é, pois, em certo sentido, é inventada. Por exemplo, em julho de 2022, investidores de capital de risco ofereciam financiamento semente em busca de retornos maiores do que 50% ao precificar os negócios que buscavam capital. Embora esse retorno-alvo possa parecer estranhamente alto como retorno anual, ao analisar as médias de longo prazo, o retorno real obtido pelos capitalistas de risco que investem em financiamentos na rodada semente ficou mais próximo de 20%.

Outros dois aspectos fazem do capital de risco algo único, e entender o que são e por que existem é central para investir dessa maneira ou ter acesso a esse financiamento.

a. **Valor pré-investimento *versus* pós-investimento:** os capitalistas de risco costumam fazer uma distinção entre a avaliação pré-investimento de um negócio (também conhecida como "pre-money", o valor anterior ao investimento de venture capital) e a avaliação pós-investimento do mesmo negócio (após a injeção do capital de risco, ou "post-money"). Há um pouco de julgamento envolvido na questão, o que leva a diferentes abordagens para a diferenciação entre as duas estimativas. Para trabalhar com o preço existente de uma empresa, o preço post-money será estimado somando a injeção de capital ao preço. Como alternativa, a precificação do capital de risco descrito na última seção é considerada post-money, e subtrair o capital fornecido resulta no preço pre-money.

b. **Proteções do VC:** quando investem em uma empresa jovem, os capitalistas de risco esperam valorização, mas também estão preocupados com a desvalorização. Se o capital de risco é investido em um negócio jovem precificado em 100 milhões de dólares, uma injeção de 20 milhões concede ao investidor uma participação de 20% na empresa. No entanto, se o valor do negócio cair para 50 milhões e houver uma busca por uma nova injeção de capital de risco de 10 milhões, esse investimento também garantirá 20% de participação ao novo investidor, e a situação do primeiro investidor piora a cada rodada de baixa subsequente. Muitos investimentos em capital de risco fornecem proteção contra essa perda de propriedade com ajustes na participação de propriedade dos capitalistas de risco que já existiam para refletir o valor comercial reduzido na rodada de baixa. A Figura 4.4 fornece uma noção de como essa proteção funciona em um investimento hipotético de venture capital no qual 100 milhões de dólares são investidos para uma participação de 10% em uma empresa com um valor estimado de 1 bilhão, mas com proteção total em caso de queda no valor da empresa para menos do que esse valor. Caso esteja se questionando a importância disso, saiba que as proteções contra a desvalorização criam riscos para a prática comum de extrapolar o preço geral de uma empresa a partir de uma rodada de financiamento por venture capital. Assim, quando 50 milhões de dólares de capital de risco compram uma participação de 5%, a suposição de que a empresa em questão vale 1 bilhão (50 milhões de dólares/0,05) não se mantém se o investidor tiver uma proteção tão significativa contra a desvalorização do investimento. Essa proteção tem valor e, caso seja incorporado ao preço pago, significa que o valor verdadeiro da empresa será muito menor que 1 bilhão de dólares.[2]

FIGURA 4.4 | Cláusulas e benefícios de proteção para investidores de VC

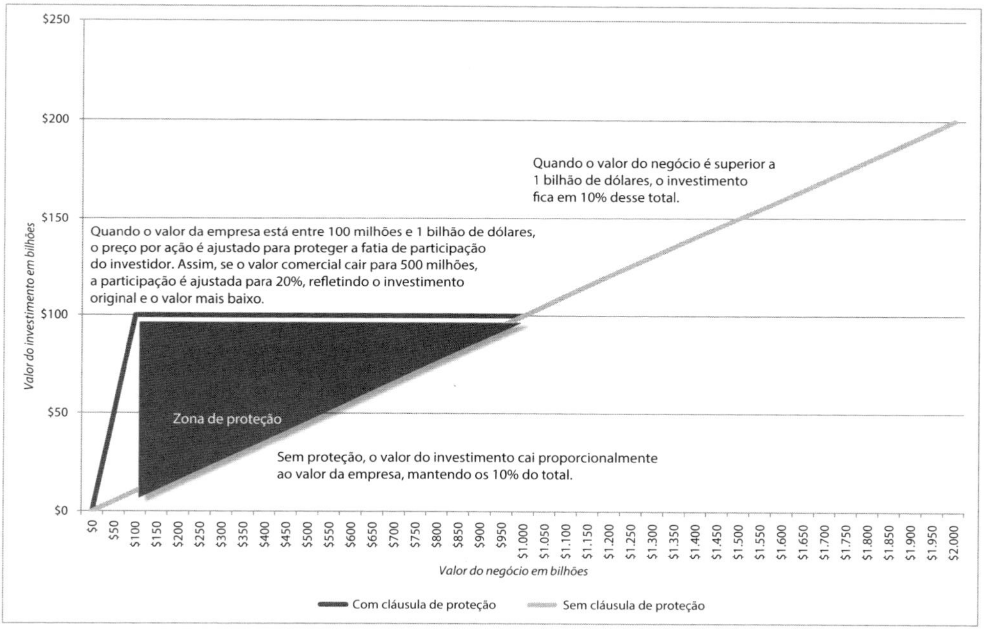

Quando o valor do negócio é superior a 1 bilhão de dólares, o investimento fica em 10% desse total.

Quando o valor da empresa está entre 100 milhões e 1 bilhão de dólares, o preço por ação é ajustado para proteger a fatia de participação do investidor. Assim, se o valor comercial cair para 500 milhões, a participação é ajustada para 20%, refletindo o investimento original e o valor mais baixo.

Zona de proteção

Sem proteção, o valor do investimento cai proporcionalmente ao valor da empresa, mantendo os 10% do total.

Valor do investimento em bilhões

Valor do negócio em bilhões

— Com cláusula de proteção — Sem cláusula de proteção

OS FLUXOS E REFLUXOS DO VC

Empresas em estágio inicial e startups dependem do capital de risco tanto para satisfazerem suas necessidades de reinvestimento para crescimento quanto para garantir sua sobrevivência. Porém, a disponibilidade desse capital pode variar ao longo do tempo, refletindo a disposição dos investidores em aceitar riscos. Na Figura 4.5, observo os fluxos e refluxos do venture capital entre 1985 e 2021 nos Estados Unidos:

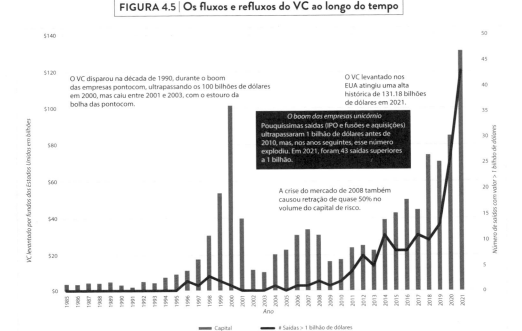

FIGURA 4.5 | Os fluxos e refluxos do VC ao longo do tempo

Nos últimos quarenta anos, houve períodos de abundância (os anos 1990, 2011-2020), alternados com períodos de escassez (2002-2004, 2009-2010), e esses cenários distintos que têm consequências previsíveis para empresas jovens em busca de capital. Quando o capital de risco é abundante e acessível, elas não apenas aumentam o capital que desejam, também conseguem melhores condições para isso (abrindo mão de menos participação). Quando o capital de risco é escasso, é provável que as mesmas empresas enfrentem rodadas com desvalorização e fracassem.

Tendências no financiamento de empresas em estágio inicial

Uma análise das últimas décadas comprova que o negócio do financiamento de empresas em estágio inicial mudou, atraindo novos tipos de investidores para o processo, em geral com variações criativas na estrutura tradicional do capital de risco.

1. **Globalização:** durante grande parte do século passado, o capital de risco, pelo menos em sua forma estruturada, era centrado sobretudo nos Estados Unidos. No resto do mundo, as novas empresas buscavam subsídios do governo e financiamento bancário para sobreviver, o que as colocava em desvantagem em rela-

ção aos concorrentes locais já estabelecidos. Isso mudou com a globalização do acesso ao capital de risco, que começou durante a década de 1990, na era das empresas pontocom, e persistiu na última década, sobretudo na Ásia. No segundo trimestre de 2022, enquanto os Estados Unidos seguiam na liderança da corrida do venture capital, com 52,9 bilhões de dólares investidos em 2.698 negociações, havia 27 bilhões investidos na Ásia em 2.630 negociações, e 22,7 bilhões em 1.705 acordos na Europa. Por mais que, nesse mesmo período, a América Latina (2,3 bilhões), a África (0,88 bilhão), a Austrália (0,7 bilhão) e o Canadá (2 bilhões) tenham ficado para trás nesse período, hoje há vida no mercado global de VC, fato que equilibra as condições para startups de todo o mundo.

2. **Composição dos investidores:** originalmente, o capital de risco era comercializado como alternativa para os investidores institucionais (fundos patrimoniais, fundos de pensões) e os muito ricos. Na última década, com as inovações possibilitadas pela tecnologia, o jogo se abriu para investidores individuais e de varejo. O crowdfunding, por exemplo, permitiu que empresas iniciantes angariassem capital junto a clientes e pequenos investidores que viam seus produtos como promissores. Como resultado, em 2021, 13,6 bilhões de dólares foram angariados no mercado global de crowdfunding. Com o empenho dedicado a criar mais proteções e expandir os direitos de governança corporativa aos investidores de risco que usam crowdfunding, o mercado de financiamento coletivo vai crescer e atrair mais investidores. Na última década, também vi fundos de ações listadas em bolsa (como Fidelity e T. Rowe Price) mergulharem no negócio de financiamento de empresas em estágio inicial, fornecendo bilhões de dólares em capital para negócios privados.

3. **VC corporativo:** parte do capital investido em empresas em estágio inicial sempre vem de companhias maduras com excedente de verbas e relativamente poucos investimentos orgânicos, ou que buscam fazer investimentos estratégicos em startups que possam fornecer tecnologia ou suporte aos seus negócios. Dois cenários colaboraram para o aumento nos fluxos do capital de risco corporativo nas últimas duas décadas. Desses, o primeiro é o crescimento dos negócios nos setores de assistência médica e de tecnologia, que levou empresas maduras a aumentarem a eficiência de seu crescimento investindo capital em empresas jovens que dispõem de tecnologias promissoras, em vez de gastar a mesma quantia em pesquisa e desenvolvimento internos. Já o segundo cenário é que os vencedores desses negócios também acumularam valores sem precedentes em seus balanços, o que lhes proporcionou capital para investir em uma infinidade de outros negócios. Assim,

empresas como Google, Microsoft e Apple, cada uma com 100 bilhões de dólares ou mais para investir, gerenciam fundos de capital de risco.

Depois que o acesso ao capital se expandiu para as empresas jovens e em crescimento, houve uma alteração tanto no cálculo de quando essas empresas optam por abrir o capital quanto na forma como crescem. Empresas que algumas décadas atrás superariam seu financiamento com o capital de risco e teriam que abrir seu capital, hoje podem optar por permanecer fechadas, acessando fundos empresariais, de varejo e de capital aberto. Um bom exemplo é a Uber que angariou e gastou bilhões de dólares como empresa fechada antes de abrir o capital, em 2019, com valuation de 60 bilhões.

Capital aberto

Das muitas empresas em estágio inicial que convertem ideias em produtos e depois desenvolvem modelos de negócios bem-sucedidos, poucas se tornam empresas de capital aberto. Para algumas, o motivo é a escala: mesmo com a expansão, nunca se desenvolvem na proporção necessária para se tornar uma empresa de capital aberto. Para outras, a escolha de permanecer fechada é feita pelos fundadores, em grande parte por não quererem o escrutínio que acompanha a negociação no mercado aberto. Nesta seção, vou me concentrar no subconjunto de empresas que optam por seguir a rota de abertura de capital, primeiro analisando esse processo, depois o subsequente acesso ao financiamento como empresa de capital aberto.

Ofertas públicas iniciais (IPOs)

Nesta seção, começo analisando o que algumas empresas levam em consideração para decidir entre permanecer fechadas ou abrir seu capital. Em seguida, descrevo o processo de abertura de capital, momento em que quero chamar a atenção para a forma como as empresas abriam capital nos Estados Unidos durante grande parte do século passado, bem como para as alternativas que surgiram na última década.

AS ESCOLHAS DA ABERTURA DE CAPITAL

Na seção sobre capital de risco, destaquei os prós e os contras desse modelo para empresas fechadas, em que os proprietários fundadores oferecem fatias de seus negócios em troca de injeções de capital. Algumas empresas ambiciosas, que visam grandes planos de crescimento, podem chegar a um ponto em que os capitalistas de risco não conseguem fornecer os valores necessários e/ou exigem em troca fatias grandes e desproporcionais. É nesse instante que a opção de abrir capital passa a ser considerada, pelo menos para as empresas em que os mercados acionários oferecem melhores condições de preços e maior liquidez.

As melhores condições de precificação surgem porque os investidores de mercado aberto têm carteiras mais diversificadas do que a maioria dos capitalistas de risco e estão, portanto, muito mais dispostos a aceitar certos riscos sem exigir retornos mais elevados em troca. A maior liquidez nos mercados acionários é impulsionada primeiro pela padronização da propriedade de capital (com uma ou duas classes de ações), depois pela divisão da propriedade acionária em porções de menor dimensão, que são mais negociáveis. Essa maior liquidez permite que os proprietários (fundadores, capitalistas de risco) saquem ao menos uma parte de sua participação e que os funcionários da empresa, muitos dos quais tiveram o pagamento em forma de ações ou opções, também monetizem esses benefícios.

Há, pelo menos, dois custos que devem ser considerados no momento de abrir o capital. O primeiro é que os requisitos de divulgação de informações para as empresas nos mercados abertos tendem a ser mais onerosos do que para as fechadas, e, como essa divulgação é dispendiosa e/ou revela informações sobre o negócio que podem ser úteis aos concorrentes, pode ser indesejável. O segundo é que a pressão que a empresa sofre para corresponder ou superar as expectativas dos investidores no curto prazo (trimestral, semestral) em termos de métricas (número de usuários, receitas, lucros) pode não só aumentar o estresse da gestão como também, em alguns casos, levar a decisões prejudiciais no longo prazo. O compromisso de abrir o capital, associado ao acesso maior ao capital privado que as empresas em estágio inicial tiveram durante a última década, fez muitas adiarem a abertura de capital, mas não impediu o processo.

O PROCESSO DE ABERTURA

Durante décadas, o procedimento operacional padrão para uma empresa que abre seu capital tem sido usar um banco de investimentos ou um sindicato de bancos para se apresentar aos investidores do mercado a um preço "garantido", em troca de uma comissão considerável. Esse processo apresentou defeitos ao longo do tempo, mas permaneceu surpreendentemente inalterado, mesmo que o mundo dos investimentos tenha passado por mudanças dramáticas. O processo começa com a empresa que planeja abrir o capital apresentando seu plano a um ou mais bancos de investimento. Os bancos fazem uma análise financeira, ajudam a preencher a documentação (prospectos) exigida pelas autoridades regulatórias, fazem uma avaliação da demanda pelas ações para precificar a empresa e, em seguida, estabelecem o preço de oferta que será garantido. A garantia exige que o banco de investimentos entregue o preço da oferta, mesmo que, em retrospectiva, não haja demanda para alcançar tal preço — e, embora isso pareça um bom negócio, contém uma armadilha que vou explorar a seguir. A Figura 4.6 descreve o processo padrão de abertura de capital:

FIGURA 4.6 | Oferta pública inicial liderada por bancos de investimento

Empresa ofertante	Papel do banco
Empresa fechada decide abrir o capital.	**Timing** Auxílio para encontrar a janela com o momento e o local ideais para a oferta pública. Também orienta na construção da narrativa da empresa, bem como nos ajustes e ordenamento financeiros para a realização da oferta.
Para gerir o processo, a empresa seleciona um grande banco de investimentos, que cria um grupo com outros bancos para auxiliar na divulgação e distribuição.	
Empresa ofertante preenche um prospecto e especifica quanto pretende levantar na emissão de ações e como pretende usar esse valor.	**Documentação e detalhes da oferta** Auxílio na produção do prospecto e no tamanho da oferta.
Bancos estabelecem um preço preliminar e o testam com potenciais investidores.	**Precificação** Definir a margem de preço (com métricas e grupo de empresas pares), mensurar a demanda para as ações e ajustar a precificação para manter a empresa ofertante e os investidores "felizes".
Bancos de investimento definem o preço final da oferta e o número de ações oferecidas.	
Bancos de investimento e empresa realizam um "road show", apresentando a oferta para investidores.	**Vender/Divulgar** Com a ajuda da empresa, informar e empolgar potenciais investidores.
Na data da oferta, as ações começam a ser negociadas, e o mercado define o preço de equilíbrio.	**Garantia de preço** Cobertura do preço garantido caso o mercado abra com preços abaixo da "oferta".
Após a oferta, bancos de investimento oferecem sustentação às ações da empresa, o que viabiliza uma transição mais suave para os proprietários monetizarem suas participações.	**Apoio após abertura de capital** Tanto apoio explícito, comprando ações caso necessário, quanto implícito, com pesquisas e recomendações favoráveis à oferta.

Embora esse processo tenha perdurado por quase um século, sua eficácia é questionada em muitas frentes. Primeiro, a ideia de uma empresa jovem, desconhecida para os investidores e não testada, necessitar do selo de aprovação de um banco de investimento tem se desgastado conforme empresas que abrem o capital adquirem status mais elevados e a reputação dos bancos de investimento diminui. No IPO do Facebook, por exemplo, não é difícil acreditar que, na época de sua oferta, mais pessoas já tinham ouvido falar da rede social do que do banco Morgan Stanley. Segundo, os serviços de divulgação e precificação oferecidos pelos bancos de investimento perderam valor depois que surgiram alternativas, e a garantia dos bancos de investimento tornou-se quase inútil devido ao alto desconto dos preços de oferta que oferecem. A evidência desse último argumento é comprovada pelo que ocorre no mercado no primeiro dia de negociação, quando as empresas testemunham suas ações saltarem 20%, 30% ou até 50% em relação ao preço de oferta.

À medida que os fundadores de empresas e os capitalistas de risco confrontam essas realidades e ponderam por que pagar aos bancos de investimento de 5% a 6% dos ganhos por benefícios inexistentes, há quem sugira uma abordagem alternativa à abertura de capital. Essa outra ideia é que as empresas fechadas listem suas ações diretamente no mercado, o que poderia determinar o preço ideal. Além de eliminar os lucros inesperados para os clientes do banco de investimento que tiveram a sorte ou o privilégio de obter ações ao preço de oferta, isso também reduz (e muito) o custo de abertura de capital. As etapas do processo de listagem direta estão descritas na Figura 4.7, assim como as limitações que acompanham essa alternativa:

FIGURA 4.7 | Oferta pública inicial com listagem direta

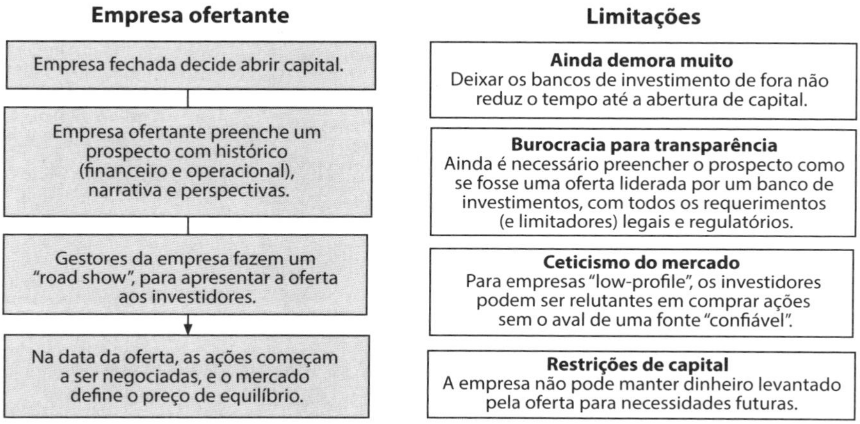

Empresa ofertante

- Empresa fechada decide abrir capital.
- Empresa ofertante preenche um prospecto com histórico (financeiro e operacional), narrativa e perspectivas.
- Gestores da empresa fazem um "road show", para apresentar a oferta aos investidores.
- Na data da oferta, as ações começam a ser negociadas, e o mercado define o preço de equilíbrio.

Limitações

Ainda demora muito
Deixar os bancos de investimento de fora não reduz o tempo até a abertura de capital.

Burocracia para transparência
Ainda é necessário preencher o prospecto como se fosse uma oferta liderada por um banco de investimentos, com todos os requerimentos (e limitadores) legais e regulatórios.

Ceticismo do mercado
Para empresas "low-profile", os investidores podem ser relutantes em comprar ações sem o aval de uma fonte "confiável".

Restrições de capital
A empresa não pode manter dinheiro levantado pela oferta para necessidades futuras.

A maior desvantagem da listagem direta para empresas em estágio inicial é a restrição de que os fundos arrecadados devem ser embolsados pelos proprietários, e não mantidos na empresa para cobrir futuras necessidades de investimento. Há modos pragmáticos de superar essa restrição, mas isso ainda restringe o uso de listagens diretas.

Nos últimos anos, surgiu uma terceira alternativa: o investidor (ou investidores) de alto perfil levanta fundos de investidores de varejo em uma empresa de aquisição de propósito específico, ou SPAC (Special Purpose Acquisition Company), para abrir o capital de determinada empresa, mas antes da oferta e antes que os termos sejam finalizados. A Figura 4.8 descreve o processo SPAC, também listando suas limitações:

FIGURA 4.8 | Oferta pública inicial por SPAC

Passos para abertura	Vantagens	Desvantagens
SPAC vai ao mercado e levanta capital.	**Vantagem de timing** Como a SPAC já possui o capital levantado, o acordo pode ser adiantado para aproveitar janelas de oportunidade no mercado.	**Custos** Os benefícios aos investidores precisam ser grandes o suficiente para cobrir os custos pelas ações e negociações dos responsáveis pela SPAC.
Busca empresa-alvo.		
Apresenta os dados financeiros e a narrativa da empresa-alvo para aprovação dos acionistas da SPAC.	**Experiência em "Due Diligence" (auditoria)** Responsáveis pela SPAC possuem experiência no negócio da empresa-alvo, viabilizando melhor precificação e acordos.	**Preocupações com transparência** Os responsáveis pela SPAC podem fazer alegações sobre a empresa-alvo que não atendam as restrições legais e regulatórias dos IPOs tradicionais.
Negocia a precificação e busca a aprovação do acionista para fusão com a empresa-alvo, aportando capital adicional de um investimento privado, caso necessário.	**Terceirização pelo investidor com mecanismos de saída** Investidores da SPAC terceirizam a auditoria e a negociação aos responsáveis, mas com a opção de saída caso fiquem insatisfeitos	**Conflito de interesses** Os responsáveis pela SPAC controlam o processo de negociação e possuem diferentes caminhos para a monetização, o que possibilita a negociação em benefício próprio.
Na data da oferta, as ações começam a ser negociadas, e o mercado define o preço de equilíbrio.	**Acesso ao capital** As empresas-alvo podem manter o capital levantado e ainda ter acesso a capital adicional.	**Investidores *versus* empresa ofertante** Acordos bons para as empresas ofertantes podem ser ruins para os investidores dessas empresas, e vice-versa.

Na prática, os investidores de varejo confiam nos responsáveis pela SPAC tanto para escolher a empresa privada certa para a fusão quanto para obter os melhores termos no acordo. Embora isso por si só não seja preocupante, o fato de os responsáveis pela SPAC em geral levarem 20% dos fundos arrecadados como compensação é preocupante, considerando que o investidor de varejo terá que recuperar esse dinheiro no IPO.

É irônico que o processo de IPO, que permitiu acesso a capital a muitos disruptores do mercado, agora está sofrendo disrupção. Acredito que a mudança está chegando ao processo de IPO e que nenhuma das alternativas existentes, pelo menos até agora, seja ideal. No futuro próximo, certas empresas continuarão com o status quo liderado por bancos de investimento, mas outras vão explorar abordagens mais eficientes e menos custosas para abrir seu capital.

TENDÊNCIAS NOS MERCADOS DE IPO

Tal como acontece com o capital de risco, os mercados de IPO passam por períodos quentes, quando dezenas ou mesmo centenas de empresas abrem o capital, e períodos frios, quando o número de ofertas públicas diminui. Na Figura 4.9, utilizo dados agregados por Jay Ritter sobre ofertas públicas iniciais para listar o número anual e as receitas de IPOs, de 1980 a 2021:

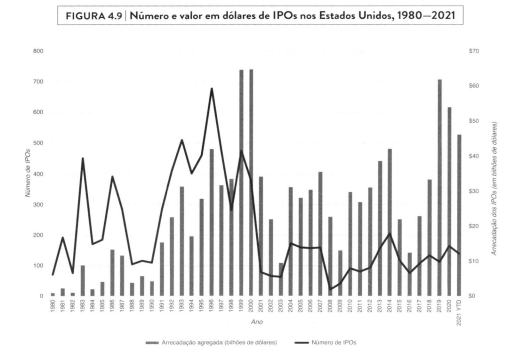

FIGURA 4.9 | Número e valor em dólares de IPOs nos Estados Unidos, 1980—2021

Repare no aumento de IPOs na década de 1990, na queda nos anos seguintes e no aumento, pelo menos nas receitas das ofertas, da última década. Inclusive, em comparação ao gráfico que analisava os fluxos do capital de risco (Figura 4.5), nota-se que os altos e baixos do capital de risco correspondem aos períodos quentes e frios dos mercados de IPO.

Além de o número de ofertas públicas iniciais ter variado ao longo do tempo, também houve variação dos tipos de empresa que abriram capital. Como observei na seção de capital de risco, a ascensão de um mercado cinza, no qual empresas privadas conseguem acessar mais capital em melhores termos, ocasionou mudanças no momento em que as empresas fechadas abrem seu capital e em quais serão suas características no momento da oferta. Na Figura 4.10, mostro as receitas em dólares das empresas que abriram capital a cada ano, bem como a porcentagem delas que gerou lucros.

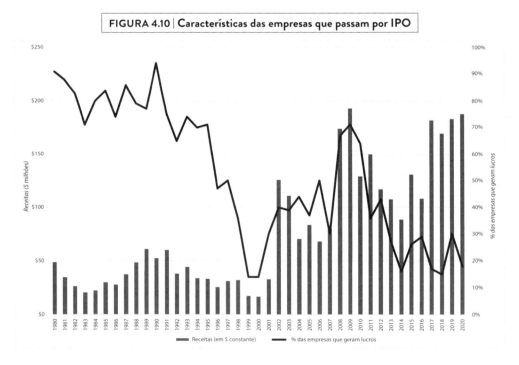

FIGURA 4.10 | Características das empresas que passam por IPO

Em resumo, as empresas que abriram capital na última década eram muito maiores (em termos de receita), apesar de seus modelos de negócios serem menos estabelecidos em comparação às que abriram capital duas ou três décadas atrás. Para empresas fechadas o acesso livre ao capital por períodos mais longos levou, ao menos em média, a menos disciplina na construção de modelos de negócios — o que é preocupante.

Financiamento secundário

Com o capital aberto, a empresa aumenta seu acesso ao dinheiro, tendo em vista que os mercados de ações e débitos se abrem para ofertas. Nesta seção, analiso os padrões de financiamento de empresas de capital aberto, destacando que, embora possam continuar acessando os mercados de ações, pelo menos nos primeiros anos de crescimento, sua principal fonte de investimento em patrimônio se torna interna — ou seja, ganhos retidos de operações — e que, se houver necessidade de capital externo, é mais provável aumentá-lo pelo endividamento do que por emissão de ações.

AS ESCOLHAS

Em última instância, existem apenas duas fontes de financiamento para qualquer empresa: fundos dos proprietários (equity) ou empréstimo (endividamento). As empresas de capital aberto obtêm o financiamento do patrimônio de duas fontes: o aumento do patrimônio pela emissão de ações no mercado e os lucros retidos, ou seja, a parte dos ganhos que é reinvestida na empresa. A Figura 4.11 fornece um demonstrativo de quanto cada fonte de financiamento representou para empresas de capital aberto nos Estados Unidos entre 1975 e 2020:

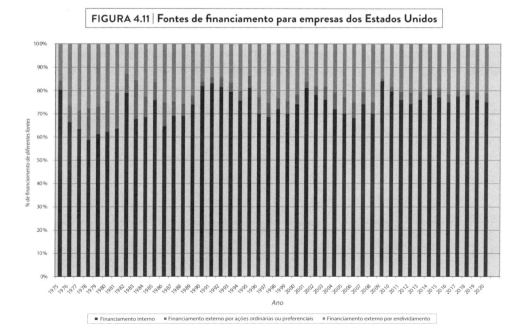

FIGURA 4.11 | Fontes de financiamento para empresas dos Estados Unidos

Observe que as empresas que abrem capital dependem mais do financiamento interno (ganhos retidos) do que qualquer outra fonte de autofinanciamento. Quando aumentam o financiamento externo, é muito mais provável que seja na forma de emissões de dívidas ou títulos do que em emissões de ações.

Há uma advertência a acrescentar a esta discussão sobre financiamento. Quando passam do crescimento inicial para o maduro, as empresas ainda precisam de capital para crescer e muitas vezes não estão preparadas para o financiamento por endividamento, que tem riscos, porque muitas vezes não estavam gerando muito dinheiro. Isso gera dependência do patrimônio (equity), mas, em vez de emitirem ações e utilizarem as receitas em dinheiro para satisfazer suas necessidades, as empresas se valem das ações como moeda para pagar empregados e adquirir outros negócios.

O PROCESSO

O processo para obter financiamento secundário, seja por capital próprio (equity), seja por dívidas, em geral começa com uma declaração de registo e um prospecto, que são apresentados aos órgãos reguladores com a especificação de quanto capital será levantado e de que forma. Embora houvesse o costume de apresentar registros a cada rodada de financiamento, o processo foi simplificado devido aos "registros de prateleira", em que as empresas podem se registar para obter financiamento em períodos futuros sem a necessidade de apresentar um prospecto a cada rodada.

Para aumentar o financiamento, as empresas ainda tendem a confiar nos bancos de investimento, assim como no processo de IPO, mas isso requer muito menos atividade por parte do banco, dado que as ações já são negociadas (e precificadas), e os investidores já estão familiarizados com a empresa. Isso não significa que os custos de emissão sejam inexistentes, mas são inferiores ao IPO e tendem a diminuir com o tamanho da emissão (ver Figura 4.12).

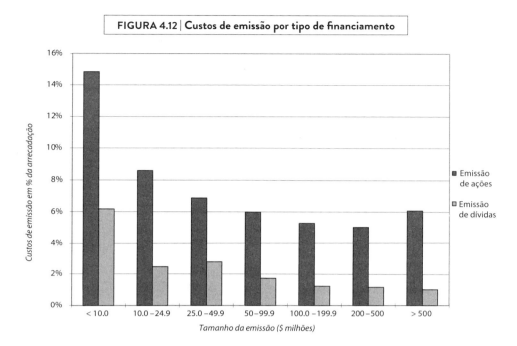

FIGURA 4.12 | Custos de emissão por tipo de financiamento

Do ponto de vista dos custos de emissão, também é inegavelmente menos dispendioso para empresas de capital aberto levantar financiamento por dívida do que por ações, o que pode explicar por que novas emissões de ações são muito menos frequentes do que as emissões de dívidas.

Nas emissões de ações, existe uma variação disponível que promete custos mais baixos: consiste em fazer uma emissão de direitos, em que os investidores de ações existentes têm o direito de comprar ações adicionais a um preço com desconto. Como todos têm esse direito, e aqueles que não o quiserem podem vendê-lo, o preço mais baixo das ações após a emissão dos direitos não prejudica os acionistas: todos terão mais ações, para compensar, ou dinheiro no bolso pela venda dos direitos. A vantagem das emissões de direitos, em relação às ofertas gerais de subscrição, é que o custo de emissão é muito mais baixo (ver Figura 4.13).

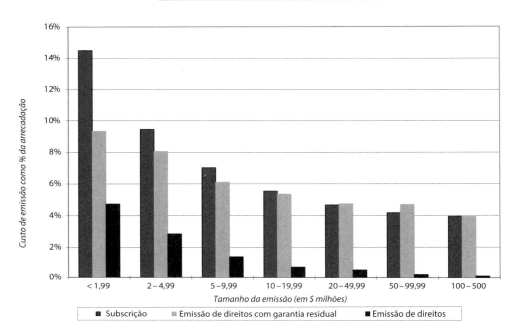

FIGURA 4.13 | Custos de emissão por tipo

Apesar do custo mais baixo, as empresas dos Estados Unidos, aterrorizadas com a "diluição" das ações (o aumento da quantidade de ações e a consequente diminuição dos lucros por cada uma) que ocorre com as emissões de direitos, estão muito menos dispostas a usar essa opção quando comparadas às empresas da Europa.

Private Equity, ou Capital Privado

Empresas jovens procuram capital de risco para fazer seus negócios decolarem, e, mais tarde, algumas fazem a transição para o mercado público de ações, no início com ofertas públicas, depois com financiamento secundário. Quando as empresas estão no estágio maduro, mais próximas do declínio, um terceiro player entra em cena nos mercados de capitais: o private equity, também conhecido como capital privado. Essa é uma categoria com uso bastante amplo e que inclui o capital de risco, também um patrimônio líquido injetado por fontes privadas. O private equity é um subconjunto do capital direcionado a empresas abertas, muitas vezes com a intenção de torná-las fechadas, "resolvendo" os problemas antes de abrir seu capital ao público outra vez.

O processo

Conforme ressaltei na última seção, o capital privado que abordo diz respeito às empresas de private equity (PE) focadas em comprar empresas de capital aberto e convertê-las em empresas fechadas, pelo menos no curto prazo. Embora isso possa parecer uma inversão na sequência normal do curso de vida de uma empresa, devemos reconhecer que os benefícios do capital aberto diminuem quando a empresa envelhece e se aproxima do declínio. Sem a necessidade de reinvestimento, o acesso aos mercados de capitais não é uma vantagem, e o escrutínio que acompanha o fato de ser uma empresa aberta pode dificultar ainda mais a implementação de mudanças necessárias para a sobrevivência no estágio de declínio, como desinvestimentos e demissões.

O espaço de PE é diversificado, com grandes players como a KKR e a Blackstone coexistindo com pequenas empresas, que muitas vezes se concentram em uma região ou um setor, mas sempre seguindo o roteiro do venture capital, arrecadando fundos de investidores (fundos patrimoniais, fundos de pensão, investidores ricos) e depois investindo em empresas. O que os diferencia dos VCs são os tipos de empresa que visam. Em vez de procurarem as jovens e com muito potencial, os private equity com frequência visam empresas mais velhas, cujos melhores dias já ficaram para trás e que em geral têm um sólido poder de gerar lucros, mas apresentam desempenho de rentabilidade inferior ao seu grupo de pares, muitas em um ponto do ciclo de vida em que têm dificuldade em gerar retornos superiores ao custo de capital. Somando os problemas de governança (comuns em empresas mais antigas, cujos gestores costumam ter pouca ou nenhuma participação acionária), dá para ver o potencial de transformação para os investidores de private equity. Em um estudo de milhares de empresas-alvo compradas entre 1992 e 2014, descobriu-se que as menores, com rentabilidade inferior e baixo endividamento, têm maior probabilidade de serem alvo de aquisições, como evidenciado na Figura 4.14:[3]

FIGURA 4.14 | Características das empresas visadas pelas firmas de Private Equity

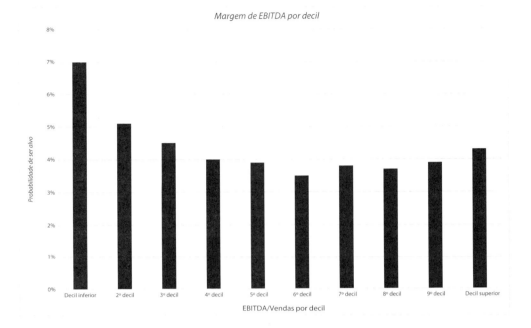
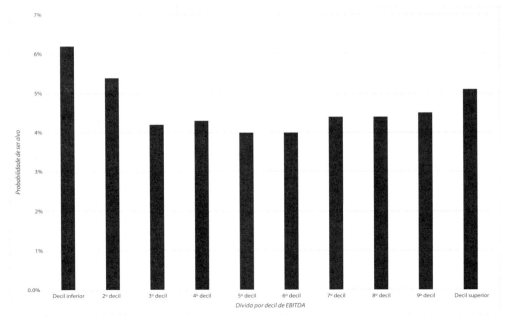

Em uma compra típica por private equity, a firma de PE aborda o pessoal e os gestores da empresa, que faz com que entrem como investidores de uma fatia na empresa fechada, ao mesmo tempo em que levanta o financiamento a partir de investidores institucionais (limited partners) e de endividamento para comprar a fração dos acionistas do mercado aberto. A Figura 4.15 descreve o processo de uma típica compra alavancada:

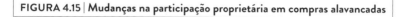

FIGURA 4.15 | Mudanças na participação proprietária em compras alavancadas

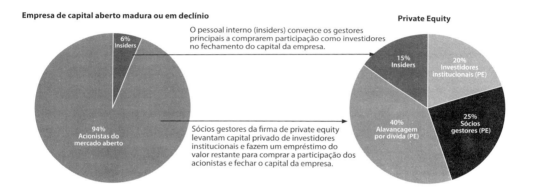

A porcentagem do negócio que é financiada com dívida varia conforme os acordos, com alguns muito mais alavancados que outros, mas essa estrutura se mantém. Se a dívida utilizada para concretizar o negócio representar uma parte substancial do novo financiamento, essa é uma aquisição alavancada.

Depois que a empresa tem seu capital fechado, começa o verdadeiro trabalho do fundo de private equity, que tenta resolver o que considera serem os problemas solucionáveis na empresa-alvo, com a intenção de melhorar a rentabilidade e talvez até encontrar algo que se assemelhe a um crescimento. Ao longo do caminho, o fundo pode alienar ativos ou divisões que não se enquadram no que pensam para o enredo corporativo. Como mostro com mais detalhes no Capítulo 17, há evidências, embora não conclusivas, de que os fundos de private equity conseguem melhorar as métricas operacionais nas empresas-alvo. Se o fundo conseguir enxugar a empresa e melhorar sua rentabilidade (e não há garantia disso), os retornos do negócio virão com a saída, quer por uma nova abertura de capital da empresa, talvez a um preço muito mais elevado do que o pago pela sua aquisição, quer pela venda da empresa a outra adquirente. A Figura 4.16 apresenta o cronograma de um negócio de private equity bem-sucedido, assim como advertências sobre o que pode dar errado em cada fase:

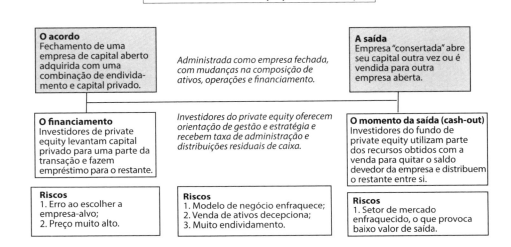

Quanto à questão de saber se os investidores de private equity saem como vencedores ou perdedores, deixo a discussão desses determinantes para mais adiante neste livro.

Tendências

No início do capítulo, demonstrei os fluxos e refluxos de capital de risco e IPOs ao longo do tempo. Não surpreende que os acordos de private equity também tenham seus anos de ascensão e queda. A Figura 4.17 mostra um gráfico dos números de acordos de private equity por ano:

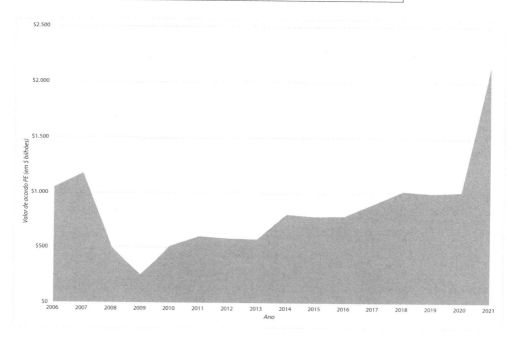

FIGURA 4.17 | Valor de acordos de private equity por ano

Observe que as negociações de private equity não estão intimamente ligadas aos movimentos anuais do capital de risco e dos IPOs, talvez porque estejam focados em empresas em diferentes estágios do ciclo de vida, com um conjunto diferente de variáveis macro para o sucesso.

Observando as tendências ao longo do tempo, vemos que a natureza dos acordos de private equity mudou, refletindo as seguintes transformações:

1. **Negócios maiores:** com o aumento da quantidade de capital fluindo para o capital privado, aumentou também sua capacidade de realizar grandes negócios. Em 2021, o Carlyle adquiriu a Medline por 34 bilhões de dólares, e o número de negócios naquele ano ultrapassou o valor de 10 bilhões, o que foi um recorde.

2. **Globalização:** como no caso do capital de risco e das ofertas públicas iniciais, o private equity passou de um fenômeno principalmente dos Estados Unidos para uma prática mais global. Portanto não é mais incomum se deparar com investidores ativistas atentos a empresas maduras europeias e asiáticas, na intenção de desafiar as normas de governança corporativa e as práticas operacionais. Na verdade, o maior acordo de private equity em 2021 foi a compra da Telecom Italia pela KKR por 37 bilhões de dólares.

3. **Flexibilidade na alavancagem:** nos primeiros anos, quase todas as aquisições por private equity foram acompanhadas de alavancagem, dando origem à sigla LBO (Leveraged Buyout). Felizmente, isso começou a mudar conforme surgiram mais variações nas combinações de financiamento utilizadas nas aquisições, nas quais alguns fundos de private equity dependiam mais de capitais próprios para seus negócios. Uma mudança saudável, uma vez que uma aquisição alavancada, por mais bem-estruturada que seja, é uma aposta na manutenção da saúde da economia, e uma recessão logo após uma negociação muitas vezes representa uma sentença de morte para o acordo.

De muitas maneiras, o surgimento do private equity completa o ciclo de capital para abranger todas as etapas do ciclo de vida corporativo, com foco em encontrar os melhores caminhos para as empresas maduras e em declínio envelhecerem com elegância.

Conclusão

Neste capítulo, analisei as transições necessárias para que uma empresa atravesse o ciclo de vida corporativo a partir de uma perspectiva financeira. Para startups e empresas em estágio inicial, o capital de risco altera suas restrições de financiamento e sua estrutura de propriedade e de governança. Para um subconjunto dessas empresas, em geral aquelas com maior potencial de expansão, a próxima transição de financiamento será para os mercados acionários, primeiro com uma oferta pública inicial, depois com acesso ao capital privado e com o endividamento, já na condição de empresa experiente. As empresas maduras e em declínio recorrem outra vez ao capital privado, mas dessa vez as empresas de private equity que as compram fecham seu capital até consertá-las, e depois podem abri-lo de novo ou vendê-las.

Em um mercado de capitais saudável, é necessário ter todas essas três fontes (capital de risco, mercado de ações e private equity) em equilíbrio. Com o tempo, haverá altos e baixos em todas as fontes de capital, e as empresas prudentes que desejam acesso a financiamento precisarão de planos para enfrentar as crises que virão.

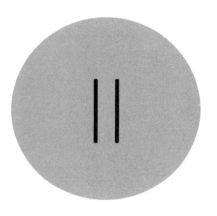

Finanças corporativas ao longo do ciclo de vida

5

Introdução às finanças corporativas: Uma visão geral do ciclo de vida

A DISCIPLINA DE FINANÇAS CORPORATIVAS É a mais abrangente, pois cobre os princípios financeiros fundamentais que determinam como administrar um negócio. Como "finanças corporativas" compreende qualquer decisão da empresa que envolva o uso de dinheiro, toda decisão de negócios é uma decisão de finanças corporativas, e todas podem ser categorizadas como decisões de investimento, de financiamento ou de dividendos. Neste capítulo, começo estabelecendo o quadro geral das finanças corporativas, para depois expandir os princípios de investimento, financiamento e dividendos.

O quadro geral

Se as finanças corporativas abordam, como afirmo, os princípios básicos que determinam como administrar um negócio, a consequência é que tudo o que as empresas fazem estão sob sua abrangência. Em termos gerais, todas as decisões tomadas pela empresa podem ser colocadas dentro de um destes três grupos:

- **Decisões de investimento:** relativas a ativos ou projetos em que uma empresa escolhe alocar seus recursos e, por consequência, abrangem uma vasta gama de investimentos, de pequenos a grandes, de corte de custos a geração de receitas.

Assim, uma decisão sobre quanto e qual inventário manter é tanto uma decisão de investimento quanto sobre adquirir outra empresa.

- **Decisões de financiamento:** todas as empresas precisam de financiamento para funcionar, o que pode vir de fundos dos proprietários (capital) ou de dinheiro emprestado (endividamento). Estão incluídas decisões que afetam a combinação dos financiamentos utilizados, bem como os instrumentos utilizados para obtê--los. Um exemplo é decidir captar 100 milhões de dólares em empréstimos para assumir um novo projeto, assim como escolher se essa dívida deve ser um empréstimo bancário ou um título corporativo e se deve ter taxa fixa ou flutuante.

- **Decisões sobre dividendos:** por meio de uma combinação de maior poder de geração de lucros e menor necessidade de reinvestimento, as empresas maduras apresentam excedente de caixa. Embora algumas utilizem esse dinheiro na tentativa quase fútil de retomarem a juventude, com aquisições e investimentos exagerados, muitas decidirão devolver uma parte ou a totalidade desses recursos aos proprietários. Nas empresas de capital aberto, nas quais os proprietários são acionistas, o dinheiro pode ser devolvido sob a forma de dividendos ou de recompra de ações, e a questão de quanto e de que modo devolver se torna o cerne da decisão sobre dividendos.

Ao traçar o caminho de uma empresa, os tomadores de decisão precisam de um objetivo final. Na abordagem clássica das finanças corporativas, o objetivo é maximizar o valor dos negócios e, em muitos casos, o valor para os proprietários (acionistas). Na Figura 5.1, resumo os primeiros princípios que permeiam as decisões de investimento, financiamento e dividendos que emergem desse objetivo final:

Introdução às finanças corporativas: Uma visão geral do ciclo de vida | 117

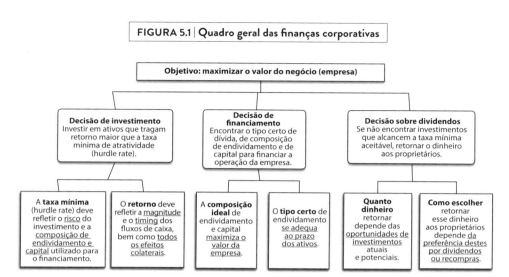

FIGURA 5.1 | Quadro geral das finanças corporativas

Em resumo, em finanças corporativas clássicas, escolher a maximização do valor como objetivo dá direcionamento aos esforços, pois estabelece regras para a tomada de decisões de investimento, de financiamento e de dividendos: decisões boas são aquelas que aumentam o valor, já as decisões ruins reduzem o valor. Contudo, se não há concordância quanto ao objetivo final de maximização de valor, as tomadas de decisão também serão questionáveis, e é por isso que começo este capítulo examinando as alternativas para a maximização de valor, seus benefícios e suas desvantagens.

O objetivo final nos negócios

Para entender por que há tanto debate sobre o objetivo final na administração de um negócio, é instrutivo partir de uma análise de todas as partes interessadas (stakeholders), começando por acionistas e credores, que fornecem capital ao negócio; e, então, incluindo os funcionários, a clientela, os fornecedores e até a sociedade. A Figura 5.2 fornece uma imagem dos stakeholders de um negócio:

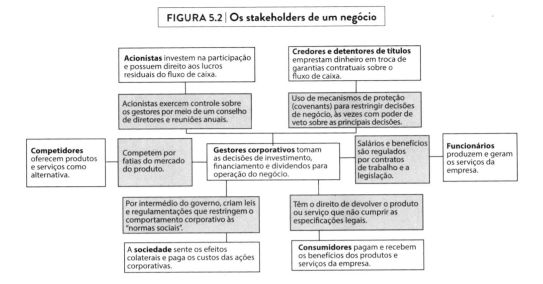

FIGURA 5.2 | Os stakeholders de um negócio

É inegável: para que seja bem-sucedida, uma empresa precisa de todos esses stakeholders. Portanto, parece injusto que as finanças corporativas clássicas se concentrem apenas nos acionistas. Mas a razão para esse foco é simples. Todas as outras partes interessadas têm direitos contratuais sobre a empresa: os credores definem taxas de juros e impõem cláusulas de proteção para os empréstimos; os funcionários estruturam acordos para especificar salários, benefícios e proteções; os clientes decidem se os produtos ou serviços valem o preço cobrado. Até a sociedade, na forma do governo (eleito, em alguns casos), redige leis e regulamentos que regem as empresas e cobram impostos. Os acionistas, porém, têm apenas um direito residual: receber o que sobra depois que todas as obrigações contratuais dos outros stakeholders foram satisfeitas. E, sem a primazia oferecida pelas finanças corporativas, há pouco incentivo para tomar parte nesse esforço.

Nas últimas duas décadas, o principal desafio ao objetivo de maximizar o valor para os acionistas veio daqueles que argumentam que as empresas deveriam maximizar o valor para os *stakeholders*, argumento que conquistou a adesão de alguns CEOs e investidores institucionais. Embora a ideia de que a empresa deve considerar os interesses de todas as partes não seja excepcional, não funciona, na minha opinião, por duas razões:

- **As empresas ficam sem rumo:** embora todos os stakeholders forneçam ingredientes essenciais para o sucesso de uma empresa, seus interesses são muito diferentes e com frequência conflitantes. Por exemplo, os clientes se beneficiam dos preços mais baixos cobrados pelos produtos e serviços, que ocorrem à custa dos lucros de acionistas e talvez até dos salários dos empregados. Sem uma estratégia clara que equilibre esses interesses conflitantes, os tomadores de decisão acabarão fazendo julgamentos subjetivos ou, pior, paralisados pelo peso das decisões. Em termos práticos, um negócio funcional precisa dar primazia a um grupo de stakeholders ao mesmo tempo que estabelece restrições que protejam de prejuízos os outros grupos. A abordagem clássica das finanças corporativas faz isso priorizando os acionistas, que não têm proteção contratual. Mas, quase sempre, a maximização do valor para os acionistas é limitada tanto pela concorrência quanto pela regulamentação do mercado.

- **Atrapalha a prestação de contas pelos gestores:** se os tomadores de decisão de uma empresa forem responsáveis por todos os stakeholders, podemos dizer que, na prática, não são responsáveis por nenhum. Isso pode parecer contraintuitivo, mas a maximização do valor para os stakeholders permite que os gestores, quando desafiados por qualquer desses grupos sobre qualquer falha, usem a desculpa fácil de que o problema surgiu por estarem atendendo às necessidades de outros stakeholders. Assim, por exemplo, quando funcionários questionam um time da alta gestão sobre a razão de seus salários estarem atrasados, podem argumentar que os produtos e os serviços precisavam ter preços mais acessíveis para os clientes.

A maximização do valor para os acionistas não seria um objetivo perfeito em nenhuma medida imaginável, mas a crença de que é inimiga do bem-estar dos outros stakeholders não é lógica, nem sustentada por dados. Eu diria que empresas com bom desempenho para os acionistas estão em posição muito melhor, devido à sua rentabilidade, para pagar mais aos empregados e fornecer serviços adicionais aos clientes. Empiricamente, isso se mostra verdadeiro. Dito isso, sempre existirão empresas que proporcionam maior valor aos acionistas, cobrando preços injustificadamente elevados por seus produtos e serviços e/ou dispensando um tratamento injusto aos funcionários, e a questão de para onde vai esse debate depende de encararmos essas empresas como exceção ou regra.

Embora o objetivo de maximizar o valor dos acionistas se aplique a qualquer empresa, é possível perceber por que essa é uma missão mais difícil para aquelas em estágio inicial do que para as mais maduras. Não só porque os negócios mais jovens têm menos chances de estar na bolsa de valores, isto é, não há preços de mercado para suas ações — um critério falho, mas ainda assim uma medida de valor fácil de observar para o acionista —, mas muito de seu valor vem do que será feito no futuro, e não do que foi feito no passado. A consequência é que, nas empresas mais jovens, é mais difícil saber de antemão se uma decisão vai aumentar ou diminuir o valor do negócio, e vou explorar como essa realidade se apresenta nas diferenças de abordagem da política financeira corporativa.

O princípio do investimento

O princípio do investimento abrange as vantagens e desvantagens de uma empresa investir em um ativo ou em um projeto — e quanto deve ser investido. Nesse caso, "projeto" pode englobar um espectro que vai de pequeno a grande, da redução de custos à geração de receita. Escolhas como o plano de saúde fornecido aos funcionários ou oferecer ou não crédito aos clientes são projetos que implicam em uma decisão de investimento, assim como um planejamento para entrar em um novo negócio ou adquirir outra empresa. Se o objetivo final de uma empresa for maximizar o valor, a lógica é que o investimento em um projeto, um ativo ou uma aquisição só deve ocorrer se o retorno esperado exceder uma taxa mínima de atratividade conhecida como *hurdle rate*. Na Figura 5.3, mostro a comparação entre essa taxa mínima e o retorno do investimento, assim como os fatores e determinantes de cada um:

FIGURA 5.3	O princípio do investimento: hurdle rate e retorno do investimento

A taxa mínima de atratividade para um investimento
Deve refletir o risco do investimento, não da entidade tomando o investimento. Deve usar uma proporção de endividamento que represente o fluxo de caixa do investimento.

O retorno sobre um investimento
Deve refletir o fluxo de caixa que será obtido. Deve levar em conta a periodização, retratando quando esses fluxos de caixa serão recebidos.

Nesta seção, começo a delinear um quadro amplo para pensar as taxas mínimas de atratividade e de retornos sobre o investimento, mas há mais detalhes sobre o tópico no próximo capítulo.

A taxa mínima de atratividade (hurdle rate)

É de senso comum a ideia de que as taxas mínimas de atratividade devem refletir o risco do investimento, mas, para que essas taxas tenham um impacto prático, é preciso haver uma estrutura para ponderar o risco e, pelo menos, o básico de conhecimento sobre como converter medidas de risco em taxas necessárias de retorno. Para começar, definirei "risco" como a probabilidade de que o resultado de um investimento será diferente do que se esperava. Note que, com essa definição, o risco pode ser tanto negativo (ganho ou recebo menos do que o esperado de um investimento) quanto positivo (gero mais retorno do que esperava para o investimento). Ao contrário de alguns economistas, que usam a mensurabilidade como uma linha divisória, não faço distinção entre risco e incerteza, portanto, aqui uso os termos de forma intercambiável.

Ao administrar um negócio, o indivíduo inegavelmente se expõe à incerteza em quase todas as frentes e, para entender e lidar com essas incertezas, é preciso considerar categorizá-las e dividi-las em componentes. A Tabela 5.1 categoriza incertezas/riscos aos negócios em três dimensões:

Tabela 5.1 • Detalhamento de incertezas/riscos dos negócios

Tipo de incerteza/ risco	A diferença	Por que nos importamos com isso em Finanças Corporativas
Estimativa *versus* Econômica	*Incerteza econômica* refere-se às mudanças inesperadas do destino, sobre as quais nenhuma pesquisa ou informação dará pista. *Incerteza nas estimativas* tem relação com os julgamentos sobre investimento e valuation que podem ser melhorados com a coleta de mais informações e a melhor forma de utilizá-las.	As empresas devem tomar decisões diante da incerteza e, embora mais diligência e pesquisa reduzam a incerteza da estimativa, isso não tem efeito na incerteza econômica.
Micro *versus* Macro	A *microincerteza* ocorre no nível da empresa e vem de decisões de gestão, de complicações legais e até de concorrentes próximos. A *macroincerteza* pode ser atribuída a forças maiores, ou seja, às oscilações da conjuntura causadas por alterações na inflação, nas taxas de juros e nos ciclos econômicos.	Os gestores só podem afetar o componente micro, no sentido de que decisões melhores geram resultados melhores. Gestores não conseguem controlar o componente macro, que provém do risco econômico global ou do risco do país.
Discreto *versus* Contínuo	O *risco contínuo* é, como o nome diz, uma ameaça contínua, ainda que em geral pequena. Já o *risco discreto* é mais incomum, porém tem potencial catastrófico.	Os sistemas de gestão de riscos em geral são estabelecidos para gerenciar riscos contínuos, em parte porque há lembretes constantes de sua presença, e ignoram ou subestimam riscos discretos.

Embora todos os negócios estejam expostos a cada uma dessas incertezas, o tipo e a magnitude da incerteza variam conforme as empresas envelhecem. A Figura 5.4 captura a evolução da incerteza ao longo do ciclo de vida corporativo:

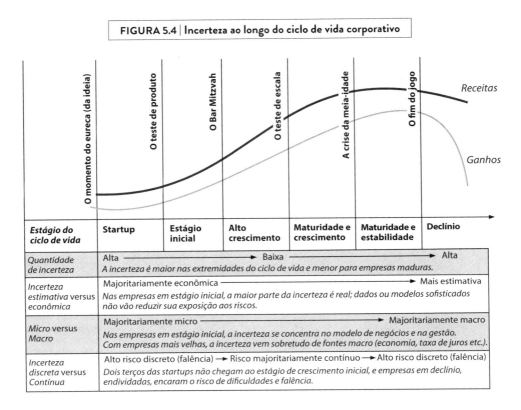

Diante de uma infinidade de incertezas, é fácil perceber por que os gestores de negócios ficam sobrecarregados, mas distinguir os riscos a partir do ponto de vista dos investidores pode organizar um pouco as demandas. Se toda a sua riqueza for colocada em um único negócio, o investidor estará exposto a *todo* o seu risco intrínseco: de estimativa e de economia, micro ou macro, contínuo e discreto. No entanto, se a riqueza for espalhada em vários negócios (ou seja, diversificada), alguns riscos ficarão menos visíveis ou até sumirão do portfólio. Pode parecer magia, mas é uma simples consequência do fato de que, se o risco é específico de um negócio, para cada empresa com baixo desempenho à expectativa desse risco, deve haver outra que a supera, resultando em uma média entre as participações. A

Figura 5.5 traz um detalhamento dos riscos nessa dimensão, com uma explicação de como a diversificação pode ser realizada tanto pelas próprias empresas quanto pelos investidores:

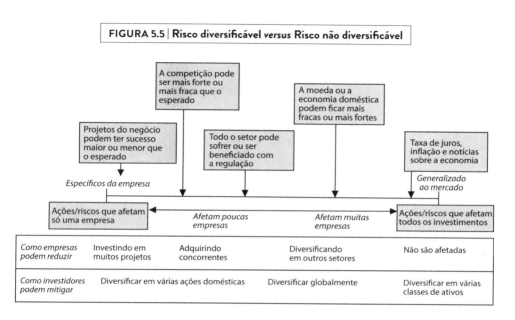

As empresas podem tentar reduzir ou até eliminar a exposição a alguns riscos por conta própria, como é o caso de uma varejista que abre várias lojas ou de uma empresa de produtos de consumo que cria muitas marcas diferentes. Mas isso fica cada vez mais difícil à medida que os riscos passam ao âmbito de setor ou país. Os investidores em geral conseguem reduzir sua exposição a esses riscos com a diversificação, muitas vezes, a um custo muito menor do que o das empresas, sobretudo aquelas que têm ações negociadas no mercado aberto.

Caso esteja se perguntando por que deveria se preocupar com o risco na perspectiva dos investidores, eu diria que a taxa mínima de atratividade aceitável para um investimento deve refletir o risco percebido pelos investidores marginais (ou seja, aqueles que mantêm grandes participações e dominam as negociações), e não a perspectiva do próprio negócio. Mais uma vez, as consequências para um negócio dependem de sua fase no ciclo de vida: muitas empresas em estágio inicial são controladas por fundadores (que não são diversificados) e capitalistas de risco (apenas parcialmente diversificados), enquanto empresas mais maduras tendem a ser negociadas no mercado acionário, e investidores institucionais representam a maior parte das negociações. Então, pela lógica, as taxas mínimas de atratividade aceitáveis para empresas em estágio inicial refletem alguns ou muitos riscos específicos à empresa, já para empresas mais maduras os únicos riscos precificados são os macroeconômicos.

Nesta discussão, evitei deliberadamente as métricas que utilizo para mensurar o risco, assim como os detalhes da conversão dessas métricas em hurdle rates, ou taxas mínimas de atratividade. Essas questões serão abordadas no Capítulo 6.

Retornos sobre investimento

Ao analisar um investimento, pequenas ou grandes empresas devem prever o que será oferecido como retorno para os negócios nos anos seguintes. Como os investimentos podem ter horizontes de tempo muito diversos, tal previsão pode ser menos trabalhosa para um investimento de três anos do que para um de dez ou cinquenta anos; mas, não importa o horizonte de tempo, as empresas enfrentam a escolha entre estimar o retorno em termos de ganhos contábeis ou de fluxos de caixa. As estimativas a partir de ganhos contábeis são determinadas pelas regras contábeis sobre receitas e despesas e, embora se combinem mais intimamente aos tradicionais resultados finais nos relatórios de rendimentos, podem oferecer uma visão distorcida da realidade. Já a estimativa baseada em fluxos de caixa é puramente uma função de entradas e saídas de caixa em um projeto, sendo mais difícil de manipular ou distorcer.

A segunda grande escolha que precisa ser feita na conversão de lucros ou fluxos de caixa em retornos de investimento diz respeito ao momento. Não é necessária uma lógica financeira elaborada para compreender que os ganhos ou os fluxos de caixa já recebidos valem mais do que aqueles recebidos em um ano posterior. Uma razão para isso é o valor temporal do dinheiro, que reflete os efeitos da inflação em uma moeda, bem como as preferências humanas já bem-estabelecidas pelo consumo no presente em detrimento do consumo futuro. A outra razão é o risco ou a incerteza, uma vez que qualquer risco enfrentado em um negócio aumenta com o tempo, tornando o fluxo de caixa no quinto ano mais incerto, em uma base acumulada, do que um fluxo de caixa no primeiro ano.

Em termos gerais, as abordagens para estimar o retorno do investimento refletem essas escolhas feitas pelas empresas. Em um extremo do espectro estão os retornos contábeis, método em que basta dividir os lucros contábeis por alguma medida do que a empresa investiu em um projeto. Por exemplo, um projeto que requer um investimento de 100 milhões de dólares e entrega 20 milhões de dólares em ganhos após impostos tem um retorno de 20% do investimento. Como mostro no próximo capítulo, esses retornos contábeis podem ser calculados apenas da perspectiva dos investidores de ações como retorno sobre as ações ou da perspectiva de todos os provedores de capital como retorno sobre capital investido. No outro extremo do espectro, há retornos por fluxo de caixa descontado, em que os retornos não são calculados apenas com base nos fluxos de caixa gerados por um projeto, mas também considerando os fluxos de caixa anteriores mais do que os fluxos de caixa posteriores equivalentes, que são descontados. Esses retornos ponderados no tempo podem ser calculados em termos de valor em moeda (valor presente líquido, ou VPL) ou em termos percentuais (taxa interna de retorno ou TIR). A Figura 5.6 demonstra essas opções:

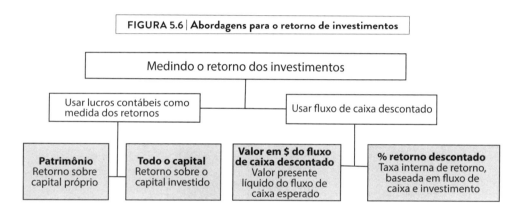

Embora o valor presente líquido já incorpore sua taxa mínima de atratividade como uma taxa de desconto, produzindo, portanto, uma medida do valor excedente, a abordagem que emprega o retorno contábil e a taxa interna de retorno exige uma etapa adicional antes que um investimento seja considerado bom ou ruim. Com esses métodos de estimativa, para que um investimento seja bom, o retorno sobre patrimônio líquido (capital) deve ser maior que o custo do patrimônio líquido (capital).

Claro que há questões de estimativa que deixei sem resposta, incluindo a melhor forma de medir o capital investido ou o patrimônio e como estimar os fluxos de caixa, mas retomo esses detalhes no Capítulo 6. No processo, espero também abordar a questão da mudança ou não do retorno sobre investimento de um negócio quando a empresa passa do estágio inicial de crescimento para o estágio de maturidade.

O princípio do financiamento

À medida que as opções de financiamento proliferam e os balanços se complicam, é fácil perder de vista uma verdade fundamental nos negócios: em última análise, todo o capital que a empresa levanta deve vir dos proprietários, como capital, ou dos credores, como dívida. Isso vale tanto para empresas de capital fechado, com um único proprietário fornecendo capital e um empréstimo bancário representando dívida, quanto para as de capital aberto, com ações ordinárias representando capital público e títulos corporativos como dívida. Na verdade, é possível descrever qualquer negócio usando um balanço patrimonial, como mostra a Figura 5.7:

FIGURA 5.7 | Balanço patrimonial

Ativos		Passivos
Valor de investimentos feitos ao longo da vida do negócio	*Ativos em operação (imobilizados)* *Dívida*	**Credores têm garantia contratual sobre o fluxo de caixa da empresa**
Valor esperado para futuros investimentos em crescimento	*Ativos para crescimento* *Capital próprio (equity)*	**Acionistas têm direitos residuais e ficam com as sobras do fluxo de caixa**

Apesar da semelhança de suas rubricas (ativos e passivos) com o balanço contábil, o balanço patrimonial fornece uma perspectiva de futuro em que o valor do negócio não provém apenas dos investimentos existentes feitos pelo negócio (ativos em operação), mas também incorpora o valor acrescentado pelo crescimento e pelos investimentos futuros esperados (ativos de crescimento). No jargão do ciclo de vida corporativo, as empresas em estágio inicial e de crescimento elevado obtêm a maior parte do seu valor dos ativos de crescimento, enquanto nas empresas maduras o equilíbrio se deslocará para os ativos em operação. Do outro lado do balanço patrimonial estão o patrimônio líquido e o endividamento, termos com uma definição ampla, de modo a abranger tanto as empresas fechadas como as de capital aberto.

Composição de financiamento

A questão central da área de finanças corporativas é responder se as empresas devem tomar empréstimos e, em caso positivo, quanto do financiamento deve ser representado por dívidas. Ao seguir o pressuposto de que, em finanças corporativas, boas decisões aumentam o valor do negócio, essa dúvida deve ser respondida a partir da análise dos efeitos do empréstimo: o negócio aumentará ou diminuirá de valor? Isso vai exigir avaliar os custos e os benefícios do uso da dívida, em oposição ao capital próprio, para financiar investimentos. A discussão completa desse balanço deve esperar até o Capítulo 7, mas abordo os elementos mais importantes nesta seção.

Do lado positivo, o maior (e muitas vezes o único) benefício de usar dívida em vez de capital próprio para financiar investimentos é que a legislação fiscal em grande parte do mundo favorece os empréstimos, o que permite buscar deduções fiscais para despesas com juros sobre a dívida, enquanto o dinheiro devolvido aos investidores em ações, como dividendos ou recompras, vem dos fluxos de caixa apenas após os impostos. Do lado negativo, o maior perigo do empréstimo é que aumenta o risco de a empresa não ser capaz de fazer os pagamentos contratuais (juros e montante principal), levando à falência e emperrando seu ciclo de vida. A Figura 5.8 traz os principais fatores a serem equilibrados:

FIGURA 5.8 | Endividamento *versus* capital próprio: maior vantagem e maior desvantagem

A maior vantagem	A maior desvantagem
Benefício fiscal: as dívidas geram o pagamento de juros, que são dedutíveis, reduzindo o pagamento de taxas. Já o capital próprio tem retorno de dinheiro via dividendos ou recompras, sem dedução de impostos.	**Falência ou risco de inadimplência:** as dívidas criam obrigações contratuais para o pagamento dos juros e do montante principal que, caso não quitadas, podem causar a falência ou a perda de controle do negócio para os credores.

Conclusão da análise para composição de financiamento: empresas que recebem grandes (ou pequenos) benefícios fiscais por suas dívidas enfrentando pouco (ou muito) risco de inadimplência devem usar mais (ou menos) endividamento em vez de capital próprio.

Embora uma apreciação mais completa do balanço entre dívida e capital só apareça no Capítulo 7, no qual também abordarei o que considero os benefícios ilusórios que algumas empresas acreditam vir do endividamento, as linhas gerais de como esse balanço vai se desenrolar ao longo do ciclo de vida já começa a tomar forma. As empresas em estágio inicial e em crescimento que estão perdendo dinheiro ou fazendo pouco dinheiro obterão pouco ou nenhum benefício fiscal tomando empréstimos, uma vez que, sem rendimento tributável, a dedução fiscal dos juros é inútil. Se incorporarmos o risco advindo da falência, em que os ativos de crescimento são ameaçados, é lógico que a maior parte do financiamento para empresas jovens deve partir de capitais próprios. Quando as empresas envelhecem, e seus rendimentos passam a ser maiores e mais sustentáveis, a capacidade de contraírem empréstimos aumenta, embora em ritmos diferentes para cada tipo de empresa.

Tipo de financiamento

Um componente secundário no princípio do financiamento em geral não recebe muita atenção nas empresas. É o tipo de financiamento que deve ser usado para erguer fundos.

Mais especificamente, essa parte do princípio do financiamento aborda a decisão de uma empresa que toma dinheiro emprestado de usar títulos corporativos ou dívida bancária, de tomar empréstimos de longo ou curto prazo, em dólares ou euros, ou de tentar obter empréstimos com taxas flutuantes ou fixas. Eu poderia escrever teses extensas e complicadas sobre cada uma dessas escolhas quando o objetivo é maximização do valor, mas é melhor começar partindo do pressuposto de que o financiamento ideal para a empresa será aquele que reflete as características típicas do projeto ou ativo. Na prática, em um ambiente de financiamento perfeito, os fluxos de caixa do financiamento da empresa vão acompanhar os altos e baixos dos fluxos de caixa das suas operações, como pode ser visto na Figura 5.9.

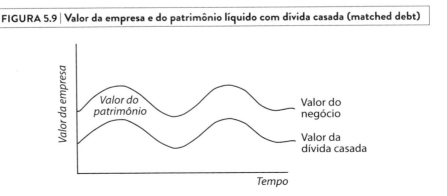

FIGURA 5.9 | Valor da empresa e do patrimônio líquido com dívida casada (matched debt)

Nesta figura, o valor do negócio é volátil, aumenta e diminui com o tempo, mas, como sua dívida se move de modo correspondente, isto é, aumenta à medida que o valor dos negócios cresce e diminui à medida que cai, o valor patrimonial da empresa permanece intacto.

Caso essa empresa tivesse utilizado uma dívida descasada, o valor da dívida mudaria independentemente do valor do capital próprio, o que deixaria a empresa em situação de inadimplência em períodos nos quais o valor de seus ativos operacionais fosse baixo, como pode ser visto na Figura 5.10.

FIGURA 5.10 | Valor da empresa e do patrimônio com dívida descasada (mismatched debt)

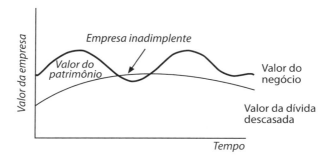

No Capítulo 7, retomo o conceito de correspondência entre dívida e ativos e examino como o tipo de financiamento escolhido deve mudar à medida que a empresa avança ao longo do ciclo de vida.

O princípio dos dividendos

Um negócio bem-sucedido retornará dinheiro aos investidores (proprietários), e o princípio dos dividendos nas finanças corporativas aborda questões como quanto dinheiro retornar e, se for uma empresa de capital aberto, de que forma. Voltando à Figura 5.1, em que estabeleci os princípios básicos das finanças corporativas, uma empresa com foco na maximização do valor deve retornar dinheiro aos investidores caso não consiga encontrar investimentos que gerem retornos excedentes à taxa mínima de atratividade.

Retorno em dinheiro: quanto?

Para determinar quanto dinheiro uma empresa pode retornar aos acionistas, vale enfatizar que essa decisão deve ser a última etapa em uma sequência que incorpora suas decisões de investimento e financiamento. A Figura 5.11 descreve como o retorno em dinheiro deve funcionar em uma empresa que prioriza os princípios financeiros:

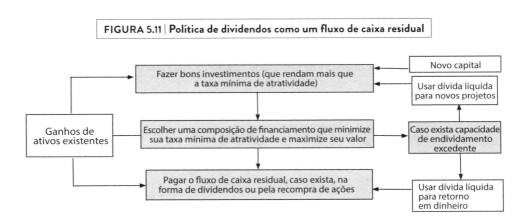

FIGURA 5.11 | Política de dividendos como um fluxo de caixa residual

O caixa disponível para retorno será o dinheiro que sobra depois de os investidores patrimoniais terem decidido quanto será reinvestido em novos projetos ou aquisições na tentativa de gerar crescimento no futuro, bem como em contas a receber ou em estoque, para dar suporte aos investimentos de crescimento. O retorno também deve refletir os efeitos do financiamento da dívida, com a decisão de tomar novos empréstimos em dinheiro a fim de criar uma entrada de caixa, e a de liquidar dívidas antigas, o que gera saídas de caixa. Na Figura 5.12, acompanho o caixa disponível de uma empresa para retorno ou dividendos potenciais, incorporando esses efeitos:

Introdução às finanças corporativas: Uma visão geral do ciclo de vida | 131

FIGURA 5.12 | Dividendos em potencial (fluxos de caixa para os acionistas)

Potenciais dividendos (a lógica)

Partir da receita disponível para os sócios investidores

retirar

Dinheiro investido em ativos de longo prazo para gerar crescimento futuro

retirar

Dinheiro investido em ativos de curto prazo para gerar crescimento futuro

adicionar ou retirar

Adicionar fluxos de entrada de caixa de novos empréstimos e retirar saídas de caixa para pagamento de dívidas

resultado

Fluxo de caixa disponível para acionistas

Potenciais dividendos (cálculo)

Receita Líquida

menos

CapEx (despesas de capital) — depreciação e amortização

menos

Variação no capital de giro operacional (não monetário)

mais

(Novos empréstimos — Dívidas quitadas)

igual a

Fluxo de caixa disponível para acionistas

Mesmo nesse quadro preliminar para retorno em dinheiro nota-se uma ligação com o ciclo de vida corporativo. Depois de levar em consideração as necessidades de reinvestimento, as empresas em estágio inicial e em crescimento que geram pouco ou nenhum lucro líquido terão fluxos de caixa negativos para os acionistas e talvez precisem de injeções de capital para cobrir esses fluxos de caixa. Durante o amadurecimento das empresas, há uma combinação de ganhos positivos e diminuição das necessidades de reinvestimento. Quando o crescimento arrefece, os fluxos de caixa disponíveis aos proprietários se tornam positivos, dando a esses negócios pelo menos a capacidade de retornar dinheiro; caso optem por não o retornar, as empresas obterão um acúmulo de saldos de caixa ao longo do tempo. Quando em declínio, o lucro líquido da empresa cai, mas um negócio cada vez menor pode aumentar seus fluxos de caixa para os sócios por meio de desinvestimentos, retornando muito mais em dinheiro do que o indicado pela receita líquida.

Retorno de dinheiro: como?

Se um negócio permanecer com capital fechado, os proprietários podem tomar vários caminhos para extrair dinheiro, desde pagar grandes dividendos até aumentar seus salários. No caso da abertura de capital, até algumas décadas atrás, a maioria das empresas só dispunha de uma maneira de devolver dinheiro: pagar dividendos aos acionistas. Esses dividendos eram estruturados como títulos com cupom, pagos em intervalos regulares (variando de trimestral a anual), mas, ao contrário dos títulos com cupom, eles em geral cresciam ao longo do tempo e não tinham garantias contratuais. A partir da década de 1980, nos Estados Unidos, os dividendos de muitas empresas passaram a ser complementados e, cada vez mais, substituídos pela recompra de ações (buybacks). Esse sistema usa o dinheiro que retornaria aos investidores para recomprar as ações daqueles que escolheram vender suas fatias. Ao contrário dos dividendos, que são previsíveis e variam pouco — ou seja, não mudam de um período a outro ou mudam de maneira previsível —, as recompras são irregulares e flexíveis, o que dá às empresas a chance de devolver dinheiro sem criar um compromisso de continuar gerando retorno em períodos futuros. A Figura 5.13 demonstra as diferenças, da perspectiva das empresas, entre o pagamento de dividendos e a recompra de ações.

FIGURA 5.13 | Dividendos *versus* recompras

Dividendos	*Recompra de ações (Buybacks)*
Rigidez: após definidos, dividendos demoram a mudar, com tendência de alta maior que de baixa.	**Flexível:** recompras são flexíveis e, mesmo quando anunciadas, podem ser retiradas com pouca ou nenhuma consequência.
Previsibilidade: os dividendos são pagos em intervalos regulares de tempo (trimestre, ano).	**Oportunidade:** recompras não seguem um padrão de intervalo e podem ocorrer a qualquer momento (à escolha da empresa).
Alcance geral: dividendos são pagos para todos os acionistas, precisem ou não do dinheiro.	**Seletiva:** o dinheiro é retornado aos acionistas, mas apenas para aqueles que escolhem vender sua participação.

Dividendos *versus* recompras: empresas que possuem receitas grandes (ou pequenas) e estáveis (ou voláteis) e acionistas que preferem (ou não precisam) de fluxos de dinheiro regulares e previsíveis devem retornar dinheiro na forma de dividendos (ou recompra de ações).

Embora muitos acadêmicos e profissionais encarem as recompras com desdém, ou até pior, acredito que a prática oferece a alguns negócios um caminho alternativo e, muitas vezes, mais saudável para retornar dinheiro.

Relacionando a prática ao quadro do ciclo de vida, defendo que, quando empresas em estágio inicial tiverem fluxos de caixa excedentes, serão fluxos imprevisíveis e voláteis, tornando as recompras uma abordagem inicial melhor para retornar dinhei-

Introdução às finanças corporativas: Uma visão geral do ciclo de vida | 133

ro. À medida que essas empresas amadurecem, a realidade pode mudar, e há a opção de substituir a recompra pelo pagamento de dividendos.

Finanças corporativas ao longo do ciclo de vida

No quadro geral das finanças corporativas, todas as decisões de negócios podem ser divididas em componentes de investimento, de financiamento e de dividendos. Isso pode sugerir que essas decisões são de igual importância para todos os negócios, o que não é verdade. O foco corporativo de uma empresa muda durante o ciclo de vida. Para startups ou empresas no início do ciclo de vida, é a decisão de investimento que trará o sucesso ou a falência, pois não há sentido em otimizar a composição de financiamento (já que as empresas não podem se dar ao luxo de pedir dinheiro emprestado) ou sua política de dividendos (pois não há dinheiro para retornar). Para as empresas em crescimento inicial, o princípio do investimento ainda é dominante, dado que, no pico de retornos do projeto, a compensação por fazer melhores investimentos supera em muito qualquer vantagem de procurar uma melhor composição de financiamentos ou se preocupar com a política de dividendos. Com o amadurecimento, ocorre a mudança de foco para o princípio do financiamento, causado em parte pela queda nos retornos sobre novos investimentos, à medida que a concorrência cresce e a escala trabalha contra a empresa. Não surpreende que as empresas maduras tendam a ser mais ativas nas recapitalizações, quando novas dívidas são levantadas e usadas para recomprar ações ou pagar dividendos. Quando as empresas diminuem, há pouco ou nenhum sentido em fazer ajustes na política de investimento, pois há pouco ou nenhum novo projeto adequado, e a ênfase passa a ser o retorno de dinheiro aos acionistas, às vezes desinvestindo partes do negócio incapazes de se sustentar. A Figura 5.14 mostra as mudanças na ênfase das finanças corporativas ao longo do ciclo de vida:

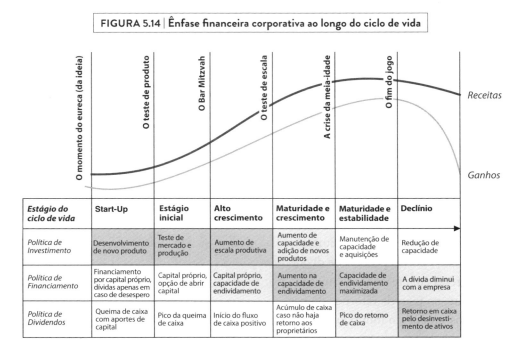

Vale ressaltar que a mudança ao longo do ciclo de vida corporativo não implica que a empresa possa negligenciar os princípios fundamentais das finanças corporativas que não estejam em foco. Como mostro nos próximos três capítulos, algumas empresas se recusam a agir de acordo com seu nível de maturidade e adotam políticas de financiamento corporativo inadequadas para o estágio de seu ciclo de vida. Uma empresa em crescimento inicial que opta por tomar dinheiro emprestado, mesmo que tenha a opção de levantar capital próprio, ou uma empresa madura que se recusa a pagar dividendos, mesmo quando suas operações se tornam mais lucrativas e suas oportunidades de investimento ficam escassas, está optando por ir contra os princípios básicos, e haverá um preço a pagar, mais cedo ou mais tarde.

Conclusão

A área de finanças corporativas fornece um conjunto de princípios que podem reger a administração das empresas, mas, como observei no início do capítulo, os princípios fundamentais que emergem das finanças corporativas clássicas refletem sua escolha de maximizar o valor para os acionistas como objetivo final de todos os negócios. Debater se esse é o objetivo final certo para uma empresa ou se deve ser substituído por um objetivo concentrado em um grupo diferente de stakeholders (como funcionários ou clientes), ou por um que considere todas as partes interessadas, é saudável. Além disso, embora eu acredite que seja o melhor dos objetivos disponíveis, o valor para o acionista segue sendo imperfeito.

Neste capítulo, seguindo os conceitos de finanças corporativas, apresentei os princípios de investimento, financiamento e dividendos, pelo menos em suas formas mais gerais, e observei as diferenças no funcionamento de cada um para os diversos estágios de uma empresa. Nos próximos três capítulos, abordo cada um desses princípios e exploro seus detalhes.

6

Investimento ao longo do ciclo de vida

NO CAPÍTULO ANTERIOR, apresentei o princípio do investimento como o primeiro dos três princípios financeiros corporativos. À primeira vista, parece simples. Afinal, se um bom investimento é aquele que obtém um retorno que supera a taxa mínima de atratividade, refletindo o risco do investimento e a composição do financiamento, quão difícil é medir esses componentes? A resposta aparece na prática, empregando diversas abordagens para medir os dois componentes essenciais para a tomada da decisão. Inicio o capítulo com uma avaliação mais profunda das taxas mínimas de atratividade e a maneira como variam ao longo do ciclo de vida corporativo, para então avaliar por que a escolha de uma regra de decisão pode depender da posição da empresa no ciclo de vida.

A taxa mínima de atratividade (hurdle rate)

No Capítulo 5, defendo o argumento de que a taxa mínima de atratividade para um investimento deveria incorporar o risco nesse investimento, mas aponto que o risco deve ser medido da perspectiva dos investidores marginais dos negócios, não do próprio negócio. Nesta seção, examino o processo de medir esse risco e converter as medidas resultantes em taxas mínimas de atratividade.

O custo do capital como taxa mínima de atratividade

Para sair das generalizações e entrar nos detalhes das taxas mínimas de atratividade, vou retratá-las como o custo do financiamento de um investimento, ou seja, um custo de capital. Dado que, como observado no capítulo anterior, existem apenas duas fontes de financiamento — fundos do proprietário (capital próprio) e dinheiro emprestado (dívidas) —, esse custo pode ser calculado como a média ponderada dos custos para levantar capital e dívida, com os pesos tomando como base quanto de cada um é usado na composição. A Figura 6.1 usa o balanço patrimonial apresentado no capítulo anterior para capturar a essência do que os custos de dívida e de capital próprio medem:

No geral, o mais fácil de estimar é o custo da dívida, um custo de empréstimo de longo prazo que necessita apenas de dois componentes. O primeiro é o spread de crédito ou de default que os credores cobrarão com base na probabilidade de inadimplência (default) percebida no negócio; as empresas com maior risco de crédito percebido têm spreads de default mais elevados. O segundo é o efeito do viés favorável da legislação fiscal para o endividamento, que na prática funciona como um ajuste contábil capaz de tornar o custo da dívida após impostos inferior à taxa real de financiamento. Os dois efeitos podem ser vistos na Figura 6.2:

FIGURA 6.2 | Custo da dívida (antes dos impostos e depois dos impostos)

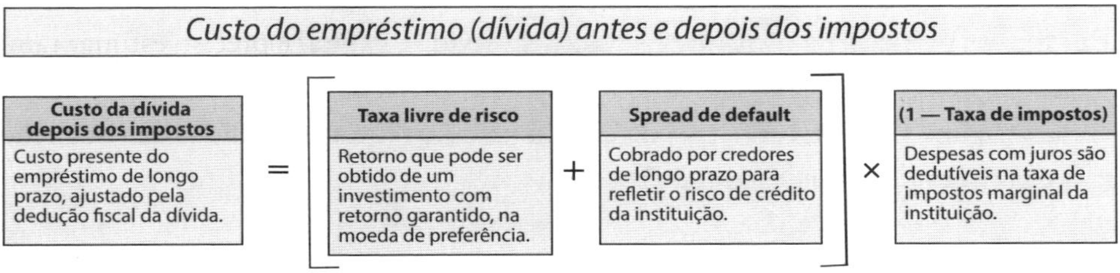

Custo do empréstimo (dívida) antes e depois dos impostos

Custo da dívida depois dos impostos
Custo presente do empréstimo de longo prazo, ajustado pela dedução fiscal da dívida.

=

Taxa livre de risco
Retorno que pode ser obtido de um investimento com retorno garantido, na moeda de preferência.

+

Spread de default
Cobrado por credores de longo prazo para refletir o risco de crédito da instituição.

×

(1 — Taxa de impostos)
Despesas com juros são dedutíveis na taxa de impostos marginal da instituição.

O custo do capital próprio é um número mais difícil de estimar porque, ao contrário da taxa de juros de um empréstimo, determina o preço pago pelo capital próprio, mas não é declarado e exige avaliação sobre quais tipos de investidores (individuais, institucionais etc.) são marginais.[1] Sem enveredarmos no labirinto dos modelos de risco e do retorno em finanças, o custo do capital próprio de um projeto também pode ser dividido em três componentes, como se vê na Figura 6.3:

FIGURA 6.3 | Custo do capital próprio (cost of equity)

Ao comparar o custo do capital próprio com o custo da dívida, percebe-se que o preço do risco no mercado de dívida, ou seja, o spread de default, é substituído pelo preço do risco médio no mercado de capitais, ou seja, o prêmio de risco de ações. Esse prêmio é multiplicado por uma medida de risco relativo, que reflete o nível de risco de um investimento acionário em relação ao investimento de risco médio.

Elementos para o custo de capital

Em termos práticos, para estimar os custos de dívida e capital é preciso estimar também uma taxa livre de risco e prêmios de risco na forma de spreads de inadimplência (default), para a dívida, e, no caso do capital próprio (equity), medidas de risco relativo e prêmios de risco de capital próprio.

A TAXA LIVRE DE RISCO

Embora alguns operem com base na presunção de que existe uma taxa global livre de risco, ou que essa é uma constante imutável, a verdade é que as taxas livres de risco variam entre as moedas, e, ao longo do tempo, num mesmo momento, variam em relação à mesma moeda. Daria para escrever tratados sobre por que isso acontece, mas o principal fator das diferenças, tanto entre moedas como ao longo do tempo, é a inflação esperada. Moedas com elevada inflação esperada terão taxas isentas de risco mais altas do que as moedas com baixa inflação esperada, e as moedas deflacionárias poderão ter taxas livres de risco negativas.

Os profissionais com frequência utilizam a taxa de juros dos governos em moeda local como a taxa livre de risco de uma moeda, seguindo a lógica de que, devido ao seu poder de imprimir moedas, um governo nunca deve deixar de pagar suas obrigações em moeda local, por pior que administre as finanças. Porém, empiricamente, vale destacar que cerca de um terço até metade de todos os defaults soberanos (inadimplência dos governos) nas últimas três décadas ocorreram com títulos em moeda local, o que sugere que as taxas de títulos do governo em suas moedas, onde há percepção de risco de default, não são, de fato, taxas livres de risco. Na Figura 6.4, estimo as taxas livres de risco em cerca de quatro dúzias de moedas, usando a taxa de títulos do governo como a taxa livre de risco em moedas em que o título soberano tem a classificação mais alta (AAA, pela S&P, ou Aaa, pela Moody's), a começar pela taxa de títulos do governo, calculando um spread de inadimplência (default) com base na classificação soberana de um governo para países com classificações mais baixas.

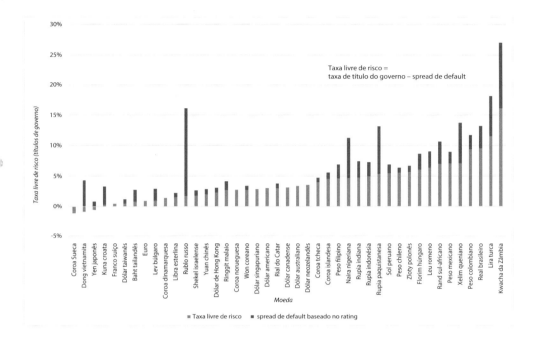

FIGURA 6.4 | Taxas de juros por moeda

Observe que, como o principal fator de diferenças nas taxas livres de risco é a inflação, o uso de uma moeda de inflação mais alta na análise resulta em taxas mínimas de atratividade mais altas e, caso a inflação possa ser canalizada para os lucros, também em ganhos e retornos mais altos nessa moeda.

SPREAD DE DEFAULT PARA DÍVIDAS

Os spreads de default da dívida representam o preço que os credores e detentores de títulos cobram quando emprestam dinheiro a empresas com risco de crédito. Não surpreende que esses preços mudem ao longo do tempo, à medida que os investidores aumentam os spreads de default em tempos de medo (recessões, crises) e os reduzem em tempos bons. Como atalho para o nível de risco de crédito, utilizo os ratings de títulos, atribuídos pelas agências de rating às empresas que contraem empréstimos, com base em uma combinação de fatores financeiros e qualitativos. Na Figura 6.5, observo a evolução dos spreads de default entre títulos de rating das classes AAA até os de alto rendimento (high yield), do início de 2015 até o início de 2022:

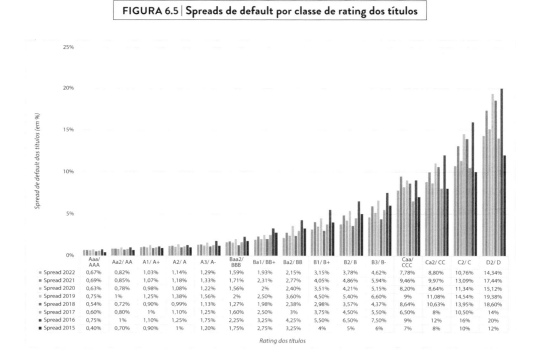

FIGURA 6.5 | Spreads de default por classe de rating dos títulos

Como mostram os dados, os spreads de default sofreram mudanças significativas ao longo do tempo, para todas as classes de ratings, com variações maiores entre os ratings mais baixos.

PRÊMIO DE RISCO DE AÇÕES (ERP)

O prêmio de risco de ações (equity risk premium) é o preço do risco nos mercados acionários — mas, ao contrário dos spreads de inadimplência, facilmente observados no mercado de títulos, o prêmio de risco de ações (ERP) está implícito, incorporado ao que os investidores pagam por ações, em vez da atribuição de um rating. Enquanto alguns estimam o prêmio de risco avaliando o passado e o histórico de prêmios que as ações receberam em relação aos títulos sem risco por longos períodos, eu prefiro uma abordagem mais dinâmica e prospectiva, baseada nos preços das ações, que são observáveis, nos fluxos de caixa esperados do investimento em ações, que são estimados, e na taxa interna de retorno que os investidores podem esperar sobre as ações. O cálculo da taxa livre de risco a partir dessa taxa interna de retorno gera um prêmio de risco de ações implícito, e a Figura 6.6 analisa seus altos e baixos para as ações dos Estados Unidos, de 1960 a julho de 2022.

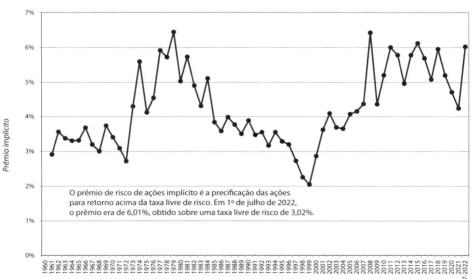

FIGURA 6.6 | Prêmio de risco de ações (implícito) para as ações dos Estados Unidos, de 1960 a julho de 2022

Tal como acontece com os spreads de default, os prêmios de risco das ações refletem os receios e as expectativas dos investidores, diminuindo em tempos bons, quando há mais segurança quanto ao futuro, e aumentando quando há receio. Em 1º de julho de 2022, o prêmio de risco implícito em ações dos Estados Unidos era de aproximadamente 6%.

Se considerarmos os Estados Unidos como um mercado maduro, a conclusão é que os prêmios de risco de ações deveriam ser mais elevados em outras partes do mundo, onde o risco político e econômico é maior. Na Figura 6.7, estimo esses prêmios de risco de ações, tendo como base o ERP dos Estados Unidos e adicionando um prêmio de risco de cada país, que é uma função do risco de default daquele país:

FIGURA 6.7 | Prêmio de risco de ações por país, julho de 2022

Europa Ocidental

País	Rating Moody's	Prêmio país	Prêmio ações
Alemanha	Aaa	0%	6,01%
Andorra	Baa2	2,66%	8,67%
Áustria	Aa1	0,56%	6,57%
Bélgica	Aa3	0,84%	6,85%
Chipre	Ba1	3,50%	9,51%
Dinamarca	Aaa	0%	6,01%
Espanha	Baa1	2,23%	8,24%
Finlândia	Aa1	0,56%	6,57%
França	Aa2	0,69%	6,70%
Grécia	Ba3	5,03%	11,04%
Guernsey	Aaa	0%	6,01%
Ilha de Man	Aa3	0,84%	6,85%
Irlanda	A1	0,99%	7%
Islândia	A2	1,18%	7,19%
Itália	Baa3	3,07%	9,08%
Jersey	Aaa	0%	6,01%
Liechtenstein	Aaa	0%	6,01%
Luxemburgo	Aaa	0%	6,01%
Malta	A2	1,18%	7,19%
Noruega	Aaa	0%	6,01%
Países Baixos	Aaa	0%	6,01%
Portugal	Baa2	2,66%	8,67%
Reino Unido	Aa3	0,84%	6,85%
Suécia	Aaa	0%	6,01%
Suíça	Aaa	0%	6,01%
Turquia	B2	7,69%	13,70%
União Europeia e região		1,16%	7,17%

Europa Oriental e Rússia

País	Rating Moody's	Prêmio país	Prêmio ações
Albânia	B1	6,29%	12,30%
Armênia	Ba3	5,03%	11,04%
Azerbaijão	Ba2	4,21%	10,22%
Bielorrússia	Ca	16,78%	22,79%
Bósnia e Herzegovina	B3	9,09%	15,10%
Bulgária	Baa1	2,23%	8,24%
Cazaquistão	Baa2	2,66%	8,67%
Croácia	Ba1	3,50%	9,51%
Eslováquia	A2	1,18%	7,19%
Eslovênia	A3	1,68%	7,69%
Estônia	A1	0,99%	7%
Geórgia	Ba2	4,21%	10,22%
Hungria	Baa2	2,66%	8,67%
Letônia	A3	1,68%	7,69%
Lituânia	A2	1,18%	7,19%
Macedônia	Ba3	5,03%	11,04%
Moldávia	B3	9,09%	15,10%
Montenegro	B1	6,29%	12,30%
Polônia	A2	1,18%	7,19%
Quirguistão	B3	9,09%	15,10%
República Tcheca	Aa3	0,84%	6,85%
Romênia	Baa3	3,07%	9,08%
Rússia	Ca	16,78%	22,79%
Sérvia	Ba2	4,21%	10,22%
Tadjiquistão	B3	9,09%	15,10%
Ucrânia	Caa3	13,98%	19,99%
Uzbequistão	B1	6,29%	12,30%
Europa Oriental e Rússia		8,85%	14,86%

Mercados de fronteira (sem rating)

País	Pontuação	Prêmio país	Prêmio ações
Argélia	66,75	6,29%	12,30%
Brunei	79,25	1,18%	7,19%
Coreia do Norte	51,25	16,78%	22,79%
Gâmbia	66,25	6,29%	12,30%
Guiné	58,00	12,59%	18,60%
Guiné-Bissau	63,50	9,09%	15,10%
Guiana	75,75	2,23%	8,24%
Haiti	56,00	13,98%	19,99%
Irã	66,25	6,29%	12,30%
Libéria	58,25	12,59%	18,60%
Líbia	71,00	4,21%	10,22%
Madagascar	63,25	9,09%	15,10%
Malaui	56,75	13,98%	19,99%
Myanmar	57,75	12,59%	18,60%
República do Iêmen	48,25	20,40%	26,41%
Serra Leoa	54,75	16,78%	22,79%
Síria	45,25	20,40%	26,41%
Somália	52,00	16,78%	22,79%
Sudão	47,00	20,40%	26,41%
Zimbábue	60,75	10,48%	16,49%

Canadá e Estados Unidos

País	Rating Moody's	Prêmio país	Prêmio ações
Canadá	Aaa	0%	6,01%
Estados Unidos	Aaa	0%	6,01%
Estados Unidos e Canadá		0%	6,01%

América Latina

País	Rating Moody's	Prêmio país	Prêmio ações
Argentina	Ca	16,78%	22,79%
Belize	Caa3	13,98%	19,99%
Bolívia	B2	7,69%	13,70%
Brasil	Ba2	4,21%	10,22%
Chile	A1	0,99%	7%
Colômbia	Baa2	2,66%	8,67%
Costa Rica	B2	7,69%	13,70%
El Salvador	Caa3	13,98%	19,99%
Equador	Caa3	13,98%	19,99%
Guatemala	Ba1	3,50%	9,51%
Honduras	B1	6,29%	12,30%
México	Baa1	2,23%	8,24%
Nicarágua	B3	9,09%	15,10%
Panamá	Baa2	2,66%	8,67%
Paraguai	Ba1	3,50%	9,51%
Peru	Baa1	2,23%	8,24%
Suriname	Caa3	13,98%	19,99%
Uruguai	Baa2	2,66%	8,67%
Venezuela	C	20,40%	26,41%
América Latina		5,20%	11,21%

África

País	Rating Moody's	Prêmio país	Prêmio ações
África do Sul	Ba2	4,21%	10,22%
Angola	B3	9,09%	15,10%
Benin	B1	6,29%	12,30%
Botsuana	A3	1,68%	7,69%
Burkina Faso	Caa1	10,48%	16,49%
Cabo Verde	B3	9,09%	15,10%
Camarões	B2	7,69%	13,70%
Costa do Marfim	Ba3	5,03%	11,04%
Egito	B2	7,69%	13,70%
Etiópia	Caa2	12,59%	18,60%
Gabão	Caa1	10,48%	16,49%
Gana	Caa1	10,48%	16,49%
Ilhas Maurício	Baa2	2,66%	8,67%
Mali	Caa2	12,59%	18,60%
Marrocos	Ba1	3,50%	9,51%
Moçambique	Caa2	12,59%	18,60%
Namíbia	B1	6,29%	12,30%
Níger	B3	9,09%	15,10%
Nigéria	B2	7,69%	13,70%
Quênia	B2	7,69%	13,70%
República Democrática do Congo	Caa1	10,48%	16,49%
República do Congo	Caa2	12,59%	18,60%
Ruanda	B2	7,69%	13,70%
Senegal	Ba3	5,03%	11,04%
Suazilândia	B3	9,09%	15,10%
Tanzânia	B2	7,69%	13,70%
Togo	B3	9,09%	15,10%
Tunísia	Caa1	10,48%	16,49%
Uganda	B2	7,69%	13,70%
Zâmbia	Ca	16,78%	22,79%
África		7,36%	13,37%

Oriente Médio

País	Rating Moody's	Prêmio país	Prêmio ações
Abu Dabi	Aa2	0,69%	6,70%
Arábia Saudita	A1	0,99%	7%
Bahrein	B2	7,69%	13,70%
Catar	Aa3	0,84%	6,85%
Emirados Árabes Unidos	Aa2	0,69%	6,70%
Iraque	Caa1	10,48%	16,49%
Israel	A1	0,99%	7%
Jordânia	B1	6,29%	12,30%
Kuwait	A1	0,99%	7%
Líbano	C	20,40%	26,41%
Omã	Ba3	5,03%	11,04%
Ras Al-Khaimah	A1	0,99%	7%
Sharjah	Baa3	3,07%	9,08%
Oriente Médio		2,02%	8,03%

Ásia

País	Rating Moody's	Prêmio país	Prêmio ações
Bangladesh	Ba3	5,03%	11,04%
Camboja	B2	7,69%	13,70%
China	A1	0,99%	7%
Cingapura	Aaa	0%	6,01%
Coreia do Sul	Aa2	0,69%	6,70%
Fiji	B1	6,29%	12,30%
Filipinas	Baa2	2,66%	8,67%
Hong Kong	Aa3	0,84%	6,85%
Ilhas Salomão	Caa1	10,48%	16,49%
Índia	Baa3	3,07%	9,08%
Indonésia	Baa2	2,66%	8,67%
Japão	A1	0,99%	7%
Laos	Caa3	13,98%	19,99%
Macau	Aa3	0,84%	6,85%
Malásia	A3	1,68%	7,69%
Maldivas	Caa1	10,48%	16,49%
Mongólia	B3	9,09%	15,10%
Papua Nova Guiné	B2	7,69%	13,70%
Paquistão	B3	9,09%	15,10%
Sri Lanka	Ca	16,78%	22,79%
Tailândia	Baa1	2,23%	8,24%
Taiwan	Aa3	0,84%	6,85%
Vietnã	Ba3	5,03%	11,04%
Ásia		1,56%	7,57%

Austrália e Nova Zelândia

País	Rating Moody's	Prêmio país	Prêmio ações
Austrália	Aaa	0%	6,01%
Ilhas Cook	Caa1	10,48%	16,49%
Nova Zelândia	Aaa	0%	6,01%
Austrália e Nova Zelândia		0%	6,01%

Primeira fileira: rating da Moody's
Segunda fileira: prêmio de risco do país
Terceira fileira: prêmio de risco de ações

O custo de capital para um projeto deve refletir o local onde as operações estão localizadas, tanto em termos de produção como de receitas, e não o país onde está baseada a empresa que executa o projeto. Assim, uma empresa dos Estados Unidos que esteja pensando em um projeto na Índia deve usar um ERP de 9,08% para estimar o custo de capital próprio para esse projeto.

COEFICIENTE BETA (MEDIDA DE RISCO RELATIVO)

A peça final do quebra-cabeça do custo de capital próprio requer uma avaliação do risco relativo, isto é, dos riscos de investimento em determinado negócio em relação ao mercado. Analistas financeiros costumam usar um coeficiente beta para medi-los, e, em vez de estudar o cálculo ou debater seu uso, é mais simples pensar nisso como uma medida de risco relativo, em que um beta de 1 representa um investimento em ações de risco médio, e betas maiores ou menores que 1 indicam risco acima ou abaixo da média, respectivamente.

Os fundamentos que determinam a exposição relativa ao risco de uma empresa ou de um projeto vêm da estratégia de negócios, variando de quão discricionários são os produtos ou serviços oferecidos, até a estrutura de custos, em que custos fixos mais altos aumentam o risco relativo, incluindo o tamanho do endividamento inerente ao projeto ou negócio (mais dívidas aumentam o risco relativo). A Figura 6.8 resume esses determinantes:

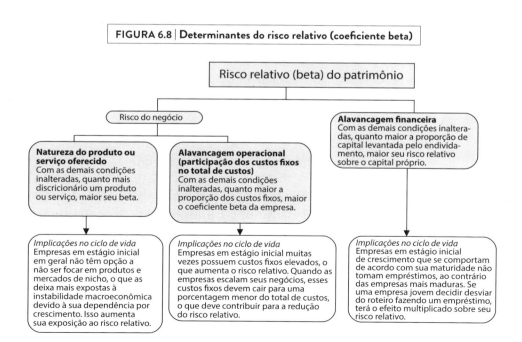

FIGURA 6.8 | Determinantes do risco relativo (coeficiente beta)

Tendo em vista as causas determinantes do risco relativo, é compreensível por que as empresas em crescimento inicial estão mais expostas ao risco dos negócios, embora as empresas maduras utilizem alavancagem financeira que se reflete em risco relativo elevado, da perspectiva do capital próprio.

Para medir a exposição relativa ao risco, é preciso usar dados históricos sobre os fundamentos (receitas, lucros) ou os preços de mercado (se a empresa tiver ações negociadas) ao longo do tempo. Como os fundamentos são medidos com pouca frequência (trimestral ou anual) e estão sujeitos a suavização contábil, a maioria dos analistas se baseia nos preços de mercado para estimar o risco relativo, o que acarreta três problemas. O primeiro é que a abordagem não é viável para empresas fechadas sem ações negociadas, portanto sem preço de mercado. O segundo é que, mesmo para empresas de capital aberto, só é possível estimar um único beta ou medida de risco relativo para todo o negócio, e aplicá-lo a projetos individuais que variam em risco pode produzir estimativas distorcidas de taxas mínimas de atratividade. O terceiro é que uma estimativa de risco baseada em preços passados terá ruídos, ou seja, será estimada a partir de uma faixa de valores, e não um único valor. A solução para os três problemas é utilizar a medida de risco relativo médio (beta) para todas as empresas de capital aberto de um mesmo setor, seja para um projeto específico ou para uma empresa do setor. Assim, uma empresa de tecnologia que investe em um projeto de software de entretenimento pode utilizar o beta médio das empresas de entretenimento com capital aberto. Essa abordagem também pode ser utilizada para estimar medidas de risco para projetos e empresas de capital fechado e tem a vantagem adicional de produzir estimativas melhores, já que a média de muitas medidas de risco relativo imperfeitas renderá uma estimativa com um intervalo muito mais ajustado e com mais precisão.

Custo de capital ao longo do ciclo de vida

Ao reunir as estimativas de taxas livres de risco, os prêmios de risco (ERP para capital e spreads de default para dívida) e as medidas de risco relativo, é possível estimar custos de capital próprio e de dívida para qualquer negócio. Se ponderarmos os custos pelas proporções de sua utilização no financiamento, em que essas proporções refletem o valor de mercado, e não o valor contábil, temos os custos de capital. Na Figura 6.9, apresento um gráfico da distribuição dos custos de capital, em dólares, para empresas globais em julho de 2022:

FIGURA 6.9 | Distribuição do Custo de Capital (US$) — empresas globais, julho de 2022

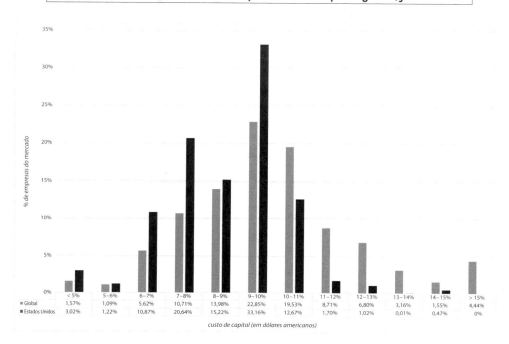

	< 5%	5–6%	6–7%	7–8%	8–9%	9–10%	10–11%	11–12%	12–13%	13–14%	14–15%	> 15%
Global	1,57%	1,09%	5,62%	10,71%	13,98%	22,85%	19,53%	8,71%	6,80%	3,16%	1,55%	4,44%
Estados Unidos	3,02%	1,22%	10,87%	20,64%	15,22%	33,16%	12,67%	1,70%	1,02%	0,01%	0,47%	0%

custo de capital (em dólares americanos)

Esses custos de capital refletem a taxa livre de risco de 3,02% em dólares e os prêmios de risco de ações em 1° de julho de 2022, conforme mostrado nas Figuras 6.6 e 6.7. O custo médio de capital em dólares para uma empresa (global) dos Estados Unidos em julho de 2022 era de 8,97% (9,70%), e a variação é surpreendentemente pequena: 80% dessas empresas têm custos de capital entre 6,76% e 10,24% (7,20%-12,84%). (A maior variação dos custos de capital para empresas globais provém de sua maior exposição a mercados de risco.)

O custo do capital deve ser diferente ao longo do ciclo de vida da empresa? A princípio, a resposta pode parecer óbvia. Como mencionei na discussão anterior sobre a incerteza ao longo do ciclo de vida, as empresas em estágio inicial estão expostas a mais riscos do que as mais maduras, e parece lógico que os custos de capital retratem essa diferença. Porém, é preciso refletir um pouco mais sobre essa análise: se admitirmos que os custos de capital, ao menos conforme calculados na figura anterior, só ecoem a percepção de investidores diversificados, e se grande parte do risco das empresas jovens é de natureza específica, o custo do capital pode não transparecer todo esse risco caso os investidores dessas empresas sejam menos diversificados. Na Tabela 6.1, estimo os custos de capital apenas para empresas dos Estados Unidos (para reduzir os efeitos do risco-país), classificadas por idade corporativa, uma das medidas para o risco-país que apresentei no Capítulo 3:

Tabela 6.1 • Custo de capital (US$) por decil de idade para empresas dos Estados Unidos

Decil de idade	Média de idade	Custo de capital em dólares americanos		
		Quartil mais baixo	Mediana	Quartil mais alto
Mais jovens	5,04	8,73%	9,27%	9,64%
2º decil	9,43	8,58%	9,20%	9,64%
3º decil	13,58	8,19%	9,19%	9,77%
4º decil	18,12	8,13%	9,15%	9,78%
5º decil	23,49	7,64%	9,12%	9,81%
6º decil	29,49	8,10%	9,15%	9,70%
7º decil	38,19	7,81%	9,05%	9,68%
8º decil	52,48	7,53%	8,94%	9,67%
9º decil	86,88	6,91%	8,59%	9,24%
Mais velhas	140,22	6,66%	7,03%	8,88%

Se essa tabela nos leva a alguma conclusão, é de que empresas mais velhas têm custos de capital muito mais baixos do que as mais jovens. As empresas no decil superior têm um custo de capital de 7,03%, bem abaixo da mediana. Já as mais jovens têm maior custo de capital, de 9,27%, mas o número não diminui muito até o 9º decil.

Vale notar que a maioria das empresas jovens não possui capital aberto, e as conclusões da Tabela 6.1 podem não ser válidas para esse caso. Quando empresas fechadas em estágio inicial não têm proprietários diversificados, o que com frequência é o caso dos fundadores, ou quando são apenas parcialmente diversificados, como muitos capitalistas de risco, os custos de capital aumentam para incorporar riscos específicos da empresa. Apenas como exercício, para mostrar a diferença da perspectiva do risco, na Tabela 6.2 calculei as medidas de risco relativo utilizando o risco total, em vez de apenas o risco não diversificável, e estimei os custos de capital para as empresas de capital aberto com base no decil de idade:

Tabela 6.2 • Custo total de risco de capital (US$), por decil de idade, para empresas dos Estados Unidos

Decil de idade	Número de empresas	Correlação com o mercado	Custo total de capital		
			Primeiro quartil	Mediana	Terceiro quartil
Mais jovens	483	28,31%	20,86%	25,31%	28,73%
2º decil	674	28,61%	20,64%	25,25%	27,96%
3º decil	442	29,11%	19,52%	24,15%	27,75%
4º decil	731	29,11%	19,39%	24,01%	27,59%
5º decil	611	29,11%	17,85%	23,92%	27,45%
6º decil	560	29,28%	18,02%	23,33%	26,93%
7º decil	592	29,60%	17,84%	22,25%	26,36%
8º decil	621	30,97%	16,89%	20,63%	24,43%
9º decil	584	31,77%	12,70%	20,08%	23,01%
Mais velhas	595	33,52%	12,02%	12,70%	21,10%

É possível perceber que o risco do custo total do capital é muito mais elevado, em todos os níveis, para todas as empresas. No entanto, essa avaliação gera uma divergência de risco muito maior entre empresas mais jovens e velhas.

Regras para decisão de investimento

No capítulo anterior, observo que, embora as decisões de investimento possam considerar apenas os lucros contábeis ou os fluxos de caixa, uma boa medida dos retornos dos investimentos não deve ser baseada apenas nos fluxos de caixa, mas também no momento em que se encontram. Inicio esta seção analisando os retornos contábeis e explicando por que, apesar das limitações, ainda têm peso na análise de investimentos. Em seguida, discuto as duas abordagens de retorno de fluxo de caixa descontado mais utilizadas, o valor presente líquido (VPL) e a taxa interna de retorno (TIR), avaliando por que a escolha certa entre as duas depende do estágio do ciclo de vida da empresa em questão. Na conclusão, trago uma abordagem com opções reais e forneço uma lógica, por vezes mal aplicada, usada pelas empresas jovens para driblar as regras tradicionais de decisão de investimento.

Retornos contábeis

O retorno contábil de um projeto ou de uma empresa é determinado pelo dimensionamento dos ganhos (a medida contábil do sucesso de um projeto) a partir do capital investido em um projeto, também definido com uma perspectiva contábil. Assim como em outros aspectos de um negócio, o retorno contábil pode ser medido pela visão dos investidores de ações, como um retorno sobre o capital próprio, ou pela visão dos provedores de capital, como um retorno sobre o capital investido. Se utilizarmos a mesma perspectiva do balanço patrimonial usada para discutir as taxas mínimas de atratividade, é possível contrastar as duas medidas de retorno (Figura 6.10).

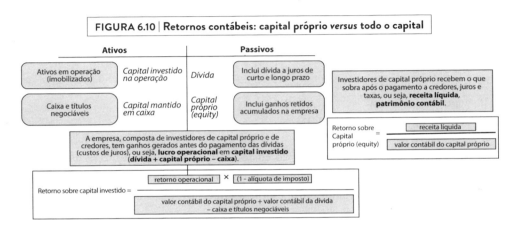

Intuitivamente, o retorno sobre o capital investido é uma medida da qualidade dos retornos de uma empresa. Só que o retorno sobre o patrimônio líquido é ampliado para incorporar os efeitos da tomada de empréstimos. Um negócio com projetos cujos retornos sobre capital são pequenos pode ter altos retornos sobre o patrimônio líquido se fizer maior uso do endividamento para seu financiamento.

QUESTÕES DE MEDIÇÃO
Embora o retorno contábil (rendimento sobre equity ou capital) seja fácil de calcular e reflita dados disponíveis nas demonstrações financeiras (lucros e valor contábil) de qualquer empresa, seus pontos fracos estão fincados na contabilidade.

- Os lucros contábeis de um projeto ou de um negócio refletem a diferença entre as receitas, conforme registradas pelos contadores, e os lucros, que refletem as classificações contábeis de despesas divididas em componentes operacionais, de financiamento e de capital. Os lucros contábeis podem sofrer uma grande distorção quando os contadores erram em classificar as despesas, como faziam até 2019, tratando as despesas de arrendamento (leasing), que são despesas de financiamento, como despesas operacionais, e como continuam fazendo com as despesas com pesquisa e desenvolvimento (P&D), que são despesas de capital de acordo com princípios básicos, mas são tratadas como despesas operacionais.

- O capital investido em um projeto costuma ser estimado a partir do valor contábil que os contadores atribuem aos investimentos realizados. Embora isso faça sentido no início de um projeto, ainda pode levar a distorções pela classificação incorreta de despesas como arrendamentos e P&D, que já mencionei e perde cada vez mais relevância à medida que os ativos do projeto envelhecem e o valor contábil se distancia do valor presente.
- Por fim, a forma convencional do retorno sobre capital não incorpora o valor temporal do dinheiro, uma vez que os lucros dos anos subsequentes (e os retornos que representam) são descontados da mesma forma que os lucros do ano seguinte.

Retornos contábeis ao longo do ciclo de vida

Em suma, o retorno calculado sobre o capital investido (ROIC) ou o retorno sobre o patrimônio líquido (ROE) de um projeto ou empresa pode não ter grande semelhança com seus retornos reais. Para ter ideia da relação dessa divergência com o ciclo de vida corporativo, na Tabela 6.3 calculei retornos sobre equity e sobre capital para empresas de capital aberto dos Estados Unidos em 2022, classificadas em deciles por idade:

Tabela 6.3 • Retornos contábeis em empresas dos Estados Unidos, classificadas por idade, 2022

Decil de idade	Média de idade	Retorno sobre capital			Retorno sobre o capital próprio (equity)		
		Mediana	Agregado	% negativa	Mediana	Agregado	% negativa
Mais jovens	5,04	-74,99%	7,28%	47,41%	-15,50%	0,43%	73,91%
2º decil	9,43	-57,06%	4,14%	43,92%	-15,96%	-4,21%	67,66%
3º decil	13,58	-27,77%	-5,18%	42,08%	-9,40%	-8,74%	57,01%
4º decil	18,12	-7,40%	11,84%	36,94%	-4,84%	12,42%	51,03%
5º decil	23,49	0,10%	13,64%	28,81%	5,79%	18,23%	37,48%
6º decil	29,49	4,65%	11,38%	27,14%	6,83%	22,74%	34,11%
7º decil	38,19	6,26%	17,81%	24,32%	9,90%	18,64%	28,72%
8º decil	52,48	9,30%	10,24%	19,32%	12,65%	31,45%	19,16%
9º decil	86,88	10,22%	4,72%	18,15%	12,66%	22,04%	16,95%
Mais velhas	140,22	5,18%	7,83%	22,69%	11,84%	15,10%	8,57%

Em cada decil, calculei o retorno médio da empresa, bem como sua medida agregada, e dividi o lucro total de todas as empresas do mesmo grupo pelo capital total investido por elas. Esse último dado está mais próximo de uma média ponderada, em que as empresas maiores em um grupo têm maior peso do que as menores. Note a elevada porcentagem de empresas jovens que reportam rentabilidades negativas sobre o capital (47,41%) e sobre o equity (73,91%). Antes de chegar à conclusão de que as empresas estão fazendo maus investimentos, vale notar que os retornos contábeis são calculados utilizando os lucros dos últimos doze meses e que, no início do ciclo de vida, espera-se que as empresas tenham lucros negativos. Com o amadurecimento corporativo, os retornos contábeis melhoram, e uma porcentagem menor de empresas reporta valores negativos. Também é interessante notar que, embora relativamente poucas das empresas mais antigas (no decil superior) percam dinheiro, seus retornos sobre o capital diminuem, talvez à medida que os negócios perdem o brilho.

Entendo que alguns analistas, em especial aqueles com formação em contabilidade, considerem o retorno sobre capital (ou sobre o patrimônio líquido) uma medida da qualidade da empresa (e da gestão). Embora talvez seja o caso de empresas mais antigas e maduras, esse critério tem pouca utilidade no início do ciclo de vida corporativo, quando os retornos contábeis baixos ou mesmo negativos são mais um reflexo da maturidade corporativa do que de qualidade. Mais adiante neste livro, argumento que investidores de valor que avaliam empresas a partir dos retornos contábeis (ou seja, que só investem em empresas com altos retornos sobre patrimônio líquido) acabam excluindo a maioria das empresas mais jovens de seu universo de investimento.

Medidas de fluxo de caixa com desconto

No outro extremo do espectro do retorno sobre investimento estão as medidas baseadas em fluxos de caixa, que refletem a temporalidade dessas métricas, descontando os fluxos de caixa até o presente. As duas medidas de fluxo de caixa descontado mais utilizadas são o valor presente líquido (VPL) e a taxa interna de retorno (TIR).

- O valor presente líquido de um projeto é a soma dos valores de fluxos de caixa esperados ao longo da vida útil do projeto, descontados pela taxa mínima de atratividade (hurdle rate), ou seja, o custo do patrimônio líquido ou capital. Como os investimentos atuais ou futuros necessários para iniciar e manter o projeto são mostrados como fluxos de caixa negativos, a regra de investimento do valor presente líquido é simples: se o VPL for maior (ou menor) que zero, o projeto gera um retorno que excede (ou fica aquém) a taxa mínima de atratividade, e é um bom (ou mau) investimento.

- A taxa interna de retorno é a taxa de desconto que torna igual a zero o valor presente agregado de todos os fluxos de caixa do projeto. Essa taxa interna de retorno pode ser comparada à taxa mínima de atratividade do projeto e, se exceder (ou ficar aquém) da taxa mínima, o projeto é um bom (ou mau) investimento.

Embora as duas as abordagens se baseiem no mesmo princípio, dando enfoque aos fluxos de caixa, ajustando-os conforme o prazo, existem diferenças importantes:

1. **Porcentagem *versus* valor absoluto:** a primeira diferença é que o VPL de um projeto é um valor absoluto (ou seja, com fluxos de caixa esperados em moeda, o VPL será um valor em moeda), e um projeto com valor presente líquido mais alto agrega mais valor do que aqueles com valor presente líquido inferior, mesmo que exija cinco ou dez vezes o investimento inicial. É provável que a taxa interna de retorno, expressa como valor percentual, favoreça projetos que exigem menos capital em detrimento daqueles que precisam de mais, e isso pode gerar uma classificação diferente da regra do VPL.

2. **Valores únicos *versus* múltiplos:** pode haver apenas um valor presente líquido por projeto, mas, se o projeto tiver fluxos de caixa que mudam de sinal mais de uma vez ao longo do tempo, entre positivos e negativos, pode haver mais de uma taxa de retorno interna. Com várias TIRs, os tomadores de decisão talvez enfrentem um dilema se uma dessas variáveis exceder a taxa mínima de atratividade (indicando um bom investimento) e outra ficar abaixo (indicando um investimento ruim).

3. **Reinvestimento de fluxos de caixa intermediários:** embora tanto o VPL quanto a TIR sejam retornos de caixa descontados, há uma diferença sutil no que cada abordagem pressupõe sobre os fluxos de caixa de anos intermediários (nos fluxos de caixa entre os anos 1 e 4 de um projeto de 5 anos). A regra do VPL pressupõe que fluxos de caixa intermediários sejam reinvestidos à taxa mínima de atratividade, uma suposição segura se essas taxas representarem o que os investidores podem ganhar em investimentos de risco equivalente no momento do mercado. A regra da TIR pressupõe que os fluxos de caixa intermediários são reinvestidos à TIR calculada para o projeto, um pressuposto implícito de que, no futuro, o negócio continuará tendo novos projetos muito semelhantes, em qualidade e em retornos, àquele que está sendo avaliado.

Embora os livros de finanças corporativas sejam dogmáticos em afirmar que a regra do valor presente líquido é a melhor, trazer o ciclo de vida corporativo ao debate adiciona camadas de ambiguidade. Para as empresas em crescimento inicial, tantas vezes confrontadas com muito mais oportunidades de investimento do que possuem em capital disponível, a regra de taxa interna de retorno faz mais sentido, por maximizar o valor agregado, dada a restrição de capital. Conforme as empresas amadurecem e acumulam capital mais do que suficiente para assumir projetos disponíveis, faz mais sentido utilizar a regra de valor presente líquido.

Opções reais

Uma terceira forma de avaliar projetos de investimento tem sido bastante controversa, pois exige a substituição das regras tradicionais de tomada de decisão, mas pode proporcionar uma nova perspectiva e alterar a decisão final em alguns casos. Essa abordagem parte de uma análise de investimento convencional, calculando o VPL ou a TIR de um projeto, mas depois leva em consideração a possibilidade de que fazer um investimento, mesmo com VPL negativo, permita expandir para novos negócios ou mercados no futuro. Na prática, fazer esse primeiro investimento com valor presente líquido negativo possibilita outros investimentos potencialmente lucrativos no futuro. A Figura 6.11 apresenta um diagrama de fluxo de caixa que ilustra a estrutura dessa opção:

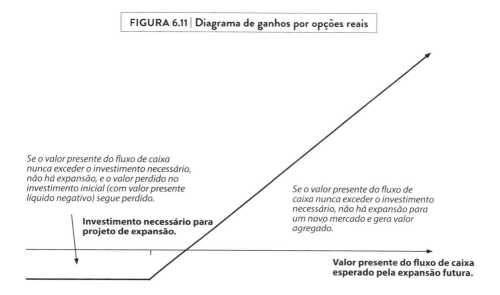

FIGURA 6.11 | Diagrama de ganhos por opções reais

As opções reais são notoriamente difíceis de avaliar, pois os modelos de precificação que utilizo para considerar as opções listadas no mercado não se adaptam bem à avaliação de opções de projetos, em que o ativo subordinado não é negociado, não há opções de longo prazo, e o exercício antecipado é mais a regra do que a exceção. No entanto, reconhecer que existe uma opção real incorporada em um projeto pode produzir informações valiosas e alterar a tomada de decisões. Assim, mesmo sem atribuir valores, sei que as opções de expansão têm mais valor quando o mercado no qual se planeja expandir é grande e quando não há certeza sobre seu tamanho e a capacidade do investidor de adentrá-lo. Embora empresas em qualquer estágio do ciclo de vida possam utilizar opções reais como argumento para investir em projetos que não se adéquam aos critérios financeiros tradicionais (valor presente líquido menor que zero ou retorno sobre o capital menor que o custo de capital), há um apelo evidente para empresas jovens, sobretudo aquelas que buscam entrar em grandes mercados, que em geral enfrentam maior incerteza sobre o futuro.

Caso tenha trabalhado em uma empresa jovem e nunca tenha ouvido o termo "opção real" na tomada de decisões de investimento, lembre-se de que há outros termos parecidos. Uma empresa jovem que realiza um investimento que não seria aprovado pelos números, mas insiste porque há "imperativos estratégicos", está usando um argumento de opções reais. Na última década, gestores empresariais e investidores gastaram bilhões na construção ou na aquisição de plataformas (de usuários e assinantes) sob o argumento implícito de que os usuários dessas plataformas po-

156 | O ciclo de vida corporativo

deriam servir de base para negócios lucrativos no futuro — também um argumento baseado em opções.

Tomada de decisão de investimento ao longo do ciclo de vida

O princípio de que uma empresa só deve investir em ativos, projetos ou aquisições esperando um retorno mais alto do que sua taxa mínima de atratividade permanece verdadeiro ao longo do ciclo de vida, mas, como mostrei na discussão até aqui, os desafios de investir, o método de aplicação do princípio e os tipos de erros que as empresas cometem podem mudar ao longo de seu ciclo de vida.

Começo com os desafios que as empresas enfrentam e os erros que cometem com mais frequência com base na fase de seu ciclo de vida:

- Para as startups e empresas iniciantes, o maior desafio na análise de investimentos é que, sem nenhum histórico, produto ou serviço testado pelo mercado, todos os aspectos que determinam se o investimento trará retorno serão repletos de incerteza, a começar pela duração do projeto e seus lucros e fluxos de caixa. Somando-se a isso a preocupação de que cada projeto considerado seja grande o suficiente para tornar a empresa bem-sucedida ou quebrá-la, é fácil ver por que, nessa fase, as empresas costumam entrar em negação. Em vez de enfrentar a incerteza e fazer suas melhores estimativas, os cálculos quase sempre se baseiam em sentimentos e métricas superficiais (adicionando usuários, aumentando downloads) para determinar se devem investir, usando argumentos de opções reais (grandes mercados, muita incerteza) sem qualquer rigor.

- À medida que as empresas entram na fase de crescimento inicial e começam a desenvolver modelos de negócios funcionais e a aprender mais sobre o que dá certo ou não nos mercados, tem início o processo de investimento formalizado. Dito isto, ainda haverá incerteza significativa na estimativa de fluxos de caixa e no alcance da taxa mínima de atratividade, principalmente se a empresa tiver acesso ao capital de risco. Somando isso à ideia (que persiste em algumas empresas jovens) de que prever fluxos de caixa e fazer análises financeiras representa alguma uma ameaça à criatividade dos negócios, é fácil ver por que, nesta fase, o investimento permanece pontual e desorganizado. Entre as jovens empresas que optam por fazer análise de investimento, a escassez de capital em

Investimento ao longo do ciclo de vida | 157

relação às oportunidades de investimento deixará a taxa interna de retorno em evidência, com um viés para projetos de curto prazo em relação aos de longo prazo (devido à preocupação em amarrar grandes fatias de capital por longos períodos e à incerteza generalizada sobre o longo prazo).

- Para as empresas que chegam ao alto crescimento, deve haver o reconhecimento de que o sucesso aumentará o número de projetos que precisam ser avaliados, mas também de que os projetos estarão em uma escala maior do que aqueles já avaliados. Por isso, é importante também entender que, à medida que os projetos aumentam, seus retornos percentuais serão mais baixos. É mais fácil ganhar 50% em um projeto de 1 milhão de dólares do que em um de 100 milhões de dólares. As empresas de alto crescimento que continuam exigindo que projetos novos e maiores tenham o mesmo retorno percentual que seus projetos anteriores muito menores, como taxas internas de retorno, estão fadadas a permanecerem pequenas e a afastarem bons investimentos.

- No estágio de crescimento maduro, as empresas têm o conforto de recorrer ao seu histórico para fazer previsões, em parte porque já realizaram projetos semelhantes no passado. No entanto, manter um crescimento elevado, como acontece com as grandes empresas, exige oportunismo na busca por crescimento em novos mercados e geografias, e a rigidez na análise de investimento (seja como processo ou com base em regras práticas) pode ser um impeditivo. Com menos oportunidades de investimento e o aumento dos fluxos de caixa, é provável que o foco dessas empresas passe dos retornos percentuais para o valor agregado em moeda (valor presente líquido). É perigoso que os gestores fiquem tão concentrados em proporcionar crescimento e expansão que passem a investir demais para atingir os objetivos de crescimento, muitas vezes à custa da rentabilidade.

- Para empresas maduras e estáveis, a estimativa de fluxos de caixa em projetos internos é orientada pela experiência histórica, mas, quando ainda desejam crescer, as empresas com frequência recorrem às aquisições. A natureza da análise de investimento em aquisições é estimar fluxos de caixa para o negócio sendo adquirido, não para um projeto, e pode haver custos e benefícios colaterais (sinergias) que devem ser incorporados na análise. Quando as aquisições são de grandes empresas cotadas na bolsa, o histórico de negociações sugere maior probabilidade de que seja pago a mais do que a menos e, embora seja possível comprar o crescimento, terá um preço muito alto. Esta é a fase em que as empresas devem se preocupar mais em utilizar uma "taxa mínima de atratividade corporativa" ao avaliar investimentos em empresas com diferentes perfis de risco, de forma que empresas mais seguras subsidiem as mais arriscadas. As diferenças entre os lucros contábeis e os fluxos de caixa também tendem a diminuir, o valor contábil tem chances de capturar o capital investido e os retornos contábeis podem transmitir informações sobre a qualidade do projeto. Não surpreende que, nessas empresas, os retornos contábeis estejam consolidados há mais tempo como ferramenta de avaliação, utilizada na análise de investimentos. Além desses desafios, empresas maduras devem manter um olhar atento sobre os competidores novatos, muitas vezes com pouco ou nada a perder, cuja intenção é trazer disrupção ao negócio.

- Para as empresas em declínio, a ausência de ativos de crescimento (que remonta à divisão do negócio em ativos imobilizados e ativos de crescimento) com frequência é acompanhada pela deterioração nos retornos sobre projetos e ativos existentes. Por consequência, o processo de investimento se inverte: em vez de um investimento antecipado em novos projetos ou negócios esperando gerar fluxos de caixa no futuro, essas empresas precisam cogitar o desinvestimento de alguns negócios existentes, caso encontrem compradores dispostos a pagar mais do que aquilo que essas empresas entregarão como valor de forma contínua. Lógico que isso não é difícil, uma vez que a avaliação de um desinvestimento apenas inverte a sequência normal de fluxos de caixa, com o fluxo de caixa positivo inicial (do desinvestimento) a ser descontado da perda de fluxos de caixa resultante da continuação de um projeto. Dito isso, muitas empresas têm dificuldades em lidar com o declínio, uma vez que os gestores foram programados para acreditar que o crescimento é bom e que a redução é uma fraqueza. Na verdade, para esses gestores, o desafio consiste em afastar os muitos vendedores de pílulas mágicas que afirmam reverter o envelhecimento sem esforço e a baixo custo.

Em resumo, o processo de investimento ao longo do ciclo de vida é capturado na Figura 6.12, na qual observo a variação dos tipos e das técnicas de investimento ao longo do tempo:

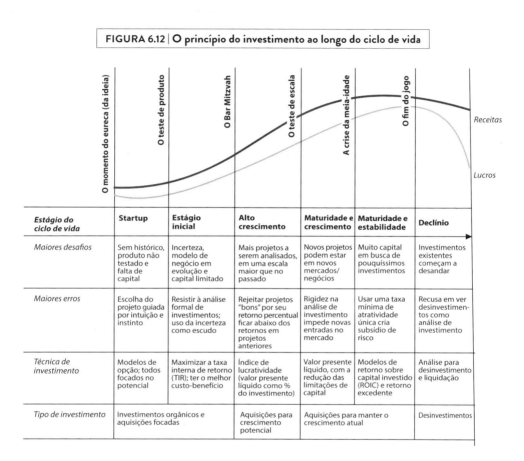

FIGURA 6.12 | O princípio do investimento ao longo do ciclo de vida

Embora às vezes seja verdade que as empresas em estágio inicial estejam mais propensas a depender de investimentos internos ou orgânicos para o crescimento, e as empresas mais maduras, a se voltarem para aquisições, há muitas exceções à regra. A Apple, que possuía o maior valor de mercado do mundo em julho de 2022, é uma empresa madura desde grande parte da década passada, mas evitou cair na armadilha da "grande aquisição". Por outro lado, a Zomato, uma jovem empresa do setor de delivery da Índia, com um modelo de negócios ainda em desenvolvimento, fez dezenas de aquisições logo nos primeiros anos de existência, sobretudo de pequenas empresas de tecnologia.

Conclusão

"Investir apenas em projetos ou ativos cujo retorno exceda uma taxa mínima de atratividade aceitável" é um conselho mais fácil de dar do que de seguir. A taxa mínima (hurdle rate) é um atalho para refletir o risco de um investimento, mas, como mostrei neste capítulo, não é fácil determinar o investidor marginal, cuja perspectiva de risco deve orientar a medição do risco, ou estimar a medida de risco. Dito isso, ao avaliar o investimento em novos projetos, deve-se esperar que empresas em estágio inicial tenham taxas mínimas mais elevadas do que empresas mais antigas. Para medir o retorno esperado sobre um investimento, fazer a análise adequada exige a previsão de lucros e fluxos de caixa ao longo da vida útil do investimento e, em seguida, descontar esses fluxos de caixa utilizando a taxa mínima de atratividade. Para complicar ainda mais as coisas, também apresentei um modo de ignorar o princípio do investimento e optar por investimentos que geram retornos inferiores à taxa mínima de atratividade, sobretudo aqueles que oferecerem uma entrada em grandes mercados e se houver incerteza substancial sobre o futuro.

Financiamento ao longo do ciclo de vida

PARA FINANCIAR A EMPRESA, os proprietários podem usar capital próprio (equity) ou fazer empréstimos (dívida). Ao expandir-se, a empresa talvez abra seu capital, e as fontes disponíveis de equity e de dívida então se multiplicam, sendo o capital de risco e o mercado de capitais complementos para as poupanças dos proprietários na formação de equity, e os títulos privados causando um aumento nos empréstimos bancários, na forma de dívidas. O mesmo acontece com as alternativas disponíveis para estruturar o endividamento, em termos de maturidade, pagamentos de juros (taxa fixa *versus* taxa flutuante), opções de conversão e de moeda. O princípio do financiamento analisa o balanceamento, ou "trade-off", que determina quanto do financiamento necessário ao investimento deve vir pelo endividamento, bem como a escolha do tipo de financiamento que melhor se adapta ao negócio.

O balanço entre dívida e capital próprio

Se a opção for escolher entre capital próprio ou endividamento, determina-se a fonte de financiamento mais benéfica pesando os custos e os benefícios do empréstimo em relação à utilização de capital próprio. Começo pelo argumento de que muitas empresas são atraídas ao endividamento por razões que chamarei de "ilusórias", ou seja, os motivos até parecem convincentes, mas não se sustentam sob análise. Então, abordo para o outro extremo do espectro, considerando apenas as compensações financeiras (os custos e benefícios fundamentais da decisão pelo empréstimo) e a razão para mudarem ao longo do ciclo de vida corporativo. Por fim, analiso as fricções do mercado, a precificação incorreta e as distorções que podem levar algumas empresas a contrair mais ou menos empréstimos do que deveriam, dados os fundamentos, e como esses desvios variam ao longo do ciclo.

Dívida e capital próprio: os motivos ilusórios

Como a decisão de fazer (ou não) um empréstimo é importante, é de se pensar que seria baseada nos fatores fundamentais que geram valor. Embora isso possa acontecer, em muitas empresas a escolha entre um empréstimo ou capital próprio ainda é provocada pelo que chamo de "razões ilusórias", algumas em favor da dívida, outras, contra.

- A favor da dívida, uma das razões ilusórias mais comuns é a dívida ser mais barata do que o uso do capital próprio, mesmo sem considerar os benefícios fiscais. A base para esse argumento seria a comparação entre as taxas de juros da dívida e os custos do capital próprio. Tecnicamente, é verdade que a dívida quase sempre parece mais barata, mas, como o risco de um projeto ou uma empresa deve ser assumido por um dos provedores de capital, os benefícios de substituir o capital próprio mais caro por dívidas mais baratas são compensados por um risco maior sobre o capital próprio, o que aumenta seu custo.
- A favor do endividamento, uma segunda razão ilusória é que isso permite aos acionistas obter um retorno sobre o patrimônio líquido (return on equity) mais alto no investimento, o que só se aplica no casos em que o retorno do projeto é maior do que a taxa de juros paga sobre a dívida. Fazer um empréstimo a 6% para investir em um projeto que produz apenas 5% reduz o retorno sobre patrimônio líquido. Mesmo que a empresa consiga fazer empréstimos a uma taxa menor do que aquela conquistada nos projetos, o maior retorno sobre o patrimônio líquido seria então acompanhado por um custo mais alto, o que na prática anula grande parte ou todo o benefício do endividamento.
- Em oposição ao endividamento, há empresas que se recusam a pedir dinheiro emprestado porque mais empréstimos criam despesas com juros, o que reduz o rendimento disponível aos acionistas. O argumento é que isso piora a situação dos investidores, ignorando o fato de que, por contribuírem com menos capital

próprio para o negócio, os investidores acionistas podem ter uma opinião diferente. Nas empresas de capital aberto com ações disponíveis, fazer empréstimos reflete em menos ações disponíveis e maiores lucros por ação.

- Outra razão ilusória para não fazer empréstimos é que algumas empresas até acreditam que o capital próprio seja mais barato do que a dívida, considerando os dividendos pagos sobre o capital próprio como seu custo, o que o tornaria gratuito para qualquer instituição que não pague dividendos. No entanto, essa linha de raciocínio ignora a realidade de que o custo do capital próprio também inclui uma valorização esperada do preço.

Na Figura 7.1, apresento os custos e os benefícios do endividamento acompanhados de explicações sobre a razão pela qual são ilusórios:

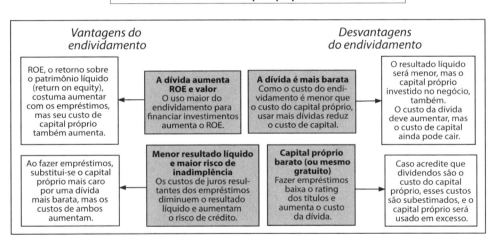

FIGURA 7.1 | Dívida *versus* capital próprio: as razões ilusórias

Essas razões ilusórias são utilizadas por empresas ao longo de todo o ciclo de vida e em geral explicam as escolhas aparentemente inexplicáveis feitas em cada estágio.

- Algumas empresas em estágio inicial, nitidamente inadequadas para o endividamento, optam por pedir dinheiro emprestado porque a taxa de juros que pagam sobre a dívida parece inferior às taxas-alvo exigidas pelos investidores de risco. Essa ilusão é alimentada pela inclusão de componentes de patrimônio líquido na dívida, como é o caso da dívida conversível, ou da dívida de risco (venture debt) combinada às garantias (warrants) que reduzem a taxa de juros da dívida. Em resumo, apesar das primeiras impressões, uma dívida conversível ou de risco a 8% pode ser muito mais cara do que um venture capital que exija 20%.

- No outro extremo do espectro, algumas empresas maduras de propriedade familiar enxergam o capital próprio como uma fonte de capital muito barata ou gratuita e, portanto, optam por fazer muito pouco ou nenhum empréstimo, preferindo investimentos que mal geram retorno financeiro, baseados apenas em conceitos equivocados sobre os custos de financiamento. A principal questão dessa ilusão é a ideia de que os dividendos são o único custo de capital próprio, refletindo o equívoco de não incorporar a valorização do preço avaliado nas expectativas dos acionistas.

Dívida e capital próprio: as compensações financeiras

No Capítulo 6, aponto a vantagem fiscal como principal benefício dos empréstimos, e a falência ou o custo de inadimplência como o custo dominante. O benefício tributário da dívida, que surge diante da possibilidade de utilizar as despesas com juros como dedução fiscal da empresa, é causado pelos códigos tributários e, em caso de opção dos governos, pode ser restringido ou até eliminado. No entanto, com os códigos tributários predominantes em grande parte do mundo, o benefício tributário não apenas persiste como aumenta em paralelo à taxa marginal de imposto corporativo. Para simplificar: uma empresa irlandesa que faz um empréstimo terá um benefício muito menor do que uma empresa alemã na mesma situação, porque a taxa marginal de imposto corporativo é de 12% na Irlanda e de 29,5% na Alemanha. Seguindo a mesma lógica, uma empresa nos Estados Unidos que fez um empréstimo em 2016, quando a taxa de imposto corporativo marginal no país era de 35% no nível federal (chegando a quase 40% após os impostos estaduais e municipais), teria recebido menos benefícios com seu endividamento em 2018, após uma alteração do código tributário que reduziu a taxa de imposto marginal no país para 21% no nível federal (e próximo a 25%, incluindo impostos estaduais e municipais). O custo esperado de falência é uma função da probabilidade de a empresa não ser capaz de cumprir suas obrigações contratuais (com os credores), e o custo da falência deriva da soma entre os custos irrecuperáveis e legais com os custos indiretos da percepção de estar a caminho desse desfecho. Quando há a percepção de que a empresa está na beira do precipício, os clientes param de comprar seus produtos, os funcionários partem para outros empregos, os fornecedores impõem condições onerosas, e as vendas e os lucros perdidos decorrentes desse cenário podem ter impacto significativo no valor da empresa.

Além desses fatores primários, há benefícios e custos secundários da utilização de dívida em vez de capital próprio. Do lado positivo, para algumas empresas, os empréstimos podem contribuir para a disciplina e a seletividade de decisores ou gestores em relação aos projetos, ainda mais quando estão investindo o dinheiro de terceiros. Especificamente, se continuarem fazendo investimentos ruins (com perda de dinheiro ou ganhos menores do que a taxa mínima de atratividade), a probabilidade de falência por dívidas aumenta, assim como a de os gestores perderem seus empregos. Do lado negativo, os investidores de capital próprio e os credores muitas vezes terão interesses divergentes: os primeiros preferirão projetos com mais potencial de ganhos, mesmo que sejam mais arriscados, e os últimos optarão pela segurança. Essa divergência gera acordos para limitação de dívidas, uma imposição de custos às empresas que valorizam a flexibilidade. A Figura 7.2 resume o quadro geral do equilíbrio financeiro entre o uso do endividamento e do capital próprio:

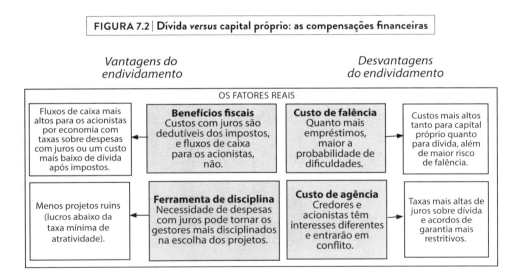

Nas seções a seguir, destaco cada fator e examino como podem variar ao longo do ciclo de vida corporativo.

O BENEFÍCIO FISCAL

Sob uma primeira análise, os benefícios de contrair dívidas parecem ser aplicados ao longo de todo o ciclo de vida da empresa, mas essa conclusão ignora uma questão óbvia: para obter o benefício fiscal do endividamento (ou seja, para que as despesas com juros proporcionem créditos fiscais), a empresa deve ter rendimentos tributáveis. Como destaquei nos capítulos introdutórios, as empresas em estágio inicial têm maior probabilidade de perder dinheiro do que as maduras, pois ainda se esforçam para entender os mercados, têm modelos de negócios não formatados e muitas vezes são pequenas demais para se beneficiarem com a economia de escala.

Para dar suporte a essa afirmação, analisei as empresas de capital aberto dos Estados Unidos, classificadas em decis de idade, e estimei a porcentagem que apresenta prejuízo (perde dinheiro) e a taxa média efetiva de imposto paga em cada grupo. Os resultados estão na Figura 7.3:

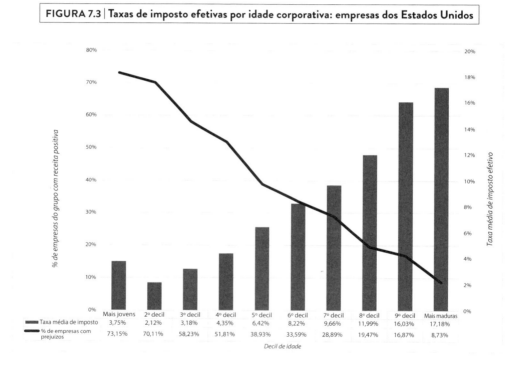

FIGURA 7.3 | Taxas de imposto efetivas por idade corporativa: empresas dos Estados Unidos

É possível observar que quase três quartos (73,15%) das empresas nos decis mais jovens reportaram perdas no ano mais recente. Em média, pagaram uma taxa de imposto efetiva de 3,75%. Conforme as empresas amadurecem, tanto a porcentagem das que são lucrativas quanto suas taxas de impostos efetivas aumentam, um indicador aproximado de que estão mais bem-posicionadas para se beneficiarem com o endividamento. Somando a isso a capacidade de carregar perdas acumuladas, característica do código tributário na maioria dos países), as condições permissivas de gerar benefícios fiscais da dívida continuam limitadas, mesmo nos primeiros anos em que a empresa gera lucros.

MAIS DISCIPLINA

A ideia de que fazer empréstimos pode aumentar a disciplina daqueles que estão na posição de tomar decisões quanto aos projetos não é nova e foi utilizada na década de 1980, por Michael Jensen, para explicar por que algumas empresas aumentaram seus índices de dívida em níveis substanciais e, em geral, em períodos curtos. Dito isso, o argumento só faz sentido se os tomadores de decisão da empresa tiverem interesses e incentivos que divergem dos proprietários (acionistas, investidores de equity). No contexto do ciclo de vida corporativo (e isso pode ser uma generalização), empresas em estágio inicial de crescimento muitas vezes são administradas pelos fundadores/proprietários, sob olhar atento dos investidores de risco, de forma que quase não há necessidade de se endividar para aumentar a disciplina. Com a maturidade das empresas, sobretudo a partir da abertura de capital, as participações dos fundadores são diluídas, e, em negócios já maduros, pode haver uma separação muito maior entre gestores e acionistas, o que cria as condições para tornar a dívida uma ferramenta de disciplina. Na Tabela 7.1, avalio como a participação dos proprietários muda de acordo com a maturidade do negócio a partir de uma análise das empresas dos Estados Unidos com ações negociadas no mercado, divididas em decis de idade:

Tabela 7.1 • Participações de acionistas controladores e CEOs por idade da empresa

Classe de idade	Número	Média de idade	Participação de acionistas institucionais			Participação de insiders (acionistas controladores)		
			Primeiro quartil	Mediana	Média	Primeiro quartil	Mediana	Média
Mais jovens	499	5,04	10,12%	27,18%	50,27%	1,53%	6,32%	20,85%
2º decil	522	9,43	10,60%	28,77%	59,74%	2,10%	7,18%	20,50%
3º decil	577	13,58	8,48%	29,27%	64,36%	1,90%	6,41%	19,51%
4º decil	718	18,12	8,40%	32,08%	69,69%	1,98%	6,03%	18,16%
5º decil	488	23,49	11,57%	42,56%	80,69%	1,55%	5,79%	16,44%
6º decil	652	29,49	16,58%	48,95%	86,52%	1,37%	4,23%	17,73%
7º decil	578	38,19	17,92%	54,75%	85,35%	1,45%	4,86%	17,82%
8º decil	606	52,48	30,66%	68,83%	89,27%	1,07%	4,28%	15,52%
9º decil	581	86,88	31,49%	70,94%	87,95%	0,88%	2,87%	10,36%
Mais maduras	584	140,22	28,30%	67,18%	84,45%	0,67%	2,19%	6,66%
Todas as empresas	6.542	42,24	13,13%	43,94%	79,80%	1,30%	4,96%	16,55%

Os insiders — conceito definido pela Securities and Exchange Commission (órgão equivalente à Comissão de Valores Mobiliários) que inclui gestores, fundadores e acionistas com mais de 5% de participação — detêm porcentagens ligeiramente maiores em empresas mais jovens e menores em empresas mais maduras, mas a verdadeira diferença está nas participações de investidores institucionais, 2,5 vezes maiores nas empresas mais maduras. Embora alguns acionistas institucionais tentem vigiar os gestores e resistir às más decisões de gestão, as evidências sugerem que a maioria prefere se abster, então acabam vendendo as ações de empresas de que não gostam, em vez de confrontar a gestão. Não é surpresa que o endividamento como instrumento disciplinar seja mais necessário e mais utilizado em empresas maduras, cuja maior fatia proprietária é de investidores institucionais, do que em empresas mais jovens.

CUSTOS DA FALÊNCIA

É verdade que qualquer empresa que faça empréstimos aumenta a sua probabilidade de inadimplência, o que implica custos diretos (os custos legais da inadimplência) e indiretos (resultantes da reação de clientes, fornecedores e funcionários ao risco de inadimplência). Contudo, o custo esperado de falência será mais elevado em algumas empresas, impulsionado em parte por fluxos de rendimentos mais voláteis, em parte pelo fato de os custos indiretos serem mais elevados em empresas cujos produtos demandam serviço e manutenção no longo prazo.

Ao conectar os custos esperados de falência ao estágio da empresa no ciclo de vida, eu diria que é provável a receita ser mais volátil em empresas mais jovens, e que a preocupação com a sobrevivência no longo prazo pode ter efeitos muito maiores nos negócios cujo valor depende do crescimento. Na Tabela 7.2, analiso a volatilidade dos lucros (medida pela divisão do desvio padrão do lucro operacional no passado pelo lucro operacional médio) e a margem de segurança nos lucros (medido como a proporção de lucro operacional e despesas por juros) em empresas com ações negociadas no mercado dos Estados Unidos por decil de idade:

Financiamento ao longo do ciclo de vida | **169**

Tabela 7.2 • Variabilidade de lucro operacional e margem de cobertura de juros

	Número	Média de idade	Variabilidade no lucro operacional			Cobertura de juros		
			Primeiro quartil	Mediana	Média	Primeiro quartil	Mediana	Média
Mais jovens	499	5,04	0,33	0,78	0,95	1,58	3,34	7,37
2º decil	522	9,43	0,64	0,97	1,28	1,25	4,13	10,89
3º decil	577	13,58	0,66	0,96	1,35	1,85	4,68	21,27
4º decil	718	18,12	0,55	0,85	1,17	1,66	3,89	17,68
5º decil	488	23,49	0,48	0,76	1,17	1,71	6,40	17,38
6º decil	652	29,49	0,38	0,66	1,10	2,71	7,01	30,91
7º decil	578	38,19	0,40	0,70	1,13	2,79	7,93	22,92
8º decil	606	52,48	0,32	0,57	0,99	2,90	8,69	23,10
9º decil	581	86,88	0,25	0,44	0,84	4,15	9,40	22,08
Mais maduras	584	140,22	0,19	0,31	0,57	3,09	6,90	12,79
Todas as empresas	6,542	42,24	0,36	0,66	1,08	2,62	6,73	18,59

As empresas mais jovens têm lucros mais voláteis e menos margem de segurança nos lucros, com proporção mais baixa de cobertura de juros. Somando a isso a preocupação de que fazer empréstimos pode ser um risco para os ativos de crescimento em caso de inadimplência, dá para entender por que empresas mais jovens enfrentam custos esperados de falência mais elevados e, portanto, devem recorrer menos ao endividamento.

CUSTOS DE AGÊNCIA

Ao conceder empréstimo a uma empresa, os dois maiores fatores de preocupação relacionados à possibilidade de os investidores colocarem em risco os interesses do proprietário têm a ver com a composição de ativos e a capacidade de monitorar como os investidores estão usando o capital oferecido.

- No primeiro caso, os credores parecem menos preocupados com esse problema de agência quando emprestam com base em ativos tangíveis, como imóveis ou instalações físicas, do que com base em ativos intangíveis. Nas empresas jovens, das quais a maior parte do valor vem de ativos de crescimento (ou seja, investimentos no futuro), é mais fácil entender por que os credores são mais cautelosos em dar liberdade total aos proprietários no uso do capital.
- Além disso, conforme as empresas jovens experimentam diferentes modelos de negócios e tentam avaliar o tamanho do mercado, os credores em geral não con-

seguem monitorar como o dinheiro está sendo gasto, e esse medo piora em setores em transformação, como o da tecnologia, dos quais eles têm muito menos conhecimento sobre os negócios do que os fundadores/proprietários.

Para induzir um credor a conceder um empréstimo a uma empresa jovem, não basta que as taxas de juro fixadas sejam muito mais altas, e os acordos de garantia, mais restritivos; em geral, também é preciso oferecer aos credores uma parte do potencial de valorização, sob a forma de participação societária. Como mostro na próxima seção, isso explica por que a dívida, para as empresas jovens, tem maior probabilidade de ser convertida em capital próprio.

Escolhas de endividamento ao longo do ciclo de vida

Em resumo, as empresas jovens obtêm menos benefícios fiscais com a dívida, visto que muitas perdem dinheiro e precisam menos da dívida como instrumento disciplinar, já que os proprietários (fundadores e insiders) em geral são responsáveis pela gestão. Essas empresas enfrentam custos de falência esperados mais elevados, com receitas mais voláteis que aumentam o risco de inadimplência, e mais problemas de agência, já que os credores se protegem cobrando taxas de juro mais elevadas e/ou acrescentando cláusulas mais restritivas aos acordos de dívida. Se a dívida tem menos benefícios e consequências mais prejudiciais, espera-se que as empresas mais jovens façam muito menos empréstimos do que as maduras.

Para testar se a premissa é verdadeira, analisei a quantidade de dívida carregada por empresas de capital aberto dos Estados Unidos no início de 2022, divididas em classes de idade, em relação ao seu valor de mercado (valor de mercado da dívida mais patrimônio líquido) e em seu valor contábil total (valor contábil do patrimônio líquido mais dívida), o que pode ser visto na Tabela 7.3:

Financiamento ao longo do ciclo de vida | **171**

Tabela 7.3 • Composição de endividamento por classe de idade: Empresas dos Estados Unidos, 2022

	Número	Mediana		Dívida por capital (mercado)			Dívida por capital (contábil)		
		Média de idade	Crescimento de receita	Primeiro quartil	Mediana	Terceiro quartil	Primeiro quartil	Mediana	Terceiro quartil
Mais jovens	499	5,04	26,90%	0,33%	3,66%	20,43%	1,34%	9,92%	37,14%
2º decil	522	9,43	27,40%	0,23%	4,93%	20,47%	2,72%	18,49%	46,31%
3º decil	577	13,58	23,80%	0,17%	3,54%	25,18%	4,84%	23,99%	52,83%
4º decil	718	18,12	21,50%	0,07%	5,03%	21,72%	3,61%	21,47%	46,87%
5º decil	488	23,49	16,20%	0,00%	5,88%	22,77%	7,96%	27,97%	51,90%
6º decil	652	29,49	13,40%	0,22%	6,03%	23,25%	7,02%	27,01%	54,55%
7º decil	578	38,19	12,50%	1,19%	11,55%	32,42%	10,50%	32,04%	55,61%
8º decil	606	52,48	10,30%	2,63%	16,31%	34,64%	14,11%	38,16%	57,96%
9º decil	581	86,88	9,27%	7,59%	18,66%	35,05%	18,92%	35,87%	51,81%
Mais maduras	584	140,22	6,89%	11,36%	22,81%	38,35%	22,27%	37,52%	56,07%
Todas as empresas	6.542	42,24	12,90%	0,29%	8,50%	27,85%	7,57%	28,90%	51,58%

Pelo menos no agregado, os dados sustentam as expectativas, dadas as compensações envolvidas. As empresas mais jovens têm muito menos dívidas do que as mais maduras em relação ao seu valor contábil e de mercado. As que ocupam a posição no decil de idade mais baixo apresentaram uma relação média de dívida para capital de 3,66% (9,92%) em 2022; e as que ocupam a posição no decil mais alto, uma relação média de dívida/capital de 22,81% (37,52%).

Dívida e capital próprio: fricções no balanceamento

Grande parte da discussão sobre a proporção de empréstimos que devem ser feitos, pelo menos na área das finanças empresariais clássicas, baseia-se nos pressupostos de que os mercados são eficientes e que a dívida e o capital próprio não só têm preços justos como também são sempre acessíveis. No mundo real, os governos e os órgãos reguladores podem ter uma inclinação a favor ou contra o endividamento, os mercados podem cometer erros na precificação da dívida e do capital próprio, e os proprietários podem dar grande valor tanto ao controle quanto à flexibilidade.

- **Ações governamentais/regulatórias:** para testemunhar o efeito das ações regulatórias/governamentais capazes de alterar a balança entre dívida e capital próprio, partimos da ação mais simples: o acesso à dívida subsidiada. Muitas vezes, os governos concedem empréstimos a taxas abaixo do mercado para empresas em segmentos da economia considerados estratégicos. Nos Estados Unidos, os segmentos favorecidos mudaram com o tempo, de empresas de defesa durante a Guerra Fria a empresas de energia limpa nos últimos anos. Em muitos mercados emergentes, os benefícios da dívida subsidiada são oferecidos a empresas que geram empregos ou são tidas como símbolos nacionais. No Brasil, por exemplo, a Petrobras e a Vale, duas empresas de recursos naturais com história extensa, tiveram acesso a dívidas subsidiadas, pelo menos nas primeiras décadas de crescimento. Mesmo que não subsidiem dívidas, os governos podem induzir as empresas a tomarem mais empréstimos do que "deveriam", dados seus fundamentos, resgatando esses negócios caso não consigam pagar as dívidas, em geral porque são "grandes demais para quebrar" ou porque pode haver custos sociais. Em contrapartida, as empresas podem fazer menos empréstimos do que "deveriam" (também considerando seus fundamentos) se os reguladores restringem os empréstimos, muitas vezes usando limitações arbitrárias para a dívida contábil ou para o índice de cobertura de juros.

- **Precificação incorreta pelo mercado:** o mercado também pode distorcer as decisões de endividamento, provocando um aumento tanto com a sobrevalorização da dívida (ao conceder empréstimos a empresas, ou ao precificar títulos a taxas de juro muito baixas, considerando o risco de inadimplência) quanto da subvalorização do capital próprio, com expectativas excessivamente pessimistas de crescimento e de lucros. Em contrapartida, se os mercados subvalorizarem a dívida (definindo taxas de juro superiores às justificadas, dado o risco de inadimplência) ou sobrevalorizarem o capital próprio (exagerando o crescimento e o potencial de lucro), as empresas fazem uso excessivo do capital, subutilizando a dívida.

- **Fatores internos/restrições:** Além dos fatores externos, há dois fatores internos capazes de influenciar na decisão: o primeiro é o desejo dos fundadores ou dos insiders de manter o controle, o que os faz relutar em levantar capital, diluindo sua participação; o segundo é o desejo das empresas de preservar a flexibilidade, o que as afastará do endividamento, que costuma vir acompanhado de restrições e acordos.

Na Figura 7.4, resumo esse cenário de fricção entre as opções de balanceamento, que podem contribuir para afastar as empresas do mix de dívida recomendado por uma análise puramente financeira:

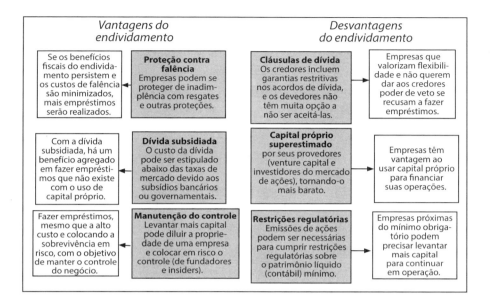

FIGURA 7.4 | Dívida *versus* capital próprio: fricções no balanceamento

Essas fricções, impostas externa ou internamente, em geral explicam por que as empresas escolhem combinações de dívidas em desacordo com seus fundamentos. Nas empresas jovens, o desejo de controle por parte dos fundadores e proprietários e/ou a existência de dívida subsidiada pode levar à utilização de dívida, embora traga poucos benefícios fiscais e crie um risco significativo para os ativos de crescimento. Se valorizarem a flexibilidade e/ou se forem impedidas de fazer empréstimos pelos reguladores, as empresas maduras podem não fazer empréstimos, embora seus fluxos de caixa tenham capacidade de suportar a dívida e isso possa reduzir os custos de capital. As fricções também explicam por que a utilização da dívida pode variar ao longo do tempo: há pouquíssima dívida nos momentos de boom dos mercados acionários, quando as ações ficam sobrevalorizadas, e há excesso de endividamento durante quedas prolongadas desses mercados.

O mix da dívida: ferramentas de otimização

Analisar os custos e os benefícios de utilizar dívida em vez de capital próprio, seja por razões ilusórias, seja por razões financeiras ou baseada nas fricções, fornece um quadro muito útil para explicar por que algumas empresas fazem menos empréstimos do que outras, mas esse balanceamento não pode ser utilizado para definir um índice ideal de endividamento para uma empresa específica. Em outras palavras, empresas submetidas a taxas de imposto marginais elevadas e que enfrentam baixo risco de falência deveriam fazer mais empréstimos, mas será que isso se traduz em uma razão de endividamento ideal de 40 ou 60%? Nesta seção, apresento algumas ferramentas que podem ser utilizadas para estimar a razão de endividamento ideal de uma empresa em termos mais específicos e as aplico em casos de empresas reais ao longo do ciclo de vida.

A abordagem do custo de capital

Um componente essencial do financiamento corporativo é identificar um mix de financiamento que otimize o valor do negócio. Claro que é possível argumentar que a dívida tem poucas consequências para o valor, mas esse ponto de vista é indefensável em um mundo com impostos e risco de inadimplência.[1] Em outras palavras, se aceitamos o argumento de que algumas empresas podem fazer empréstimos de mais e outras de menos, a lógica é que existe uma combinação ideal de dívida e capital próprio, e a única questão é como determiná-la. Nesse caso, o custo de capital pode funcionar como uma ferramenta de otimização. Para isso, deve ser utilizada a combinação de dívida e capital próprio que minimiza o custo de capital, o que, na prática, maximiza o valor do negócio. A Figura 7.5 ilustra esse processo para uma empresa hipotética:

Financiamento ao longo do ciclo de vida | 175

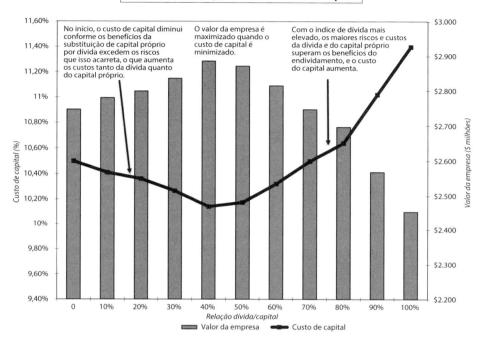

FIGURA 7.5 | Relação de dívida e custo de capital

No entanto, para utilizar o custo de capital como ferramenta de otimização, é preciso poder incorporar os efeitos de mais empréstimos tanto no custo do capital próprio como no custo da dívida, já que provavelmente ambos aumentarão junto com a razão da dívida — o primeiro porque os investidores estarão expostos a ganhos de capital mais voláteis, após pagamentos de juros, e o segundo porque o risco de inadimplência aumentará com a dívida. A Figura 7.6 inclui esses efeitos.

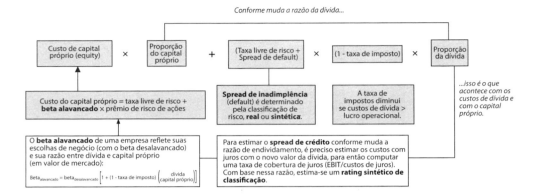

Embora a abordagem convencional voltada para o custo de capital gire em torno da suposição de que o lucro operacional da empresa não é afetado por sua política de endividamento, um simples avanço permitiria mudanças no lucro operacional (caindo conforme aumenta o risco de inadimplência). Já o índice de dívida ideal seria aquele que maximiza o valor da empresa (em vez de minimizar o custo de capital).

OTIMIZAÇÃO DO CUSTO DE CAPITAL: EXEMPLOS AO LONGO DO CICLO DE VIDA

Para aplicar a abordagem de custo de capital na prática, é preciso ter pragmatismo na estimativa de custos da dívida e capital próprio em diferentes proporções de dívida, mas, se há disposição de aceitar aproximações, a abordagem pode ser utilizada para calcular os custos de capital ao longo de todo o ciclo de vida das empresas. Nesta seção, primeiro descrevo os processos adotados para a estimativa, depois os aplico para estimar os custos de capital de três empresas: Airbnb, uma empresa jovem que abriu capital em 2020, com potencial de crescimento significativo e um modelo de negócios ainda sendo moldado; Adobe, uma empresa de alto crescimento que demonstrou capacidade consistente de ganhar dinheiro durante a escalada; e Kraft Heinz, uma empresa madura com histórico de crescimento e sucesso.

O PROCESSO DE ESTIMATIVA

Para estimar o custo de capital em diferentes índices de dívida, é preciso um processo que pondere os custos de capital próprio e dívida tanto nos níveis atuais de endividamento quanto em cada índice hipotético.

- Para estimar o custo do capital próprio, retomo a medida de risco relativo (beta), que divido entre um componente operacional (com base no negócio ou negócios em que a empresa opera) e um componente financeiro (determinado pela dívida da empresa, em relação ao patrimônio líquido).

$$\text{Beta}_{alavancado} = \text{Beta}_{desalavancado} \left[1 + (1 - \text{taxa de imposto}) \left(\frac{\text{dívida}}{\text{patrimônio líquido}} \right) \right]$$

O beta desalavancado abarca o risco do negócio, e o alavancado incorpora o risco adicional criado pela dívida. Quanto mais a empresa faz empréstimos, mantendo o mix de negócios inalterado, mais aumenta o beta alavancado, ou equity beta.
- Para estimar o custo do endividamento tanto antes como depois dos impostos, é preciso partir da dívida financeira que a empresa teria com certa proporção de dívida, estimar a despesa com juros que seria acumulada nesse nível de dívida e, em seguida, calcular um índice de juros (lucro operacional dividido pelas despesas com juros), para então converter esse índice de cobertura em uma classificação de risco e um spread de inadimplência. Se a despesa com juros for inferior ao lucro operacional, basta usar a taxa marginal de imposto para calcular o custo da dívida após impostos, mas, se for superior, é preciso reduzir a taxa de imposto para refletir a incapacidade de obter deduções de imposto nas despesas com juros excedentes.

A Figura 7.7 ilustra as etapas do processo:

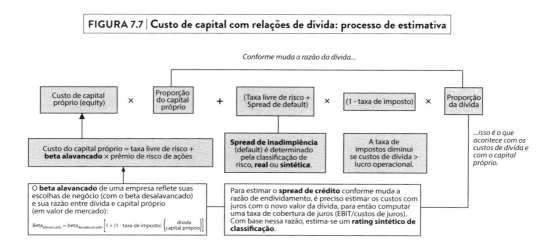

FIGURA 7.7 | Custo de capital com relações de dívida: processo de estimativa

Uso abordagens simplistas para estimar os custos de capital próprio e de dívida, e é possível empregar variações no cálculo do beta alavancado e aprimoramentos no processo de estimativa das classificações para refinar esse cálculo.

O MIX DE DÍVIDAS IDEAL: AIRBNB, ADOBE E KRAFT HEINZ

Neste tópico, aplico a abordagem do custo de capital descrita no tópico anterior para estimar a composição ideal entre dívidas e capital próprio em três empresas: Airbnb, Adobe e Kraft Heinz. Para ilustrar as diferenças entre as empresas quanto à sua posição no ciclo de vida corporativo, estimei a idade, a taxa de crescimento das receitas e o rendimento operacional de cada uma no ano fiscal mais recente na Tabela 7.4:

Tabela 7.4 • Os números: Airbnb, Adobe e Kraft Heinz

	Airbnb	Adobe	Kraft Heinz
Idade da empresa	15	40	153
Crescimento de receita (últimos 3 anos)	64,07%	20,50%	0,80%
Crescimento esperado da receita (próximos 2 anos)	47,20%	14,30%	-2,96%
Lucro operacional em 2021 ($ milhões)	$429	$5.802	$5.222
Lucro operacional em 2019 ($ milhões)	$(501)	$3.268	$5.077

É nítido que o Airbnb se qualifica como uma empresa jovem, não apenas pela idade (15 anos) como também devido ao alto crescimento de receita, tendo obtido, em 2021, lucro operacional positivo pela primeira vez em sua história. A Kraft Heinz, no outro extremo do espectro, é antiga em termos de idade (153 anos), tem crescimento de receita mínimo (é esperado que se torne negativo) e lucro operacional estagnado. A Adobe fica no meio-termo, com idade corporativa de 40 anos, mas com um impressionante crescimento de receita, além da escala e da capacidade de gerar lucros operacionais significativos e crescentes.

Utilizando a abordagem descrita na Figura 7.7, estimei os custos de capital para cada empresa com índices de dívida que variam de 0% (sem dívida) a 90% do valor geral da empresa (que, repito, foi definido em termos de valor de mercado), na Figura 7.8:

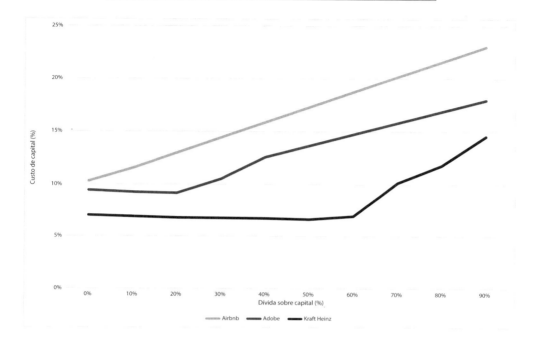

FIGURA 7.8 | O mix de dívidas ideal: Airbnb, Adobe e Kraft Heinz

Os índices de dívida atingem o ponto ideal quando os custos de capital são mais baixos. Como é possível observar, o custo de capital do Airbnb é minimizado quando não há dívida e vai subindo conforme o índice de dívida aumenta. A Adobe tem capacidade de endividamento, e seu custo de capital diminui no começo, quando a dívida é feita, mas aumenta caso o índice de dívida ultrapasse os 20%. Para a Kraft Heinz, porém, o custo do capital continua diminuindo com dívidas adicionais, até que o índice de dívida atinja 50%, antes de começar a subir. A Figura 7.8 também destaca o índice de dívida real nas três empresas, com o Airbnb e a Adobe fazendo uso de pouco endividamento (cada uma tem um índice de dívida de cerca de 3%), e a Kraft Heinz com uma carga de dívida muito mais pesada, chegando a 31,69% do valor da empresa.

EXPLICAÇÕES E IMPLICAÇÕES

Para entender por que as composições ideais de dívida variam entre as empresas e têm conexão com o ciclo de vida corporativo, observei três variáveis para o Airbnb, a Adobe e a Kraft Heinz. A menos interessante é a taxa de imposto marginal, pois, como empresas lucrativas dos Estados Unidos, todas encaram em média os mesmos 25%. A diferença mais evidente está na quantia que cada empresa ganha como lucro operacional em relação ao seu valor geral. O Airbnb mal registra 0,64% do valor da empresa, e a Kraft Heinz aponta um lucro operacional de quase 8% do valor da empresa. Para simplificar: o Airbnb está ganhando dinheiro, mas tão pouco que mesmo um índice de dívida de 10% gera risco de inadimplência. Também observei a variabilidade do lucro operacional utilizando o coeficiente de variação do lucro operacional na última década: apesar da curta história do Airbnb e de seu lucro operacional predominantemente negativo impossibilitarem o cálculo, a Kraft Heinz tem uma receita mais estável que a Adobe. A Tabela 7.5 resume os resultados:

Tabela 7.5 • Variável explicativa para índice de dívida ideal

	Airbnb	Adobe	Kraft Heinz
Lucro operacional ($ milhões)	$429	$5.802	$5.222
Valor corporativo ($ milhões)	$67.045	$173.818	$65.356
EBIT/Valor corporativo	0,64%	3,34%	7,99%
Taxa marginal de imposto	25%	25%	25%
Variabilidade no lucro operacional	NA	0,70	0,54

Em geral, o índice de dívida ideal da empresa aumenta com o crescimento de seu poder de gerar lucros em relação ao valor e à medida que os lucros se tornam mais estáveis e previsíveis. Essas duas forças contribuem para ampliar a capacidade de endividamento conforme as empresas amadurecem. A taxa de imposto marginal se sobrepõe a essas forças e, caso definida como zero (como acontece em algumas partes do mundo), o índice de dívida ideal para todas as empresas, em todo o ciclo de vida, vai convergir para zero.

Avaliação por grupo de pares

Para muitas empresas, encontrar a proporção certa de dívida e de capital próprio não se dá pela capacidade de gerar benefícios fiscais a partir da dívida ou de balancear esse benefício frente aos custos de falência esperados, e sim da observação do comportamento de outras empresas do seu grupo de pares em relação ao endividamento. Para simplificar: no caso de uma empresa do ramo de software, no qual negócios semelhantes têm pouca ou nenhuma dívida, a tendência é não fazer empréstimos ou fazer um bem pequeno, mesmo que os fundamentos sugiram que se faça mais.

Em contrapartida, se a empresa pertence ao setor de infraestrutura, cujos pares tendem a sustentar grandes cargas de dívida, a tendência é adotar a mesma postura, mesmo recebendo poucos benefícios fiscais por essa dívida e com exposição ao risco de falência.

As raízes do "me-too financeiro", termo que uso para descrever a tomada de grandes decisões financeiras corporativas (empréstimos, política de dividendos e até investimentos) com base nas ações de outras empresas do setor, residem na crença de que, como gestor, fica mais fácil defender os próprios erros quando outros também os cometem. Empresas de infraestrutura que enfrentam dificuldades por pedir muitos empréstimos podem se defender apontando as elevadas cargas de dívida de seu grupo de pares, assim como empresas de software podem recorrer a esse artifício para explicar a sua relutância em recorrer à dívida.

O perigo de decidir pelo endividamento baseado no grupo de pares faz parte das escolhas que os gestores precisam fazer ao selecionar as empresas do seu grupo de pares e elaborar uma métrica capaz de mensurar a carga da dívida. Por exemplo, é possível definir o grupo de pares da Adobe como todas as empresas de software ou apenas como empresas de software com grande capitalização de mercado. Porém, as empresas do primeiro grupo em geral apresentam índices de endividamento muito mais baixos do que os do segundo grupo. Para realizar a medição do peso da dívida, gestores podem utilizar a relação dívida/capital do grupo de pares em termos contábeis ou de mercado, ou mesmo dimensioná-los em termos de lucros ou fluxos de caixa (dívida/EBITDA é uma métrica comum).

Tipo de financiamento

No Capítulo 5, ao introduzir o princípio do financiamento, postulo que o financiamento adequado para uma empresa é aquele que condiz com seus ativos, correspondência que aumenta o valor da empresa. Nesta seção, examino com mais detalhes o princípio de correspondência do financiamento e explico por que isso pode levar a escolhas distintas em diferentes fases do ciclo de vida corporativo.

O princípio de correspondência

Para colocar o princípio de correspondência em prática, a empresa deve analisar seus investimentos e projetos para estabelecer as principais características desses investimentos, depois tentar incorporá-las ao financiamento utilizado pelos negócios. Ao planejar o financiamento, há cinco componentes principais em um projeto nos quais vale a pena se concentrar:

1. **Duração do projeto:** o ponto de partida mais óbvio é a duração típica do projeto, em que a dívida de longo prazo representa uma escolha melhor para projetos de longo prazo. Assim, em um negócio do setor de infraestrutura, no qual os projetos podem levar anos para serem iniciados e podem durar décadas, a dívida também deve ser de longo prazo. Em contraste, para uma empresa de software, em que um produto típico leva alguns meses para ser desenvolvido e tem uma vida útil de apenas dois ou três anos, será melhor trabalhar com dívidas de curto prazo.

2. **Moeda(s) dos fluxos de caixa:** quando as empresas se globalizam, é mais comum que o negócio tenha custos e receitas em várias moedas, sendo os custos impulsionados pelo local onde a empresa produz seus produtos ou serviços, e as receitas, pelo local onde são vendidos. Em geral, a composição das moedas de um financiamento deve refletir a composição da moeda dos fluxos de caixa do projeto: caso seja em euro, o financiamento da dívida deve ser em euro, se for em baht tailandês, deve ser financiado com dívida na moeda tailandesa.

3. **Sensibilidade dos fluxos de caixa à inflação:** a inflação é um fator que afeta todos os negócios e pode variar ao longo do tempo, mas a proporção do seu efeito sobre os lucros e os fluxos de caixa vai depender de como a empresa conseguirá suportar uma inflação inesperada. Para generalizar, empresas com poder de precificação costumam estar em melhor posição para ter fluxos de caixa que variam com a inflação, aumentando ou diminuindo, sendo, portanto, melhores candidatas à dívida com taxa flutuante, uma vez que as taxas de juro sobre a dívida tendem a variar com as altas e baixas da inflação. Empresas sem poder de precificação sofrerão quando a inflação for superior ao esperado, o que aumenta os custos, mas sem a possibilidade de aumentar os preços em resposta. Essas empresas devem ser cautelosas quanto ao montante do empréstimo e, caso se endividem, não devem contrair dívidas com taxa flutuante.

4. **Crescimento esperado nos fluxos de caixa:** alguns projetos têm aceleração rápida, e, após decolarem, entregam fluxos de caixa estáveis ao longo do curso. Outros se desenvolvem mais devagar, em geral começando com fluxos de caixa baixos ou mesmo negativos, que se tornam positivos ao longo do tempo. Com esse padrão de fluxo de

caixa, o mais adequado é a dívida conversível, em que a opção de conversão mantém as taxas de cupom baixas no início, mas, com a maturidade do projeto, a dívida é convertida e pode ser substituída por dívida tradicional.

5. **Outros fatores que determinam os fluxos de caixa:** sempre que novos fatores afetam os fluxos de caixa de um projeto, incorporá-los ao financiamento correspondente pode reduzir o risco para os negócios. Por exemplo, para uma companhia de petróleo, os preços do petróleo são um fator importante de ganhos e fluxos de caixa, e, ao vincular a taxa de cupom da dívida aos preços do petróleo, variando com as altas e baixas do preço, a probabilidade de inadimplência é reduzida.

A Figura 7.9 resume as características de um projeto e como cada uma influencia as características do financiamento:

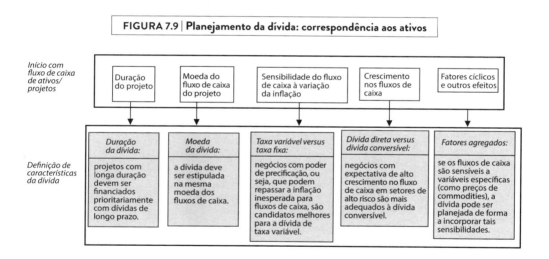

FIGURA 7.9 | Planejamento da dívida: correspondência aos ativos

Para compreender como o princípio de correspondência funciona ao longo do ciclo de vida corporativo e leva a diferentes opções de financiamento, é bom ter em mente que, no início do negócio, busca-se financiamento para projetos individuais, mas, à medida que amadurecem e escalam, as empresas acumulam um portfólio de projetos que demandam financiamento. Um exemplo simples: uma empresa jovem de biotecnologia financia um medicamento por vez, durante o processo de aprovação; já uma empresa de biotecnologia ou farmacêutica mais madura tem um portfólio de medicamentos, em geral em diferentes estágios do processo. Ambas as empresas podem fazer empréstimos, mas a jovem, com um único produto, tem maior probabilidade de usar dívidas conversíveis, enquanto para a empresa mais madura, com um portfólio de produtos, a dívida tradicional é mais adequada.

Na prática, fazer a correspondência das características do financiamento com as do projeto permite que as empresas compartilhem riscos com seus provedores de capital. Sem dúvida, não tem a ver com "almoço grátis", considerando que os provedores de capital compensam os riscos com opções de conversão, títulos conversíveis ou taxas de juros mais altas, em títulos ligados ao preço de commodities. Para empresas jovens, nas quais o risco representa um perigo notório e real para a sobrevivência, esse compartilhamento de riscos pode fazer a diferença entre o fracasso e o sucesso, mas, para empresas mais maduras, com uma base de investidores mais diversificada, os benefícios são menores, embora ainda haja uma compensação devido ao menor risco de inadimplência.

Financiamento ao longo do ciclo de vida

A Figura 7.10 combina a discussão deste capítulo sobre o mix e o tipo de financiamento com a fase em que a empresa se encontra no ciclo de vida corporativo:

Financiamento ao longo do ciclo de vida | 185

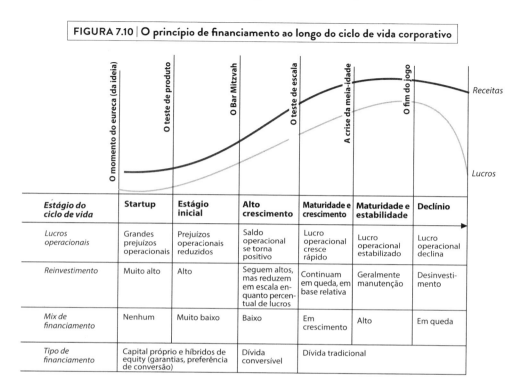

FIGURA 7.10 | O princípio de financiamento ao longo do ciclo de vida corporativo

Durante o estágio inicial, as empresas devem preferir empréstimos pequenos ou não fazer nenhum, uma vez que a combinação de lucros negativos e um elevado reinvestimento elimina tanto a motivação como a capacidade de assumir dívidas. Quando as empresas amadurecem, a combinação de lucros positivos (que cria condições para o benefício fiscal da dívida) e menor necessidade de reinvestimento viabiliza a capacidade de fazer empréstimos, que tende a aumentar conforme a empresa amadurece. Na fase do declínio, o endividamento absoluto terá de diminuir à medida que o negócio encolhe, mas a dívida como porcentagem do capital permanecerá elevada, em uma base relativa.

Embora empresas jovens e deficitárias devam ser financiadas principal ou inteiramente com capital próprio, algumas optam pelo endividamento, e, se for o caso, terão de encontrar formas de manter baixos os pagamentos de juros dessa dívida, pelo menos durante os primeiros anos, além de vincular esses pagamentos, quando possível, ao sucesso nas operações. Adicionar recursos de conversão a financiamentos que envolvem compromissos de pagamento (como dívidas e ações preferenciais) permite que as empresas atinjam esse objetivo. Quando as empresas amadurecem, seus empréstimos passam de emissões de títulos conversíveis para emissões simples (de dívida e ações preferenciais), mas a escolha entre dívida de taxa fixa e variável continuará dependendo do poder de precificação da corporação.

Conclusão

Toda empresa, pequena ou grande, de capital aberto ou fechado, jovem ou madura, precisa decidir como vai se financiar. Há dois caminhos principais: o capital próprio, em que os provedores de capital se contentam com fluxos de caixa residuais em troca de uma participação de propriedade no negócio; e o endividamento, em que os provedores de capital obtêm garantias contratuais sobre os fluxos de caixa para juros e pagamentos principais, mas com pouca ou nenhuma autoridade na administração da empresa.

Em diversas empresas, a decisão sobre a proporção dos empréstimos vem das razões ilusórias, como "a dívida é mais barata do que o capital próprio" — ideia que só parece atraente se não for investigada mais a fundo. Basicamente, definir o quanto pegar em empréstimo depende do cálculo dos benefícios da dívida, na forma de economia de impostos decorrentes de pagamentos de juros e da maior disciplina na avaliação dos projetos em relação aos custos da dívida, capturados em riscos mais altos, aos custos esperados de falência e aos custos de conciliar os diferentes interesses dos credores e acionistas. Em geral, empresas jovens, que costumam gerar prejuízos, obtêm menos benefícios fiscais com o endividamento e enfrentam custos de agência e falência muito mais altos, e espera-se que façam muito menos empréstimos que negócios mais maduros. Porém, é possível que fricções no mercado ou na economia, como dívidas subsidiadas e/ou precificação equivocada pelo mercado, possam alterar esse equilíbrio.

Quanto à questão do tipo certo de dívida para uma empresa, parto do princípio de que fazer a correspondência da dívida aos ativos, considerando que financiamento de dívida de longo prazo (ou curto prazo), ativos de longo prazo (ou curto prazo) e dívida em uma moeda específica financiando ativos que geram fluxos de caixa nessa mesma moedas são fatores que reduzem o risco de inadimplência.

8

Política de dividendos ao longo do ciclo de vida

O OBJETIVO FINAL de uma empresa de sucesso — caso tenha encontrado um produto que atenda a uma necessidade do mercado, erguido um negócio em torno disso e escalado o máximo possível — é devolver ao dono alguns ou todos os fluxos de caixa resultantes desse sucesso. Esse retorno de caixa, que até algumas décadas atrás, nas empresas cotadas na bolsa, assumia a forma de dividendos, se expandiu para incluir políticas mais flexíveis, como recompras de ações. Neste capítulo, exploro como a capacidade de retorno de caixa, assim como a forma que esse retorno assume, varia ao longo do ciclo de vida corporativo.

Retorno de caixa: medindo dividendos potenciais

É senso comum que o caixa retornado aos acionistas será o que sobrar após atendidas as necessidades de todos os outros credores. Dito isso, é surpreendente notar a confusão a respeito de como medir esse potencial dividendo e o que ocorre quando uma empresa escolhe pagar mais ou menos do que esse dividendo em potencial. Nesta seção, examino as respostas para ambas as questões.

Medindo o retorno de caixa potencial

Para avaliar quanto do caixa pode ser devolvido aos proprietários de uma empresa, primeiro é preciso descartar as medições erradas dessa quantia. Ao contrário do que alguns acreditam, os lucros ou o rendimento líquido de uma empresa não são o seu dividendo potencial. Primeiro, porque os lucros não são fluxos de caixa e, segundo, porque, ainda que fossem, são anteriores às necessidades de reinvestimento, isto é, os investimentos necessários para alcançar o crescimento futuro esperado. Para estimar potenciais dividendos ou retorno de caixa, sigo uma sequência de passos:

1. Partindo dos lucros contábeis para os investidores (ou seja, o lucro líquido), considero que são lucros após impostos e despesas de juros.
2. Para chegar aos fluxos de caixa, subtraio a variação do capital de giro não monetário e, em seguida, acrescento as despesas contábeis não monetárias, incluindo depreciação e amortização. O primeiro ajuste destina-se a converter lucros acumulados em ganhos de caixa, dado que contas a receber, estoques e contas a pagar (todos ingredientes do capital de giro) indicam as diferenças entre receitas e despesas registradas pelos contadores e seus análogos em caixa. O segundo ajuste, que agrega de volta depreciação e amortização, reverte uma despesa não monetária que reduziu os lucros, mas não afetou os fluxos de caixa.
3. Embora os contadores não considerem as despesas de capital — ou seja, as despesas referentes ao que classificam como ativos de capital (terrenos, edifícios, equipamento) — para efeitos de cálculo do rendimento líquido, todas representam saídas de caixa, e é preciso subtraí-las. Ao fazer isso, também trato as aquisições em dinheiro como grandes despesas de capital e reduzo os fluxos de caixa de acordo.
4. Como etapa final, incorporo os fluxos de caixa da dívida e para a dívida. Caso não saiba o motivo, pense que fazer um empréstimo para pagar parte ou grande parte das despesas de capital renderá fluxos de caixa para os acionistas, e o pagamento de dívidas que estão por vencer causará saídas de caixa. Assim, o valor da dívida líquida, que representa as emissões de dívida subtraída a dívida quitada, é adicionado aos fluxos de caixa para chegar ao fluxo de caixa residual final.

Essas etapas são ilustradas na Figura 8.1. O fluxo de caixa residual final, depois de considerados os impostos, o reinvestimento e os fluxos de caixa da dívida, é chamado de "fluxo de caixa do acionista", com sigla em inglês FCFE (free cash flow to equity). No entanto, também poderia ser chamado de "dividendo potencial", por representar o dinheiro disponível para ser retornado aos acionistas, em empresas de capital aberto, ou aos proprietários, em empresas de capital fechado.

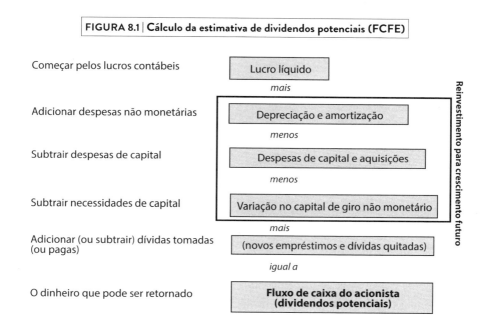

Ao avaliar essa medida de potenciais dividendos, vale notar que talvez seja negativa, porque um negócio pode dar prejuízo e/ou ter necessidades de despesas de capital e investimento que superam até os lucros positivos.

Consideremos outra vez o Airbnb, a Adobe e a Kraft Heinz, as três companhias que utilizo para ilustrar as escolhas de financiamento das empresas ao longo do ciclo de vida no Capítulo 7. A Tabela 8.1 mostra o cálculo de FCFE para as três, feito com a abordagem descrita no parágrafo anterior:

Tabela 8.1 • Fluxo de caixa do acionista — FCFE (US$ milhões) — para Airbnb, Adobe e Kraft Heinz, 2021

	Airbnb	Adobe	Kraft Heinz
Lucro líquido	-$352	$4.822	$1.012
+ Depreciação	$147	$788	$910
− Despesas com capital	$25	$3.030	$905
+ Desinvestimentos	$0	$0	$5.014
− Alteração no capital de giro não monetário	-$138	-$742	-$406
FCFE antes da dívida	-$93	$3.322	$6.437
+ Nova dívida tomada	$1.979	$0	$3.772
− Dívida quitada	$1.995	$0	$1.960
FCFE	-$109	$3.322	$3.235

O Airbnb teve uma perda operacional de 352 milhões de dólares em 2021, e, apesar de reduzir despesas de capital e diminuir o capital de giro não monetário, seus fluxos de caixa livres aos acionistas foram negativos para o ano, antes e depois da incorporação dos fluxos de caixa da dívida. Já a Adobe e a Kraft Heinz indicaram números altos e positivos de fluxo de caixa aos acionistas em 2021, com a diferença que reflete suas respectivas posições no ciclo de vida corporativo: grande parte do FCFE da Kraft Heinz para 2021 veio de desinvestimentos, conforme a empresa foi reduzida. Com esses números, eu não esperaria o pagamento de dividendos ou a recompra de ações por parte do Airbnb, mas a Adobe e a Kraft Heinz poderiam retornar grandes somas aos acionistas. A Kraft Heinz pagou dividendos de 1,96 bilhão de dólares durante o ano, mas a Adobe optou por recomprar quase 4,7 bilhões em ações e não pagou dividendos.

Para uma noção de como os fluxos de caixa dos acionistas mudam à medida que as empresas amadurecem, analisei a curta, mas agitada, história da Tesla, empresa que passou de startup a gigante do mercado em menos de vinte anos. A Figura 8.2 mostra o lucro líquido da Tesla e seu fluxo de caixa aos acionistas, por ano, de 2006 a 2021:

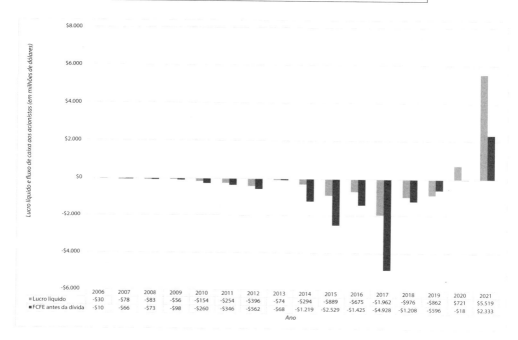

FIGURA 8.2 | Lucro líquido e FCFE na Tesla, por ano, 2006–2021

Não surpreende que a empresa tenha relatado perdas de 2006 a 2019 antes de recuperar os lucros em 2020, embora suas necessidades de reinvestimento tenham mantido os fluxos de caixa aos acionistas negativos naquele ano. Em 2021, um aumento na lucratividade enfim permitiu que a empresa obtivesse um FCFE positivo. (Observe que esses FCFE são anteriores aos fluxos de caixa da dívida, e a Tesla levantou muito mais dívida do que pagou nos últimos cinco anos. Ao incorporar esses fluxos de caixa, o FCFE da Tesla se tornou positivo em 2019.)

Potenciais dividendos ao longo do ciclo de vida corporativo

À medida que a empresa amadurece, sua capacidade de devolver caixa aos acionistas muda, assim como sua capacidade de acumular ou gastar dinheiro. Nesta seção, utilizo a definição de dividendos potenciais (FCFE) que desenvolvi na seção anterior para examinar como esses números mudam conforme a empresa envelhece e também as consequências para os saldos de caixa em cada estágio.

Para avaliar como os fluxos de caixa aos acionistas mudam ao longo do ciclo de vida, divido a estimativa em três partes:

192 | O ciclo de vida corporativo

a. **Lucro líquido:** embora os lucros não sejam fluxos de caixa, é útil que comecem positivos, e as empresas que dão prejuízo são nitidamente menos capazes de gerar retorno financeiro aos proprietários do que aquelas que apresentam lucros. Na Tabela 8.2, analiso o rendimento líquido de todas as empresas dos Estados Unidos cotadas em bolsa, divididas por idade empresarial:

Tabela 8.2 • Lucro líquido das empresas dos Estados Unidos por decil de idade corporativa (em 2021)

			Lucro líquido		Valores absolutos			Valores relativos	
Decil de idade	#Empresas	Média de idade	% Positiva	% Negativa	Lucro líquido ($ milhões)	Valor de mercado ($ milhões)	Receitas ($ milhões)	% do valor de mercado	% das receitas
Mais jovens	499	5,04	26,85%	73,15%	$(55)	$1.126.924	$319.900	0,00%	-0,02%
2º decil	522	9,43	29,89%	70,11%	$(7.107)	$1.411.921	$234.351	-0,50%	-3,03%
3º decil	577	13,58	41,77%	58,23%	$(13.783)	$1.676.741	$285.956	-0,82%	-4,82%
4º decil	718	18,12	48,19%	51,81%	$45.637	$3.648.970	$698.047	1,25%	6,54%
5º decil	488	23,49	61,07%	38,93%	$237.085	$5.335.170	$1.124.673	4,44%	21,08%
6º decil	652	29,49	66,41%	33.59%	$141.129	$5.200.863	$1.379.075	2,71%	10,23%
7º decil	578	38,19	71,11%	28,89%	$168.379	$4.306.529	$1.883.320	3,91%	8,94%
8º decil	606	52,48	80,53%	19,47%	$441.970	$12.785.577	$3.675.083	3,46%	12,03%
9º decil	581	86,88	83,13%	16,87%	$272.575	$6.338.688	$3.392.256	4,30%	8,04%
Mais maduras	584	140,22	91,27%	8.73%	$443.447	$8.875.169	$4.619.250	5.00%	9.60%
Todas as empresas	6.542	42,24	60,27%	39,73%	$1.746.044	$51.632.631	$18.010.220	3.38%	9.69%

Política de dividendos ao longo do ciclo de vida | **193**

b. **Reinvestimento:** a necessidade de reinvestimento é provocada pelas expectativas de crescimento, e não surpreende que empresas mais jovens tenham maior necessidade de reinvestimento do que negócios mais maduros. Na Tabela 8.3, demonstro o reinvestimento em empresas de capital aberto nos Estados Unidos, divididas por idade corporativa:

Tabela 8.3 • Reinvestimento em empresas dos Estados Unidos por decil de idade corporativa (em 2021)

Decil de idade	#Empresas	Média de idade	Reinvestimento (em $ milhões)			Reinvestimento em % das receitas		
			CAPEX líquido	Variação no capital de giro não monetário	Reinvestimento	CAPEX líquido	Variação no capital de giro não monetário	Reinvestimento
Mais jovens	499	5,04	$23.630	$8.058	$31.688	7,39%	2,52%	9,91%
2º decil	522	9,43	$13.198	$9.176	$22.373	5,63%	3,92%	9,55%
3º decil	577	13,58	$16.247	$8.671	$24.918	5,68%	3,03%	8,71%
4º decil	718	18,12	$62.010	$8.105	$70.116	8,88%	1,16%	10,04%
5º decil	488	23,49	$90.396	$19.875	$110.271	8,04%	1,77%	9,80%
6º decil	652	29,49	$97.602	$30.451	$128.053	7,08%	2,21%	9,29%
7º decil	578	38,19	$109.105	$24.922	$134.027	5,79%	1,32%	7,12%
8º decil	606	52,48	$151.139	$51.906	$203.044	4,11%	1,41%	5,52%
9º decil	581	86,88	$135.034	$7.848	$142.882	3,98%	0,23%	4,21%
Mais maduras	584	140,22	$196.861	$14.437	$211.298	4,26%	0,31%	4,57%
Todas as empresas	6.542	42,24	$908.805	$189.037	$1.097.842	5,05%	1,05%	6,10%

Nas empresas mais maduras, o reinvestimento em dólares é muito maior, em termos monetários, em comparação às mais jovens, mas uma razão para isso é que empresas maduras são maiores. Escalando os números conforme as receitas, o reinvestimento é de cerca de 10% das receitas para os cinco decis mais jovens e menor que isso para os três últimos decis.

c. Fluxos de caixa da dívida: como observo na seção anterior, fazer empréstimos traz fluxos de caixa aos acionistas, e o pagamento da dívida cria saídas de caixa. Na Tabela 8.4, examino as emissões e os pagamentos de dívida em empresas dos Estados Unidos cotadas em bolsa, divididas por idade:

Tabela 8.4 • Fluxos de caixa da dívida em empresas dos Estados Unidos por decil de idade corporativa (em 2021)

Decil de idade	#Empresas	Média de idade	Fluxos de caixa da dívida (em $ milhões)			Fluxos de caixa da dívida (% do valor de mercado)		
			Dívida tomada	Dívida paga	Dívida tomada – Dívida paga	Dívida tomada	Dívida paga	Dívida tomada – Dívida paga
Mais jovens	499	5,04	$84.557	$81.784	$2.773	7,50%	7,26%	0,25%
2º decil	522	9,43	$440.923	$407.614	$33.309	31,23%	28,87%	2,36%
3º decil	577	13,58	$3.047.999	$3.029.136	$18.863	181,78%	180,66%	1,13%
4º decil	718	18,12	$139.534	$129.418	$10.115	3,82%	3,55%	0,28%
5º decil	488	23,49	$253.522	$198.831	$54.691	4,75%	3,73%	1,03%
6º decil	652	29,49	$2.579.024	$2.532.428	$46.597	49,59%	48,69%	0,90%
7º decil	578	38,19	$409.397	$359.079	$50.318	9,51%	8,34%	1,17%
8º decil	606	52,48	$1.541.161	$1.500.417	$40.744	12,05%	11,74%	0,32%
9º decil	581	86,88	$1.969.257	$2.067.172	$(97.915)	31,07%	32,61%	-1,54%
Mais maduras	584	140,22	$772.170	$932.487	$(160.317)	8,70%	10,51%	-1,81%
Todas as empresas	6.542	42,24	$11.320.471	$11.321.542	$(1.071)	21,93%	21,93%	0,00%

Todas as empresas nos oito primeiros decis de idade fazem mais dívidas do que pagam, o que as torna fontes líquidas de entradas de caixa. Já as empresas nos dois últimos decis (mais maduras) reembolsam mais dívidas do que as fazem, o que as torna fontes líquidas de saídas de caixa. Em porcentagem da capitalização de mercado, não existe um padrão discernível nos fluxos de caixa da dívida, e empresas mais jovens utilizam menos dívida em geral.

Política de dividendos ao longo do ciclo de vida | 195

Ao integrar esses três componentes ao cálculo dos dividendos potenciais, compreende-se que a combinação de perdas, ou lucros muito pequenos, em empresas jovens, com sua grande necessidade de reinvestimento e utilização limitada de dívida, ocasiona fluxos de caixa negativos aos acionistas. Quando as empresas amadurecem, o aumento do poder de geração de lucros, aliado à menor necessidade de reinvestimento (em relação aos lucros) e à expansão da capacidade de endividamento conduzem a fluxos de caixa positivos e crescentes aos acionistas. Na Tabela 8.5, examino esses fluxos, dimensionados para a capitalização de mercado e as receitas, nas empresas de capital aberto dos Estados Unidos, classificadas por idade corporativa:

Tabela 8.5 • Fluxos de caixa aos acionistas (FCFE) de empresas dos Estados Unidos por decil de idade corporativa (em 2021)

Decil de idade	#Empresas	Média de idade	Fluxos de caixa aos acionistas (pré-dívida)			Fluxos de caixa aos acionistas (pós-dívida)		
			Valor ($ milhões)	% Negativa	% das receitas	Valor ($ milhões)	% Negativa	% das receitas
Mais jovens	499	5,04	$(31.743)	76.15%	-9,92%	$(28.970)	75,75%	-9,06%
2º decil	522	9,43	$(29.480)	72.99%	-12,58%	$3.828	70,11%	1,63%
3º decil	577	13,58	$(38.702)	61.53%	-13,53%	$(19.839)	62,74%	-6,94%
4º decil	718	18,12	$(24.478)	55.99%	-3,51%	$(14.363)	56,96%	-2,06%
5º decil	488	23,49	$126.814	45.08%	11,28%	$181.504	48,77%	16,14%
6º decil	652	29,49	$13.077	43.87%	0,95%	$59.673	45,55%	4,33%
7º decil	578	38,19	$34.352	44.64%	1,82%	$84.670	46,89%	4,50%
8º decil	606	52,48	$238.926	37.95%	6,50%	$279.670	45,38%	7,61%
9º decil	581	86,88	$129.693	35.46%	3,82%	$31.778	44,75%	0,94%
Mais maduras	584	140,22	$232.149	27.05%	5,03%	$71.832	42,47%	1,56%
Todas as empresas	6.542	42,24	$648.201	48.98%	3,60%	$647.130	52,37%	3,59%

Observe que uma porcentagem muito maior de empresas jovens possui fluxos de caixa aos acionistas negativos e que, no agregado, esses fluxos são negativos para os quatro decis mais jovens, tendo seu pico no meio da distribuição. Embora o FCFE seja positivo para as empresas mais maduras, não há um padrão nesses decis da idade.

Retorno do fluxo de caixa: práticas e consequências

Durante grande parte da história dos mercados acionários, quando optaram por gerar um retorno financeiro aos proprietários, as empresas fizeram pagamento de dividendos. Como resultado, ao longo do tempo, algumas práticas de pagamento de dividendos se tornaram profundamente enraizadas, e inicio esta seção descrevendo-as. Porém, nas últimas cinco décadas, após as empresas descobrirem a recompra de ações como alternativa de retorno de caixa, houve uma troca significativa de dividendos para recompras — também examino o porquê. Na parte final desta seção, exploro como a quantia e a forma do retorno de caixa mudam à medida que as empresas amadurecem.

Práticas de dividendos

A prática de gerar retorno financeiro aos acionistas sob a forma de dividendos é antiga e remonta aos primórdios dos mercados de ações. A intenção original pode ter sido um retorno dos fluxos de caixa residuais aos proprietários, mas, com o tempo, os dividendos convencionais tornaram-se a regra — ou seja, as empresas que começam a pagar dividendos têm dificuldade em reduzir ou suspender esses pagamentos, e muitas vezes pagam todos os ganhos em períodos anteriores na forma de dividendos. Na Figura 8.3, é possível perceber esse fenômeno, e estabeleço uma comparação entre os dividendos por ação de dois anos consecutivos, assim como destaco a porcentagem de empresas dos Estados Unidos que pagaram dividendos anuais iguais, maiores ou menores do que no ano anterior, de 1988 a 2021.

FIGURA 8.3 | **Mudanças nos dividendos em empresas dos Estados Unidos, 1988-2021**

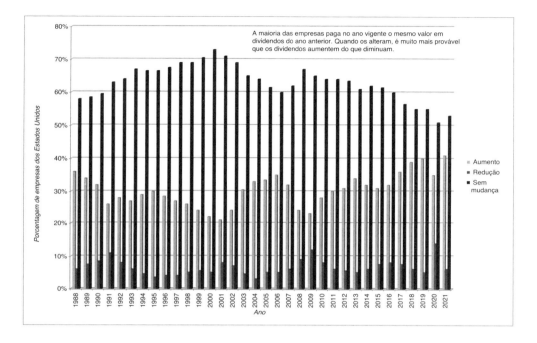

Em todos os anos, a proporção de empresas que não fizeram alterações nos dividendos por ação superou o número das que os aumentaram ou diminuíram. Entre aquelas que alteraram os dividendos, os aumentos superaram as diminuições por uma margem considerável. Ao observar as ações globais, constato que os dividendos possuem essa rigidez em todo o mundo, embora com diferenças de dimensão. Na América Latina, por exemplo, é a razão de distribuição, conhecida como "payout ratio" (a proporção dos lucros que é distribuída como dividendos), que é estável, e não os dividendos em dólares por ação.

A estabilidade dos dividendos pode parecer estranha, uma vez que os fluxos de caixa aos acionistas mudam ao longo do tempo, mas há duas explicações. A primeira é que as empresas, tendo o conhecimento de que os fluxos de caixa aos acionistas sobem e descem, pagam dividendos que representam um valor suavizado. Assim, pagam menos do que podem em anos de abundância para poupar os fluxos de caixa excedentes e pagar dividendos em anos em que os lucros e os fluxos de caixa são baixos. A segunda é que alguns investidores preferem a estabilidade de dividendos constantes e por vezes estão dispostos a pagar um prêmio por essa estabilidade, e, se

198 | O ciclo de vida corporativo

esse grupo tiver grande proporção entre os acionistas, a empresa terá um incentivo para preservar esses dividendos estáveis.

Dividendos *versus* recompras: a compensação

Do ponto de vista empresarial, os dividendos e a recompra de ações geram um retorno financeiro aos proprietários e têm o mesmo efeito no valor global da empresa. O uso do caixa reduz o valor da empresa via pagamento, e, quando a dívida é utilizada para financiar o dividendo ou a recompra, isso pode afetar a combinação da dívida e o custo de capital do negócio. Se a empresa retornar mais caixa do que é capaz de pagar, seja em dividendos, seja em recompras, talvez acabe rejeitando investimentos que poderiam ser feitos com o fluxo do caixa. A Figura 8.4 mostra que os dividendos e as recompras têm efeitos equivalentes em um negócio:

FIGURA 8.4 | Os efeitos dos dividendos e recompras sobre o valor

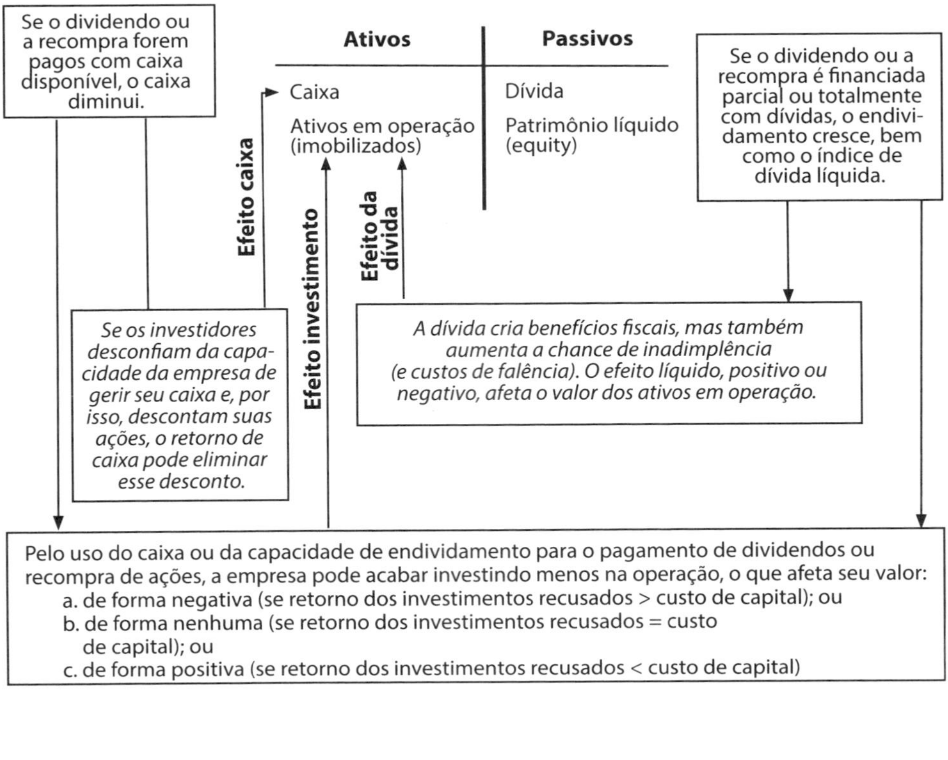

Se o dividendo ou a recompra forem pagos com caixa disponível, o caixa diminui.

Efeito caixa

Efeito investimento

Efeito da dívida

Ativos	Passivos
Caixa	Dívida
Ativos em operação (imobilizados)	Patrimônio líquido (equity)

Se o dividendo ou a recompra é financiada parcial ou totalmente com dívidas, o endividamento cresce, bem como o índice de dívida líquida.

Se os investidores desconfiam da capacidade da empresa de gerir seu caixa e, por isso, descontam suas ações, o retorno de caixa pode eliminar esse desconto.

A dívida cria benefícios fiscais, mas também aumenta a chance de inadimplência (e custos de falência). O efeito líquido, positivo ou negativo, afeta o valor dos ativos em operação.

Pelo uso do caixa ou da capacidade de endividamento para o pagamento de dividendos ou recompra de ações, a empresa pode acabar investindo menos na operação, o que afeta seu valor:
a. de forma negativa (se retorno dos investimentos recusados > custo de capital); ou
b. de forma nenhuma (se retorno dos investimentos recusados = custo de capital); ou
c. de forma positiva (se retorno dos investimentos recusados < custo de capital)

A maior diferença entre dividendos e recompras, da perspectiva empresarial, está na flexibilidade oferecida ao retorno de caixa. Ao contrário dos dividendos (que, ao serem utilizados, são rígidos), as recompras podem ser revertidas, mesmo depois de anunciadas. Essa rigidez dos dividendos e a flexibilidade oferecida pelas recompras criam um efeito colateral capaz de influenciar as empresas na política de dividendos: como os investidores sabem que as empresas não gostam de reduzir os dividendos, a percepção que têm de uma que inicia ou aumenta o pagamento de dividendos é de um sinal de que a empresa confia o suficiente em seus prognósticos para manter tal compromisso, então a resposta a esse sinal positivo é aumentar o preço das ações. Em contrapartida, dada a relutância em cortar dividendos, os investidores podem encarar sua redução ou suspensão como um sinal negativo e reduzir os preços das ações.[1]

Da perspectiva dos acionistas, os dividendos e a recompra de ações podem ter consequências diferentes. No caso dos dividendos, todos os acionistas recebem um valor que reflete sua fatia proporcional da propriedade; já na recompra de ações, o dinheiro é devolvido apenas aos acionistas que vendem suas ações de volta à empresa, e não para aqueles que optam por permanecer como acionistas, com incidência de impostos e efeitos de controle. Os investidores que não precisam do dinheiro naquele momento e que sofrem alta tributação da receita sobre investimentos preferem a recompra de ações, enquanto os que dependem de fluxos de caixa contínuos tendem a preferir os dividendos.

Há um último fator a ser considerado quando o assunto são dividendos e recompras: o preço atual das ações da empresa. Como as recompras são feitas pelo preço atual, ou ainda com um prêmio sobre esse preço, recomprar ações em uma empresa com ações sobreprecificadas transfere riqueza de investidores que não venderam suas ações para aqueles que venderam. Quando uma recompra de ações é subprecificada, a transferência de riqueza ocorre na direção oposta, e os investidores que mantêm suas participações na empresa ganham por causa daqueles que aceitam a recompra.

O crescimento das recompras

Em 1981, quase todo o dinheiro retornado aos acionistas por empresas dos Estados Unidos se deu sob a forma de dividendos, e as recompras de ações eram raras. Na década de 1980, as empresas começaram a comprar suas ações de volta, e essa tendência não parou, como pode ser visto na Figura 8.5, na qual mostro os dividendos e as recompras em empresas dos Estados Unidos de 1988 a 2021.

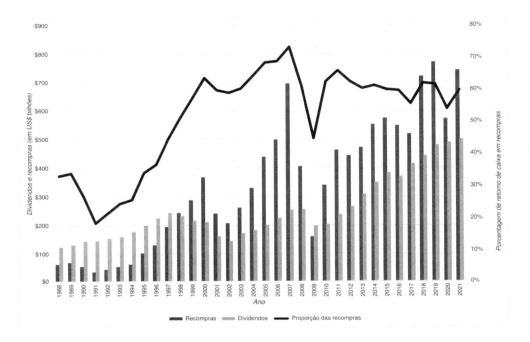

FIGURA 8.5 | Dividendos e recompras em empresas dos Estados Unidos, 1988-2021

Em 2021, as empresas dos Estados Unidos devolveram ao todo quase 750 bilhões de dólares em recompras de ações, muito acima dos 500 bilhões pagos em dividendos. A estatística que melhor capta a tendência das recompras é a porcentagem de dinheiro retornado sob a forma de recompras, que aumentou de menos de 35% para quase 60% do total.

Embora a transição de dividendos para recompras tenha sido mais pronunciada nos Estados Unidos, trata-se de um fenômeno global, e é possível notar os resultados quando o retorno de caixa é dividido em dividendos e recompras por região. Isso está exemplificado na Tabela 8.6:

Política de dividendos ao longo do ciclo de vida | 201

Tabela 8.6 • Dividendos e recompras por região global (em 2021)

Sub-região	Número de empresas	Valor de mercado ($ milhões)	Lucro líquido ($ milhões)	Dividendos ($ milhões)	Recompras ($ milhões)	Pagamento de dividendos	% de retorno de caixa por recompra	Razão da distribuição de caixa
África e Oriente Médio	2.356	$4.698.102	$260.259	$138.928	$12.275	53,38%	8,12%	58,10%
Austrália e Nova Zelândia	1.878	$1.930.982	$77.123	$45.034	$6.579	58,39%	12,75%	66,92%
Canadá	2.937	$3.129.490	$162.432	$65.382	$34.781	40,25%	34,72%	61,66%
China	7.043	$19.024.215	$1.001.151	$471.821	$50.414	47,13%	9,65%	52,16%
Europa Oriental e Rússia	528	$649.262	$99.799	$33.562	$6.155	33,63%	15,50%	39,80%
União Europeia e áreas vizinhas	6.000	$17.098.249	$868.662	$332.208	$132.019	38,24%	28,44%	53,44%
Índia	3.982	$3.572.361	$120.717	$35.772	$8.540	29,63%	19,27%	36,71%
Japão	3.947	$6.510.572	$448.920	$127.328	$58.088	28,36%	31,33%	41,30%
América Latina e Caribe	1.043	$1.724.743	$122.751	$61.399	$17.401	50,02%	22,08%	64,19%
Ásia Menor	9.408	$7.205.112	$426.861	$160.991	$10.953	37,72%	6,37%	40,28%
Reino Unido	1.255	$3.599.149	$193.457	$86.628	$18.861	44,78%	17,88%	54,53%
Estados Unidos	7.229	$52.446.672	$1.789.714	$591.709	$842.300	33,06%	58,74%	80,12%
Global	47.607	$121.588.908	$5.571.847	$2.150.763	$1.198.364	38,60%	35,78%	60,11%

Nota-se toda uma mudança na tendência global de dividendos para recompras tomando forma: empresas japonesas e canadenses retornaram quase um terço de seu dinheiro por meio de recompras, e empresas europeias seguem logo atrás, com retorno de pouco mais de 28% do dinheiro sob a forma de recompras. Até as empresas de mercados emergentes aderiram, com 22,08% de retorno de dinheiro por recompra nas empresas latino-americanas e 19,27% nas empresas indianas.

Escolhas ao longo do ciclo de vida

Se dividendos e recompras são os mecanismos disponíveis para retornar caixa aos acionistas, e se escolher entre um e outro depende em grande parte do quanto a empresa valoriza a flexibilidade oferecida pelas recompras e quanto os acionistas gostam ou não dos dividendos, espera-se que haja diferenças no uso de ambos ao longo do ciclo de vida corporativo.

- No início do ciclo, quando a empresa tem menos caixa disponível para devolver aos acionistas e há mais volatilidade no saldo de caixa, a expectativa é que tenha menor probabilidade de haver pagamento de dividendos.
- À medida que as empresas amadurecem, duas forças as levam a devolver dinheiro sob a forma de dividendos. A primeira é que as empresas maduras em geral têm lucros e fluxos de caixa mais estáveis e previsíveis e, portanto, podem se dar ao luxo de devolver mais dinheiro. A segunda é que a maior parte do capital dos investidores institucionais estão em empresas maduras, e alguns deles (como os fundos de pensões) preferem a previsibilidade dos dividendos.

Para verificar se existem diferenças no retorno de caixa ao longo do ciclo de vida, classifiquei, na Tabela 8.7, as empresas de capital aberto dos Estados Unidos em decis de idade e analisei se houve retorno financeiro aos acionistas em 2021, além de, em caso afirmativo, se pagaram dividendos ou fizeram recompra de ações.

Tabela 8.7 • Retorno de caixa, por decil de idade, para empresas de capital aberto nos Estados Unidos em 2021

Decil de idade	#Empresas	Média de idade	Retorno de caixa		Pagamento de dividendos		Recompra de ações	
			% retornou caixa	% não retornou caixa	% pagou dividendos	% não pagou dividendos	% recompra de ações	% sem recompra de ações
Mais jovens	499	5,04	30,66%	69,34%	15,03%	84,97%	23,05%	76,95%
2º decil	522	9,43	30,27%	69,73%	11,49%	88,51%	26,44%	73,56%
3º decil	577	13,58	30,85%	69,15%	12,31%	87,69%	27,38%	72,62%
4º decil	718	18,12	32,31%	67,69%	11,56%	88,44%	28,41%	71,59%
5º decil	488	23,49	43,24%	56,76%	15,98%	84,02%	38,52%	61,48%
6º decil	652	29,49	48,16%	51,84%	22,39%	77,61%	41,87%	58,13%
7º decil	578	38,19	56,92%	43,08%	25,61%	74,39%	49,13%	50,87%
8º decil	606	52,48	68,15%	31,85%	42,74%	57,26%	57,92%	42,08%
9º decil	581	86,88	79,69%	20,31%	62,13%	37,87%	63,86%	36,14%
Mais maduras	584	140,22	84,42%	15,58%	74,83%	25,17%	64,38%	35,62%
Todas as empresas	6.542	42,24	46,90%	53,10%	27,10%	72,90%	39,15%	60,85%

As empresas mais jovens têm probabilidade muito menor de retornar caixa aos proprietários do que as mais maduras: mais de 69% das empresas no decil mais jovem não retornam dinheiro, ao passo que, no caso daquelas no decil mais maduro, a porcentagem alcança apenas os 15,58%. Os mesmos padrões aplicam-se tanto aos dividendos como às recompras, em que menos empresas jovens retornam caixa por qualquer uma dessas formas. Tais resultados fazem sentido à luz do que descobri analisando os fluxos de caixa aos acionistas por classe de idade empresarial na Tabela 8.5, uma vez que as empresas mais jovens também têm maior probabilidade de ter esse fluxo negativo, indicando uma incapacidade de retornar dinheiro aos acionistas.

Disfunção dos dividendos e suas consequências

Comecei o capítulo mensurando dividendos potenciais como o fluxo de caixa remanescente depois de todas as outras obrigações da empresa terem sido cumpridas, incluindo o reinvestimento para crescimento futuro, para depois considerar o caixa de fato devolvido sob a forma de dividendos e recompra de ações. Nesta seção, examino as causas fundamentais que fazem os dois casos divergirem, mesmo durante longos períodos, e as consequências disso para o negócio.

Política de dividendos disfuncionais

Nas finanças corporativas clássicas, os dividendos são pagos a partir de fluxos de caixa residuais, ou seja, fluxos de caixa que sobraram após o pagamento dos impostos, das necessidades de reinvestimento e da dívida. Contudo, há empresas que parecem encarar os dividendos como um compromisso a ser pago *antes* de considerar os projetos assumidos e a obrigação da dívida. Na Figura 8.6, apresento um contraste entre os dividendos como fluxo de caixa residual (a visão clássica das finanças corporativas) e como o principal fluxo de caixa, na abordagem dos dividendos disfuncionais.

204 | O ciclo de vida corporativo

FIGURA 8.6 | Dividendos residuais *versus* disfuncionais

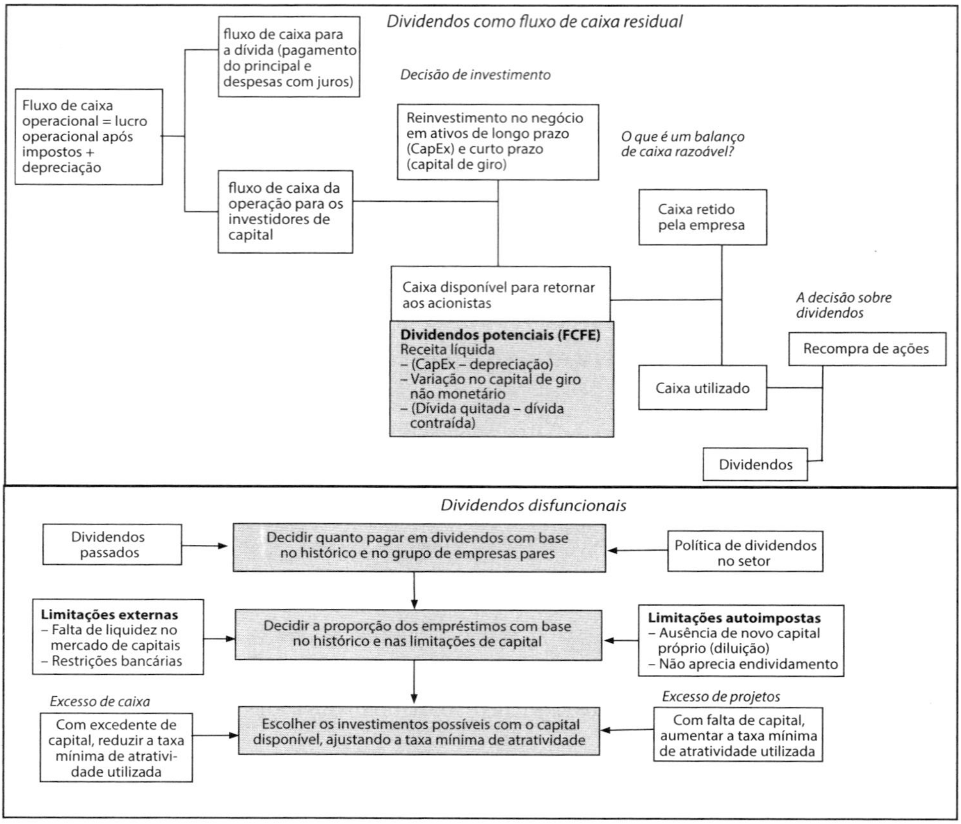

As consequências de uma política de dividendos disfuncional, em que os dividendos orientam as decisões de investimento e financiamento, são previsivelmente catastróficas para algumas empresas. Caso se prenda a dividendos que não consegue pagar, seja com base em seu histórico de dividendos ou nas práticas do seu grupo de pares, a empresa pode acabar por fazer empréstimos muito além da sua capacidade de pagar os dividendos e, ao mesmo tempo, recusar bons investimentos.

A natureza dessa disfunção dos dividendos talvez varie ao longo do ciclo de vida corporativo. No início, estágio das empresas jovens e em crescimento, a disfunção pode assumir a forma de dividendos ou recompra de ações em meio a fluxos de caixa aos acionistas negativos. Essas empresas, que já se encontram em um buraco de fluxo de caixa, mergulham ainda mais fundo nesse buraco e precisam angariar um novo capital, seja fazendo novas dívidas (que colocam sua sobrevivência em risco), seja com novas injeções de capital próprio. À medida que as empresas começam a amadurecer, a disfunção dos dividendos pode vir da recusa em pagar dividendos, mesmo quando os fluxos de caixa aos acionistas se tornam positivos e crescem. Essa recusa pode ser resultado de uma negação do próprio envelhecimento, uma vez que as empresas em crescimento tentam adiar a meia-idade, ou de uma comparação entre pares em que outras empresas do setor também não retornam caixa. Em alguns casos, existe o risco de as empresas maduras ficarem presas a uma política em que muito caixa é retornado, por terem se comprometido com os dividendos em anos bons que não puderam ser mantidos, ou devido à dependência de recompras na esperança de sustentar os preços das ações. Para empresas em declínio, cujo negócio está sofrendo uma redução, pode haver uma relutância em adotar uma política de dividendos que reflita essa realidade.

Para ilustrar a divergência entre o retorno de caixa potencial e o real, reuni todas as empresas de capital aberto em escala global e as dividi em agrupamentos com base em seu FCFE e seu retorno de caixa (dividendos e recompras) na Figura 8.7:

FIGURA 8.7 | Retornos de caixa *versus* fluxo de caixa aos acionistas (FCFE) — Empresas globais, em 2021

	Sem retorno de caixa quando a empresa possui FCFE positivo ou retornando menos caixa que o disponível devido à adição do FCFE.			Retornando caixa quando a empresa tem FCFE negativo ou retornando mais caixa que o disponível devido à queima de caixa pelo FCFE.			
	FCFE positivo, sem retorno de caixa	Retorno de caixa, FCFE > dividendos e recompras	Acumulam caixa	FCFE < 0, sem retorno de caixa	Retorno de caixa, FCFE < (dividendos + recompras)	FCFE negativo, retorno de caixa	Queimam caixa
Austrália, Nova Zelândia e Canadá	9,45%	9,19%	18,64%	67,71%	3,92%	9,74%	81,37%
Europa desenvolvida	18,01%	22,12%	40,13%	33,30%	7,46%	19,10%	59,86%
Mercados emergentes	14,66%	24,29%	38,95%	24,62%	8,25%	28,18%	61,05%
Japão	13,93%	36,89%	50,82%	13,59%	7,61%	27,98%	49,18%
Estados Unidos	10,88%	18,47%	29,35%	35,11%	8,10%	27,44%	70,65%
Global	14,06%	22,77%	36,83%	30,75%	7,61%	24,82%	63,18%

Em uma amostragem de 47.606 empresas de capital aberto listadas em todo o mundo, 36,83% retornaram menos caixa que o disponível como FCFE em 2021, e 63,18% retornaram mais caixa que o disponível como FCFE.

É evidente que poucas empresas seguem uma política de dividendos puramente residuais, retornando seu FCFE aos acionistas todos os anos. Pelo menos em 2021, mais empresas retornaram caixa a mais do que a menos, em relação ao seu FCFE.

Retorno de caixa e saldo de caixa

O dividendo potencial, ou fluxo de caixa aos acionistas de uma empresa, é o dinheiro que sobra após pagamento de impostos, reinvestimento e obrigações da dívida, mas as empresas não são obrigadas a retornar esse dinheiro aos sócios. Caso o façam, o saldo de caixa do negócio permanece inalterado. Se a empresa optar por retornar aos proprietários mais do que o fluxo de caixa aos acionistas disponível, precisará movimentar seu saldo de caixa, o que causa uma queda no caixa mantido no período. Caso a empresa opte por não retornar dinheiro ou devolver aos proprietários menos do que a disponibilidade em fluxos de caixa aos acionistas, seu saldo de caixa cresce com essa diferença. A Figura 8.8 resume essa dinâmica:

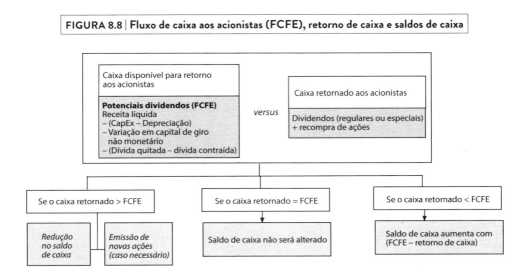

FIGURA 8.8 | Fluxo de caixa aos acionistas (FCFE), retorno de caixa e saldos de caixa

Observe que se a empresa tiver FCFE negativo, fará parte do grupo das que retornam mais dinheiro (zero) do que deveriam (já que esse valor seria negativo), e a diferença deve ser coberta retirando um saldo do caixa existente ou levantando um novo capital próprio (via capital de risco ou emitindo novas ações no mercado aberto). Por essa lógica, é possível compreender por que as empresas que optam por não retornar caixa durante longos períodos, mesmo com grandes fluxos de caixa aos acionistas, acumulam grandes saldos de caixa.

O acúmulo de caixa em uma empresa é prejudicial para os acionistas? No cenário mais benigno, acionistas com grande saldo de caixa possuem parte desse saldo, e isso deve refletir em valores de patrimônio líquido ou em preços mais altos das ações. Já no cenário mais prejudicial, acionistas com grandes saldos de caixa podem se preocupar com o fato de os gestores desperdiçarem esse dinheiro com um investimento ruim (um projeto ruim ou pagando demais por uma aquisição) e descontá-lo nas mãos da empresa. Existe um terceiro desfecho, que é positivo: quando um negócio que tem restrições significativas para levantar capital e preocupações com o risco de falência acumula dinheiro, será recompensado com um prêmio sobre esse saldo de caixa, porque o negócio reduz seu risco de falência e as restrições de capital. Em resumo, há reações muito diferentes no mercado ao acúmulo de caixa nas empresas, a depender da posição dessas empresas em termos de oportunidades de investimento e na confiança que os acionistas depositam na capacidade da gestão dessas oportunidades. Na Figura 8.9, resumo os resultados de um estudo sobre saldos de caixa em empresas dos Estados Unidos, com foco em quanto os mercados valorizam um dólar no caixa de cada empresa:[2]

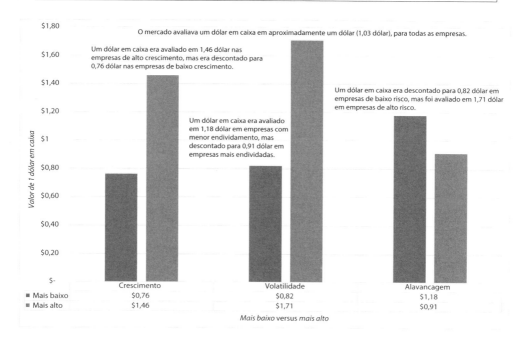

FIGURA 8.9 | Valor de mercado de um dólar em saldo de caixa em empresas dos Estados Unidos

Ao observar como esse processo ocorre ao longo do ciclo de vida, conclui-se que é provável que empresas jovens com fluxos de caixa negativos aos acionistas queimarão seu caixa e terão necessidade constante de aporte de capital. Dito isso, como essas empresas têm bons prognósticos de crescimento e risco, é mais provável que os mercados percebam seus saldos de caixa de forma positiva e atribuam um prêmio a isso. À medida que as empresas amadurecem, seus fluxos de caixa aos acionistas se tornam positivos e, na medida em que escolham não retornar dinheiro, o saldo em caixa se acumula. Se as empresas optarem por permanecer com suas políticas de não retornar caixa, conforme o potencial de crescimento e lucros melhorar, esse aumento nos saldos de caixa continuará sendo impulsionado. Ao longo do caminho, os mercados mudarão sua percepção para considerar esses saldos de caixa algo neutro, avaliando 1 dólar em caixa em aproximadamente 1 dólar. Porém, quando as oportunidades de crescimento se tornam mais escassas, o mercado desconta esses saldos, o que cria oportunidades para que os investidores ativistas pressionem as empresas para que retornem caixa, o que deixa o saldo em caixa nivelado ou até mais baixo, caso esse retorno exceda o nível do fluxo de caixa aos acionistas.

Política de dividendos ao longo do ciclo de vida: um resumo

Ao longo deste capítulo, salientei a necessidade de variar a quantidade de retorno de caixa durante o ciclo de vida corporativo, considerando que as empresas jovens têm menor probabilidade de dispor de caixa para retornar do que empresas mais maduras, e apresentei evidências para sustentar esse argumento. Além disso, analisei a compensação entre o pagamento de dividendos e a recompra de ações, trouxe o argumento de que empresas jovens têm menor probabilidade de se comprometer com o pagamento de dividendos e mais chance de usar a recompra de ações para retornar dinheiro aos acionistas. A Figura 8.10 resume os dois aspectos da política de dividendos ao longo do ciclo de vida corporativo:

Política de dividendos ao longo do ciclo de vida | **209**

FIGURA 8.10 | Retorno de caixa ao longo do ciclo de vida corporativo

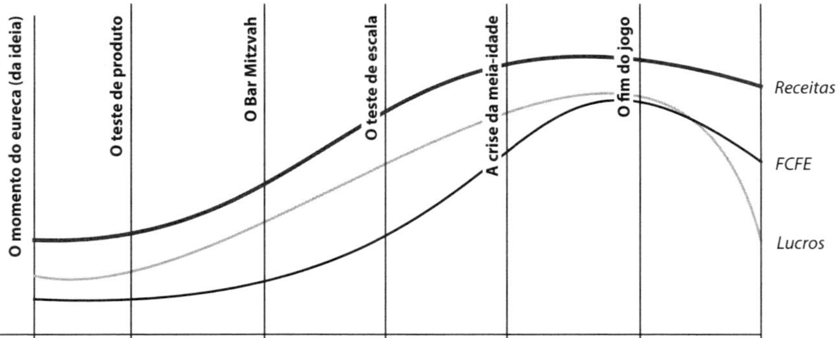

Estágio do ciclo de vida	Startup	Estágio inicial	Alto crescimento	Maturidade e crescimento	Maturidade e estabilidade	Declínio
Lucros	Grandes prejuízos líquidos	Prejuízos líquidos reduzidos	Saldo líquido se torna positivo	Lucro líquido cresce com velocidade	Lucro líquido estabiliza, tendo o endividamento como coringa	Lucro líquido declina
Reinvestimento necessário para o crescimento	Muito alto	Alto	Segue alto, mas reduzido em escala percentual	Continua em queda, em base relativa	Baixo	Desinvestimento (fluxos de caixa positivos)
Fluxo de caixa do endividamento (dívida contraída – dívida quitada)	Em geral nenhum	Em geral nenhum	Caso exista, positivo, mas pequeno	Fluxo de caixa líquido da dívida positivo	Fluxo de caixa líquido da dívida neutro	Fluxo de caixa líquido da dívida negativo
Fluxo de caixa aos acionistas (potencial retorno de caixa)	Negativo	Pode ficar mais negativo com o crescimento	Se torna positivo conforme o crescimento diminui	Positivo e em crescimento (superior aos lucros)	Positivo e mais estável	Positivo e maior que lucros
Caixa dos acionistas ou para os acionistas	Emissão de ações ou injeção de capital próprio		Autofinanciamento	Recompra de ações	Dividendos + recompras	Liquidação de dividendos

Ao observar as diferenças entre políticas de dividendos ao longo do ciclo de vida corporativo, associando-as com as diferentes políticas de investimento e de financiamento que analisei nos dois capítulos anteriores, é possível perceber como seguir os princípios fundamentais das finanças corporativas pode influenciar as empresas jovens de maneiras muito diferentes de como impactaria as mais maduras.

Reconhecer que a quantidade de caixa que uma empresa deve retornar aos acionistas e que a forma utilizada para esse fim mudam ao longo do ciclo de vida corporativo é fundamental para compreender por que os julgamentos genéricos ou as regulamentações sobre políticas de dividendos podem trazer mais prejuízos que benefícios. Uma regulamentação que exige das empresas uma parte dos lucros como dividendos terá pouco efeito sobre o valor de uma empresa mais madura, mas pode ser devastador para uma mais jovem, cujo fluxo de caixa aos acionistas talvez seja negativo mesmo que os lucros apresentados sejam positivos. No outro extremo, argumentar que as recompras de ações são negativas para os negócios e que as empresas deveriam reinvestir esse dinheiro nas suas operações faz pouco sentido em empresas maduras ou em declínio, estágios em que há relativamente poucas oportunidades de investimento.

Conclusão

A política de dividendos é o último dos três princípios compreendidos pelas finanças corporativas. Pensando com racionalidade, as empresas só devem decidir quanto retornar aos seus acionistas depois de avaliar quanto investir de volta nos negócios (política de investimentos) e se o endividamento faz sentido (política de financiamento). Essa noção de dividendos como um fluxo de caixa residual é sensata, mas é ignorada com frequência, já que as empresas às vezes são tentadas a primeiro tomar a decisão sobre quanto dinheiro retornar, com base no histórico ou no comportamento do grupo de pares, para só então ajustar suas decisões de investimento e financiamento, refletindo a decisão sobre dividendos. Como consequência, a política de dividendos pode assumir formas disfuncionais, e as empresas acabam pagando dividendos com um endividamento que não podem se dar ao luxo de assumir, o que põe sua sobrevivência em risco.

A política de dividendos deve variar ao longo do ciclo de vida. Empresas jovens devem retornar menos dinheiro do que as mais maduras e escolher políticas de retorno de caixa mais flexíveis (caso das recompras de ações) em detrimento das mais rígidas (caso dos dividendos). Embora existam evidências de que as empresas seguem esse princípio, no conjunto, há casos nítidos de algumas que não o fazem.

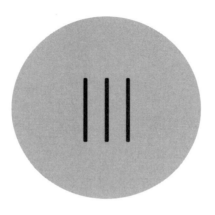

Valuation e precificação ao longo do ciclo de vida corporativo

Introdução a valuation e precificação: Um panorama do ciclo de vida

A ÁREA DE FINANÇAS CORPORATIVAS divide as decisões de negócios em investimento, financiamento e dividendos, mas o efeito composto dessas decisões está no valor do negócio e, em caso de capital aberto, no preço de mercado. Começo este capítulo com a análise da mecânica do valor intrínseco para, em seguida, reformulá-la em termos de questões fundamentais que demandam soluções para se chegar a uma estimativa de valor. Nesse ínterim, relaciono o valor de uma empresa a seus principais drivers argumentando que, para chegar a uma estimativa desses drivers, é preciso uma narrativa sobre o negócio. Na segunda parte do capítulo, examino a precificação e o processo pelo qual investidores precificam empresas, tendo em vista que os drivers que determinam o preço não apenas são diferentes dos que determinam o valor como também podem produzir resultados diferentes. Ao longo do caminho, faço uma análise sobre como os processos de valuation e precificação mudam à medida que as empresas amadurecem e atravessam o seu ciclo de vida.

Noções básicas de valuation

Na avaliação intrínseca, começo com uma proposição simples: o valor de um ativo não é o que consideram que ele vale, e sim uma função dos fluxos de caixa esperados desse ativo. Para simplificar: os ativos com fluxos de caixa elevados e previsíveis devem ter valores mais elevados do que os com fluxos de caixa baixos e voláteis.

A mecânica do valor

Para colocar a avaliação intrínseca em prática é preciso não apenas definir os fluxos de caixa e incorporar o risco ao valor, mas também levar em conta o valor do dinheiro ao longo do tempo. A Figura 9.1 captura a essência do valuation em uma equação:

FIGURA 9.1 | O valor intrínseco de um ativo

Fluxos de caixa esperados no período de tempo

$$Valor = \frac{E(CF_1)}{(1+r)^1} + \frac{E(CF_2)}{(1+r)^2} + \cdots + \frac{E(CF_n)}{(1+r)^n}$$

Taxa de desconto ajustada ao risco

Para um ativo com vida limitada (digamos, de dez anos), eu faria a estimativa dos fluxos de caixa esperados no ativo ao longo desse tempo para, em seguida, descontar os fluxos de caixa a uma taxa de desconto que reflita o grau de risco desses fluxos.

A aplicação geral desse princípio para avaliar um negócio em andamento, e mais especificamente de uma empresa de capital aberto, exige lidar com duas outras questões.

- **Equity *versus* empresa:** numa empresa, é preciso escolher entre avaliar apenas a participação do proprietário (equity) ou todo o negócio. No primeiro caso, estimo os fluxos de caixa aos acionistas sobre o equity (ou seja, os fluxos de caixa remanescentes após as demais despesas terem sido atendidas), e os descontos do custo do capital próprio. Em uma empresa de capital aberto, os dividendos podem ser usados como uma medida dos fluxos de caixa ao acionista, ou pode-se usar os fluxos de caixa livres ao acionista (FCFE), dividendos potenciais que descrevi no Capítulo 8. Ao avaliar todo o negócio, desconto os fluxos de caixa que tanto acionistas quanto credores recebem — os primeiros em fluxos de caixa aos acionistas, os últimos em juros e pagamentos principais —, fluxos de caixa pré-dívida que desconto do custo de capital. A Figura 9.2 ilustra a diferença entre o valor do patrimônio líquido de um negócio e seu valor total.

Introdução a valuation e precificação: Um panorama do ciclo de vida | **215**

FIGURA 9.2 | Valor de equity *versus* valor da empresa

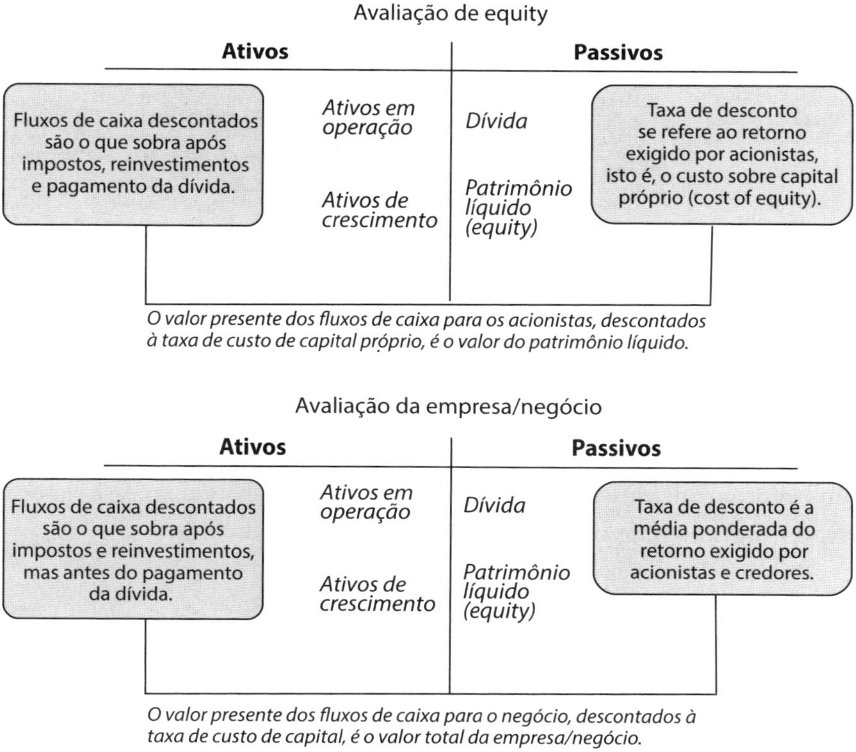

Avaliação de equity

Ativos		Passivos
Fluxos de caixa descontados são o que sobra após impostos, reinvestimentos e pagamento da dívida.	*Ativos em operação* *Ativos de crescimento*	*Dívida* *Patrimônio líquido (equity)*	Taxa de desconto se refere ao retorno exigido por acionistas, isto é, o custo sobre capital próprio (cost of equity).

O valor presente dos fluxos de caixa para os acionistas, descontados à taxa de custo de capital próprio, é o valor do patrimônio líquido.

Avaliação da empresa/negócio

Ativos		Passivos
Fluxos de caixa descontados são o que sobra após impostos e reinvestimentos, mas antes do pagamento da dívida.	*Ativos em operação* *Ativos de crescimento*	*Dívida* *Patrimônio líquido (equity)*	Taxa de desconto é a média ponderada do retorno exigido por acionistas e credores.

O valor presente dos fluxos de caixa para o negócio, descontados à taxa de custo de capital, é o valor total da empresa/negócio.

- **Longevidade:** empresas podem se renovar ao investirem em novos ativos, o que dificulta definir sua longevidade. Em teoria, uma empresa de capital aberto pode se manter funcionando por décadas, ou mesmo séculos. Como não é possível estimar os fluxos de caixa a cada ano durante esses longos períodos, é preciso encontrar uma maneira de impor um fechamento ao exercício, e uma prática dos analistas de valuation é partir do pressuposto de que os fluxos de caixa crescerão a uma taxa constante para sempre a partir de certo ponto futuro. Essa suposição nos permite capturar tanto o valor presente de todos os fluxos de caixa quanto um "valor terminal" e o decompor, como na Figura 9.3, que mostra o valor de um negócio em duas partes: o valor presente dos fluxos de caixa durante o período de previsão explícito e o valor presente do valor terminal no fim do período.

FIGURA 9.3 | Valor de um negócio

$$\text{Valor do negócio} = \frac{E(\textit{fluxo de caixa}_1)}{(1+r)^1} + \frac{E(\textit{fluxo de caixa}_2)}{(1+r)^2} + \cdots + \frac{E(\textit{fluxo de caixa}_{n+1})}{(r-g_n)(1+r)^n}$$

| Valor do negócio hoje | Valor presente dos fluxos de caixa projetados no período explícito | Valor presente do valor terminal, isto é, o valor ao fim do ano n, levando em conta uma taxa de crescimento constante eterna após o ano n |

À primeira vista, não parece razoável presumir que qualquer negócio, por mais bem-sucedido que seja, durará para sempre, mas, em defesa da suposição do crescimento perpétuo, deve-se notar que o valor resultante é aproximadamente o mesmo que seria alcançado caso a projeção indicasse que o negócio duraria décadas, e não para sempre. Em outras palavras, se eu esperar que um negócio dure muito tempo, a suposição de perpetuidade renderá um valor razoável. Ao avaliar um negócio com uma vida mais curta, posso e devo abandonar essa suposição e, em vez disso, estimar o valor terminal para um período finito.

Caso seja aceita a proposição de que um negócio deve ser avaliado com base nos fluxos de caixa esperados, considerando os riscos, o crescimento esperado e o tempo, pode-se dividir, em termos puramente mecânicos, o valuation da empresa em três conjuntos de fatores de entrada, ou *inputs*. O primeiro são os fluxos de caixa esperados do negócio, estimados após o pagamento de impostos e o reinvestimento necessário para assegurar o crescimento que está sendo incorporado aos fluxos de caixa. O segundo input é a taxa de desconto, que reflete o risco nos fluxos de caixa e as taxas de mercado no momento do valuation. O terceiro é o valor terminal (se houver), que deve ser acrescentado aos negócios ao fim do período de projeção.

Drivers de valor

Às vezes, a mecânica do valuation pode esconder a realidade de que os inputs do processo devem refletir a economia dos negócios sendo avaliados. Para entender um negócio bem o suficiente para avaliá-lo, é necessário estimar quatro conjuntos básicos de inputs:

- O primeiro e mais direto estima os fluxos de caixa obtidos por meio dos investimentos existentes, em geral das demonstrações financeiras atuais do negócio.

- O segundo (e mais difícil) analisa os efeitos do crescimento nos fluxos de caixa e o impacto (para mais ou para menos) que isso causará ao valor. Para compreender por que o crescimento nem sempre é positivo para o valor, é preciso compreender que, embora viabilize o aumento das receitas e dos lucros ao longo do tempo, o crescimento também tem um custo, uma vez que exigirá reinvestimento — que, por sua vez, pode superar o crescimento, como muitas vezes acontece.
- O terceiro diz respeito ao risco: como medi-lo e incluí-lo na taxa de desconto, deixando aberta a possibilidade de esse risco mudar ao longo do tempo, portanto, permitindo que as taxas de desconto também mudem.
- O conjunto final lida com o fechamento. Como exige que os fluxos de caixa cresçam a uma taxa constante, o cálculo convencional do valor terminal é mais utilizado em empresas maduras — ou seja, quando cresce a uma taxa menor ou igual à de crescimento da economia na qual ela opera. Para os negócios em que o pressuposto de grande longevidade é insustentável, é possível estimar um valor de liquidação para os ativos ou um valor terminal com base em uma vida finita para os fluxos de caixa.

A Figura 9.4 resume as perguntas que fundamentam o processo de valuation de uma empresa.

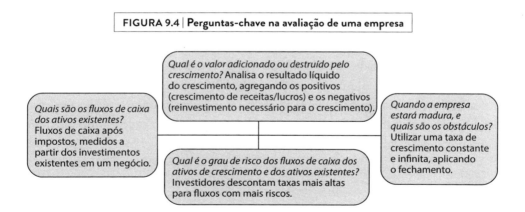

FIGURA 9.4 | Perguntas-chave na avaliação de uma empresa

Para explicitar a correlação entre essas perguntas e a equação de valor intrínseco apresentada na seção anterior, examino as conexões entre ambas na Figura 9.5:

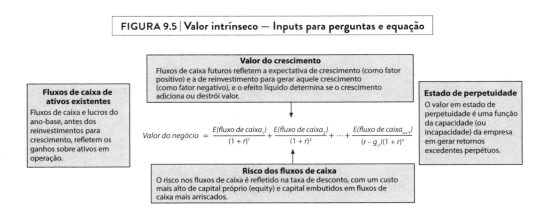

Como é possível notar, os inputs de um processo de valuation refletem sua avaliação acerca da qualidade de um negócio e de seu risco. Na próxima seção, desenvolvo esse tema.

Valor = história + números

Nas últimas quatro décadas, em paralelo à explosão no acesso aos dados e a ferramentas mais poderosas para analisá-los, também notei muitos analistas deixando para trás uma verdade simples sobre valuation: toda avaliação de negócios, não importa quão numérica e complexa, conta implicitamente uma narrativa sobre o negócio, e tornar essa história explícita é um grande passo rumo a avaliações mais defensáveis e consistentes. Na Figura 9.6, descrevo um bom processo de valuation como uma ponte entre histórias e números:

Introdução a valuation e precificação: Um panorama do ciclo de vida | 219

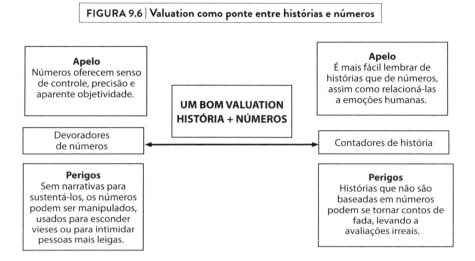

FIGURA 9.6 | Valuation como ponte entre histórias e números

A figura também explica os perigos de uma avaliação totalmente orientada por números ou centrada em uma história. Com uma avaliação estritamente orientada por números, é fácil criar negócios mágicos, com características de crescimento, fluxos de caixa e risco que nenhum empreendimento real seria capaz de replicar. De fato, os números podem ser manipulados em prol de produzir valores que refletem as predisposições e os preconceitos sobre os negócios e depois utilizados para intimidar quem "não entende de números". Nas avaliações orientadas apenas por histórias, também é fácil cruzar a linha entre realidade e fantasia, ainda mais se a empresa visa um mercado grande e tem tendências macro a seu favor. Ao conectar histórias aos números, injeta-se certa disciplina em ambas as frentes, o que força as pessoas das exatas a criarem histórias corporativas que sustentem seus inputs numéricos e induz as pessoas que preferem narrativas a explicar como essas histórias se conciliam com os números.

Isso nos leva a outro custo colateral da ampliação do acesso a dados e ferramentas mais poderosas, que é a facilidade com que os analistas de agora podem sobrecarregar os modelos de avaliação com detalhes, sendo que a complexidade muitas vezes dificulta estabelecer ligações com a narrativa. Na minha experiência, os melhores valuations são parcimoniosos e baseados em alguns dados-chave. Na verdade, para a maioria das empresas de serviços não financeiros, o valor do negócio pode ser capturado em cinco fatores. Os três primeiros são o crescimento das receitas, as margens operacionais e a eficiência do reinvestimento (em geral estimada em dólares de receitas por dólares de capital investido). De posse dessas três informações, é possível converter um modelo de negócios em fluxos de caixa esperados. Os outros dois dados são medidas de risco: uma taxa de desconto ajustada ao risco que incorpora o efeito do risco operacional ao valor e uma probabilidade de falência que reflete a chance de o negócio não sobreviver. A Figura 9.7 resume esses inputs:

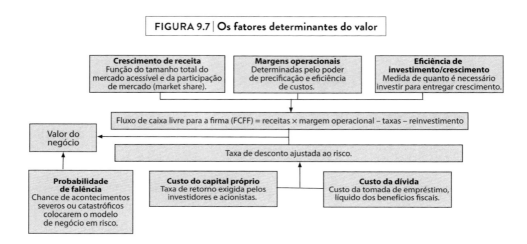

As empresas de serviços financeiros, incluindo bancos, companhias de seguros e processadoras de pagamento, têm um conjunto diferente de drivers, mas também podem ser avaliadas com modelos que exigem menos inputs.

Um dos benefícios do uso de modelos de avaliação mais simples é que o trabalho de converter histórias em inputs também é simplificado. Na Figura 9.8, resumo os inputs pelos quais diferentes histórias contadas sobre as empresas se manifestam sobre seu valor:

FIGURA 9.8 | Valuation: histórias e inputs

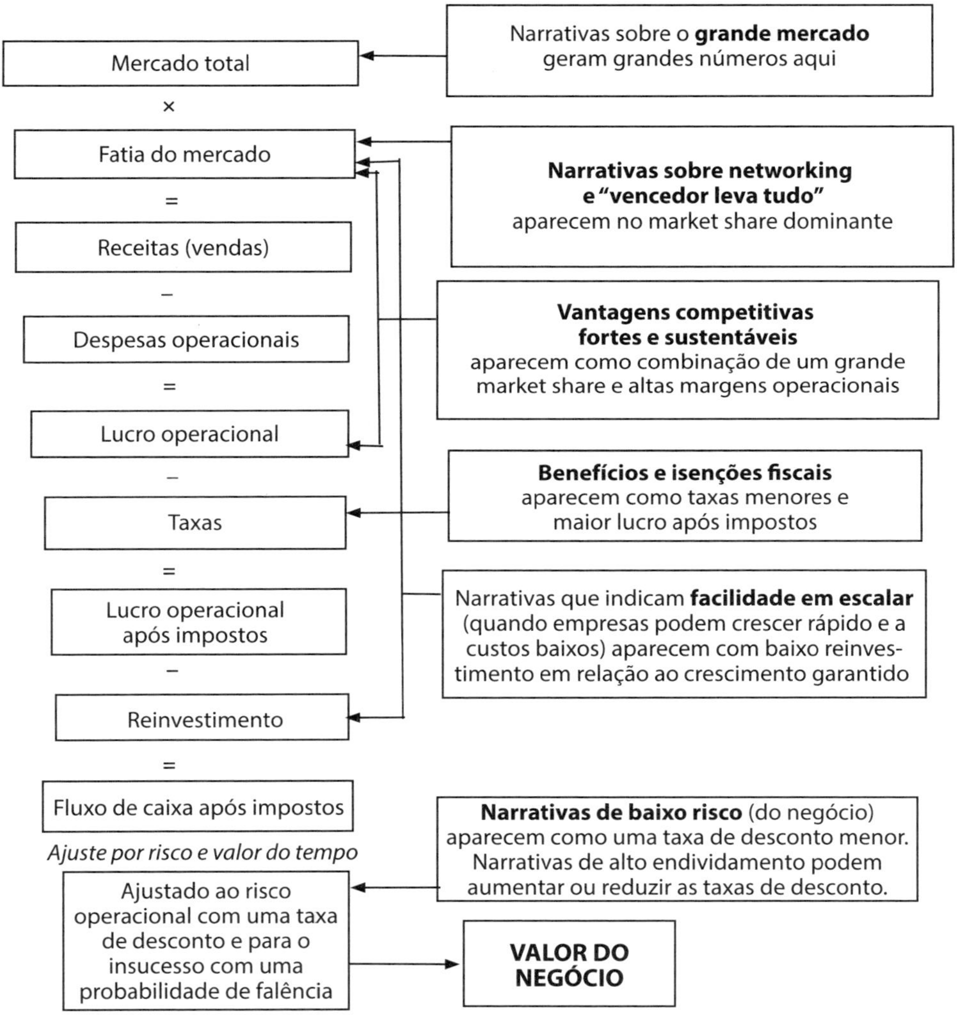

```
Mercado total  ◄──── Narrativas sobre o grande mercado
     ×               geram grandes números aqui
Fatia do mercado ◄── Narrativas sobre networking
     =               e "vencedor leva tudo"
Receitas (vendas)    aparecem no market share dominante
     −
Despesas operacionais ◄── Vantagens competitivas
     =                     fortes e sustentáveis
Lucro operacional         aparecem como combinação de um grande
     −                    market share e altas margens operacionais
Taxas            ◄──── Benefícios e isenções fiscais
     =                 aparecem como taxas menores e
Lucro operacional      maior lucro após impostos
após impostos
     −           ◄──── Narrativas que indicam facilidade em escalar
Reinvestimento        (quando empresas podem crescer rápido e a
     =                custos baixos) aparecem com baixo reinves-
Fluxo de caixa        timento em relação ao crescimento garantido
após impostos
Ajuste por risco e valor do tempo
Ajustado ao risco ◄── Narrativas de baixo risco (do negócio)
operacional com uma taxa aparecem como uma taxa de desconto menor.
de desconto e para o    Narrativas de alto endividamento podem
insucesso com uma       aumentar ou reduzir as taxas de desconto.
probabilidade de falência
     →  VALOR DO NEGÓCIO
```

Em resumo, embora possa parecer que um processo de valuation completo seja apenas baseado em números, reconhecer que os números contam uma história sobre a empresa e usar o bom senso para fazer perguntas sobre essa história é essencial para uma boa avaliação.

Valuation ao longo do ciclo de vida corporativo

Após essa longa introdução, vamos falar sobre como o processo de avaliação muda ou não ao longo do ciclo de vida da empresa.

- **O valor intrínseco é uma constante:** a noção do valor intrínseco de um negócio como o valor presente dos fluxos de caixa esperados aplica-se às empresas ao longo do ciclo de vida.
- **Diferentes caminhos de fluxo de caixa:** nos primeiros anos de uma empresa jovem, quando é preciso esforço para elaborar modelos de negócios, os fluxos de caixa serão negativos. Tornam-se positivos apenas quando a empresa chega ao alto crescimento, quando há então um pico de crescimento antes de atingirem a estabilidade. No caso de uma empresa madura, é muito mais provável notar fluxos de caixa positivos de imediato, mas com muito menos crescimento nos anos seguintes. Já em uma empresa em declínio, a queda nos fluxos de caixa se dá ao longo do tempo, à medida que a empresa vai sofrendo redução.
- **Alteração da dependência do valor terminal:** no início do capítulo, salientei que o valor atual de uma empresa se dá pela soma do valor presente dos fluxos de caixa esperados no período projetado com o valor presente do valor terminal, considerando os fluxos de caixa além do período de previsão. Em comparação com empresas mais maduras, as empresas jovens, com fluxos de caixa negativos, mas que, com o passar dos anos, se tornam positivos e crescentes, terão uma proporção muito maior do valor dos fluxos de caixa nos anos posteriores e do valor terminal.

É verdade que os desafios de estimativa que as empresa enfrentam mudam de acordo com seu tempo de vida; e, nos próximos quatro capítulos, abordo tais desafios, a começar pelas empresas em estágio inicial de crescimento, no Capítulo 10, passando para empresas de alto crescimento no Capítulo 11 e por empresas maduras no Capítulo 12, para enfim concluir, no Capítulo 13, com empresas em declínio.

Partindo da ideia de que um bom valuation é uma ponte entre histórias e números, meu argumento é que a questão de qual dos dois (história ou números) deve receber o privilégio de dominar a avaliação de um negócio também muda ao longo do ciclo de vida. No início do ciclo, estágio em que há poucos dados históricos disponíveis e muitas perguntas sobre os modelos de negócios das empresas ainda sem respostas, é a história que domina a avaliação, orientando os inputs e os números.

À medida que a empresa envelhece, acumulam-se dados a respeito dos sucessos e das falhas de seu modelo de negócios e os números dos resultados de crescimento da receita, das margens e do reinvestimento tomam a frente, e as histórias ficam em segundo plano. Na Figura 9.9, apresento essa mudança de história para números, junto dos principais drivers das narrativas de cada estágio do ciclo de vida:

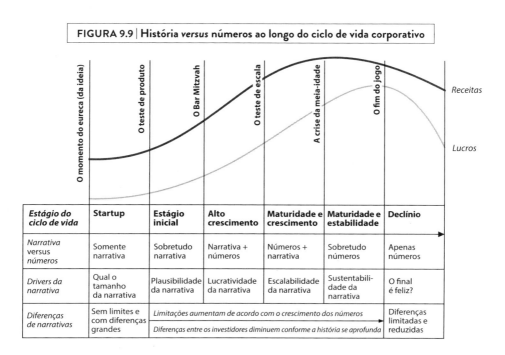

Também vale notar que, quando a história é a protagonista da avaliação, como costuma ser o caso das empresas mais jovens, há grandes divergências nas narrativas e no valuation entre os investidores, e, quando os números são dominantes, essas divergências são menores, o que leva a mais convergência no valor. Essa é uma explicação parcial dos motivos por quê, mesmo que os mercados sejam racionais e eficientes, deve-se esperar muito mais volatilidade nos preços das ações de empresas mais jovens do que daquelas mais maduras.

Noções básicas de precificação

Na avaliação intrínseca, o objetivo é encontrar o valor de um ativo dado seu fluxo de caixa, seu crescimento e suas características de risco. Na precificação, determino quanto pagar por um ativo após observar quanto outros investidores pagam por ativos semelhantes ou idênticos. A parte complicada desse processo é encontrar ativos semelhantes ou idênticos e determinar o que os difere.

Preço *versus* valor

Para demonstrar as diferenças entre precificação e avaliação intrínseca, é necessário começar a entender as disparidades entre os processos que determinam o valor e o preço. O valor, como mostrei na seção anterior, é determinado por fluxos de caixa, crescimento e risco, e a abordagem de fluxo de caixa descontado tenta levar esses determinantes a uma estimativa do valor atual do negócio. O preço é determinado por demanda e oferta, e, embora os fundamentos (fluxos de caixa, crescimento e risco) possam ser fatores de precificação, o humor, a força da tendência (conhecida como "momentum") e a liquidez desempenham papéis importantes no processo. Como mostro nas seções a seguir, o preço de um ativo será baseado no quanto outros investidores pagam por ativos semelhantes. A Figura 9.10 resume as diferenças entre valor e preço.

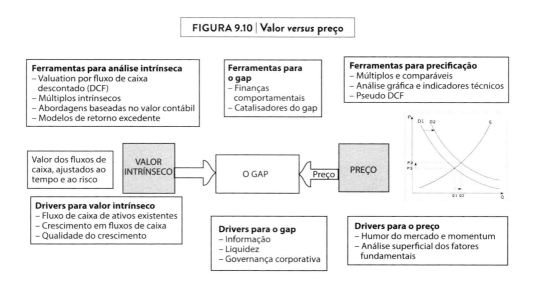

FIGURA 9.10 | Valor *versus* preço

Se os fundamentos influenciam tanto o processo do valor quanto o de precificação, que também sofre influências do humor, do momentum e de forças comportamentais, o resultado será o mesmo número para um ativo ou negócio? Para os que creem em mercados eficientes, sim, pois acredita-se que as forças comportamentais se anulam nos mercados e criam desvios de valor aleatórios e imprevisíveis. Investidores que procuram ativamente superar o mercado creem que pode haver um gap entre o valor e o preço a ser explorado — embora talvez discordem, com base nas suas filosofias de investimento, sobre que tipos de empresas têm maior probabilidade de apresentar tais gaps e qual o melhor modo de explorá-los. Mais adiante neste livro, examino essas diferentes filosofias de investimento e como atuam ao longo do ciclo de vida corporativo.

Drivers de preço

Para compreender o motivo de o processo de precificação produzir um número muito diferente do processo de valuation, analiso os drivers de preços, as forças capazes de causar alteração nos preços mesmo na ausência de qualquer alteração nos fundamentos.

1. **Humor e momentum:** são as maiores forças por trás da movimentação de preços. O que aconteceu com os preços nos exercícios anteriores influencia o que acontecerá no futuro. Ao observar os movimentos de preços das ações, há evidências de momentum positivo no curto prazo (minutos, horas, dias e até semanas), em que as ações que se saíram bem (ou mal) no passado continuam a se sair bem (ou mal). Traders costumam usar essa tendência para garantir lucros "fáceis". O problema é que também há evidências significativas de reversões, em que o momentum pode mudar, muitas vezes de maneira imprevisível e violenta, conforme seu horizonte de tempo é ampliado. Para simplificar: uma reversão pode eliminar em poucos dias os lucros fáceis obtidos pelo momentum, ao longo de semanas ou meses.

2. **Informação incremental:** o preço de um ativo ou negócio também pode ser muito afetado por notícias que têm pouco ou quase nenhum efeito sobre os fundamentos que geram valor. Esse fenômeno em geral atua na divulgação dos relatórios de lucros, quando o anúncio de que uma empresa superou ou ficou aquém das expectativas por um montante trivial pode desencadear compras ou vendas substanciais, o que resulta em grande movimentação de preços.

3. **Pensamento de grupo:** uma justificativa lógica para a questão do momentum é que há uma espécie de comportamento de manada nos mercados — além de irracional, o comportamento dos traders é conjunto. Assim, em vez de buscar uma

média, como seria o caso nos mercados eficientes, a irracionalidade da multidão pode afastar ainda mais os preços do valor.

4. **Facilidade de liquidez e negociação:** os preços são direcionados pelas negociações, e não surpreende que traders se preocupem em conseguir abrir e fechar as posições com facilidade e a baixo custo. Assim, a liquidez desempenha um papel muito mais significativo no processo de precificação do que no valuation, cenário que, na melhor das hipóteses, afeta as taxas de desconto, que são mais altas para ativos menos líquidos. A liquidez também está relacionada ao momentum, uma vez que, na sua ausência, essas tendências em geral ficam mais fortes. Além disso, as ondas de compra (ou venda) têm um impacto muito maior nos preços de ativos menos líquidos.

A Figura 9.11 resume os drivers do preço:

FIGURA 9.11 | Os drivers do preço

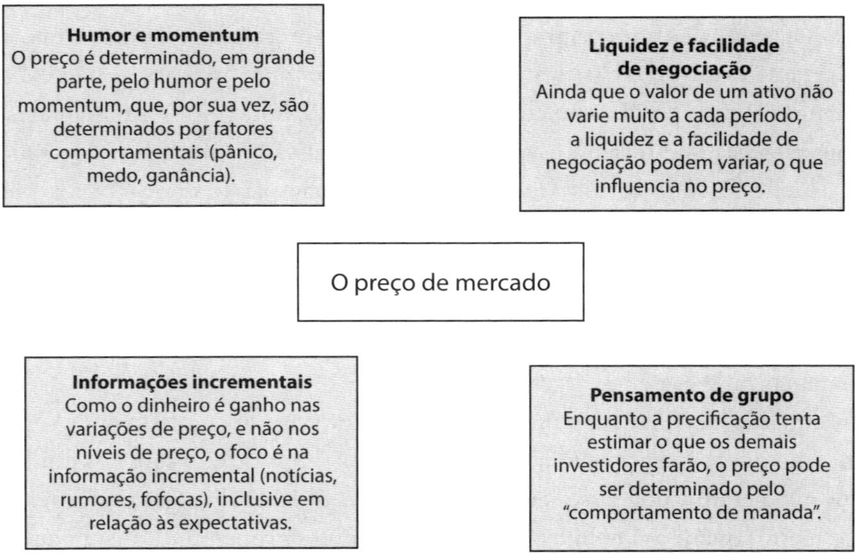

Humor e momentum
O preço é determinado, em grande parte, pelo humor e pelo momentum, que, por sua vez, são determinados por fatores comportamentais (pânico, medo, ganância).

Liquidez e facilidade de negociação
Ainda que o valor de um ativo não varie muito a cada período, a liquidez e a facilidade de negociação podem variar, o que influencia no preço.

O preço de mercado

Informações incrementais
Como o dinheiro é ganho nas variações de preço, e não nos níveis de preço, o foco é na informação incremental (notícias, rumores, fofocas), inclusive em relação às expectativas.

Pensamento de grupo
Enquanto a precificação tenta estimar o que os demais investidores farão, o preço pode ser determinado pelo "comportamento de manada".

Nas últimas cinco décadas, as finanças foram enriquecidas por ideias da psicologia, e a fusão das duas áreas criou o que é chamado de "finanças comportamentais". A maior contribuição desse campo para a compreensão financeira é a aceitação de que a procura e a oferta, forças que determinam os preços, são determinadas pelos seres humanos, cujas peculiaridades comportamentais podem levar, e muitas vezes de fato levam, a um desvio do preço em relação ao valor.

Mecânica da precificação

Ao contrário da avaliação intrínseca, um ativo é precificado com base em como ativos semelhantes são precificados no mercado. Alguém que pretende comprar casas decide quanto pagar por um imóvel estudando os valores de propriedades semelhantes no mesmo bairro. Da mesma forma, um potencial investidor do IPO da Porsche, em 2022, poderia ter estimado seu preço após analisar o preço de outras empresas de automóveis de luxo. Aqui descrevo as três etapas essenciais do processo de valuation relativo:

1. **Encontrar ativos comparáveis precificados pelo mercado,** uma tarefa mais fácil para ativos reais, como figurinhas de futebol e casas, do que para ações.
2. **Dimensionar os preços de mercado para uma variável comum** capaz de gerar preços padronizados comparáveis. Se todos os outros fatores forem iguais, uma casa ou apartamento menor deve ter um valor de venda mais baixo do que o de uma residência maior. No contexto das ações, essa equalização em geral exige converter os valores de mercado em múltiplos de receitas, ganhos, valor contábil ou receita.
3. **Ajustar as diferenças entre os ativos** comparando seus valores padronizados. Usando o mesmo exemplo, uma casa mais nova com instalações mais atualizadas deveria ter um preço mais alto do que uma antiga de tamanho semelhante que carece de reforma. No caso das ações, as diferenças entre preços podem ser atribuídas a todos os fundamentos sobre os quais falei na seção em que abordei a avaliação de fluxo de caixa descontado. As empresas com maior crescimento, por exemplo, deverão negociar com múltiplos mais elevados do que as com menor crescimento no mesmo setor.

A maioria dos ativos é precificada, e não avaliada, não só porque a precificação muitas vezes requer menos informação e pode ser feita com mais agilidade do que a avaliação intrínseca como também porque a diferença entre os preços, se existir, tem muito mais chance de uma correção rápida.

Comparar ativos não tão semelhantes pode ser um desafio. Ao comparar o preço de dois edifícios de tamanhos diferentes no mesmo local, vai parecer que o prédio menor deveria ser mais barato, a não ser que dê para compensar a diferença de tamanho avaliando o preço por metro quadrado. Ao comparar as ações de capital aberto de todas as empresas, o preço da ação é uma função do valor do patrimônio de determinada empresa e do número de ações dela em circulação. Para comparar empresas "semelhantes" no mercado, pode-se padronizar o valor a partir de seu lucro, seu valor contábil, sua receita gerada ou de uma medida específica da empresa ou do setor (número de clientes, assinantes, unidades etc.). Além disso, será preciso escolher o período de tempo (números atuais ou de um ano no futuro) e um grupo de empresas pares para comparação. Todo esse processo é representado na Figura 9.12.

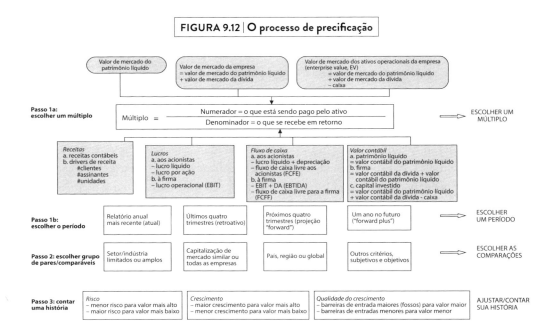

Mais uma vez, medir os lucros e o valor contábil deve ser feito apenas da perspectiva dos investidores de capital ou a partir da dívida e do capital (da empresa). Assim, o lucro por ação e o lucro líquido são o lucro sobre o patrimônio líquido, e o lucro operacional mede o lucro da empresa. O patrimônio líquido no balanço patrimonial é o valor contábil do patrimônio líquido, já o valor contábil de todo o negócio inclui as dívidas, e o valor contábil do capital investido é aquele mesmo valor contábil líquido de caixa. É possível dividir o valor de mercado do patrimônio líquido pelo lucro líquido para estimar a relação preço-lucro (medindo quanto os investidores estão pagando por dólar de lucro), ou o valor da empresa pelo EBITDA para ter uma noção do valor de mercado dos ativos operacionais em relação aos fluxos de caixa operacionais. Porém, a principal razão para a padronização não muda: o anseio é comparar esses números entre diferentes empresas.

Precificação ao longo do ciclo de vida corporativo

Como no caso do valuation, o processo de precificação segue as mesmas etapas para todas as empresas, não importa sua fase no ciclo de vida. No entanto, é provável que os problemas de precificação das empresas mais jovens sejam diferentes dos de empresas mais maduras, e os desafios podem ocorrer em cada estágio do processo:

a. **Métrica de escala:** o primeiro passo na precificação, pelo menos no contexto das empresas, é escalonar a precificação para métricas, e as escolhas variam de receitas a lucros, de valor contábil a fluxos de caixa. No entanto, para que funcione como um escalar, a métrica precisa ser positiva, e, em empresas jovens, que muitas vezes apresentam prejuízos e queimam dinheiro, isso reduz as escolhas e em geral elimina a possibilidade de usar lucros e fluxo de caixa. Dado que o valor contábil é sobretudo um reflexo dos investimentos existentes, pode ser irrelevante em empresas jovens, por isso torna-se uma base instável para sua precificação. Não surpreende que a receita seja a métrica de escala em muitas empresas jovens, e, para aquelas que ainda não possuem receitas, escalar pode até ser correlacionado às receitas no futuro, como o número de usuários ou assinantes. Conforme as empresas amadurecem e começam a rentabilizar, é mais provável que os lucros virem escalares (levando a índices preço-lucro em relação ao EBITDA); e o crescimento é trazido para o escalar nas empresas de crescimento elevado (PEG ratio). Durante o declínio, momento em que investidores e traders começam a olhar para os desinvestimentos e liquidações de ativos, a variável de escala mais frequente é valor contábil (preço/valor contabilístico e índice valor da firma/capital investido).

b. **Escolha do período:** ao calcular os múltiplos de precificação, é possível dimensionar os preços para o valor de um ano atual, um valor normalizado (em geral calculado a partir de uma análise do valor médio por um período de muitos anos), ou um valor futuro. Por exemplo, com os índices de preço-lucro (PL), o preço de mercado pode ser dividido pelo lucro por ação do ano atual (PL atual), ganhos médios por ação nos últimos cinco anos (PL normalizado), ganhos esperados por ano no próximo ano (PL futuro), ou mesmo ganhos esperados por ação daqui a cinco anos. Em empresas maduras, qualquer uma dessas opções pode funcionar, mas é provável haver uma dependência dos valores atuais ou dos valores a termo de curto prazo (receitas ou ganhos do próximo ano). Em empresas jovens, em especial aquelas com pequenas receitas e grandes prejuízos no ano mais recente, é muito mais provável encontrar traçados os valores futuros projetados para cinco ou até dez anos a fim de criar múltiplos, apenas para que os valores tenham alguma substância.

c. **Criação de grupos de pares:** para precificar uma empresa, é preciso encontrar empresas similares já precificadas. Isso vale para todas as fases do ciclo de vida, mas costuma ser mais difícil para as jovens empresas, por dois motivos: o primeiro é que muitas não possuem ações na bolsa; o segundo é que, embora dê para usar as precificações das rodadas de venture capital, os números resultantes são atualizados com menos frequência e são mais sujeitos a erros de estimativa. Assim que as empresas amadurecem, fica mais fácil encontrar outras semelhantes com preços competitivos, pois mais empresas possuem capital aberto. Ainda assim, muitas têm dificuldade para encontrar outras com crescimento e risco semelhantes na fase de crescimento. Em empresas estáveis e em declínio, identificar grupos de pares é relativamente fácil, pois às vezes é possível utilizar empresas de outros setores para a comparação.

d. **Determinação das diferenças:** a etapa final no processo de precificação é determinar as diferenças nos fundamentos (crescimento, risco e eficiência de reinvestimento) nas empresas do grupo de pares. Mais uma vez, isso é mais difícil em empresas jovens, nas quais as grandes diferenças talvez persistam em todas as dimensões do grupo de pares, quando comparadas a negócios mais maduros, nos quais as diferenças de taxa de crescimento e risco tendem a ser menores.

A Figura 9.13 resume as diferenças no processo de precificação ao longo do ciclo de vida corporativo:

Introdução a valuation e precificação: Um panorama do ciclo de vida | 231

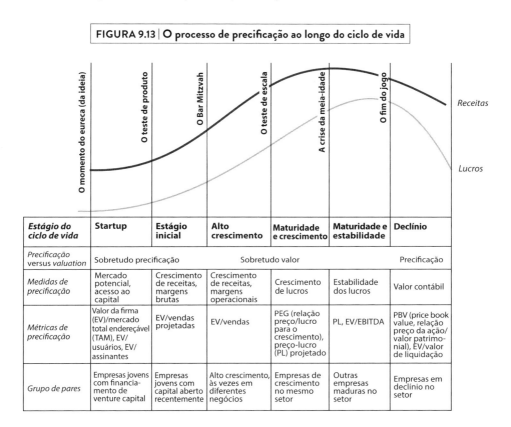

FIGURA 9.13 | O processo de precificação ao longo do ciclo de vida

Em resumo, a precificação é mais difícil nas empresas jovens do que nas mais maduras. A consequência é que para as mais jovens, o processo de precificação desempenha um papel muito maior na determinação do preço pago por um negócio. Essa percepção é usada nos próximos capítulos para explicar por que traders são atraídos pelas empresas mais jovens, e investidores, pelas mais maduras.

Conclusão

O valor de cada negócio, não importa seu estágio no ciclo de vida, é uma função de fluxos de caixa, crescimento e risco, mas os desafios de estimativa que enfrentamos ao avaliar empresas jovens, com modelos de negócio não testados e história ainda limitada, são maiores do que com empresas mais maduras. Ao encararmos o processo de valuation como uma ponte entre histórias e números, compreendemos que os valuations são mais orientados para as histórias nas empresas jovens e para os números nas empresas mais maduras.

Em contraste com o valuation, o preço de todos os negócios é determinado por demanda e oferta, com humor, momentum e diversas forças comportamentais que fazem o preço e o valor divergirem. Para precificar um negócio, é necessário primeiro padronizá-lo, depois dimensioná-lo para uma métrica (receita, ganhos, fluxos de caixa, valor contábil), em seguida encaixá-lo em um grupo de pares de empresas semelhantes já precificadas, para só então determinar as diferenças nos seus fundamentos. Como já disse, é mais difícil aplicar o processo de precificação em empresas jovens, que têm menos opções viáveis de escala e de empresas comparáveis, do que em empresas mais maduras.

Nos próximos capítulos, parto de uma discussão sobre como avaliar e precificar empresas jovens e em crescimento, apesar das dificuldades, passo para empresas maduras, em crescimento e estáveis, para então, por fim, concluir com uma discussão sobre a melhor forma de avaliar e precificar empresas em declínio.

10

Valuation e precificação: Startups e empresas em estágio inicial de crescimento (young-growth)

É INEGÁVEL QUE, PARA EMPRESAS mais jovens, o processo de valuation ou de precificação de empresas jovens é mais desafiador do que para empresas maduras. Acredito que os modelos de avaliação e precificação descritos no Capítulo 9 são versáteis o suficiente para funcionarem em empresas nos estágios iniciais do ciclo de vida e que os desafios se concentram no processo de estimativa. Neste capítulo, desenvolvo formas de lidar com a incerteza inerente ao valuation de empresas jovens e argumento que, nesses casos, o valuation é mais vantajoso.

Valuation

No capítulo anterior, defendi que, embora o processo de valuation permaneça inalterado para as empresas jovens, em comparação com as mais velhas, alguns desafios de estimativa são exclusivos da juventude corporativa, pois o valor resulta de seus fluxos de caixa, crescimento e risco esperados. Muitos investidores em startups e empresas jovens abandonaram o valuation argumentando que as incertezas sobre a dimensão do mercado e a viabilidade do modelo de negócio são tão grandes que as avaliações acabam sendo mais suposições do que análises. Concordo que, nessa fase do ciclo de vida corporativo, são muitas as incertezas, mas discordo que isso torne o valuation inútil. Nesta seção, avalio de que forma responder aos desafios das estimativas, trazendo adições e aprimoramentos que podem enriquecer o valuation de empresas jovens.

Os desafios

Para entender os desafios no processo de valuation de empresas jovens, retomo quatro perguntas que, no Capítulo 9, defendi serem determinantes para o valor de um negócio, então analiso o que dificulta chegar às respostas quando avaliamos essas empresas.

- Sobre a questão dos fluxos de caixa provenientes de investimentos existentes, é comum as empresas jovens terem pouco a mostrar, pois têm receitas pequenas ou inexistentes, e em geral seus investimentos ainda não começaram a dar frutos. Considerando as despesas para permanecer em operação, é frequente essas empresas começarem o processo de valuation dando prejuízos.
- Quanto ao valor adicionado ou destruído pelo crescimento futuro, grande parte ou todo o valor de uma empresa jovem reflete esse componente, mas há poucos dados para fazer julgamentos sobre os principais drivers do valor do crescimento.
- No que diz respeito à medição de risco, é comum que as empresas jovens angariem mais riscos, mas, com histórico de preços e ganhos limitado ou inexistente, os processos convencionais para estimar os parâmetros de risco não costumam funcionar.
- Por fim, em relação à questão de quando uma empresa jovem atingirá a maturidade e como serão seus fundamentos nessa fase, a elevada taxa de mortalidade da classe implica que muitas das empresas jovens nunca chegarão à maturidade.

Na Figura 10.1, resumo as principais questões e desafios do valuation para as empresas jovens.

Valuation e precificação: Startups e empresas em estágio inicial de crescimento

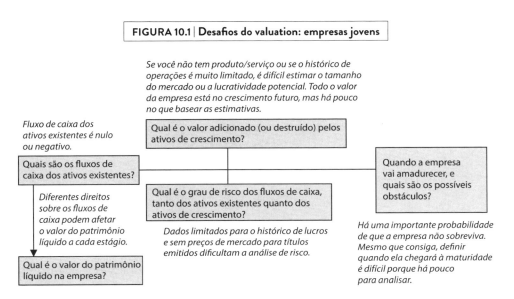

FIGURA 10.1 | Desafios do valuation: empresas jovens

Em resumo, um modelo de negócio ainda não testado, a ausência de dados históricos e as preocupações com a sobrevivência dificultam o valuation de empresas jovens.

As respostas

Como lidar com a incerteza endêmica às empresas jovens durante a avaliação? Nesta seção, parto de uma análise sobre como os capitalistas de risco tentam lidar com esses obstáculos ao avaliar quanto valem as jovens empresas que buscam o aporte de venture capital. As falhas na abordagem do venture capital nos levarão de volta a uma abordagem mais convencional do valuation, modificada para refletir as incertezas inerentes à avaliação de empresas jovens.

A ABORDAGEM DO CAPITAL DE RISCO

De todos os grupos de investidores, os que têm maior exposição a empresas jovens são os de venture capital, que desenvolveram abordagens para calcular o valor das empresas que parecem, pelo menos à primeira vista, superar os desafios da avaliação. No Capítulo 4, descrevo as etapas do processo de avaliação do venture capital, começando com a estimativa dos lucros e das receitas esperados em um ano futuro, seguida pelo uso de um múltiplo de preços (PL ou valor da firma sobre vendas) para estimar o preço naquele ano futuro e, em seguida, o desconto desse preço futuro a uma taxa de retorno-alvo. Apresentei essas etapas na Figura 4.3 e aqui, na Figura 10.2, reproduzo uma versão compactada:

FIGURA 10.2 | **Precificação futura do venture capital - versão compacta**

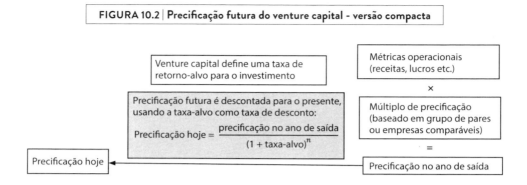

Também apontei que, no processo do capital de risco, embora a taxa de retorno-alvo funcione como uma taxa de desconto, na prática trata-se de um número inventado, concebido mais para negociação do que como reflexo do risco operacional ou de falência. A Tabela 10.1 resume as taxas de retorno-alvo típicas exigidas pelos investidores de venture capital categorizadas pelo estágio do ciclo de vida da empresa.

Tabela 10.1 • Taxas de retorno-alvo de venture capital por estágio de desenvolvimento da empresa

Estágio de desenvolvimento	Taxa de retorno-alvo típica
Startup	50% a 70%
Primeiro estágio	40% a 60%
Segundo estágio	35% a 50%
Financiamento ponte/IPO	25% a 35%

Como saber se essas taxas de retorno incorporam o risco de sobrevivência da empresa? Além da lógica intuitiva de que as taxas diminuem com a progressão ao longo do ciclo de vida e a consequente queda da chance de falência, é possível chegar a essa informação porque os retornos reais obtidos pelos capitalistas de risco em todas as etapas do processo são muito mais modestos. Em resumo, capitalistas de risco que investem em startups costumam ter um ganho anual em torno de 15% a 20% em seus portfólios, mesmo nos períodos bons, já números de 50% a 70% são raros.

A abordagem do capital de risco tem vários problemas. Primeiro que os processos de valuation tentam evitar as sérias dificuldades de estimar detalhes operacionais para o longo prazo, estabelecendo uma limitação prematura, com um período de projeção curto e um múltiplo que costuma se basear no valor pelo qual ações de empresas semelhantes estão sendo negociadas. No entanto, o múltiplo de ganhos ou receitas que uma empresa vai negociar dali a três anos será uma função dos fluxos de caixa após esse ponto, e usar esse múltiplo para chegar a um valor o torna mais uma precificação do que um valuation. Em segundo lugar, há certo grau de negligência associado à utilização de uma taxa de retorno-alvo para descontar o valor futuro da empresa. Embora a taxa-alvo deva incluir tanto o risco operacional como o de falência, não está claro como esses fatores são incorporados. Em resumo, um valuation nos moldes do capital de risco é mais uma precificação futura, descontada a uma taxa arbitrariamente elevada sem qualquer ligação com o risco real de um negócio.

AVALIAÇÃO INTRÍNSECA

Para o valuation de uma empresa jovem ou de uma startup, é preciso começar a aceitar que a incerteza da avaliação não é algo que se pode negar ou desejar que desapareça. Em vez de parar após um período curto e arbitrário e aplicar uma precificação, como faz a abordagem do venture capital, mantenho toda a conjuntura necessária para um valuation completo e faço minha melhor estimativa sobre os fluxos de caixa durante todo o período.

Etapa 1: conte uma história

Para fazer estimativas diante da incerteza, sugiro começar com uma história fundamentada em tudo o que se sabe sobre a empresa, inclusive qual é a necessidade atendida pelo produto ou serviço, o mercado visado e as capacidades dos fundadores. A Figura 10.3 resume algumas das informações básicas que podem ser úteis para determinar a história no valuation de uma empresa:

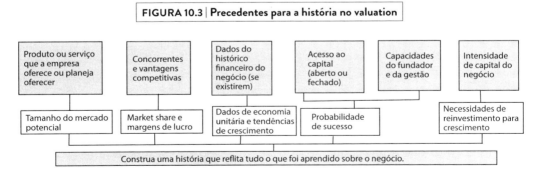

Observe que, embora haja um instinto de buscar as demonstrações financeiras passadas, pois é o que estamos condicionados a fazer no valuation, você não deve se surpreender ao ver uma história muito curta, cheia de receitas pequenas, embora crescentes, e grandes prejuízos. Ainda dá para aprender sobre os caminhos da economia unitária e do reinvestimento, que podem ser úteis para determinar a história do negócio. De forma geral, é preciso tomar como maior base as informações sobre o mercado total, a concorrência e a narrativa de outras empresas que seguiram o mesmo caminho daquela que está passando pelo valuation.

Etapa 2: o teste 3P (Possível? Plausível? Provável?)

Antes de converter essa história em inputs para seu processo de valuation, é preciso parar e avaliar se a história passa no *teste 3P*, uma garantia de que é possível (e não um conto de fadas), plausível (que algo semelhante ao que a empresa aspira já foi feito), e provável (que a empresa seja capaz de fornecer evidências tangíveis de que seu modelo de negócios funciona, pelo menos em escala limitada). A Figura 10.4 ilustra esse teste:

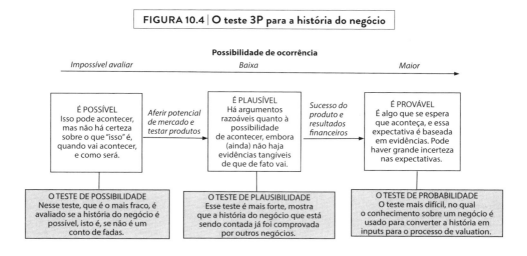

Ao submeter a história de um negócio por esses testes, preste atenção aos preconceitos trazidos para a avaliação. Em resumo, caso se apaixone pela história de um negócio antes de avaliar sua credibilidade, você poderá se iludir acreditando que contos de fadas são prováveis.

Etapa 3: converta a história em inputs para o modelo de valuation
De posse da história do valuation da empresa, a próxima tarefa é convertê-la essa história em inputs para o modelo de avaliação. Ao fazer essa conexão, é melhor permanecer na versão parcimoniosa do modelo que descrevi no Capítulo 9, em que os ganhos esperados são estimados a partir de receitas e margens projetadas, o reinvestimento é estimado como um valor consolidado em relação à receita, e o risco é capturado em um custo de capital, no caso do risco operacional, bem como em uma probabilidade de risco de falência, para manter em consideração a probabilidade de que o negócio não sobreviva.

a. **Crescimento:** a primeira e talvez mais assustadora parte do processo de valuation de empresas jovens está na projeção de receitas futuras, e há dois caminhos para obter essas previsões.

- O primeiro, a *abordagem de cima para baixo*, começa com uma previsão do mercado total que a empresa almeja, levando em consideração o apelo de seus produtos ou serviços e se o plano é manter os negócios localizados ou expandi-los. Esse é o mercado total endereçável (total addressable market, ou TAM), que já ocupou um lugar central nas narrativas de valuation, principalmente nas jovens empresas de tecnologia. É estimada a participação de mercado que se espera que a empresa adquira com o tempo, levando em consideração os aspectos econômicos do negócio e da concorrência. O produto desses dois inputs (mercado total × market share) resulta nas receitas.

- O segundo caminho, a *abordagem de baixo para cima*, parte das receitas existentes para estimar suas taxas anuais de crescimento, incorporando às estimativas as ambições dos fundadores e o acesso ao capital. As duas abordagens trazem como resultado as receitas esperadas, e a escolha sobre qual utilizar vai depender da empresa avaliada. Para aquelas com pouca ou nenhuma receita, mas com ambições de crescimento significativas, a abordagem de cima para baixo costuma ser a única opção, mas, para empresas que têm receitas tangíveis e modelos de negócios estabelecidos, a abordagem de baixo para cima também funciona.

b. **Lucratividade:** para que uma empresa se torne valiosa, precisa encontrar um caminho para a lucratividade, e a resposta para a pergunta de quão lucrativo o negócio será depende em grande parte de como suas margens operacionais evoluirão enquanto a empresa cresce e se aproxima da estabilidade. Para estimar essa margem-alvo, é necessário começar com a economia unitária do negócio, definida como o lucro obtido por unidade adicional ou marginal vendida. Empresas como as de software, com baixo custo por mercadoria vendida ou custos diretos em relação às receitas, conseguem margens operacionais mais altas em estado estacionário se comparadas a empresas do setor do aço ou de fabricação de automóveis, que enfrentam custos significativos de produção. A noção de economia unitária pode ser adaptada para acomodar diferentes medidas: com uma empresa baseada em assinantes, como a Netflix, a economia unitária talvez esteja na diferença entre o valor e o custo de um novo assinante. Para uma empresa baseada em usuários, como a Uber, pode ser a diferença entre o valor e o custo de um novo passageiro. O outro driver das margens esperadas ao longo do tempo serão as economias de escala que se espera observar em outros custos, inclusive as despesas administrativas e de vendas, com maiores economias de escala se traduzindo em margens operacionais mais altas no longo prazo.

c. **Reinvestimento:** sem controle, as empresas muitas vezes buscarão as maiores taxas de crescimento possíveis, na esperança de serem recompensadas pelo aumento de escala, mas esse crescimento vai precisar de reinvestimento — em equipamentos e fábricas para o setor de transformação; em pesquisa e desenvolvimento para empresas farmacêuticas; e em aquisições para empresas de tecnologia.[1] Para manter o valuation consistente internamente, é preciso vincular o reinvestimento às previsões de vendas, e um crescimento maior nas vendas exige mais reinvestimento. Empresas que conseguem gerar crescimento com mais eficiência, ou seja, gerar mais receitas por dólar de capital investido, devem valer mais do que aquelas que não são tão eficientes.

d. **Risco:** as empresas encaram o risco como uma preocupação contínua (going concern), pois as forças macroeconômicas (economia, taxas de juros, inflação) geram desvios da expectativa para as receitas e o lucro operacional, e esse risco é capturado no custo de capital usado no valuation. Empresas jovens também enfrentam o risco de falência, que deve ser avaliado separadamente.

A Figura 10.5 apresenta as principais etapas desse processo:

Valuation e precificação: Startups e empresas em estágio inicial de crescimento | 241

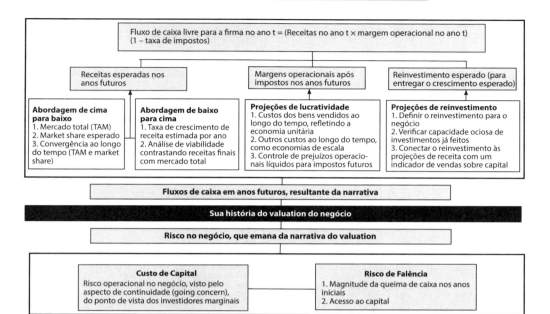

FIGURA 10.5 | Inputs para a história no processo de valuation

Etapa 4: avalie o negócio

Depois que a história é convertida em dados, os fluxos de caixa e os ajustes de risco da narrativa fluem para um valuation, e o resultado é o valor do negócio. Há momentos, porém, em que os números de valuation podem sinalizar problemas em sua história de valuation. Aqui estão alguns indicadores a serem observados:

- **Padrões de fluxo de caixa:** os fluxos de caixa esperados para sustentar seu valuation refletem as suposições sobre o crescimento das receitas, das margens operacionais e do reinvestimento. Especificamente, empresas com elevado crescimento das receitas e margens negativas que demoram a se tornar positivas enfrentarão lucros negativos nos primeiros anos, e incorporar o reinvestimento necessário que proporciona o crescimento das receitas deixará os fluxos de caixa ainda mais negativos. Se os fluxos de caixa negativos durarem o suficiente e as margens operacionais no estado estacionário forem baixas (devido a uma economia unitária fraca e a economias de escala limitadas), gerarão um valuation atual do ativo que é negativo ou menor que a dívida devida, levando o patrimônio à desvalorização. Isso é sinal de um modelo de negócios ruim, para o qual as taxas de falência devem ser aumentadas. Para empresas com queima de caixa significativa nos primeiros anos, mas que apresentam uma mudança decisiva para fluxos de caixa positivos no final do período projetado, o valor presente dos fluxos de caixa durante o período talvez seja negativo, mas será mais do que compensado por um valor terminal grande e positivo. Isso também indica que a continuidade do modelo de negócios depende de tempo e capital, e o acesso ao capital pode desempenhar um papel significativo para que os negócios sobrevivam até entregar o valor terminal.

- **Verificação da taxa de desconto:** dividindo o risco total de uma empresa jovem em riscos operacionais e riscos de falência, estimo um custo de capital que reflita apenas o primeiro. Assim, não é surpresa ver custos de capital no valuation de empresas jovens que são muito inferiores às taxas-alvo que os capitalistas de risco estipulam e que refletem mais os custos de capital de empresas estabelecidas no mercado acionário, com investidores diversificados. Na verdade, se grande parte do risco em uma empresa jovem for específico da empresa, como é o caso de startups do ramo de biotecnologia ou do farmacêutico, o custo de capital pode ser parecido com o de uma empresa madura desses mesmos setores.

- **Risco de falência:** o risco de falência é o input que reflete a probabilidade de muitas empresas jovens não sobreviverem, seja porque ficam sem dinheiro e perdem o acesso a capital novo, seja porque seus modelos de negócios nunca alcançam a lucratividade. Embora não exista uma bola de cristal para calcular a probabilidade de falência, é possível recorrer a algumas das estatísticas apresentadas neste livro sobre essa taxa em diferentes setores, divididos por idade da empresa, para fazer suas melhores estimativas.

- **Pontos pendentes da avaliação de patrimônio líquido:** obter o valor de uma empresa, estimado pelo desconto dos fluxos de caixa livres ao custo do capital no valor do capital próprio, especialmente em uma base por ação, requer atenção aos detalhes. Além de adicionar o saldo de caixa atual da empresa[2] e compensar a dívida devida, também é preciso ajustar o valor resultante do patrimônio líquido[3] pelo valor das opções de ações concedidas aos investidores de venture capital (em empresas de capital fechado) ou para os funcionários em empresas de capital aberto. Para empresas onde as ações restritas são o dispositivo preferido para remuneração baseada em ações, o ajuste é mais fácil, já que é possível somar as unidades de ações restritas às ações em circulação no cálculo do valor do capital próprio por ação.

Na Figura 10.6, resumo as etapas envolvidas na obtenção do valor comercial ao valor do patrimônio líquido por ação e as correções para o risco de falência e compensação baseada em ações:

FIGURA 10.6 | Do valor da empresa ao valor patrimonial por ação

Descontar o fluxo de caixa estimado durante o período projetado à taxa de desconto estimada para a empresa.

Valor da empresa em continuidade operacional (going concern) = valor presente dos fluxos de caixa no período projetado + valor presente do valor terminal ao fim do período projetado

Estimar o valor ao fim do período de projeção, pressupondo crescimento perpétuo ou por período limitado, e descontar o valor terminal do valor presente.

Ajustar o valor às chances de falência, estimando a probabilidade e o valor do negócio em caso de falência.

Valor do negócio ajustado à falência = valor em continuidade operacional x (probabilidade de seguir em continuidade operacional) + valor de falência x (probabilidade de falência)

Adicionar caixa, títulos negociáveis e valor da participação minoritária em outros negócios, caso exista.

Valor do negócio com caixa e ativos não operacionais = valor do negócio ajustado à falência + caixa + valor de participações cruzadas (caso existam)

Subtrair dívida, inclusive arrendamentos e outras obrigações contratuais, e participações minoritárias em entidades consolidadas (em caso de demonstrações financeiras consolidadas)

Valor do patrimônio líquido no negócio = valor do negócio com caixa e participações cruzadas – compromissos com dívidas – participações minoritárias em entidades consolidadas

Calcular todas as opções de ações por vencer usando um modelo de precificação de opções e subtrair valor das opções do patrimônio líquido.

Valor de patrimônio líquido em ações ordinárias = valor do patrimônio líquido no negócio – valor das opções de ações existentes

Ajustar o número de ações restritas, caso existam, e para a probabilidade de vesting (benefícios em ações), caso ainda não atingidos.

Valor do patrimônio por ação = valor do patrimônio em ações ordinárias / número de ações em circulação

Etapa 5: mantenha aberto o canal para feedback

Ao criar uma história de valuation e convertê-la em inputs e valor, sobretudo para startups ou empresas em crescimento inicial, é fácil criar pontos cegos e se apegar às suas próprias narrativas. Como passo final no processo, recomendo manter o canal de feedback aberto, buscando retorno de pessoas com outros pontos de vista e que às vezes conhecem melhor detalhes de negócio da empresa sendo avaliada. Assim, ao avaliar o Airbnb para seu IPO, em 2020, procurei amigos que fossem anfitriões do Airbnb, além de hóspedes frequentes, para verificar possíveis pontos problemáticos que tivessem passado despercebidos na narrativa da empresa e na estrutura de custos. Além disso, no processo de valuation de um negócio, as notícias sobre o negócio ou a concorrência que surgem durante a avaliação às vezes podem alterar sua história para a empresa. Quando eu estava avaliando a Uber, em 2016, uma decisão da Suprema Corte da Califórnia que exigia que a companhia tratasse os motoristas como funcionários mudou a estrutura de custos e os passivos legais da empresa o suficiente para fazer com que o valuation fosse repensado. Em alguns casos, um acontecimento macro ou político pode alterar a narrativa de uma empresa e sua avaliação: a crise bancária global de 2008, que causou fuga do capital de risco (venture capital e private equity) do mercado, aumentou o risco de falência para todas as empresas jovens em fase de queima de caixa, e a invasão russa da Ucrânia, em 2022, comprometeu as narrativas das empresas do setor de energia.

ESTUDO DE CASO — PARTE 1: AVALIAÇÃO DA ZOMATO, UMA EMPRESA JOVEM, PARA UM IPO — JULHO DE 2021

Contexto

A Zomato, empresa indiana de delivery de alimentos, foi fundada em Delhi, em 2008, por Deepinder Goyal e Pankaj Chaddah, que notaram a dificuldade de seus colegas de escritório de fazer download dos cardápios de restaurantes. A resposta inicial foi simples: eles fizeram o upload de arquivos mais leves dos cardápios de restaurantes locais em seu site, disponibilizados inicialmente aos colegas de escritório e depois a todos na cidade. À medida que aumentava a popularidade do serviço, o negócio expandiu para outras grandes cidades indianas e, em 2010, a empresa recebeu o nome Zomato, com o slogan "nunca faça uma refeição ruim". O modelo de negócios é construído com base na intermediação, a partir da qual os clientes se conectam aos restaurantes na plataforma e pedem comida para coleta ou entrega, além de ser um espaço de anúncios. Ao longo do caminho, a Zomato passou de quase inteiramente voltada à publicidade para uma empresa concentrada cada vez mais na entrega de alimentos. Até 2021, quando a empresa anunciou planos para abrir o capital, suas receitas vinham principalmente de quatro fontes:

a. Taxas de transação de pedidos e delivery, já que a empresa retém cerca de 20 a 25% do valor total do pedido.

b. Publicidade, uma vez que os restaurantes listados no Zomato também gastam mais em publicidade, com base em visitas de clientes e redefinição de receitas, para garantir maior visibilidade.

c. Serviços de assinatura, com 1,5 milhão de membros que, em troca de uma taxa de assinatura, obtêm descontos e promoções especiais.

d. Matérias-primas de restaurantes, por meio da Hyperpure, serviço direcionado a restaurantes que oferece mantimentos e carnes com qualidade de origem verificada.

Ao encaminhar a abertura de capital, a Zomato cresceu a taxas exponenciais durante grande parte da vida, com o aumento no número de cidades atendidas na Índia de 38, em 2017, para 63, em 2018, para mais de 500 em 2021, estendendo seu alcance a ambientes urbanos menores.

Embora as receitas tenham crescido acompanhando essa expansão, a empresa nunca obteve lucros. A Figura 10.7 resume tanto o crescimento das receitas quanto as perdas operacionais às vésperas da oferta pública:

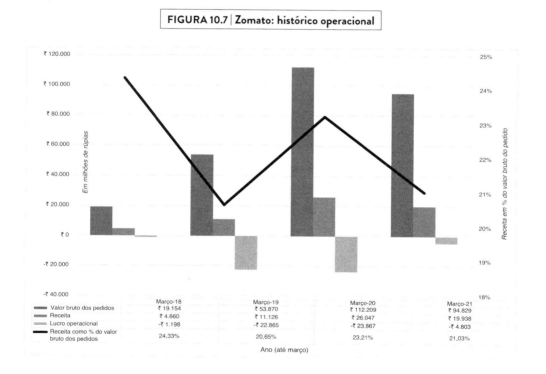

FIGURA 10.7 | Zomato: histórico operacional

O valor bruto dos pedidos da empresa aumentou quase sete vezes de 2018 a 2021; a queda em 2020-21 foi em grande parte devido à pandemia de covid. Ao longo do caminho, a empresa expandiu seus negócios para fora da Índia, tendo os Emirados Árabes Unidos como grande mercado estrangeiro. Entre 2018 e 2020, a empresa apresentou de 23% a 24% do valor bruto dos pedidos como receita (com queda para 21% em 2020-21), mas registrou prejuízos em todos os anos anteriores ao IPO. E, embora a Índia seja um mercado crescente para o delivery de alimentos, o tamanho total do mercado seguia pequeno, 4,2 bilhões de dólares em 2021, em relação aos mercados muito maiores da China e dos Estados Unidos. Além disso, a Zomato já tinha uma participação de quase 40% do mercado, sendo a Swiggy e Amazon Food seus maiores concorrentes. Seu crescimento de receita foi impulsionado em parte pelas aquisições feitas ao longo do caminho, 16 entre 2014 e 2021, e financiado transferindo o capital de risco, arrecadando 143,75 bilhões de rúpias indianas em 18 rodadas ao longo de sua vida. A estrutura de propriedade no momento do IPO para a empresa refletia a diluição criada por esses aumentos de capital, em que os fundadores possuem menos de 10% da empresa e investidores estrangeiros (Uber, Alipay, Antfin e Info Edge) possuem a maior parte do restante.

A história da Zomato

Na minha história para a Zomato, o mercado indiano de entrega de comida/restaurantes vai crescer com o aumento da prosperidade e do acesso à internet no país, e esse mercado será dominado por alguns players, inclusive a Zomato. Como uma intermediária que possui forte economia unitária, a empresa verá suas margens operacionais elevadas ao longo do tempo e será capaz de manter o crescimento com relativamente pouco reinvestimento, a maior parte na forma de aquisições. O risco operacional será médio, mas, sendo uma empresa que gera prejuízo, a Zomato ainda possui um risco não desprezível de falência, embora seja baixo devido à reserva de caixa que a empresa terá após seu IPO.

Valuation e inputs de avaliação

Contei uma grande história sobre a Zomato, que reflete minha opinião sobre a empresa e seus negócios, bem como sobre a economia indiana e como vejo seu crescimento com o tempo. Para converter a história em inputs de avaliação, sigo um roteiro conhecido:

- **Receitas:** para obter uma medida do potencial de mercado, começo comparando a dimensão do mercado de entrega de alimentos na Índia com os mercados da China, dos Estados Unidos e da União Europeia. Isso você pode ver na Tabela 10.2:

Valuation e precificação: Startups e empresas em estágio inicial de crescimento | 247

Tabela 10.2 • Mercados de delivery de alimentos, 2021

	Índia	China	Estados Unidos	União Europeia
Informações macro da economia				
PIB, 2020 (em US$ trilhões)	$2.71	$14.70	$20.93	$15.17
População (em milhões)	1.360	1.430	330	445
PIB per capita (US$)	$1.993	$10.280	$63.424	$34.090
Número de restaurantes (em milhares)	1.000	9.000	660	890
Informações sobre negócios de delivery de alimentos				
Acesso on-line (porcentagem da população)	43%	63%	88%	90%
Usuários de serviço de delivery de alimentos (em milhões)	50	450	105	150
Mercado de delivery de alimentos (em US$ milhões), 2019	$4.200	$90.000	$21.000	$15.000
Mercado de delivery de alimentos (em US$ milhões), 2020	$2.000	$110.000	$49.000	$13.800

O mercado indiano é menor que seus pares nos EUA e na China por três razões: menor renda per capita, o que faz com que os indianos tenham menos renda discricionária para gastar em restaurantes; menor alcance digital, com apenas 43% da população tendo acesso a um dispositivo digital; e diferentes hábitos alimentares, pois os indianos comem menos do que os chineses. Para estimar como o mercado de delivery de alimentos vai evoluir na Índia ao longo do tempo, faço suposições sobre o crescimento na economia indiana (capturada em mudanças na renda per capita) e melhorias no acesso digital. A Tabela 10.3, a seguir, representa o tamanho potencial do mercado indiano de entrega de alimentos para as diferentes combinações dessas suposições:

Tabela 10.3 • Potencial mercado indiano de delivery de alimentos (em US$ milhões)

	PIB per capita indiano como % do PIB per capita chinês			
	25%	50%	75%	100%
Atual nível de acesso à internet	$5.417	$10.834	$16.250	$21.667
Nível de acesso à internet na China	$7.936	$15.872	$23.809	$31.745
Nível de acesso à internet nos Estados Unidos	$11.085	$22.171	$33.256	$44.342

Simplificando, mesmo que os consumidores indianos tivessem a mesma renda per capita e alcance digital que os chineses, o mercado de delivery de alimentos na Índia ainda seria muito menor que na China, talvez porque jantar fora não seja um costume no comportamento alimentar indiano. Para ir do mercado total às receitas, faço suposições sobre a participação de mercado da Zomato, bem como a porcentagem do valor de pedidos que a empresa poderá manter para si como receita. Acredito que os benefícios de rede inerentes ao negócio de delivery de alimentos levarão à concentração, e que a Zomato será um dos players dominantes no mercado indiano. No caso base, estimo que o mercado total na Índia para entregas de alimentos alcançará 25 bilhões de dólares (2.000 bilhões de rúpias indianas) em uma década, e a Zomato comandará uma participação de 40% no estado estacionário, com receitas convergindo em 22% do valor bruto dos pedidos.

- **Margens operacionais:** para estimar as margens operacionais da Zomato no estado estacionário, faço a avaliação da economia unitária da empresa, começando por observar a proporção de lucro que uma encomenda típica de um cliente gera para a empresa, na Figura 10.8:

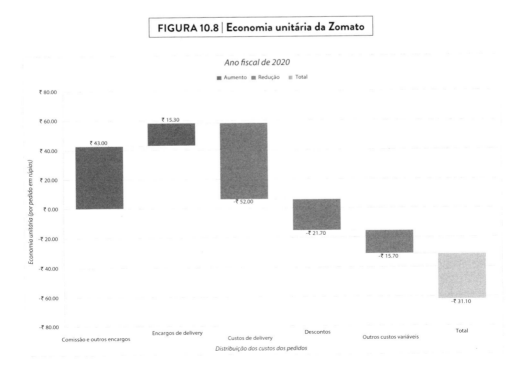

FIGURA 10.8 | Economia unitária da Zomato

Com base nos números fornecidos para a empresa, o pedido médio gerou 20,50 rúpias em lucros em 2021, em contraste com as 30,50 rúpias em perdas geradas em 2020. Por ser uma empresa baseada em usuários, as notícias são mais favoráveis para a Zomato quando observamos o volume de pedidos com base no tempo de uso desses usuários da plataforma Zomato, na Tabela 10.4:

Tabela 10.4 • Uso da plataforma Zomato por grupo

Grupo	Tamanho relativo do pedido (em relação ao primeiro ano)				
	2017	2018	2019	2020	2021
Ano fiscal 2017	1.00	1.60	2.20	3.00	2.90
Ano fiscal 2018		1.00	2.00	2.70	2.40
Ano fiscal 2019			1.00	1.60	1.10
Ano fiscal 2020				1.00	0.70

Perceba que os usuários na Zomato desde 2017 gastam quase quatro vezes mais em pedidos do que aqueles que aderiram em 2020. A combinação de forte rentabilidade em encomendas marginais e aumento de encomendas, conforme os usuários permanecem na plataforma, me fazem acreditar que a Zomato terá uma margem operacional elevada quando chegar ao estágio de amadurecimento. No caso base, presumo que a margem operacional antes dos impostos tenderá para 35% à medida que a empresa se aproxima da maturidade.

- **Reinvestimento:** para estimar o reinvestimento necessário para que a Zomato alcance o crescimento esperado, vou supor que a empresa permanecerá na função de intermediária, e que seu reinvestimento continuará a assumir a forma de aquisições e investimentos em tecnologia. No caso base, vou supor que a empresa poderá entregar 5 rúpias para cada rúpia de capital investido no ano seguinte — devido, em grande parte, à recuperação pós-covid — e depois 3 rúpias para cada rúpia investida entre o segundo e o quinto anos, até estabilizar em 2,5 rúpias a cada rúpia investida.

- **Risco:** na dimensão operacional do risco, a Zomato seguirá prioritariamente como empresa indiana, dependendo do crescimento macroeconômico do país para ter sucesso, e seu custo de capital deve refletir esse risco. A Zomato é uma empresa que registra prejuízo, mas não é uma startup que enfrenta risco de falência iminente. O lado positivo é que seu tamanho e seu acesso ao capital, bem como seu saldo de caixa ampliado pós-IPO, reduzem o risco de falência. Já o lado negativo é que se trata de uma empresa ainda queimando caixa e que vai precisar de acesso a capital nos próximos anos para prolongar sua existência. No caso base, darei à Zomato um custo de capital em rúpias de 10,25% nos primeiros anos, antes de ajustá-lo a cerca de 9% em estado estacionário e embutir uma probabilidade de falência de 10% à empresa.

- **Pontas soltas:** tendo em mente que essa avaliação é destinada a uma oferta pública inicial, aumento o saldo de caixa da empresa em 90 bilhões de rúpias com as receitas esperadas da oferta. Também ajusto o valor do capital próprio para opções de capital em aberto detidas pela administração e pelos funcionários.

Com esses inputs definidos, avalio o patrimônio líquido da Zomato para sua oferta pública inicial, conforme mostra a Figura 10.9:

FIGURA 10.9 | Valuation da Zomato para o seu IPO, julho de 2021

Zomato					Jul-21
A história					
A Zomato se beneficiará do crescimento do mercado de delivery de alimentos na Índia, impulsionado pelo crescimento econômico geral e pelo maior acesso digital, e será um dos poucos (dois ou três) players a dominar o mercado. Haverá um efeito de curto prazo de recuperação pós-covid. Embora a Amazon Food continue sendo uma variável importante, a economia de escala permitirá que a Zomato gere altas margens operacionais e continue reinvestindo (em aquisições e tecnologia) à medida que cresce. O risco de falência é baixo, dado o saldo de caixa pós-IPO e o acesso ao capital, e o risco operacional reflete a exposição da empresa ao risco do país.					
As premissas					
	Ano base	Ano seguinte	Anos 2–5	Anos 6–10	Depois do ano 10	Ligação com a história

	Ano base	Ano seguinte	Anos 2–5	Anos 6–10	Depois do ano 10	Ligação com a história
Entrega de comida na Índia	₹ 225.000	₹ 337.500	30%	15,27%	₹ 1.961.979	Mercado indiano de alimentos se recupera em 2021 e cresce para cerca de 25 bilhões de dólares no ano 10
Participação de mercado	42,15%	41,72%		40%	40%	A Zomato é um dos dois ou três principais players no mercado de delivery na Índia
Receita como % do valor bruto dos pedidos	21,03%	22%			22%	Participação na receita se estabiliza em 22%
Receitas (a)	₹ 19.937,89	₹ 30.975	Participação total no mercado × Quota de mercado × Receita como % do valor bruto dos pedidos		₹ 172.654	Recuperação pós-covid em 2021 + crescimento no mercado de delivery de alimentos da Índia no longo prazo
Margem operacional (b)	-24,10%	-10%	-10%	35%	35%	As margens melhoram à medida que o crescimento diminui
Taxa de imposto	25%		25%	25%	25%	Taxa de imposto corporativo na Índia ao longo do tempo
Reinvestimento (c)		5,00	2,50	3,00	35,42%	Aquisições e investimentos em tecnologia necessários para sustentar o crescimento
Retorno sobre capital	-7,15%	Retorno sobre capital investido (ROIC) marginal =	127,01%		12%	Os benefícios da networking permitem um ROIC elevado, a curto e a longo prazo
Custo de capital (d)			10,25%	8,97%	8,97%	O custo de capital reflete o risco-país da Índia

	Mercado total	Participação de mercado	Receitas	EBIT (1 – t)	Reinvestimento	FCFF (fluxo de caixa livre para a firma)
Os fluxos de caixa						
1	₹ 337.500	41,72%	₹ 30.974,78	-₹ 3.097,48	₹ 2.207,38	-₹ 5.304,86
2	₹ 438.750	41,29%	₹ 39.852,91	₹ 498,16	₹ 3.551,25	-₹ 3.053,09
3	₹ 570.375	40,86%	₹ 51.270,19	₹ 3.293,45	₹ 4.566,91	-₹ 1.273,46
4	₹ 741.488	40,43%	₹ 65.951,07	₹ 6.182,91	₹ 5.872,35	₹ 310,56
5	₹ 963.934	40%	₹ 84.826,17	₹ 11.531,06	₹ 6.291,70	₹ 5.239,36
6	₹ 1.203.471	40%	₹ 105.905,47	₹ 16.065,01	₹ 7.026,43	₹ 9.038,57
7	₹ 1.440.555	40%	₹ 126.768,85	₹ 26.253,32	₹ 6.954,46	₹ 19.298,86
8	₹ 1.650.156	40%	₹ 145.213,72	₹ 38.118,60	₹ 6.148,29	₹ 31.970,31
9	₹ 1.805.271	40%	₹ 158.863,81	₹ 41.701,75	₹ 4.550,03	₹ 37.151,72
10	₹ 1.881.995	40%	₹ 165.615,52	₹ 43.474,07	₹ 2.250,57	₹ 41.223,50
Ano terminal	₹ 1.961.979	40%	₹ 172.654,18	₹ 45.321,72	₹ 16.051,44	₹ 29.270,28

O valor				
Valor terminal	₹ 620.133,03			
Valor presente (PV) (valor terminal)	₹ 241.972,24			
Valor presente (fluxo de caixa nos próximos dez anos)	₹ 56.739,02			
Valor dos ativos em operação =	₹ 298.711,25			
Ajuste para Distress	₹ 14.935,56	Probabilidade de falência =		10,00%
– Dívidas e participações minoritárias	₹ 1.591,72			
+ Dinheiro e outros ativos não operacionais	₹ 135.959,70	Inclui receita em dinheiro do IPO de	₹ 90.000	
Valor do patrimônio líquido	₹ 418.143,67			
– Valor das opções de ações	₹ 73.244,53			
Número de ações	7.946,68			
Valor por ação	**₹ 43,40**	As ações foram oferecidas a = ₹ 70,00		

Com nossa história de crescimento e lucratividade, o valor calculado para o patrimônio da Zomato é próximo a 418 bilhões de rúpias (cerca de 5,4 bilhões de dólares no momento em que escrevo este livro), traduzindo-se em um valor por ação de cerca de 43 rúpias. Talvez possa parecer um valor muito exorbitante para uma empresa que gera prejuízos e teve menos de 20 bilhões de rúpias em receita no ano mais recente, mas a promessa e o potencial têm valor, ainda mais sendo líder de um mercado imenso. Dito isso, o preço da oferta para o IPO foi fixado entre 72 e 76 rúpias por ação, o que, pelo menos na minha opinião, encareceu muito.

Complementos e aprimoramentos

Ao avaliar startups ou empresas muito jovens, é natural sentir a sobrecarga da incerteza, e é por isso que muitos desistem. Embora não exista escapatória dessa incerteza, há duas ferramentas que creio serem úteis para lidar com o problema de um jeito mais saudável: a primeira é ser explícito sobre a incerteza a ser enfrentada a cada input e usar essas previsões explícitas em uma simulação de Monte Carlo; a segunda é reconhecer que, embora a incerteza traga muitas desvantagens, também traz potenciais vantagens, usando um argumento de opcionalidade.

Visualizando a incerteza: simulações de Monte Carlo

Em um valuation convencional, somos orientados a fazer estimativas com base em pontuação para todas as variáveis, por mais incertos que estejamos. Como resultado, obtemos uma avaliação baseada nessas estimativas por pontos que sabemos possuir uma margem de erro, mas cuja proporção não temos como calcular. Existe uma abordagem que não apenas permite aos analistas embutir a incerteza percebida em suas previsões na análise como também, como resultado, oferece uma faixa de valores que reflete essa incerteza. Nessa abordagem, chamada de "simulação de Monte Carlo", em vez de uma estimativa em pontos, é gerada uma distribuição de valores para cada parâmetro (crescimento, participação de mercado, margem operacional, beta etc.). Em cada simulação, desenho um resultado a partir de cada distribuição para gerar um conjunto único de fluxos de caixa e, assim, estimar um valor para a empresa. A partir de várias simulações, posso obter uma distribuição para os valores de investimento que vão refletir a incerteza subjacente enfrentada ao estimar os inputs do processo de valuation. Em resumo, quanto mais incerteza noto em relação aos inputs, maior o spread nos valores estimados que surgem a partir da simulação. As etapas associadas à execução de uma simulação são as seguintes:

1. **Determinar variáveis "probabilísticas":** em qualquer análise, existem dezenas de inputs em potencial, alguns previsíveis, outros, não. Pelo menos em teoria, posso definir distribuições de probabilidade para cada input de uma avaliação. Porém, a realidade é que isso seria demorado e pode não trazer muito retorno, ainda mais para inputs que causam apenas impacto marginal no valor. Assim, faz sentido concentrar a atenção em algumas variáveis com impacto significativo no valor. No caso da Zomato, opto por me concentrar no tamanho do mercado de delivery de alimentos na Índia, na participação de mercado da empresa e nas margens operacionais como os inputs mais determinantes para o valor.

2. **Definir distribuições de probabilidade para essas variáveis:** essa é a etapa mais importante e difícil da análise. No geral, para chegar a essas distribuições de probabilidade, é possível usar uma combinação de dados históricos (para variáveis como a inflação, que têm um longo histórico e dados confiáveis), dados transversais (para variáveis como margens operacionais, nas quais os números podem parecer muito diferentes para as diversas empresas de um mesmo ramo em determinado momento) e distribuições estatísticas (com base no que sabemos sobre as distribuições de variáveis). As distribuições de probabilidade serão discretas para alguns inputs e contínuas para outros, com base em dados históricos para alguns e em distribuições estatísticas para outros.

3. **Verificar se há correlação entre variáveis:** quando houver forte correlação, positiva ou negativa, entre os inputs, há duas opções: escolher apenas um para variação (faz sentido se concentrar naquele cujo impacto no valor é maior), ou incorporar a correlação explicitamente na simulação. Isso exige pacotes de simulação mais sofisticados e agrega mais detalhes ao processo de estimativa.

4. **Executar a simulação:** para a primeira simulação, utiliza-se um resultado de cada distribuição, e o valor é calculado com base nesses resultados. Esse processo pode ser realizado repetidas vezes, embora a contribuição marginal de cada simulação caia à medida que o número de simulações aumenta. A maioria dos pacotes de simulação permite que os usuários executem milhares de simulações a pouco ou nenhum custo conforme elas aumentam. Dada essa realidade, é melhor errar pelo excesso de simulações que pela falta.

Em geral, há dois empecilhos para boas simulações. O primeiro é informacional: é difícil estimar distribuições de valores para cada input. Em outras palavras, é muito mais fácil estimar uma taxa de crescimento esperada de 8% nas receitas para os próximos cinco anos do que especificar a distribuição das taxas de crescimento esperadas (tipo e parâmetros da distribuição, por exemplo) para as receitas. O segundo é computacional: até o advento dos computadores pessoais, as simulações tendiam a consumir muito tempo e recursos do analista médio. Ambas as restrições diminuíram nos últimos anos, e as simulações ficaram mais viáveis.

ESTUDO DE CASO — PARTE 2: UMA SIMULAÇÃO DE MONTE CARLO PARA A ZOMATO

Na nossa avaliação base para a Zomato, faço grandes suposições sobre o tamanho do mercado e a rentabilidade ao estimar o valor, e estou certo de que errei em todas, embora não saiba em que ponto. Para executar uma simulação, vou me concentrar em três dos pressupostos mais críticos para o valuation da empresa:

- **Tamanho total do mercado:** um dos principais impulsionadores de valor da Zomato é a evolução esperada do mercado indiano de delivery de alimentos. Embora eu tenha projetado que aumentaria para cerca de 25 bilhões de dólares (2 trilhões de rúpias) no nosso caso base, me amparei em suposições que talvez estejam erradas sobre o crescimento econômico e a inclusão digital na Índia. Na simulação, aceito um tamanho de mercado entre 10 bilhões de dólares (cerca de 750 a 800 bilhões de rupias) e 40 bilhões de dólares (3 a 3,2 trilhões de rúpias).
- **Participação no mercado:** no caso base, presumo que a participação da Zomato no mercado estabilize em cerca de 40% no quinto ano, partindo da ideia de que este será um mercado com dois ou três grandes players e uma grande quantidade de empresas de nicho. Dada a diversidade regional do mercado indiano, é possível que haja mais participantes no mercado em estado estacionário, o que resultará em uma participação de mercado para a Zomato de no mínimo 20%, ou que os players de nicho serão tirados de cena devido às economias de escala, gerando uma participação de mercado mais alta (de até 50%).
- **Margem operacional:** a margem operacional de 35% que previ para a Zomato baseia-se na presunção de que o status quo vai prevalecer e que as empresas de delivery continuarão sendo beneficiadas pelas economias de escala e assim manterão estável sua fatia de valor em pedidos. Se um dos players decidir se lançar numa busca agressiva por maior participação de mercado (com descontos ou maiores lances por entregadores), as margens operacionais tenderão a diminuir (15% é o

254 | O ciclo de vida corporativo

limite mínimo). Em contrapartida, se a Zomato conseguir manter intacto o seu negócio publicitário à medida que avança, poderá entregar uma margem superior (45% é o limite máximo).

Os resultados das simulações que executei com distribuições substituindo estimativas de pontuação para tamanho de mercado, participação de mercado e margem operacional são mostrados na Figura 10.10:

FIGURA 10.10 | Valuation para IPO Zomato: uma simulação

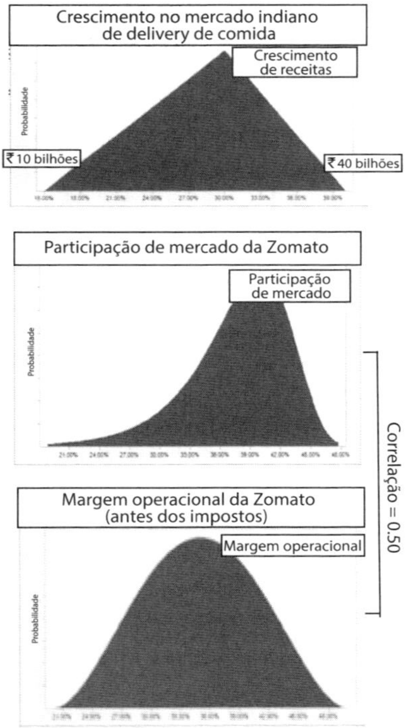

Percentil	Valor por ação
0%	₹ 0.22
10%	₹ 24.49
20%	₹ 27.96
30%	₹ 30.74
40%	₹ 33.35
50%	₹ 36.02
60%	₹ 38.86
70%	₹ 42.11
80%	₹ 46.07
90%	₹ 51.92
100%	₹ 91.69

Observe que as incertezas que enfrentamos para os inputs se traduzem em uma distribuição de valores para a Zomato, com valor mediano por ação de 36,02 rúpias, mas uma ampla gama de valores potenciais (de zero a 91,69 rúpias). Seria arrogância tratar aqueles que investiram na Zomato a 72 rúpias por ação ou mais como especuladores ou mal informados, pois existem histórias plausíveis que levariam um investidor a valores ainda mais altos.

Opcionalidade

Uma vantagem em potencial para a incerteza enfrentada ao avaliar empresas jovens vem da possibilidade de que, caso as estrelas se alinhem e os produtos oferecidos alcancem um nível de aceitação mais amplo do que o esperado, esse sucesso pode ser usado para entrar em novos negócios que no determinado momento não parecem viáveis ou sequer são considerados. Essa "opção" adiciona um prêmio ao valor estimado para o negócio, e esse prêmio aumenta à medida que a incerteza se acentua.

Esse argumento da opcionalidade não é novo — ele foi utilizado durante a década de 1990, no auge do boom das pontocom, para justificar os preços elevados pagos pelos investidores por essas empresas, embora os fundamentos não os sustentassem. Em retrospecto, muitos desses argumentos foram exagerados porque, salvo algumas exceções (como a Amazon), a maioria dessas pontocom nunca confirmou o lado positivo do risco. Embora o argumento da opcionalidade tenha ficado adormecido durante alguns anos, foi ressuscitado na última década em empresas de plataformas, ou seja, empresas com milhões ou dezenas de milhões de usuários ou assinantes. Nessas empresas, o argumento apresentado é que, embora possa ser difícil gerar rentabilidade com os usuários ou assinantes e se consiga apenas pequenas receitas, é possível encontrar formas de utilizar essa base para adentrar outros negócios.

Há certa verdade nesse argumento, mas seu peso não está apenas no número de usuários ou assinantes; também está na lealdade deles à plataforma e na intensidade com que a utilizam (maior fidelidade e utilização mais intensa aumentam a opcionalidade). Isso depende de a empresa acumular dados sobre os usuários que podem ser utilizados como vantagem competitiva na entrada em outros negócios — dados mais exclusivos geram mais valor do que aqueles aos quais terceiros têm acesso. Assim, os dados de localização, agora bastante rastreados por dezenas de empresas no celular ou em outros dispositivos, são menos valiosos do que os dados de utilização aos quais apenas a empresa da plataforma tem acesso.

ESTUDO DE CASO – PARTE 3: OPCIONALIDADE E ARGUMENTOS DO GRANDE MERCADO PARA A ZOMATO

Por ser uma empresa com milhões de usuários na sua plataforma, a Zomato poderá aumentar seus ganhos e seu valor se puder oferecer outros produtos e serviços. Essa é a "opcionalidade" que apresentei no tópico anterior, mas, no caso da Zomato, gostaria de fazer algumas ressalvas:

- Como observei na introdução ao tema, as plataformas que conquistaram a fidelidade dos usuários e possuem dados próprios e exclusivos têm mais valor do que as com usuários transitórios e poucos dados exclusivos. A plataforma da Zomato tem o benefício dos grandes números, mas fica aquém em ambos os quesitos: fidelidade e posse de dados — os usuários só permanecem no sistema quando encomendam alimentos e seu envolvimento geral é restrito ao pedido e ao delivery. Se a Zomato planeja expandir suas ofertas para os usuários da plataforma, é muito provável que as empresas complementares estejam relacionadas a alimentos (talvez uma expansão para compras de supermercado, por exemplo), o que criaria algum valor de opção.
- Mesmo ao acreditar que existe a opcionalidade, embutir um valor numérico a isso é uma das tarefas mais difíceis em um investimento. Embora existam modelos de precificação de opções que podem ser adaptados para o valuation, é difícil definir inputs para esses modelos, ainda mais antes que a opcionalidade assuma sua forma.

Em resumo, caso eu estivesse tentado a pagar um prêmio sobre a avaliação intrínseca que estimei para a Zomato (43 rúpias) para refletir sua grande base de usuários e opcionalidade, seria um prêmio pequeno, dadas as características dos seus usuários.

Precificação

No Capítulo 9, salientei que, para precificar um ativo, é preciso observar a precificação no mercado de ativos semelhantes. Essa afirmação se aplica a empresas jovens, mas, como mostrarei na próxima seção, existem desafios enfrentados em cada etapa da precificação.

OS DESAFIOS

São três etapas para definir o preço de uma empresa de capital aberto ou fechado. A primeira é padronizar a precificação para uma métrica comum em que receitas, lucros, fluxo de caixa e valor contábil sejam encarados como opções. A segunda é encontrar um grupo de negócios semelhantes ou empresas iguais, mas essas "iguais" ficam a critério dos analistas. A terceira é controlar as diferenças entre a empresa que você está tentando avaliar e seu grupo de pares.

1. **Preço padronizado:** para que seja utilizada como escalar, a métrica deve ter um valor positivo, no mínimo, e o ideal é que tenha uma forte conexão com o valor do negócio. Esse requisito limita as escolhas no momento de definição dos preços para empresas jovens. Com startups em fase pré-receita, não existem métricas financeiras que possam ser utilizadas como escalares, uma vez que as receitas são zero, e todos os números de lucros (do EBITDA ao lucro líquido) são negativos. Para as empresas que estão mais à frente no ciclo de vida e têm receitas tangíveis, mas ainda registram prejuízo, o único escalar que pode ser utilizado são as receitas. Para as que começaram a rentabilizar, mas ainda estão no início da transição, haverá lucros, embora com pouca ou nenhuma conexão com o valor.

2. **Definição do grupo de pares:** para definir um grupo de pares para a precificação, é necessário primeiro encontrar empresas semelhantes à que está sendo avaliada, e essas empresas precisam ser precificadas. Quase todas dos grupos de pares de startups e as muito jovens talvez tenham o capital fechado, e a informação sobre preços vai refletir suas mais recentes rodadas de venture capital (que podem ser desatualizadas e enganosas). Ainda que a empresa avance no ciclo de vida e abra capital em bolsa, uma definição muito restrita pode dificultar que se encontre grupos de pares. Por exemplo, se você considerar a Uber uma empresa de compartilhamento de viagens e restringir seu grupo de pares apenas a outras empresas de mesma natureza, o tamanho da amostra seria duas empresas (a Lyft seria a outra empresa listada no mercado) em 2019.

3. **Determinar as diferenças:** supondo que seja possível encontrar um escalar para preços e montar um grupo de empresas semelhantes que sejam precificadas, ainda será preciso determinar o que os investidores estão analisando ao definir os preços para, em seguida, encontrar um modo de determinar as diferenças nesses fatores.

Em resumo, a precificação das empresas jovens apresenta muito mais desafios do que a das mais maduras, e muitos são paralelos às questões que levantei no contexto de avaliar empresas jovens.

AS RESPOSTAS

Para precificar startups e empresas jovens, é necessário ter pragmatismo para aceitar concessões que talvez fossem rejeitadas no caso de empresas mais maduras. Vou classificar algumas dessas escolhas pragmáticas segundo a mesma sequência utilizada para apresentar os desafios:

1. **Preço padronizado:** como observei na seção anterior, não há nada nas finanças de empresas pré-receita ou muito jovens que possa ser usado como escalar. Uma alternativa é usar uma métrica operacional que possa ser observada no negócio e acreditar que assim alcançará o caminho para receitas e lucratividade. Foi essa linha de raciocínio que, na década de 1990, levou os analistas a dimensionar as capitalizações de mercado das empresas pontocom pelo número de visitantes que recebiam nos websites. Mais recentemente, foi o que levou à proliferação de precificações que tiveram assinantes, membros ou usuários como escalares. Outro caminho é prever as finanças de uma empresa e utilizar como escalar os valores previstos para uma métrica importante, como receitas ou ganhos futuros. Essa é a base para múltiplos futuros, em que o preço pago hoje é dimensionado às receitas ou aos ganhos de uma empresa no futuro. O que se ganha com a projeção é que as pequenas receitas ficam maiores, e as perdas se transformam em lucros, o que viabiliza chegar à escala e a preços mais relevantes.

2. **Definição do grupo de pares:** ao precificar uma startup que ainda tem capital fechado, assim como todo o seu grupo de pares, muitas vezes não há escolha a não ser manter os preços imprecisos e muitas vezes obsoletos das últimas rodadas de venture capital no grupo de pares. Dito isso, nem toda precificação das rodadas de venture capital deve ser ponderada da mesma maneira no momento de fazer comparações. As rodadas mais recentes têm mais peso do que as mais antigas, rodadas maiores são consideradas mais confiáveis do que as menores, e investimentos de venture capital com melhores históricos se saem melhor que investimentos de fundos com históricos de desempenho questionáveis ou sem nenhum. Quando a startup tiver ações negociadas no mercado, minha recomendação é dar uma definição ampla ao negócio e flexibilizar os critérios de empresas "semelhantes" a fim de alcançar mais empresas para o grupo de pares, mesmo que isso signifique trazer empresas de outros mercados ou setores.

3. **Determinar as diferenças:** em qualquer precificação, é preciso determinar as diferenças de crescimento, lucratividade e eficiência do investimento. Isso não é exceção para empresas jovens. O problema é que, para além do crescimento das receitas, suas margens de lucro e medidas de reinvestimento não são confiáveis e estão em constante mudança. Se a intenção é descobrir como o mercado está precificando as empresas jovens, é possível utilizar as ferramentas estatísticas para estabelecer correlações entre os preços de mercado e as variáveis observáveis. Assim, em 2013, quando empresas de redes sociais foram cotadas pela primeira vez nos mercados acionários dos Estados Unidos, a variável que melhor explicou as diferenças nas capitalizações de mercado foi o número de usuários.

Em um exemplo nítido de como tudo é relativo: a precificação é mais difícil nas empresas jovens do que nas mais maduras, mas o valuation é ainda mais difícil e além disso também parece mais trabalhoso. Dada a possibilidade de escolha, surpreende que a maioria dos investidores simplesmente precifique as empresas jovens, e não faça o valuation? Tendo em vista que essa precificação é superficial, em que se apresentam escalares sem sentido e com pouco controle sobre as diferenças nos modelos de negócios e eventual sucesso, veremos grandes erros de precificação entre diferentes empresas de um mesmo setor.

ESTUDO DE CASO – PARTE 4: PRECIFICAÇÃO DA ZOMATO, UMA EMPRESA JOVEM

A Zomato é pioneira no ramo de delivery de alimentos on-line na Índia e a primeira empresa do país no setor a abrir seu capital. Podemos observar os desafios na precificação com uma rápida análise dos números. Sendo uma empresa com receitas pequenas e grandes perdas operacionais, os únicos escalares das finanças da Zomato que funcionam para a padronização da precificação são receitas e lucros brutos. A alternativa seria dividir o valor de mercado pelo número de usuários da plataforma para obter um valor por usuário. Na Tabela 10.5, estimo esses múltiplos para a Zomato e comparo os resultados aos números que estimei para a DoorDash, empresa de delivery de alimentos com sede nos Estados Unidos que estava perto da sua virada positiva em 2020:

Tabela 10.5 • Zomato *versus* DoorDash — Precificação

	DoorDash (2020)	DoorDash (previsão 2030)	Zomato (2020)	Zomato (previsão 2030)
Capitalização de mercado (US$ milhões)	$57.860		$8.600	
Valor da firma (US$ milhões)	$53.640		$7.500	
Valor bruto em pedidos (US$ milhões)	$18.897	$72.072	$1.264	$10.038
Receitas (US$ milhões)	$3.601	$9.009	$266	$2.208
Receita bruta (US$ milhões)	$1.864	$4.955	$140	$1.325
EBIT (US$ milhões)	-$412	$1.802	-$64	$773
Usuários da plataforma (em milhões)	20	50	40	200
	Atual	**Projetado**	**Atual**	**Projetado**
Valor da firma/Valor bruto dos pedidos	2,84	0,74	5,93	0,75
Valor da firma/Receitas	14,90	5,95	28,20	3,40
Valor da firma/Receita bruta	28,78	10,83	53,57	5,66
Valor da firma/Usuário	2682,00	1072,80	187,50	37,50

Partindo do pressuposto de que a avaliação intrínseca é subjetiva, e a precificação, não, essa tabela deve acabar com quaisquer ilusões. É possível argumentar que a Zomato estava com preços supervalorizados em 2020 em relação à DoorDash, dimensionando sua precificação à renda bruta, receitas ou valor total de pedidos, mas, tomando a base por usuário, a Zomato é muito mais barata.

Para superar os efeitos das dores do crescimento sobre a precificação, estimei números-chave (do valor bruto dos pedidos sobre as receitas ao rendimento bruto sobre usuários) para 2030 e dimensionei a capitalização de mercado atual para esse valor, criando múltiplos futuros. Com esses números, a Zomato parece estar com uma avaliação justa no escalar do valor bruto dos pedidos, subavaliada em relação às receitas e ao rendimento bruto, e, ao que parece, uma enorme pechincha em relação à base de usuários.

A razão pela qual tenho apenas uma empresa em nosso grupo de pares para comparação é que a DoorDash era a única empresa de delivery de alimentos on-line de capital aberto em 2021. Como a precificação melhora na proporção em que se insere mais empresas no mix, há duas maneiras de aumentar o tamanho do grupo de pares: considerar empresas de delivery de alimentos de todo o mundo que não tenham capital aberto e avaliar como são precificadas pelos capitalistas de risco (em relação ao seu valor bruto de pedidos, às receitas ou ao rendimento bruto e se o foco é no presente ou em estimativas futuras) e expandir o grupo de pares para além das empresas de delivery, para outras que utilizem a intermediação com base na tecnologia, o que permitiria incluir na comparação a Uber, a Lyft e o Airbnb.

Conclusão

A opinião dos investidores e traders que são solicitados ou forçados a avaliar ou precificar startups e empresas jovens é que há incerteza demais, e muitos simplesmente desistem (retirando-as do seu universo de investimentos). Neste capítulo, analisei os desafios no valuation de empresas jovens, incluindo histórico limitado, finanças pouco informativas e modelos de negócios ainda em processo de desenvolvimento. Para lidar com esse problema, após descartar a abordagem do venture capital (pela qual uma métrica-chave, como receitas ou lucros, é prevista para uma data futura arbitrária e depois convertida em preço) adaptei a abordagem de avaliação intrínseca em torno de uma história e usei essa narrativa para extrair inputs para o valuation e valores para a empresa.

Ao precificar empresas jovens, nas quais os escalares mais utilizados em precificação (receitas, lucros, valor contábil) são negativos ou não são indicativos de

Valuation e precificação: Startups e empresas em estágio inicial de crescimento | 261

nada, examinei escalares alternativos, incluindo drivers de receita (como números de usuários ou assinantes) e estimativas futuras de receita e ganhos. Por fim, ainda que seja tentador dar uma definição limitada aos grupos de pares, como as empresas que operam nos mesmos negócios e mercados, observei que a precificação será melhor se a abordagem for mais expansiva, incluindo mais empresas nos grupos de pares, determinando suas diferenças com mais cautela.

11

Valuation e precificação: Empresas de alto crescimento (high-growth)

NO CAPÍTULO 10, lidamos com os desafios de avaliar startups e empresas em fase inicial de crescimento, e apresentei maneiras de avaliá-las e precificá-las. Para o subconjunto desse tipo de empresa que supera os obstáculos e surge com modelos de negócios funcionais que oferecem não apenas receitas crescentes, mas também lucros, a avaliação fica um pouco mais simples, com as demonstrações financeiras transmitindo informações mais valiosas a respeito da qualidade do modelo de negócios e a história, com pistas sobre seu grau de risco. Neste capítulo, examino essas empresas que apresentam alto crescimento e analiso os problemas mais prováveis no processo de valuation e precificação, para então apresentar soluções.

A fase de alto crescimento no ciclo de vida corporativo

Para entender os desafios que surgem durante a avaliação de empresas de alto crescimento, é bom começar observando como as métricas operacionais mudam à medida que a companhia passa da fase de ideia pré-receita a startup, a negócio emergente, até se tornar uma empresa de alto crescimento. Na Figura 11.1, traço um gráfico das receitas, dos lucros e dos fluxos de caixa livres ao longo dessas fases do ciclo de vida:

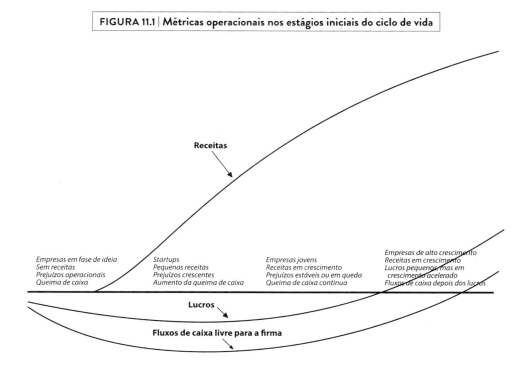

FIGURA 11.1 | Métricas operacionais nos estágios iniciais do ciclo de vida

Embora isso seja generalização e haja inúmeras exceções, as startups e as chamadas "empresas de ideias" quase sempre têm receitas nulas ou negligenciáveis: ou seja, geram perdas operacionais e gastam dinheiro rápido. À medida que os modelos de negócio se concretizam, as receitas aumentam, e as perdas diminuem, mas a queima de caixa persiste, já que essas empresas reinvestem para o crescimento futuro. As empresas de alto crescimento, foco deste capítulo, já encontraram, pelo menos por ora, modelos de negócios funcionais e, com a ajuda de economias de escala e ajustes nesses modelos, podem enfim começar a registrar lucros, embora a princípio insignificantes. Dado que as ambições de crescimento permanecem e que crescer demanda reinvestimento, será necessário mais tempo para que os fluxos de caixa livres fiquem positivos.

É fácil perceber por que as empresas de alto crescimento atraem um subconjunto de investidores: além da prova de lucratividade, há o sonho de como os lucros vão crescer conforme a empresa escala. Aproveitando essa demanda, esse é também o momento em que muitas dessas empresas escolhem abrir capital e, se tiverem sorte, recebem valores de mercado que parecem desproporcionalmente grandes, considerando seus fundamentos atuais — ainda mais quando comparados às empresas maduras. Para alguns investidores, em especial aqueles da antiga escola de investimento em valor, isso é encarado como um sinal de preços sobrevalorizados, mas, como vou mostrar na seção sobre precificação, essa é uma conclusão muito simplista. Uma avaliação sensata exige mais atenção às diferenças entre as empresas, sobretudo em relação a crescimento e risco.

Valuation das empresas de alto crescimento

No capítulo anterior, em que abordei a avaliação de startups e empresas jovens, analisei os desafios decorrentes da falta de dados históricos sobre desempenho ou risco e das preocupações de que essas empresas possam nunca desenvolver modelos de negócios funcionais. Já com as empresas de alto crescimento, tenho um ponto de partida melhor, pois há mais dados históricos sobre o negócio e os modelos de negócios em funcionamento. No entanto, não significa que essas empresas sejam fáceis de avaliar: há desafios que, embora não sejam específicos da classe, são muito mais comuns entre elas.

Desafios

Suponha que você esteja avaliando uma empresa de alto crescimento que enfim desbloqueou seu caminho para a lucratividade e cujas receitas continuam aumentando a altas taxas. Essa empresa em geral existe há mais de um ou dois anos e, de posse de dados financeiros em mãos, já tem início o processo de valuation. Eis alguns dos desafios que serão enfrentados:

1. **Efeitos de escala:** faz sentido analisar as taxas de crescimento históricas nas receitas de qualquer empresa, inclusive de uma empresa de alto crescimento, mas é preciso ter cuidado ao se valer dessas taxas como preditores para o futuro, simplesmente porque as taxas de crescimento percentual refletem tanto a base na qual o crescimento ocorre quanto o potencial de crescimento. Para ilustrar esse argumento, vejamos na Figura 11.2 as receitas da Tesla e a taxa de crescimento da receita na última década:

FIGURA 11.2 | Receita e taxa de crescimento da receita da Tesla, 2011 a 2020

Não há como negar que a Tesla teve dez anos incríveis de crescimento e que registrou taxa de crescimento anual composta (CAGR) durante o período. Dito isso, porém, a razão pela qual a taxa de crescimento alcançou níveis estratosféricos é porque a Tesla teve apenas 204 milhões de dólares em receita em 2011, e dobrar ou mesmo triplicar essas receitas estava nitidamente no horizonte. Em 2020, as receitas da empresa foram de 31.536 bilhões, e até os mais otimistas teriam dificuldade de explicar como a empresa poderia dobrar essas receitas.

2. **Variações financeiras:** uma característica comum às empresas em crescimento é o estado de fluxo de seus números nas demonstrações financeiras. Os números para o último ano podem ser muito diferentes daqueles no ano anterior, mas ainda por cima podem mudar drasticamente em períodos mais curtos. Para muitas empresas menores e de alto crescimento, por exemplo, as receitas e os ganhos dos quatro trimestres mais recentes podem ser totalmente diferentes das receitas e dos ganhos no ano fiscal mais recente (que pode ter terminado apenas alguns meses antes). Como consequência, ao avaliar essas empresas, é preciso tentar obter os números mais atualizados possíveis. Por exemplo, usar o último relatório

anual, que saiu há seis, nove ou doze meses, pode fornecer uma estimativa de valor distorcida.

3. **Questões sobre lucros:** nas empresas em crescimento, os ativos existentes tendem a representar uma pequena parte do valor global e podem ser sobrecarregados pelos gastos para o sustento e abastecimento dos ativos de crescimento. Por exemplo, considere o pressuposto padrão que assumo na avaliação do fluxo de caixa descontado de que o rendimento operacional existente pode ser atribuído a ativos existentes e, assim, servir como base para a avaliação desses ativos. Em qualquer empresa, o lucro (ou prejuízo) operacional existente será alcançado após vendas, publicidade e outras despesas administrativas. Embora eu ache que essas despesas estão associadas a ativos existentes, não posso garantir isso com uma empresa em crescimento. Afinal, o pensamento de vendas de empresas nesse estágio pode estar menos voltado para promover produtos existentes e mais para cultivar uma base de clientes para produtos futuros. Ao tratar todas as despesas de vendas como despesas operacionais, estou subestimando os lucros e, consequentemente, o valor dos ativos existentes.

4. **Dos investidores privados para o mercado acionário:** embora a maioria das startups e das empresas muito jovens seja de capital fechado (propriedade de fundadores e capitalistas de risco), é muito mais provável que as empresas de alto crescimento tenham feito a transição para serem negociadas no mercado de ações, e isso ajuda o valuation em muitas dimensões. Primeiro porque, para alguns analistas, cujo único caminho para estimar o risco é utilizar os preços das ações no passado, isso oferece uma forma de estimar uma medida de risco relativo (beta) que pode ser utilizada na avaliação. Segundo, quando for finalizado o valuation de uma empresa de alto crescimento cujas ações são negociadas na bolsa, é possível se dar ao luxo de comparar sua avaliação ao preço de mercado da empresa, para ao menos garantir que seu valuation não contenha erros fatais. E em terceiro, ter um preço de mercado para as ações facilita a resolução de questões pendentes no valuation, incluindo a avaliação das opções dos funcionários (que precisam do preço e da volatilidade como inputs).

Dito isto, o fato de existir um preço de mercado para uma empresa de alto crescimento pode suscitar algumas questões referentes ao valuation:

- O preço das ações de empresas de alto crescimento em geral é mais impulsionado por forças comerciais, como o humor e o momentum, do que por seus fundamentos. Pode ser arriscado usar esses preços como base para medidas de risco ou para estimar o valor de opções.

- Por mais que eu queira preservar o mito de que a avaliação intrínseca é um exercício no qual o preço de mercado nunca interfere, a realidade é que, se uma empresa de alto crescimento é avaliada e seu valor obtido se revela muito diferente do preço, haverá a tentação de "jogar" com os inputs até que o valor alcance o preço ou que, pelo menos, se aproxime.
- Por fim, quando empresas de alto crescimento abrem o capital, o fundador e os capitalistas de risco que detinham o controle antes do IPO em geral permanecem como investidores e, por vezes, mantêm suas participações de controle. Isso acontece quando é oferecida apenas uma pequena porcentagem das ações aos mercados acionários ou quando há oferecimento público de ações com direitos limitados ou sem direito de voto, enquanto os fundadores e os insiders detêm as ações com direitos de voto mais significativos.

Em resumo, ter investidores do mercado de ações e preços de mercado disponíveis para empresas de alto crescimento pode ajudar na sua avaliação, mas também pode levar a valuations mais tendenciosos e distorcidos.

5. **Desconexão de tamanho:** o contraste que estabeleci em trechos anteriores entre balanços contábeis e balanços financeiros, o primeiro tipo com foco principal nos investimentos existentes, e o último, a incorporação dos ativos de crescimento na composição, é nítido nas empresas em crescimento. O valor de mercado dessas empresas, caso sejam negociadas na bolsa, com frequência é muito superior ao valor contábil, porque o valor de mercado incorpora o valor dos ativos de crescimento, e o contábil, em geral, não. Além disso, o valor de mercado pode parecer incompatível com os números operacionais da empresa (receitas e lucros). Muitas empresas em crescimento que têm valores de mercado na ordem das centenas de milhões ou mesmo bilhões podem ter receitas pequenas e lucros negativos. Mais uma vez, o motivo é que os números operacionais refletem os investimentos existentes da empresa, e esses investimentos podem representar uma porção muito pequena do seu valor global.

Como é possível ver na Figura 11.3, as características em comum nas empresas em crescimento — finanças dinâmicas, combinação entre capital aberto e fechado, desconexões entre o valor de mercado e os dados operacionais, dependência de financiamento de capital e um histórico de mercado curto e volátil — têm consequências tanto para as avaliações intrínsecas quanto para as relativas.

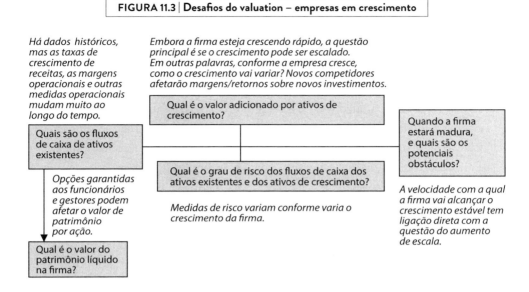

FIGURA 11.3 | Desafios do valuation – empresas em crescimento

Respostas

Se o valor intrínseco da empresa provém dos fluxos de caixa e das características do risco, surgirão problemas para avaliar empresas de alto crescimento com uma trilha de registros até o ponto atual de seu ciclo de vida. Nesta seção, apresento maneiras de lidar com os desafios usando o processo de cinco passos que desenvolvi para startups e empresas jovens, mas com ajustes que reflitam as características especiais de uma empresa de alto crescimento.

PASSO 1: CONTE UMA HISTÓRIA

Para contar histórias de negócios sobre startups e empresas jovens, criei a narrativa em torno de potenciais — o de mercado, para os produtos ou serviços propostos que essas empresas estavam oferecendo; os de habilidades de gerenciamento de seus fundadores; e o de acesso ao capital —, e não de dados históricos. Isso porque há poucos dados e os que estão disponíveis não são muito informativos. Para criar uma narrativa para as empresas de alto crescimento, o foco seguirá no potencial, mas a história financeira da empresa e sua estrutura de governança corporativa devem ter mais peso. Em alguns casos, esse registro pode trazer mais entusiasmo para as perspectivas da empresa (crescimento de receita e lucratividade) e, em outros, isso pode levar à redução da história.

PASSO 2: O TESTE 3P (POSSÍVEL? PLAUSÍVEL? PROVÁVEL?)

Embora em linhas gerais o teste 3P não mude para as empresas de alto crescimento, é possível fazer julgamentos com mais informações do que para startups.

- As maiores questões surgem ao supor que as receitas podem ser escaladas. Embora a gestão e os fundadores possam retirar o freio das suas previsões de futuro, é necessário um certo ceticismo para julgar se essas previsões são sonhos irrealizáveis (ou seja, impossíveis) ou muito ambiciosas (plausíveis, mas não prováveis). Para fazer essa avaliação, é possível analisar a dimensão do mercado e a participação dada à empresa como market share, tendo em conta seus pressupostos de crescimento e sua concorrência potencial. Ao fazer essa avaliação, também convém analisar o passado da empresa.
- Em relação às margens de lucro operacional, as linhas de tendência positivas na rentabilidade nas empresas de alto crescimento podem levar a um otimismo excessivo. Por exemplo, na última década, todas as empresas de alto crescimento, não importando o setor em que operavam, vestiram o manto de empresa de tecnologia, na esperança de obter as margens operacionais de 30% ou 40% destinada a esse setor.
- Em relação ao reinvestimento, avaliar se a empresa está reinvestindo o suficiente para proporcionar o crescimento esperado pode ser difícil, já que é provável que o histórico de reinvestimento seja volátil e ofuscado por aquisições e investimentos pagos com as ações da empresa. Para avaliar se as premissas de reinvestimento são plausíveis, é necessário defini-lo incluindo aquisições e despesas operacionais não categorizadas (como P&D) e acompanhar o capital investido à medida que a empresa cresce.

PASSO 3: CONVERTA A HISTÓRIA EM INPUTS PARA O MODELO DE VALUATION

Depois que a narrativa de valuation para a empresa de alto crescimento passar no teste 3P, a próxima etapa envolve converter essa narrativa em inputs para o valuation:

a. **Taxa de crescimento da receita:** o maior problema, como enfatizei neste capítulo, é a questão da escala. Usar a taxa de crescimento anterior como suposição para a taxa de crescimento futuro é uma receita para sobrevalorização. As taxas de crescimento de receita diminuirão à medida que as empresas se ampliam, e, com o tempo, todas as empresas em crescimento cujas previsões de ampliação se concretizam acabam ficando maiores. Em um estudo que tinha como objetivo analisar como o crescimento muda à medida que as empresas se expandem, foi comparada a taxa de crescimento da receita para empresas de alto crescimento com a taxa de crescimento nas receitas do setor em que operam logo após suas ofertas públicas iniciais.[1] Os resultados são mostrados na Figura 11.4:

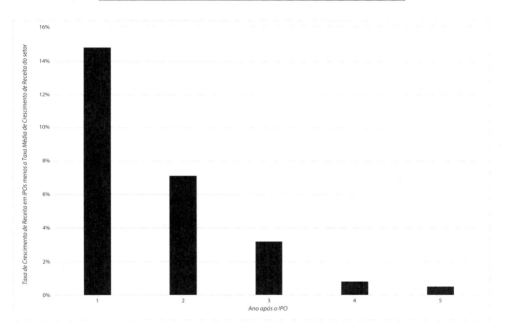

FIGURA 11.4 | Crescimento da receita após abertura de capital

Fonte: Andrew Metrick

Ao abrir capital, as empresas apresentam taxas de crescimento muito superiores à da média do setor. Repare com que rapidez o crescimento da receita dessas empresas se aproximou da média do setor: de um crescimento de receita 15% maior (do que a média) um ano após o IPO, as empresas passaram para 7% maior no segundo ano e 1% maior no quarto ano, então para a média da indústria no quinto ano. Não significa que o mesmo vai acontecer em todas as empresas de alto crescimento. No entanto, a evidência agregada sugere que empresas em crescimento que conseguem manter taxas de crescimento elevadas durante longos períodos são a exceção, e não a regra. A noção da velocidade com que as taxas de crescimento das receitas de uma firma específica vão diminuir pode vir da observação das especificidades dessa empresa. Isso inclui a dimensão do mercado total para os produtos e serviços da empresa, a força da concorrência e a qualidade dos produtos e da gestão. Companhias em mercados maiores, com concorrência menos agressiva (ou protegidas da concorrência) e com melhor gestão podem manter as taxas de crescimento de receitas elevadas por períodos mais longos. Posso usar algumas ferramentas para avaliar se as suposições que estou fazendo sobre as taxas de crescimento das receitas futuras de uma empresa individual são razoáveis:

- **Variação absoluta de receita:** um teste simples é calcular a variação absoluta nas receitas de cada período, em vez de confiar na taxa de crescimento percentual. É comum até os analistas experientes subestimarem o efeito composto do crescimento e a quantidade de receitas que podem aumentar ao longo do tempo com altas taxas de crescimento. Calcular a variação absoluta das receitas considerando uma taxa de crescimento nas receitas pode ser um bom antídoto para a euforia irracional a respeito do crescimento.
- **História:** observar as taxas de crescimento das receitas anteriores para a empresa em questão, por ano, deve proporcionar uma noção de como essas taxas mudaram à medida que a proporção da empresa mudou. Para aqueles que têm inclinação à matemática, os indícios nessa relação podem ser utilizados para prever um crescimento futuro.
- **Dados do setor:** a ferramenta final é observar as taxas de crescimento de receita das empresas mais maduras no mesmo ramo de negócios, para estabelecer uma noção de qual seria uma taxa de crescimento razoável à medida que a empresa se amplia.

Em resumo, as taxas de crescimento das receitas esperadas tendem a diminuir ao longo do tempo para todas as empresas em crescimento, mas o ritmo da queda varia entre elas.

b. **Lucratividade:** para ir das receitas ao lucro operacional, é preciso de margens operacionais ao longo do tempo. O cenário mais fácil e mais conveniente é aquele em que as margens atuais da empresa sob avaliação são sustentáveis e podem ser utilizadas como margens esperadas ao longo do tempo. Na verdade, se for esse o caso, é possível dispensar a previsão do crescimento da receita, focando, em vez disso, no crescimento do lucro operacional, pois os dois são equivalentes. Porém, na maioria das empresas em crescimento, é provável que a margem atual mude com o tempo.

Valuation e precificação: Empresas de alto crescimento (high-growth) | **273**

Comecemos com o caso mais provável, no qual a margem atual é negativa ou muito baixa em relação à margem sustentável no longo prazo. Isso pode acontecer por três razões. A primeira é que a empresa pode ter custos fixos antecipados que devem ser incorridos nas fases iniciais do crescimento, com retorno em termos de receita e crescimento em períodos posteriores (em geral, é o caso de empresas de infraestrutura, como as de energia, de telecomunicações e de TV a cabo). A segunda razão é a mistura de despesas incorridas para gerar crescimento com despesas operacionais. Em seções anteriores, observei que as despesas de venda em empresas de crescimento com frequência são alocadas no crescimento futuro, e não nas vendas atuais, mas são incluídas junto a outras despesas operacionais. Esse problema diminui com o amadurecimento da empresa, levando a margens e lucros mais altos. A terceira razão é que pode haver um atraso entre as despesas incorridas e as receitas que estão sendo geradas. Se as despesas incorridas no ano vigente forem direcionadas a receitas muito mais altas em três anos, os ganhos e as margens atuais serão baixas.

No outro cenário possível, a margem atual é muito alta e diminui com o tempo. Embora seja menos provável, pode ocorrer, ainda mais com empresas em crescimento que possuem um produto de nicho em um mercado pequeno. Na prática, o mercado pode ser pequeno demais para atrair a atenção de concorrentes maiores e mais bem capitalizados, o que permite que as empresas operem sem serem notadas por um tempo, cobrando preços altos de um mercado cativo. Mas isso muda com a ampliação da empresa, e as margens diminuem. Além disso, as margens altas podem vir de uma patente adquirida ou de outra proteção legal contra concorrentes, e, conforme essa proteção se esvai, as margens vão caindo.

Em ambos os cenários — margens baixas convergindo em um valor mais alto ou margens altas que caem para níveis mais sustentáveis —, é preciso decidir qual deve ser a margem-alvo e como será a progressão da margem atual em direção a esse alvo. A resposta para a primeira pergunta costuma ser encontrada com avaliações tanto da margem operacional média para o setor em questão quanto das margens de empresas maiores e mais estáveis no setor. A resposta para a segunda pergunta depende do motivo da divergência entre as margens atuais e alvo. No caso das empresas de infraestrutura, por exemplo, é um reflexo de quanto tempo levará até que o investimento seja operacional e a capacidade seja totalmente utilizada.

c. Reinvestimento: como já pontuei neste capítulo, é perigoso basear as suposições de reinvestimento no histórico de uma empresa em crescimento. Em outras palavras, pressupor que as despesas líquidas de capital e as variações do capital de giro a partir do ano mais recente crescerão na mesma taxa que as receitas pode resultar em números de reinvestimento irrealistas e inconsistentes para nossas suposições sobre o crescimento. Como as empresas de alto crescimento tendem a ter variação de margens, vou adotar o mesmo roteiro que utilizei para empresas de crescimento jovem, quando estimei o reinvestimento com base na variação de receitas e na proporção de vendas/capital:

$$\text{Reinvestimento}_t = \text{Variação na Receita}_t / (\text{Vendas/Capital})$$

A razão vendas/capital pode ser estimada a partir dos dados da empresa (mais estáveis do que as despesas de capital líquidas ou os números do capital de giro) e das médias do setor. É possível criar uma defasagem entre o reinvestimento e a mudança de receita no cálculo valendo-se de receitas de um período futuro para estimar o reinvestimento no período atual. Empresas em crescimento que já investiram em capacidade para os anos futuros estão na incomum posição de conseguirem crescer com pouco ou nenhum reinvestimento no curto prazo. Para essas empresas, o uso da capacidade é previsto para determinar quanto tempo vai durar a pausa no investimento e quando a empresa terá que reinvestir. Durante essa pausa, o reinvestimento pode ser mínimo ou mesmo nulo, acompanhado de um crescimento saudável das receitas e do lucro operacional.

d. Perfil de risco: os componentes do custo do capital — o(s) beta(s) e o custo do patrimônio líquido, o custo da dívida e o índice de dívida — são os mesmos para as empresas em crescimento e para as maduras. No entanto, o que diferencia as empresas em crescimento é que seu perfil de risco muda ao longo do tempo. A chave para manter o equilíbrio nos valuations de empresas em crescimento é ajustar as taxas de desconto ao longo do tempo para mantê-las consistentes com as suposições de cada período para crescimento e margem. Aqui estão duas regras gerais:

- As empresas em crescimento costumam ter custos elevados de capital próprio e de dívida quando o crescimento das receitas é mais elevado, mas os custos da dívida e do capital próprio devem diminuir com a moderação do crescimento das receitas e a melhoria das margens.

- Enquanto os lucros se acentuam e o crescimento diminui, outro fenômeno entra em jogo: a empresa gera mais fluxos de caixa do que necessita, o que pode ser usado tanto para pagar dividendos como para pagar o serviço do financiamento da dívida. As empresas não são obrigadas a utilizar essa capacidade de endividamento, e nem todas o fazem, mas as vantagens fiscais da dívida levam algumas empresas a recorrerem a empréstimos, o que leva a proporção da dívida a aumentar ao longo do tempo.

Em resumo, o custo de capital para uma empresa em crescimento quase nunca será um número que permanece inalterado ao longo do tempo. Em vez disso, deve ser um número específico ao ano, acompanhando o restante das mudanças percebidas na empresa. Em termos de estimativa de parâmetros de risco (betas), é preciso evitar ao máximo fazer uso dos dados limitados de preços disponíveis sobre empresas em crescimento; é provável que os erros padrão nas estimativas serão enormes. Em vez disso, deve-se utilizar estimativas de betas obtidas durante o exame de empresas de capital aberto com as mesmas características de risco, crescimento e fluxo de caixa da empresa sob avaliação. Se já há uma boa justificativa para usar essas betas bottom-up (média da indústria em oposição a um beta de regressão) para qualquer empresa, é melhor ainda para as empresas em crescimento.

e. **Crescimento estável:** nas empresas em crescimento, as suposições a respeito do valor terminal têm grande peso, já que isso compreende uma parte muito maior do valor atual da empresa do que em uma empresa madura. Quando uma empresa de alto crescimento se tornará madura e de crescimento estável? Embora haja um pouco mais de informação do que em relação às jovens, é difícil fazer essa avaliação. É como olhar para um adolescente e se perguntar como será ou o que fará quando chegar à meia-idade. Embora não existam empresas iguais, as seguintes proposições gerais se mantêm:

- *Não espere muito para colocar uma empresa em crescimento estável.* Como salientei na seção sobre o lado negativo de avaliar empresas em crescimento, os analistas em geral permitem períodos de crescimento muito longos para esse tipo de empresa, justificando essa suposição com base no crescimento passado. No entanto, a escala e a concorrência logo incitam uma redução nas taxas de crescimento, mesmo nas empresas mais promissoras. Os períodos de crescimento que excedem dez anos, ainda mais se tiverem por altas taxas de crescimento, são difíceis de defender, porque são poucas as companhias que conquistam esse feito. Determinar um valuation de exceção antes de a empresa estar estabelecida não é uma boa prática.

- *Quando colocar uma empresa em crescimento estável, dê a ela as características de uma empresa de crescimento estável.* Continuando a enfatizar a necessidade de consistência interna, para calcular o valor terminal é necessário alterar as características da empresa de forma a refletir o crescimento estável. Com as taxas de desconto, conforme destacado na seção anterior, isso acontece empregando custos mais baixos de dívida e de capital próprio, além de uma proporção de dívida mais alta. No caso do reinvestimento, a principal suposição é o retorno do capital que presumo para a fase de crescimento estável. Embora alguns analistas acreditem que o retorno do capital deva ser definido como igual ao custo de capital em crescimento estável, deve-se preservar alguma flexibilidade específica da empresa. Em geral, a diferença entre o retorno do capital e o custo de capital durante o crescimento estável deve ficar mais restrita a um nível sustentável (menos de 4% ou 5%).

ETAPA 4: AVALIE O NEGÓCIO

A natureza dos fluxos de caixa nas empresas de crescimento (baixos ou negativos nos primeiros anos, depois mais elevados) vai garantir que o valor terminal seja uma proporção bem alta do valor, representando 80%, 90%, ou até mais de 100% do total. Como destaquei no Capítulo 10, o cenário de mais de 100% acontece quando a empresa tem alto crescimento e elevadas necessidades de reinvestimento, conduzindo a fluxos de caixa negativos durante grande parte do período de projeção. Alguns analistas utilizam esse fato como munição contra o valuation com fluxos de caixa descontados e sugerem que os pressupostos sobre a fase de alto crescimento serão abafados pelos pressupostos de valor terminal — o que não é verdade. O valor do ano-base para o cálculo do valor terminal (ganhos e fluxos de caixa no ano cinco ou no ano dez) é uma função dos pressupostos da fase de alto crescimento. A alteração desses pressupostos terá efeitos enormes (como deveria) no valor.

PASSO 5: MANTENHA O CANAL PARA FEEDBACK ABERTO

Além de manter o processo aberto a divergências, como no caso das startups e empresas de crescimento jovem, há um componente adicional no ciclo de feedback para empresas de alto crescimento com capital aberto, que é o julgamento do mercado sobre o valor dessas empresas. Quando o valor estimado para uma empresa de alto crescimento é muito diferente do preço de mercado, em qualquer sentido, é natural que se faça uma pausa para considerar o porquê. As opções são simples:

- **O cálculo está errado:** a diferença entre preço e valor pode ocorrer devido às estimativas de inputs, incluindo crescimento de receitas, margens e reinvestimento, estarem erradas, e o consenso do mercado estar certo.
- **O mercado está errado:** a diferença no valor-preço pode surgir porque o mercado, envolvido pelo humor e pelo momentum, levou o preço das ações a um nível que não reflete o valor intrínseco de uma empresa.
- **Ambos erraram, mas um dos dois está menos errado:** a verdade é que não existe bola de cristal, e tanto quem faz a avaliação quanto o mercado estão fazendo as melhores estimativas que podem sobre o futuro. Em retrospecto, um dos lados estará mais perto da verdade e, esperamos, haverá uma recompensa por isso.

Se existe uma lição nessa situação é que não se deve adotar uma resposta instintiva e pressupor estar com a razão toda vez que o valor se desviar do preço, ou que o mercado está sempre certo, o que tornaria a avaliação intrínseca inútil (já que é possível fazer a engenharia reversa para chegar ao mesmo resultado). Na minha opinião, a resposta mais saudável quando valor e preço são diferentes é admitir que não se pode perceber algo sobre o que o mercado já está debruçado, mas que, ao examinar os dados e fazer os ajustes apropriados, o valor ainda assim pode ser diferente do preço.

ESTUDO DE CASO — PARTE 1: AVALIAÇÃO DA TESLA, NOVEMBRO DE 2021
Introdução
Em novembro de 2021, a Tesla juntou-se ao grupo das raras empresas com capitalizações de mercado de trilhões de dólares, coroando uma década de sucesso quase sem precedentes. Começando como uma empresa de crescimento jovem em 2011, mirando o mercado de automóveis de luxo,[2] a Tesla realizou múltiplas transições durante o período, expandindo seu alcance para o mercado de automóveis de massa, ao mesmo tempo em que revolucionou o modelo de negócio do setor automotivo e angariou novos negócios (como no setor de energia) pelo caminho. Embora muitas pessoas, inclusive eu, tenham questionado se a empresa não estaria indo além de suas capacidades, a Tesla evidentemente teve sucesso no mercado, como mostra a Figura 11.5:

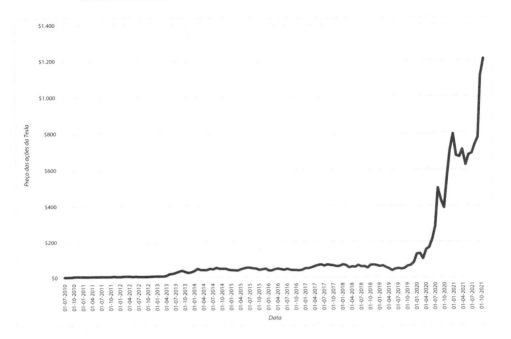

FIGURA 11.5 | Ascensão da Tesla até alcançar um market cap trilionário

O gráfico ilustra o aumento no preço das ações, e a tabela incorporada transmite a ascensão de maneira mais evidente, indicando a capitalização de mercado da Tesla em milhões de dólares. Em resumo, o valor de mercado da empresa aumentou de 2,8 bilhões de dólares em agosto de 2010 para mais de 1 trilhão em novembro de 2021 e, no caminho, enriqueceu aqueles que primeiro acreditaram em sua perspectiva e permaneceram investindo na empresa. Embora o aumento inicial da capitalização de mercado da Tesla tenha sido impulsionado por sua promessa, e os detratores logo tenham testemunhado as receitas insignificantes e os grandes prejuízos, os dados financeiros mais recentes refletem como a empresa ganhou substância ao longo do tempo. Na Figura 11.6, apresento as receitas trimestrais da Tesla, os lucros brutos e os lucros operacionais que remontam a 2013.

Valuation e precificação: Empresas de alto crescimento (high-growth) | 279

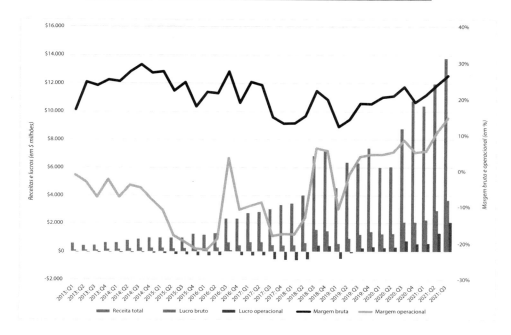

FIGURA 11.6 | Ascensão da Tesla até alcançar um market cap trilionário

A receita trimestral da Tesla passou de valores insignificantes no início da última década para quase 14 bilhões de dólares no terceiro trimestre de 2021, tornando-se a vigésima maior empresa automobilística do mundo em 2020 (em termos de receita). A empresa passou grande parte da última década com grandes prejuízos anuais, mas no fim gerou um lucro não apenas operacional como também saudável, com uma margem operacional antes de impostos de quase 15% no terceiro trimestre de 2021.

Atualizando a história e o valuation

Com o passar dos anos, tentei, nem sempre com sucesso, transitar entre os extremos da Tesla e contar uma história que refletisse tanto os pontos fortes da empresa quanto os fracos. Não surpreende que essa narrativa tenha mudado ao longo do tempo, à medida que a empresa, os negócios e o mundo mudaram. Na Tabela 11.1, listo as histórias que contei, com receitas de fim de ano, margens operacionais e avaliações de patrimônio, em 2013, 2017, 2019 e 2020.

Tabela 11.1 • Histórias (e valuations) da Tesla ao longo do tempo

Data	História	Receitas-alvo (US$ milhões)	Margem-alvo	Vendas/ Capital	Custo de capital	Valor do patrimônio líquido (US$ milhões)	Valor de mercado (US$ milhões)	% Sub ou super-valorizado
Setembro de 2013	Empresa de automóveis de luxo com receitas e margens de empresa de automóveis de luxo	$67.000	12,50%	1,41	10,03%	$12.146	$20.496	68,75%
Agosto de 2017	Empresa de automóveis/ tecnologia com foco principal no mercado automotivo de ponta	$93.000	12%	2,24	8,83%	$33.904	$57.634	69,99%
Junho de 2019	Empresa automotiva/ tecnologia de ponta com algum apelo para o mercado de massa e gestão imprevisível	$105.000	10%	2,00	7,87%	$34.389	$31.756	-7,66%
Janeiro de 2020	Empresa de automóveis/ tecnologia com crescente apelo no mercado de massa	$128.000	12%	3,00	7%	$84.236	$102.837	22,08%

Como é possível observar, ao longo do tempo, minha história para Tesla cresceu (tanto na minha percepção de seu mercado potencial quanto suas receitas), e adaptei a narrativa para refletir a capacidade de reinvestimento da empresa, muito mais eficaz do que a da empresa automobilística típica que utilizei na primeira avaliação. Sei que, para alguns, a mudança nas histórias e nos valuations são um sinal de fraqueza, tanto em quesito de capacidades analíticas quanto para a própria ideia de avaliação intrínseca. Para mim — e isso pode ser apenas delírio —, a falta de vontade em mudar as narrativas e os inputs para o valuation, ainda mais para uma empresa que oferece tantas reviravoltas quanto a Tesla, é um pecado muito maior.

Quaisquer que sejam seus antecedentes em relação à Tesla antes da pandemia de covid, é difícil argumentar contra o fato de que a empresa se beneficiou das mudanças econômicas provocadas no período e que sua história se ampliou como resultado disso. A grandeza da história determina o valor, mas, em vez de trazer minha avaliação desde o início, quero tentar uma experiência. Em última análise, qualquer história contada sobre a Tesla deve aparecer em cinco inputs que definem seu valor: (a) crescimento da receita, ou o que se encara como receitas finais para a empresa em estado estacionário; (b) lucratividade do negócio, refletindo sua percepção de economia unitária, capturada na margem operacional antes dos impostos; (c) eficiência do investimento, medindo quanto será necessário para atingir as receitas finais estimadas; (d) risco operacional, embutido no custo de capital da empresa; e (e) risco de falência, a probabilidade de não haver continuidade da operação, medida com uma probabilidade. Caso esteja disposto a acompanhar cada input, vou apresentar as opções (da forma mais objetiva possível) e convido você a fazer sua escolha de acordo com o que acredita sobre a empresa. Porém, ao fazer essas escolhas para convertê-las em valor, não olhe a planilha que vou apresentar no fim, porque isso provocará um ciclo de feedback capaz de influenciar seu viés.

a. **Crescimento da receita:** acredito que a Tesla superou a pandemia de covid com potencial para gerar muito mais receitas do que antes. À medida que o mercado automobilístico muda, buscando cada vez mais carros elétricos, a Tesla terá uma forte vantagem competitiva e a chance de liderar essa parte do mercado. Para se ter uma ideia do que isso significa em termos de receitas até 2032, considere as opções na Figura 11.7:

FIGURA 11.7 | Receitas esperadas para a Tesla, 2032

Note que, caso a história se baseie principalmente no cenário da Tesla permanecer como empresa automotiva, as receitas de 400 bilhões de dólares vão se traduzir em cerca de 10 milhões de carros vendidos em 2032, mais de dez vezes o que a empresa vendeu em 2020–21. Caso acredite que existam outros negócios em que a Tesla vai se inserir, é possível aumentar as receitas com as vendas adicionais nesses outros negócios, tendo em mente que a maioria tem muito menos potencial de receita que o setor automotivo.

b. **Lucratividade dos negócios:** o maior sinal para mim, durante a covid, foi o aumento da lucratividade da Tesla, momento em que sua margem operacional chegou a quase 15% no terceiro trimestre de 2021. Embora esse número seja volátil, e por certo haverá altos e baixos, parece que o negócio de carros elétricos tem melhor economia unitária do que o dos automóveis convencionais, em parte devido às diferenças nos requisitos de montagem entre os carros a gás e elétricos e em parte porque a bateria em si é um componente significativo do veículo. Não obstante a vantagem da Tesla como pioneira, essa margem ficará sob pressão não apenas por causa do aumento da concorrência de carros elétricos de outras montadoras e novos competidores (NiO, Rivian etc.) como também pela redução de preços voltada para aumentar sua participação de mercado na Ásia, onde os veículos tendem a ser mais baratos do que nos Estados Unidos e na Europa. As opções em termos de lucratividade estão representadas na Figura 11.8:

FIGURA 11.8 | Lucratividade esperada para a Tesla

Margem operacional antes de impostos esperada para 2032
Em 2020-21, a Tesla teve uma margem bruta de 27% e uma margem operacional de 12,06% (e próxima a 15% no terceiro trimestre de 2021). Qual é a sua estimativa para a convergência das margens operacionais em 2026?

8%	12%	16%	20%	24%	28%
Montadoras Top Empresas automotivas no percentil 75 tiveram margem bruta de 24% e margem operacional de 8%.	*Empresa média dos Estados Unidos* A empresa média no país apresentou margem bruta de 33% e margem operacional de 11%.	*As melhores indústrias de transformação* Indústrias de transformação no percentil 75 tiveram margem bruta de 45% e margem operacional de 16%.	*Bens de consumo* Empresas líderes em marcas de consumo tiveram margem bruta de 56% e margem operacional de 20%.	*Grandes empresas farmacêuticas dos Estados Unidos* As farmacêuticas dos Estados Unidos tiveram margem bruta de 65% e margem operacional de 24%.	*Empresas de software de sucesso* As principais empresas de software tiveram margem bruta de 70% e margem operacional de 28%.

Em 2020, entre todas as empresas do mundo a média ponderada da margem bruta ficou em 32,5%, e a margem operacional antes dos impostos ficou em 10%.

Ao fazer essa escolha, reconheça que, com a margem bruta de 30% nos últimos doze meses, a Tesla já se aproxima do nível mais alto para as margens brutas entre indústrias de transformação.

c. **Eficiência de investimento:** quando fiz o valuation da Tesla pela primeira vez, em 2013, uma fábrica em Fremont, Califórnia, produzia todos os carros vendidos pela empresa. Na época, uma das minhas preocupações era que seria necessário fazer um enorme reinvestimento em fábricas de montagem para aumentar os níveis de receita até mesmo no setor de carros de luxo e que esse reinvestimento criaria uma queima de caixa significativa. Nos anos seguintes, a Tesla não apenas acrescentou capacidade em grandes volumes, com fábricas de montagens e mega fábricas no Condado de Storey (Nevada), Buffalo (Nova York), Xangai (China), Berlim (Alemanha) e Austin (Texas), como também obteve um gasto muito menor em investimentos do que minha estimativa inicial. Dito isso, para projetar que a Tesla venderá 8, 10 ou 12 milhões de carros por ano daqui a uma década, será preciso reinvestir em capacidade adicional. Uso a relação vendas/capital como um atalho para indicar a eficiência do investimento (com valores mais altos implicando investimentos mais eficientes), e essas opções aparecem na Figura 11.9:

Garantindo que a empresa tenha capacidade ociosa para cobrir o crescimento nos próximos anos, aceito uma proporção mais alta de vendas/capital nos primeiros anos, mas movendo o índice para um número mais sustentável posteriormente.

d. **Risco operacional e de falência:** em novembro de 2021, a taxa livre de risco caiu para 1,56%, os prêmios de risco de ações, para 4,62%, e o custo de capital para a empresa mediana, para cerca de 5,90%. As opções na Figura 11.10 em relação ao custo de capital são estruturadas em torno dessas realidades do mercado:

FIGURA 11.10 | Custo de capital da Tesla

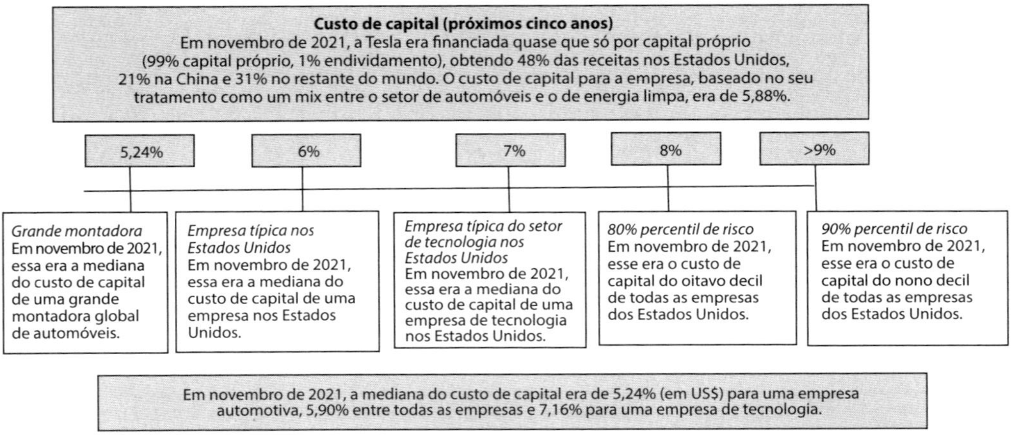

Custo de capital (próximos cinco anos)
Em novembro de 2021, a Tesla era financiada quase que só por capital próprio (99% capital próprio, 1% endividamento), obtendo 48% das receitas nos Estados Unidos, 21% na China e 31% no restante do mundo. O custo de capital para a empresa, baseado no seu tratamento como um mix entre o setor de automóveis e o de energia limpa, era de 5,88%.

5,24%	6%	7%	8%	>9%
Grande montadora Em novembro de 2021, essa era a mediana do custo de capital de uma grande montadora global de automóveis.	*Empresa típica nos Estados Unidos* Em novembro de 2021, essa era a mediana do custo de capital de uma empresa nos Estados Unidos.	*Empresa típica do setor de tecnologia nos Estados Unidos* Em novembro de 2021, essa era a mediana do custo de capital de uma empresa de tecnologia nos Estados Unidos.	*80% percentil de risco* Em novembro de 2021, esse era o custo de capital do oitavo decil de todas as empresas dos Estados Unidos.	*90% percentil de risco* Em novembro de 2021, esse era o custo de capital do nono decil de todas as empresas dos Estados Unidos.

Em novembro de 2021, a mediana do custo de capital era de 5,24% (em US$) para uma empresa automotiva, 5,90% entre todas as empresas e 7,16% para uma empresa de tecnologia.

A outra medida de risco que afeta o valor é a probabilidade de falência, um número que variou ao longo da história da Tesla — em parte porque a empresa costumava ter prejuízos, em parte por causa de uma escolha que a fez tomar empréstimos em 2016. Ao fazer essa avaliação, tenha em mente que agora a Tesla tem um saldo de caixa que excede sua dívida e está obtendo lucros, pelo menos no momento em que escrevo este livro.

Considerando o fato de que Tesla e Elon Musk estão muito conectados, uma das preocupações com a empresa sempre foi a completa imprevisibilidade de Musk. O efeito Musk no valor pode ser positivo, neutro ou negativo, dependendo de suas premissas, como mostra a Figura 11.11:

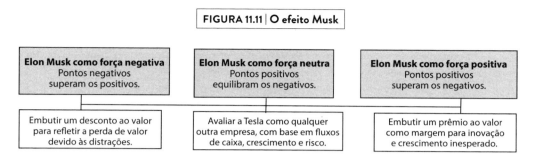

Embora Musk tenha apresentado um comportamento melhor e mais focado no período de um ano e meio antes desse valuation (com exceção de quando ficou tuitando sobre moedas cripto), ele pareceu reincidir em maus hábitos nas últimas duas semanas antes do valuation de novembro de 2021, buscando orientação de seus seguidores no X sobre a venda de uma parcela significativa de suas ações da Tesla e entrando em debates com senadores a respeito da taxação de impostos de bilionários.

Fiz as minhas escolhas e, nas previsões mais otimistas, coloquei receitas de cerca de 400 bilhões de dólares (cerca de 10 milhões de automóveis, acrescidas de receitas de negócios auxiliares) em 2032, margens operacionais de 16% e um índice vendas/capital de 4,00 para os próximos cinco anos (o que torna a Tesla muito mais lucrativa e eficiente em termos de investimento do que qualquer grande indústria de transformação no mundo). Com um custo de capital de 6% (próximo à mediana) e sem chance de falência, não deveria ser surpresa que meu valor estimado de equity para a empresa tenha aumentado para cerca de 692 bilhões de dólares para o patrimônio líquido no total agregado e 640 bilhões para patrimônio em ações ordinárias, como pode ser visto na Figura 11.12:

286 | O ciclo de vida corporativo

FIGURA 11.12 | Valuation da Tesla, novembro de 2021

			Tesla			
	A recompensa pela flexibilidade: um caminho plausível para o domínio na indústria automotiva					Nov-2021
	*Enquanto a crise prejudica seus concorrentes mais endividados e de evolução mais lenta, a Tesla vai consolidar seu domínio no mercado dos automóveis elétricos, aumentando sua produção para 10 milhões de automóveis até 2032, e também será capaz de proporcionar margens mais elevadas do que as empresas convencionais do mesmo setor em situação estacionária, utilizando receitas de outros negócios como complemento à venda de automóveis. A queda nas taxas livres de risco reduziu seu custo de capital e sua probabilidade de falência. Suas políticas de investimento mais flexíveis vão permitir que a Tesla seja mais eficiente na geração de crescimento. Embora outras fontes de receitas (energia limpa, carros sem condutor para compartilhamento de viagens) complementem as receitas, a Tesla continuará, essencial, uma empresa que produz automóveis elétricos.*					

			As premissas			
	Ano-base	Anos 1-5	Anos 6-10		Depois do ano 10	Ligação com a história
						O crescimento no mercado de veículos elétricos e a vantagem da Tesla em ser pioneira trabalham a seu favor
Receitas (a)	$46.848	35% ⟶	1,56%		1,56%	
Margem operacional (b)	12,06%	12,06% ⟶	16%		16,00%	*Continuidade das economias de escala e marca*
Taxa de imposto global	11,99%	11,99% ⟶	25%		25,00%	*Taxa de imposto global*
Reinvestimento (c)		Vendas sobre capital = 4,00		Taxa de reinvestimento (RIR) =	10,40%	*Aumento de capacidade possibilita menos reinvestimento em um futuro próximo*
Retorno sobre capital	17,88%	Retorno sobre capital investido (ROIC) marginal = 51,66%			15,00%	*O custo de entrada limitará a concorrência*
Custo de capital (d)		6% ⟶	6,06%		6,06%	*Se move para um custo de capital na mediana das empresas*

			Os fluxos de caixa			
	Receitas	Margem Operacional	EBIT	EBIT (1 - t)	Reinvestimento	FCFF (fluxo de caixa livre para a firma)
1	$63.245	12,85%	$ 8.126	$7.151,99	$4.099	$3.053
2	$85.380	13,64%	$ 11.643	$10.247,15	$5.534	$4.713
3	$115.264	14,42%	$ 16.626	$14.632,80	$7.471	$7.162
4	$155.606	15,21%	$ 23.671	$20.833,14	$10.086	$10.748
5	$210.068	16%	$ 33.611	$29.581,19	$13.616	$15.966
6	$269.542	16%	$ 43.127	$36.833,99	$22.303	$14.531
7	$327.828	16%	$ 52.453	$43.434,08	$21.857	$21.577
8	$376.793	16%	$ 60.287	$48.352,64	$18.362	$29.991
9	$407.871	16%	$ 65.259	$50.642,62	$11.654	$38.988
10	$414.233	16%	$ 66.277	$49.708,01	$2.386	$47.322
Ano terminal	$420.695	16%	$ 67.311	$50.483,45	$5.250	$45.233

		O valor		
Valor terminal	$1.005.182			
Valor presente (PV) (valor terminal)	$560.336			
Valor presente (Fluxo de caixa nos próximos dez anos)	$126.354			
Valor dos ativos em operação =	$686.690			
Ajuste para distress	$0	Probabilidade de falência =	0.00%	
– Dívidas e participações minoritárias	$10.158			
+ Dinheiro e outros ativos não operacionais	$16.095			
Valor do patrimônio líquido	$692.627			
– Valor das opções de ações	$51.070			
Número de ações	1.123,00			
Valor por ação	$ 571,29	As ações eram negociadas a =	$1,200.00	

São pouquíssimas empresas no mundo que eu avaliaria em mais de meio trilhão de dólares, e, no caso da Tesla, chego nesse valor quase inteiramente com base no pressuposto de que ela pode escalar como nenhuma outra empresa na história, ao mesmo tempo em que entrega sua rentabilidade potencial. Dito isso, porém, o valor por ação que calculo é de 571 dólares, o que, mesmo neste cenário mais otimista, fica a menos da metade do preço atual das ações em novembro de 2021, o que me leva à conclusão de que as ações estavam sobrevalorizadas, no nível que então prevalecia acima dos 1.000 dólares por ação. Note que ocorreu um desdobramento de cinco ações por uma logo depois disso, complicando as comparações com o preço atual das ações da Tesla.

Precificação de empresas de alto crescimento

O processo de precificação de uma empresa de alto crescimento segue uma sequência já conhecida: dimensionar o preço para uma métrica comum, encontrando empresas comparáveis já precificadas no mercado para, em seguida, determinar as diferenças. Nesta seção, examino os desafios associados à precificação das empresas de alto crescimento e como superá-los.

Desafios

A boa notícia ao precificar empresas de alto crescimento, comparado à precificação de startups, é que suas opções de escala aumentam, pois, em empresas com receitas mais substanciais e lucros positivos, você pode calcular e usar múltiplos de lucros. Os maiores desafios surgem quando se tenta encontrar grupos de empresas pares e determinar as diferenças dentro deles:

- Se a empresa de alto crescimento for colocada em um grupo de empresas mais maduras, com menor potencial de crescimento e diferentes perfis de rentabilidade, a comparação quase sempre levará à conclusão de que a empresa de alto crescimento está supervalorizada. Foi a conclusão a que muitos chegaram sobre a Tesla depois de comparar sua precificação, em relação aos carros vendidos, às receitas ou aos lucros, à precificação das empresas tradicionais do setor automotivo.
- Se o grupo de pares for composto por outras empresas em crescimento (o que só é plausível em um setor que abrigue muitas empresas de alto crescimento), é preciso determinar as diferenças de crescimento e de risco em todo o grupo, já que nem todas as empresas seguem o mesmo caminho rumo à rentabilidade. Em outras palavras, embora sua intuição possa levá-lo a acreditar que as empresas de alto crescimento deveriam ser negociadas com múltiplos de receitas ou lucros mais elevados, ainda assim será preciso converter essa intuição em números.

Na minha avaliação intrínseca da Tesla de novembro de 2021, percebi a força dos pressupostos que as pessoas trazem para avaliar as ações da empresa e como, não surpreendentemente, esse viés chega aos preços. Um otimista pode chegar à conclusão de que a Tesla foi subprecificada, mesmo em relação a outras empresas de automóveis, dividindo os preços atuais pelas receitas esperadas ou pelos carros vendidos daqui a uma década, utilizando números inflacionados para ambas as métricas.

Respostas

Embora seja óbvio que existem desafios para encontrar grupos de pares e determinar as diferenças entre as firmas durante a precificação das empresas de alto crescimento, há respostas que podem melhorar esse processo de precificação.

- **Números projetados:** a primeira resposta é dimensionar os valores de mercado para os resultados operacionais esperados no futuro. Assim, em vez de dividir o preço por ação pelos lucros por ação (LPA ou EPS, na sigla em inglês para Earnings per Share) atuais, é possível dividir pelos lucros por ação esperados em cinco ou mesmo dez anos e comparar esses múltiplos futuros com todos no grupo de pares. O efeito da utilização de números projetados é ilustrado na Tabela 11.2, a seguir, na qual comparo uma empresa de alto crescimento a uma empresa madura no seu grupo de pares utilizando PL (preço-lucro) atual e projetada.

Tabela 11.2 • Comparações entre PL atuais e projetadas

	Preço por ação (US$)	Lucro por ação (EPS) atual	PL atual	Taxa de Crescimento Anual Composta (CAGR) esperada em EPS nos próximos dez anos	EPS projetado, ano 10 (US$)	PL projetado
Empresa madura	20	2,0	10.000	3%	$2,69	7,44
Empresa de alto crescimento	20	0,2	100.000	30%	$2,76	7,25

Utilizando os lucros atuais, a empresa de alto crescimento parece ter sido sobrevalorizada em relação à empresa madura, mas, utilizando os lucros por ação esperados no ano 10, chegamos a índices projetados de PL mais próximos. Essa análise está condicionada ao pressuposto de que as taxas de crescimento esperadas no EPS são estimadas com cautela, mas esse alerta seria aplicável independentemente da forma de avaliação dessas empresas.

- **Múltiplos ajustados ao crescimento:** o principal desafio ao comparar uma empresa de alto crescimento a uma madura, ou mesmo empresas de alto crescimento entre si, é que as diferenças nas taxas de crescimento devem aparecer como diferenças nos múltiplos de preços, já que empresas de maior crescimento negociam com índices PL mais elevados. Uma abordagem para lidar com esse problema, ao menos de forma superficial, é trazer o crescimento para o múltiplo de precificação:

$$\text{Índice PEG (PL para o crescimento)} =$$
$$\text{Índice PL/taxa de crescimento esperada}$$

No exemplo anterior, a empresa madura, com PL de 10 e taxa de crescimento esperada de 3%, seria negociada a um índice PEG de 3,33, assim como a empresa de alto crescimento, com PL de 100 e taxa de crescimento esperada de 30%.

ESTUDO DE CASO – PARTE 2: PRECIFICAÇÃO DA TESLA, NOVEMBRO DE 2021

Para precificar a Tesla, em novembro de 2021, de início comparei sua precificação à das vinte maiores empresas de automóveis do mundo, em termos de valor de mercado. Esses valores aparecem na Tabela 11.3:

290 | O ciclo de vida corporativo

Tabela 11.3 • Preços das montadoras em novembro de 2021

Empresa	Valor de mercado (US$ milhões)	Valor da firma (US$ milhões)	Receitas (US$ milhões)	EBITDA (US$ milhões)	Lucro líquido (US$ milhões)	Valor da firma/ Vendas	Valor da firma/ EBITDA	PL
Toyota Motor Corp. (TSE: 7203)	$248.785	$398.274	$255.641	$41.072	$26.891	1,56	9,70	9,25
Volkswagen AG (XTRA: VOW3)	$142.343	$333.815	$243.016	$32.989	$21.289	1,37	10,12	6,69
Daimler AG (XTRA: DAI)	$107.839	$234.741	$162.149	$23.199	$16.044	1,45	10,12	6,72
Stellantis NV (BIT: STLA)	$63.353	$51.125	$134.751	$16.637	$9.910	0,38	3,07	6,39
Ford Motor Co. (NYSE: F)	$68.256	$181.411	$124.192	$8.274	$2.867	1,46	21,93	23,81
SAIC Motor Corp. Ltd. (SHSE: 600104)	$36.064	$25.641	$119.843	$6.590	$3.745	0,21	3,89	9,63
General Motors Co. (NYSE: GM)	$79.025	$169.913	$117.330	$17.820	$11.124	1,45	9,53	7,10
Honda Motor Co.. Ltd. (TSE: 7267)	$52.485	$97.008	$109.247	$20.081	$8.658	0,89	4,83	6,06
Bayerische Motoren Werke Aktiengesellschaft (XTRA: BMW)	$65.783	$169.096	$93.942	$19.161	$13.079	1,80	8,83	5,03
Hyundai Motor Co. (KOSE: A005380)	$37.235	$99.332	$91.666	$6.533	$3.382	1,08	15,21	11,01
Nissan Motor Co.. Ltd. (TSE: 7201)	$20.250	$69.304	$69.174	$2.840	$(438)	1,00	24,40	N/A
Kia Corp. (KOSE: A000270)	$28.695	$21.857	$60.285	$5.558	$3.072	0,36	3,93	9,34
Renault SA (ENXTPA: RNO)	$9.995	$58.919	$53.766	$4.509	$(429)	1,10	13,07	NA
Tesla. Inc. (NasdaqGS: TSLA)	$1.118.751	$1.112.814	$46.848	$7.267	$3.468	23,75	153,13	322,59
Tata Motors Ltd. (BSE: 500570)	$23.264	$34.004	$37.263	$3.220	$(1.273)	0,91	10,56	NA
Volvo Car AB (publ.) (OM: VOLCAR B)	$21.332	$19.247	$34.158	$3.275	$1.849	0,56	5,88	11,54
Suzuki Motor Corp. (TSE: 7269)	$22.322	$17.894	$32.424	$3.498	$2.067	0,55	5,12	10,80
Mazda Motor Corp. (TSE: 7261)	$5.762	$6.030	$29.815	$1.526	$418	0,20	3,95	13,77
BYD Co. Ltd. (SEHK: 1211)	$96.146	$97.302	$29.810	$2.815	$507	3,26	34,57	189,83
Mediana						1,04	9,62	9,34
Média						2,17	17,57	38,21

Valuation e precificação: Empresas de alto crescimento (high-growth) | 291

Observe que em todas as métricas de preços, a Tesla parece não apenas sobre-valorizada como também em uma proporção muito alta, sendo negociada em 23,75 (322,59) vezes a receita (lucro), enquanto a mediana das marcas automotivas é negociada em 1,04 (9,34) vezes a receita (lucro).

Na Tabela 11.4, tentei as abordagens de projeção de PL (preço/lucro) e PEG (preços/lucros para o crescimento) com a Tesla e as outras marcas de automóveis, embora o tamanho da amostra tenha diminuído e algumas empresas não tenham estimativas de crescimento de ganhos.

Tabela 11.4 • Índices PEG e P/L projetados — Setor automotivo, novembro de 2021

Empresa	Valor de mercado (US$ milhões)	Lucro líquido (US$ milhões)	PL	Crescimento esperado do lucro líquido nos próximos cinco anos	Índice PEG (relação PL para o crescimento)	Lucro líquido esperado, ano 5	PL projetado
Bayerische Motoren Werke Aktiengesellschaft (XTRA: BMW)	$65.783	$13.079	5,03	25,40%	0,20	$40.557	1,62
BYD Co. Ltd. (SEHK: 1211)	$96.146	$507	189,83	8,98%	21,14	$778	123,49
Daimler AG (XTRA: DAI)	$107.839	$16.044	6,72	33,70%	0,20	$68.545	1,57
Ford Motor Co. (NYSE: F)	$68.256	$2.867	23,81	66,90%	0,36	$37.129	1,84
General Motors Co. (NYSE: GM)	$79.025	$11.124	7,10	13,20%	0,54	$20.677	3,82
Honda Motor Co.. Ltd. (TSE: 7267)	$52.485	$8.658	6,06	15,20%	0,40	$17.566	2,99
SAIC Motor Corp. Ltd. (SHSE: 600104)	$36.064	$3.745	9,63	10,50%	0,92	$6.169	5,85
Stellantis NV (BIT: STLA)	$63.353	$9.910	6,39	35,30%	0,18	$44.932	1,41
Suzuki Motor Corp. (TSE: 7269)	$22.322	$2.067	10,80	19,70%	0,55	$5.080	4,39
Tesla. Inc. (NasdaqGS: TSLA)	$1.118.751	$3.468	322,59	42,80%	7,54	$20.593	54,33
Toyota Motor Corp. (TSE: 7203)	$248.785	$26.891	9,25	3,50%	2,64	$31.938	7,79
Volkswagen AG (XTRA: VOW3)	$142.343	$21.289	6,69	15,20%	0,44	$43.193	3,30
Mediana			8,18	17,45%	0,49		3,56
Média			50,33	24,20%	2,92		17,70

Seguindo com as marcas automotivas, ainda parece não haver quase nenhuma explicação para a precificação da Tesla e da BYD, embora avançar os números para o ano 10 possa tornar esse erro de precificação menos evidente. Há uma última opção de precificação a considerar, que é fixar o preço da Tesla não em relação às empresas de automóveis, e sim em relação às empresas de tecnologia de alto crescimento, com o argumento de que a Tesla é mais uma empresa de tecnologia do que de automóveis e, portanto, seus investidores a precificam como tal.

Complementos e adendos

Nesta parte final, examino dois complementos e adendos particularmente relevantes em uma análise das empresas de alto crescimento. Primeiro, contrario a noção de que o crescimento é sempre bom para os investidores e procuro maneiras de separar o bom e o mau crescimentos. Em seguida, examino as técnicas a serem utilizadas após uma avaliação intrínseca para explorar perguntas hipotéticas e extrair o que o mercado está precificando em uma ação.

O valor do crescimento

Embora muitos investidores o encarem como um bem absoluto, o crescimento exige uma compensação: a empresa reinveste mais no curto prazo e evita realizar pagamentos (dividendos ou recompras) aos investidores durante esse período em troca de ganhos mais altos no futuro. Assim, não surpreende que o efeito líquido do crescimento dependa de quanto é reinvestido em relação ao que a empresa pode colher como crescimento futuro. Embora a avaliação completa desse valor exija suposições explícitas sobre crescimento e reinvestimento, há um atalho: comparar os retornos da empresa sobre seus investimentos ao custo de financiá-los. Se os retornos contábeis forem utilizados como um indicador para os retornos do projeto, e os custos de patrimônio e capital, como medidas dos custos de financiamento, é possível calcular os retornos excedentes aos acionistas comparando o retorno sobre o patrimônio líquido ao custo do capital próprio e os retornos excedentes a todos os provedores de capital, subtraindo o custo de capital do retorno sobre o capital investido, conforme mostrado na Figura 11.13:

Valuation e precificação: Empresas de alto crescimento (high-growth) | 293

FIGURA 11.13 | Retornos excedentes de investimentos

A partir dos retornos contábeis e dos custos de patrimônio/capital que calculei no Capítulo 6 para todas as empresas negociadas em bolsa no início de 2022, destaquei a distribuição de medidas de retorno excedente dessas empresas na Figura 11.14:

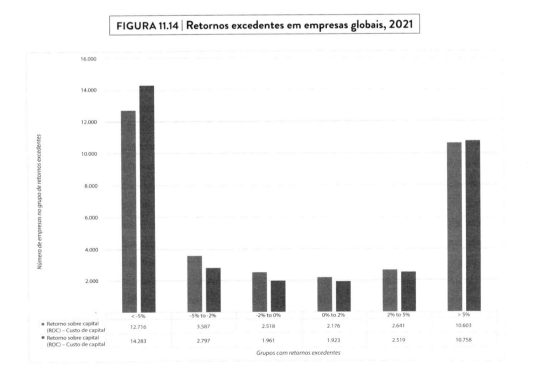

FIGURA 11.14 | Retornos excedentes em empresas globais, 2021

Quase 57% das empresas obtêm lucros mais baixos do que seus custos de financiamento, o que embora para algumas isso possa ser temporário, para muitas tornou-se uma característica permanente. É uma verdade inegável que certas empresas têm mais facilidade em gerar valor do que outras, e que um mau negócio é aquele em que a maioria das empresas que nele operam, por mais bem gerenciada que seja, tem problemas para retornar os custos de capital. Utilizando os retornos excedentes estimados em 2021, fiz uma estimativa (ROIC – Custo de Capital) em 94 setores. As dez "melhores" e "piores", em termos de retorno excedente médio estão listadas na Tabela 11.5:

Tabela 11.5 • Retornos excedentes globais — Melhores e piores indústrias, 2021

Maus negócios				
Segmento Industrial	#Empresas	Mediana: Retorno sobre o capital investido (ROIC)–Custo médio ponderado de capital (WACC)	% com retornos excedentes	
			Positivo	Negativo
Medicamentos (Biotecnologia)	1.223	-86,31%	42,27%	57,73%
Metais preciosos	947	-24,25%	39,92%	60,08%
Metais e Mineração	1.706	-21,95%	40,39%	59,61%
Transporte aéreo	151	-12,28%	23,84%	76,16%
Hotelaria/Jogos	654	-10,83%	26,30%	73,70%
Petróleo/Gás (produção e exploração)	642	-10,74%	46,42%	53,58%
Carvão e energia relacionada	206	-8,83%	46,60%	53,40%
Restaurantes/Alimentação	385	-8,06%	37,14%	62,86%
Entretenimento	734	-7,28%	53,54%	46,46%
Serviços/Equipamentos petrolíferos	457	-5,42%	39,39%	60,61%
Bons negócios				
Segmento Industrial	#Empresas	Mediana: Retorno sobre o capital investido (ROIC) --Custo médio ponderado de capital (WACC)	% com retornos excedentes	
			Positivo	Negativo
Tabaco	55	13,31%	80%	20%
Varejo (fornecimento para construção)	98	7,12%	78,57%	21,43%
Serviços de informação	266	6,98%	72,56%	27,44%
Serviços de informática	1.040	5,35%	69,71%	30,29%
Serviços de apoio à saúde	445	4,34%	68,76%	31,24%
Móveis/Decoração de interiores	359	3,85%	64,35%	35,65%
Hospitais/Instalações de saúde	223	3,40%	66,82%	33,18%
Indústria química (especializada)	898	3,28%	66,70%	33,30%
Materiais de construção	449	3,17%	63,25%	36,75%
Indústria química (diversificada)	71	3,14%	71,83%	28,17%

Fonte: Retornos excedentes, por indústria (Estados Unidos, Global)

Valuation e precificação: Empresas de alto crescimento (high-growth) | 295

Alguns negócios aparecem na lista dos piores todos os anos, como companhias aéreas e hotéis/jogos, pois a covid exacerbou problemas estruturais e de longo prazo. Os setores aéreo e de hotelaria estão quebrados já faz tempo, e não há uma solução fácil. As empresas de biotecnologia podem argumentar, com alguma razão, que sua presença na lista de maus negócios se deve ao fato de que muitas no setor são jovens a um passo de se tornarem grandes sucessos e, na maturidade, serão como as farmacêuticas (que geram retornos excedentes positivos). Tenho certeza de que haverá defensores da área de ESG pedindo crédito por verem as empresas de combustível e mineração na lista de piores negócios, mas esses rankings mudarão depressa se os preços de petróleo e commodities aumentarem e, ainda por cima, como o melhor negócio de todos em 2021, em termos de excedente de retornos de excedentes, foi o setor de tabaco, que não é bem um modelo de virtude. Embora o boom da tecnologia tenha criado grandes empresas vencedoras em serviços de informação e computação, as relacionadas à construção (de materiais a móveis e varejo) e as químicas também parecem ter descoberto como entregar retornos que excedem seus custos.

Entre os maus negócios, observe a presença do setor de entretenimento, que tem um bom histórico e que recentemente se deparou com seu modelo disruptado por novos concorrentes. A Netflix, em particular, transformou o jeito de fazer, distribuir e consumir entretenimento e, nesse processo, drenou o valor de players já estabelecidos. Embora esse fenômeno tenha se apresentado em diversos setores nas últimas duas décadas, há algumas características comuns nos dados sobre retornos excedentes. A disrupção quase sempre leva a retornos mais baixos para o status quo, ou seja, as empresas disruptadas nos seus negócios, mas os disruptores em geral não são beneficiados. Pense no setor automotivo, no qual o compartilhamento de viagens destruiu os serviços de táxi e outros modelos tradicionais, mas os aplicativos Uber, Lyft, Didi, Grab e Ola continuam apresentando prejuízos. Em termos francos, a disrupção é fácil, mas ganhar dinheiro assim é difícil. A disrupção cria muitos perdedores, que não necessariamente são superados por vencedores.

Para resumir minhas descobertas, eu concluiria que gerar valor ao administrar uma empresa ficou mais difícil (e não menos) nas últimas duas décadas e que, embora algumas empresas pareçam ter encontrado caminhos para ganhos sustentáveis e vultosos, a maioria está nas trincheiras, enfrentando disruptores e riscos macroeconômicos muito maiores em suas operações. Vale a pena ter atenção a essas lições ao avaliar empresas de alto crescimento, que pode ter um efeito devastador no valor se os lucros forem menores que o custo de capital. Essa é uma das razões pelas quais é necessário analisar as vantagens competitivas de uma empresa de alto crescimento ao fazer os melhores julgamentos sobre seu valor.

Análise do ponto de equilíbrio

Ao avaliar empresas de alto crescimento com ações negociadas no mercado, notei que o valor e o preço podem divergir por erros nos dados, sejam os usados para o seu valuation, sejam os usados pelo mercado. Mas, na verdade, o mais provável é que tanto você quanto o mercado estejam errados. Por mais que os verdadeiros adeptos do valor julguem os mercados como superficiais e movidos pelo comportamento de manada, é seu dever ao menos entender o que os mercados estão precificando quando o preço de uma empresa é diferente do valor. Existem algumas maneiras de abordar essa análise:

- Alterar apenas uma variável (crescimento, receitas, risco) e encontrar o valor de equilíbrio, ou *breakeven*, para essa variável que vai resultar no preço atual de mercado. O problema dessa abordagem é que exige isolar apenas um entre muitos inputs importantes para chegar à conclusão.
- Uma abordagem mais ampla para desconstruir as expectativas do mercado é escolher dois ou três dos inputs mais críticos para o valuation e procurar combinações de pressupostos sobre essas variáveis que resultem no preço de mercado.
- Uma terceira variante é voltar à história ao redor da qual o valuation foi construído, observando como o valor muda à medida que a história é alterada.

Mais uma vez, o objetivo da análise não é se convencer de que o mercado está certo, e você, errado, ou de criar intervalos de valor sem qualquer sentido, e sim ter uma noção do tamanho da margem de erro disponível nos principais inputs.

ESTUDO DE CASO – PARTE 3: UMA ANÁLISE DO BREAKEVEN DA TESLA

Meu valuation da Tesla vem acompanhado de diversas advertências, e é possível que você encontre uma história que produza um valuation mais alto que o meu e que também seja superior ao preço das ações. Como alternativa, você pode estar entre os que acreditam que muito do que encarei como melhorias na empresa nos últimos anos seja uma miragem e que estou iludido. Eu diria que quase qualquer desacordo entre dois analistas sobre a Tesla será motivado, no fim das contas, pela proporção da receita que a empresa pode gerar a partir dos negócios em que opera e por quão lucrativa será a empresa.

Valuation e precificação: Empresas de alto crescimento (high-growth) | 297

1. **Receitas:** ao fazer minhas estimativas de receita, presumi que a Tesla receberia uma parcela predominante das receitas a partir da venda de carros, em parte por causa de sua história e em parte porque suas fontes alternativas (baterias, software etc.) não geram grandes receitas. Porém, é possível haver outros negócios nos quais a Tesla pode se inserir, o que geraria fluxos de receita novos e substanciais. Também é possível que o negócio de carros elétricos se mostre similar aos negócios de tecnologia no sentido de que "o vencedor leva tudo", e que a Tesla tenha uma participação dominante de mercado. Em ambos os casos, os otimistas terão que encontrar maneiras de obter receitas muito maiores do que meu número já assustador de 414 bilhões de dólares em 2032. (Apenas para uma perspectiva, as receitas totais de todas as empresas de automóveis de capital aberto em escala global, em 2020-21, chegaram a 2,33 trilhão de dólares, o que daria à Tesla cerca de um sexto do mercado total.)

2. **Lucratividade:** outro fator-chave no valor da Tesla é a margem operacional. Embora acredite que minha estimativa de 16% já esteja no limite superior do que uma indústria de transformação pode gerar, ainda há maneiras de a Tesla obter margens mais altas. Por exemplo, entrar em um negócio paralelo, talvez software ou compartilhamento de viagens (com carros autônomos), com margens muito mais elevadas do que seu negócio automotivo. Outra opção é se beneficiar das vantagens tecnológicas para colher os frutos das economias de escala na produção, que exigiria margens brutas com crescimento contínuo, saindo de menos de 30% para níveis muito mais elevados.

Você mesmo pode verificar, mas as outras suposições (sobre reinvestimento e risco) descritas neste capítulo não têm um impacto tão grande no valor. Calculei o valor patrimonial da Tesla (em ações ordinárias) em função das receitas previstas e das margens operacionais na Tabela 11.6:

Tabela 11.6 • Valor de Patrimônio Líquido da Tesla – alternativas para crescimento/margens

		Valor estimado do patrimônio líquido comum da Tesla por ação hoje Receitas em 2032 (em US$ bilhões)					
		$200 (Similar à Daimler)	$300 (Similar à Toyota)	$400 (15% de participação no mercado)	$600 (25% de participação no mercado)	$800 (30% de participação no mercado)	$1.000 (40% de participação no mercado)
Margem Operacional--Alvo	12%	$257	$370	$469	$666	$857	$1.049
	16%	$346	$503	$642	$918	$1.185	$1.455
	20%	$435	$636	$814	$1.169	$1.514	$1.861
	24%	$524	$769	$986	$1.421	$1.842	$2.267
	28%	$613	$902	$1.160	$1.673	$2.170	$2.673

Células cinza = valores maiores que o valor de mercado da empresa em 4 de novembro de 2021.

Como dá para notar, existem caminhos para levar a Tesla ao preço atual de suas ações e até ultrapassá-lo, mas exigem que a empresa entre em um território raro, supondo que terá mais receitas do que qualquer outra empresa (não apenas do setor automotivo) na história, ao mesmo tempo em que assegura margens operacionais semelhantes às proporcionadas pelas maiores e mais bem-sucedidas ações de tecnologia, nenhuma das quais tem o mesmo peso substancial em custos de produção.

Conclusão

Munidas de mais dados históricos para trabalhar e tendo a lucratividade como evidência de um modelo de negócios funcional, parece mais fácil avaliar as empresas de alto crescimento do que startups e empresas muito jovens, mas essa tranquilidade pode ser enganosa. Os dados do passado de uma companhia em geral incluem a mudança de fundamentos, pois o crescimento da receita diminui à medida que a empresa aumenta, e as margens passam de valores negativos para positivos. Ter um preço de mercado para muitas dessas empresas de alto crescimento pode trazer benefícios, facilitando alguns cálculos de valuation, mas também pode distorcer esses cálculos, enquanto analistas pressionam os números para aproximar valor e preço.

Meu conselho é permanecer fiel ao processo de valuation, começando com uma história cuja narrativa se ajuste ao perfil e ao histórico da empresa, verificar os números de crescimento de receita previstos para ter certeza de que as receitas absolutas não estão sendo aumentadas a níveis ilusórios e garantir que o reinvestimento esteja vinculado às suas suposições de crescimento. Na avaliação de empresas de alto cres-

Valuation e precificação: Empresas de alto crescimento (high-growth) | **299**

cimento, a previsão mecânica de valores futuros para itens do valuation com base em linhas de tendências históricas é uma receita para o desastre.

Quanto à precificação, embora existam mais medidas para dimensionar os preços de mercado nesse grupo, as empresas de alto crescimento em setores constituídos principalmente por empresas maduras tendem a parecer muito supervalorizadas, mas só porque têm mais potencial de crescimento do que seu grupo de pares.

Valuation e precificação: Empresas maduras

É SENSO COMUM que as empresas maduras são mais fáceis de avaliar, já que têm longos históricos financeiros que não só fornecem informações detalhadas sobre margens de crescimento e lucro como também ajudam a delinear as narrativas que determinam o valor da empresa. Isso quase sempre é verdade, mas, como argumento neste capítulo, o fato de as empresas maduras já estarem bem-estabelecidas pode nos levar a uma sensação de complacência, deixando-nos alheios aos disruptores que podem prejudicar os modelos de negócios da noite para o dia ou às más práticas corporativas de gestores que, presos a roteiros, tomam decisões prejudiciais ao valor no longo prazo.

Valuation de empresas maduras

Para quem faz valuation mecânico, utilizando apenas dados históricos para projetar fluxos de caixa no futuro e estimar o valor, é mais provável obter sucesso no segmento das empresas maduras. Nesta seção, começo com uma análise das características comuns desse tipo de corporação e dos desafios que surgem durante algumas avaliações, e o que fazer para direcionar o valuation de volta ao caminho certo.

As características

Há grandes diferenças entre empresas maduras de cada setor, mas todas compartilham algumas características comuns. Nesta seção, analiso essas semelhanças, dando atenção especial às consequências disso para o processo de valuation:

1. **Convergência nas taxas de crescimento:** em muitas empresas maduras, pode haver uma grande diferença entre a taxa de crescimento das receitas e a dos lucros. Embora a taxa de crescimento dos lucros das empresas maduras possa ser elevada devido à maior eficiência, é mais difícil alterar o crescimento das receitas. A maioria das empresas maduras registra taxas de crescimento nas receitas que, se não forem iguais, vão convergir para a taxa de crescimento nominal da economia. À medida que isso acontece, o crescimento dos lucros segue o mesmo caminho, uma vez que o crescimento impulsionado pela eficiência tem data de validade.

2. **As margens estão estabelecidas:** outro recurso comum é que empresas maduras tendem a ter margens estáveis. As exceções são as empresas de commodities e as de consumo cíclico, cujas margens variam em função da economia geral, capaz de volatilizar as margens até mesmo das empresas maduras. Esse subgrupo é examinado com mais atenção adiante, mas, mesmo essas empresas têm margens estáveis nos ciclos econômicos ou nos ciclos de preços das commodities.

3. **Vantagens competitivas:** a dimensão de maior variação das empresas maduras está nas vantagens competitivas, manifestadas pelos retornos excedentes gerados nos investimentos. Enquanto algumas empresas nesse estágio do ciclo testemunham esses retornos despencarem ao zero ou tornarem-se negativos com a chegada da concorrência, outras conseguem manter vantagens competitivas significativas (assim como os retornos excedentes). Dado que o valor é definido pelos retornos excedentes, em uma comparação entre os dois grupos, o último retém valores mais elevados, mesmo quando as taxas de crescimento ficam debilitadas.

4. **Capacidade de endividamento:** quando as empresas amadurecem, as margens e o lucro melhoram, as necessidades de reinvestimento diminuem e há mais dinheiro disponível para quitação de dívida. Como consequência, a capacidade de fazer empréstimos tende a aumentar, embora possa haver grandes diferenças na maneira como as empresas reagem a esse aumento na capacidade de

endividamento. Algumas optam por não explorar nada ou quase nada dessa capacidade e se manter alinhadas às políticas de financiamento que estabeleceram enquanto estavam em crescimento. Outras exageram e fazem mais empréstimos do que podem gerir sem dificuldades, dados os lucros e os fluxos de caixa atuais. Há aquelas que adotam um meio termo mais sensato e fazem empréstimos para refletir seu melhor status financeiro e, assim, preservar sua saúde financeira.

5. **Acúmulo de caixa e retorno:** à medida que os lucros aumentam e as necessidades de reinvestimento diminuem, as operações passam a gerar mais dinheiro do que as empresas maduras necessitam. Se não houver modificações nas políticas de dívida ou de dividendos, os saldos de caixa começarão a se acumular. Saber se a empresa tem muito dinheiro e, caso tenha, como deve devolver essa quantia aos acionistas é uma questão em quase todas as empresas maduras.

6. **Crescimento inorgânico:** a transição de empresa em crescimento para empresa madura não é fácil para a maioria dos negócios, ainda mais para seus gestores. À medida que o empreendimento cresce, e eles descobrem que as oportunidades de investimento interno não proporcionam o mesmo impulso de crescimento de antes, não surpreende que gestores de empresas maduras procurem soluções rápidas que mantenha o alto ritmo de crescimento. Uma opção, ainda que cara, é comprar crescimento. A compra de outras empresas pode impulsionar as receitas e os lucros. No entanto, para empresas maiores e maduras, essas aquisições também precisam ser ampliadas para fazer alguma diferença.

É preciso destacar o argumento final de que nem todas as empresas maduras são grandes. Muitas de pequeno porte atingem o teto de crescimento depressa e permanecem essencialmente pequenas e maduras. Porém, algumas empresas em crescimento têm períodos prolongados de expansão antes de atingirem um crescimento estável, e essas empresas (como a Coca-Cola e a Verizon) tendem a ser as grandes empresas maduras que uso como exemplos típicos.

Os desafios

Se o valor intrínseco de uma empresa for o valor presente dos fluxos de caixa esperados de seus investimentos, descontados a uma taxa ajustada ao risco, fica a impressão de que as empresas maduras, nas quais a maior parte do valor provém de investimentos já feitos (ativos em operação), deveriam ter um processo de avaliação mais fácil. Embora isso em geral seja verdade, ainda pode haver problemas ocultos sob a superfície de históricos longos e aparentemente estáveis. Dividirei esses desafios por categoria.

ATIVOS EM OPERAÇÃO

Classifiquei as empresas maduras como aquelas que obtêm a maior parte de seu valor a partir de ativos já existentes. Dessa forma, uma medição correta do valor desses ativos é algo muito mais crítico para esse tipo de empresa do que para as que analisei nos dois capítulos anteriores. Como um input-chave para a avaliação de ativos existentes é a estimativa dos fluxos de caixa que geram, podemos encontrar dois tipos de problemas na avaliação de empresas maduras:

1. **Lucros manipulados:** empresas maduras são adeptas da utilização do poder discricionário das regras contábeis para manipular os lucros. Perceba que isso não necessariamente configura fraude contábil, nem mesmo uma atitude enganosa, mas, como resultado, os lucros que empresas com práticas contábeis agressivas reportam a partir de ativos existentes são muito superiores aos de empresas semelhantes, mas conservadoras. Não levar em conta as diferenças de abordagem contábil pode gerar sobrevalorização dos ativos existentes de empresas agressivas e subvalorização dos ativos de empresas conservadoras.
2. **Ineficiências de gestão:** empresas maduras apresentam longos períodos de histórico operacional estável. Esse histórico extenso pode culminar na crença de que os números do passado (margens operacionais, retornos sobre capital) são estimativas razoáveis do que os conjuntos de ativos existentes continuarão gerando no futuro. No entanto, os lucros anteriores refletem como a empresa foi gerenciada na época, e, caso os gestores não tenham feito o investimento ou o financiamento correto, os ganhos relatados serão inferiores ao que poderiam ter sido sob uma gestão mais eficaz. Se houver projeção de mudança de gestão no horizonte, corre-se o risco de que os ativos existentes sejam subestimados com base nos ganhos relatados.

Em resumo, a ideia de que os ativos existentes são fáceis de avaliar em uma empresa madura por conta do longo histórico operacional só é válido em empresas bem-geridas ou naquelas em que a gestão atual está tão arraigada que não há perspectiva de mudança, em negócios em que há pouca ou nenhuma chance de disrupção.

ATIVOS DE CRESCIMENTO

Há duas maneiras de uma empresa criar ativos de crescimento: investindo em novos ativos e projetos que gerem retornos excedentes (o que costuma ser chamado de crescimento "orgânico"); e adquirindo negócios e empresas estabelecidas, causando um curto-circuito (chamado de crescimento "inorgânico" ou "impulsionado por aquisições"). Embora ambas as opções estejam disponíveis em qualquer fase do ciclo de vida corporativa, as empresas maduras são muito mais propensas a seguir a rota do crescimento adquirido, e isso por três razões:

- Com o amadurecimento, os investimentos internos tendem a escassear em comparação ao capital disponível para investimentos.
- Quando a empresa aumenta em proporção, os novos investimentos também precisam ser significativos para que tenham algum impacto no crescimento geral. Embora seja difícil encontrar projetos internos multibilionários, encontrar aquisições desse porte é mais viável. Além disso, a taxa de crescimento é afetada quase que de imediato.
- A terceira razão se aplica às empresas que experimentam um longo prazo entre investimentos e retorno. Nesses casos, há sempre um atraso entre o investimento inicial em um novo ativo e o crescimento gerado por esse investimento. Com uma aquisição, os retornos, na prática, são acelerados.

Para o valuation intrínseco, quais são as consequências da tendência favorável ao crescimento impulsionado por aquisições? Em geral, é muito mais complicado avaliar o valor do crescimento inorgânico do que o do orgânico. Ao contrário do crescimento orgânico, em que as empresas realizam vários pequenos investimentos por período, as aquisições do crescimento inorgânico tendem a ser em grande escala, pouco frequentes e irregulares. Uma aquisição multibilionária em determinado ano pode preceder dois anos sem novos investimentos, seguidos por outro com uma nova aquisição. Dado que o montante reinvestido e o retorno obtido do reinvestimento devem refletir tanto o crescimento orgânico quanto o impulsionado por aquisições, estimar esses números para as empresas adquirentes é muito mais complexo. Seguindo a prática padrão de utilizar os números de reinvestimento das demonstrações financeiras mais recentes da empresa, há o risco de superestimar o valor (se tiver havido uma grande aquisição durante o período) ou de subestimá-lo (quando se trata de um período entre aquisições). Calcular o retorno do capital investido é muito mais desafiador em se tratando do crescimento impulsionado por aquisições, em parte porque a contabilização das aquisições gera itens contábeis ("goodwill", ou ágio na aquisição, além de encargos relacionados às aquisições) que são difíceis de negociar e de incorporar aos retornos contábeis.

Já para estimar taxas de desconto em empresas maduras, parto de uma posição mais favorável porque tenho acesso a mais dados para trabalhar. A maioria dessas corporações tem ações negociadas em bolsa durante longos períodos, o que viabiliza o acesso a mais dados históricos de preços e da variabilidade dos lucros ao longo do tempo. Além disso, essas empresas também possuem perfis de risco definidos, o que estabiliza os dados e facilita a defesa da estimativa dos parâmetros de risco patrimonial a partir de dados históricos, em comparação a das companhias analisadas nos dois capítulos anteriores. Muitas empresas maduras, pelo menos nos Estados Unidos, utilizam debêntures para captar dívida, o que abre margem para duas vantagens: o acesso a preços de mercado e rendimentos atualizados desses títulos, o que contribui para o custo da dívida; e a classificação de títulos que acompanha essas obrigações, fornecendo não só medidas do risco de inadimplência como também pistas para os spreads de inadimplência e os custos da dívida. No entanto, três questões de estimativa podem afetar as da taxa de desconto em empresas maduras:

- A primeira é que as empresas maduras acumulam dívidas de várias fontes, resultando em uma estrutura de endividamento complexa: taxa fixa e taxa flutuante, em várias moedas, como dívida sênior ou subordinada e com diferentes vencimentos. Como esses empréstimos em geral possuem taxas de juros diferentes (e até classificações distintas), os analistas enfrentam o desafio de lidar com essa complexidade ao calcular índices e custos de dívida.
- A segunda é que as taxas de desconto (custos de dívida, patrimônio e capital) são afetadas pela composição da dívida e do patrimônio da empresa. As estimativas obtidas a partir dos dados e das classificações de preços atuais refletem o mix de financiamento atual da empresa. Se esse mix for alterado, será preciso reestimar a taxa de desconto.
- A terceira tem relação com as empresas que seguem o caminho das aquisições para o crescimento: adquirir um empreendimento de outro setor ou com um perfil de risco diferente pode alterar a taxa de desconto da empresa adquirente.

CRESCIMENTO ESTÁVEL E VALOR TERMINAL

Como em qualquer avaliação intrínseca, o valor terminal representa uma grande parte do valor global de uma empresa madura, embora em menor proporção do que nas empresas jovens ou em crescimento. Como as empresas maduras têm taxas de crescimento próximas às da economia, o cálculo do valor terminal pode parecer mais imediato e simples em comparação ao das empresas em crescimento. Embora isso em geral seja verdade, dois fatores podem causar distorções no cálculo:

a. **Taxas de crescimento estáveis, risco instável e perfil de investimento:** muitas empresas maduras apresentam taxas de crescimento suficientemente baixas para se qualificarem como "em crescimento estável" (inferior à taxa de crescimento da economia e à taxa livre de risco). No entanto, outros inputs na avaliação podem não refletir essa maturidade. Assim, uma taxa de crescimento de 2% nas receitas e nos lucros pode qualificar uma empresa como estável, mas isso não acontece quando uma corporação cujo risco a coloca no percentil 90 de todas as empresas está reinvestindo 90% de seu lucro operacional após impostos. Para se qualificar como uma empresa de crescimento estável, que pode ser avaliado pela equação do valor do terminal, é preciso ter um perfil de risco compatível com o de uma empresa estável (riscos próximos à média) e se comportar de acordo em termos de reinvestimento.

b. **Ineficiências perpetuadas:** os fluxos de caixa dos ativos existentes e as taxas de desconto que obtenho a partir de dados anteriores refletem as escolhas feitas pela empresa. Se a gestão não for ideal, os fluxos de caixa podem ser menores, e a taxa de desconto, mais alta do que seriam para a mesma empresa com uma gestão diferente. Se, ao estimar o valor terminal, os valores atuais forem fixados nas margens de lucro, nos retornos sobre o investimento e nas taxas de desconto e a empresa for mal gerida, a estimativa será subvalorizada, supondo que as práticas atuais continuarão por tempo indeterminado.

Em resumo, não dá para simplesmente supor que uma empresa está em crescimento estável e pode ser avaliada com uma equação de valor terminal, mesmo no caso das empresas maduras. Os desafios de avaliações desse tipo de empresa refletem preocupações de que, embora os números relativos reflitam o histórico e a gestão atual, alterações na forma dessa gestão podem resultar em uma empresa muito diferente. Caso ocorram mudanças, os fluxos de caixa esperados, o crescimento e as características de risco serão muito diferentes, como exposto na Figura 12.1.

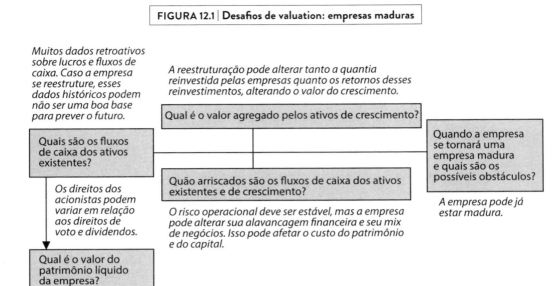

Retomo esse cenário mais adiante neste capítulo, apontando uma distinção entre o valor status quo de uma empresa sob determinada gestão e o valor reestruturado da mesma empresa sob uma gestão diferente.

As respostas

Para lidar com esses desafios, parto do mesmo modelo de valuation de cinco etapas que utilizei para empresas em estágio inicial de crescimento no Capítulo 10 e as de alto crescimento no Capítulo 11, mas com ênfase em empresas maduras.

PASSO 1: CONTE UMA HISTÓRIA

Nas empresas maduras, que têm um longo histórico financeiro e um modelo de negócio estabelecido, um valuation guiado por números é o ponto de partida ideal, como mostrado na Figura 12.2.

Valuation e precificação: Empresas maduras | **309**

FIGURA 12.2 | Uma história de valuation guiada pelos números

Dados financeiros anteriores

| Crescimento da receita anterior | Margens operacionais ao longo do tempo | Quantidade e tipo de reinvestimento | Variabilidade de ganhos |

Uma história de valuation guiada pelos números

Mercado e informações externas

| Crescimento e lucratividade do setor | Base de investidores | Classificação de títulos | Volatilidade do preço das ações |

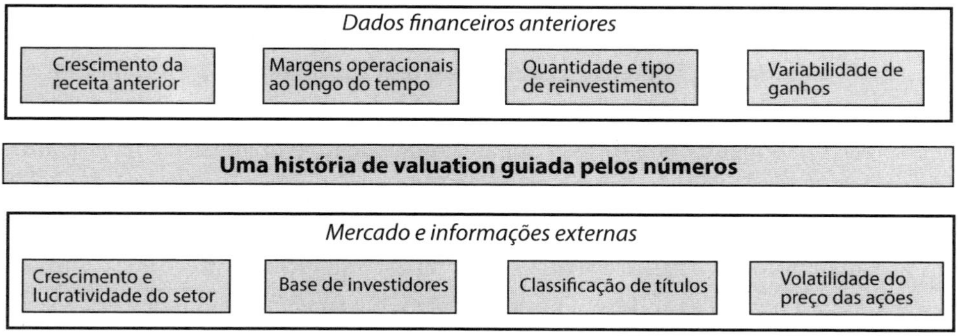

Dito isso, é preciso testar os elos mais fracos da história e considerar narrativas alternativas que possam se adequar ao futuro da empresa. Às vezes, essas histórias vêm dos gestores, que ponderam formas de retomar o crescimento, e, outras vezes, vêm dos investidores, que procuram mudar o modelo de negócio.

PASSO 2: O TESTE 3P (POSSÍVEL? PLAUSÍVEL? PROVÁVEL?)

Se a narrativa para um negócio maduro é uma extensão de sua trajetória, pode parecer que há pouca necessidade de um teste 3P. Isso quase sempre é verdade, mas há duas exceções. A primeira ocorre se as mudanças macroeconômicas ou regulatórias forem iminentes e puderem afetar a economia dos negócios, criando rupturas com dados históricos. Assim, ao avaliar uma empresa farmacêutica com uma longa história de crescimento sólido de receita e altas margens operacionais, a narrativa de que esse crescimento persistirá, mantendo margens altas no futuro, será ameaçada se estiver prestes a haver uma imposição de controle sobre os preços dos medicamentos. Com as empresas de combustíveis fósseis, a mudança climática colocou em risco as perspectivas de negócios de longo prazo, e não se sabe se é possível pressupor que os ciclos de preços do petróleo que caracterizaram o mercado do século passado continuarão no futuro.

PASSO 3: CONVERTA A HISTÓRIA EM INPUTS PARA O MODELO DE VALUATION

Seguindo o mesmo caminho que adotei para empresas em estágio inicial de crescimento no Capítulo 10 e de alto crescimento no Capítulo 11, aqui analiso a conversão da história do valuation para cada input, a começar pelo crescimento da receita, passando para a lucratividade e o reinvestimento e finalizando com o risco.

a. **Crescimento da receita:** ao prever o crescimento de receita para uma empresa madura, faz sentido começar pelo histórico de crescimento já registrado, mas é necessário levar em conta as seguintes considerações:

- *Período de tempo:* mesmo as empresas mais maduras têm anos bons, nos casos em que as receitas crescem mais do que o normal, e anos ruins, quando crescem menos. Assim, ao estimar o crescimento da receita, faz mais sentido analisar as taxas de crescimento anual de longos períodos, em vez de observar apenas o ano mais recente. Para avaliar uma empresa madura do setor de commodities, analise em que ponto ela está no ciclo de preços das commodities, pois os ganhos serão inflados (ou reduzidos) quando o ciclo estiver no pico (ou no piso).

- *Efeitos das aquisições e dos desinvestimentos no crescimento:* na busca por crescimento, as empresas maduras em geral adquirem negócios e desinvestem, e é preciso considerar quanto do crescimento da receita futura será afetado por essas perturbações.

Caso decida romper com o histórico das taxas de crescimento e projetar um crescimento muito maior ou menor para uma empresa madura, será preciso uma narrativa forte que explique por que isso pode acontecer.

b. **Lucratividade:** como no crescimento da receita, a análise das margens operacionais para uma empresa madura começa com a avaliação do histórico, para então ponderar se há mudanças por vir e, em caso positivo, de que forma. Para a maioria das empresas maduras, o mais prudente é assumir que as margens permanecerão nos padrões históricos — ou seja, média nos últimos cinco ou dez anos, por exemplo. Ao contrário das empresas de alto crescimento, nas quais utiliza-se economias de escala e melhoria de modelos de negócios para explicar por que as margens futuras serão mais altas, é difícil argumentar com convicção que uma empresa madura com um longo histórico de baixas (ou altas) margens operacionais atingirá margens muito mais altas (ou mais baixas) no futuro. Para defender uma grande mudança nas margens de um negócio maduro, é preciso ter uma explicação baseada no modelo de negócios ou nas transformações do mercado que a endosse.

c. **Reinvestimento:** empresas precisam reinvestir para crescer, e esse princípio se aplica tanto às maduras quanto às mais jovens. No entanto, como mencionado na seção sobre desafios, o principal mecanismo de crescimento das empresas maduras muitas vezes é passar do crescimento interno (ou orgânico) para as aquisições. Para avaliar esses negócios, é preciso considerar se essas aquisições vão criar valor, e essa avaliação exigirá que as aquisições recebam o mesmo tratamento que as despesas de capital e de uma previsão média do que a empresa gastará em aquisições nos anos seguintes. Para completar a análise, é preciso incorporar os efeitos das aquisições no crescimento da receita e nas previsões de margens para os anos futuros e também ajustar o perfil de risco da empresa para refletir essas aquisições.

d. **Risco:** o valuation de empresas maduras parte de informações que podem ser utilizadas para avaliar seus custos de capital e riscos de falência. Dados sobre a volatilidade das ações da companhia no mercado, a classificação atual de títulos da empresa e informações substanciais sobre o tamanho de sua capitalização de mercado entre a dívida e patrimônio podem ser bem utilizados no cálculo do seu custo de capital. No entanto, a ressalva é que o custo de capital reflete o mix de negócios e de financiamento que a empresa madura está utilizando, e, caso haja a decisão de alterar uma ou ambas as composições, o custo do capital terá que mudar. Um anúncio de que a Exxon Mobil pretende recomprar 5 bilhões de dólares em ações e investir 15 bilhões em energia limpa mudará seu mix de negócios (já que a "energia verde" tem um perfil de risco diferente dos combustíveis fósseis) e seu mix de financiamento (já que a recompra reduzirá seu patrimônio líquido), exigindo que seu custo de capital seja recalculado.

Em resumo, o valuation de empresas maduras deve começar com o que os dados históricos apontam a respeito do crescimento, da lucratividade, do reinvestimento e do risco, mas depois é preciso questionar se houve ou haverá mudanças fundamentais que possam gerar alterações nessas variáveis para o futuro.

ETAPA 4: AVALIE O NEGÓCIO

Como as empresas maduras obtêm a maior parte de seu valor dos investimentos já realizados, é lógico que haverá menos divergência de opinião sobre esse valor entre os investidores. No entanto, o valor será mais sensível a duas outras escolhas da empresa:

a. **Composição de financiamento:** para negócios maduros, alterar a composição entre dívida e patrimônio líquido em sua administração causará maior impacto no valor que será determinado para a empresa do que no caso das jovens ou de alto crescimento. Isso ocorre porque as empresas maduras em geral têm a capacidade de fazer mais dívida, e não usar essa capacidade pode levar a custos mais altos de capital e menor valor.

b. Retorno do fluxo de caixa: as empresas de crescimento jovem e de alto crescimento em geral não conseguem retornar dinheiro aos investidores, e sua necessidade financeira diminui a relevância de perguntas sobre como devem retornar caixa ou qual saldo devem manter para o cálculo de valor. As empresas maduras, em contrapartida, geram fluxos de caixa grandes e positivos, e, caso a opção seja não retornar, o caixa se acumula. Não é de surpreender que essas empresas estejam na mira de investidores que acham melhor que esse dinheiro seja devolvido aos proprietários de ações do que mantido na empresa. Embora o caixa seja um ativo neutro — o que quer dizer que sua presença não tem efeito no valor —, deixá-lo nas mãos de uma administração em que não há confiança pode destruir esse valor, o que faz da avaliação sobre confiança na atual gestão uma variável importante para a avaliação

A conclusão é que o valor estimado para uma empresa madura depende muito mais de suas suposições sobre a política de financiamento e dividendos do que o estimado para uma empresa jovem ou de alto crescimento. Portanto, como consequência, se essas políticas forem definidas pela gestão atual e houver a crença de que a gestão pode mudar, o valor para o negócio também mudará.

PASSO 5: MANTENHA O CANAL PARA FEEDBACK ABERTO

No caso de empresas maduras, é mais frequente chegar a avaliações intrínsecas mais próximas do preço da empresa do que no caso das jovens ou em crescimento, e isso também porque a maior parte de seu valor vem de ativos em operação, em que há menos discordância sobre o valor. Existem, no entanto, duas exceções:

A primeira é o caso de empresas maduras enfrentando disrupções: se as estimativas de valor intrínseco permanecerem consistentemente acima do preço de mercado e o preço de mercado cair, ficando longe do valor estimado, talvez valha a pena avaliar se os efeitos da disrupção estão bem incorporados ao valuation. Para simplificar: o mercado pode refletir os efeitos prejudiciais das disrupções mais cedo do que as demonstrações financeiras da empresa, e é justamente esse tipo de empresa que acaba virando uma armadilha de valor — ou seja, parece não valer muito, e o tempo só diminui seu valor.

A segunda exceção aparece durante a avaliação de negócios maduros que se baseia nas demonstrações financeiras existentes para prever fluxos de caixa e que incorpora o mix de financiamento e a política de dividendos atuais, caso aceite a política da atual gestão como pressuposto. Se um investidor ativista com fundos suficientes para tomar a frente, assumindo uma participação de relevância, fizer pressão por alterações, isso também deve ser um gatilho para reexaminar o valuation.

ESTUDO DE CASO – PARTE 1: AVALIAÇÃO DA UNILEVER, UMA EMPRESA MADURA EM TRANSIÇÃO, SETEMBRO DE 2022

A narrativa da história da Unilever remonta à sua fundação, em 1929, quando a holandesa Margarine Unie e a fabricante de sabão britânica Lever Brothers — duas empresas que já existiam havia décadas — uniram seus negócios. Nos anos seguintes, a empresa se tornou uma multinacional, abrangendo algumas das marcas de bens de consumo mais reconhecidas no setor. Seus principais ramos continuam sendo beleza e cuidados pessoais, mas foram adicionadas importantes empresas do setor alimentício e de produtos de limpeza. Em 2021, a companhia registrou receitas de 52,44 bilhões de euros e lucros operacionais antes de impostos de 9,64 bilhões, além de uma capitalização de mercado de quase 90 bilhões em meados de 2022.

Contexto

Como empresa madura, o histórico financeiro da Unilever aponta muito mais para suas origens e para onde a empresa poderá avançar do que os prognósticos de analistas e gestores. A Figura 12.3 mostra as receitas e o lucro operacional da Unilever de 1998 a 2021.

FIGURA 12.3 | Receitas e lucro operacional da Unilever

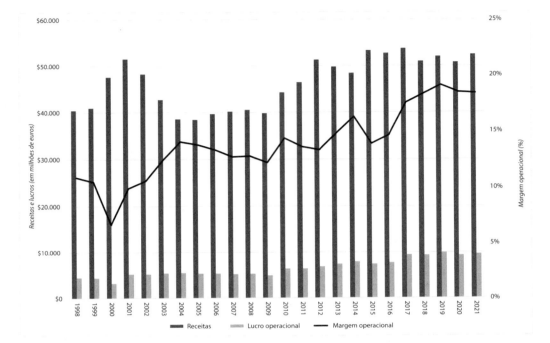

Os números contam uma narrativa convincente de uma empresa que tem crescido com dificuldade nos últimos anos, a uma taxa de crescimento anual composta de 1,19%, de 1998 a 2021. Se há uma boa notícia no gráfico, é que a Unilever tem conseguido melhorar as margens operacionais na última década, de 12,62% entre 2001 e 2010 para 15,99% entre 2011 e 2020, e que, sobretudo nos últimos quatro anos, vem apresentando margens entre 18% e 19%.

No campo do reinvestimento, a Unilever fez algumas grandes aquisições, incluindo a compra da Bestfoods, fabricante de maionese, por 24,3 bilhões de dólares, em 2000; da Horlicks, fabricante de bebidas, por 3,8 bilhões, em 2018; e da Dollar Shave Club, empresa de lâminas de barbear, por 1 bilhão, em 2016 — além de muitas outras menores. Uma medida de quão ativa a empresa esteve na frente de aquisição é seu registro de um goodwill (ágio na aquisição) de 21,57 bilhões de euros, o que indica os prêmios pagos sobre as compras. No entanto, essas aquisições nitidamente não representaram uma contribuição consistente para o crescimento da receita. Para uma noção de como os três ramos — cuidados pessoais, produtos de limpeza e alimentos — em que a Unilever atua estão se comportando, segmentei as receitas da empresa e o lucro operacional entre 2019 e 2021 na Tabela 12.1 e analisei as margens operacionais e crescimento por negócios:

Tabela 12.1 • Resultados operacionais por setor — Unilever

	Receitas (em milhões de €)	Resultado operacional (em milhões de €)	Taxa de Crescimento Anual Composta (CAGR) em receitas, 2016–21	Margem operacional, 2021
Beleza e cuidados pessoais	€21.901	€4.742	1,66%	21,65%
Produtos de limpeza	€10.572	€1.417	1,10%	13,40%
Alimentos e bebidas	€19.971	€3.477	-2,38%	17,41%

Os três setores são de baixo crescimento, e o de alimentos diminuiu entre 2016 e 2021. A área de beleza e cuidados pessoais é a que gera mais lucros, a uma margem operacional de 21,66% em 2016; produtos de limpeza ficaram para trás em termos de lucratividade.

A história e os inputs

Para construir minha narrativa de valuation para a Unilever, me aterei bastante ao que observo em seus dados históricos. Em outras palavras, pelo menos para essa iteração, vou supor que a empresa continuará no caminho de baixo crescimento de receita, mantendo as margens operacionais mais altas que conseguiu oferecer nos últimos anos. Também presumirei a ausência de mudanças significativas nas políticas de financiamento e dividendos, deixando os custos de capital inalterados ao longo do tempo. Para converter essa história em inputs específicos:

Crescimento de receita

Considero que as receitas crescerão 2% ao ano, mais do que a taxa de crescimento histórica, mas também refletindo as expectativas de inflação mais elevadas no momento deste valuation.

Margens operacionais

Para o próximo ano, espero que a Unilever mantenha a margem operacional de 18,38% que apresentou em 2021, e espero que as margens se estabilizem em torno de 18% nos anos seguintes.

Reinvestimento

Com baixo crescimento, será necessário relativamente pouco reinvestimento na empresa. Para ponderar esse valor, que espero que ocorra na forma de pequenas aquisições, vou estimar 1,80 euro em receitas por cada euro investido.

Custo de capital

Com o atual mix de financiamento da Unilever, que é de cerca de 78% de capital próprio e 22% de dívida, e dada a sua atual exposição geográfica às receitas, estimo um custo de capital em euros de 8,97%, pressupondo que permanecerá nesse nível permanentemente.[1]

Risco de falência

Considerando o histórico de lucros elevados e positivos e das amplas reservas de caixa, não acredito que exista qualquer risco de a empresa falir.

Com esses dados, apresento meu valuation para a Unilever na Figura 12.4:

FIGURA 12.4 | Valuation da Unilever

Unilever						Set-22
Baixo crescimento						
A Unilever é uma empresa de baixo crescimento com sólidas margens operacionais. A empresa continuará crescendo a uma taxa baixa, preservando as margens que ganhou entre 2017 e 2021. Não precisa de muito reinvestimento, embora continue com as pequenas aquisições ao longo do caminho, além de permanecer com seu atual mix de financiamento e política de dividendos.						

	As premissas					
	Ano-base	Próximo ano	Anos 2–5	Anos 6–10	Depois do ano 10	Ligação com a história
Receitas (a)	€ 52.444,00	2%	2%	2%	2%	Perspectivas de crescimento limitadas
Margem operacional (b)	18,38%	18,4%	18,38% →	18%	18%	As margens ficam nos níveis alcançados nos cinco anos mais recentes
Taxa de imposto	25%		25% →	25%	25%	Taxa marginal de imposto global/dos Estados Unidos ao longo do tempo
Reinvestimento (c)		1.80	1.80	1.80	16,67%	Manutenção na média global da indústria
Retorno sobre capital	14,39%	Retorno sobre capital investido (ROIC) marginal =	29,36%		12%	Marcas fortes
Custo de capital (d)			8,97% →	8,97%	8,97%	Custo de capital com base no mix atual de financiamento e geografia

	Os fluxos de caixa					
	Receitas	Margem operacional	EBIT	EBIT (1t)	Reinvestimento	FCFF (fluxo de caixa livre para a firma)
1	€ 53.493	18,38%	€ 9.830	€ 7.372	€ 582	€ 6.791
2	€ 54.563	18,30%	€ 9.985	€ 7.489	€ 593	€ 6.896
3	€ 55.654	18,26%	€ 10.164	€ 7.623	€ 605	€ 7.018
4	€ 56.767	18,23%	€ 10.346	€ 7.760	€ 617	€ 7.142
5	€ 57.902	18,19%	€ 10.531	€ 7.898	€ 630	€ 7.269
6	€ 59.060	18,15%	€ 10.720	€ 8.040	€ 642	€ 7.397
7	€ 60.242	18,11%	€ 10.911	€ 8.184	€ 655	€ 7.528
8	€ 61.447	18,08%	€ 11.107	€ 8.330	€ 668	€ 7.662
9	€ 62.675	18,04%	€ 11.305	€ 8.479	€ 682	€ 7.797
10	€ 63.929	18%	€ 11.507	€ 8.630	€ 695	€ 7.935
Ano terminal	€ 65.208	18%	€ 11.737	€ 8.803	€ 1.467	€ 7.336

	O valor		
Valor Terminal	€ 105.317,15		
Valor presente (PV) (valor terminal)	€ 44.628,23		
Valor presente (Fluxo de caixa nos próximos 10 anos)	€ 46.626,14		
Valor dos Ativos em operação =	€ 91.254,37		
Ajuste para distress	€ 0,00	Probabilidade de falência = 0%	
− Dívidas e participações minoritárias	€ 36.686,00		
+ Dinheiro e outros ativos não operacionais	€ 7.613,00		
Valor do patrimônio líquido	€ 62.181,37		
− Valor das opções de ações	$0,00		
Número de ações	2.569,20		
Valor por ação	€ 24,20	As ações eram negociadas a = € 45,60	

Como é possível observar, a narrativa de baixo crescimento da Unilever, embora obviamente plausível e alinhada ao histórico, entrega um valor por ação de 24,20 euros, bem abaixo do preço das ações da empresa em setembro de 2022, que era de 45,60 euros por ação.

Precificando empresas maduras

Os fatores favoráveis na avaliação das empresas maduras, incluindo a presença de muitos mais dados históricos e as evidências de um modelo de negócios que funciona, também ajudam na precificação dessas empresas. Dito isso, confiar demais em dados históricos e pressupor uma reversão à média — isto é, que as variáveis (margens, risco etc.) voltarão aos padrões históricos — pode ser perigoso para um subconjunto significativo de empresas maduras, seja pela ameaça de disrupção, seja por conta de mudanças na gestão.

Os desafios

Para precificar empresas maduras, partimos de diversas vantagens. A primeira é que a ampla gama de dados históricos sobre métricas operacionais, como receitas e lucros, e os preços de mercado da empresa podem fornecer uma perspectiva sobre precificações anteriores do mercado. A segunda é que, na maioria dos setores mais antigos, como mineração, commodities ou bens de consumo, haverá várias empresas maduras, o que facilita a construção dos grupos de pares. A terceira é que, embora os mercados cometam erros em relação às empresas ao longo do ciclo de vida, esses erros de precificação costumam diminuir com o amadurecimento corporativo.

É possível dividir os desafios de precificar empresas maduras pelas etapas de precificação:

- **Escalar o preço:** ao dimensionar os preços, temos o luxo de poder escolher entre receitas, lucros (operacional, líquido, por ação), fluxos de caixa (EBITDA, lucro líquido + depreciação) e até o valor contábil (do patrimônio líquido ou do capital investido). Embora seja bom ter escolha, isso também pode acabar se tornando um instrumento de viés, uma vez que os analistas podem escolher a métrica que entrega o resultado pretendido.
- **Construção do grupo de pares:** com o amadurecimento dos setores, a tendência é haver mais empresas maduras operando, mas, por conta da globalização, essas

empresas costumam ser multinacionais presentes em diversos países e operando em regiões distintas. Por exemplo, há muitas empresas maduras na mineração, mas, como mostra a lista a seguir, atuam em vários países e têm exposições regionais a riscos muito diferentes:

Empresa	Valor de mercado (em bilhões de US$)	País
BHP	$132	Austrália
China Shenhua Energy	$88	China
Rio Tinto	$87	Reino Unido
Glencore	$72	Suíça
Vale	$60	Brasil
Nutrien	$50	Canadá
Anglo American	$44	Reino Unido
Ma'aden	$44	Arábia Saudita
Freeport-McMoRan	$43	Estados Unidos
Nornickel	$42	Rússia

Caso seu grupo de pares se limite a incluir apenas empresas constituídas e negociadas no mesmo país que a empresa avaliada, você já começa em desvantagem na construção de um verdadeiro grupo de pares. Para incluir todas as empresas do setor, que é o caminho certo a seguir, será preciso encontrar maneiras de ajustar as diferenças geográficas (tanto na constituição quanto nas operações) ao comparar os preços.

- **Determinando as diferenças:** além de determinar as diferenças em relação à geografia, há outra preocupação mais fundamental nessa precificação: mesmo ajustando a amostra para incluir apenas empresas maduras lucrativas, nem todas as opções terão a mesma capacidade de proteger sua lucratividade. Mais especificamente, uma empresa com vantagens competitivas (ou seja, fossas competitivas) e barreiras econômicas mais fortes contra novos concorrentes deve ter uma precificação de mercado mais alta do que as que não têm essas vantagens. Além disso, uma disrupção iminente ou contínua do setor pode abalar a precificação da empresa madura, à medida que as normas históricas são deixadas de lado.

As respostas

Para precificar empresas maduras, costumo tirar proveito dos dados adicionais a que tenho acesso, mas ainda aconselho a cautela em três componentes:

1. **Combata o viés:** por mais que seu conhecimento prévio gere uma pressão para jogar com vários múltiplos de precificação até encontrar aquele que fornece o resultado esperado, é preciso evitar isso. Uma maneira de evitar a armadilha é escolher o múltiplo de preços que será utilizado na precificação de uma empresa antes de conhecer os resultados de cada um. Ao fazer essa escolha, é preciso considerar a prática convencional (em termos de qual múltiplo foi utilizado com mais frequência no passado do setor) e o bom senso. Ao avaliar a qualidade do projeto, faz sentido escalonar a capitalização de mercado para variáveis bastante utilizadas no setor, o que explica o uso de múltiplos de receita com empresas de varejo, múltiplos de valor da firma (EV) sobre EBITDA com empresas de infraestrutura e razões preço/valor contábil com empresas de serviços financeiros.

2. **Globalize-se:** como a concorrência por empresas maduras é cada vez mais global, é necessário seguir o exemplo, globalizando também os grupos de pares utilizados para definir os preços. Isso vai exigir (a) a eliminação das diferenças contábeis entre países ao comparar lucros ou múltiplos de valores contábeis e (b) que sejam encontradas formas de medir o risco-país das operações, embutindo-o na taxa de desconto.

3. **Ajuste dos fossos competitivos e exposição à disrupção:** ao comparar preços entre empresas num grupo de pares, é necessário encontrar formas de medir as vantagens competitivas. Um indicador bastante utilizado é o retorno sobre o capital investido, um número que tem a vantagem de ser fácil de computar e comparar entre empresas, mas a desvantagem de ser um número contábil, afetado por inconsistências e opções contábeis. Outro indicador disponível são as margens operacionais, ainda mais em setores nos quais vantagens competitivas mais fortes levam a um maior poder de precificação e a margens de lucro mais elevadas.

320 | O ciclo de vida corporativo

ESTUDO DE CASO – PARTE 2: PRECIFICAÇÃO DA UNILEVER, SETEMBRO DE 2022

Introdução

Para precificar a Unilever em setembro de 2022, procurei empresas de artigos pessoais com valor de mercado acima de 10 bilhões de dólares, listadas em qualquer lugar do mundo, o que resultou em 21 empresas. Em seguida, calculei várias razões de precificação (PL, preço da ação/valor contábil, valor da firma/vendas, valor da firma/EBITDA e valor da firma/capital investido) para cada uma. Os resultados estão na Tabela 12.2:

Tabela 12.2 • Múltiplos de precificação para empresas globais de produtos pessoais, setembro de 2022

Empresa	País	PL (Preço/ lucro)	PBV (Preço da ação/ Valor contábil)	Valor da firma/ Vendas	Valor da firma/ EBITDA	Valor da firma/ Capital investido	Margem operacio-nal antes dos impostos	Retorno sobre capital investido (ROIC) antes dos impostos	Cresci-mento esperado
Procter & Gamble Co. (NYSE: PG)	Estados Unidos	22.36	7.21	4.42	16.50	5.01	23,31%	26,39%	4,75%
Unilever PLC (LSE: ULVR)	Reino Unido	19.13	5.54	2.47	12.72	2.92	17,50%	20,72%	5,03%
L'Oréal SA (ENXTPA: OR)	França	32.44	6.83	5.13	24.56	5.88	19,48%	22,33%	12,00%
Reckitt Benckiser Group PLC (LSE: RKT)	Reino Unido	14.47	4.93	3.89	15.52	3.00	22,85%	17,60%	8,18%
Estée Lauder Cos. Inc. (NYSE: EL)	Estados Unidos	36.63	15.66	5.15	21.37	9.75	19,99%	37,85%	10,30%
Haleon PLC (LSE: HLN)	Reino Unido	14.64	0.82	3.29	15.55	0.87	19,46%	5,16%	5,49%
Colgate-Palmolive Co. (NYSE: CL)	Estados Unidos	32.37	374.51	3.95	16.66	9.84	20,53%	51,20%	3,21%
Kimberly-Clark Corp. (NYSE: KMB)	Estados Unidos	23.40	70.46	2.51	14.60	5.44	13,44%	29,19%	5,79%
Henkel AG & Co. KGaA (XTRA: HEN3)	Alemanha	22.05	1.24	1.27	10.18	1.22	9,98%	9,55%	3,41%
Hindustan Unilever Ltd. (BSE: 500696)	Índia	65.54	12.24	10.85	46.20	13.84	22,28%	28,42%	13,90%
Church & Dwight Co., Inc. (NYSE: CHD)	Estados Unidos	24.54	5.39	4.05	18.36	3.64	18,47%	16,60%	5,46%
Beiersdorf Aktiengesellschaft (XTRA: BEI)	Alemanha	30.52	2.93	2.55	15.75	3.42	13,61%	18,28%	11,80%
Kao Corp. (TSE: 4452)	Japão	27.95	2.64	1.80	11.91	2.68	9,19%	13,65%	6,40%

Essity AB (publ) (OM: ESSITY B)	Suécia	23.95	2.33	1.59	11.87	1.69	8.42%	8.95%	9.97%
Shiseido Company, Ltd. (TSE: 4911)	Japão	25.17	3.16	2.08	19.48	2.61	3.48%	4.38%	21.10%
Unicharm Corp. (TSE: 8113)	Japão	42.20	4.34	2.91	15.65	7.70	13.87%	36.65%	10.70%
Clorox Co. (NYSE: CLX)	Estados Unidos	38.39	31.90	2.91	21.98	5.87	10.22%	20.58%	6.59%
Unilever Indonesia Tbk PT (IDX: UNVR)	Indonésia	28.77	38.71	4.27	19.46	74.20	19.90%	345.46%	3.46%
Dabur India Ltd. (NSEI: DABUR)	Índia	57.34	11.92	8.97	44.95	12.44	18.02%	25.00%	9.44%
Godrej Consumer Products Ltd. (NSEI: GODREJCP)	Índia	55.11	8.18	7.54	39.97	8.32	17.58%	19.41%	11.00%
Yunnan Botanee Bio-Technology Group Co. Ltd. (SZSE: 300957)	China	72.06	14.61	14.54	62.66	75.46	22.76%	118.11%	31.00%
Primeiro quartil		23.40	3.16	2.51	15.52	2.92	13.44%	16.60%	5.46%
Mediana		28.77	6.83	3.89	16.66	5.44	18.02%	20.72%	8.18%
Terceiro quartil		38.39	14.61	5.13	21.98	9.75	19.99%	29.19%	11.00%
Unilever *versus* mediana		-33.50%	-18.84%	-36.50%	-23.64%	-46.27%	-2.89%	0.01%	-38.51%

Embora o grau de subvalorização varie entre os múltiplos, em cada um, a Unilever aparece abaixo do valor médio para o setor. A empresa parece menos subprecificada na razão preço/valor contábil e mais nas razões de valor da firma/vendas e valor da firma/capital investido.

Nas três últimas colunas, destaquei três variáveis que precisam ser ajustadas ao comparar a precificação entre empresas: margens operacionais, retorno sobre capital e crescimento esperado nos lucros. Para simplificar: empresas com margens mais altas, maiores retornos sobre capital e taxas de crescimento de lucros mais elevadas tendem a ser negociadas com múltiplos mais altos. Nas margens e retorno sobre o capital, a Unilever fica quase na mediana, mas aparece bem abaixo da mediana do crescimento dos lucros, o que pode explicar por que está avaliada abaixo de seu grupo de pares. Para obter uma medida de quanto o baixo crescimento da Unilever pode explicar sua precificação inferior, fiz uma regressão das razões PL das empresas do setor em relação às suas taxas de crescimento esperadas:[2]

$$PL = 19.30 + 152,65 \text{ (taxa de crescimento esperada) } R^2 = 37,94\%$$
$$(3,77)\ (3,41)$$

O R^2 de 38% na regressão pode impressionar, mas indica que, nesse setor, as empresas de maior crescimento ganham taxas de PL muito mais altas. Conectada ao crescimento esperado dos ganhos de 5,03% que os analistas projetam para a Unilever nessa regressão, o PL previsto é de 26,98.

$$PL \text{ previsto para a Unilever} = 19.30 + 152,65\ (5,03\%) = 26,98$$

Com 19,13 vezes seu lucro, a Unilever ainda parece subprecificada.

Complementos e adendos

As duas maiores preocupações que costumo enfrentar em relação às empresas maduras com longos históricos de lucratividade são que a disrupção pode desestabilizar seus modelos de negócios e que as mudanças na gestão podem lançar as empresas em caminhos muito diferentes do que sugere sua história.

O lado sombrio da disrupção

Nas últimas duas décadas, assistimos a uma onda de disrupção. Startups e empresas jovens sem nada a perder entraram em mercados estáveis e rentáveis com novos modelos de negócio, gerando uma desestabilização total na economia desses setores. Essas disrupções receberam muita atenção, e falei sobre como avaliar e precificar disruptores no Capítulo 10 — mas sem dar atenção suficiente às empresas impactadas pela disrupção, ou seja, às tantas empresas maduras que, quase da noite para o dia, foram de lucrativas e estáveis para negócios à beira da falência. Testemunhei isso no varejo tradicional nos Estados Unidos, quando a Amazon provocou mudanças no negócio varejista, e com o serviço de táxi, após a chegada das empresas de compartilhamento de viagens como a Uber e a Lyft.

Portanto, ao avaliar uma empresa madura, é prudente considerar pelo menos a possibilidade de o negócio ser impactado pela disrupção. A meu ver, há três características que as empresas que sofrem disrupção parecem compartilhar:

1. **Pegada econômica considerável:** a probabilidade de um negócio sofrer disrupção aumenta na mesma proporção que a quantidade de dinheiro gasta pelos seus consumidores. Ao utilizar esse modelo, é fácil entender por que os serviços financeiros (gestão ativa, serviços de consultoria financeira, finanças corporativas) e a educação atraem tantos disruptores, enquanto o mercado editorial parece ser um alvo menos atrativo.

2. **Mecanismos de produção e entrega ineficientes:** outra característica comum é o fato de essas empresas terem uma gestão ineficiente, e produtores e consumidores se mostram insatisfeitos com a situação. Isso acontece porque os produtores não atendem às necessidades do público e entregam a preços elevados produtos de baixa qualidade ou insatisfatórios, ao mesmo tempo em que os produtores registram poucos resultados positivos.

3. **Barreiras competitivas ultrapassadas e inércia:** podemos questionar o que permitiu a essas empresas, tão grandes e com gestão ineficiente, continuar existindo durante tanto tempo. A maior força a seu favor é a inércia: os consumidores foram programados para aceitar o status quo. Sua proteção é ampliada por requisitos regulatórios ou de licenciamento que há muito perderam o propósito original e quase sempre servem para proteger os operadores tradicionais de insurgências ou como barreiras significativas (capital, conhecimento, tecnologia) contra novos entrantes.

Se uma empresa madura opera em um setor já afetado pela disrupção, ou na iminência de que isso ocorra, é preciso incorporar seus efeitos no valuation em quase todos os inputs, como pode ser visto na Figura 12.5:

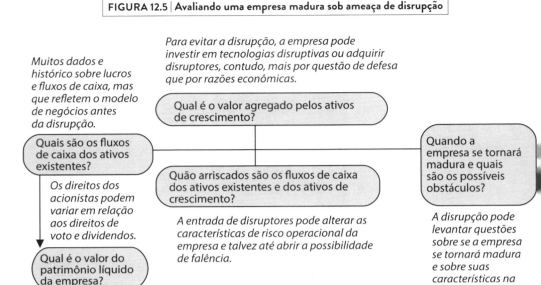

FIGURA 12.5 | Avaliando uma empresa madura sob ameaça de disrupção

Para simplificar: as empresas maduras em setores que sofreram disrupção podem esperar uma diminuição nas margens operacionais e um aumento no risco, reduzindo seu valor.

O valor do controle

O valor de uma empresa é determinado pelas decisões tomadas por seus gestores sobre onde investir os recursos, como financiar esses investimentos e quanto dinheiro retornar aos proprietários. Como consequência, quando avalio uma empresa, faço suposições implícitas ou explícitas tanto sobre quem vai administrar quanto sobre como o negócio será administrado. O valor de uma empresa será muito menor se eu supor que é controlado por gestores incompetentes. Ao avaliar uma empresa de capital aberto ou fechado, na qual já existe uma gerência, sou confrontado com uma escolha. Posso avaliar a empresa sob a administração dos gestores atuais e derivar o que podemos chamar de "valor de status quo". Também posso reavaliar a empresa com uma equipe de gestão hipotética e otimizada e estimar um valor ideal. A diferença entre o valor ideal e o do status quo pode ser considerada o valor do controle da empresa, como mostra a Figura 12.6:

Valuation e precificação: Empresas maduras | 325

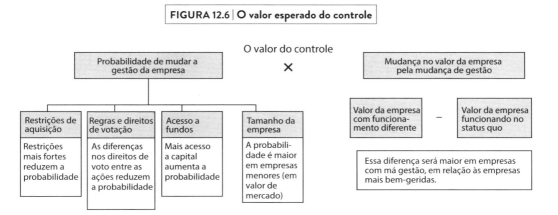

FIGURA 12.6 | O valor esperado do controle

Observe que, para o valor de controle entrar em ação, é preciso alterar a gestão da empresa, e a probabilidade de isso acontecer pode ser uma função de diversos fatores, incluindo diferenças nos direitos de voto entre as ações, o acesso ao capital e o tamanho da empresa.

Supondo que haja a possibilidade de mudança na gestão, o que se pode fazer em relação à administração de um negócio para torná-lo mais valioso? A partir da estrutura dos inputs de valuation, apresento os principais questionamentos sobre a gestão da empresa para definir se é possível alterar seu valor na Figura 12.7:

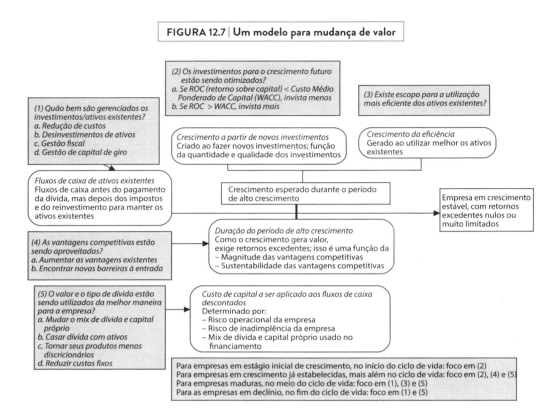

FIGURA 12.7 | Um modelo para mudança de valor

O valor do controle é aplicável às empresas em todo o ciclo de vida, mas as empresas maduras têm maior probabilidade de serem alvo de sua utilização:

- Há muito mais potencial para aumentar o valor em empresas maduras — em parte por terem mais ativos estabelecidos, o que aumenta a possibilidade de ineficiência e corte de custos, em parte por terem mais facilidade em alterar seu mix de financiamento para reduzir o custo de capital.
- O retorno, caso essas mudanças sejam implementadas, tende a ser mais imediato e tangível, ao contrário do retorno obtido ao fazer melhores investimentos em crescimento, que muitas vezes exigem paciência e um longo horizonte de tempo.

Ao refazer os passos para a mudança de valor, fica evidente que o caminho para a melhoria do valor varia para cada empresa. A gestão abaixo do ideal também pode ter manifestações distintas em cada empresa. Naquelas em que os ativos são mal geridos, o aumento do valor virá quase todo de uma gestão mais eficiente desses ativos — fluxos de caixa mais elevados provenientes desses ativos e crescimento da eficiência. Nas empresas em que a política de investimento é sólida, mas a de financiamento, não, o aumento do valor virá da alteração do mix de dívida e capital próprio, e de um menor custo de capital. A Tabela 12.3 considera problemas potenciais na gestão existente, soluções para esses problemas e as consequências para o valor.

Tabela 12.3 • Maneiras de aumentar o valor

Problema potencial	Manifestações	Possíveis correções	Consequências para o valor
Os ativos existentes são mal administrados	As margens operacionais são inferiores ao grupo de pares, e o retorno do capital é menor que o custo de capital	Gerenciar melhor os ativos existentes. Isso pode exigir o desinvestimento de alguns ativos com desempenho fraco.	Maior margem operacional e retorno sobre o capital sobre ativos existentes -> maior lucro operacional Crescimento da eficiência -> no curto prazo, à medida que o retorno sobre o capital melhora
A gerência está subinvestindo (muito conservadora na exploração de oportunidades de crescimento)	Baixa taxa de reinvestimento e alto retorno sobre capital no período de alto crescimento	Reinvestir mais em novos investimentos, mesmo que signifique obter menor retorno sobre o capital (embora superior ao seu custo)	Maior taxa de crescimento e maior taxa de reinvestimento durante períodos de alto crescimento -> maior valor porque crescimento é criação de valor
A gestão está investindo demais (investindo em crescimento que destrói valor)	Alta taxa de reinvestimento e retorno sobre o capital inferior ao seu custo	Reduzir a taxa de reinvestimento até que o retorno marginal sobre o capital seja pelo menos igual ao seu custo	Menor taxa de crescimento e menor taxa de reinvestimento durante o período de alto crescimento -> maior valor, porque o crescimento não está mais destruindo o valor
A gerência não está explorando possíveis vantagens estratégicas	Período curto ou inexistente de alto crescimento com retornos baixos ou nenhum excedente	Aproveitar as vantagens competitivas	Período mais longo de alto crescimento, com maiores retornos excedentes -> valor mais alto
A gestão é muito conservadora no uso da dívida	O índice de dívida é menor que o ideal (ou que a média do setor)	Aumentar o financiamento por dívida	Maior índice de endividamento e menor custo de capital -> maior valor da empresa
A gestão está usando dívida em excesso	A razão da dívida é superior ao ideal	Reduzir o financiamento por dívida	Menor índice de endividamento e menor custo de capital -> maior valor da empresa
A gestão está usando o tipo errado de financiamento	O custo da dívida é maior do que deveria, dado o poder de lucratividade da empresa	Vincular dívida aos ativos, usando swaps, derivativos ou refinanciamento	Menor custo da dívida e custo de capital -> maior valor da empresa

A gestão retém o excesso de caixa e não tem a confiança do mercado	O caixa e os títulos negociáveis representam uma grande porcentagem do valor da empresa, que possui um histórico ruim de investimentos	Retornar dinheiro aos acionistas, seja como dividendos, seja por recompra de ações	O valor da empresa é reduzido pelos pagamentos, mas os acionistas ganham porque o caixa foi descontado nas mãos da empresa
A gestão fez investimentos em empresas não relacionadas	Participações cruzadas substanciais em outras empresas que estão sendo subvalorizadas pelo mercado	O primeiro passo é ser mais transparente em relação às participações cruzadas. Se não for suficiente, desinvestir das participações cruzadas	O valor da empresa é reduzido pelo desinvestimento nas participações cruzadas, mas aumentado pelo dinheiro recebido por esses desinvestimentos. Quando as participações cruzadas estão subvalorizadas, esse retorno deve exceder desvalorização

Se a mudança de controle for iminente em uma empresa, faz sentido avaliar essa empresa duas vezes: uma vez com a gestão existente (status quo) e outra com as mudanças que você acredita que podem ou serão feitas para torná-la mais valiosa (ideal).

ESTUDO DE CASO – PARTE 3: AVALIAÇÃO DO CONTROLE EM UM NEGÓCIO: UNILEVER

Ao avaliar a Unilever, no início deste capítulo, mencionei a dificuldade de duas décadas que a empresa enfrenta para gerar maior crescimento, em que aquisições de pequenos e grandes negócios produziram pouco em termos de resultados. Nesse processo, os acionistas da Unilever ficaram insatisfeitos com a gestão, e uma oferta fracassada pela compra da GSK em 2022 cristalizou a perspectiva de que era necessária uma mudança.[3] Essa insatisfação atraiu investidores ativistas, e Nelson Peltz não apenas adquiriu uma participação de 1,5% na empresa como também buscou uma vaga no conselho de administração.[4] Embora Peltz fosse discreto sobre as mudanças que gostaria, em seu investimento anterior na Procter & Gamble, uma empresa semelhante à Unilever em perfil de negócios, história e alcance global, ele pressionou por uma estrutura de gestão simplificada e por uma mudança de ênfase das marcas mais antigas para aquelas que atraíam um mercado mais jovem. O argumento de Peltz parece ser que a Unilever tem marcas demais no portfólio de produtos, espalhadas por muitas regiões e negócios, e que focar nas regiões certas pode trazer mais crescimento, enquanto o foco nos negócios de maior margem (produtos de cuidados pessoais) aumentaria as margens da empresa.

Devido à complexidade da Unilever e à minha falta de conhecimento aprofundado sobre as operações da empresa, minhas alterações hipotéticas serão pequenas e restritas ao nível da companhia. Estão todas resumidas na Tabela 12.4:

Tabela 12.4 • Mudanças nos inputs de valuation decorrentes da reestruturação da Unilever em 2022

Input de valuation	Status quo	Reestruturada	Justificativa
Crescimento de receita	2% nos anos 1-10	3% para os anos 1-5, 2% nos anos 6-10	Maior crescimento na Índia e na China
Margem operacional (antes de impostos)	18%	20%	Foco no setor de cuidados pessoais (de alta margem)
Vendas sobre capital	1.80	2.50	Menos aquisições
Custo de capital	8,97% -> 8,97%	8% -> 8%	Mix de financiamento otimizado

Entendo que essas mudanças, por menores que possam parecer em termos matemáticos, exigem um trabalho imenso para serem implementadas em uma empresa tão grande e complexa como a Unilever. Se as alterações forem levadas a cabo, os efeitos de valor serão substanciais, como mostra a Figura 12.8, que contém o valuation reestruturado.

330 | O ciclo de vida corporativo

FIGURA 12.8 | Valuation reestruturado da Unilever, setembro de 2022

Unilever							Set-2022
Reestruturado							
A Unilever é uma empresa de baixo crescimento com margens operacionais sólidas. Reestruturada, a empresa será capaz de crescer um pouco mais rápido, inclusive com uma pequena melhora nas margens (ao eliminar marcas que apresentam margens mais baixas). A empresa não necessita de muito reinvestimento, embora continue a fazer pequenas aquisições ao longo do caminho e mantenha a seu atual mix de financiamento e política de dividendos.							
As premissas							
	Ano-base	Próximo ano	Anos 2–5	Anos 6–10	Depois do 10º ano	Ligação com a história	
Receitas (a)	€ 52.444,00	3%	3% ⟶ 2%		2%	Pequeno aumento no crescimento para os próximos cinco anos	
Margem operacional (b)	18.38%	20%	20% ⟶ 20%		20%	As margens aumentam com maior foco em produtos de cuidados pessoais	
Taxa de imposto	25.00%		25% ⟶ 25%		25%	Taxa marginal de imposto global/dos Estados Unidos ao longo do tempo	
Reinvestimento (c)		2.50	2.50	2.50	16.67%	Manutenção na média global da indústria	
Retorno sobre capital	14.39%	Retorno sobre capital investido (ROIC) marginal =	63.30%		12%	Marcas fortes	
Custo de capital (d)			8.00%	8.00%	8%	O mix de financiamento otimizado leva a um menor custo de capital	
Os fluxos de caixa							
	Receitas	Margem Operacional	EBIT	EBIT (1t)	Reinvestimento	FCFF (fluxo de caixa livre para a firma)	
1	€ 54.017	20%	€ 10.803	€ 8.103	€ 629	€ 7.473	
2	€ 55.638	20%	€ 11.128	€ 8.346	€ 648	€ 7.697	
3	€ 57.307	20%	€ 11.461	€ 8.596	€ 668	€ 7.928	
4	€ 59.026	20%	€ 11.805	€ 8.854	€ 688	€ 8.166	
5	€ 60.797	20%	€ 12.159	€ 9.120	€ 708	€ 8.411	
6	€ 62.499	19.35%	€ 12.094	€ 9.070	€ 681	€ 8.389	
7	€ 64.124	19.51%	€ 12.512	€ 9.384	€ 650	€ 8.734	
8	€ 65.663	19.68%	€ 12.919	€ 9.690	€ 616	€ 9.074	
9	€ 67.108	19.84%	€ 13.313	€ 9.984	€ 578	€ 9.407	
10	€ 68.450	20%	€ 13.690	€ 10.267	€ 537	€ 9.731	
Ano terminal	€ 69.819	20%	€ 13.964	€ 10.473	€ 1.745	€ 8.727	
O valor							
Valor terminal			€ 145.456,24				
Valor presente (PV) (valor terminal)			€ 67.374,38				
Valor presente (Fluxo de caixa nos próximos 10 anos)			€ 56.038,13				
Valor dos ativos em operação			€ 123.412,52				
Ajuste para distress			€ 0.00	Probabilidade de falência = 0%			
– Dívidas e participações minoritárias			€ 36.686,00				
+ Dinheiro e outros ativos não operacionais			€ 7.613,00				
Valor do patrimônio líquido			€ 94.339,52				
– Valor das opções de ações			€ 0,00				
Número de ações			2569,20				
Valor por ação			**€ 36,72**	As ações eram negociadas a = $45,60			

Minha estimativa do valor por ação sobe de 24,20 euros, no valor de status quo, para 36,72 euros no valor ideal — um aumento de cerca de um terço —, mas ainda fica bem atrás do preço de mercado.

Conclusão

Se os principais ingredientes necessários para valorizar uma empresa são muitos dados e padrões históricos que podem ser extraídos desses dados, no caso das empresas maduras, é preciso buscar uma posição favorável. Ao longo de décadas, essas empresas construíram negócios que se estendem por diferentes produtos e regiões e oferecem lucros sustentados, embora com crescimento limitado. Às vezes, extrapolar o passado é tudo o que você precisa para avaliar essas empresas, dispensando a necessidade de julgamentos subjetivos sobre crescimento futuro, qualidade da gestão e vantagens competitivas. No entanto, esse processo também pode afastá-lo do caminho certo se a empresa não tiver uma gestão eficiente, baseando-se mais na inércia que na análise para definir as decisões de investimento, financiamento e dividendos.

Para esses casos, é preciso considerar as alterações que podem ser feitas nas práticas de negócios e o aumento do valor que resultaria disso — é a estratégia do investimento ativista. Nas últimas duas décadas, outro acontecimento surpreendeu aqueles que avaliam as empresas maduras: a chegada dos disruptores, que podem alterar as características de lucratividade e crescimento em um piscar de olhos, transformando negócios bons em ruins. Os gestores de empresas maduras que ignoram essa disrupção terão seus modelos de negócios transformados, e os investidores que não a percebem ao avaliar ou precificar essas empresas maduras cairão em armadilhas de valor, com ações que parecem baratas, mas que não vão parar de desvalorizar.

13

Valuation e precificação: Empresas em declínio

ANALISO e abordo os desafios do valuation de startups e empresas jovens no Capítulo 10, de empresas de alto crescimento no Capítulo 11, e de maduras no Capítulo 12. Neste capítulo, volto a atenção para a avaliação de empresas no estágio final do ciclo de vida — isto é, em declínio. Os desafios do valuation de empresas em declínio em geral não são mecânicos, e sim psicológicos. Investidores e gestores são inclinados ao otimismo. Eles pressupõem que a ideia de que o futuro de uma empresa trará seu declínio, talvez até seu desaparecimento, soa antinatural, e acreditam que gerenciá-la com essa perspectiva parece uma espécie de rendição. Não deve surpreender que a grande perda de valor nessas empresas venha de gestores desesperados em busca de crescimento — às vezes, insistindo em investir em negócios em declínio, às vezes com aquisições de empresas em crescimento — e de investidores que supõem que esses investimentos serão recompensados.

Valuation

No capítulo sobre empresas maduras, saliento que, à medida que as empresas amadurecem, o crescimento da receita se aproxima da taxa de crescimento da economia e as margens se estabilizam. Embora os gestores talvez não apreciem essas tendências e tenham predileção pelo alto crescimento e pelo aumento das margens, haverá um momento em que as empresas terão que enfrentar linhas de tendência piores, com as receitas começando a encolher e as margens sob pressão, sofrendo os efeitos contrários das mudanças mercadológicas, tecnológicas e no gosto do cliente. Esta seção terá como foco empresas em declínio e a melhor forma de avaliá-las.

Características

No capítulo anterior sobre empresas maduras, analisei os disruptores que se inserem no setor e como os investidores que avaliam essas empresas precisam considerar os efeitos resultantes desses entrantes: receitas e lucros em declínio e valor mais baixo. Vamos começar este capítulo com uma análise das características comuns a empresas em declínio, com destaque aos problemas que trazem aos gestores e aos investidores que tentam avaliá-las ou precificá-las. Nem todas as empresas em declínio possuem todas essas características, mas são comuns o suficiente para fazermos as seguintes generalizações:

1. **Receitas estagnadas ou em declínio:** talvez o sinal mais revelador de uma empresa em declínio seja a sua incapacidade de aumentar as receitas durante longos períodos, mesmo em tempos bons. A queda das receitas ou seu crescimento abaixo da taxa de inflação indica fraqueza operacional. É ainda mais revelador quando esses padrões se aplicam não só à empresa analisada como também ao setor em geral, indicando problemas que se estendem para além daquela gestão e abrangem todo o negócio.

2. **Margens em redução ou negativas:** as receitas estagnadas em empresas em declínio são muitas vezes acompanhadas por margens operacionais em queda, em parte por causa do declínio do poder de precificação, em parte porque essas empresas estão reduzindo os preços dos produtos e serviços para impedir uma queda ainda maior nas receitas. Essa combinação resulta em deterioração ou lucro operacional negativo, com registros de lucros pontuais gerados por vendas de ativos ou lucros isolados.

3. **Desinvestimentos de ativos:** uma das características de uma empresa em declínio é que seus ativos existentes às vezes valem mais para terceiros, que pretendem utilizá-los de outra forma, mais eficiente, então é lógico que os desinvestimentos de ativos serão mais frequentes do que em empresas que se encontram em estágios anteriores no ciclo de vida. Se a empresa em declínio tiver obrigações substanciais de dívida, a necessidade de desinvestimento será ainda maior, impulsionada pelo desejo de evitar a inadimplência e de pagar as dívidas.

4. **Aquisições em busca de crescimento:** no que pode parecer um movimento contraditório, pelo menos em algumas dessas empresas também é mais provável observarmos aquisições, muitas motivadas pelo desespero. De fato, as aquisições defensivas (quando uma empresa adquire outra, sabendo que está pagando demais, mas com a lógica de que, se não o fizer, um de seus concorrentes fará) são mais comuns nas empresas em declínio.

5. **Grandes pagamentos — dividendos e recompra de ações:** as empresas em declínio têm pouco ou nenhum investimento de crescimento que gere valor e seus ativos existentes podem gerar fluxos de caixa positivos, além dos desinvestimentos de ativos que também resultam em entradas de caixa. Como consequência, faz sentido que as empresas em declínio, em especial aquelas com baixos encargos de dívida, não só paguem dividendos elevados, que por vezes excedem os seus lucros, como também recomprem ações.

6. **A desvantagem da alavancagem financeira:** a dívida é uma faca de dois gumes, e empresas em declínio com frequência ficam expostas ao lado errado. Com os lucros dos ativos existentes estagnados ou em declínio e com pouco potencial de crescimento, não é surpresa que algumas dessas empresas enfrentem encargos de dívida esmagadores. Perceba que é provável que grande parte dessa dívida tenha sido adquirida durante uma fase mais saudável do ciclo de vida e em termos que não podem mais ser atendidos. Além das dificuldades no cumprimento de suas obrigações, essas empresas enfrentam problemas adicionais no refinanciamento da dívida, porque os credores exigem condições mais rigorosas.

Os desafios

O valor intrínseco de uma empresa é o valor presente dos fluxos de caixa esperados ao longo da sua existência. Embora esse princípio não mude, ao avaliar empresas em declínio, estimar os fluxos de caixa e tentar avaliá-los traz desafios únicos. Assim como nos capítulos anteriores, analisarei os obstáculos no que se refere aos ativos existentes, aos ativos de crescimento, ao risco e aos pressupostos sobre o crescimento estável.

ATIVOS EM OPERAÇÃO

Ao avaliar os ativos existentes de uma empresa em declínio, estimo os fluxos de caixa esperados e aplico uma taxa de desconto ajustada por risco. Embora essa seja a prática padrão de valuation, duas características de empresas em declínio podem complicar essa parte do processo:

336 | O ciclo de vida corporativo

a. **Ganhos inferiores ao custo de capital:** em muitas dessas empresas, os ativos existentes, mesmo lucrativos, rendem menos do que o custo de capital. A consequência natural é que o desconto dos fluxos de caixa ao custo de capital produzirá um valor inferior ao capital investido. Do ponto de vista do valuation, isso não é surpreendente nem inesperado: ativos que geram retornos abaixo do custo de capital podem destruir valor.

b. **Efeitos de desinvestimento:** se os ativos existentes geram menos do que o custo de capital, a resposta lógica é vender ou desinvestir e esperar que o melhor comprador pague um preço elevado. Esses desinvestimentos de ativos criam descontinuidades no histórico de dados e dificultam as previsões. Para ter uma noção de como os desinvestimentos podem afetar os números anteriores, pense em uma empresa que desinvestiu uma parcela significativa de seus ativos no meio do ano anterior. Todos os números operacionais do ano corrente, incluindo receitas, margens e reinvestimentos, são afetados, mas também refletem os resultados operacionais da primeira metade do ano anterior ao desinvestimento. Da mesma forma, parâmetros de risco como os betas, em cujos cálculos podemos usar os preços ou retornos passados, talvez sejam afetados por desinvestimentos de ativos durante o período. No que diz respeito às previsões, tente estimar as receitas e os lucros de uma empresa que deverá desinvestir grande parte de seus ativos nos próximos anos. É preciso não apenas identificar os ativos que serão desinvestidos e os efeitos dessa atitude nas receitas e lucros operacionais como também estimar os proventos dos desinvestimentos. Ou seja, um desinvestimento só não afeta o valor, mas o que se espera que a empresa receba em comparação aos ativos desinvestidos talvez afete.

Em resumo, não ter a capacidade para ganhar mais do que o custo de capital sobre os ativos existentes implica que o valor obtido desses ativos, em continuidade operacional, pode ser inferior ao que seria obtido com seu desinvestimento, ainda mais se os supostos compradores forem fazer melhor uso desses ativos.

ATIVOS DE CRESCIMENTO

Por já ser esperado que os ativos de crescimento acrescentem pouco valor às empresas em declínio, não se deve contar que sua valorização gere um impacto significativo no valor. Embora em geral isso seja verdade, duas possíveis reviravoltas talvez causem efeitos significativos no valor de empresas individuais:

1. **Desinvestimentos e redução:** se os negócios da empresa ficaram ruins — ou seja, os investimentos retornam menos do que o custo de capital —, uma gestão sen-

sata tentaria reduzir a proporção da empresa, desinvestindo os ativos que retornam muito abaixo do custo de capital. Os desinvestimentos podem levar a taxas de crescimento negativas enquanto trazem dinheiro para a empresa, pelo menos no futuro próximo. Analistas que aprenderam seus fundamentos de valuation em ambientes mais saudáveis em geral se sentem desconfortáveis com a noção de taxas de crescimento negativas e fluxos de caixa que excedem os ganhos, mas essa combinação caracteriza muitas empresas em declínio.

2. **Crescimento a qualquer custo:** algumas empresas em declínio entram em negação quanto à sua posição no ciclo de vida e continuam investindo em novos ativos como se tivessem potencial de crescimento, e os efeitos no valor são perversos. Uma empresa em declínio que tenta investir montantes cada vez maiores em novos ativos com baixos retornos esperados e em aquisições sobrevalorizadas pode até aumentar as receitas, mas verá o seu valor diminuir na mesma medida desse crescimento.

Para simplificar: algumas empresas em declínio podem encontrar formas de continuar crescendo, mas muitas vezes à custa do valor. Outras aceitam seu lugar no ciclo de vida e tentam encolher com o tempo. Algumas poucas sortudas podem conseguir se reinventar como empresas maduras ou em crescimento.

RISCO

Se o custo do capital é uma média ponderada dos custos da dívida e do capital próprio, o que dificulta a estimativa desses valores em empresas em declínio? É uma combinação de mudanças na estrutura de financiamento, alterações no mix de ativos e preocupações com dificuldades financeiras (distress).

1. Os grandes dividendos e recompras que caracterizam algumas empresas em declínio podem afetar o valor geral dos índices de patrimônio e dívida utilizados no cálculo. O retorno de grandes quantias aos acionistas reduz o valor de mercado do patrimônio líquido tanto pelo preço de mercado quanto pelos dividendos, além de pelo número e pela recompra de ações. Se a dívida não tiver pagamentos proporcionais, seu índice aumenta, o que afeta os custos de dívida, patrimônio e capital.

2. Os desinvestimentos de alguns ativos e as novas aquisições, por vezes em diferentes setores ou mercados, típicos de muitas empresas em declínio, também implicam alterações no mix de ativos/negócios, o que pode gerar mudanças no risco operacional e no custo de capital.

3. As dificuldades financeiras (distress) podem ter efeitos significativos tanto no custo do capital próprio quanto na dívida. O custo da dívida aumenta com o crescimento do risco de inadimplência, e algumas empresas terão suas classificações de risco rebaixadas para o grau de junk (títulos podres). Se os lucros operacionais ficarem abaixo das despesas com juros, os benefícios fiscais da dívida se dissipam, pressionando ainda mais o custo da dívida após impostos. À medida que a razão dívida/patrimônio aumenta, o custo do capital próprio também deve aumentar, pois os investidores enfrentam muito mais volatilidade nos lucros. Do ponto de vista analítico, profissionais que utilizam betas de regressão, que refletem o risco de ações com defasagem, podem encontrar-se diante do incomum cenário em que o custo de patrimônio líquido é inferior ao custo da dívida antes de impostos.[1]

Em resumo, o custo de capital da empresa em declínio pode estar em constante evolução, com o risco operacional afetado por desinvestimentos de partes importantes do negócio, e as razões de endividamento mudam à medida que a empresa devolve dinheiro aos investidores de capital e paga dívidas, e com o distress. Para algumas dessas empresas a falência se torna um perigo iminente.

CRESCIMENTO ESTÁVEL E VALOR TERMINAL

O procedimento padrão para estimar o valor terminal foi examinado em detalhes nos capítulos anteriores: primeiro estima-se uma taxa de crescimento que a empresa pode sustentar por tempo indefinido (com a ressalva de que não pode exceder a taxa de crescimento da economia), que pode ser representada pela taxa livre de risco. Em seguida, é preciso fazer suposições razoáveis sobre o que uma empresa pode gerar como retorno excedente no longo prazo, e esse número é utilizado para a previsão de uma taxa de reinvestimento. O processo é concluído com a estimativa de uma taxa de desconto para o cálculo do valor terminal, com a ressalva de que os parâmetros de risco devem refletir o fato de que a empresa será mais estável. Nesse contexto, as empresas em declínio e em dificuldades apresentam desafios especiais.

- Primeiro, é necessário considerar a probabilidade de a empresa avaliada não alcançar um crescimento estável. Muitas empresas em declínio podem cair na inadimplência e falir, ainda mais se estiverem sobrecarregadas de dívidas, e algumas vão optar pela liquidação, mesmo que não estejam enfrentando dificuldades.

Valuation e precificação: Empresas em declínio | **339**

- Então, mesmo que a empresa consiga sobreviver até atingir o estado estacionário, sua taxa de crescimento na perpetuidade pode ser muito inferior à taxa de crescimento da economia e da inflação e, em alguns casos, pode até ser negativa. Isso significa que a empresa continuará existindo, mas diminuirá progressivamente à medida que seu mercado encolhe.

- Além disso, nas empresas em declínio que lucram bem abaixo do custo de capital e cuja gestão está firme no comando e em estado de negação sobre a situação do negócio, o crescimento na perpetuidade pode vir da manutenção de projetos que apresentam retornos inferiores ao seu custo de capital ao longo do tempo. São empresas essencialmente presas à destruição perpétua de valor.

Na Figura 13.1, resumo os desafios do valuation de empresas em declínio, em especial as que passam por dificuldades financeiras (distress):

FIGURA 13.1 | Desafios no valuation de empresas em declínio

Os dados históricos em geral refletem receitas estáveis ou em declínio e margens em queda. Os investimentos em geral retornam menos do que o custo de capital.

O crescimento pode ser negativo, à medida que a empresa se desfaz de ativos e reduz seu tamanho. Quando os ativos menos rentáveis são eliminados, a qualidade dos ativos restantes pode melhorar.

Qual é o valor agregado pelos ativos de crescimento?

Quais são os fluxos de caixa dos ativos existentes?

Quando a empresa se tornará madura e quais são os possíveis obstáculos?

As obrigações de pensão subfinanciadas e as demandas litigiosas podem reduzir o valor do patrimônio. As preferências de liquidação podem afetar o valor do patrimônio.

Quão arriscados são os fluxos de caixa dos ativos existentes e dos de crescimento?

Dependendo do risco dos ativos desinvestidos e do uso dos recursos do desinvestimento (para pagar dividendos ou eliminar dívidas), o risco da empresa e seu patrimônio líquido podem mudar.

Há uma chance real, ainda mais com alta alavancagem financeira, de que a empresa não sobreviva. Se a expectativa é por sua continuidade operacional (going concern), pode haver mais investimentos em ativos que destroem valor.

Qual é o valor do patrimônio líquido da empresa?

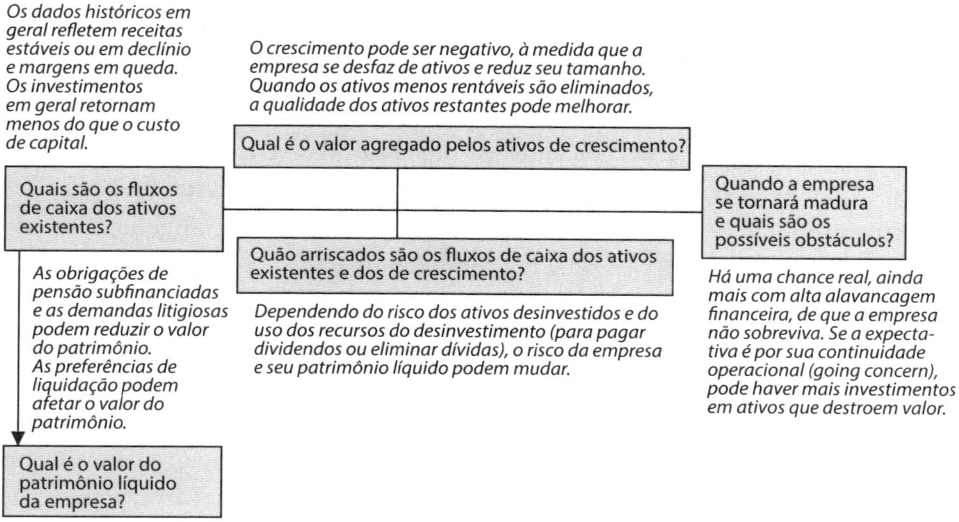

As respostas

Para avaliar empresas em declínio, é necessário fugir dos modelos mecânicos de valuation, em que os lucros sempre crescem ao longo do tempo, acompanhados pelos fluxos de caixa, e as empresas, consequentemente, se tornam maiores e mais valiosas. Assim como fiz com empresas jovens, de alto crescimento e maduras, vou dividir o processo de valuation em etapas:

PASSO 1: CONTE UMA HISTÓRIA

Da mesma forma que ocorre com as empresas no início do ciclo de vida, o valuation daquelas em declínio começa com uma história, que deve refletir sua realidade. Isso inclui um mercado em retração para seus produtos e serviços, maior concorrência pelo que resta desse mercado e a preocupação com a sobrevivência. É improvável que essa história seja inspiradora ou otimista, mas ela deve viabilizar a diferenciação entre as empresas em declínio nas seguintes dimensões:

- **Declínio do mercado:** o ponto de partida para a história deve ser um diagnóstico do que está causando a retração do mercado ou das receitas da empresa. Em alguns casos, como nas empresas de tabaco, os produtos podem ter custos em relação à saúde e para a sociedade, e a reação (jurídica, regulatória, social) está reduzindo a demanda, pelo menos entre os consumidores mais jovens. Em outros casos, como no varejo físico, pode ser que os disruptores (varejistas on-line) estejam assumindo uma parcela cada vez maior do mercado como um todo, deixando menos para as lojas físicas. Por fim, nas empresas individuais, o declínio pode surgir por conta da dissipação de alguma vantagem competitiva utilizada nos estágios anteriores do ciclo de vida para gerar crescimento e garantir margens altas. Por exemplo, no caso de uma farmacêutica cujo crescimento e cujas margens altas dependem de um único medicamento de sucesso, isso pode ocorrer quando a patente expira; ou no caso uma empresa de bens de consumo que gera a maior parte de suas receitas e de seus lucros a partir do nome de sua marca, pode acontecer quando a marca perde prestígio e controle sobre os consumidores.
- **Resposta da gestão:** a história também deve incorporar suas expectativas sobre como a gestão de uma empresa em declínio vai responder à retração do mercado, com quatro variações:
  - A primeira resposta, e talvez a mais frequente, é a *negação*: a gestão se recusa a encarar o declínio, atribuindo quaisquer sintomas de mal-estar operacional

(queda ou estagnação anual das receitas, queda das margens) a condições temporárias e que, isso resolvido, a empresa retomará o alto crescimento e as margens sólidas. Seguindo a definição de insanidade, esses gestores continuam agindo como no passado em termos de investimento e financiamento, embora essas estratégias tenham parado de funcionar.

- A segunda é o *desespero*: a gestão faz de tudo para reverter o declínio, incluindo a aquisição de empresas em crescimento de outros setores e o investimento em tecnologias disruptivas responsáveis pelo seu declínio. Por exemplo, a reação inicial de muitos varejistas tradicionais ao sucesso da Amazon foi adquirir outras empresas de varejo on-line, muitas vezes a preços absurdos.

- A terceira é a *aceitação*: os gestores aceitam sua posição no ciclo de vida e adotam políticas financeiras corporativas condizentes com a realidade. Em geral, isso significa interromper novos investimentos, retomar os desinvestimentos e quitar gradualmente as dívidas, à medida que embarcam na missão de reduzir a empresa e alinhá-la a um mercado menor.

- A quarta é a *reinvenção*: os gestores descobrem as competências essenciais e as vantagens competitivas que permitiram o sucesso da empresa e as utilizam para criar novos modelos de negócio ou se inserir em novos mercados, viabilizando novas oportunidades. Talvez existam alguns poucos exemplos que obtiveram sucesso nesse caminho, e suas histórias são contadas e recontadas e se tornam objeto de estudos de caso em escolas de negócios e ferramentas para argumentos de vendas em consultorias de gestão.

- **O fim do jogo:** as opiniões sobre as respostas da gestão ao declínio também afetam o que será considerado o fim do jogo para uma empresa, e haverá três possíveis resultados:
  - No primeiro, a empresa se redescobre em um novo negócio ou mercado, e seu fim de jogo será retomar a saúde — às vezes como empresa de crescimento, mesmo que não seja alto, mas pelo menos como empresa madura, embora com novas métricas operacionais.
  - No segundo, a empresa decide enfrentar o declínio do mercado e diminuir de proporção, e o resultado final pode ser uma versão muito menor da empresa, servindo determinado nicho de mercado, porém com margens de lucro e fluxos de caixa muito mais saudáveis, ou uma liquidação ordenada, na qual os ativos restantes são vendidos a compradores que possam melhor utilizá-los.
  - No terceiro, a empresa continua investindo em maus negócios, seja em projetos orgânicos, seja em aquisições, e o resultado final será a destruição de

valor a longo prazo. Se a empresa tiver dívidas significativas pendentes, é possível que não haja longo prazo, e uma liquidação desencadeada por dificuldades financeiras será o fim do jogo.

PASSO 2: O TESTE 3P (POSSÍVEL? PLAUSÍVEL? PROVÁVEL?)

Ao avaliar empresas em declínio, é fácil cair em contos da carochinha se você seguir sem prudência as narrativas de planejamento da gestão. As histórias de reviravoltas lendárias e reencarnações empresariais, contadas e recontadas por consultores e especialistas em gestão, levaram muitos gestores a acreditar que qualquer narrativa que não seja a de reinvenção/reencarnação é uma admissão de fracasso. É sua função avaliar se o plano de recuperação apresentado pela gestão é uma ilusão ou algo plausível e, se for plausível, avaliar se a equipe de gestão pode mesmo alcançar esses resultados (caso seja provável). Há pelo menos três fatores que influenciam essa avaliação:

- **Problemas específicos da empresa *versus* problemas setoriais:** como destacado na seção anterior, o declínio pode ser devido a fatores específicos da empresa (uma vantagem competitiva em declínio, uma patente prestes a expirar) ou devido a questões setoriais (uma queda na demanda por produtos do tabaco). Em geral, é mais fácil mapear e implementar estratégias de recuperação para o declínio específico da empresa do que para o declínio setorial. Uma marca que está sumindo pode ser revitalizada, talvez com mudanças no mercado-alvo e na publicidade; comprar um medicamento promissor em desenvolvimento a um preço de barganha pode dar nova vida a uma empresa farmacêutica. Em contrapartida, para que uma empresa do setor do tabaco obtenha uma recuperação no crescimento das receitas, é preciso entrar em um novo negócio, seja com um grande investimento, seja com uma aquisição, e as probabilidades de sucesso são muito menores.
- **Ações competitivas:** é mais fácil mapear um plano de recuperação quando há poucas empresas em declínio, mas a maioria no setor é saudável, do que quando a maioria do setor enfrenta o declínio ao mesmo tempo. Isso porque as empresas em declínio em geral optam pelos mesmos caminhos para retomar a saúde e, se todas tentarem adotá-los, haverá competição nos mesmos mercados, o que reduz as chances de sucesso para todas. Assim, no início dos anos de disrupção no varejo on-line, muitos varejistas de lojas físicas decidiram que uma reviravolta exigia a criação de uma presença on-line, mas, como todos tentaram criar essa

presença, os clientes escolheram a comodidade de comprar na Amazon, evitando o caos, tanto com relação à experiência de compra quanto de serviço, das demais plataformas de varejo on-line.

- **Histórico e capacidades de gestão:** se um plano de recuperação parecer plausível, é preciso avaliar se a empresa possui a gestão e os recursos (capital, infraestrutura, pessoal) necessários para executá-lo. Parte dessa avaliação exige a análise do histórico da gestão — e uma história de sucesso, talvez de uma empresa diferente com problemas semelhantes, ajudaria muito —, mas grande parte ainda será uma questão de escolha. Como regra, vale lembrar que os processos de recuperação são raros e que é responsabilidade da empresa trabalhar o convencimento de que pode ter sucesso, e não o contrário.

Em resumo, quase toda empresa em declínio alega ter um plano para repaginar os negócios e retomar o crescimento, mas é trabalho do investidor avaliar se o plano é possível, plausível e provável.

PASSO 3: CONVERTA A HISTÓRIA EM INPUTS PARA O MODELO DE VALUATION

De posse da narrativa de valuation para uma empresa em declínio, vamos converter essa história em inputs de valuation, seguindo a mesma estrutura dos capítulos anteriores. Como as empresas têm respostas variadas ao declínio, e como o comportamento dos inputs do valuation depende do que se espera em resposta da gestão ao seu declínio (negação, desespero, aceitação ou reinvenção), examinarei os inputs para cada resposta:

1. **Crescimento das receitas:** espera-se que a taxa de crescimento das receitas utilizada reflita o declínio da empresa, mas sua escolha de taxas de crescimento deve estar de acordo com a forma como você encara a resposta da gestão.

    a. *Com a gestão em negação ou aceitação*, seria de se esperar que o crescimento da receita continuásse negativo, mas com uma diferença significativa no processo. A gestão em negação não tem conhecimento ou não está disposta a encarar a deterioração do modelo de negócio, então não faz nada para frear o declínio. Assim, a redução das receitas seguirá o mesmo padrão histórico, talvez até acelere o ritmo. A gestão que aceita a deterioração pode não ser capaz de fazer muito para mudar a base econômica fundamental do negócio, mas pode tentar minimizar os danos ao reduzir as receitas de forma que faça mais sentido do ponto de vista econômico. Assim, se tivermos dois varejistas tradicionais, ambos em declínio, o que estiver em negação continuará abrindo novas lojas e observando as vendas caírem, enquanto o varejista em aceitação começará a fechar as lojas menos lucrativas e/ou aquelas com os maiores níveis de capital comprometido, criando um caminho mais saudável para uma empresa menor.

b. *Com a gestão no modo desespero ou ressurreição,* o crescimento esperado da receita pode ser positivo, mas, novamente, com resultados muito diferentes para o valor. A gestão em desespero pode comprar crescimento, ainda mais se estiver disposta a pagar qualquer valor, e, quanto maior o preço pago, mais crescimento. A gestão em modo de ressurreição persegue o crescimento da receita, mas de uma maneira muito mais calculada, identificando novos negócios e mercados nos quais pode se inserir com sucesso. Isso não apenas levará mais tempo para se manifestar do que o crescimento entregue no modo desesperado como também vai criar muito mais valor no longo prazo.

2. **Rentabilidade:** entrando no valuation, as empresas em declínio em geral têm margens em deterioração, e o que se projeta para o futuro depende, mais uma vez, de como a gestão responde a essa deterioração. Quando os gestores estão em negação e não há mudanças fundamentais na maneira como a empresa administra seus negócios, é de se esperar que as margens continuem a diminuir. Em contraste, no caso da gestão em aceitação, o desinvestimento de ativos que geram as maiores perdas (ou os menores lucros) pode dar à empresa uma oportunidade de estabilizar ou até aumentar as margens — se não de imediato, pelo menos ao longo do tempo. Quando estão desesperados, os gestores podem buscar aumentos temporários na lucratividade, seja por aquisições, seja maquiando números, mas essas tentativas terão um alto custo e desaparecerão depressa. Quando os gestores estão reinventando um negócio, as margens podem continuar diminuindo no curto prazo, mas, no longo, devem convergir para as margens do novo negócio ou do mercado para o qual está sendo direcionado.

3. **Reinvestimento:** a maior diferença, e talvez a melhor forma de virar o jogo, no valuation de empresas em declínio é supor que haverá reinvestimento no futuro. No caso dos gestores em negação, a inércia e as regras de investimento em piloto automático podem induzir a empresa a continuar reinvestindo como era feito com o negócio maduro, mesmo que suas receitas estejam em declínio, o que culmina em uma combinação tóxica para valor. Quando se trata de gestores em aceitação, haverá desinvestimentos de partes dos negócios existentes, em vez de novos investimentos, criando uma base de capital cada

Valuation e precificação: Empresas em declínio | 345

vez maior. No caso da gestão em desespero, haverá uma grande quantidade de reinvestimento, embora sem nenhum objetivo bem-definido além de registrar crescimento e melhores margens no próximo período. Já no caso da reinvenção, também pode haver reinvestimentos, que serão orientados por uma visão de entrar em novos mercados ou novas empresas e, portanto, mais focados.

4. **Risco:** pelo lado do risco, nos casos de negação e aceitação, a empresa permanece no negócio existente. Deve haver poucas alterações no risco operacional, mas a carga de dívida que os gestores em negação assumem ou se recusam a pagar, face ao declínio, pode levar a um risco de distress muito maior. No caso da reinvenção, o risco operacional da empresa evolui para incorporar o risco do novo negócio ou mercado da empresa, que pode ser superior ou inferior ao negócio existente. Na gestão em desespero, a busca desenfreada pelo crescimento não só terá efeitos imprevisíveis sobre o risco operacional, e haverá mudanças refletindo as aquisições feitas ao longo do caminho, como também causará dificuldades no longo prazo, ainda mais se as aquisições forem financiadas com dívida.

Como se nota, os inputs de valuation de uma empresa em declínio variam muito, a depender das crenças sobre a sua gestão. A Tabela 13.1 resume esses efeitos:

Tabela 13.1 • Inputs de valuation para empresas em declínio, por resposta da gestão

	Resposta esperada da gestão para negócios em declínio			
	Negação	**Desespero**	**Aceitação**	**Reinvenção**
Crescimento de receita	Negativo	Sinais positivos de aquisições ou investimentos	Negativo	Positivo, mas pode levar tempo para se desenrolar
Rentabilidade	Declínio no longo prazo	Pode ver aumentos no curto prazo, mas desaparecer com o declínio no longo prazo	Declínio no curto prazo, depois estabilidade	Declínio no curto prazo, mas aumento ao longo do tempo para refletir novas margens de negócios
Reinvestimento	Continua com o status quo, seguindo nos negócios existentes	Reinvestimento significativo e imprevisível (aquisições)	Negativo (desinvestimentos)	Negativo em negócios existentes, mas positivo em novos negócios
Risco	Risco operacional estável, maior risco de falha	Risco operacional volátil, aumento do risco de falência	Risco operacional estável, risco de falência estável	Risco operacional combinado, refletindo a entrada nos novos negócios, com risco de falência se a reinvenção fracassar

ETAPA 4: AVALIE O NEGÓCIO

Depois de ter uma perspectiva a respeito de como a gestão de uma empresa deve responder ao declínio e de ter convertido essa perspectiva em inputs para o valuation, os fluxos de caixa e o valor da empresa devem refletir esses dados.

- Para a gestão em negação, uma combinação de redução de receitas e margens em declínio, no longo prazo, causará quedas de longo prazo nos lucros e nos fluxos de caixa, empurrando a empresa para uma situação de dificuldades (na qual o capital não valerá nada) ou para um valor terminal, como um mau negócio, no qual o capital valerá muito pouco.
- Para a gestão em aceitação, no curto prazo, as receitas encolherão e as margens ficarão apertadas, antes de tudo se estabilizar em um valor terminal de estado estacionário, o que vai refletir em uma empresa menor, porém mais saudável, ou em um valor de liquidação, caso produza um retorno maior.
- Para a gestão em desespero, não há padrão previsível para os lucros e fluxos de caixa, mas quaisquer que sejam os benefícios que possam ser acumulados para o valor, provenientes de surtos temporários de crescimento ou lucratividade, em geral via aquisições, vão desaparecer e, com o tempo, serão mais do que solapados pelo custo do reinvestimento necessário para entregar esse aumento, criando uma destruição turbinada de valor.
- Para a gestão que tem como objetivo a reinvenção, não haverá alívio no curto prazo para a redução das receitas e a pressão das margens, mas, quando a reinvenção funcionar, o crescimento das receitas, as margens e o reinvestimento da empresa mudarão para incorporar os efeitos do novo negócio ou mercado.

PASSO 5: MANTENHA O CANAL PARA FEEDBACK ABERTO

O valor estimado para uma empresa em declínio será determinado, em grande parte, pela forma como você acredita que a gestão vai responder ao declínio, e o seu canal de feedback deve ser estruturado em torno dessa frente.

- Em seu valuation, se houver a suposição de que a administração está em negação, uma mudança na alta gestão, uma reconstrução do conselho de administração ou um novo CEO funcionará como uma ruptura com o passado e deverá levar a uma reavaliação, embora seja necessário decidir o caminho escolhido pela nova gestão.

- Caso a avaliação da empresa tenha base na suposição de que os gestores estão desesperados pelo crescimento a qualquer custo, a entrada de investidores ativistas na lista de acionistas cria a possibilidade de resistência e talvez até de mudanças.
- Caso sua avaliação de uma empresa em declínio se baseie no pressuposto de que os gestores seguirão um caminho sensato, seja aceitando o declínio como inevitável e trabalhando dentro dos limites, seja reinventando a empresa por meio da entrada em novos negócios ou mercados, há sempre a hipótese de que, dado que ambas as estratégias podem apresentar um teor mais de longo prazo, os investidores não terão convicção para bancá-las e esses caminhos serão abandonados antes que surja a oportunidade de produzir resultados.

Além disso, ao avaliar uma empresa em declínio, vale a pena acompanhar a opinião dos credores e, se a empresa tiver títulos negociados, o que o mercado de títulos pensa sobre as hipóteses de sua sobrevivência.

ESTUDO DE CASO – PARTE 1: AVALIAÇÃO DA BED BATH AND BEYOND, UMA EMPRESA EM DECLÍNIO, SETEMBRO DE 2022

Conforme já mencionado neste capítulo, a parte física do negócio varejista dos Estados Unidos está repleta de empresas prejudicadas e em declínio, e escolhi a Bed Bath and Beyond (BB&B), uma empresa que se popularizou muito na década de 1990, fez muito sucesso na década de 2000 e entrou em colapso na década de 2010.

Contexto

A Bed Bath and Beyond é uma loja de varejo que sempre foi mais voltada para artigos para o lar do que para roupas de cama, mesa e banho, oferecendo uma grande variedade de produtos, de necessidades básicas a dispositivos eletrônicos. A BB&B surgiu como uma pequena loja de roupas de cama em Nova Jersey, na década de 1970, e acabou por se tornar uma presença marcante nos shoppings por todos os Estados Unidos. A Figura 13.2 mostra seus resultados operacionais desde 1992, ano em que abriu o capital:

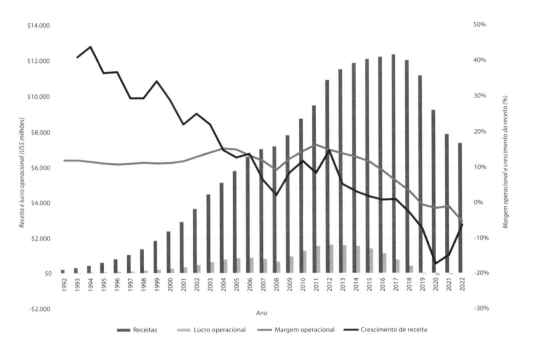

FIGURA 13.2 | Bed Bath and Beyond — histórico de resultados operacionais

Em sua primeira década como empresa de capital aberto, as receitas da BB&B aumentaram em catorze vezes, de 214 milhões de dólares em 1992 para mais de 2,9 bilhões em 2001, e, enquanto a taxa de crescimento diminuía, as receitas continuaram aumentando na década seguinte, atingindo 9,5 bilhões de dólares em 2011. Durante essas duas décadas, a empresa registrou margens de lucro operacional de dois dígitos, partindo de 11,53% em 1992-2001 para 13,63% em 2002-2011.

A taxa de crescimento da receita caiu após 2011, mas permaneceu positiva, embora com apenas um dígito, e a companhia atingiu seu pico com mais de 12 bilhões de dólares em receitas em 2017. No entanto, nos quatro anos seguintes, as receitas caíram de vez, chegando a 7,8 bilhões em 2021, e a empresa perdeu fatias cada vez maiores por ano entre 2017 e 2021. Embora seja fácil atribuir todos os problemas do varejo físico à presença disruptiva da Amazon, é óbvio que mais fatores contribuíram para o colapso da BB&B, refletindo as mudanças na preferência dos clientes e a fadiga do seu modelo de varejo.

Valuation: história e inputs

Para o valuation da BB&B, comecei com uma avaliação da gestão. Em meados de julho de 2022, a empresa substituiu seu CEO histórico, Mark Tritton, por uma nova CEO, Sue Gove, em parte como resposta a críticas de investidores-chave sobre uma estratégia "excessivamente ambiciosa". Se Gove chegou com uma missão limitada, na qual reinventar a BB&B estava, se não fora do mapa, pelo menos em segundo plano até que a empresa estivesse um pouco mais firme, vou supor que ela encarou o declínio com aceitação. Gove agiu de acordo e, em setembro de 2022, a empresa anunciou que fecharia 150 lojas, que se juntariam às 240 fechadas de 2020 a 2021, além da demissão de 20% de sua força de trabalho.

Em nossa história para a BB&B, prevejo uma redução contínua nas receitas, mas presumo que, conforme as lojas menos lucrativas forem fechadas, surgirá um caminho para os lucros operacionais, embora ache improvável que as margens voltem a ser como as dos dias de glória. Se as lojas que estão sendo fechadas também estiverem entre as mais intensivas em capital, em termos de compromissos de arrendamento, a pressão financeira diminuirá, e, no estado estacionário, presumo que exista uma versão muito menor da empresa que possa encontrar um nicho lucrativo no varejo. Convertendo essa narrativa em inputs para o valuation:

- **Crescimento e níveis de receita:** vou supor uma queda de 10% nas receitas no primeiro ano, seguida por 5% de quedas nos 4 anos seguintes e, mais tarde, um aumento gradual para um crescimento positivo apenas no nono ano. Como resultado do encolhimento que imagino para as receitas da BB&B nos próximos oito anos, os 5,9 bilhões de dólares em receitas estimadas em 2032 estão cerca de um terço abaixo dos 7,9 bilhões reportados em 2021.
- **Margens operacionais:** vou supor que a empresa fechará as lojas menos lucrativas e que as restantes serão lucrativas. Suponho, também, que as margens operacionais nessas lojas restantes convergirão na margem média entre os varejistas dos Estados Unidos, de 5,54%, bem abaixo das margens de dois dígitos obtidas pelas lojas da BB&B em seu auge.
- **Reinvestimento:** como presumo que a empresa irá encolher, não vai haver novos reinvestimentos. Em vez disso, haverá fluxos de caixa provenientes de desinvestimentos e fechamentos de lojas que aumentarão os fluxos de caixa operacionais e estarão disponíveis para retorno aos acionistas ou para pagamento de dívidas.
- **Risco:** com o fechamento de lojas, presumo que a dívida de arrendamento diminua e, quando retornar à lucratividade, a empresa será capaz de reduzir seu ônus

da dívida a níveis gerenciáveis. Dado que a classificação atual está abaixo do nível junk, ainda há uma chance significativa de falência, que estimo em 23,74%, com base na classificação atual de títulos B1 (pela agência Moody's).[2]

- **Estado estacionário/Crescimento estável:** nessa narrativa, projeto uma aterrissagem suave para a BB&B, supondo que a empresa consiga sobreviver durante a próxima década, quando conseguirá encontrar um nicho de mercado como empresa menor, momento em que poderá manter um crescimento estável, ao mesmo tempo em que obterá um retorno sobre o capital investido próximo da média das empresas varejistas maduras.

Valuation para a Bed Bath and Beyond

Usando esses inputs, estimo o valor da BB&B na Figura 13.3:

FIGURA 13.3 | Valuation da Bed Bath and Beyond, setembro de 2022

Bed Bath & Beyond						Set-2022
A incrível loja que encolhe						
A Bed Bath & Beyond está em uma espiral descendente. Há um vislumbre de esperança, no qual a empresa fecha as lojas que exigem mais capital e recebem menos clientes durante a próxima década, diminuindo ainda mais as receitas, mas testemunha suas margens operacionais melhorarem para a média do setor varejista físico dos Estados Unidos nos próximos cinco anos. Ao longo do caminho, os desinvestimentos e fechamentos vão liberar caixa, que poderá ser retornado e utilizado para pagar dívidas. Ao fim do período projetado, a BB&B encontra um nicho de mercado, embora com uma pegada menor, crescendo ao mesmo ritmo que a economia e sem obter retornos excedentes.						

As premissas						
	Ano-base	Ano seguinte	Anos 2–5	Anos 6–10	Depois do ano 10	Ligação com a história
Receitas (a)	$7.868,00	-10%	-5% →	3%	3%	Declínio do core business
Margem operacional (b)	-1%	-1%	-1% →	5,54%	5,54%	As margens melhoram, à medida que as lojas com pior desempenho são fechadas
Taxa de imposto	25%		25%	25%	25%	Taxa marginal de imposto global/dos Estados Unidos ao longo do tempo
Reinvestimento (c)		2.00	2.00	2.00	30%	Mantido nos níveis atuais
Retorno sobre capital	-2.80%	Retorno sobre capital investido (ROIC) marginal =	-57.31%		10%	Vantagens competitivas mínimas
Custo de capital (d)			8.79% →	7.50%	7.50%	Custo de capital próximo à mediana

Os fluxos de caixa						
	Receitas	Margem Operacional	EBIT	EBIT (1t)	Reinvestimento	FCFF (fluxo de caixa livre para a firma)
1	$7.081,20	-1%	-$70,81	-$70,81	$0,00	-$70,81
2	$6.727,14	1,62%	$108,72	$108,72	-$177,03	$285,75
3	$6.390,78	2,92%	$186,89	$186,89	-$168,18	$355,06
4	$6.071,24	4,23%	$256,96	$256,96	-$159,77	$416,73
5	$5.767,68	5,54%	$319,56	$244,23	-$151,78	$396,01
6	$5.571,58	5,54%	$308,69	$231,52	-$98,05	$329,57
7	$5.471,29	5,54%	$303,14	$227,35	-$50,14	$277,50
8	$5.460,35	5,54%	$302,53	$226,90	-$5,47	$232,37
9	$5.536,79	5,54%	$306,77	$230,07	$38,22	$191,85
10	$5.702,90	5,54%	$315,97	$236,98	$83,05	$153,92
Ano terminal	$5.873,99	5,54%	$325,45	$244,09	$73,23	$170,86

O valor		
Valor terminal	$3.796,89	
Valor presente (PV) (valor terminal)	$1.695,10	
Valor presente (Fluxo de caixa nos próximos 10 anos)	$1.644,97	
Valor dos ativos em operação =	$3.340,07	
Ajuste para distress	$396,47	Probabilidade de falência = 23,74%
– Dívidas e participações minoritárias	$3.085,00	
+ Dinheiro e outros ativos não operacionais	$440,00	
– Valor do patrimônio líquido	$298,60	
– Valor das opções de ações	$0.00	
Número de ações	92.50	
Valor por ação	**$3,23**	As ações eram negociadas a = $8,79

Com essa história de recuperação para a BB&B, embora como empresa menor, o valor que estimo por ação é de 3,23 dólares, bem abaixo dos 8,79 pelos quais as ações eram negociadas em 14 de setembro de 2022. Como adendo posterior, nos meses seguintes desde que esse valuation foi concluído, as finanças da empresa se deterioraram ainda mais depressa do que o previsto, talvez como resultado de taxas de juro mais elevadas. A BB&B entrou em falência, um lembrete de que, em se tratando de empresas em declínio, o risco de interrupção ou de falência é sempre grande.

Precificação

A precificação de empresas em declínio é um tanto similar a tentar pegar uma faca que está caindo, uma vez que os efeitos acumulados da receita em queda, das margens apertadas e do perigo de distress financeiro podem tornar todos os aspectos da precificação problemáticos, da escolha de um múltiplo até a definição do grupo de pares.

Os desafios

Três táticas são utilizadas para precificar empresas que estejam enfrentando dificuldades, ou em distress. A primeira é permanecer com os valores atuais para operações (receitas, ganhos, valor contábil) e tentar dimensionar o valor de mercado para as variáveis ainda viáveis (receitas e valor contábil). A segunda é se valer de estimativas de receitas ou ganhos em um ano futuro e calcular um múltiplo projetado, que é usado para a comparação entre as empresas. A terceira é relacionar a precificação de mercado de uma empresa em declínio ao seu valor de liquidação, com a intenção de comprá-la a um preço de barganha (definido como um valor menor do que o da liquidação). Cada tática traz suas dificuldades, mas não deve ser uma surpresa, dados os diferentes caminhos que essas companhias podem seguir.

1. **Dimensionar para métricas operacionais atuais:** considere o uso da receita atual ou dos múltiplos de lucros para precificar as empresas em declínio. Se essas forem exceções em seus setores (se o que predomina são empresas saudáveis), os resultados dessa precificação serão previsíveis: a empresa em declínio parecerá barata, porque será negociada em múltiplos mais baixos do que o restante do setor. Para fazer uma comparação legítima, é preciso examinar diferenças de risco, crescimento de receita e lucratividade esperada ao longo do tempo. Se todo o setor

estiver em declínio, será preciso determinar o grau de declínio na comparação entre as empresas.

2. **Dimensionar para métricas operacionais futuras:** com métricas projetadas para precificação, os problemas mudam para a questão do distress. Para compreender por quê, suponha que se esteja avaliando uma empresa com graves problemas financeiros: receitas estagnadas, lucros negativos e obrigações de dívida substanciais. A projeção é de uma reviravolta no destino da empresa, com previsão de que o EBITDA em cinco anos será de 150 milhões de dólares e que a empresa estará saudável, negociada aproximadamente no mesmo múltiplo do EBITDA que as empresas saudáveis do setor (seis vezes o EBITDA). A estimativa futura do valor dessa empresa é de 900 milhões de dólares, mas há um problema: isso só funciona se supusermos que a melhora está garantida e que não há hipótese de inadimplência. Se houver uma chance significativa de coisas ruins acontecerem à empresa nos próximos cinco anos, será preciso reduzir o valor estimado.

3. **Dimensionar para o valor de liquidação:** nas comparações com o valor de liquidação, muitas vezes surgem problemas no modo como esse valor é estimado. No caso de utilizarmos o valor contábil dos ativos como um indicador do seu valor de liquidação, como muitos fazem, não será surpresa observar as empresas em declínio parecerem pechinchas. Nesses casos, os compradores não estarão dispostos a pagar o valor contábil dos ativos como valor de liquidação, dada a fraca situação econômica subjacente ao negócio.

Nos três casos, as empresas em declínio tendem a parecer ter preços subestimados — pelo menos numa primeira análise, ou quando a precificação não considera as diferenças ou as dificuldades entre as empresas.

As respostas

Existe uma forma de adaptar a precificação para considerar as empresas em declínio e enfrentando dificuldades? Acredito que sim, embora os ajustes sejam variados, dependendo da empresa sendo precificada e do setor de atuação.

VARIÁVEL DE ESCALA

Ao dimensionar preços em empresas em declínio, é possível utilizar os números operacionais (receitas, ganhos etc.) que ainda podem ser entregues como going concern,

Valuation e precificação: Empresas em declínio | **353**

como o escalar, ou em escala, em relação ao que se acredita serem os custos de substituição para os ativos, caso sejam replicados, ou o que esses ativos podem entregar como valor de liquidação, caso vendidos.

1. **Valor contábil:** para empresas em declínio que construíram grandes bases de ativos tangíveis, faz sentido dimensionar seus valores de mercado, representando o valor estimado pelos investidores, para seus valores contábeis, indicando quanto os contadores estimam que a empresa investiu em seus ativos. Ao fazer essa avaliação, existe a opção de utilizar a variante de patrimônio líquido, relacionando o valor de mercado ao valor contábil do patrimônio líquido, ou dimensionar o valor da firma, que também inclui a dívida líquida, ao valor contábil do capital investido (que é o valor contábil do patrimônio líquido mais o valor contábil da dívida líquida). O problema com o valor contábil é justamente se tratar de um número contábil que, para empresas envelhecidas, reflete os efeitos cumulativos de ações ou inações contábeis ao longo do tempo.

2. **Custo de reposição:** em uma variação da primeira abordagem, é possível estimar quanto custaria replicar os ativos existentes, em uma medida de custo de reposição, e dimensionar o valor da empresa para esse custo. Implicitamente, comprar uma empresa por um valor de mercado inferior ao seu custo de substituição é encarado como uma pechincha, mas essa lógica só funciona em um cenário no qual empresa em declínio esteja inserida em um setor saudável e lucrativo. Se todo o setor estiver em declínio, o fato de a empresa ser negociada a preços inferiores aos custos de substituição não significa muita coisa.

3. **Números operacionais projetados:** existe uma terceira opção, que deve soar familiar, pois também a utilizei com startups e empresas de alto crescimento: em vez de dimensionar os valores de mercado das empresas em declínio aos números operacionais atuais, é possível dimensioná-los às suas estimativas futuras. Essa abordagem pode ser útil, se houver esperança de que a empresa será capaz de se estabilizar ou mudar suas operações e que o mercado precificará a expectativa de que isso vai acontecer.

GRUPO DE PARES

Para criar um grupo de pares com o qual comparar a empresa em declínio, pode-se levar em consideração todas as empresas do grupo de pares — com a ressalva de que é provável que ela parecerá barata, à primeira vista —, ou criar um grupo de pares de empresas que se encontrem na mesma situação no setor em questão.

1. **Outras empresas em declínio:** para avaliar uma empresa em dificuldades, é possível encontrar um grupo de empresas em declínio e/ou em dificuldades no mesmo setor e observar quanto o mercado está disposto a pagar por elas. Por exemplo, podemos avaliar uma empresa de telecomunicações que está enfrentando dificuldades ao observar o valor da empresa em relação aos múltiplos de vendas (ou capital contábil) usados para negociar outras empresas de telecomunicações também em dificuldades. Embora seja promissora, essa abordagem só funciona se muitas empresas do mesmo setor estiverem enfrentando problemas financeiros ao mesmo tempo. Além disso, ao categorizar as empresas como em declínio ou não, há o risco de agrupar companhias em graus diferentes de declínio, e o fator de distress ainda agrega um elemento imprevisível a essa composição.

2. **Empresas saudáveis no setor:** se a empresa está em declínio e/ou enfrentando dificuldades em um setor repleto de empresas saudáveis, não há escolha a não ser criar um grupo de pares de empresas em situação operacional e financeira muito melhor. Num olhar superficial, utilizando ganhos de receitas ou múltiplos de valor contábil, por causa das diferenças na saúde financeira, a primeira empresa vai parecer barata em relação ao grupo de pares. Como consequência, também será necessário reunir dados sobre essas métricas operacionais, incluindo crescimento de receita, lucratividade e reinvestimento, para todas as empresas do grupo de pares, já que essas diferenças precisam ser ajustadas.

DETERMINANDO AS DIFERENÇAS

Ao comparar uma empresa em declínio a um grupo de pares composto em sua maioria por empresas saudáveis, é esperado que aquela em declínio pareça barata, qualquer que seja o escalar escolhido para a precificação, antes que as diferenças sejam determinadas para:

1. **Desempenho operacional:** a redução das receitas e a compressão das margens operacionais vão derrubar os preços de mercado da empresa. No mínimo, é preciso considerar como as diferenças no crescimento das receitas e nas margens operacionais afetam os preços do grupo de pares.

2. **Distress:** empresas em declínio têm maior probabilidade de serem expostas a riscos de distress do que as saudáveis, e, como essas dificuldades levam a liquidações forçadas e resultados ruins para os acionistas, é esperado que sua precificação reflita isso. Determinar o distress é complicado, mas, na medida em que é possível encontrar classificações de títulos para empresas do seu grupo de pares,

deve-se tentar estimar como as classificações de títulos mais baixas se traduzem em preços mais baixos para o patrimônio líquido.

3. **Gestão:** na seção sobre valor intrínseco, relacionei nossa estimativa de valor à forma como a administração percebia o declínio da empresa. Quando os participantes no mercado levam em consideração a resposta da gestão, a precificação fica menor para empresas em declínio com uma gestão em negação do que para aquelas com uma gestão em aceitação, e menor para as empresas com uma gestão em desespero do que para aquelas cuja gestão tem propósitos objetivos. Embora seja difícil fazer esses julgamentos sobre a gestão, é possível perceber a razão pela qual a precificação de uma empresa em declínio pode ser bastante afetada quando uma nova gestão é instituída.

ESTUDO DE CASO – PARTE 2: BED BATH AND BEYOND, UMA EMPRESA EM DECLÍNIO

Ao precificar a BB&B, começo admitindo as limitações com as quais estou lidando em setembro de 2022. Com os números operacionais atuais, o único escalar que eu poderia usar seria a receita, visto que a empresa teve prejuízo (receita líquida e operacional negativas) em 2021. Além disso, analisando as 96 empresas de varejo de capital aberto nos Estados Unidos com valor de mercado que excederam 100 milhões de dólares (o valor de mercado da BB&B era de cerca de 700 milhões em setembro de 2022), observei que muitas tinham margens muito mais saudáveis que a BB&B, e os analistas esperavam um crescimento mais robusto nas suas receitas, como mostra a Tabela 13.2:

Tabela 13.2 • Bed Bath and Beyond *versus* varejo dos Estados Unidos, setembro de 2022

	Valor de mercado	Valor da firma	PL (Preço/Lucro)	Valor da firma/Vendas	Crescimento da receita (próximos dois anos)	Margem operacional, 2021
Média			11.70	1.26	5,98%	8,69%
Primeiro quartil			5.13	0.60	0,67%	5,42%
Mediana			7.25	0.97	3,85%	8,22%
Terceiro quartil			17.22	1.74	9,78%	12,03%
Bed Bath and Beyond	$698	$3.867	N/A	0.52	-12,70%	-5,24%

Não é de se admirar, dado seu prejuízo operacional em 2021 e a expectativa de encolhimento das receitas em 12,7% por parte dos investidores nos dois anos seguintes, que a BB&B seja negociada a um múltiplo valor da firma/vendas que é cerca de metade (0,52) de suas receitas, bem abaixo dos 0,97 vezes as receitas ao qual uma empresa de varejo típica é negociada.

Para pelo menos tentar ajustar as diferenças, fiz a regressão do valor da firma sobre os múltiplos de vendas de empresas de varejo em relação ao crescimento da receita e das margens operacionais usando os dados:

Valor da firma/vendas = 0,39 + 1,82 Crescimento de receita esperado + 7,63 Margem operacional

(2,83) (1,53)   (7,44)

Com um R^2 de 39,4% e significância marginal na variável de crescimento das receitas, essa regressão tem limitações, mas indica que as empresas com maior crescimento das receitas e/ou margens operacionais mais elevadas negociam com múltiplos de receitas muito mais elevados. Ao usar essa regressão para precificar a BB&B, chego a uma relação valor da firma/vendas estimada para a empresa de -0,2410:

Valor da firma/vendas = 0,39 + 1,82 (-0,127) + 7,63 (-0,0524) = -0,2410

Com base na precificação do mercado para outras empresas varejistas e nas péssimas métricas operacionais da BB&B, o mercado está de fato passando a mensagem de que a empresa não manterá sua continuidade operacional. Um otimista em relação à BB&B poderia argumentar que esse preço é injusto e que os valores atuais para o crescimento das receitas e das margens deveriam ser substituídos por valores futuros esperados. De certa forma, isso está correto, mas, ao definir o preço da BB&B com esses números futuros esperados, ainda será preciso ajustar o preço ao risco de falência.

Complementos e adendos

Para completar a discussão sobre empresas em declínio, analisarei dois complementos e adendos. Primeiro, considero a avaliação de uma empresa a soma das suas partes, visto que desmembrar empresas em declínio em geral é uma opção plausível para resolver problemas e desbloquear seu valor. Além disso, examino o valuation de liquidação, que, para algumas empresas em declínio, pode ser o único resultado viável. Por último, vou considerar o caso especial das ações em uma empresa que enfrenta grandes dificuldades e sofre com perdas operacionais e dívidas substanciais vencidas para argumentar que essa participação acionária é menos uma reivindicação sobre os fluxos de caixa esperados e mais uma opção de compra do negócio.

Soma das Partes (SOTP)

Uma das características do valuation por fluxo de caixa descontado é ser aditivo. Em outras palavras, durante a avaliação de empresas que operam em três setores, é possível avaliá-la de maneira combinada, somando seus fluxos de caixa nos três setores e descontando a uma taxa que é uma média ponderada pelo valor entre as três empresas, ou também é possível avaliar cada uma usando os fluxos de caixa e a taxa de desconto no valuation para, em seguida, somar esses valores. Pelo menos na teoria, o valuation obtido seria o mesmo em ambos os casos. Aqui, vou denominar a primeira forma como valuation agregado, e a segunda, como valuation desagregado, e explorar suas diferenças. Talvez seu conhecimento de valuation venha sempre do agregado, e há duas razões pelas quais essa é a abordagem dominante:

- As participações de equity dos investidores estão em empresas inteiras, não em suas partes desagregadas. Ou seja, são compradas ações da empresa General Electric (GE), e não da subdivisão de motores para aeronaves da GE ou da GE Capital, assim como da empresa global Coca-Cola, não das operações da Coca-Cola na Índia. Talvez seja por isso que grande parte dos valuations sejam construídos em torno da agregação, em que se olha para as receitas e os fluxos de caixa da empresa em diferentes regiões e negócios, descontando as taxas que refletem as ponderações desses setores e dessas regiões.
- A maior parte das informações divulgadas aparece em negócios agregados, em que empresas como GE e Coca-Cola reportam suas demonstrações financeiras completas (declarações de receita, balanços patrimoniais e demonstrações de fluxos de caixa) referentes a toda a empresa. Embora tenha havido alguma tentativa de melhorar a divulgação no nível de segmentação de negócios por setor e região, essa informação em geral fica limitada às notas de rodapé e permanece irregular, e as práticas de divulgação variam entre empresas e países.

Porém, em algumas ocasiões é possível fazer uma avaliação isolada das partes de uma empresa.

- **Diferenças fundamentais:** quando se trata de empresas multinegócios e multinacionais, uma vantagem da avaliação isolada de cada setor ou segmento geográfico é a possibilidade de atribuir a cada um diferentes perfis de risco, fluxo de caixa e crescimento, em vez de tentar criar um perfil ponderado para toda a empresa.
- **Diferenças de crescimento:** se alguns setores e segmentos geográficos crescem muito mais depressa do que outros, fica difícil fazer um valuation agregado que reflita essas diferentes taxas de crescimento. Um beta bottom-up, por exemplo, que representa uma média ponderada dos negócios nos quais a empresa atua, precisará mudar, ao longo do tempo, se alguns negócios crescerem mais do que outros.
- **Razões transacionais:** em alguns casos, será necessário avaliar uma parte, em vez da empresa inteira, porque essa parte será vendida ou dividida e requer um valuation específico. Essa é uma necessidade urgente durante a avaliação de uma empresa prestes a ser desmembrada.
- **Razões de gestão:** dentro de uma empresa, faz sentido que seja feito um valuation para cada parte do negócio, tanto para monitorar o desempenho das diferentes gestões por divisão como para melhorar o desempenho.

Porém, para finalizar, caso você esteja se perguntando qual é a diferença entre o valuation de liquidação e o pela soma das partes, a principal distinção está nos ativos individuais, se estão sendo vendidos (caso da liquidação) ou sendo avaliados como um negócio em atividade (como é o caso para a soma das partes). No valuation de liquidação, os ativos da empresa são vendidos a compradores que os colocam para uso próprio, e os números atribuídos aos ativos vão refletir quanto esses compradores estão dispostos a pagar, ou seja, uma precificação. Em negócios correntes, os ativos continuarão sendo administrados e, portanto, será preciso estimar os ingredientes do seu valor intrínseco — crescimento, fluxos de caixa e risco — e os valores resultantes.

VALUATION SOTP: SOMA DAS PARTES (SUM-OF-THE-PARTS)

O ponto de partida para um valuation pela soma das partes é decidir quais unidades ou partes serão divididas, com a restrição de que é necessário ter acesso às informações para avaliar cada uma. Como muitas empresas dividem suas métricas operacionais (como receitas, lucros operacionais e até ativos) por tipo, essa categorização costuma ser utilizada como base para o valuation SOTP, mas, com acesso às informações, é possível dividir as unidades ou partes por regiões, usuários, categorias ou até mesmo agrupamentos de clientes. Em um valuation desse tipo, primeiro estima-se o valor intrínseco de cada subparte da empresa, então esses valuations são agregados. Em termos de sequenciamento, a Tabela 13.3 resume as etapas de um valuation SOTP e compara cada uma delas com a mesma etapa do valuation agregado:

Tabela 13.3 • Etapas do valuation: soma das partes *versus* toda a empresa

Etapa	Valuation da empresa	Valuation por soma das partes (SOTP)
Conte uma história	Crie uma história para toda a empresa, com base no mix de operações e gestão atual.	Crie uma história para cada parte da empresa, com base nas operações e na gestão independente da parte.
O teste 3P	Verifique a história da empresa para garantir que seja possível, plausível e provável.	Verifique a história de cada parte para garantir que seja possível, plausível e provável.
Avalie a empresa	Converta a história em inputs de valuation e utilize-os para estimar o valor de toda a empresa.	Converta a história em inputs de valuation para cada parte e utilize esses dados para avaliá-la. Some os valuations das partes e desconte a perda de valor dos custos não alocados.* * Ao avaliar uma empresa multinegócios, alguns custos (gerais e administrativos, despesas de sede corporativa e outros) não são alocados às divisões/partes. É preciso considerar o valor presente desses custos esperados ao longo do tempo e compensar essa "perda de valor."
Calcule o valor do patrimônio líquido	Adicione caixa e participações cruzadas e desconte as dívidas.	Adicione caixa e participações cruzadas e desconte as dívidas.

É perceptível que as diferenças que talvez surjam no valor final da empresa podem ser resultantes tanto da capacidade de distinguir as características de risco, crescimento e fluxo de caixa em cada parte da empresa quanto da suposição de que cada uma tem a própria gestão, e é provável que façam escolhas diferentes e entreguem um valor diferente do apresentado pela equipe de gestão para toda a empresa. Presumindo que haja ineficiências nas operações de uma gestão única e que se dissiparão ou diminuirão com o comando fragmentado, o valor da soma das partes será superior ao valor consolidado da empresa, o que pode ser um argumento para dividi-la em suas partes componentes.

PRECIFICAÇÃO POR SOTP

Na precificação pela soma das partes, mais uma vez é preciso seguir a sequência padrão de precificação: partir da precificação de múltiplos, para então encontrar empresas comparáveis precificadas pelo mercado e, por fim, fazer a comparação com o grupo de pares para determinar as diferenças entre as empresas. No entanto, o processo é realizado para cada parte da empresa de maneira individual, e não para o conjunto. A Tabela 13.4 resume o processo de precificação, destacando as diferenças entre a precificação por SOTP e a consolidada.

Tabela 13.4 • Etapas de precificação: SOTP *versus* consolidada

Etapa	Precificação consolidada	Precificação por SOTP
Escolher um múltiplo de precificação	Escolher um escalar (receitas, ganhos etc.) para o preço e estimar os múltiplos de precificação para a empresa.	Escolher um escalar (receitas, lucros etc.) para cada parte da empresa, preservando a liberdade de escolher diferentes escalares para diferentes partes.
Encontrar um grupo de pares	Encontrar empresas de capital aberto que sejam "iguais" nos fundamentos de valuation (risco, crescimento, fluxos de caixa).	Para cada parte, encontrar outras empresas de capital aberto que sejam "iguais" nos fundamentos de valuation (risco, crescimento, fluxos de caixa).
Determinar as diferenças	Ajustar as diferenças entre sua empresa e as dos grupos de pares em relação aos fundamentos.	Ajustar as diferenças entre a parte da empresa sendo precificada e seu grupo de pares em relação aos fundamentos.
Precificar a empresa	Aplicar os preços baseados no grupos de pares ao escalar para precificar a empresa.	Aplicar os preços baseados no grupos pares ao escalar escolhido para precificar cada parte e então agregar a precificação ao todo.

Se todas as despesas foram alocadas entre as partes, há duas razões principais pelas quais as duas abordagens podem fornecer uma precificação agregada diferente para a empresa. A primeira é que poder escolher escalares diferentes (receitas para algumas partes de negócios, EBITDA para outras, valor contábil para outras mais) e grupos de pares que correspondem a cada parte, em uma precificação SOTP, às vezes leva a um preço mais preciso. A segunda é que o mercado pode estar descontando a empresa, em relação à precificação de suas partes, porque não confia na estrutura da holding ou na gestão como um todo. O desconto do conglomerado, que os pesquisadores estimam variar de 7 a 15%, é baseado quase inteiramente na comparação entre a precificação consolidada e a SOTP, em geral com pouco ou nenhum ajuste para suas diferenças.

Valuation de liquidação

Para algumas empresas em declínio, o fim do jogo, como já observado neste capítulo, não é a sobrevivência da continuidade operacional, e sim sua liquidação. O valor de liquidação é o agregado do valor dos ativos que seriam gerados caso fossem vendidos no mercado, em geral sob pressão, e o líquido de custos de transação e custos legais. Há quem crie um nicho para o valuation de liquidação e o diferencie da precificação e do valuation intrínsecos, mas observe que o valuation de liquidação é de fato uma subcategoria de precificação, mais do que uma abordagem capaz de se sustentar por conta própria. Em resumo, para estimar o que seria obtido da liquidação para cada ativo, é preciso estimar quanto os investidores pagariam por esse ativo no momento,

Valuation e precificação: Empresas em declínio | 361

dado como outros ativos similares estão sendo precificados — fazendo do processo um exercício de precificação. Caso esteja se perguntando por que uma precificação de liquidação produziria um número diferente de uma convencional, na qual a companhia é precificada como um todo em relação ao seu grupo de pares, há três razões principais:

- A primeira é que a precificação convencional é feita pensando uma empresa em continuidade operacional, com potencial de crescimento e investimentos no futuro, enquanto a precificação de liquidação considera a precificação dos ativos de propriedade da empresa. Com a ameaça ao valor da continuidade operacional (going concern), é possível que a soma recebida da venda de ativos individuais pelo lance mais alto seja maior.
- A segunda é que uma liquidação, ainda mais a forçada (devido ao vencimento de dívidas ou às preocupações com dificuldades), com frequência resulta em preços com desconto, uma vez que os potenciais compradores podem barganhar diante da necessidade imediata de dinheiro.
- A terceira é que uma liquidação pode criar consequências fiscais para a empresa, ainda mais quando são vendidos ativos mais antigos com valores contábeis baixos ou mesmo insignificantes.

Para a maioria das empresas saudáveis, o valor em continuidade operacional supera o da liquidação. Para as que estão em crescimento, o fato de que o valor da liquidação se concentra apenas nos ativos, pois não é possível vender investimentos e projetos ainda não iniciados, provoca uma redução no valor da liquidação ainda maior em relação ao valor em continuidade operacional, que inclui o potencial de crescimento. Quando as empresas amadurecem, o fracasso em incluir ativos de crescimento gera menos perdas no valor da liquidação, mas o valor em continuidade operacional em geral segue maior que o de liquidação se o negócio for bom — ou seja, se lucra mais do que seu custo de capital. À medida que os retornos excedentes sobre os investimentos desaparecem, o valor de liquidação da empresa começa a se aproximar do valor em continuidade operacional, com a ressalva de que o primeiro ainda será menor devido ao desconto aplicado pela falta de liquidez e impostos. Porém, quando em declínio, pode muito bem chegar um momento em que a continuidade operacional dos negócios, gerando menos do que o custo de capital, proporciona menos valor do que a venda dos ativos, individualmente, aos melhores lances em potencial.

A estimativa do valor de liquidação é complicada quando os ativos da empresa possuem entrelaçamentos comerciais e, portanto, não podem ser avaliados sozinhos. Ao tentar estimar o valor de liquidação de uma empresa como a Disney, sua tarefa será complicada pela realidade de que sua atuação nos setores de transmissão, cinema e parques temáticos estão todos conectados e não podem ser precificados em setores. Além disso, a probabilidade de os ativos atingirem o valor justo de mercado diminuirá à medida que aumenta a urgência da liquidação. Uma empresa com pressa para liquidar seus ativos talvez tenha que aceitar um desconto no valor justo de mercado para uma execução rápida. Como alerta, quase nunca é apropriado tratar o valor contábil dos ativos como o valor de liquidação. A maioria das empresas em dificuldades obtém retornos inferiores sobre os ativos, e o valor de liquidação reflete a capacidade de ganho dos ativos, e não o preço pago pelos ativos (que é medido pelo valor contábil, líquido de depreciação).

Ações em distress como opção

Quando alguém investe em ações, é com esperança e expectativa de que a empresa terá sucesso em continuidade operacional, gerando fluxos de caixa. É esse ponto de vista que nos leva a estimar o valor intrínseco de um negócio com base nos seus fluxos de caixa, crescimento e risco. À medida que a empresa envelhece e suas perspectivas de continuidade e valor diminuem, se empréstimos tiverem sido feitos ao longo de sua trajetória empresarial, o valor dos seus ativos operacionais poderá chegar a níveis inferiores à dívida pendente. Isso significaria, no mundo do valor intrínseco, que suas ações não teriam valor algum — e essa conclusão é correta, se encararmos a participação como um direito sobre a continuidade operacional.

Contratualmente, em uma empresa cotada em bolsa, o patrimônio líquido é um direito residual: os detentores de capital reivindicam todos os fluxos de caixa restantes depois de outros detentores de direitos financeiros (credores, acionistas preferenciais etc.) terem sido atendidos. Se a empresa for liquidada, aplica-se o mesmo princípio: os acionistas recebem o que sobrar depois de todas as dívidas pendentes e outros créditos financeiros serem liquidados. O princípio da responsabilidade limitada protege os investidores em empresas cotadas na bolsa se o valor dessas companhias for inferior ao valor de sua dívida pendente, de forma que não podem perder mais do que investiram. Para simplificar: o valor acionário da empresa cotada em bolsa não pode atingir níveis abaixo de zero, o que coloca investidores de ações de empresas em profundo distress (nas quais a dívida devida excede o valor da empresa em funcionamento). Na pior das hipóteses, não podem perder mais do que pagaram pelas ações, mas, se a empresa encontrar um modo de se recuperar, levando seu valor em continuidade operacional a níveis acima da dívida, o upside é potencialmente ilimitado. Essa combinação de retorno (pela qual as perdas são limitadas a um valor conhecido, mas os lucros aumentam em proporção com o valor e não têm limite) dá às ações de empresas em dificuldades profundas as características de uma opção de compra, em que o valor de seus ativos gera o valor dos ativos subjacentes, e a dívida vencida representa o preço de exercício. Isso pode ser visto na Figura 13.4:

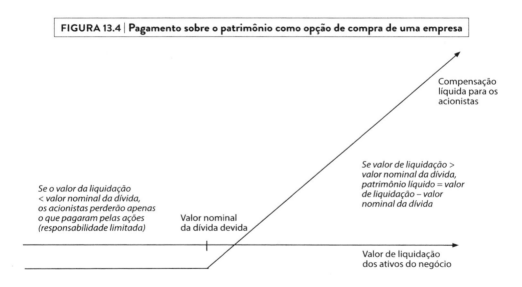

O maior benefício de incorporar a perspectiva do patrimônio como opção nas empresas em dificuldades não está no valuation, uma vez que a utilização de modelos de precificação de opções para avaliar ações de empresas em distress pode ser complicado, e sim nas suas implicações para os investidores em ações.

1. **Ações de empresas em situação crítica:** se encarada como uma opção de compra de uma empresa com dívida pendente, a ação continuará tendo valor mesmo que o valor da empresa caia bem abaixo do valor nominal da dívida, desde que haja

tempo restante antes do vencimento de seu pagamento. Embora investidores, contadores e analistas encarem essas empresas como problemáticas, suas ações não são inúteis. Na verdade, assim como as opções sem valor intrínseco (out-of--the-money) geram valor devido à possibilidade de o valor do ativo subjacente aumentar acima do preço de exercício durante a vida restante da opção, a ação gera valor devido ao prêmio de tempo na opção (o tempo até o vencimento dos títulos) e a possibilidade de que o valor dos ativos possa aumentar acima do valor nominal dos títulos antes de seu vencimento.

2. **O risco como aliado:** ao investir em ações de uma empresa em continuidade operacional, o aumento do risco reduz seu valor, e as taxas de desconto aumentam em valuations intrínsecos. Quando uma empresa se enquadra em um estágio de dificuldades suficiente para que sua ação se torne uma opção, o risco funciona em benefício do investidor por uma razão simples e intuitiva. O máximo que um investidor pode perder é o que foi pago pelas ações, e, como o valor dos ativos pode estar abaixo do valor da dívida em circulação, tornar esse valor mais volátil (arriscado) só aumenta as chances de gerar upside.

3. **Questões da agência de dívida/patrimônio:** a perspectiva da ação como opção também ajuda a entender por que investidores e credores de ações podem divergir sobre a melhor maneira de administrar um negócio e por que essa divergência piora à medida que as operações se deterioram e a empresa toma mais empréstimos. Deixadas à vontade dos acionistas, essas companhias farão apostas em investimentos maiores e mais arriscados, pois, caso valham a pena, esses investimentos se tornarão significativamente mais ricos e, caso contrário, sua escolha já foi em empresas nas quais o valor dos ativos era menor que a dívida. É por isso que os credores de empresas em grandes dificuldades não podem se dar ao luxo de ser espectadores passivos e precisam ter influência ativa nas decisões operacionais.

Em resumo, é muito mais provável que as ações assumam as características de opções se a empresa tiver pouca ou nenhuma perspectiva de crescimento, dívida significativa e uma base de ativos com riscos, e ainda tiver dificuldades em gerar retornos que correspondam ao seu custo de capital — tudo o que se espera na fase de declínio do ciclo de vida corporativo.

Conclusão

No Capítulo 10, destaco os motivos pelos quais é difícil avaliar empresas jovens, com suas finanças instáveis no ano-base, incerteza sobre os modelos de negócio e preocupações com o risco de falência no topo da lista de desafios. Neste capítulo, ao analisar empresas em declínio, sobretudo aquelas sobrecarregadas de dívidas, deparamos com o mesmo conjunto de problemas, embora com causas diferentes. Em primeiro lugar, ainda que as empresas em declínio muitas vezes tenham longos históricos financeiros, presumir que as métricas operacionais voltarão às normas históricas não é viável se o próprio negócio subjacente tiver mudado para pior. Em segundo, a resposta da gestão ao declínio, que vai da negação à aceitação, do desespero à reinvenção, pode levar a uma vasta gama de resultados, criando incertezas significativas sobre o futuro dessas empresas. Em terceiro, a deterioração das operações, quando combinada a cargas de dívida significativas, aumenta a probabilidade de dificuldades e o risco de falência. Assim como acontece com as empresas jovens, as respostas a esses desafios não são modelos mecânicos, e sim partem de julgamentos ponderados sobre as razões do declínio (que podem variar desde desafios específicos à empresa até desafios setoriais), o que a gestão fará em resposta e se você acredita que a resposta será suficiente para mudar o destino da empresa. Esses julgamentos vão determinar o valor atribuído à empresa e às suas ações e como será a precificação da empresa em relação ao seu grupo de pares.

Filosofias e estratégias de investimento ao longo do ciclo de vida

14

Introdução às filosofias de investimento: Uma visão geral do ciclo de vida

TODOS SONHAMOS EM SER superinvestidores, e algumas pessoas gastam muito tempo e recursos nessa empreitada. Apesar de tanto esforço, a maioria de nós falha na tentativa de estar acima da "média". No entanto, continuamos esperando ser mais parecidos com as lendas dos investimentos — os novos Warren Buffett, George Soros ou Peter Lynch. Ao estudar o sucesso desses superinvestidores, logo se percebe suas opiniões diferentes sobre como os mercados funcionam (ou não funcionam), e que eles seguem modelos diferentes para o sucesso do investimento. Mas todos têm em comum uma adesão às filosofias de investimento que refletem suas personalidades e suas crenças sobre os mercados.

Começo este capítulo definindo o que é uma filosofia de investimento e estabelecendo um contraste em relação às estratégias e aos processos de investimento. Depois, utilizo essa definição para apresentar uma vasta gama de filosofias às quais os investidores aderem. Também tento estabelecer relações entre as filosofias de investimento e o ciclo de vida corporativo, argumentando que a escolha da filosofia de investimento determina em que estágio do ciclo de vida procurar investimentos: alguns investidores buscam melhores investimentos em empresas jovens e em crescimento, outros procuram pechinchas entre as empresas maduras e em declínio.

O que é uma filosofia de investimento?

Uma filosofia de investimento é um jeito coerente de pensar nos mercados, em como funcionam (e às vezes não funcionam) e os tipos consistentes de erro que fazem parte do comportamento dos investidores. Por que uma filosofia de investimento precisa fazer suposições sobre os erros dos investidores? A maioria das estratégias de investimento ativa é projetada para aproveitar os erros cometidos na precificação de ações. Esses erros são motivados por suposições muito mais básicas sobre o comportamento humano, que aparece na forma de erros no mercado que podem ser explorados para gerar lucros. Nesta seção, analiso o que é incorporado a uma filosofia de investimento, começando com as crenças do mercado. Elaboro como essas crenças se traduzem em comportamento, examinando o que os investidores podem fazer para tirar proveito disso. Para concluir, exploro a ligação de tais comportamentos com as características pessoais.

Etapa 1: Identificar o comportamento (ou desvio de comportamento) humano nos mercados

Na base de toda filosofia de investimento está uma visão sobre o comportamento humano. De fato, uma fraqueza das finanças e do valuation convencional tem sido a pouca atenção ao comportamento humano. A teoria financeira convencional não pressupõe que todos os investidores são racionais, e sim que as irracionalidades são aleatórias e anulam umas às outras: para todo investidor que tende a seguir demais o comportamento de manada (um investidor de momentum), existiria um que segue o sentido oposto (um contrarian), e o argumento é que as forças opostas resultarão em um preço racional. Embora isso possa, de fato, ser uma suposição razoável a longuíssimo prazo, talvez não seja realista no curto prazo.

Acadêmicos e profissionais de finanças que há muito encaram com ceticismo a ideia do investidor racional desenvolveram as chamadas finanças comportamentais, ramo que se baseia na psicologia, na sociologia e nas finanças para tentar explicar por que os investidores se comportam do jeito que se comportam e as consequências para suas estratégias. Não surpreende que toda filosofia de investimento tenha início com uma visão do desvio de comportamento do mercado que em determinado momento se traduz em lucros para os investidores com mais discernimento. Para ilustrar a diversidade do mau comportamento do mercado, pense no seguinte:

Introdução às filosofias de investimento: Uma visão geral do ciclo de vida | **371**

- **Desvios de comportamento do indivíduo *versus* do grupo:** se os erros dos investidores surgem de irracionalidades individualizadas, é muito mais provável que os erros sejam compensados por outros investidores. Na verdade, como observei na Introdução, esse é o pressuposto subjacente à ideia dos "mercados eficientes", e não a suposição muito mais duvidosa de que todos os investidores são racionais. Contudo, se os investidores forem induzidos aos desvios comportamentais pelas pessoas à sua volta, surge um efeito manada, tornando muito mais provável que o desvio de comportamento afete os preços de mercado — o que pode ser explorado para obter ganhos.
- **Erros relacionados à velocidade do aprendizado:** quando os mercados são acionados para precificar novos negócios, eventos macro, eventos políticos imprevistos, ou novos produtos de investimento, os investidores devem aprender sobre tais fenômenos para precificá-los. Em um mercado racional, o aprendizado ocorre quase instantaneamente, embora com erro. Se os mercados aprendem devagar, vão cometer erros de precificação durante o período de aprendizado, embora haja discordância a respeito de esses erros serem para cima ou para baixo.
- **Reação à informação:** uma das funções dos mercados é incorporar aos preços os efeitos de novas informações — sejam macroeconômicas ou de empresas. Assim, quando uma empresa reporta lucros ou anuncia sua intenção de adquirir outra companhia, os investidores devem considerar como aquela informação vai afetar os lucros e riscos futuros da empresa e reavaliar as suas ações. Existem duas visões contrastantes sobre como, ao fazer isso, os investidores se comportam mal. No primeiro caso, reagem com exagero às notícias, empurrando os preços muito para cima em caso de boas notícias e muito para baixo em caso de más. No segundo caso, a reação é insuficiente, empurrando os preços muito pouco para cima em caso de boas notícias e muito pouco para baixo em caso de más.
- **Lidar com a incerteza:** a incerteza é parte integrante dos negócios e dos investimentos, mas os investidores muitas vezes lidam com isso de maneiras prejudiciais (e irracionais). Alguns a negam, eliminando-a efetivamente de sua análise porque a incerteza os deixa desconfortáveis. Alguns ficam paralisados e se tornam incapazes de agir. Alguns optam por evitá-la, removendo completamente os investimentos com muita incerteza de seus conjuntos de opções. Embora todos esses comportamentos sejam compreensíveis, por vezes podem levar a erros de precificação que investidores mais confortáveis em lidar com a incerteza conseguem explorar.

- **Enquadramento:** as finanças comportamentais lançaram luz sobre como o desvio de comportamento dos investidores pode partir de um enquadramento enviesado, que analisa as decisões dos investidores de acordo com a maneira que as escolhas são apresentadas. Assim, se os investidores forem amplamente informados dos fatores positivos de um investimento e receberem muito pouca informação sobre os fatores negativos, é bem mais provável que o aceitem do que se o mesmo investimento for apresentado com destaque sobre seus riscos negativos. Naquilo que chamaram de "aversão à perda", Daniel Kahneman e Amos Tversky, pioneiros no campo das finanças comportamentais, observaram que os investidores são propensos a ponderar mais as perdas do que os ganhos equivalentes quando investem e argumentam que isso explica a tendência de manter por tempo demais investimentos que geram prejuízos.

Não tenho a intenção de fazer uma lista completa dos possíveis desvios de comportamento do mercado, mas toda filosofia de investimento deve começar com uma visão sobre a fragilidade humana.

Etapa 2: Dos desvios de comportamento até os erros de mercado

A menos que se manifeste na forma de uma precificação incorreta que pode ser explorada, o desvio de comportamento do mercado não pode ser a base de uma filosofia de investimento. Nesta segunda etapa do desenvolvimento de uma filosofia de investimento, é preciso expandir a maneira como o desvio de comportamento no qual se acredita caracterizar os mercados vai se transformar em uma precificação mercadológica incorreta. Assim, caso acredite que os mercados reagem com exagero a novas informações, é necessário ponderar se essa reação exagerada é mais provável em eventos específicos da empresa (anúncios de lucros ou aquisições), em oposição a eventos macroeconômicos ou de todo o mercado (um aumento imprevisto da inflação, ou um dado que mostre a economia enfraquecendo) — e, no primeiro caso, se o efeito terá mais impacto em algumas empresas (menores, menos acompanhadas pelos analistas, com menos liquidez) do que em outras. Se o aprendizado lento for o desvio de comportamento percebido, é preciso considerar não só se essa lentidão é mais exagerada com novos produtos de investimento ou novos modelos de negócio, mas também se esse tempo varia em ambientes diferentes.

Para explorar o erro de precificação na maioria dos mercados, será preciso corrigir esse erro em algum momento, e, para desenvolver uma filosofia de investimento

Introdução às filosofias de investimento: Uma visão geral do ciclo de vida | **373**

coerente, tanto o motivo quanto o momento dessa correção devem acontecer com base em crenças. Em alguns casos, é possível encontrar um modo de garantir uma precificação incorreta para obter no futuro um lucro certo — pela arbitragem —, mas, na maioria das vezes, é necessário um catalisador para a correção. Se tiver capital suficiente à disposição, o catalisador é você mesmo, como é o caso de um fundo hedge ativista ou de um investidor que visa um investimento mal precificado. Caso não possa ser o catalisador, será preciso confiar em forças externas e numa filosofia de investimento sólida para que essas forças sejam identificadas.

Embora as filosofias de investimento ativo suponham que os mercados cometem erros, todas divergem em relação a onde é mais provável que as ineficiências apareçam e quanto tempo vão durar. Algumas filosofias supõem que os mercados estão corretos na maior parte do tempo, mas reagem com exagero quando novas e importantes informações são divulgadas sobre empresas específicas, subindo demais com boas notícias e caindo demais com as más. Outras filosofias de investimento se baseiam na crença de que os mercados podem cometer erros no seu somatório (todo o mercado pode estar sub ou sobrevalorizado) e que alguns investidores (gestores de fundos mútuos, por exemplo) são mais propensos a cometer esses erros do que outros. Há ainda filosofias de investimento que supõem que, embora os mercados façam um bom trabalho na precificação de ações quando há uma quantidade substancial de informação (demonstrações financeiras, relatórios de analistas e cobertura da imprensa financeira), sistematicamente avaliam mal as ações quando tais informações não estão disponíveis.

Etapa 3: Desenvolvimento de táticas e estratégias de investimento

Depois de estabelecer uma filosofia de investimento, é preciso desenvolver estratégias que tomem como base o núcleo dessa filosofia. Por exemplo, considere as opiniões divergentes sobre a reação exagerada do mercado que expus na última seção. Nessa filosofia, investidores acreditam que os mercados reagem com exagero. Tome dois deles como exemplo: um que acredita ser mais provável que isso ocorra a partir de informações específicas da empresa, outro que acredita que isso ocorre com mais frequência por causa do noticiário macroeconômico. O primeiro investidor, que acredita que os mercados reagem com exagero, pode desenvolver a estratégia de comprar ações após grandes surpresas negativas (quando os lucros anunciados ficam muito abaixo das expectativas) e vender ações após surpresas positivas em termos de lucros. O segundo investidor, que acredita que os mercados cometem erros em resposta às notícias macroeconômicas, vai comprar (ou vender) ações (talvez até o próprio índice da bolsa) logo após notícias macroeconômicas inesperadamente ruins (ou boas).

É bom registrar que a mesma filosofia pode gerar múltiplas estratégias de investimento. Assim, a crença de que os investidores superestimam consistentemente o valor do crescimento e subestimam o valor dos ativos existentes pode se manifestar em diversas estratégias, seja uma passiva, de comprar ações com baixos índices preço/lucro, seja uma mais ativista, de comprar empresas baratas e tentar a liquidação pelos seus ativos. Em outras palavras, o número de estratégias de investimento disponíveis supera em muito o número de filosofias de investimento.

Etapa 4: Um teste para adequação

Em teoria, é possível examinar as filosofias de investimento, escolher a que apresentar um maior histórico de sucesso e adotá-la — e é isso que muitos investidores optam por fazer. Eles também tendem a descobrir, muito depressa, que, apesar do sucesso passado, a filosofia "bem-sucedida" não entrega os retornos esperados. Há mais livros sobre Warren Buffett do que sobre qualquer outro investidor na história, mas aposto que seus leitores, muitos dos quais tentaram replicar sua filosofia e estratégias de investimento, não obtiveram o mesmo sucesso que ele. Uma razão para isso é que, para cada filosofia, o sucesso não exige que os métodos apenas sejam replicados fielmente, mas um conjunto de características pessoais. A antiga filosofia de investimento em valor adotada por Buffett demanda paciência, uma vez que bons resultados podem exigir a manutenção de empresas não tão queridas por longos períodos e resistência à pressão dos pares. Os investidores que são naturalmente impacientes e facilmente influenciados pelas opiniões da multidão até podem entrar no caminho de Buffett, mas não terão capacidade de permanecer no curso. Como outro exemplo, pode-se aderir à filosofia de investimento segundo a qual a melhor maneira de obter lucros é comprar empresas mal administradas e pressioná-las para a mudança, a exemplo de investidores ativistas como Carl Icahn ou Bill Ackman, mas é improvável obter sucesso com essa filosofia sem milhões de dólares de capital à disposição.

Apesar das afirmações contrárias aos defensores do investimento em valor ou do trading baseado no momentum, não existe uma filosofia de investimento que seja a "melhor" e sirva a todos os investidores — mas existe uma filosofia que melhor se adapta a cada um. Se o seu objetivo final é ser um investidor de sucesso, talvez seja preciso gastar menos tempo avaliando as motivações de Buffett ou Lynch e mais tempo entendendo a si mesmo.

Por que uma filosofia de investimento é necessária?

A maioria dos investidores não tem filosofia de investimento, e o mesmo pode ser dito sobre muitos gestores financeiros e consultores de investimentos profissionais. Eles adotam estratégias que funcionaram para outros investidores, pelo menos em períodos recentes, depois as abandonam quando deixam de funcionar. Se isso é mesmo possível, então talvez você esteja se perguntando: qual é a necessidade de ter uma filosofia de investimento? A resposta é simples: na ausência de uma filosofia de investimento, a tendência é ficar pulando de estratégia em estratégia, apenas com base em bons discursos de vendas ou na percepção de algum sucesso recente. Isso vai trazer três consequências negativas para o seu portfólio:

- Na falta de um direcionamento ou de um conjunto básico de crenças, você será presa fácil de charlatões e falsários, cada um alegando ter encontrado a estratégia mágica que supera o mercado.
- Ao pular de estratégia em estratégia, será preciso alterar sua carteira, o que trará custos elevados de transação e aumento de impostos.
- Embora uma estratégia possa funcionar para alguns investidores, pode não ser apropriada para você, considerando seus objetivos, seu nível de aversão ao risco e suas características pessoais. Além de um portfólio que apresente um desempenho inferior ao mercado, é provável que você ganhe uma úlcera, ou algo pior.

Com uma noção firme de suas principais crenças sobre investimentos, há muito mais controle sobre o seu destino. Você poderá não apenas rejeitar estratégias que não se encaixam em suas crenças principais sobre os mercados, mas também adaptar estratégias de investimento às suas necessidades. Além disso, você alcançará uma visão maior sobre quais são as verdadeiras diferenças entre as estratégias e o que elas têm em comum.

Na minha opinião, a maioria dos gestores de portfólio (incluindo muitos que afirmam seguir filosofias de investimento profundas) não conhecem as principais filosofias de investimento, confundem estratégias de investimento com filosofias e apresentam imitações de outras pessoas como se fossem ideias autênticas. Não surpreende que seus históricos reflitam esses problemas, com excesso de negociações e rotatividade no portfólio e nenhuma coerência nas decisões.

Categorizando filosofias de investimento

Como as filosofias de investimento não são a parte central deste livro, em vez de fornecer uma lista com detalhes e critérios para chegar ao sucesso, vou examinar as grandes categorias de filosofias de investimento e conectá-las ao ciclo de vida corporativo.

Market timing *versus* seleção de títulos (stock picking)

A categorização mais ampla das filosofias de investimento é dividida entre as que se baseiam em acertar o tempo geral dos mercados ou as que buscam encontrar ativos específicos com erros de precificação. O primeiro modelo entra na categoria de filosofias de market timing, e a segunda abordagem, na de filosofias de seleção de títulos.

Porém, dentro de cada grupo existem numerosas ramificações com visões muito diferentes sobre os mercados. Observe primeiro o market timing. Embora a maioria considere essa abordagem apenas no contexto do mercado de ações, a temporização pode incluir uma gama muito mais ampla de mercados — moedas, commodities, mercados de títulos, mercados imobiliários. A oferta de opções entre as filosofias de seleção de títulos é ainda mais ampla e pode abranger indicadores gráficos e técnicos, fundamentos (lucros, fluxos de caixa ou crescimento) e informações (divulgação de lucros, anúncios de aquisição). Embora o market timing seja atraente, já que compensa muito quando você está certo, o sucesso é difícil exatamente pelo mesmo motivo. Muitas vezes, os investidores tentam temporizar os mercados, o que é difícil fazer bem com consistência. Caso você decida escolher títulos ou ativos específicos, como definir se essa escolha deve ser feita com base em gráficos, fundamentos ou potencial de crescimento? A resposta, como veremos na próxima seção, vai depender não apenas de suas opiniões sobre o mercado e sobre o que funciona, mas também de suas características pessoais.

Qual é a ligação desses dois tipos de filosofia de investimento com o ciclo de vida corporativo? Enquanto o mercado como um todo passa por ciclos de alta e baixa, o que impacta todas as ações, percebemos que o efeito varia entre as empresas em diferentes estágios do ciclo de vida.

Em geral, quando o mercado está otimista e os investidores procuram investimentos de risco, as empresas jovens são as que mais se beneficiam, pois são as que trazem maior risco e que mais necessitam de capital. Por outro lado, quando os mercados estão em baixa e o capital de risco vira coadjuvante, as empresas mais maduras

Introdução às filosofias de investimento: Uma visão geral do ciclo de vida | **377**

são as que mantêm melhor o valor, pois sua segurança atrai os investidores. Um bom analista de mercado é capaz de ampliar os benefícios da temporização, transferindo também suas participações de empresas mais antigas para empresas mais jovens, antecipando altas no mercado, e de empresas mais jovens para empresas mais maduras se há expectativa de baixa. Como observei no Capítulo 3, os setores muitas vezes servem como substitutos no ciclo de vida corporativo (o de tecnologia representando empresas jovens, e o de serviços essenciais representando empresas maduras). A rotação setorial, uma estratégia de movimentação entre setores a depender do estágio do ciclo de mercado, é um exemplo da interação entre o market timing e o ciclo de vida corporativo.

Investimento *versus* trading

Ao falar sobre investimento, muitas vezes ouvimos falar sobre "valor" e "preço" como se fossem intercambiáveis, mas não são. O valor, como observei no Capítulo 9, é resultado dos fluxos de caixa, do crescimento e do risco — ou seja, dos fundamentos. Já o preço é determinado pela oferta e pela demanda, que incorporam o humor, o momentum e diversas forças comportamentais. Essa confusão entre valor e preço está no cerne da razão por que é impossível falar sobre quanto vale uma ação quando os envolvidos na conversa partem de campos diferentes. A diferença torna-se visível na forma como se atua nos mercados, naquilo que chamo vagamente de "jogo do preço" e "jogo do valor". Na Tabela 14.1, examino as diferenças entre os dois.

378 | O ciclo de vida corporativo

Tabela 14.1 • Investimento *versus* trading

	O jogo do preço	O jogo do valor
Filosofia subjacente	O preço é o único número real sobre o qual se pode agir. Ninguém sabe qual é o valor de um ativo, e estimá-lo não é muito útil.	Todo ativo tem um valor justo ou verdadeiro. É possível estimar esse valor, mesmo com erro, e o preço deve (em algum momento) convergir para o valor.
Jogando o jogo	Há a tentativa de adivinhar em que direção o preço vai se mover no(s) próximo(s) período(s) e negociar antes desse movimento. Para ganhar, você deve acertar a direção com mais frequência do que errar e sair antes que o vento mude.	Há a tentativa de estimar o valor de um ativo e, se o preço estiver abaixo (ou acima) do valor, você compra (ou vende) o ativo. Para ganhar, você deve acertar (na maior parte) esse valor, e o preço de mercado deve evoluir para esse valor ao longo do tempo.
Principais drivers	O preço é determinado pela oferta e pela demanda, que por sua vez são afetados pelo humor e pelo momentum.	O valor é determinado por fluxos de caixa, crescimento e risco.
Efeito da informação	Informações incrementais (notícias, reportagens, rumores) *que mudam o humor do mercado* movimentarão o preço, mesmo que, a longo prazo, não tenham consequências reais para o valor.	Apenas informações que alterem os fluxos de caixa, o crescimento ou o risco de forma substancial podem afetar o valor.
Ferramentas do jogo	1. Indicadores técnicos 2. Gráficos de preços 3. Múltiplos e empresas comparáveis 4. Psicologia do investidor	1. Análise de índices 2. Valuation por fluxo de caixa descontado (DCF) 3. Modelos de retorno excedente
Horizonte de tempo	Pode ser de curtíssimo prazo (minutos) a moderadamente curto (semanas, meses).	Longo prazo.
Habilidade principal	Ser capaz de avaliar mudanças de humor/tendência no mercado antes do restante do mercado.	Ser capaz de "avaliar" ativos, considerando a incerteza.
Principais traços de personalidade	1. Amnésia de mercado 2. Ação rápida 3. Instintos de aposta	1. Crença no "valor" 2. Paciência 3. Imunidade à pressão dos colegas
Maior(es) perigo(s)	As mudanças de tendência podem ocorrer depressa, eliminando meses de lucros em poucas horas.	O preço pode não convergir para o valor, mesmo que seu valuation esteja "certo".
Bônus adicional	Capacidade de movimentar preços (com muito dinheiro e muitos seguidores).	Capacidade de fornecer o catalisador que pode mover o preço em direção ao valor.
Jogador mais delirante	Um trader que pensa que está negociando com base no valor.	Um investidor de valor que pensa que pode racionalizar os mercados.

Essa visão de mundo preto no branco pode parecer extrema. Afinal, por que não permitir tons de cinza (traders interessados em valor e investidores que pensam no processo de precificação)? Isso pode parecer tentador, mas em geral não funciona por duas razões. A primeira é que muitos investidores que se dizem híbridos não são nada disso: são apenas traders que dizem defender o valor, enquanto o usam para apoiar suas movimentações baseadas em tendências; ou investidores que afirmam respeitar os mercados, mas só até que comecem a se mover na direção errada. A segunda é que existe o perigo de jogar em uma área desconhecida: os traders que se iludem, acreditando entender sobre valor, podem minar a própria eficiência tanto quanto os investidores que pensam que podem entrar e sair dos mercados quando quiserem. Um mercado saudável precisa de traders e investidores, no equilíbrio certo. Um mercado que não possui traders, apenas investidores, não terá liquidez; um que possui apenas traders, e nenhum investidor, não terá um centro de gravidade. Ironicamente, o sustento de cada grupo precisa do outro. O trade e o momentum fazem com que os preços se afastem do valor, criando as oportunidades de barganha que os investidores tentam explorar — nesse processo, criam as correções e as mudanças de tendência que os traders exploram.

É verdade que existem traders e investidores em empresas em todas as etapas do ciclo de vida, mas o mix muda à medida que as empresas envelhecem. Para saber a razão, volte ao Capítulo 9, no qual argumento que tanto a precificação quanto o valuation de empresas maduras é mais fácil em relação às empresas jovens. Com a incerteza desenfreada em todas as dimensões do modelo de negócios e poucos dados históricos, poucos estão dispostos a tentar o valuation de empresas jovens, deixando o terreno quase inteiramente livre para os traders. À medida que as empresas amadurecem e a incerteza diminui, é mais provável que os investidores entrem no processo e que os traders saiam quando a volatilidade dos preços das ações cai e as oportunidades diminuem.

Trading: momentum, informação e arbitragem

Se a essência do trading é aproveitar o humor, as tendências e a reação exagerada do mercado, já é possível perceber que há uma variedade de filosofias que se enquadram no âmbito do trading. Nesta seção, examino esses subconjuntos, também com a intenção de conectá-los ao ciclo de vida corporativo.

MOMENTUM TRADING

O momentum é uma força que deve ser considerada nos mercados, uma vez que as tendências de precificação anteriores muitas vezes persistem, mas nesse mix também há uma chance significativa de reversão. Desde que os mercados existem, traders tentam tirar proveito da informação das tendências de preços anteriores, utilizando indicadores (como a força relativa) ou gráficos de preços. Embora a área acadêmica de finanças, assim como grande parte da área profissional, tenha a tendência de rejeitar a ideia de padrões preditivos nos preços passados, alguns traders nitidamente aprenderam a jogar o jogo para gerar lucros.

Mesmo aceitando o momentum trading como filosofia viável, ainda vale notar como é difícil manter os ganhos de uma filosofia como essa. A razão está nas evidências inconclusivas sobre os padrões de preços nos mercados financeiros. Pesquisas sobre preços passados, sobretudo nos mercados acionários, dão suporte aos padrões de preços, mas produzem resultados contraditórios:

- Caso defina o curto prazo como um período que varia de minutos a horas a alguns dias, há evidências de uma leve correlação positiva, com os preços se movendo na mesma direção. A correlação é baixa o suficiente para que seja difícil lucrar com o trading baseado nessas previsões, mas isso não impede os investidores de tentar, ainda mais com o suporte dos dados e dos computadores de alta capacidade de processamento.[1]
- Se estendermos o curto prazo para semanas, em vez de dias, há alguma evidência de que os preços se revertem. Em outras palavras, as ações que tiveram um bom desempenho no último mês têm maior probabilidade de ter um desempenho ruim no mês seguinte, e as ações que tiveram um desempenho ruim no último mês têm maior probabilidade de se recuperar.[2] As razões apresentadas costumam ter como base a reação exagerada do mercado — ou seja, as ações que mais subiram (ou desceram) no mês mais recente são aquelas cujos mercados reagiram com exagero às boas (ou más) notícias. A reversão dos preços reflete, então, a correção dos mercados.
- No médio prazo, definido como vários meses ou mesmo um ano, parece também haver uma tendência positiva em direção à correlação em série. Narasimhan Jegadeesh e Sherhan Titman apresentam evidências do que chamam de momentum nos preços das ações ao longo dos períodos de vários meses — ações que subiram nos últimos seis meses tendem a continuar em alta, enquanto as que caíram nos últimos seis meses tendem a continuar em queda.[3] Entre 1945 e 2008, se você classificar as ações em decis com base no desempenho dos preços em relação ao ano anterior, o retorno anual gerado pela compra de ações no decil superior e mantido para o próximo ano seria 16,5% superior ao retorno obtido nas ações no decil inferior. Para aumentar o fascínio dessa estratégia, as ações de momentum também tiveram menos risco (medidos como volatilidade dos preços) do que as de baixo momentum.[4]
- Quando o longo prazo é definido em muitos anos, há uma correlação negativa substancial em retorno, o que sugere que os mercados apresentam reversão em períodos muito longos. Eugene Fama examinou retornos de cinco anos sobre ações de 1941

Introdução às filosofias de investimento: Uma visão geral do ciclo de vida | 381

a 1985 e as evidências atuais desse fenômeno.[5] Ele descobriu que a correlação em série é mais negativa para retornos em cinco anos do que em um ano, e é muito mais negativa para ações de empresas de menor porte em comparação às de maior porte.

O empurra e puxa entre o momentum (correlação positiva) e a reversão (correlação negativa) em diferentes horizontes de tempo também traz uma explicação para o motivo pelo qual o trade baseado em preços nunca é monolítico.

Com base no argumento apresentado na última seção, de que quase toda a atividade de mercado em empresas jovens vem de traders, e não de investidores, seria esperado que o momentum, caso exista, fosse mais forte em empresas jovens do que em empresas maduras, e as reversões, quando acontecessem, também fossem mais drásticas. Assim, as mudanças de preço vistas nas empresas jovens não são apenas um reflexo das incertezas de seus negócios subjacentes, são ampliadas pelo domínio dos traders dentro da composição de acionistas dessas empresas.

TRADING BASEADO EM INFORMAÇÃO

Existem traders cujo foco é negociar com base em novas informações, sobretudo relatórios de lucros ou anúncios de aquisição, com a intenção de tirar proveito do que consideram erros nas expectativas ou nas respostas do mercado a esses anúncios. Neste último caso, a maneira mais simples de avaliar a eficiência do mercado é analisar a velocidade e a qualidade da reação dos mercados às novas informações em termos de reavaliação das alterações de valor causadas por essas informações. O valor de um ativo deve aumentar quando as novas informações que afetarem positivamente qualquer um dos inputs em valor (os fluxos de caixa, o crescimento ou o risco) chegarem ao mercado. Em um mercado eficiente, o preço do ativo se ajustará instantaneamente e, na média, na proporção correta às novas informações, conforme mostrado na Figura 14.1:[6]

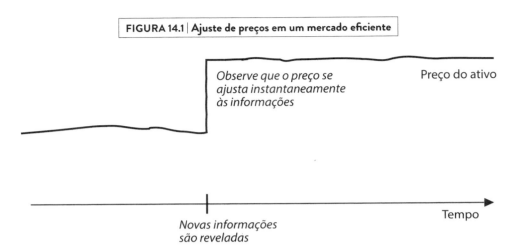

FIGURA 14.1 | Ajuste de preços em um mercado eficiente

O ajuste será mais lento se os investidores forem lentos na avaliação do impacto da informação sobre o valor. Na Figura 14.2, mostro o preço de um ativo se ajustando devagar às novas informações. O movimento ascendente no preço após a chegada das informações indica um mercado cujo aprendizado é lento.

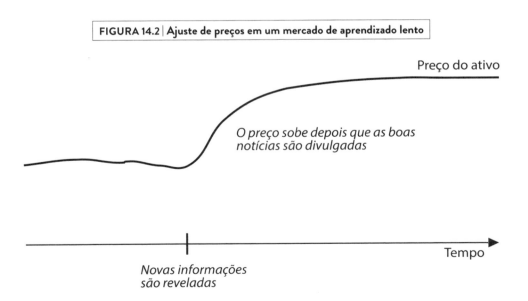

FIGURA 14.2 | Ajuste de preços em um mercado de aprendizado lento

Introdução às filosofias de investimento: Uma visão geral do ciclo de vida | **383**

O mercado também pode se ajustar instantaneamente às novas informações, mas superestimar seu efeito sobre o valor. Desse modo, o preço do ativo vai aumentar mais do que deveria, dado o efeito das novas informações positivas sobre o valor, ou vai cair mais do que deveria com base em informações negativas. A Figura 14.3 mostra o movimento dos preços na direção oposta, após a reação inicial:

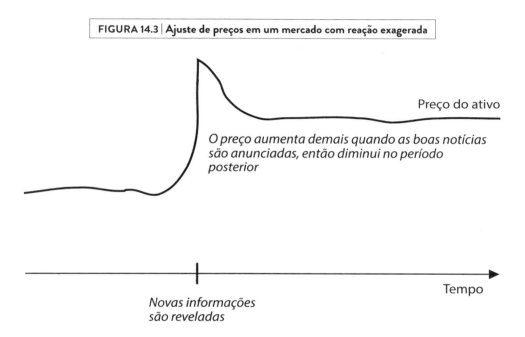

FIGURA 14.3 | Ajuste de preços em um mercado com reação exagerada

Pesquisas sobre quais desses comportamentos (reação insuficiente ou reação exagerada) é mais comum nos mercados apresentam resultados inconclusivos. Por exemplo, a Figura 14.4 traz um gráfico das reações dos preços às surpresas nos lucros que, com base na magnitude da surpresa, são classificadas em diferentes classes, desde divulgações de lucros "mais negativas" (Grupo 1) até as "mais positivas" (Grupo 10):[7]

FIGURA 14.4 | Retornos excedentes próximos às divulgações de lucros

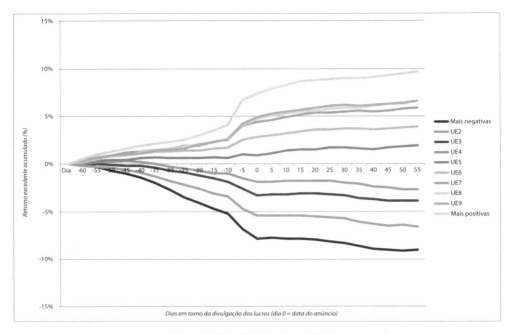

Fonte: D. Craig Nichols e James Wahlen

As evidências contidas neste gráfico são consistentes com as evidências na maioria dos estudos sobre divulgação de lucros.

- A divulgação de lucros transmite informações valiosas aos mercados financeiros; observa-se retornos excedentes positivos (retornos anormais acumulados) em torno de números considerados positivos, e retornos excedentes negativos em torno de números considerados negativos.
- Há evidência de uma variação de preços nos dias imediatamente anteriores à divulgação de lucros que é consistente com a natureza do anúncio, ou seja, os preços tendem a aumentar nos dias anteriores aos anúncios positivos e a diminuir nos dias anteriores aos anúncios negativos. Isso pode ser visto como evidência de trade com base em informações privilegiadas (insider trading) ou trade baseado em previsões (prescient trading) antecipando a divulgação dos relatórios.
- Há evidência de uma movimentação de preços nos dias seguintes a um anúncio de lucros. Isso pode ser visto ao isolarmos o efeito após o anúncio dos relatórios de lucros, na Figura 14.5:

FIGURA 14.5 | Retornos excedentes após anúncios de ganhos

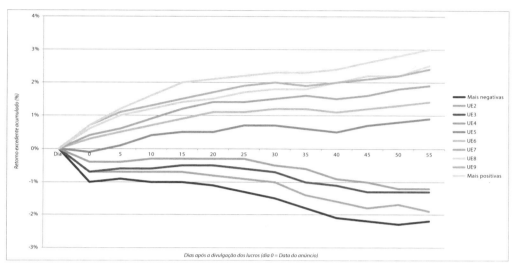

Fonte: D. Craig Nichols e James Wahlen

Assim, no dia do anúncio, um anúncio positivo (ou negativo) provoca uma reação positiva (ou negativa) do mercado, e há retornos excedentes positivos (ou negativos) nos dias e semanas seguintes à divulgação dos lucros. Resumindo, algumas evidências neste gráfico dão suporte a diferentes visões de trading. Para aqueles que acreditam que é possível lucrar com o trade antes da divulgação de lucros, com base na tendência dos preços, a Figura 14.4 apresenta evidências que confirmam essa visão ao realizar a análise da variação dos preços antes dos anúncios. Para outros traders, a oscilação dos preços que continua após o relatório confirma a visão de um mercado de aprendizado lento e uma estratégia de compra (ou venda) de ações de empresas após a divulgação de lucros extremamente positivos (ou negativos).

Qual é a conexão entre o trading baseado em informações e o ciclo de vida corporativo? Eu diria que os erros de aprendizado de mercado que observo em todas as empresas podem ser maiores nas empresas jovens do que nas maduras. Estudos sobre a reação do mercado à divulgação dos relatórios de lucros mostram que a movimentação pós-anúncio é maior em empresas pequenas,[8] nas que há maior incerteza sobre os lucros futuros,[9] e em empresas onde os investidores institucionais detêm uma porcentagem menor das ações.[10] Embora possa ser coincidência, as empresas jovens tendem a ter valor de mercado menor, maior incerteza sobre os lucros futuros e possuem participação acionária institucional menor.

TRADING DE ARBITRAGEM

A arbitragem é o Santo Graal do investimento, pois permite que os traders não invistam dinheiro, não assumam riscos e saiam com lucros garantidos. Em outras palavras, é a máquina de dinheiro definitiva que os investidores esperam alcançar, e pode aparecer de três formas:

- A primeira é a *arbitragem pura*, onde, na prática, não se arrisca nada e os ganhos ultrapassam a taxa sem risco. Para que a arbitragem pura seja viável, são necessários dois ativos com fluxos de caixa idênticos, valores de mercado diferentes no mesmo momento e um determinado momento no futuro para o qual os valores devem convergir. Esse tipo de arbitragem é mais provável nos mercados de derivados (opções e futuros) e em algumas partes do mercado de títulos.
- A segunda é a *quase arbitragem*, na qual os ativos que possuem fluxos de caixa idênticos ou quase idênticos serão negociados a preços diferentes, mas não há garantia de que os preços venham a convergir e existem restrições significativas para forçar essa convergência.
- A terceira é a *arbitragem especulativa*, que, em primeiro lugar, não é arbitragem. Aqui, os investidores aproveitam o que consideram ativos similares (embora não idênticos) e com precificação incorreta, comprando o mais barato e vendendo o mais caro. Se estiverem certos, a diferença deve reduzir com o tempo, produzindo lucros. É nessa categoria que coloco os fundos hedge, em suas inúmeras formas.

Em todas as suas formas, a negociação de arbitragem concentra-se mais no curto do que no longo prazo e depende mais da execução eficiente (negociação rápida, a custos baixos) e da precificação do que do investimento em si.

Embora os sonhos da arbitragem e seus lucros garantidos animem muitos investimentos e negociações, é difícil encontrá-los na prática. O que superficialmente parece ser arbitragem muitas vezes não é, e pelos seguintes motivos:

1. **Ilusão de investimentos idênticos:** para a arbitragem, é necessário que dois investimentos idênticos sejam negociados a preços diferentes ao mesmo tempo. Porém, na prática, muitos optam por investimentos parecidos ou muito semelhantes, em vez de idênticos, e, embora as diferenças possam ser pequenas, são suficientes para explicar as diferenças de preço.

Introdução às filosofias de investimento: Uma visão geral do ciclo de vida | 387

2. **Não negociáveis:** para obter lucros da arbitragem em dois investimentos que você acredita serem idênticos, mas que estão listados a preços diferentes, é necessário negociar ambos os investimentos. Isso pode explicar por que algumas empresas de mercados emergentes com duas listagens são negociadas a preços diferentes nos mercados interno e externo, se as ações cotadas no exterior não puderem ser convertidas em ações nacionais.

3. **Custos de negociação:** em um desafio parecido, em algumas oportunidades de arbitragem, ativos idênticos são negociados a preços diferentes, e os custos de negociação baseados nessas diferenças, incluindo custos de transação e seu impacto nos preços, são grandes o suficiente para anular a diferença de preço observada.

Um efeito colateral mais nocivo da busca pela arbitragem é que aqueles que a procuram se tornam grandes candidatos a serem vítimas de golpes. De Charles Ponzi a Bernie Madoff, o denominador comum das fraudes de investimento é prometer aos investidores a possibilidade de obter retornos garantidos que excedem a atual taxa livre de risco, sem assumir riscos.

A relação entre os lucros da arbitragem e o ciclo de vida corporativo é complicada. Apesar do perfil mais discreto e da liquidez mais leve nas empresas mais jovens aumentarem a probabilidade de que as oportunidades de arbitragem apareçam na negociação de seus títulos, os custos de transação mais elevados (spreads de compra e venda e impacto no preço) ao negociar esses títulos também podem significar mais dificuldade em converter essas oportunidades em lucros. No entanto, alguns investidores conseguem criar vantagens referentes a custos ou informação sobre o resto do mercado sobre estas ações, o que possibilita encontrar formas de gerar lucros com arbitragem.

Investimento: valor *versus* crescimento

O investimento é construído a partir da presunção de que é possível avaliar ativos individuais e tirar vantagem de desvios de preço em relação ao valor, obtendo lucro quando a diferença entre o preço e o valor desaparece. Observe que não há nada nessa definição que sugira que investir tenha um viés favorável a empresas jovens ou mais velhas, em crescimento ou maduras. Porém, na prática, a maioria dos investidores prefere um grupo em relação ao outro, sendo, portanto, classificados como investidores em valor e investidores em crescimento.

Nenhuma filosofia de investimento foi mais comentada e possui mais adeptos, ao menos superficialmente, do que o investimento em valor, e por dois motivos. O primeiro é que a pesquisa acadêmica sobre o sucesso dos investimentos parece confirmar (apresento as evidências no Capítulo 16) a tese de que o investimento em valor se saiu significativamente melhor do que o investimento em crescimento (sua filosofia concorrente) nos mercados de ações dos Estados Unidos em grande parte do século passado. O segundo é que um número desproporcionalmente grande de investidores que tiveram sucesso de forma consistente por longos períodos parecem aderir a seus princípios. Embora no Capítulo 16 eu aborde outra vez o investimento em valor e a questão de seu sucesso ser tão grande quanto seus seguidores afirmam, defino suas bases neste capítulo, apontando minha visão sobre o investimento em valor. Ao contrário do que alguns afirmam, não é que os investidores de valor se preocupem com valor, e os investidores em crescimento, não — o que seria absurdo. Pelo contrário, a diferença está em onde se encontra valor. Usando a ferramenta do balanço patrimonial que apresentei, quando dividi o valor de uma empresa em ativos operacionais e ativos de crescimento, a Figura 14.6 apresenta o contraste entre investidores em valor e investidores em crescimento:

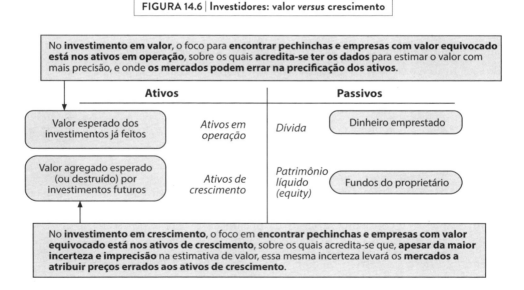

Em termos simples, o contraste entre o investimento em valor e o investimento em crescimento não é que um se preocupa com o valor e o outro não, mas é onde o investidor acredita estar o "erro de valor" na empresa. Os investidores em valor acreditam que suas ferramentas e dados são mais adequados para encontrar erros na

Introdução às filosofias de investimento: Uma visão geral do ciclo de vida | **389**

avaliação de ativos em operação, e essa crença os leva a se concentrar em empresas mais maduras, nas quais a maior parte do valor é oriunda dos investimentos existentes. Por outro lado, os investidores em crescimento aceitam que a avaliação do crescimento é mais difícil e imprecisa, porém argumentam que é precisamente por causa dessas dificuldades que os ativos de crescimento têm maior probabilidade de serem mal avaliados. Essa distinção também conecta as duas filosofias diretamente ao ciclo de vida corporativo, com os investidores de valor atraídos para empresas maduras, que derivam muito do seu valor (ou todo) de ativos em operação, e investidores em crescimento para empresas mais jovens, onde a maior parte do valor vem dos ativos de crescimento.

Investimento: ativista *versus* passivo

No nível mais amplo, as filosofias de investimento também podem ser categorizadas como estratégias ativistas ou passivas. Em uma *estratégia passiva*, o investimento é feito em uma ação ou empresa com a expectativa de que o investimento seja recompensado. Supondo que a estratégia seja bem-sucedida, a recompensa virá do reconhecimento de uma avaliação incorreta e sua correção pelo mercado. Assim, um gestor de carteira que compra ações com razões PL baixos e rendimentos estáveis está seguindo uma estratégia semipassiva. O mesmo acontece com um gestor de fundos de índice, que essencialmente compra todas as ações do índice, estratégia totalmente passiva. Em uma *estratégia ativista*, investe-se em uma empresa para então tentar mudar a forma como ela é gerida, de forma a torná-la mais valiosa. Os capitalistas de risco podem ser categorizados como investidores ativistas, pois não só assumem posições em empresas jovens e promissoras, mas também fazem contribuições significativas para a gestão da empresa. Os investidores que dispõem do capital necessário por vezes trazem essa filosofia ativista para empresas cotadas em bolsa, utilizando a influência de grandes fatias de propriedade acionária para mudar o modo como são geridas.

Vou me apressar para estabelecer uma diferença entre o investimento ativista e o investimento *ativo*. No vernáculo popular, o investimento ativo inclui qualquer estratégia em que o investidor tenta vencer o mercado direcionando seu dinheiro para classes de ativos subvalorizados ou ações/ativos específicos. Qualquer investidor que tenta vencer o mercado escolhendo ações é visto como um investidor ativo. Assim, os investidores ativos podem adotar estratégias passivas ou estratégias ativistas.

Por fim, existe uma relação entre ativismo nos investimentos e a posição de uma determinada empresa no ciclo de vida corporativo. Como já observei, os capitalistas de risco em startups e empresas muito jovens quase nunca são investidores passivos, por muitas razões. Primeiro, sua contribuição para a gestão da empresa pode ser fundamental para ajudá-la a converter uma ideia em produto, ou um produto em um modelo de negócios. Segundo, como seus retornos dependem de uma saída do investimento em termos favoráveis, eles tentarão orientar a empresa em direção a caminhos que gerarão melhores valuations de saída. Assim, se os investidores de venture capital acreditarem que uma empresa baseada em usuários vai gerar uma precificação mais alta na sua saída se tiver mais usuários, poderão pressionar para que a empresa dê prioridade para a adição de usuários em detrimento da criação de um modelo de negócios. Por fim, como é fácil diluir a propriedade do venture capital pelas rodadas subsequentes de capital levantado, os capitalistas de risco precisam construir proteções contra essa diluição em seus investimentos. Quando as empresas amadurecem, esse ativismo tende a desaparecer, ainda mais porque sua base de acionistas fica mais institucional e passiva. A maioria dos investidores institucionais que não gostam da administração da empresa tende a abandonar o barco — ou seja, vende suas participações e segue em frente. À medida que as empresas entram em declínio, é provável identificar uma retomada do ativismo, pois os investidores tentam alterar a direção operacional das empresas, em alguns casos recomprando suas ações para realizar mudanças ou, em outros, forçando-as à liquidação ou desmembramento.

Contextualizando as filosofias de investimento

Posso considerar as diferenças entre as filosofias de investimento no contexto do processo de investimento, como mostra a Figura 14.7:

Introdução às filosofias de investimento: Uma visão geral do ciclo de vida | 391

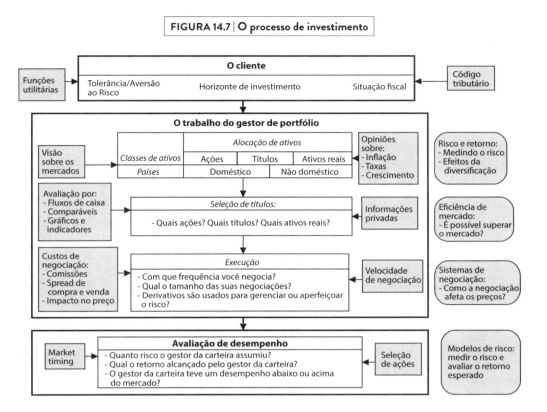

FIGURA 14.7 | O processo de investimento

Como é possível perceber, o processo de investimento começa com uma avaliação do cliente (com a ressalva de que o cliente pode ser você mesmo, caso esteja gerenciando seus próprios investimentos) e uma compreensão de quanto risco ele está disposto a suportar, o horizonte de tempo da carteira e sua situação fiscal. O processo de criação de carteira tem três etapas (que nem sempre ocorrem na sequência mostrada na imagem); a alocação de ativos determina quanto da carteira é investida em diferentes classes de ativos e regiões, a seleção de títulos especifica quais investimentos são escolhidos dentro de cada classe, e a execução se mantém atenta às escolhas e aos custos de negociação. A parte final do processo (embora alguns investidores ativos a evitem) é uma avaliação de desempenho, na qual são comparados os retornos obtidos na carteira com os retornos que deveriam ser obtidos, dada a exposição ao risco e o desempenho real do mercado.

As filosofias de investimento que entraram na minha comparação ampla se enquadram sobretudo no processo de investimento. As estratégias de market timing afetam principalmente a decisão de alocação de ativos, uma vez que uma forte visão de que determinada classe de ativos (ações, imobiliários etc.) está subvalorizada (ou sobrevalorizada) vai deslocar a carteira em direção (ou oposição) dessa classe de ativos. As estratégias de seleção de títulos, em todas as suas formas (análise técnica, fundamentos ou informação privada) estão centradas no componente de seleção de títulos do processo de gestão de carteiras. Podemos argumentar que as estratégias que não se baseiam em grandes visões de eficiência de mercado, mas são concebidas para tirar proveito da má avaliação momentânea dos ativos nos mercados (caso da arbitragem), giram em torno do segmento de execução da gestão de carteiras. Não surpreende, portanto, que o sucesso de estratégias oportunistas dependa do trading rápido para tirar vantagem dos erros de precificação e da manutenção de baixos custos de transação. A Figura 14.8 apresenta as diferentes filosofias de investimento no contexto de onde se enquadram na construção de portfólio de um processo de investimento:

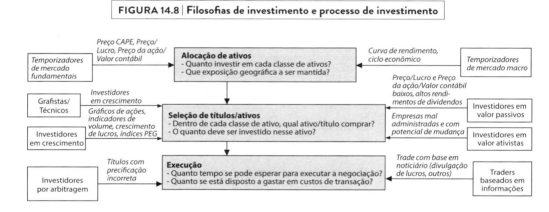

FIGURA 14.8 | Filosofias de investimento e processo de investimento

Um dos aspectos mais fascinantes da filosofia de investimento é a sua coexistência com visões contraditórias dos mercados. Assim, há quem faça market timing com base na tendência dos preços (sugerindo que os investidores demoram a aprender com as informações) e há quem o faça sendo contrarian (com base na crença de que os mercados têm reações exageradas). Entre aqueles que selecionam títulos com base em fundamentos, há investidores em valor que compram ações de valor por acreditarem que os mercados supervalorizam o crescimento, e investidores em crescimento que compram ações de crescimento usando exatamente a justificativa oposta. A coexistência desses impulsos contraditórios pode parecer irracional, mas é saudável e talvez seja responsável por manter o equilíbrio do mercado. Além disso, é

Introdução às filosofias de investimento: Uma visão geral do ciclo de vida | 393

possível que investidores com filosofias contraditórias coexistam no mercado devido às suas diferenças em relação aos horizontes temporais, visões sobre risco e situação fiscal. Por exemplo, investidores isentos de impostos podem considerar que ações que pagam grandes dividendos são uma pechincha, enquanto investidores tributáveis podem rejeitar essas mesmas ações porque seus dividendos são tributados à taxa normal de imposto.

Filosofias de investimento e ciclo de vida corporativo

Após apresentar uma introdução sobre filosofias de investimento, posso então fazer conexões com o ciclo de vida corporativo e mostrar como os investidores em seus diferentes estágios tomam decisões sobre trade ou investimentos e, dentro de cada grupo, em que tipos de ações. Partindo do detalhamento da seção anterior e sobrepondo as características das empresas ao longo do ciclo de vida, chego ao seguinte:

1. **Preço *versus* valor:** se o processo de valuation é definido pelos fundamentos, e o processo de precificação, pela oferta e demanda, o gap entre eles reflete a divergência entre os dois processos. Embora essa divergência exista para todas as empresas, não importa seu estágio no ciclo de vida, é esperado que a diferença entre preço e valor seja maior e mais volátil nas empresas jovens, em que há muita incerteza, dados históricos inexistentes ou pouca confiança, e há grandes diferenças entre os investidores em relação à história de valuation.

2. **Investimento *versus* Trading:** no Capítulo 10, observo que muitos investidores evitam avaliar empresas jovens, usando a desculpa de que há muita incerteza sobre os modelos de negócio e as projeções futuras. Não surpreende que deixem esses tipos de empresa quase inteiramente para os traders, alguns dos quais se beneficiam das grandes oscilações de preços que as caracterizam. À medida que as empresas amadurecem e suas finanças tomam forma, é mais provável que os investidores entrem em jogo, criando um maior equilíbrio entre traders e investidores no mix de acionistas.

3. **Foco em negociação:** alguns traders operam em todos os segmentos do ciclo de vida corporativo, mas a base para suas negociações varia. Com startups e empresas muito jovens, em que os capitalistas de risco estabelecem os preços, são quase inteiramente baseados em como outros investidores de venture capital precificaram essas empresas, ou outras muito parecidas, no passado — ou seja, no momentum. Quando as empresas são listadas pela primeira vez nos mercados

acionários, o trading ainda é levado principalmente por essas tendências, o que explica por que as pesquisas consideram esse poder do momentum maior entre as empresas de crescimento do que entre as maduras. Conforme as companhias permanecem nos mercados acionários, e os preços do mercado se assentam, o foco do trading muda para eventos de informação; analistas gastam seus recursos para prever os números da divulgação de lucros, e traders compram ou vendem antes ou após o relatório. Com empresas maduras, nem os mercados nem a informação dos anúncios entregam muito em termos de surpresas, então os traders procuram precificações incorretas, por menores que sejam, para que possam praticar a arbitragem.

4. **Foco no investimento:** a divisão do investimento entre crescimento e valor já oferece uma noção de seu vínculo com o ciclo de vida. Com o investimento em crescimento, a busca por oportunidades baratas estará em empresas mais jovens, nas quais a maior parte do valor vem do crescimento futuro. Com o investimento em valor, os investimentos predominam em empresas maduras, onde se procura por erros que o mercado talvez esteja cometendo na avaliação dos ativos. Nos Capítulos 15 e 16, exploro essa divisão, argumentando que essa autosseleção pode prejudicar ambas as filosofias.

5. **Investidor ativista *versus* investidor da poltrona:** dentro dos investimentos, analisei o contraste entre o investimento passivo da "poltrona", que busca e compra pechinchas com a expectativa de que a correção do mercado aconteça, e investidores ativistas, que não apenas tentam acelerar a correção do mercado, mas também mudam a administração da empresa. Em conexão com o ciclo de vida, ser um investidor da poltrona em uma empresa startup ou muito jovem é extraordinariamente perigoso, já que os fundadores precisam de orientação e supervisão. À medida que as empresas envelhecem, abrem seu capital e amadurecem, os investidores podem se dar ao luxo de ficar na poltrona, com a esperança de que as regras de divulgação e fortes sistemas de governança corporativa mantenham seus gestores sob controle. Para empresas em declínio, a necessidade de ativismo volta a aumentar, como mostro no Capítulo 13, pois os gestores que entram em negação ou em desespero podem causar sérios danos à sua riqueza como investidor.

6. **Passivo *versus* ativo:** após aceitar a ideia de que o investimento ativo tem maior chance de recompensa nos mercados onde há fricções e incertezas que podem ser explorados como vantagens competitivas, é lógico que é provável que o investimento ativo valha mais a pena para as empresas em ambas as pontas do ciclo de

vida (as muito jovens e as em declínio acentuado) mais do que para as empresas estáveis e maduras, que têm mais consenso de investimento sobre o seu modelo de negócios e o seu futuro.

Na Figura 14.9, apresento as mudanças nas filosofias de investimento ao longo do ciclo de vida:

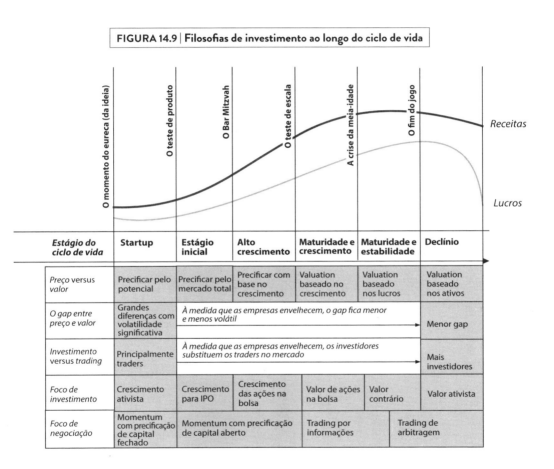

Como visto, é muito mais provável que o trading seja dominante em empresas jovens, mas grande parte desse trade será direcionada pelo momentum. Quando as empresas amadurecem, é mais provável vermos pelo menos um subconjunto de indivíduos tentando avaliá-las e investindo nelas, e o foco mudará para o trade com base em anúncios de informações. O ativismo, no qual os investidores ficam ativamente envolvidos em mudar a gestão das empresas, terá os maiores resultados nas pontas do ciclo de vida corporativo, com os capitalistas de risco pressionando os fundadores de empresas jovens e os investidores de capital privado e ativistas tentando pressionar empresas em declínio a serem desinvestidas, liquidadas ou divididas.

Conclusão

Uma filosofia de investimento, por essência, é um conjunto de crenças sobre mercados e investidores que determinam de onde esperar o retorno do investimento, e essa determinação orienta as estratégias de investimento que serão usadas. Dentro dessa conceituação geral, existe uma gama extraordinariamente ampla de opções, abrangendo tudo, de análises técnicas e gráficos, em um extremo do espectro, até investimentos quantitativos baseados em dados, no outro. Embora não exista uma filosofia de investimento ideal para todos os investidores, existe uma filosofia de investimento que melhor se adapta a cada um. Depois de encontrar essa filosofia, o investidor também vai encontrar seu habitat preferido dentro do ciclo de vida corporativo, e algumas filosofias o levarão a empresas jovens e de alto crescimento, outras o direcionarão para empresas maduras ou mesmo em declínio.

15

Investimentos na juventude

NOS CAPÍTULOS SOBRE FINANÇAS corporativas e valuation, salientei que a incerteza é uma característica das empresas jovens e que não há ilusão ou interpretação elaborada que a faça desaparecer. Para alguns investidores, a incerteza é um obstáculo para aplicarem dinheiro nesse tipo de empresa, mas, para outros, funciona como um chamado, que oferece vantagens e atrai o investimento. Neste capítulo, começo por aqueles que investem nas empresas mais jovens, sobretudo antes da abertura de capital, como os capitalistas de risco, examinando a história de sucesso e fracasso no investimento de venture capital. Em seguida, analiso os paralelos aos investidores de capital de risco no mercado acionário, que apostam em empresas em crescimento com a expectativa de obter retornos — seja investindo, seja fazendo trading —, para então avaliar seu histórico de sucesso e fracasso. Com cada grupo, utilizo o que aprendi sobre empresas jovens e em crescimento nos capítulos anteriores para criar checklists para o sucesso.

Capital de risco

As startups e empresas muito jovens são erguidas com a ajuda dos investidores de venture capital, que oferecem dinheiro em troca de participação acionária na propriedade das empresas. No Capítulo 4, destaco que os capitalistas de risco desempenham um papel fundamental na transformação das empresas com ideias em empresas que geram lucros e são bem-sucedidas, mas esses investimentos apresentam retornos proporcionais aos riscos? Nesta seção, começo por argumentar que os capitalistas de risco são mais traders do que investidores ao participarem do jogo dos preços, e depois analiso os vencedores e perdedores desse jogo.

Um jogo de precificação

Meu ponto de partida será o contraste entre preço e valor que demonstro tanto no Capítulo 9 como no Capítulo 14, nos quais afirmo que os capitalistas de risco (venture capital) não fazem o valuation das empresas, mas as precificam. Isso não é uma crítica, e sim uma constatação da realidade. Na verdade, além de ser justamente o que se deve esperar desses investidores, a precificação também está no cerne daquilo que separa a elite da classe média dos capitalistas de risco. No Capítulo 10, essa divisão se manifesta na análise da abordagem de valuation pelos investidores de venture capital, que demonstro ser mais uma precificação do que um valuation, em que uma taxa-alvo arbitrária é utilizada como taxa de desconto. Na realidade, quando avaliam as empresas, os capitalistas de risco focam em:

1. **Precificação recente da mesma empresa:** na versão mais limitada desse jogo, um possível ou atual investidor em uma empresa privada analisa como os investidores a precificaram na rodada de financiamento mais recente para avaliar se o preço obtido é razoável. Assim, no caso da Uber, em junho de 2016, isso implicaria que uma precificação próxima aos 62,5 bilhões de dólares feita pelo fundo soberano saudita, quando houve a aplicação de 3,5 bilhões de dólares na empresa, se tornaria a referência de preço razoável para outros investidores naquele período. Os perigos em seguir esse caminho são muitos, incluindo a possibilidade de erros, quando um novo investidor superestima ou subestima a precificação da empresa, fazendo o erro se espalhar pela cadeia de preços. Para simplificar: uma nova rodada de precificação superestimada ou subestimada pode gerar muitas outras rodadas distorcidas.

2. **Precificação de empresas "semelhantes" de capital fechado:** em uma versão um tanto expandida do processo acima, o capitalista de risco analisa o que os investidores estão pagando por empresas semelhantes no "mesmo ramo" — com todos os julgamentos subjetivos necessários sobre o que quer dizer esse "mesmo ramo" —, então dimensiona esse preço para receitas (ou, na falta disso, uma métrica comum para esse lugar, como usuários, assinantes, downloads etc.), para então precificar a

empresa. Seguindo no setor de compartilhamento de viagens, a Lyft poderia ser precificada, em 2016, com base na transação mais recente da Uber, escalonando esse preço às suas receitas (em relação à Uber) ou ao número de passageiros atendidos.

3. **Precificação de empresas de capital aberto, com ajustes pós-valor:** nos raros casos em que uma empresa de capital fechado possui substância operacional suficiente, na forma de receitas, ou mesmo de lucros, em um espaço no qual existem empresas de capital aberto, um capitalista de risco poderia utilizar a precificação das empresas abertas como base para a precificação das fechadas. Assim, se uma empresa de capital fechado do setor de games tiver receitas de 100 milhões de dólares, e as de capital aberto no mesmo setor forem negociadas a 2,5 vezes as receitas, o preço estimado seria de 250 milhões. Porém, essa precificação pressupõe que a empresa tenha liquidez (como é o caso das cotadas na bolsa) e seja controlada por investidores capazes de distribuir os riscos por diferentes portfólios. Dessa forma, é aplicado um desconto por falta de liquidez e, talvez, diversificação, embora a magnitude (20%, 30% ou mais) seja um dos números mais difíceis de estimar e justificar na prática.

Não são apenas os capitalistas de risco que jogam o jogo dos preços. Os investidores em mercados acionários (incluindo muitos dos que se autodenominam "investidores de valor") também estão quase todos nesse jogo, embora utilizem métricas de precificação de posição mais longa (de PL a valor da firma/EBITDA) e tenham amostras maiores de empresas de capital aberto para comparar. Os desafios de adaptar esse jogo de precificação aos investimentos de venture capital são, sobretudo, estatísticos:

- **Amostragem pequena:** caso a precificação seja baseada em outros investimentos em empresas de capital fechado, o tamanho da amostra tende a ser muito menor para um investidor de venture capital do que para um que investe em empresas de capital aberto. Investidores de empresas de petróleo de capital aberto, em 2021, podiam recorrer a 351 empresas de capital aberto nos Estados Unidos, ou mesmo às 1.029 negociadas publicamente em todo o mundo, para deliberar sobre a precificação ou o valor relativo. Para precificar uma empresa de compartilhamento de viagens, um investidor de venture capital tem uma amostra de menos de dez empresas do mesmo tipo em todo o mundo.

- **Atualização pouco frequente:** o problema com amostragens pequenas é exacerbado pelo fato de que, ao contrário do que acontece com as empresas de capital aberto, cujas negociações são frequentes, e os preços, atualizados de forma quase contínua para a maioria das empresas da amostra, as transações de empresas de capital fechado são poucas e distantes entre si. De muitas maneiras, a precificação pelo venture capital está mais próxima daquela do setor imobiliário, em que um imóvel é precificado com base em propriedades semelhantes vendidas em um passado recente, do que da precificação convencional de ações.

- **Transações pouco transparentes:** há um terceiro problema que complica a precificação pelo venture capital. Ao contrário das empresas de capital aberto, nas quais as ações dão direitos idênticos e o valor total de mercado da empresa é o preço da ação multiplicado pelo número de ações em circulação, extrapolar a participação de um investimento de capital de risco em uma empresa para o valor global do seu patrimônio pode ser (e muitas vezes é) complicado. Por quê? Como destaco no Capítulo 10, a estruturação do investimento de capital de risco é diferente em cada estágio de financiamento, com uma infinidade de opções incorporadas, algumas projetadas para proteção (contra diluição e futuras rodadas de capital), e outras, para oportunidade (permitindo investimentos futuros a preços favoráveis).

Consequências

Se os capitalistas de risco precificam as empresas, e essa precificação muitas vezes é baseada em uma amostragem pequena, com dados quase nunca atualizados e de difícil interpretação, há consequências previsíveis:

- **A precificação por venture capital terá mais ruído (erro) incorporado:** o preço a que se chega para a Lyft, em 2016, com base no preço da Uber, da Didi e da Grab na época, terá uma margem maior em torno da estimativa, e há uma chance maior de que esteja errado.
- **A precificação por venture capital será mais subjetiva:** os capitalistas de risco têm a liberdade de escolher as empresas comparáveis e em geral conseguem utilizar critérios próprios para se ajustarem à pouca frequência nas atualizações de dados e à complexidade de seus investimentos em participações. Embora isso pareça apenas uma reformulação da primeira crítica, também há um potencial muito maior para o enviesamento. Portanto, não surpreende que nem todos os retornos de venture capital sejam criados do mesmo modo, ainda mais quando se trata da parte não realizada, com fundos de venture capital mais agressivos reportando retornos "mais altos" do que os menos agressivos.

- **A precificação ficará atrasada em relação ao mercado:** é um fato bem-estabelecido que os fluxos de entrada de venture capital fluem e secam ao longo do tempo e que o número de transações aumenta em momentos de mercado altista e cai em mercados baixistas. Quando há uma correção severa (como aconteceu logo após a bolha das pontocom), as transações podem ficar estagnadas, o que dificulta, se não impossibilita, a reprecificação. Caso os capitalistas de risco adiem a nova precificação até que os fluxos aumentem de novo, poderá haver um atraso significativo entre o momento de queda nos preços das empresas mais jovens e o reflexo dessas quedas nos retornos das firmas de venture capital.
- **O ciclo de feedback para os preços:** como a precificação por venture capital é baseada em amostragens pequenas com transações pouco frequentes, o processo é suscetível a ciclos de feedback, em que uma transação mal precificada (em qualquer direção) pode desencadear muitas negociações mal precificadas. As espirais de preços, caso ocorram, serão bem significativas em ambas as direções.
- **A questão do horizonte de tempo:** a falta de liquidez e a amostragem pequena, que atrapalham a precificação de holdings de venture capital, também provocam uma restrição no jogo da precificação. Ao contrário do investimento no mercado acionário, em que o jogo dos preços pode durar minutos, ou até frações de minuto, em ações com liquidez, a precificação de empresas de capital fechado exige paciência — quanto mais jovem a empresa, mais paciência será necessária. Em outras palavras, ganhar no jogo da precificação pelo venture capital pode exigir que o investidor se posicione em uma startup e aguarde por tempo suficiente até que o negócio se desenvolva, para então encontrar alguém que o ache atraente a ponto de oferecer um preço muito mais alto.

Há um argumento final que também precisa ser apontado. Por mais que eu goste de falar sobre o mercado de venture capital e o mercado acionário como elementos separados, habitados por espécies diferentes, há uma ligação umbilical entre eles. Na medida em que o capitalista de risco deve traçar uma estratégia de saída do investimento, seja em uma oferta pública inicial, seja vendendo a uma empresa com capital aberta, se o mercado de ações pegar um resfriado, o mercado de venture capital terá uma pneumonia, embora seu diagnóstico possa vir muito mais tarde.

Retornos de venture capital: vencedores e perdedores

Mais do que quaisquer outros investidores, os capitalistas de risco obtêm retornos elevados, capazes de cobrir o risco adicional a que estão expostos? Antes de examinar as evidências dessa proposição, vale a pena chamar a atenção para um ponto fraco do teste, que é a parte de mensurar os retornos. Ao contrário dos investimentos no mercado de ações, em que os retornos não realizados são baseados em preços de mercado observados para ações negociadas e sua conversão em retornos realizados é relativamente fácil, os retornos não realizados em fundos de capital de risco são baseados em estimativas, que por sua vez são baseadas em dados nebulosos dos investimentos do capital de risco em outras empresas no setor, e não são fáceis de monetizar. Como consequência, os retornos não realizados nos fundos de capital de risco estão sujeitos não apenas a erros de estimativa como também a distorções e, portanto, devem ser encarados como mais sutis do que os retornos realizados. Dadas essas advertências, aqui está o que a pesquisa mostra:

1. **O investidor de venture capital médio é melhor do que o investidor ativo médio do mercado de ações:** os investidores de venture capital e do mercado acionário jogam o jogo de preços, e os que trabalham com o mercado têm a vantagem de mais e melhores dados, mas, com o tempo, os capitalistas de risco parecem obter melhores resultados do que os investidores do mercado aberto, como mostra a Figura 15.1:

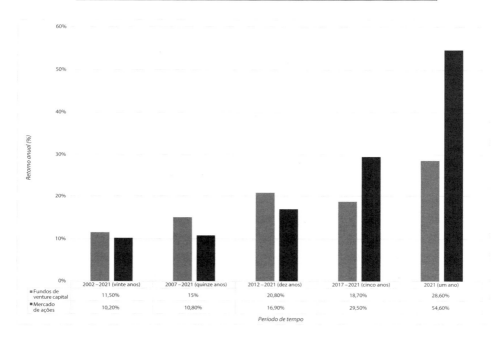

FIGURA 15.1 | Retornos em venture capital, capital fechado (private equity) e capital aberto (public equity) nos Estados Unidos, 2002-2021

Fonte: Cambridge Associates

Os números indicam retornos brutos, e sabemos que é preciso fazer o ajuste ao risco, mas o maior risco para o venture capital (risco de falência) já está incorporado aos retornos de longo prazo. Como é possível notar, os capitalistas de risco coletivamente alcançam retornos um pouco mais altos a longo prazo (dez, quinze e vinte anos), mas ficam abaixo do desempenho dos investidores do mercado aberto nos períodos mais curtos. Mesmo a longo prazo, fica em aberto a questão sobre se os retornos extras nos lucros (1,3% ao ano para os retornos de vinte anos, ou 4,20% ao ano para retornos de quinze anos) são suficientes para cobrir o risco extra no investimento do capital de risco.

2. **O venture capital tem compensações distorcidas:** a natureza do investimento de capital de risco é que mesmo os venture capital mais bem-sucedidos têm uma grande proporção de prejuízos (proporção que talvez ocupe a maior parte do todo), mas seus grandes acertos retornam o suficiente para cobrir todas as perdas e muito mais. A Figura 15.2 apresenta a divisão de retornos para investimentos de venture capital em empresas de estágio inicial de 2004 a 2013:

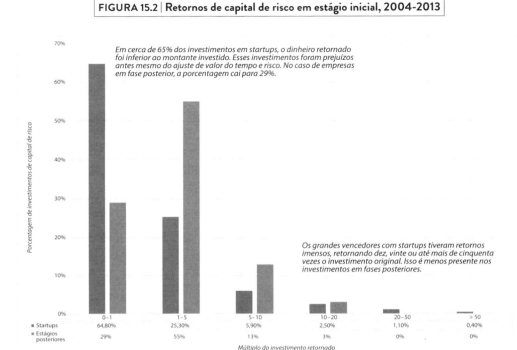

FIGURA 15.2 | Retornos de capital de risco em estágio inicial, 2004-2013

Embora sejam retornos ao longo de um único período de dez anos, eles demonstram a natureza dos retornos dos investimentos de capital de risco. Para uma noção de como o amadurecimento das empresas altera essa distribuição, comparando os retornos de capital de risco em fase inicial aos obtidos por investidores de capital de risco em estágios posteriores, obtemos menos investimentos com prejuízos entre os últimos, bem como menos vantagens para quem lucra.

3. **A elite do venture capital tem poder de permanência:** além de os capitalistas de risco mais bem-sucedidos obterem retornos mais altos do que os principais investidores do mercado de ações, também há mais consistência no venture capital, uma vez que o melhor venture capital é capaz de gerar retornos mais altos ao longo de períodos de tempo maiores. Isso sugere que os capitalistas de risco trazem vantagens competitivas mais duráveis para o jogo de investimentos do que os investidores do mercado de ações.

Como conciliar o argumento de que o jogo de precificação pelo capital de risco é inerentemente mais propenso a erros e ruídos com o fato de que os investidores de capital de risco parecem faturar com isso? Penso que os fatores que dificultam tanto a precificação de um investimento de capital de risco de forma a obter lucro são os exatos mesmos fatores que permitem aos capitalistas de risco obter retornos excedentes como um todo, e os melhores entre eles destacarem-se dos demais. Em particular, os melhores no negócio de capital de risco distinguem-se em três aspectos:

1. **São (relativamente) melhores em precificação:** o preço que pode ser atribuído a um investimento de capital de risco varia bastante entre os investidores, e, embora todos sem dúvida estejam errados (porque são estimativas), alguns estão menos que outros. Mesmo uma pequena margem no jogo da precificação é capaz de dar a um capitalista de risco uma vantagem significativa a longo prazo; nessa condição, o sucesso pode se retroalimentar e criar continuidade. Uma startup pode oferecer melhores condições de preços aos capitalistas de risco mais bem-sucedidos apenas para atraí-los, então esses preços serão utilizados para atrair outros investidores para a empresa.

2. **Têm mais influência nas empresas em que investem:** ao contrário dos investidores do mercado acionário, que em sua maioria só observam as métricas da empresa sem alterá-las, os capitalistas de risco podem assumir um papel mais ativo nas empresas em que investem, dando conselhos extraoficiais aos gestores ou assumindo funções mais formais como membros do conselho, ajudando essas empresas a decidir em que métricas se concentrar, como melhorá-las e como (e quando) lucrar (por meio de um IPO ou de uma venda).

3. **Têm um *timing* melhor:** o jogo de preços é baseado no tempo, e o jogo de preços do venture capital ainda mais. Para obter sucesso, não basta os capitalistas de risco escolherem o tempo certo para entrar em um negócio, também precisam, o que é ainda mais importante, escolher o momento de saída. Os capitalistas de risco mais bem-sucedidos são melhores em avaliar o humor e o momentum para encontrar o timing de entrada e saída de um investimento.

Portanto, se você é um investidor em um fundo de venture capital, é preciso observar os retornos reais e os não realizados, mas também estar atento a como o fundo mede os retornos não realizados e os que foram gerados. Um retorno que vem quase todo de um investimento de grande sucesso é obviamente menos um indicativo de habilidade do que um retorno que reflete diversos acertos por períodos mais longos. Se separar a sorte da habilidade já é difícil no mercado de ações, pode ser ainda mais complicado no setor do capital de risco.

Determinantes do sucesso

Embora o caminho do capital de risco não seja uma receita garantida para altos retornos, alguns investidores desse tipo obtêm sucesso e retornos extraordinários. O que os diferencia? Como desfrutar desse mesmo sucesso? Os principais fatores parecem ser os seguintes:

1. **Bom julgamento sobre as narrativas:** no Capítulo 10, argumento que, na avaliação de startups e empresas muito jovens, a história é o fator que impulsiona o valuation, e não os dados financeiros ou os números históricos. Para o investidor em empresas jovens, não basta ser bom em avaliar as histórias dos fundadores e submetê-las ao teste 3P, também é preciso criar as próprias narrativas para a empresa, para determinar o valor do investimento.
2. **Bom julgamento sobre gestores/fundadores:** uma empresa jovem depende inteiramente do fundador e da equipe de gestão para entregar a história do valuation, e o diferencial dos melhores capitalistas de risco é a capacidade de avaliar quão dignos de confiança um fundador é em relação a essa capacidade de entrega.
3. **Protege seus investimentos à medida que a empresa cresce:** quando a empresa cresce e atrai novos investimentos, você, assim como o capitalista de risco, terá de proteger sua parte do negócio das exigências daqueles que trazem novos aportes de capital.
4. **Boa capacidade de avaliar o risco de falência:** a maioria das pequenas empresas privadas fracassam, tanto por seus produtos ou serviços não encontrarem um público pronto quanto por conta da má gestão. Os bons investidores de capital de risco parecem ter a capacidade de encontrar a combinação de ideias e de gestão que aumenta a probabilidade de sucesso, ainda que isso não seja garantido.
5. **Ter sabedoria para distribuir suas apostas:** dito isso, a taxa de fracasso sempre será elevada entre os investimentos de capital de risco, tornando fundamental a distribuição de apostas. Quanto mais precoce a fase de financiamento em que se atua (investimento semente, por exemplo), mais importante a diversificação de investimentos.

Para ser um capitalista de risco bem-sucedido, sua carteira deverá ser arriscada, mas relativamente pouco diversificada, contando com grandes participações em diversas empresas pequenas e voláteis, muitas vezes no mesmo segmento ou setor econômico. O resultado final é que o sucesso do capital de risco vem tanto das habilidades de negociação, em que são avaliados o humor e o momentum de entrada e saída, quanto de suas habilidades de avaliação de narrativas dos negócios e das competências dos fundadores.

Investimento em crescimento e trading: mercado acionário

Os investidores em crescimento do mercado de ações utilizam indicadores substitutos (proxy) e filtros para encontrar ações de alto crescimento que estão subvalorizadas pelo mercado. Alguns investem em ofertas públicas iniciais com a intenção de aproveitar quaisquer retornos excedentes associados à valorização das ações após a oferta. Outros concebem estratégias de investimento focadas em empresas das quais se espera um maior crescimento em receitas ou lucros. Outros ainda adotam uma estratégia mais matizada de comprar ações de crescimento, mas apenas a um preço razoável.

Ofertas públicas iniciais (IPOs)

No Capítulo 4, destaco o processo utilizado pelas empresas de capital fechado para abrir seu capital, observando que o descontentamento com o processo de IPO liderado por bancos de investimento está abrindo portas para mudanças. Dito isso, as empresas jovens e em crescimento têm maior probabilidade de passar por esse processo, e há investidores do mercado de ações que tentam superar o mercado, explorando fricções e erros em torno do processo de abertura de capital.

O DIA DA OFERTA E SEUS DESDOBRAMENTOS

Nos IPOs orientados por bancos de investimento, estes, levados em parte pela garantia de preços de oferta que oferecem às empresas emissoras, subprecificam essas empresas para a oferta, o que fazem abertamente. Na Figura 15.3, observo o preço médio dos IPOs, com base em como as ações da empresa se comportam na data da oferta:

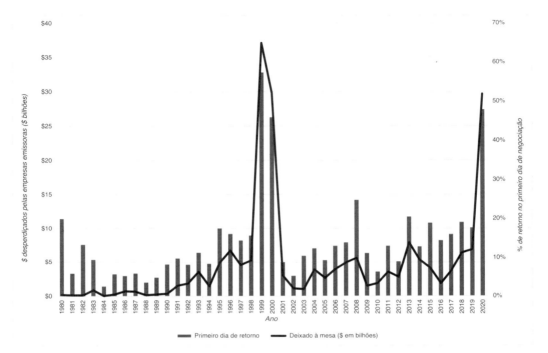

É possível notar que, a cada ano, a alteração percentual média no preço das ações no dia da oferta tem sido um grande valor positivo. Como esse desconto de preço de oferta é efetivamente dinheiro deixado para trás pelos fundadores e proprietários da firma de venture capital, também calculei o valor em dólares dessa perda.

Embora o retorno pela negociação antes das ofertas públicas iniciais seja questionável, ainda há alguma compensação por negociar na data da oferta e nos dias seguintes ao IPO? Como grande parte da compra e venda nos primeiros dias em que uma ação é listada vem de traders que tentam aproveitar os movimentos de preços de curto prazo, e não de investidores mensurando seu valor de longo prazo, é esperado que a tendência (momentum) seja um driver de preço dominante nessas janelas. Dito isso, há poucas evidências documentadas de retornos consistentes para todo o trade frenético registrado em torno das ofertas iniciais.

RETORNOS PÓS-IPO

Embora sejam fortes as evidências de que as ofertas públicas iniciais operem em alta na data da oferta, não está evidente que essas ações sejam bons investimentos nos anos seguintes. Tim Loughran e Jay Ritter acompanharam os retornos de 5.821 IPOs nos cinco anos após as ofertas e os compararam aos retornos de empresas que não fizeram essas emissões iniciais, o que é apresentado na Figura 15.4:

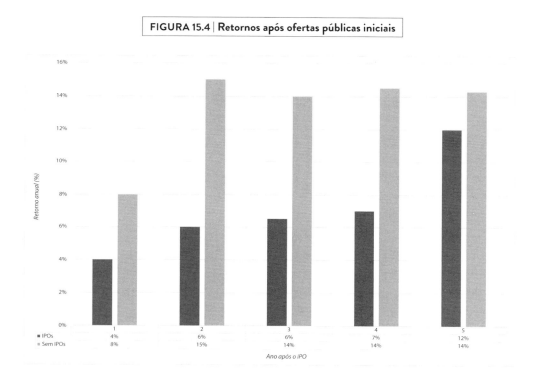

Perceba que as empresas com IPO apresentam um desempenho consistentemente abaixo das sem IPO, e que o desempenho inferior é maior nos primeiros anos após a oferta. Embora seja menos evidente para ofertas públicas iniciais maiores, esse fenômeno persiste. Em suma, a principal recompensa para investir em IPOs vem de ter as ações em mãos quando se abrirem para que o trade seja feito no dia da oferta. Atualizo este estudo e destaco os retornos nos três anos após o IPO, para ofertas de 1980 a 2019, na Figura 15.5:

FIGURA 15.5 | Retornos ajustados ao mercado e ao risco nos 3 anos após o IPO

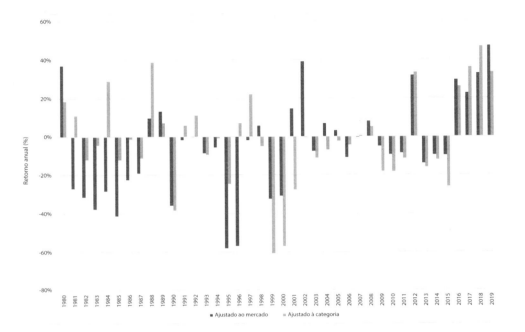

Assim como o estudo anterior que citei, este mostra que investir em IPOs na oferta e mantê-los por horizontes de longo prazo não é uma estratégia vencedora — a entrega, em uma base anual média, é de 6,45% a menos do que o mercado e de 3,45% a menos do que um fundo de índice de investimento em crescimento.

ESTRATÉGIAS DE INVESTIMENTO

Dadas as evidências sobre a subpreficicação dos IPOs e os retornos abaixo do padrão nos anos seguintes, há como desenvolver estratégias de investimento para faturar com os IPOs? Nesta seção, apresento três. Na primeira, adoto a abordagem do porrete: tentar participar de todas as ofertas públicas iniciais com o objetivo de se beneficiar da alta do dia da oferta (registrada nos estudos mencionados). Na segunda, adoto uma variante de investimento de momentum: aderir aos IPOs em mercados aquecidos e os evitar em mercados fracos. Na terceira e última, aponto para refinamentos que nos permitam investir de maneira seletiva: buscar IPOs com chances mais favoráveis aos investidores.

A ESTRATÉGIA DO PORRETE: INVESTIR EM TODOS OS IPOS

Embora evidências substanciais apontem que os IPOs sejam, em média, subprecificados em suas ofertas, há fraquíssimas evidências da capacidade dos investidores de tirar proveito desses erros e dessas fricções de preços. Essa anomalia pode ser explicada ao considerar os custos de negociação e detalhes do processo da oferta. Se as ofertas públicas iniciais, em média, estiverem subprecificadas, uma estratégia óbvia de investimento é entrar em muitas, construindo um portfólio com base em lotes dessas ofertas.

No entanto, esse processo de alocação tem uma pegadinha que pode impedir que a carteira lucre com os retornos excedentes de uma precificação subestimada. Quando os investidores se inscrevem nas ofertas públicas iniciais, o número de ações atribuídas a eles depende de a oferta estar de fato subprecificada, e por quanto. Caso sejam níveis significativos, apenas uma fração das ações solicitadas serão recebidas. Em contrapartida, se a oferta estiver corretamente precificada, ou sobreprecificada, todas as ações solicitadas serão recebidas. Assim, seu portfólio estará "underweight" (pouco comprado) em uma oferta pública inicial de preços subestimados e "overweight" (comprado em excesso) em ofertas com precificação muito alta. Existe um jeito de ganhar nesse jogo de alocação? É possível adotar duas estratégias, mas nenhuma das duas garante o sucesso: ser beneficiário de um sistema de atribuição tendencioso, pelo qual o banco de investimentos oferece mais do que sua parte das ações solicitadas em ofertas com preços subestimados; e apostar contra o rebanho e ficar em posição vendida nos IPOs logo após a abertura, na esperança de faturar com o declínio dos preços nos meses seguintes. O perigo dessa estratégia é que essas ações são direcionadas pelo humor e pelo momentum e podem encarecer significativamente por longos períodos antes que haja qualquer correção.

SURFAR NA ONDA: INVESTIR APENAS EM MERCADOS AQUECIDOS

As ofertas públicas iniciais seguem numa maré que acompanha o mercado em geral, o número de ofertas e o grau de subprecificação se movendo em ondas. Há períodos nos quais o mercado é inundado por ofertas públicas iniciais, e apresentando subprecificação, e períodos com pouquíssimas ofertas, acompanhadas de uma redução na subprecificação. No Capítulo 4, mostro os refluxos e fluxos nos IPOs (na Figura 4.9) e comparo os dias de inocência do fim dos anos 1990, quando as empresas abriram seu capital em um ritmo extraordinário, e 2001, quando o número diminuiu para um nível conta-gotas. Portanto, uma estratégia para aproveitar a onda de IPO implicaria investir quando o mercado de IPO estiver aquecido, caracterizado por muitas ofertas e significativa subprecificação, e ficar longe nos anos de escassez.

Na prática, essa é uma estratégia baseada em momentum, e os riscos são parecidos. Primeiro que, embora a estratégia gere retornos, em média, ao longo de todo o período "aquecido", o fato de faturar ou não depende em grande parte da rapidez com a qual se reconhece tanto o início de um mercado de IPO aquecido (entrar atrasado se traduz em retornos mais baixos) quanto seu fim (as listagens de IPO ao fim de um ciclo de mercado aquecido têm maior probabilidade de fracasso). Além disso, as ofertas públicas iniciais durante qualquer período tendem a ter um foco setorial comum. Por exemplo, a maior parte das ofertas públicas iniciais no decorrer de 1999 foram de jovens empresas de tecnologia e telecomunicações. Investir apenas nessas ofertas públicas resultaria em uma carteira nada diversificada em períodos de fartura e com grande concentração em qualquer setor que esteja em alta no momento.

O INVESTIDOR SELETIVO DE IPOS

Se o maior perigo de uma estratégia de investimento em IPO é ficar carregado de ações sobreprecificadas (seja por ter recebido toda a sua cota de um IPO superestimado, seja porque um ciclo aquecido de IPOs está chegando ao fim), adotar um foco em valor pode ajudar a evitar parte dos riscos. Assim, em vez de investir em todas as ofertas de IPO ao longo do tempo ou em períodos de mercado aquecido, é possível fazê-lo apenas nos IPOs em que há maiores chances de subprecificação. Isso vai exigir investimentos de tempo e recursos antes da oferta, momento em que serão usadas as informações do prospecto e de outros registros públicos para avaliar a empresa, com base em modelos de valuation intrínsecos ou relativos. Então, as estimativas de valor de sua análise seriam empregadas para a decisão sobre em quais IPOs investir e quais evitar.

Essa estratégia incorre em duas potenciais armadilhas. A primeira é que as habilidades de valuation e precificação do investidor devem ser bem aprimoradas, porque é muito mais difícil avaliar ou precificar uma empresa que está abrindo o capital do que uma já está listada na bolsa. Embora as empresas que abrem o capital devam fornecer informações sobre sua situação financeira e como planejam utilizar os recursos da oferta, também tendem a ser empresas mais jovens e de alto crescimento. Como observo no Capítulo 10 e no 11, avaliar esses tipos de empresa exige uma combinação de habilidades narrativas e numéricas que não são fáceis de encontrar. A segunda é que, como evidenciei na seção anterior, os mercados de IPO passam por ciclos, em que o número de ofertas subprecificadas caem em períodos de mercados desaquecidos. Assim, a tarefa do investidor pode se transformar em encontrar os IPOs menos sobreprecificados, em vez dos subprecificados, para então elaborar uma estratégia de saída e vender essas ações antes da correção.

Investimento em crescimento

Caso você seja um gestor de portfólio cujas escolhas vêm de um universo muito amplo de ações, a maneira mais eficaz de construir um portfólio é filtrar as ações e escolher aquelas que passam por critérios de seleção específicos. Em outras palavras, buscar empresas que apresentem lucros que, espera-se, continuem crescendo a taxas elevadas no futuro, pressupondo implicitamente que esse fator garantirá retornos mais elevados. Ao ponderar sobre o crescimento, pode-se olhar para seus índices no passado (ou seja, o crescimento histórico) ou para as expectativas do futuro. A primeira opção é mais acessível, enquanto a segunda oferece a vantagem de projetar o comportamento futuro.

CRESCIMENTO HISTÓRICO

Para as empresas que apresentem qualquer histórico de dados financeiros, costuma ser fácil estimar as taxas nas quais conseguiram aumentar as receitas, em caso de prejuízos, ou os lucros, caso estejam no positivo. Para investidores que buscam alto crescimento, esses históricos são muitas vezes utilizados como critérios para a filtragem de ações de crescimento. Contudo, será que a taxa de crescimento do passado é um bom indicador? Muitos investidores a utilizam para prever crescimento futuro, mas, nisso, incorrem em três problemas:

- **Histórico limitado:** para estimar o crescimento passado, é necessário um histórico financeiro, e, para algumas das empresas de maior crescimento, ainda mais no início do ciclo de vida, esses dados podem ser limitados, ou, quando disponíveis, não são muito informativos. Para empresas que apresentam um histórico financeiro significativo, a taxa de crescimento estimada pode variar dependendo dos períodos de tempo utilizados, da métrica operacional analisada (receita, lucro operacional, lucro líquido, lucro por ação) e até mesmo da abordagem empregada para as (médias aritméticas e geométricas podem produzir estimativas muito diferentes).

- **Ruído na projeção:** em um estudo de 1962 sobre a relação entre taxas de crescimento passadas e futuras, Ian Little cunhou o termo "higgledy piggledy growth" como referência a um crescimento desordenado, porque encontrou poucas evidências de que as empresas que cresceram depressa em determinado período continuaram crescendo no mesmo ritmo no período seguinte.[1] No processo de realizar correlações entre as taxas de crescimento dos lucros em períodos consecutivos de diferentes durações, ele encontrou muitas correlações negativas entre as taxas de crescimento nos dois períodos, e a correlação média foi próxima a zero (0,02). Se, para uma empresa média, o crescimento passado dos ganhos não for um indicador confiável de crescimento futuro, é ainda menos confiável para empresas menores, cujas taxas de crescimento tendem a ser ainda mais voláteis do que em outras do mesmo mercado. A correlação entre as taxas de crescimento dos lucros em períodos consecutivos (cinco, três e um ano) para empresas nos Estados Unidos, categorizados pelo valor de mercado, é apresentada na Figura 15.6:

FIGURA 15.6 | Correlações de tempo no crescimento dos lucros, por classe de capitalização de mercado

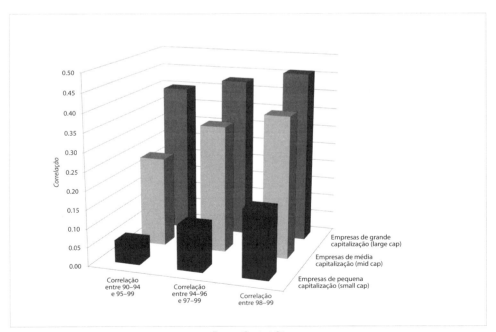

Fonte: Capital QI

Embora as correlações tendam a ser mais elevadas para as taxas de crescimento dos lucros em um ano do que para três ou cinco, também são consistentemente mais baixas para as empresas menores do que para o restante do mercado. Isso sugere a necessidade de maior cautela ao usar o crescimento passado, sobretudo os lucros, para a previsão do crescimento futuro dessas empresas.

- **Reversão para a média:** empresas que crescem a taxas muito mais altas do que a média de crescimento do setor em geral observarão essas taxas retornarem em direção à média do mercado ou do setor. David Dreman e Eric Lufkin registraram essa tendência quando acompanharam empresas nas classes de crescimento mais alta e mais baixa por cinco anos após a formação das carteiras.[2] Enquanto as empresas com maior crescimento de lucro têm um crescimento médio 20% maior que a taxa média de empresas de crescimento mais baixo no ano em que a carteira é formada, a diferença chega a quase zero depois de cinco anos.

Caso não haja escolha a não ser usar o crescimento passado como preditor, o crescimento da receita tende a ser mais persistente e previsível do que o dos lucros. Isso ocorre porque as escolhas contábeis têm um efeito muito menor sobre as receitas do que sobre os lucros. Isso quer dizer que o crescimento histórico das receitas é um número muito mais útil do que o crescimento histórico dos ganhos, quando se trata de projeções. Em resumo, o crescimento passado não é um indicador confiável de crescimento futuro, e não conheço evidências de que o investimento em empresas com alto crescimento no passado produza retornos significativos. De fato, se houver reversão à média e se for pago um prêmio alto por essas empresas, a carteira resultará em prejuízos.

CRESCIMENTO ESPERADO DOS LUCROS

No fim das contas, o valor é determinado pelo crescimento futuro, e não pelo passado. Portanto, parece razoável ser melhor investir em ações de elevado crescimento esperado, não histórico. Nesse ponto, surge também um problema prático. Em um mercado com centenas, talvez milhares de listagens, não é possível estimar o crescimento esperado de cada empresa. Em vez disso, é preciso confiar nas estimativas dos analistas para cada uma. No entanto, essa informação hoje está acessível à maioria dos investidores, e existe a opção de comprar ações com altas taxas esperadas para crescimento nos lucros. Para que essa estratégia gere retornos elevados, as seguintes condições devem ser cumpridas: primeiro, os analistas devem ser competentes na previsão do crescimento dos lucros a longo prazo; segundo, o preço de mercado não deve refletir ou precificar esse crescimento desde já, uma vez que, nesse caso, a carteira de empresas de alto crescimento não geraria retornos excedentes. Em ambos os casos, a evidência se mostra contrária à estratégia. Analistas tendem a superestimar a previsão de crescimento, e esses erros não apenas são elevados para previsões de longo prazo como também apresentam alta correlação entre analistas que acompanham a mesma ação. Na verdade, alguns estudos concluem que utilizar apenas o histórico de taxas de crescimento, a partir de um modelo de série temporal, corresponde ou até mesmo supera as estimativas dos analistas quando o assunto é crescimento a longo prazo. Quanto ao crescimento da precificação, os mercados têm sido historicamente mais propensos a errar mais para cima do que para baixo, sobretudo durante períodos de mercado com elevado crescimento dos lucros.

HISTÓRICO DOS INVESTIDORES EM CRESCIMENTO

Para avaliar se os investidores em empresas com alto crescimento alcançam retornos superiores ao mercado, é necessário começar com uma informação que parece se opor a uma resposta afirmativa. Dado que o crescimento esperado dos lucros e o das razões preço/lucro (PL) estão correlacionados, e as empresas de maior crescimento negociam normalmente com razões PL elevadas, um teste simples para o investimento em crescimento é observar os retornos obtidos pelas ações, classificados com base em razões preço/lucro. Na Figura 15.7, observo a diferença nos retornos anuais entre a compra de ações de baixo PL (alto LP) e carteiras de alto PL (baixo LP) de 1951 a 2021:[3]

Investimentos na juventude | 417

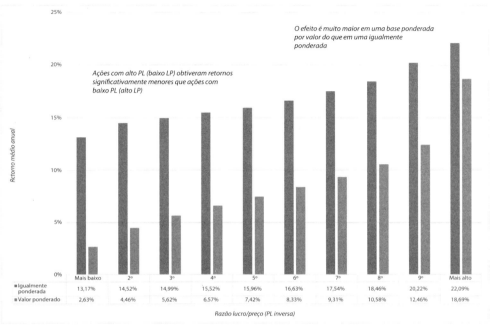

FIGURA 15.7 | Retornos anuais em ações dos Estados Unidos por decil da razão lucro/preço, 1951–2021

Fonte: Dados brutos de Kenneth French

Tanto em uma base ponderada igualmente ou ponderada por valor, as ações de baixa razão LP (alto PL) tiveram desempenho inferior em ações com alta relação LP (baixo PL).

Dado esse desempenho lamentável, pode-se questionar o que atrai os investidores a essa estratégia. A resposta está nos ciclos de mercado. Houve longos períodos em que as ações de alto PL superaram as de baixo PL. Por exemplo, como mostra a Figura 15.8, parece haver uma ligação entre os retornos obtidos com ações de elevado PL, relacionadas às ações de baixo PL, e a taxa de crescimento dos lucros:

418 | O ciclo de vida corporativo

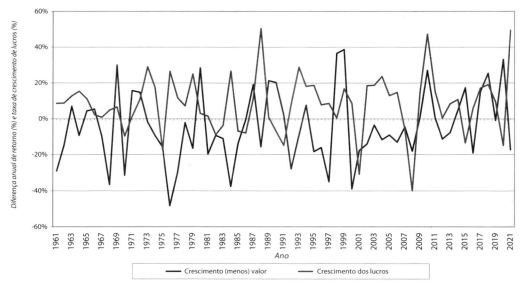

FIGURA 15.8 | Retornos ao investimento em crescimento e níveis de crescimento de ganhos

Fonte: Dados brutos de Kenneth French, S&P

Meço o desempenho do crescimento *versus* valor observando a diferença entre os retornos obtidos em uma carteira de ações no decil superior em termos de PL (crescimento) e em uma de ações no decil mais baixo (valor). Assim, um valor positivo indica que as ações de PL elevado superaram as de PL baixo naquele ano. O investimento em crescimento tem melhor desempenho nos anos em que o crescimento dos lucros é baixo, talvez porque as ações de crescimento sejam mais desejáveis nesses períodos (quando o crescimento é escasso).[4] Da mesma forma, quando todas as empresas reportam um elevado crescimento dos lucros, os investidores parecem não estar dispostos a pagar um prêmio pelo crescimento.

O investimento em crescimento também parece ter um desempenho muito melhor quando a curva de rendimentos é plana ou inclinada para baixo, enquanto o investimento em valor tem um desempenho muito melhor quando a curva é muito mais inclinada para cima. A Figura 15.9 apresenta a relação entre a inclinação da curva de rendimento, em que utiliza a diferença entre a taxa do título do Tesouro de dez anos (T-Bond) e a taxa do título do Tesouro de três meses (T-Bill) como substitutos, e o desempenho do investimento em crescimento, medido como a diferença na taxa anual de retornos entre os decis superiores e inferiores do índice PL.

FIGURA 15.9 | **Retornos sobre investimento em crescimento e curva de rendimento**

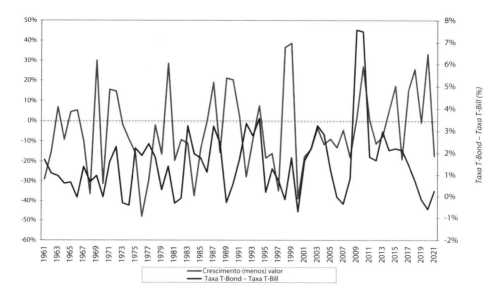

Fonte: Dados brutos de Kenneth French, Federal Reserve

Mais uma vez, embora a relação seja fraca, há evidências de que as ações de alta razão PL apresentam melhor desempenho durante os períodos em que a curva de rendimento tem mais inclinação para cima (o que costuma ser um precursor para um forte crescimento econômico em períodos futuros) do que quando é plana ou mais inclinada para baixo.

No entanto, a evidência mais interessante sobre investimento em crescimento está na porcentagem de responsáveis pela gestão ativa dos recursos que superaram seus respectivos índices. Quando medidos em relação aos respectivos índices, os investidores ativos em crescimento parecem superar os índices de crescimento com mais frequência do que os investidores ativos em valor superam os índices de valor. Em seu artigo de 1995 sobre fundos mútuos, Burton Malkiel forneceu novas evidências sobre esse fenômeno.[5] Ele observou que, entre 1981 e 1995, a média dos fundos de valor com gestão ativa superou a dos fundos de crescimento com gestão ativa em apenas 16 pontos-base por ano, enquanto o índice de valor superou o índice de crescimento em 47 pontos-base por ano. Ele atribui a diferença de 31 pontos-base ao maior valor agregado dos gestores de crescimento ativo, em relação aos gestores de valor.

Estratégias para trading de crescimento

No Capítulo 14, abordo as estratégias de momentum de preço, pelas quais os investidores compram as ações que mais subiram em períodos recentes na expectativa de que o momentum se prolongue em períodos futuros. É possível traçar estratégias semelhantes com base no momentum dos lucros (a taxa de mudança no crescimento dos ganhos, em vez da taxa de crescimento em si) trocando as ações que apresentem um momentum de altos lucros e acompanhando a alta no preço das ações por essa tendência. Assim, uma empresa que reporta um aumento na taxa de crescimento de 10% para 15% teria uma avaliação mais favorável do que uma cuja taxa segue estagnada em 20%. Enquanto algumas dessas estratégias se baseiam apenas nas taxas de crescimento dos lucros, a maioria se baseia em como os lucros são medidos de acordo com as expectativas dos analistas. Na prática, uma estratégia baseada em momentum seria comprar ações cujas previsões de lucros, segundo as revisões dos analistas, têm previsão de aumentar, na esperança de que os preços das ações as acompanhem.

AS EVIDÊNCIAS

Vários estudos nos Estados Unidos chegam à conclusão de que é possível utilizar as revisões das projeções feitas por analistas para obter retornos excedentes. Em um dos primeiros, Dan Givoly e Josef Lakonishok criaram carteiras de 49 ações em três setores, com base em revisões de lucros, e relataram obter retorno excedente de 4,7% nas ações com revisões mais positivas nos quatro meses seguintes.[6] Eugene Hawkins, Stanley Chamberlin e Wayne Daniel relataram que uma carteira de ações com as vinte maiores revisões para cima nos lucros na base de dados I/B/E/S (Institutional Brokers' Estimate System) teria obtido um retorno anualizado de 14%, contra um retorno do índice de apenas 7%.[7]

Em outro estudo, Rick Cooper, Theodore Day e Craig Lewis indicaram que grande parte do retorno excedente se concentra nas semanas próximas à revisão da projeção (1,27% na semana anterior e 1,12% na semana seguinte) e que os analistas, que categorizam como "líderes" (com base na oportunidade, impacto e precisão), têm um impacto muito maior tanto no volume de negociação quanto nos preços.[8] Em 2001, John Capstaff, Krishna Paudyal e William Rees expandiram a pesquisa para analisar previsões de lucros em outros países e concluíram que teria sido possível obter retornos excedentes de 4,7% no Reino Unido, 2% na França e 3,3% na Alemanha ao comprar ações com as revisões mais positivas.[9]

Investimentos na juventude | 421

À medida que os pesquisadores trabalham com os dados de revisão de lucros, alguns fatos interessantes vêm à tona:

- As revisões de previsão que mais divergem do consenso (ou seja, as mais ousadas) têm maior impacto no preço e também maior probabilidade de serem precisas do que as revisões de previsão que permanecem próximas à maioria. No entanto, as previsões ousadas são incomuns, uma vez que grande parte dos analistas tende a seguir o fluxo, revisando os ganhos na mesma direção e mais ou menos na mesma magnitude que os outros que acompanham determinada ação.[10]
- A oportunidade é importante, pois os analistas que revisam suas estimativas de lucros com mais antecedência têm um impacto muito maior nos preços do que aqueles cujas revisões ocorrem mais tarde no ciclo.
- As revisões de lucros realizadas por analistas que trabalham em bancos/corretoras maiores têm maior impacto nos preços, talvez porque tenham maior alcance e exposição, do que aquelas feitas por analistas que trabalham em entidades menores.

Em resumo, há evidências de que as empresas para as quais os analistas estão revisando os lucros para cima podem aproveitar o momentum para gerar retornos mais altos, embora permaneça a questão de quanto desses retornos vão continuar após custos de transação e fricção no trading.

POSSÍVEIS ARMADILHAS

A limitação de uma estratégia de revisão de lucros é sua dependência de dois dos elos mais fracos dentro dos mercados financeiros: os relatórios de divulgação de lucros provenientes das empresas e as previsões dos analistas sobre esses lucros. Nos últimos anos, me tornei mais consciente a respeito da capacidade das empresas não só de manejar seus lucros como também de manipular os números com estratagemas contábeis questionáveis. Ao mesmo tempo, descobri que as previsões dos analistas são tendenciosas, em parte devido à proximidade com as empresas que acompanham.

Mesmo considerando a persistência dos retornos excedentes, é preciso primeiro pensar nos motivos para isso. Por terem influência nas negociações de seus clientes, é provável que os analistas afetem os preços ao revisar os lucros. Quanto mais influentes, maior efeito causarão nos preços, mas a questão é se o efeito será duradouro. Uma maneira de obter retornos mais altos é identificar analistas-chave e traçar uma estratégia de investimento em torno de suas revisões de previsão, em vez de analisar o consenso entre as estimativas de todos os analistas. Levar em consideração apenas os analistas mais influentes para fazer trading em revisões mais ousadas e mais oportunas traz maiores chances de sucesso.

Por fim, é preciso reconhecer que a revisão dos lucros é uma estratégia de curto prazo que produz pequenos retornos excedentes ao longo de horizontes de investimento que variam de algumas semanas a alguns meses. O crescente ceticismo dos mercados em relação tanto aos relatórios de lucros das empresas quanto às previsões dos analistas é um mau presságio para essas estratégias. Embora seja pouco provável que as revisões das previsões e as surpresas nos lucros por si só produzam carteiras lucrativas, podem complementar outras estratégias de análise de mais longo prazo. Para obter retornos mais elevados, é preciso identificar analistas-chave independentes e influentes e construir uma estratégia de investimento em torno das revisões das previsões deles, em vez de buscar o consenso entre as estimativas de todos os analistas.

Investimento GARP (Growth at a Reasonable Price)

Muitos investidores em crescimento teriam calafrios com a estratégia de comprar ações com alto preço/lucro, sob o argumento de que sua missão é comprar ações de alto crescimento em que o crescimento está subestimado. Para encontrar essas ações, foram desenvolvidas várias estratégias que levam em conta o crescimento esperado e o preço atual das ações. Abordo duas delas nesta seção: a compra de ações com uma razão PL menor que a taxa de crescimento esperada e a compra de ações com uma baixa razão PL para o crescimento (chamada de "razão PEG").

PL MENOR QUE A TAXA DE CRESCIMENTO

A estratégia GARP mais simples é comprar ações negociadas com um índice de PL inferior à taxa de crescimento esperada. Assim, uma ação com um PL de 12 e uma taxa de crescimento esperada de 8% seria encarada como sobrevalorizada, enquanto uma ação com um PL de 40 e uma taxa de crescimento esperada de 50%, como subvalorizada. Embora essa estratégia nitidamente tenha o benefício da simplicidade, pode ser perigosa por vários motivos.

- **Efeito da taxa de juros:** como o crescimento gera lucros futuros, o valor criado por qualquer taxa de crescimento será maior quando as taxas de juros estiverem baixas (o que aumenta os valores atuais). Portanto, não surpreende que gestores de portfólio que utilizam essa estratégia não apenas encontrem ações muito mais subprecificadas quando as taxas de juros estão altas como também considerem baratas muitas ações em diferentes mercados emergentes (nos quais as taxas de juros tendem a ser altas). O efeito das taxas de juros na relação entre PL e crescimento pode ser mais bem demonstrado ao se observar a porcentagem de empresas negociadas abaixo da sua taxa de crescimento esperada em função da taxa de títulos do Tesouro. Em 1981, quando as taxas de títulos T-bond atingiram 12%, mais de 65% das empresas eram negociadas a taxas PL abaixo da taxa de crescimento esperada. Em 1991, quando as taxas dos títulos caíram para cerca de 8%, a porcentagem de ações negociadas abaixo da taxa de crescimento esperada também caiu, para cerca de 45%. No fim dos anos 1990, momento em que a taxa de títulos do Tesouro caía para 5%, a porcentagem de ações negociadas abaixo da taxa de crescimento esperada caiu para cerca de 25% e, em 2021, quando a taxa de títulos do Tesouro era menor que 2%, a porcentagem de ações com taxas PL abaixo do crescimento esperado caiu para 10%.

- **Estimativas da taxa de crescimento:** quando essa estratégia é usada para diversos tipos de ação, não há escolha senão utilizar as estimativas de analistas sobre o crescimento esperado, buscando valores de consenso entre essas muitas estimativas. Para essa estratégia, é preciso ponderar sobre as diferenças na qualidade das estimativas de crescimento entre os diferentes analistas e sobre sua comparabilidade (calendário e horizonte temporal).

ÍNDICES PEG (RELAÇÃO PL PARA O CRESCIMENTO)

Uma abordagem alternativa que parece oferecer mais flexibilidade do que apenas comparar a razão PL com as taxas de crescimento esperadas é observar a razão entre PL e o crescimento esperado. Essa métrica é chamada de "PEG Ratio" e é muito utilizada por analistas e gestores de portfólio que acompanham empresas em crescimento.

$$\text{Razão PEG} = \frac{\text{Razão PL}}{\text{Taxa de crescimento esperada}}$$

Por exemplo, estima-se que uma empresa com uma razão PL de 40 e uma taxa de crescimento de 50% tenha uma razão PEG de 0,80. Há quem argumente que apenas ações com índices PEG inferiores a 1 são desejáveis, mas essa estratégia equivale a comparar o índice PL à taxa de crescimento esperada.

Para ser consistente, é necessário que a taxa de crescimento do lucro por ação seja utilizada na estimativa. Dadas as muitas definições da razão PL, qual deve ser utilizada para estimar o índice PEG? A resposta depende da base na qual a taxa de crescimento esperada é calculada. Se a taxa de crescimento esperada dos lucros por ação for baseada nos lucros do ano mais recente (lucros correntes), deve-se usar a taxa atual de PL. Se for baseada nos lucros anteriores, deve-se usar a relação PL do período anterior. A relação preço/lucro projetada (forward PL) em geral não deve ser usada nesse cálculo, pois pode causar uma contagem dupla de crescimento.[11] Seguindo na questão da uniformidade, o índice PEG deve ser estimado a partir das mesmas estimativas de crescimento para todas as empresas da amostragem. Por exemplo, não devemos usar taxas de crescimento de cinco anos para algumas empresas e, para outras, de um ano. Um modo de garantir a uniformidade é usar a mesma fonte para estimativas de crescimento de ganhos para todas as empresas do grupo analisado. Por exemplo, empresas de pesquisa como a I/B/E/S e a Zacks fornecem estimativas de consenso entre analistas para crescimento de lucros por ação nos próximos cinco anos, para a maioria das empresas dos Estados Unidos. No entanto, muitos analistas que utilizam índices PEG preferem computar as taxas de crescimento de lucros no curto prazo.

Como os analistas utilizam os índices PEG? Uma ação com baixa relação PEG é considerada barata porque paga menos pelo crescimento. A relação PEG é encarada como uma medida neutra em relação ao crescimento e pode ser utilizada para comparar ações com diferentes taxas de crescimento esperadas. Em um estudo concluído em 1998, Morgan Stanley concluiu que uma estratégia de comprar ações com baixas razões PEG trouxe retornos significativamente maiores do que um investimento no índice S&P 500. Morgan chegou a essa conclusão após analisar as mil maiores ações dos Estados Unidos e do Canadá a cada ano, de janeiro de 1986 a março de 1998, categorizadas em decis com base na sua razão PEG. Com isso, descobriu que as cem ações com a menor razão PEG obtiveram um retorno anual de 18,7% durante o período, muito maior que o retorno do mercado de cerca de 16,8% no mesmo período. Embora nenhuma menção tenha sido feita ao ajuste do risco, argumentou-se que a diferença era maior do que poderia ser justificada por esse ajuste.

Atualizei o estudo para examinar qual seria o desempenho dessa estratégia entre 1991 e 2021. Para isso, criei cinco carteiras no fim de cada ano com base na razão PEG e examinei os retornos no ano seguinte. A Figura 15.10 resume os retornos anuais médios sobre a razão PEG nos períodos de 1991–1996, 1997–2001, 2002–2011 e 2012–2021:

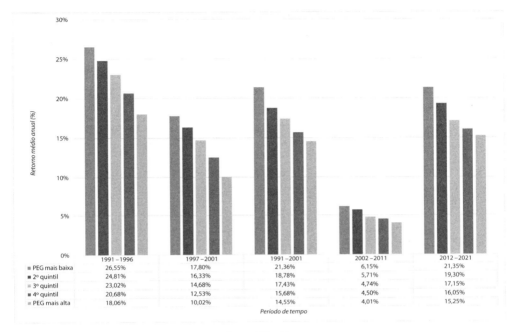

FIGURA 15.10 | Retornos por categoria de razão PEG – ações dos Estados Unidos

Fonte: Value Line

Uma estratégia de investimento em ações com baixa razão PEG geraria, antes do ajuste ao risco, um retorno médio por volta de 2 a 3% superior aos retornos médios de uma carteira com razão PEG elevada durante todos os períodos estudados.

Embora o retorno excedente pareça atraente em um primeiro momento, a estratégia da razão PEG apresenta um problema, talvez até fatal, que é a incapacidade de ajuste ao risco. Uma avaliação simples dos drivers da razão PEG mostrará que as de maior risco devem ser negociadas a razões PEG mais baixas do que as ações de menor risco. Para simplificar: os retornos mais elevados obtidos pelas ações com PEG baixa podem ser causados inteiramente pelo risco mais elevado, fazendo com que sejam retornos justos, e não excedentes.

Determinantes do sucesso na seleção de crescimento

A evidência empírica global sobre a eficácia dos critérios de seleção é muito menos favorável para os filtros de crescimento do que para os de valor. Embora existam ciclos durante os quais os critérios de filtragem de crescimento, como razão PEG baixa e relação PL elevada, geram retornos excedentes, são todos superados durante períodos mais longos por filtros de valor, como razões PEG baixas ou relações preço/valor contábil baixos. Da nossa perspectiva, existem três determinantes principais para o sucesso dessa estratégia:

- **Melhores estimativas de crescimento:** como nessas empresas o crescimento é a dimensão-chave do valor, melhores estimativas de crescimento esperado devem melhorar as chances de sucesso. Para um investidor em crescimento acompanhando um pequeno conjunto de empresas, é possível tentar estimar o crescimento por conta própria. Se tiver mais precisão que o mercado geral para estimar o crescimento, você vai conseguir sua recompensa. Se essa não for uma opção viável, por não possuir os recursos para estimar as taxas de crescimento esperadas para as centenas de empresas que acompanha, compare as diferentes fontes desse input e confira qual tem o melhor histórico.
- **Horizonte de longo prazo:** embora um horizonte de longo prazo melhore suas probabilidades de sucesso como investidor em qualquer empresa, é ainda mais importante para investir em empresas mais jovens e de crescimento. Isso porque, como saliento no Capítulo 14, uma proporção muito maior das negociações em ações de alto crescimento vem de traders, jogando com o humor e o momentum do mercado, com uma proporção menor de investidores — e esses traders podem escolher uma ação que está subvalorizada, ou sobrevalorizada, e acentuar essa distorção no curto prazo.
- **Habilidades de previsão macro:** há longos ciclos em que as filtragens de crescimento funcionam excepcionalmente bem, e outros em que essas filtragens são contraproducentes. Caso consiga temporizar esses ciclos com base nos lucros ou no crescimento econômico global, seus retornos podem ficar substancialmente maiores. Como muitos desses ciclos estão relacionados ao desempenho do mercado em geral, essa temporização se resume à sua capacidade de encontrar o momento certo dentro do mercado.

Como destacado, investimentos bem-sucedidos em empresas em crescimento exigem muito, e não deveria surpreender que, pelo menos no curto prazo, os grandes vencedores no investimento em ações de crescimento sejam os traders que trabalham com o momentum e suas variações.

Conclusão

Investimentos bem-sucedidos em empresas de alto crescimento requerem um conjunto de competências e constituição mental muito diferente do que os investimentos em empresas maduras. Primeiro que, nas empresas em crescimento, é preciso estar disposto a enfrentar a incerteza e fazer as melhores estimativas para o futuro, tendo muita consciência de que estaremos errados (por vezes bastante errados) quando observado em retrospecto. Além disso, supondo que sua avaliação geral de uma empresa em crescimento esteja correta, você deve ser paciente e ter estômago forte, pois o preço pode passar longos períodos distante do valor estimado. E, por último, o investimento em empresas em crescimento leva a muito mais exposição às condições macroeconômicas globais, e os retornos podem ser ampliados com as competências necessárias para prever as tendências de mercado para as taxas de juro e o crescimento econômico.

Se estiver disposto a atender à demanda de todos esses requisitos para investir nas empresas em crescimento, parece haver uma recompensa no investimento ativo. A evidência é mais forte para o investimento nas fases iniciais do ciclo de vida, nas quais os capitalistas de risco geram retornos elevados, pelo menos em média, e os mais bem-sucedidos do grupo conseguem isso com consistência. Para os investidores do mercado de ações, o investimento em empresas em crescimento tem menos força, pelo menos no agregado, mas, mesmo nesse grupo, há alguma evidência de que a gestão ativa proporciona mais benefícios nessas empresas do que nas maduras.

16

Investimentos na meia-idade

QUANDO PEDEM AOS INVESTIDORES que descrevam suas filosofias de investimento, muitos caracterizam a si mesmos como investidores em valor — mas o que é investimento em valor? Neste capítulo, começo abordando essa questão, argumentando que os investidores em valor assumem muitas formas. Alguns utilizam critérios específicos para selecionar o que classificam como ações baratas e investir nelas no longo prazo. Outros acreditam que as pechinchas são mais fáceis de encontrar após uma liquidação no mercado, e que o melhor momento de compra é quando a ação está em baixa. Há ainda aqueles que afirmam que a chave para o sucesso do investimento é encontrar empresas em bons setores, administradas por uma gestão competente, e comprá-las e mantê-las a longo prazo. A única coisa que todos esses investidores parecem ter em comum é que tendem a encontrar suas oportunidades sobretudo entre as empresas maduras, e avaliar os sucessos e fracassos do investimento em valor é, por consequência, avaliar o investimento em empresas maduras.

Investimento em valor: variantes

No Capítulo 14, apresento minha definição de investimento em valor, usando o balanço patrimonial como veículo para diferenciá-lo do investimento em crescimento. Especificamente, argumentei que os investidores em valor acreditam que sua melhor chance de encontrar erros de mercado está na forma como os mercados avaliam os ativos em operação, não os ativos de crescimento, e que por isso devem se manter atentos aos investimentos existentes. Sozinha, essa definição explica o motivo de o investimento em valor estar tão voltado para empresas maduras em suas buscas por oportunidades. Dito isso, existem três variantes no investimento em valor que acompanhei na prática, cada uma com uma perspectiva diferente sobre quais tipos de empresas maduras o mercado está precificando errado.

1. **"Screeners":** os investidores nesse campo acreditam que as empresas maduras, sobretudo aquelas com lucros estáveis e fluxos de caixa sólidos, são muitas vezes subvalorizadas por serem enfadonhas e previsíveis. Na variação mais simplista dessa abordagem, eles selecionam e filtram (screen) as ações mais baratas do mercado, usando múltiplos de preços como PL ou preço/valor contábil, e investem em ações que são negociadas com baixos índices em ambos. Nas extensões dessa abordagem, os investidores não só fazem a varredura do mercado em busca de empresas que negociam a baixos múltiplos de precificação, mas também agregam filtros de baixo risco e elevada rentabilidade para encontrar as ações que consideram pechinchas. À medida que os dados sobre as empresas se tornaram mais robustos e acessíveis, os filtros utilizados pelos investidores passivos em valor acompanharam o crescimento para incluir alguns desses dados.

2. **Contrarians:** os investidores em valor que chamamos de contrarians começam com a suposição de que as empresas maduras, na sua maioria, tiveram uma avaliação razoável pelo mercado, mas que seu valor é mal avaliado na sequência de grandes anúncios de informação (relatórios de lucros, mudanças na gestão etc.), e os mercados reagem com exagero a essas notícias. Assim, as empresas maduras ficam mais baratas (ou caras) após anúncios de más (ou boas) notícias, o que as torna compras (ou vendas) atraentes para os investidores contrarians.

3. **Comprar e manter:** os adeptos dessa terceira vertente do investimento em valor, conhecidos como "buy-and-holders", acreditam que as empresas com bons negócios, administradas por gestores de nível superior, terão um desempenho superior ao do mercado no longo prazo. Nessa estratégia, a chave para o sucesso passa então a ser encontrar as ações dessas grandes empresas, para então comprá-las e mantê-las a longo prazo.

Essas abordagens não são mutuamente exclusivas, e alguns investidores usam versões mescladas. Ben Graham, que se enquadra na primeira categoria, desenvolveu uma longa lista de critérios de seleção para encontrar suas pechinchas, enquanto as cartas anuais de Warren Buffett aos acionistas postulam que o bom investimento em valor começa pela análise de oportunidades baratas, mas deve ser baseado em outros critérios, como boa gestão e bons fossos econômicos ou vantagens competitivas. Para melhor ou pior, a maneira como o investimento em valor foi praticado nas últimas décadas o deixou bastante vinculado ao investimento em empresas maduras, e é por esse motivo que, neste capítulo, a análise das vantagens e desvantagens do investimento em valor será uma análise do investimento em empresas maduras.

A defesa do investimento em valor

Embora não seja incomum que todos os tipos de investidores sintam a confiança de que sua abordagem é a melhor, nossa experiência mostra que os investidores em valor expressam não apenas confiança, mas uma crença quase inquestionável de que sua abordagem será a vencedora final. Para entender de onde vem essa confiança, vale a pena traçar a história do investimento em valor ao longo do século passado, na qual dois ramos, um fundamentado em histórias e práticas, e o outro em números e na pesquisa acadêmica, se combinaram em uma força à qual nenhuma outra filosofia pode se comparar.

O ramo da história

Quando os mercados de ações estavam nos primeiros anos, os investidores enfrentavam dois problemas. O primeiro era que quase não havia requisitos de divulgação de informações, e os investidores precisavam trabalhar com qualquer informação disponível sobre as empresas, fossem rumores ou narrativas. O segundo foi que os investidores, mais habituados a precificar títulos do que ações, recorreram a métodos de precificação de títulos para avaliar as ações, dando origem à prática de pagar dividendos (como substitutos dos cupons). Isso não significa que não houvesse investidores à frente do jogo, e as primeiras histórias sobre investimento em valor surgiram dos escombros da Grande Depressão, em meio à qual alguns investidores, como Bernard Baruch, encontraram uma forma de preservar e até aumentar sua riqueza. No entanto, foi Ben Graham, um jovem associado de Baruch, quem lançou as bases para o investimento em valor moderno, formalizando sua abordagem à compra de ações e ao investimento no livro de 1934 *Análise de investimentos*, que refletia sua definição de investimento como algo "cuja análise minuciosa promete a segurança do valor principal e um retorno adequado".[1] Em 1938, John Burr Williams escreveu *The Theory of Investment Value* [A teoria do valor de investimento, em tradução livre], introduzindo a noção de valor presente e avaliação de fluxo de caixa descontado.[2] No livro subsequente de Graham, *O Investidor Inteligente*, ele elaborou sua filosofia mais aprofundada para o investimento em valor, bem como uma lista de critérios de seleção (screens), construídos em torno de valores observáveis, para encontrar ações subvalorizadas.[3]

Embora Graham tenha sido um investidor de sucesso, colocando em prática muitas de suas teorias, sua maior contribuição para o investimento em valor veio como professor na Universidade Columbia. Muitos de seus alunos adquiriram status lendário, mas um deles, Warren Buffett, se tornou a personalização do significado de investimento em valor. Buffett iniciou uma sociedade de investimento, que notoriamente dissolveu em 1969 sob o argumento de que, dada a escolha entre distorcer sua filosofia para encontrar investimentos e não investir, preferia o último. Esse trecho de sua carta final aos parceiros, em maio de 1969,[4] mais do que qualquer outro, cimentou sua posição no investimento em valor: "Eu simplesmente não vejo nada disponível que dê qualquer esperança razoável de entregar um ano tão bom, e não desejo procurar por aí, na esperança de 'ter sorte' com o dinheiro de outras pessoas." Ele deu a seus parceiros a chance de receber ações de uma fabricante de têxteis que passava por dificuldades, a Berkshire Hathaway, e o resto, como dizem, é história, já que a Berkshire Hathaway se transformou em uma companhia de seguros, com um fundo mútuo fechado, administrada por Buffett, que investe em empresas de capital aberto e algumas de capital fechado. Embora Buffett tenha sido generoso em seus elogios a Graham, sua abordagem para o investimento em valor tem sido diferente, pois ele se mostra mais disposto a considerar fatores qualitativos (qualidade da gestão, vantagens competitivas) e de ser mais ativo (influenciando na administração das empresas nas quais investe) do que Graham. Se você tivesse investido na Berkshire Hathaway em 1965 ou pouco depois e mantivesse a posição até hoje, seria incrivelmente rico, como podemos ver na Figura 16.1:

Investimentos na meia-idade | 433

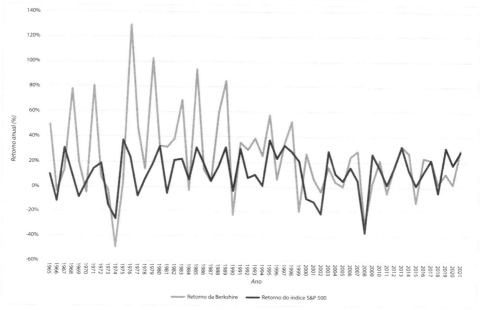

FIGURA 16.1 | O histórico da Berkshire Hathaway

Fonte: Relatório Anual da Berkshire Hathaway para 2019 (com uma atualização de 2022)

Os números falam por si e não são necessárias medidas de significância estatística para concluir que, além de serem extraordinariamente bons, não podem ser explicados pela sorte ou o acaso. A Berkshire Hathaway não só apresentou um retorno anual composto que foi o dobro do S&P 500, como o fez com consistência, superando o índice em 38 dos 57 anos. (É verdade que os retornos parecem ter ficado muito mais comuns nas últimas duas décadas, e volto a examinar esses anos mais adiante neste capítulo.) Ao longo do caminho, Buffett provou ser um extraordinário porta-voz do investimento em valor, não apenas pelos retornos incríveis entregues, mas também pela capacidade de explicar o investimento em valor em cartas simples e cativantes aos acionistas todos os anos.[5]

Em 1978, juntou-se a ele Charlie Munger, cujos aforismos sobre investimentos também se tornaram igualmente eficazes em atrair a atenção dos investidores e foram bem capturados em um livro chamado *Poor Charlie's Almanack* [O almanaque do pobre Charlie, em tradução livre].[6] Outros vestiram a camisa do investimento em valor com muito sucesso, e não pretendo ignorá-los, mas é difícil exagerar o quanto o investimento em valor, tal como o conhecemos, foi construído em torno dos ensinamentos de Graham e Buffett. A lenda de Buffett se criou não apenas a partir de momentos

434 | O ciclo de vida corporativo

como a carta aos sócios de 1969, mas também pelas histórias das empresas que ele escolheu ao longo do caminho. Mesmo investidores de valor novatos já ouviram sobre o investimento de Buffett na American Express em 1963, depois que o preço das ações da empresa despencou devido a um empréstimo desastroso a uma escandalosa empresa de óleo de saladas, um investimento que duplicou bem depressa.

O ramo dos números

É preciso dizer que o investimento em valor não se limita às histórias dos grandes investidores em valor e suas façanhas. A filosofia não teria o mesmo impacto sem a ajuda de uma vertente numérica — trazida, ironicamente, pelos acadêmicos, tão desconsiderados pelos investidores. Para compreender essa contribuição, precisamos recuar à década de 1960, quando o campo das finanças como o conhecemos se desenvolveu como uma disciplina, construída em torno de fortes crenças de que os mercados são, quase sempre, eficientes. Na verdade, o modelo de precificação de ativos de capital desprezado pelos investidores em valor também foi desenvolvido em 1964, e, durante grande parte dos quinze anos seguintes, os pesquisadores em finanças trabalharam arduamente na tentativa de testá-lo. Para a decepção deles, o modelo não só apresentava fraquezas perceptíveis, como também subestimava consistentemente os retornos de determinadas classes de ações. Em 1981, Rolf Banz publicou um artigo evidenciando que as empresas menores (em termos de capitalização de mercado) proporcionavam retornos muito mais elevados, após ajuste ao risco com o Modelo de Precificação de Ativos de Capital (CAPM), do que as maiores.[7] Durante o restante da década de 1980, os pesquisadores continuaram descobrindo outras características das empresas que pareciam estar sistematicamente relacionadas aos retornos "excedentes", embora a teoria sugerisse o contrário. É interessante que, no início, essas irregularidades sistemáticas fossem chamadas de "anomalias", e não de "ineficiências", sugerindo que não eram os mercados que estavam errando na precificação das ações, mas sim os pesquisadores que estavam mensurando o risco de forma equivocada.

Em 1992, Eugene Fama e Kenneth French reuniram todas essas características empresariais em um estudo no qual inverteram a ordem de pesquisa: em vez de perguntar se betas, tamanho da empresa ou lucratividade estavam afetando retornos, começaram com os retornos das ações e procuraram as características mais fortes capazes de explicar as diferenças nos retornos entre as empresas.[8] A conclusão foi de que duas variáveis, capitalização de mercado (tamanho) e o índice book-to-market (razão entre valor contábil e preço de mercado), explicaram a maior parte da variação nos retornos das ações de 1963 a 1990, e que as outras variáveis ou foram anuladas por elas, ou desempenharam apenas um papel marginal na explicação das diferenças. Para os investidores em valor, há muito adeptos do valor contábil como métrica-chave, essa pesquisa foi a confirmação de décadas de trabalho. De fato, a relação entre retornos ao longo do tempo e as razões book-to-market ainda tem um lugar de destaque em qualquer discurso de vendas para investimento em valor. Kenneth French atualizou os dados a respeito dos "fatores Fama-French" e os tornou acessíveis, o que possibilitou a atualização da conexão entre retornos e a razão patrimônio líquido/valor contábil até 2021, exemplificada na Figura 16.2:

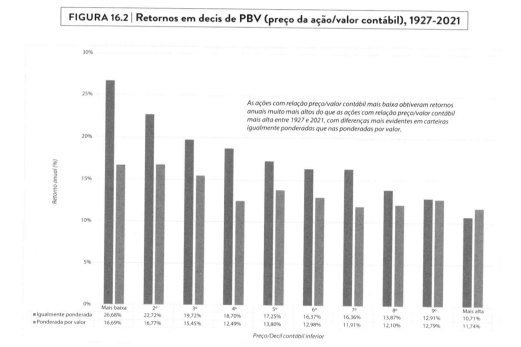

FIGURA 16.2 | Retornos em decis de PBV (preço da ação/valor contábil), 1927-2021

Fonte: Kenneth French

Esse estudo não apenas foi replicado múltiplas vezes com ações dos Estados Unidos, como também há evidências de que ações com baixa razão preço/valor contábil geram prêmio em retornos em grande parte do resto do mundo. Na atualização anual sobre os retornos do mercado, Elroy Dimson, Paul Marsh e Mike Staunton observam que o prêmio de valor (o prêmio ganho por ações com baixa razão PBV em relação ao mercado) tem sido positivo em 16 dos 24 países onde eles estudaram os retornos por mais de um século, chegando a um retorno excedente anual de 1,8% em uma base global.[9]

Embora os investidores em valor sejam rápidos em usar os estudos acadêmicos como base para justificar seu tipo de investimento, são menos ávidos em reconhecer o fato de que entre os pesquisadores há uma divisão nítida sobre aquilo que consideram ser a razão para estes prêmios de valor:

1. **Operam como substitutos para o risco não contemplado:** Fama e French, em seu artigo de 1992, argumentaram que as empresas que negociam com baixas razões PBV têm maior probabilidade de entrar em dificuldades e que os modelos de risco e retorno não estavam capturando bem esse risco. Segundo eles, em vez de servir como um selo de aprovação para o investimento em valor, esses estudos indicam riscos que podem não aparecer nos retornos de curto prazo ou nos modelos tradicionais de risco e retorno, mas que em algum momento vão aparecer e explicar os retornos excedentes. Para simplificar: no seu ambiente, os investidores em valor parecem superar o mercado, até que os riscos não percebidos aparecem e reduzem o valor das suas carteiras.

2. **São indícios da ineficiência do mercado:** durante a década de 1980, à medida que as finanças comportamentais popularizaram, os acadêmicos também se tornaram mais dispostos a aceitar e até acolher favoravelmente a ideia de que os mercados cometem erros sistemáticos e que os investidores menos suscetíveis a essas peculiaridades comportamentais podem tirar partido desses erros. Para esses pesquisadores, os indícios de que as ações com baixa razão preço/valor contábil eram precificadas para gerar retornos mais elevados deu origem a teorias sobre como a irracionalidade dos investidores poderia explicar esses retornos mais elevados.

Esse último grupo reforça a opinião dos investidores em valor de que eles são melhores que o restante do mercado e que os retornos excedentes são uma recompensa por sua paciência e pesquisa cuidadosa — ou seja, por serem os adultos em um mundo cheio de traders juvenis e impulsivos.

Nos capítulos sobre avaliação de empresas, explico que o valor é uma ponte entre histórias e números e que as melhores e mais valiosas empresas representam uma mistura incomum de histórias poderosas apoiadas por números fortes. No campo das filosofias de investimento, o investimento em valor tinha essa combinação única a seu favor, com histórias de investidores em valor e suas estratégias vencedoras sustentadas por números que evidenciam o desempenho do investimento em valor, em relação a outras filosofias. Portanto, não surpreende que muitos investidores, ao mencionar suas filosofias de investimento, se descrevam como "investidores em valor", não apenas por causa do histórico vencedor da filosofia como também por causa de seu estofo intelectual e acadêmico.

A reação contra o investimento em valor

Para alguns investidores em valor, toda a prova de que necessitam para demonstrar que esse tipo de investimento se destaca dos outros é o gráfico que mostra que ações com PBV mais baixo superaram as de PBV mais elevado em 5% ao ano, desde 1926, nos Estados Unidos — mas essa linda história tem fissuras que demandam uma análise mais profunda.

O prêmio de valor volátil

Na Figura 16.3, aponto os movimentos anuais no prêmio de valor, ou seja, a diferença entre os retornos anuais nos decis mais baixos e mais altos entre as razões PBV:

FIGURA 16.3 | Retornos anuais sobre valor (decil mais baixo do PBV) e crescimento (decil mais alto do PBV), 1927-2021

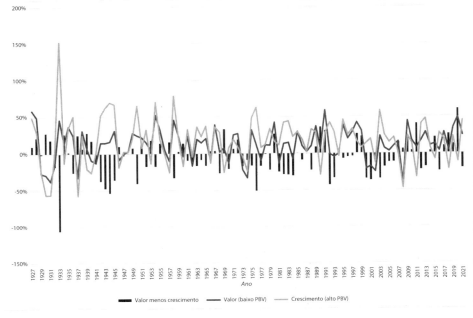

Fonte: Kenneth French

Embora seja verdade que, entre 1926 e 2021, as ações com PBV mais baixo geraram, em média, retornos anuais mais elevados do que as de PBV mais altos, observe que há uma variação significativa ao longo do tempo e que as ações com PBV mais alto garantiram retornos mais elevados em 45 dos 95 anos estudados. Na verdade, um dos argumentos defendidos pelos investidores em crescimento durante seus dias de glória foi de que ainda era possível ter sucesso como investidor em crescimento usando a capacidade de identificar o timing do ciclo valor/crescimento.

Em resumo, o fato de as ações de valor, pelo menos a partir da razão preço/valor contábil como proxy, terem proporcionado retornos mais elevados do que as ações de crescimento (usando esse mesmo proxy) esconde a realidade de que houve períodos de tempo, mesmo no século XX, em que estas últimas tiveram desempenho superior. Não só as ações de crescimento superaram as ações de valor quase metade das vezes, como isso aconteceu em longos períodos de anos consecutivos.

Recompensa pelo investimento ativo em valor

Investir em ações de baixo índice PL ou PBV não seria considerado um verdadeiro investimento em valor pela maioria dos adeptos ao movimento. De fato, a maioria diria que, embora seja possível começar com essas ações, a recompensa real para o investimento em valor vem de análises adicionais, que trazem outras filtragens quantitativas (acompanhando Ben Graham) e/ou qualitativas (como o foco de Buffett na boa gestão e nos fossos econômicos). Para enquadrar isso como investimento ativo em valor, o verdadeiro teste será conferir se utilizar os preceitos e as práticas dessa filosofia de investimentos e selecionar ações gera retornos que excedem os retornos em um fundo de índice de valor, criado pelo investimento em um fundo de índice baseado em ações de baixo índice PBV ou baixa razão PL. Definido assim, as evidências de que o investimento em valor funciona sempre foram mais fracas do que uma análise apenas das principais métricas financeiras, embora a força das evidências varie a depender do ramo do investimento em valor examinado.

OS SCREENERS

Como Ben Graham abriu terreno para a triagem de ações baratas, não surpreende que algumas das pesquisas iniciais analisem se os filtros dele funcionaram em relação a entregar retornos. Henry Oppenheimer examinou os retornos das ações, escolhidas com base nos critérios de seleção (screens) de Graham, entre 1970 e 1983, e descobriu que entregaram retornos médios anuais de 29,4% ao ano, frente aos 11,5% do índice. Outros estudos permitiram que se chegasse à mesma conclusão, por meio de uma análise dessa seleção durante o período, mas todos sofrem de dois problemas fundamentais:

- O primeiro é que alguns dos critérios de seleção para valor invariavelmente utilizados são os baixos índices PL e PBV. Já sabemos que essas ações garantiram retornos significativamente mais elevados do que o restante do mercado durante grande parte do século passado, e, com base nesses estudos, não fica evidente se todos os critérios de seleção adicionais (Graham oferece dez ou mais) acrescentam muito aos retornos.
- O segundo é que o teste final de uma filosofia não consiste em saber se suas estratégias funcionam no papel, e sim se os investidores que as utilizam ganharam dinheiro em carteiras reais. Há muitos erros quando o assunto é transformar a teoria em prática, e não é tarefa fácil encontrar investidores que tenham conseguido superar o mercado de forma consistente com o uso da triagem de ações por esses critérios de seleção.

Em resumo, o que deveria fazer você parar para pensar é como, na teoria, parece fácil para os acadêmicos ganhar dinheiro com investimento em valor, tendo como base as centenas de artigos que demonstram a conexão dos alfas (retornos excedentes) com seus filtros ou fatores, e, em contrapartida, como isso é difícil para os profissionais que de fato precisam entregar esses retornos.

OS CONTRARIANS

As evidências iniciais sobre o investimento contrarian são provenientes da análise de ações com prejuízos (isto é, ações que caíram na maior parte de um período anterior) e do detalhamento dos retornos que seriam obtidos caso essas ações fossem compradas. Em um dos primeiros estudos sobre o tema, que remonta de meados da década de 1980, apresentou-se o interessante gráfico ilustrado na Figura 16.4, dando suporte à tese de que ações perdedoras são investimentos vencedores.[10]

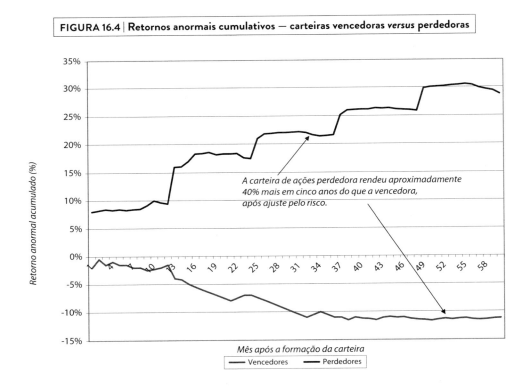

FIGURA 16.4 | Retornos anormais cumulativos — carteiras vencedoras *versus* perdedoras

As ações perdedoras, definidas como as ações que mais caíram no último ano, proporcionam quase 45% mais retornos do que as vencedoras, definidas como as que mais subiram no mesmo período. Antes de começar a comprar ações perdedoras com base nesse estudo, observe que pesquisas nos anos subsequentes apontaram duas falhas. A primeira foi que muitas ações perdedoras do estudo foram negociadas a menos de 1 dólar por ação, e, depois de considerados os custos de transação, o retorno dessas compras diminuiu significativamente. A segunda veio de um estudo diferente, em que foi defendida a compra de ações vencedoras, ilustrado na Figura 16.5:[11]

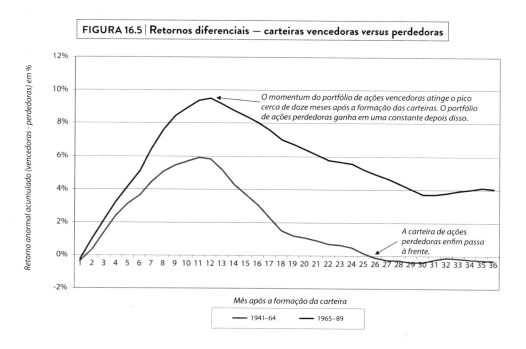

FIGURA 16.5 | Retornos diferenciais — carteiras vencedoras *versus* perdedoras

Observe que as ações vencedoras continuam vencendo, em ambos os períodos examinados, nos primeiros doze meses após a criação das carteiras, embora esses retornos excedentes desapareçam nos meses a partir daí. Para simplificar: caso invista em ações perdedoras e depois perca a coragem ou a perseverança e as venda muito cedo, sua estratégia com as perdedoras não será vantajosa.

OS INDEXADORES DE VALOR

Muitos investidores em valor ficariam pasmos diante da ideia de permitir a entrada de investidores indexados em valor no seu grupo, mas não se pode negar o fato de que os fundos migraram para fundos de índice com viés (tilted index funds), com muito desse viés refletindo fatores históricos de valor (baixo preço/valor contábil, baixa capitalização de mercado, baixa volatilidade). O discurso de vendas para esses fundos em geral é que será possível obter não apenas um retorno mais elevado, devido ao seu fator de viés, como também maior sucesso (retorno) para o risco (desvio padrão), em vez de um retorno mais elevado por si só (índices de retorno mais elevados em relação ao desvio padrão). O veredito ainda não saiu, e a minha opinião é que os fundos de índice com viés são um oximoro e deveriam ser categorizados como "fundos de valor minimalistas", pois tentam minimizar sua atividade a fim de reduzir seus custos.

As estatísticas que mais apontam para o fracasso do investimento ativo em valor vêm da observação do desempenho de gestores de fundos mútuos que afirmam ser adeptos da abordagem. Enquanto, em estudos pioneiros de fundos mútuos, eles tenham sido analisados como um todo, com a conclusão de que tiveram um desempenho abaixo do mercado, em estudos posteriores analisou-se fundos mútuos agrupados por categoria (pequeno *versus* grande valor de mercado, valor *versus* crescimento) a fim de analisar se os gestores dos fundos de qualquer um desses agrupamentos se saíram melhor do que os dos demais, em comparação aos fundos de índice para cada categoria. Nenhum desses estudos encontrou qualquer evidência de que seja mais provável que os gestores de fundos em valor tenham mais chance de superar seus colegas dos fundos de índice do que seus pares dos fundos de crescimento. É revelador que, quando precisam defender sua capacidade de agregar valor ao investimento, os investidores em valor quase nunca se refiram a essa pesquisa (em parte porque há pouco que possam apontar como evidência em seu apoio), mas recorram a Warren Buffett para justificar sua filosofia de investimento. Não há dúvida a respeito do sucesso de Buffett ao longo das décadas, mas vale a pena questionar se o uso contínuo de seu nome é mais um sinal de fraqueza do que de força.

Em meio à selvageria: O investimento em valor na última década

Diante da minha análise sobre investimento em valor ao longo do século passado, é possível que eu seja acusado de fazer recortes em um histórico geral de sucesso, mas,

Investimentos na meia-idade | 443

na última década, na minha opinião, o investimento em valor foi testado como nunca. Para uma noção do quanto esse período (2010–2019) foi excepcional, observe os retornos para ações de baixas e altas relações PBV por década na Tabela 16.1:

Tabela 16.1 • Valor *versus* crescimento: ações dos Estados Unidos por década, 1930-2019

	Menor PBV	Maior PBV	Diferença	Menor PL	Maior PL	Diferença
1930-39	6,04%	4,27%	1,77%	N/A	N/A	N/A
1940-49	22,96%	7,43%	15,53%	N/A	N/A	N/A
1950-59	25,06%	20,92%	4,14%	34,33%	19,16%	15,17%
1960-69	13,23%	9,57%	3,66%	15,27%	9,79%	5,48%
1970-79	17,05%	3,89%	13,16%	14,83%	2,28%	12,54%
1980-89	24,48%	12,94%	11,54%	18,38%	14,46%	3,92%
1990-99	20,17%	21,88%	-1,71%	21,61%	22,03%	-0,41%
2000-09	8,59%	-0,49%	9,08%	13,84%	0,61%	13,23%
2010-19	11,27%	16,67%	-5,39%	11,35%	17,09%	-5,75%

Fonte: Kenneth French

Embora o boom das pontocom de fato tenha viabilizado que as ações de crescimento superassem as de valor na década de 1990, a diferença foi pequena e acumulada nos últimos anos da referida década. No período de 2010–2019, não houve contestação na batalha entre valor e crescimento, tendo este último vencido por uma margem substancial em sete dos dez anos.

Para piorar, os investidores ativos em valor (pelo menos aqueles que gerenciam fundos mútuos) encontraram maneiras de obter um desempenho ainda pior, mesmo com o desempenho ruim desses índices. Em vez de utilizar modelos de risco e retorno ou pesquisa acadêmica para dar suporte à proposta, abrindo o debate sobre as teorias de portfólio, vou me valer de uma comparação muito mais simplista, mas talvez mais eficaz. Uma das métricas mais informativas do S&P é o SPIVA (S&P Indices *versus* Active), pelo qual os retornos dos gestores de fundos de diferentes agrupamentos são comparados a índices que refletem esse agrupamento (índice de valor para fundos de valor, índice de crescimento para fundos de crescimento etc.) e indicam a porcentagem de gestores em cada agrupamento que superou o índice correspondente. Na Figura 16.6, apresento as scores do SPIVA para 2005-2019 para gestores de valor em diferentes classes de valor de mercado (grande, média e pequena capitalização).

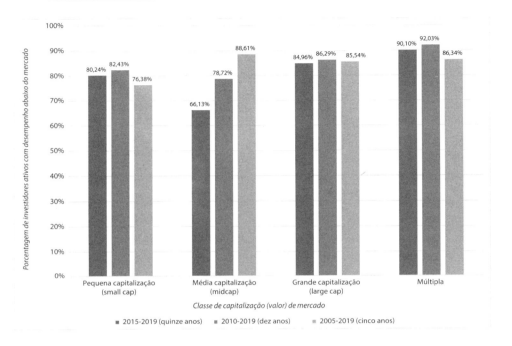

FIGURA 16.6 | Recompensa pelo investimento ativo em valor — medidas por SPIVA

Para simplificar: a maioria dos gestores de fundos de valor teve dificuldade em superar os índices de valor, líquidos de taxas. Mesmo sem taxas, a porcentagem de gestores de fundos com desempenho inferior aos seus índices segue bem acima de 50%.

Os lendários investidores em valor perderam o encanto durante a década, e até a seleção de ações de Warren Buffett trouxe retornos médios. Ele abandonou práticas de longa data, como a utilização do valor contábil como base para estimar o valor intrínseco e nunca fazer recompras, por boas e más razões. O melhor indicador de como o mercado também baixou o valor embutido no "stock picking" de Buffett está em um número que tem o selo do próprio Buffett, a razão entre preço e valor contábil da Berkshire nos últimos anos, ilustrada na Figura 16.7:

FIGURA 16.7 | **O prêmio Buffett na Berkshire Hathaway**

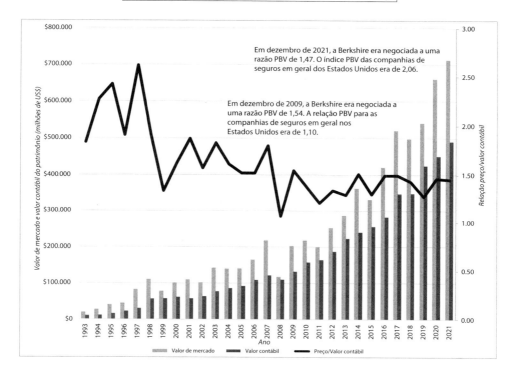

Como os ativos da Berkshire estão sobretudo em empresas de capital aberto, e esses investimentos foram avaliados a preço de mercado durante todo esse período, uma maneira de analisar parte do prêmio que os investidores estão pagando sobre o valor contábil é considerá-la como um prêmio sobre quem seleciona as ações. Dado que uma parte também pode ser explicada pela presença da empresa no negócio de seguros, comparei o PBV da Berkshire ao das companhias de seguros gerais cotadas e negociadas nos Estados Unidos. Em meados de 2010, a Berkshire era negociada a um índice PBV de 1,54, bem acima da média do setor de seguradoras dos Estados Unidos, que era de 1,10. Uma década depois, no fim de 2021, a razão PBV da Berkshire caiu para 1,47, abaixo da média de 2,06 para as companhias de seguros norte-americanas. A redução no prêmio Buffett pode parecer intrigante para aqueles que acompanham as notícias sobre ele, que, além de ainda ser tratado como uma divindade no mundo dos investimentos, também é tido como a pessoa por trás de cada decisão da Berkshire Hathaway desde o investimento na Apple, em 2017, até o mais recente IPO da Snowflake. Minha leitura é que os mercados são menos sentimentais e mais realistas na avaliação da qualidade dos investimentos de Buffett (ele hoje está mais próximo do investidor médio do que nunca) e sobre o fato de que, em sua idade avançada, é improvável que ele seja o principal responsável pela seleção das ações da Berkshire.

Explicações e justificativas

A tentativa de determinar o que aconteceu com o investimento em valor na última década não é apenas para explicar o passado, uma vez que a explicação oferecida servirá como um apontamento de se é aconselhável aderir às antigas regras do investimento em valor, modificá-las para refletir novas realidades, ou abandoná-las por completo em busca de novas abordagens. Já ouvi quatro explicações dos investidores em valor sobre o que deu errado na última década, e apresento suas consequências para as práticas de investimento em valor, da menos para a mais importante:

1. *É uma fase!*

   Diagnóstico: mesmo nos dias de glória, durante o século passado, houve longos períodos (como a década de 1990) em que as ações com baixas razões PL e PBV tiveram desempenho inferior em relação às ações com esses índices em níveis mais altos. Passados esses períodos, as ações de valor recuperaram seu lugar de direito no topo da ordem dos investimentos. A última década foi uma dessas aberrações e, tal como aconteceu com as aberrações anteriores, também vai passar.

   Prescrição: seja paciente. Com o tempo, o investimento em valor vai entregar retornos superiores.

2. *Foi culpa do Fed!*

   Diagnóstico: tendo início com a crise de 2008 e se estendendo até a última década, os bancos centrais de todo o mundo tornaram-se muito mais ativos na intervenção dos mercados. Com a flexibilização quantitativa, o Fed e outros bancos centrais não só contribuíram para manter as taxas de juro mais baixas (do que deveriam ser, dados os fundamentos) como também forneceram proteção para quem correu riscos, em detrimento do investimento conservador.

   Prescrição: os bancos centrais não podem manter as taxas de juros baixas para sempre, e nem mesmo eles têm os recursos para toda vez resgatar quem correu riscos. Em algum momento, esse processo vai estourar, fazendo moedas perderem valor, orçamentos governamentais implodirem e taxas de inflação e juros subirem. Quando isso acontecer, investidores em valor serão menos prejudicados que os demais investidores.

3. *O mundo dos investimentos está menor do que nunca!*

   Diagnóstico: quando Ben Graham listou seus critérios de seleção para encontrar bons investimentos, em 1949, essa filtragem exigia dados e ferramentas aos quais a maioria dos investidores não tinha acesso ou capacidade de executar. Todos os dados vinham da análise de relatórios anuais, que muitas vezes utilizavam padrões contábeis muito diferentes; as razões precisavam ser calculadas com réguas de cálculo ou no papel, e a classificação das empresas era manual. Na década de 1980, o acesso a dados e as ferramentas analíticas poderosas continuava restrito aos gestores financeiros profissionais, portanto seguiam como uma vantagem competitiva. Com a crescente facilidade de acesso aos dados, a contabilidade ficou mais padronizada, e as ferramentas analíticas, mais acessíveis, a vantagem competitiva para calcular razões (PL, PBV, endividamento etc.) a partir de demonstrações financeiras e "screens" de seleção para encontrar ações baratas ficou muito pequena.

   Prescrição: para encontrar uma vantagem competitiva, devem ser criativos na procura de novos critérios que sejam qualitativos ou que vão além das demonstrações financeiras, ou na busca por novas formas de processar dados acessíveis ao público para encontrar ações subvalorizadas.

4. *A economia global mudou!*

   Diagnóstico: correndo o risco de soar clichê, a mudança do poderio econômico para empresas mais globalizadas, baseadas em tecnologia e imensas plataformas de usuários, inutilizou muitas das velhas fórmulas de investimento em valor.

   Prescrição: o investimento em valor deve se adaptar à nova economia, em um molde de menos foco nos balanços e maior flexibilidade na maneira como os profissionais avaliam o valor. Para simplificar: os investidores podem ter que deixar seu habitat preferido (empresas maduras com bases de ativos físicos) no ciclo de vida corporativo para encontrar valor.

Quando escuto investidores em valor de todo o espectro de investimentos, percebo que ainda não há um consenso sobre o que aflige a filosofia, mas a evolução no pensamento ficou explícita. Conforme se estendem os anos de desempenho abaixo do mercado, menos os investidores em valor acreditam que essa é uma fase passageira e que só o que se requer é paciência. Muitos deles ainda culpam o Fed (e outros bancos centrais) por seus desempenhos inferiores, e, embora eu concorde que os bancos centrais exageraram e provocaram distorção nos mercados, também acredito que essa crença se tornou uma desculpa conveniente para não encarar de frente os problemas muito reais no cerne do investimento em valor.

Como nunca participei de uma assembleia de acionistas da Berkshire Hathaway nem me considero um fiel do investimento em valor, creio que os problemas na filosofia são profundos e podem ser atribuídos a três causas:

1. **Se tornou rígida:** desde que Ben Graham publicou *Análise de investimento*, décadas atrás, o investimento em valor implementou regras que não são aplicáveis. Algumas refletem o histórico de investimento em valor (filtragens atuais e rápidas de razões), outras são retrocessos no tempo, e há aquelas que apenas parecem mesquinharia. Por exemplo, o investimento em valor tem sido firme na perspectiva de que as empresas que não possuem ativos tangíveis significativos, em relação ao seu valor de mercado, são baratas, e essa perspectiva manteve muitos desses investidores fora das ações do setor de tecnologia durante grande parte das últimas três décadas. Da mesma forma, o foco do investimento em valor nos dividendos fez seus adeptos concentrarem a participação em serviços essenciais, empresas de serviços financeiros e empresas de produtos de consumo mais antigas, à medida que as empresas mais jovens passaram a retornar dinheiro por meio de recompras.

2. **Se tornou ritualística:** os rituais de investimento em valor estão bem-estabelecidos, desde a viagem anual a Omaha até a afirmação de que seus conhecimentos são incompletos caso você não tenha lido *O investidor inteligente* e *Análise de investimento*, de Ben Graham, passando pela crença quase inquestionável de que qualquer fala de Warren Buffett ou Charlie Munger deve estar correta.

3. **Se tornou arrogante:** embora todos os tipos de investidor acreditem que suas "formas de investimento" trarão retornos, alguns investidores em valor parecem sentir que têm direito a retornos elevados porque seguiram todas as regras e rituais. Na prática, consideram aqueles que se desviam do script como especuladores superficiais e estão convencidos de que eles fracassarão no "longo prazo".

Em termos simples, o investimento em valor, pelo menos como praticado por alguns de seus defensores, evoluiu para uma religião, e não para uma filosofia, que encara outras maneiras de investir como desorientadas, equivocadas e dignas de punição.

Boas empresas *versus* bons investimentos

Um ditado do investimento em valor é que a gestão é importante e, por consequência, investir em empresas bem administradas será sinônimo de bons retornos. Essa é a lógica que leva muitos desses investidores a comprar empresas maduras, com boa gestão e finanças sólidas, e a evitar as mal geridas e instáveis no quesito financeiro. Nesta seção, argumento que essa linha de raciocínio é falha e explicarei como a variável que falta é o preço atribuído à empresa pelo mercado.

O que é uma "boa" empresa?

Vamos começar com o que torna uma empresa boa. Existem vários critérios a serem utilizados, mas todos têm um problema. A lucratividade poderia ser a primeira opção, considerando o argumento de que uma empresa mais lucrativa é melhor do que uma menos lucrativa, mas isso talvez não seja verdade se o negócio for de capital intensivo (e os lucros gerados forem pequenos em relação ao capital investido), ou se for um negócio arriscado, no qual se esperar alguma surpresa. O crescimento poderia ser mais um critério — mas o crescimento, como já destacado, pode ser bom, ruim ou neutro, e uma empresa pode ter um crescimento elevado e ao mesmo tempo destruir valor. Para mim, a melhor medida da qualidade empresarial é um elevado retorno excedente, ou seja, um retorno sobre o capital muito superior ao custo de capital da empresa.

É perigoso atribuir todos os retornos excedentes de uma empresa à sua administração, em cenários bons ou ruins. E a definição de "bom" ou "ruim" pode apenas refletir o envelhecimento da empresa, as barreiras à entrada no seu mercado ou fatores macro (movimentos de taxa de câmbio, risco-país ou volatilidade dos preços das commodities). Uma boa administração é realista em relação à avaliação do estágio em que a empresa se encontra no ciclo de vida e se adapta a isso. Como observado nos capítulos sobre finanças corporativas no início deste livro, o futuro de uma empresa é determinado por três amplos grupos de decisões: de investimento (decidir em que investir recursos escassos), de financiamento (decidir quanta dívida assumir e de que forma) e de dividendos (decidir quanto dinheiro retornar aos proprietários dos negócios e de que forma). Para uma empresa em estágio inicial de crescimento, uma "boa" gestão em geral significa otimizar as decisões de investimento (encontrar e assumir grandes investimentos para entregar crescimento) e manter a empresa longe das dívidas ou do pagamento de dividendos. Quando a empresa amadurece, a "boa" gestão pode passar para a defensiva, em um movimento de proteger a marca e seu valor contra ataques de competidores, por meio de decisões de financiamento e dividendos para aprimorar seu valor. Em uma empresa em declínio, a essência da "boa" gestão é comandar o processo de liquidação, não apenas para evitar assumir mais investimentos como também para retirar a empresa de seus investimentos existentes. Minha maneira de verificar a qualidade da gestão é avaliar a empresa duas vezes, uma com a gestão atual (status quo) e outra com a gestão nova (e superior).

O jogo de expectativas

Agora que tenho definições funcionais do que são "boas" empresas e "bons" gestores, vamos pensar em um "bom" investimento. Para que seja um bom investimento, a empresa deve ser negociada pelo preço certo, dadas suas características de negócios e gestão. Uma empresa muito boa com uma gestão competente que o mercado avalia como uma grande empresa com gestão excepcional é um investimento ruim. Já uma empresa mal gerida que também está em um setor ruim (no qual ganhar menos do que o custo de capital é algo normal) e que está precificada como uma empresa ainda pior, seria um bom investimento.

Para simplificar: investir é comprar uma empresa a um preço menor que seu valor, e, para fazer uma avaliação do investimento, é preciso considerar a expectativa do mercado sobre essa empresa e, por consequência, como a está precificando. Na Figura 16.8, utilizo os processos de valuation e precificação apresentados no Capítulo 9 para explicar como as expectativas de um investidor sobre uma empresa devem ser comparadas às expectativas do mercado:

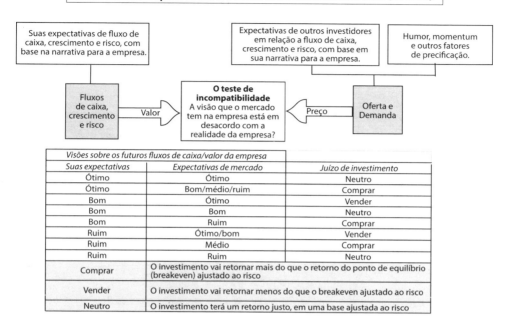

FIGURA 16.8 | Empresas boas (ou ruins) *versus* investimentos bons (ou ruins)

Veja que há uma ampla gama de resultados que dependem de como suas expectativas para uma empresa coincidem com as expectativas do mercado.

- Em todos os cenários em que suas expectativas estão sincronizadas com as do mercado, seja a empresa ruim, seja média, boa ou ótima, o investimento torna-se neutro, pois a empresa será precificada com base nessas expectativas para entregar uma taxa de retorno justa.
- Os cenários em que suas expectativas para uma empresa são de que será mais bem administrada e entregará resultados superiores aos antecipados pelo mercado têm os ingredientes corretos para um bom investimento, uma vez que a precificação da empresa estará muito baixa, tornando-a bem posicionada para gerar retornos excedentes.
- Nos cenários em que se espera que a empresa seja menos bem-gerida e apresente resultados operacionais piores do que aqueles previstos pelo mercado, a precificação da empresa será muito elevada, e comprá-la seria um caminho para retornos abaixo do mercado.

Para simplificar: investir é um jogo de expectativas e, quando as expectativas são muito altas, até grandes empresas terão dificuldades para alcançá-las, o que as transforma em investimentos questionáveis.

Buscando precificações incorretas

Levando a seção anterior a sério você poderá entender por que múltiplos como a razão PL, o valor da firma/EBITDA e os "screens" com critérios de seleção para a busca de ações baratas são tão incorporados à prática do investimento. De fato, um investidor de sucesso precisa ser capaz de encontrar descompassos no mercado. Sua "compra" deve ser uma empresa muito boa em termos de negócios e gestão que está sendo precificada como ruim ou mesmo média. Com essa missão em mãos, vamos pensar em como usar os múltiplos trazidos para essa triagem, utilizando a relação PL para ilustrar o processo. Um modelo de valuation muito básico pode recuperar os fatores fundamentais da razão PL, como na Figura 16.9:

FIGURA 16.9 | Os determinantes fundamentais das relações PL

Comece com um modelo simples de desconto de dividendos

$$\text{Valor do patrimônio por ação} = \frac{\text{Dividendos esperados por ação no próximo ano}}{(\text{Custo do patrimônio líquido} - \text{Taxa de crescimento esperada})}$$

Divida ambos os lados da equação pelo lucro por ação

$$\frac{\text{Valor do Patrimônio Líquido por Ação}}{\text{Lucro por ação}} = PL = \frac{\text{Taxa de Pagamento}}{(\text{Custo do patrimônio líquido} - \text{Taxa de crescimento esperada})}$$

$$(\text{Custo do patrimônio líquido} - \text{Taxa de crescimento esperada})$$

Índice PL = f (Taxa de pagamento, custo do patrimônio líquido, taxa de crescimento esperada)

Maior crescimento → Maior PL

Maior risco (custo do patrimônio) → Menor PL

Maior ROE (taxa de pagamento) → Maior PL

E agora? Essa equação conecta a razão preço/lucro a três variáveis: crescimento, risco (através do custo do capital próprio) e qualidade do crescimento — pela taxa de pagamento (razão de distribuição de caixa) ou retorno sobre o patrimônio (ROE). Ao inserir os valores dessas variáveis na equação, é possível descobrir que as empresas com baixo crescimento, alto risco e retornos sobre o patrimônio terríveis de tão baixos deveriam ser negociadas a baixos índices PL, e aquelas com maior crescimento, menor risco e retornos sólidos sobre o patrimônio devem ser negociadas com índices PL elevados. Caso esteja em busca de bons investimentos, em que o preço não é compatível com a empresa, é preciso encontrar ações com baixo índice PL, alto crescimento, baixo custo de capital e alto retorno sobre o patrimônio.

Utilizando essa abordagem para desconstruir outros múltiplos de preços, listo esses múltiplos e os descasamentos na filtragem que apontam as empresas caras ou baratas na Tabela 16.2:

Tabela 16.2 • Múltiplos descasados e precificação incorreta

Múltiplo	Empresa barata	Empresa cara
PL (Preço/Lucro)	Baixo PL Alto crescimento Baixo risco patrimonial Alta taxa de pagamento	Alto PL Baixo crescimento Alto risco patrimonial Baixa taxa de pagamento
PEG = (relação PL para o crescimento)	Baixo PEG Baixo crescimento Baixo risco patrimonial Alta taxa de pagamento	Alto PEG Alto crescimento Alto risco patrimonial Baixa taxa de pagamento
PBV (preço da ação/valor contábil)	Baixo PBV Alto crescimento Baixo risco patrimonial Alto retorno sobre patrimônio	Alto PBV Baixo crescimento Alto risco patrimonial Baixo retorno sobre patrimônio
Valor da firma (EV)/Capital investido (IC)	Baixo EV/IC Alto crescimento Baixo risco operacional Alto retorno sobre capital investido (ROIC)	Alto EV/IC Baixo crescimento Alto risco operacional Baixo retorno sobre capital investido
EV/Vendas	Baixo EV/vendas Alto crescimento Baixo risco operacional Alta margem operacional	Alto EV/vendas Baixo crescimento Alto risco operacional Baixa margem operacional
EV/EBITDA	Baixo EV/EBITDA Alto crescimento Baixo risco operacional Baixa taxa de imposto	Alto EV/EBITDA Baixo crescimento Alto risco operacional Alta taxa de imposto

Caso esteja se perguntando qual é a diferença entre o risco patrimonial e o risco operacional, a resposta é simples: o operacional reflete o risco dos negócios em que se opera, enquanto o patrimonial reflete o risco operacional ampliado por alavancagem financeira. O primeiro é medido com o custo de capital, enquanto o segundo é capturado no custo do patrimônio.

Lições de investimento

Separar as empresas boas das ruins é fácil, determinar se as empresas são bem ou mal administradas é um pouco mais complicado, mas o maior desafio é definir quais empresas são bons investimentos. As boas trazem fortes vantagens competitivas a um mercado em crescimento, e seus resultados (margens elevadas, retornos elevados sobre o capital) refletem essas vantagens. Nas que apresentam boa gestão, as decisões de investimento, financiamento e dividendos refletem o que maximizará o valor para a empresa — dando espaço à possibilidade de existirem boas empresas que têm uma gestão abaixo do ideal e empresas ruins que são bem-geridas.

Um bom investimento exige que o preço pago pela empresa seja inferior ao seu valor, dado o negócio e a gestão. Assim, é possível que boas empresas se tornem maus investimentos (se forem negociadas a um preço muito alto) e empresas ruins se tornem bons investimentos. Se fosse uma questão de escolha, é verdade que todos gostaríamos de comprar excelentes empresas com grandes gestores a preços reduzidos, mas a excelência em todas as frentes vai atrair investidores, muitas vezes aumentando os preços, o que torna isso inviável.

Eu me contento com um objetivo final mais pragmático: pelo preço certo, serei capaz de comprar uma empresa em um negócio ruim, administrada por gestores indiferentes. Pelo preço errado, evito até mesmo as empresas *superstars*. A Tabela 16.3 resume as combinações que surgem da análise da qualidade dos negócios e da gestão de uma empresa, juntamente com sua precificação pelo mercado, para a tomada de decisões de investimento:

Investimentos na meia-idade | 455

Tabela 16.3 • Negócios, gestão e mercados – Decisões de investimento

Negócios da Empresa	Gestores da empresa	Precificação da empresa	Decisão de investimento
Bom (fortes vantagens competitivas, mercado em crescimento)	Bom (otimizar investimento, financiamento e decisões de dividendos)	Bom (preço < valor)	Compra enfática
Bom (fortes vantagens competitivas, mercado em crescimento)	Ruim (investimento, financiamento e decisões de dividendos abaixo do ideal)	Bom (preço < valor)	Comprar e torcer por uma mudança de gestão
Ruim (sem vantagens competitivas, mercado estagnado ou em contração)	Bom (otimizar investimento, financiamento e decisões de dividendos)	Bom (preço < valor)	Comprar e torcer que a gestão não mude
Ruim (sem vantagens competitivas, mercado estagnado ou em contração)	Ruim (investimento, financiamento e decisões de dividendos abaixo do ideal)	Bom (preço < valor)	Comprar, torcer por uma mudança de gestão e rezar para que a empresa sobreviva
Bom (fortes vantagens competitivas, mercado em crescimento)	Bom (otimizar investimento, financiamento e decisões de dividendos)	Ruim (preço > valor)	Admirar de longe, sem comprar
Bom (fortes vantagens competitivas, mercado em crescimento)	Ruim (investimento, financiamento e decisões de dividendos abaixo do ideal)	Ruim (preço > valor)	Aguardar a mudança de gestão
Ruim (sem vantagens competitivas, mercado estagnado ou em contração)	Bom (otimizar investimento, financiamento e decisões de dividendos)	Ruim (preço > valor)	Vender
Ruim (sem vantagens competitivas, mercado estagnado ou em contração)	Ruim (investimento, financiamento, e decisões de dividendos abaixo do ideal)	Ruim (preço > valor)	Venda enfática

Um novo paradigma para investimento em valor

Para redescobrir as raízes do investimento e recuperar sua eficácia, acredito que ele precise passar por mudanças fundamentais. Algumas podem parecer heresia, ainda mais para quem passou décadas defendendo as trincheiras do investimento em valor.

1. **Seja mais objetivo a respeito da distinção entre valor e preço:** embora analistas de mercado e investidores façam uso indistinto de "valor" e "preço", ambos são o resultado de processos muito diferentes e requerem ferramentas diferentes para sua avaliação e previsão. Como destaco no Capítulo 9, o valor é uma função dos fluxos de caixa, do crescimento e do risco, e qualquer modelo de valuation intrínseco que não preveja explicitamente os fluxos de caixa ou não se ajuste ao risco carece de elementos essenciais. O preço é determinado pela

oferta e pela demanda, movido pelo humor e pelo momentum, e a precificação ocorre a partir da observação de como o mercado está precificando ativos comparáveis ou semelhantes. Para mim, é uma surpresa notar que tantos investidores em valor parecem encarar o valuation intrínseco como um exercício especulativo e que fixem sua análise na comparação de múltiplos de preços (PL, PBV etc.). Afinal, ninguém deve discordar que o valor de uma empresa provém dos seus fluxos de caixa futuros e da incerteza a respeito desses fluxos de caixa. É verdade que o valuation intrínseco prevê fluxos de caixa futuros enquanto tenta ajustar o risco e que ambos os processos são passíveis de erro, mas não entendo como usar um índice de precificação ou um atalho faz esse erro ou essa incerteza desaparecer.

2. **Em vez de evitar a incerteza, enfrente-a:** muitos investidores em valor encaram a incerteza como algo "ruim" a ser evitado, e essa perspectiva os afasta do investimento em empresas em crescimento, que exige um esforço para prever o futuro, e do investimento em empresas maduras com ativos tangíveis. A verdade é que a incerteza não é um bug, e sim uma característica do investimento que sempre existirá, mesmo nas empresas mais maduras e estabelecidas (embora em doses menores). Na verdade, analisei como a incerteza se comporta ao longo do ciclo de vida corporativo e observei que muda, tanto em termos de magnitude como de tipo, à medida que as empresas envelhecem. Embora seja verdade que há menos incerteza ao avaliar empresas mais maduras em mercados estáveis, é mais provável encontrar erros de mercado ao investir em empresas cuja incerteza sobre o futuro é maior, seja porque são jovens, seja porque se encontram em dificuldades ou porque o ambiente macroeconômico é desafiador. Na verdade, a incerteza está subjacente a quase todas as partes do valor intrínseco, vinda de fontes micro ou macro. Para lidar com isso, os investidores em valor precisam expandir suas caixas de ferramentas para incluir ferramentas estatísticas básicas, de distribuições de probabilidade a árvores de decisão e simulações de Monte Carlo.

3. **A margem de segurança não é uma medida para substituir o risco:** sei que os investidores em valor encaram os modelos tradicionais de risco e retorno com desdém, mas nada no valuation intrínseco demanda promessas de lealdade aos betas e à moderna teoria do portfólio. Na verdade, se você não gosta de betas, o valuation intrínseco é flexível o suficiente para permitir substituí-los por suas medidas de risco preferidas, seja baseada em lucros, seja em dívidas ou índices contábeis. Para os investidores em valor que argumentam que a margem de segurança é a me-

lhor substituta para o risco, vale a pena enfatizar que ela só entra em jogo *depois* do valuation da empresa, e, para isso, é necessária uma medida de risco. Quando utilizada, a margem de segurança cria trade-offs, que evitam a troca de um tipo de erro de investimento por outro, como pode ser visto na Figura 16.10:

Uma grande margem de segurança pode ser uma vantagem ou uma desvantagem líquida, e isso depende, em grande parte, se os investidores em valor podem se dar ao luxo de serem exigentes. Uma medida simples para apontar se a margem de segurança definida está alta demais é que a carteira está desproporcional em dinheiro, uma indicação de que os padrões estabelecidos foram tão elevados que poucas ações passam pelo filtro.

4. **Não tome números contábeis pelo valor nominal:** é inegável que o investimento em valor possui um foco contábil, com os lucros e o valor contábil desempenhando um papel central nas estratégias de investimento. Há bons motivos para confiar menos nesses números hoje em dia do que em décadas passadas. Um deles é que as empresas estão muito mais agressivas no jogo com sua contabilidade e utilizam as demonstrações de resultados pro forma para distorcer os números a seu favor. O segundo é que o centro de gravidade da economia se afastou das indústrias de transformação rumo às empresas de tecnologia e serviços, e a contabilidade teve dificuldades para acompanhar. Na prática, o tratamento que a contabilidade dá aos custos de pesquisa e desenvolvimento

resultou em valores contábeis subestimados para empresas do setores de tecnologia e farmacêutico.

5. **Você pode ser seletivo e diversificado ao mesmo tempo:** embora nem todos os investidores em valor aceitem essa afirmação, um número surpreendentemente grande parece ter uma concepção de que carteiras concentradas são a marca registrada de um bom investimento em valor, sob o argumento de que espalhar as apostas por muitas ações dilui seu potencial de alta. A escolha entre ser seletivo ou diversificar é falsa, uma vez que não há razão pela qual não se possa ser ambos. Afinal, é possível ter seletividade ao escolher entre milhares de ações negociadas na bolsa, e tudo o que a diversificação exige é que, em vez de investir seu dinheiro nas melhores ações ou nas cinco melhores, você mantenha posição nas vinte, trinta ou até mesmo nas quarenta melhores. O raciocínio para a diversificação é baseado na ideia de que qualquer investimento, por mais bem pesquisado e fundamentado, acarreta um retorno incerto, seja porque um elemento-chave foi ignorado na avaliação, seja porque o mercado pode não corrigir os próprios erros. Na Figura 16.11, apresento a escolha entre concentração e diversificação em termos dessas duas incertezas — ou seja, em relação ao valor e ao fechamento do gap entre PV.

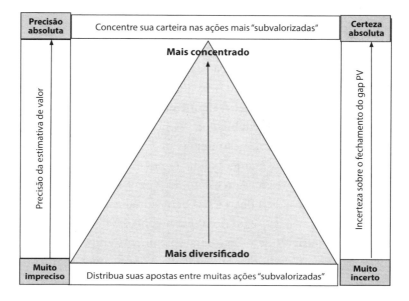

FIGURA 16.11 | Carteiras concentradas *versus* carteiras diversificadas

Acredito que investidores em valor caminham sobre um terreno perigoso ao considerar que fazer o dever de casa e se concentrar em empresas maduras resultará em valuations precisos e em terreno ainda mais perigoso ao supor que os mercados vão corrigir esses erros em tempo hábil.

Em um mercado no qual até as empresas mais maduras estão enfrentando a disrupção de seus negócios e as tendências ditadas pelo momentum são ampliadas pelo trading passivo, não é prudente ter uma carteira concentrada.

6. **Não pense que há recompensa por suas virtudes:** investir não é um jogo de moralidade e não existem formas virtuosas de ganhar dinheiro. A linha entre investir e especular não apenas é muito tênue como também muda de pessoa para pessoa. Considerar qualquer filosofia de investimento melhor que as demais é um sinal de arrogância e um convite para ser derrubado pelos mercados. Se você é um investidor em valor, a escolha é sua, mas isso não deve impedi-lo de tratar outros investidores com respeito e de utilizar outras ferramentas para aumentar seus retornos. Seguir esses dois preceitos pode viabilizar que os investidores em valor tomem emprestado componentes de outras filosofias para aumentar seus retornos.

Conclusão

Quando solicitado que escolham uma filosofia de investimento, os investidores orbitam em torno do investimento em valor, atraídos tanto pela forma de pensar sobre os mercados como pela história de sucesso. Embora esse domínio tenha sido inquestionável durante grande parte do século XX, quando as ações com baixas relações PL e PBV obtiveram retornos significativamente mais elevados do que as ações com esses índices elevados, a última década abalou a fé até mesmo dos investidores em valor mais obstinados. Embora alguns membros desse grupo considerem essa queda como uma fase passageira ou como resultado dos excessos dos bancos centrais, acredito que o investimento em valor perdeu seu apelo, em parte devido à sua dependência de medidas e métricas que perderam importância ao longo do tempo e em parte porque a economia global mudou, causando efeitos em cascata nos mercados. Para se redescobrir, o investimento em valor precisa deixar para trás o incômodo em relação à incerteza e estar mais disposto a ampliar sua definição de valor, incluindo não apenas ativos físicos e contáveis em operação como também investimentos em ativos intangíveis e de crescimento.

Investimentos no declínio e em dificuldades

PARA MUITOS, A IDEIA de investir em empresas em declínio parece contraintuitiva. Afinal, o que se ganha ao adquirir parte de uma empresa cujas previsões de receitas futuras sejam de retração e cujas margens permaneçam estagnadas ou diminuam, além do risco real e por vezes iminente de distress? Neste capítulo, mostro que, apesar desses aspectos negativos, uma empresa em declínio pode, em determinados casos, ser um bom investimento, por muitas razões. A primeira é que os problemas podem ser solucionáveis e, uma vez recuperada, a empresa poderá retomar grande parte do valor. Essa é a promessa dos investidores de private equity no ambiente de aquisições, no qual as empresas que apresentam desempenho fraco são alvo de reestruturação. A segunda razão é que algumas podem ter maior valor de liquidação ou de dissolução do que como negócio em atividade, e os investidores que dispõem de recursos e poder para encaminhar essa mudança podem tirar proveito disso. A terceira é que a precificação das ofertas de ações ou da dívida da empresa pode estar equivocada, o que permite aos traders obter vantagem desse erro de precificação.

Investidores de private equity e investidores ativistas: os reparadores?

O private equity, de forma geral, inclui o capital investido em empresas privadas e de capital fechado. Portanto, também inclui o venture capital, abordado no capítulo sobre investimento em empresas jovens. Nesta seção, nosso foco é o segmento de private equity que investe em empresas maduras e em declínio (muitas com capital aberto), em geral em parceria com a gestão em exercício dessas empresas, e ampliarei a introdução que fiz sobre private equity no Capítulo 4. Esses acionistas investem com a intenção de fechar o capital dessas empresas, corrigir seus problemas e sair do investimento, para depois a empresa voltar a abrir seu capital nas bolsas de valores.

A conexão com o ciclo de vida

Para entender como funciona o private equity, começo a sequência natural pela qual muitos acreditam que uma empresa jovem atravessa para se transformar em uma empresa madura, passando de empresa de capital fechado para uma de capital aberto. À medida que envelhece, sua estrutura de propriedade passa quase sempre dos fundadores e insiders para os investidores do mercado de ações, muitos deles institucionais. Na Figura 17.1, apresento essa mudança na composição da propriedade à medida que as empresas amadurecem:

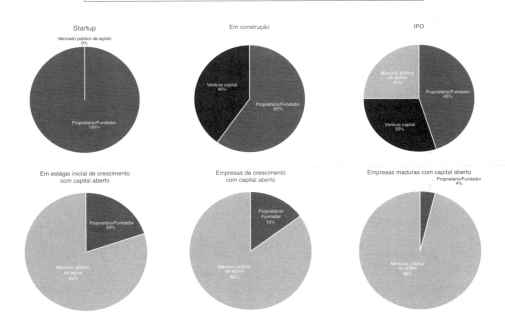

FIGURA 17.1 | Estrutura de propriedade e envelhecimento corporativo

Investimentos no declínio e em dificuldades | **463**

Uma vez que a participação acionária e o controle das empresas pelos fundadores desaparecem ao longo do tempo, cresce a separação entre aqueles que administram a empresa de capital aberto (ou seja, os gestores) e aqueles que a possuem (ou seja, os acionistas). Esse gap na governança corporativa existe em todas as empresas, mas em geral é um problema menor durante a fase de crescimento, porque os fundadores/proprietários ficam responsáveis por parte da gestão, as oportunidades de investimento são abundantes e as decisões de financiamento/dividendos são menos importantes. Para os estágios posteriores da fase madura e, mais ainda, durante o declínio, a separação entre propriedade e gestão tem um potencial muito maior de criar disfunção e, no Capítulo 13, abordo a destruição de valor que ocorre quando gestores de empresas em declínio entram em negação ou em desespero.

No Capítulo 4, apresento uma descrição do processo de private equity e estabeleço um cronograma para a aquisição e a saída (Figura 4.16). Argumentei que o capital privado deve priorizar encontrar empresas que operam de forma disfuncional e só então obter controle efetivo sobre elas. Em alguns casos, as mudanças demandadas pela empresa podem ser com mais rapidez e baixo custo se a empresa fechar seu capital, e o capital necessário para essa conversão pode exigir que se recorra à dívida, por vezes em montantes desproporcionais. Quando todas as três peças (aquisição, carga de dívida elevada e abertura de capital) se juntam, temos o fenômeno dos leveraged buyouts (LBOs), ou aquisições alavancadas.

Se o objetivo final das aquisições é mudar o modo como a empresa é gerida, eliminando as ineficiências oriundas da inércia ou da separação entre gestão e propriedade, o investimento ativista compartilha do mesmo objetivo, mas com diferenças fundamentais. A primeira é que os investidores ativistas muitas vezes adquirem pequenas participações em empresas, em vez de empresas inteiras, e as utilizam para provocar as mudanças que acreditem que irão acrescentar valor. Dado que a empresa permanece com ações negociadas em bolsa, é por meio de disputas por procuração (proxy fights) e da representação no conselho de administração que os investidores ativistas tentam alcançar seus objetivos.

Embora não haja motivo pelo qual o private equity (não na forma de venture capital) e os investidores ativistas não possam visar empresas em qualquer estágio do ciclo de vida corporativo, a natureza de como agregam valor tende a tornar empresas maduras e em declínio seu alvo de aquisições. Em primeiro lugar, o aumento do uso da dívida como um caminho para a criação de valor, um componente-chave nas aquisições e parte do interesse de muitos investidores ativistas, requer fluxos de caixa positivos, que têm mais chances de estarem presentes nas empresas maduras e em declínio do que naquelas em fase de crescimento. Em segundo, mesmo que empresas em todas as etapas do ciclo de vida possam ser administradas de maneira ineficiente, as correções feitas sobre investimentos existentes resultam em pagamentos mais depressa, o que mais uma vez coloca as aquisições e o ativismo na rota das empresas que estão envelhecendo.

Tendências em private equity e ativismo

O private equity — pelo menos em sua forma genérica, na qual os investidores assumem posições ou compram o controle (buyout) de empresas de capital aberto e tentam mudar a gestão — sempre fez parte dos mercados. No entanto, sua forma institucional tem origem mais recente e apresentou um crescimento excepcional na década de 1980, em que empresas como KKR, Blackstone e Carlyle Group visaram grandes empresas de capital aberto de alto padrão para LBOs. Embora essas três entidades sigam como grandes players em cena, o private equity aumentou e aprofundou seu alcance nos últimos anos.

Para ter um panorama do crescimento da componente de aquisição do private equity, analiso, na Figura 17.2, o valor em dólares das LBOs de empresas cotadas em bolsa nos Estados Unidos ao longo do tempo — reconhecidamente um subconjunto do cenário de negociações de private equity.

FIGURA 17.2 | LBOs por ano, 2000-2021

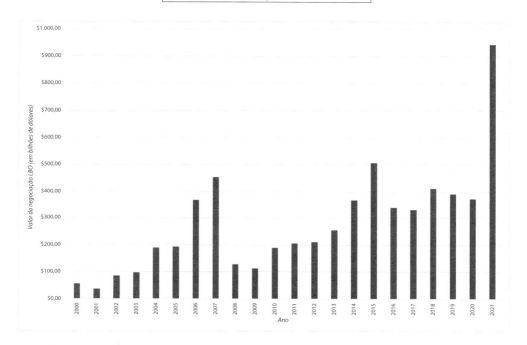

Em 2021, quase 900 bilhões de dólares foram investidos em LBOs nos Estados Unidos, e esse número, por mais elevado que seja, capta apenas um subconjunto da quantia investida pelas empresas de private equity. Por exemplo, essas instituições têm visado cada vez mais empresas de capital fechado, muitas de propriedade familiar, pelas mesmas razões de reestruturação que visam as empresas de capital aberto. Em 2021, houve quase 8.600 negociações de private equity nos Estados Unidos, com um valor total negociado de 1,2 trilhão de dólares, se incluirmos empresas cotadas na bolsa e empresas de capital fechado.

Na última década, a negociação típica também mudou (as empresas de maior dimensão passaram a ser visadas), e o número de negociadores de private equity aumentou muito. Os dez maiores fundos de buyout, voltados para essas aquisições, em meados de 2022, estão listados na Tabela 17.1:

Tabela 17.1 • Maiores fundos de aquisição de private equity em 2021

Instituição	Sede	Capital levantado ($ milhões)
KKR	Nova York	$126.508
Blackstone	Nova York	$82.457
EQT	Estocolmo	$57.287
CVC Capital Partners	Luxemburgo	$55.414
Thoma Bravo	San Francisco	$50.257
Carlyle Group	Washington, DC	$48.441
General Atlantic	Nova York	$44.832
Clearlake Capital Group	Santa Monica, CA	$42.350
Hellman & Friedman	San Francisco	$40.925
Insight Partners	Nova York	$40.131

Vale notar não apenas a quanto capital essas empresas têm acesso como também que algumas, incluindo a KKR e a Blackstone, as duas maiores, hoje em dia são empresas de capital aberto.

Algumas dessas instituições, além de investir em aquisições de controle, operam como investidores ativistas, pressionando por mudanças nas empresas de capital aberto (em operações ou estrutura de capital), mas sem adquiri-las e fechar seu capital. São completadas por outros ativistas, como Carl Icahn e Bill Ackman, que visam empresas com agendas específicas de mudança. Enquanto de início o investimento ativista estava focado nas empresas dos Estados Unidos, ao longo do tempo isso se globalizou, como pode ser visto na Figura 17.3, na qual apresento o número de empresas globais visadas por ativistas a cada ano, bem como a porcentagem dessas empresas que não são baseadas nos Estados Unidos:

FIGURA 17.3 | Números de empresas visadas por ativistas, por ano

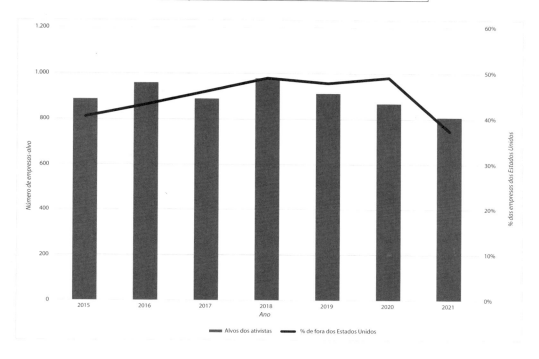

Fonte: Insightia (2022)

Como mostrarei nas próximas seções, o ativismo desenvolveu ferramentas mais sofisticadas para pressionar a gestão das empresas por mudanças, e a gestão aprendeu a reagir melhor contra o ativismo. Em resumo: o investimento ativista está crescendo!

Os alvos certos para aquisições e para o investimento ativista

Se investidores ativistas esperam gerar retornos com a mudança no modo de gerir das empresas, devem focar suas ações em empresas mal administradas. Os ativistas institucionais e individuais parecem seguir o roteiro, visando empresas menos lucrativas e que entregaram retornos inferiores aos do seu grupo de pares, mas o private equity parece ter um foco diferente.

Comecemos por pesquisas sobre as empresas típicas nos mercados de ações que são alvo de aquisições. A partir da década de 1980, as empresas-alvo nas aquisições alavancadas foram estudadas com o objetivo de se descobrir os principais motivos para essas negociações, chamadas de "buyouts". Embora não haja nada próximo a um grande consenso nesses estudos, as empresas-alvo parecem compartilhar de algumas características:

1. **Fluxos de caixa livres:** dado que muitas compras são financiadas com dívidas, não surpreende que uma das características compartilhadas pelas empresas-alvo dessas aquisições seja o grande fluxo de caixa operacional livre e positivo, que pode ser utilizado para pagar e quitar dívidas.
2. **Preços baixos:** embora o objetivo de uma compra possa ser consertar uma empresa mal administrada e posicioná-la de volta no mercado a um preço muito mais alto, as empresas de private equity melhoram suas chances de retornos altos se conseguirem adquirir empresas-alvo a preços baixos. Empresas visadas em aquisições alavancadas em geral negociam com múltiplos de preços mais baixos, sendo o EV/EBITDA uma das métricas mais utilizadas. Como as empresas barateiam após longos períodos de desempenho abaixo do mercado, muitas também apresentaram um desempenho inferior ao grupo de pares nos anos que antecederam a aquisição.
3. **Potencial de melhora operacional:** uma medida simples e imprecisa do potencial de melhora operacional é uma comparação entre as margens operacionais, ou retornos sobre o capital investido, da empresa-alvo de determinada empresa e de seu grupo de pares, e as evidências dão suporte à ideia de que as empresas com menor rentabilidade e retornos sobre investimento do que seu grupo de pares têm maior probabilidade de serem alvo de aquisições.

No início do boom de aquisições, na década de 1980 e em meados da década de 1990, o private equity e os gestores das empresas visadas costumavam estar em lados opostos do negócio, e muitos buyouts eram aquisições hostis. Em estudos posteriores, mostrou-se mudanças tanto no processo de aquisição alavancada como na definição das empresas-alvo, identificando gestores que prestavam contribuições aos fundos de private equity para as aquisições.

A partir da pesquisa sobre as empresas que se tornam alvo de investidores ativistas interessados em mudanças, parece haver mais consenso acerca dos motivos e do objetivo, embora os resultados sob uma primeira análise variem quando se observa os fundos hedge ativistas ou os investidores ativistas individuais:

• Em um estudo de 888 planos de aquisição por fundos hedge ativistas entre 2001 e 2005, constata-se que as pequenas e médias empresas são o alvo típico, pois

possuem liquidez de mercado acima da média, são negociadas a baixos índices PBV, além de lucrativas e com fluxos de caixa sólidos, e pagam mais a seus CEOs do que outras empresas do grupo de pares.
- A partir de outro estudo das motivações dos fundos hedge ativistas, descobriu-se que a subvalorização é o principal motivo para a busca por aquisição, como evidenciado na Figura 17.4:[1]

FIGURA 17.4 | Motivação para escolha de empresas-alvo de aquisições

Fonte: Brav, Jiang e Kim (2010); algumas empresas citaram mais de um motivo

Em resumo: o fundo hedge ativista típico se comporta mais como um investidor passivo em valor, à procura de empresas subvalorizadas, do que como um investidor ativista na busca por empresas mal administradas. Ativistas individuais têm maior probabilidade de buscar empresas mal administradas e pressionar por mudanças.

Embora o ativismo ocorra em todos os setores e tamanhos de capitalização de mercado, é esperado encontrá-lo mais focado em setores em processo de envelheci-

470 | O ciclo de vida corporativo

mento e onde as empresas estão tendo dificuldade para crescer e manter margens, bem como em empresas menores, nas quais a aquisição de uma grande participação acionária custa menos e a mudança é mais alcançável. A Tabela 17.2 apresenta uma divisão das empresas visadas pelos ativistas nos últimos anos, por setor e tamanho de capitalização de mercado:

Tabela 17.2 • Alvos de private equity, por setor e capitalização de mercado, 2018-2021

Alvos dos ativistas (por setor)			
Setor	2018	2019	2020
Matérias-primas	9%	11%	9%
Serviços de comunicação	3%	4%	3%
Bens de consumo cíclico	16%	15%	13%
Consumo defensivo	5%	6%	4%
Energia	6%	5%	4%
Serviços financeiros	11%	12%	13%
Fundos de investimento	3%	5%	5%
Saúde	10%	10%	10%
Indústria	17%	14%	18%
Imobiliário	5%	4%	5%
Tecnologia	11%	12%	12%
Serviços essenciais	3%	3%	4%
Alvos dos ativistas (por valor de mercado)			
	2018	2019	2020
Grandes (large cap > $ 10 bilhões)	23%	21%	27%
Médias (mid cap – $ 2 bilhões a $ 10 bilhões)	17%	18%	16%
Pequenas (small cap – $ 250 milhões a $ 2 bilhões)	23%	24%	25%
Micro cap ($ 50 milhões a $ 250 milhões)	18%	19%	18%
Nano cap (< $ 50 milhões)	18%	18%	14%

Os números são surpreendentes, na medida em que as empresas-alvo passam por todos os setores, e um número incrivelmente grande delas têm maior valor de mercado.

O que as empresas de private equity e ativistas fazem nessas (ou com essas) empresas-alvo?

Comecemos pelas aquisições e por examinar as mudanças implementadas pelas empresas de private equity nas empresas-alvo depois de fechar seu capital. As evidências não vão agradar nem os defensores, nem os críticos de private equity. Nos primeiros estudos sobre aquisições, indicou-se a criação de valor tanto pela utilização da dívida (e pela economia fiscal resultante) quanto pela melhoria das operações, mas, em estudos posteriores, os resultados foram inconclusivos, ainda mais em relação às melhorias operacionais.

- **Venda de ativos:** críticos acusam as empresas de private equity de desperdiçarem ativos, esvaziando as empresas-alvo com a venda de ativos e as privando de novos investimentos. Embora isso, sem dúvida, ocorra em algumas aquisições, há poucas evidências desse comportamento de rapina, pelo menos no conjunto. Pesquisas sobre aquisições indicam que as empresas compradas por investidores de capital privado geram apenas uma redução marginal nas despesas de capital e não cortam verbas de pesquisa e desenvolvimento ou de outros investimentos. Em vez de extrair capital das empresas-alvo e reduzi-las, os investidores de private equity parecem mais propensos a transferir capital de negócios não essenciais para os negócios principais ou para novos negócios.
- **Lucratividade:** se as empresas de private equity têm como alvo empresas que apresentam operações ineficientes, e as mudanças fazem a diferença na eficiência operacional, podemos esperar uma melhoria nas métricas operacionais, como margens de lucro operacional, depois das aquisições. A partir dos primeiros estudos[2] sobre aquisições alavancadas, há indicativos de que as empresas-alvo melhoram a lucratividade operacional após as aquisições, como podemos ver na Tabela 17.3:

472 | O ciclo de vida corporativo

Tabela 17.3 • Variação percentual no lucro operacional e nas margens em empresas-alvo de aquisições

ANO	Lucro operacional		Margem operacional	
	Empresas-alvo de aquisição	Ajustado para a indústria	Empresas-alvo de aquisição	Ajustado para a indústria
−2 a −1	11,40%	−1,20%	−1,70%	−1,90%
−1 a +1	15,60%	−2,70%	7,10%	12,40%
−1 a +2	30,70%	0,70%	11,90%	23,30%
−1 a +3	42,00%	24,10%	19,30%	34,80%

Fonte: Kaplan (1989), a partir de uma amostra de 48 aquisições, 1980–1986

Nesse estudo, que analisou 48 aquisições de 1980 a 1986, as empresas compradas apresentaram aumentos percentuais muito maiores no lucro operacional e nas margens nos três anos após as aquisições do que o restante da indústria. No entanto, essas evidências foram contestadas em estudos posteriores, que encontraram pouca diferença nas métricas operacionais em empresas que foram alvo de aquisição em relação às de referência do setor. Um estudo de 2014 que analisou 192 aquisições concluídas entre 1990 e 2006 constatou que os ganhos no desempenho operacional das empresas adquiridas foram correspondentes ou excedidos pelas de referência, que não foram alvo de aquisições, e grande parte da criação de valor em empresas adquiridas veio do aumento da alavancagem.[3]

- **Alavancagem financeira:** como muitas aquisições recebem financiamento desproporcional com dívida, o peso da dívida nas empresas-alvo aumenta após uma aquisição, como pode ser visto na Tabela 17.4:

Tabela 17.4 • Dívida em relação ao total de ativos em empresas adquiridas

Ano	Aquisições alavancadas com fluxo de caixa excedente		Aquisições alavancadas com déficit de caixa		Todas as empresas	
	Média	Mediana	Média	Mediana	Média	Mediana
Ano −2	45,30%	40%	48,80%	41,70%	47,50%	41%
Ano −1	41,30%	40,80%	46,80%	44,10%	44,70%	43,20%
Ano da aquisição alavancada	73,10%	69,50%	75,80%	77,50%	74,80%	75,40%
Ano +1	74,80%	69,60%	76,70%	78,70%	76%	77,60%
Ano +2	80%	76%	84,50%	77,60%	82,70%	77,50%

Fonte: Cohn, Mills, and Towery (2014), de um studo de 317 LBOs, 1995–2007.

Observe o salto nos índices de dívida no ano das aquisições, algo esperado, mas perceba também que os índices de dívida permanecem elevados nos anos após a aquisição, o que acaba com uma crença predominante de que a dívida logo é paga nos primeiros anos após as aquisições. Essa dívida adicional traz benefícios fiscais, e o valor criado representa uma parte significativa da criação de valor na maioria das aquisições alavancadas, mas aumenta o risco de distress na empresa-alvo e as chances de inadimplência.

- **Dividendos e retorno em dinheiro:** a aquisição em si representa um retorno significativo em dinheiro para os acionistas da empresa pré-aquisição, mas há quem tema que os investidores de private equity paguem grandes dividendos a si próprios logo após a compra. As evidências sugerem que esses dividendos especiais continuam raros. Em um estudo acerca de 788 empresas-alvo de capital privado, monitoradas entre 1993 e 2009, só foram encontrados 42 casos de dividendos especiais pagos a investidores de private equity.

Em resumo, na maioria das aquisições, os investidores de private equity cumprem a promessa de mudança, porém com maior foco na parte da estrutura de capital, aumentando a dívida para aproveitar benefícios fiscais, do que nas melhorias na operação. À medida que investidores obtêm seus maiores retornos nas empresas em que podem reabrir o capital ao mercado de ações, há alguma base para acreditar que a recompensa em muitas aquisições vem tanto de encontrar o momento certo de mercado para as negociações quanto das mudanças reais implementadas.

Passemos para o investimento ativista. A essência dessa abordagem é desafiar a gestão atual, mas em que dimensões o desafio é imposto e com que sucesso? Um estudo de 2013 sobre 1.164 campanhas de investimento ativista entre 2000 e 2007

474 | O ciclo de vida corporativo

documentou as demandas requeridas pelos ativistas e a taxa de sucesso de cada uma, como é possível conferir na Tabela 17.5:

Tabela 17.5 • Demandas dos ativistas e taxas de sucesso

Demanda ativista	# campanhas	% da amostra	% taxa de sucesso
Mudanças estratégicas e operacionais			
Venda de empresa para terceiros	159	31,55%	32,08%
Reestruturação operacional	69	13,69%	34,78%
Converter para capital fechado (a partir de capital aberto)	52	10,52%	40,38%
Estrutura de capital e política de dividendos			
Mais dividendos e recompras	78	15,48%	16,67%
Aumentar a carga da dívida	22	4,37%	31,82%
Fusões e aquisições			
Sair de uma fusão anunciada	63	12,50%	28,57%
Governança corporativa			
Remover CEO, separar CEO do presidente do conselho	27	5,36%	18,52%
Reduzir a remuneração dos executivos	20	3,97%	15%
Aumentar a divulgação de informações	14	2,78%	35,71%

Como é possível notar, as demandas dos ativistas variam de mudanças nas operações até divulgações mais amplas, e a taxa de sucesso varia em níveis significativos entre as demandas. Além disso, o artigo também apresenta alguns fatos interessantes sobre o ativismo:

1. A taxa de fracasso no investimento ativista é muito alta, com dois terços dos investidores ativistas saindo antes de fazerem qualquer demanda formal.
2. Entre os investidores ativistas que persistem, menos de 20% solicitam um assento no conselho, 10% ameaçam uma disputa por procuração e apenas 7% levam a cabo essa ameaça.
3. Ativistas que avançam e fazem demandas de gestão são mais bem-sucedidos (taxa de sucesso entre parênteses ao lado de cada ação) quando exigem o fechamento de capital de uma empresa-alvo (41%), a venda de uma empresa-alvo (32%), a reestruturação de operações ineficientes (35%), ou a divulgação mais ampla de informações (36%). São menos bem-sucedidos quando pedem mais dividendos/recompras (17%), a remoção do CEO (19%) ou alterações nos salários dos executivos (15%). No geral, os ativistas conseguem cerca de 29% de suas demandas de gestão.

A partir desse artigo, descobriu-se também que a participação mediana de um fundo hedge ativista é de cerca de 7%, havendo pouca diferença entre campanhas amigáveis e hostis. Assim, a maioria dos fundos hedge ativista tenta alterar as práticas de gestão com participações relativamente pequenas e tem períodos médios de retenção de cerca de dois anos, embora a mediana seja muito menor (cerca de 250 dias).

Como acontece com as aquisições, ao analisar as empresas que foram visadas e que por vezes tiveram o controle assumido por investidores ativistas, posso classificar as mudanças implementadas em quatro grupos, potenciais medidas de aumento de valor:

- **Venda de ativos e desempenho operacional:** dependendo do tipo de grupo de investidores ativistas analisado e do período, não há evidências conclusivas sobre essa questão. Os desinvestimentos de ativos de fato aumentam após o investimento ativista em empresas-alvo, mas não em proporções drásticas. Há indícios de que as empresas visadas por ativistas individuais testemunham uma melhoria em retorno do capital e outras medidas de lucratividade, em comparação aos seus grupos de pares, enquanto as visadas pelos fundos hedge ativistas não desfrutam de um salto semelhante nas medidas de lucratividade.
- **Estrutura de capital:** em relação à alavancagem financeira, verifica-se um aumento moderado (cerca de 10%) nos índices de endividamento nas empresas que são alvo de fundos hedge ativistas, mas o aumento não é acentuado nem significativo em termos de estatística. Há aumentos expressivos na alavancagem financeira em um pequeno subconjunto de empresas que são alvo de ativismo, mas o senso comum de que os investidores ativistas exageram na utilização da dívida não é confirmado na amostragem global. Em um estudo, observa-se um fenômeno preocupante, pelo menos para aqueles que detêm títulos em empresas visadas, em que os preços dos títulos caem em torno de 3 a 5% nos anos após as empresas serem alvo de ativistas, bem como maior probabilidade de redução na nota de classificação desses títulos.
- **Política de dividendos:** os dividendos das empresas visadas pelos ativistas costumam aumentar, e há mais retorno de caixa aos acionistas, com o caixa retornando como uma maior porcentagem dos lucros, algo entre 10 a 20%.
- **Governança corporativa:** o maior efeito do investimento ativista está na governança corporativa. Nas empresas que foram alvo de ativistas, a probabilidade de rotatividade de CEOs aumenta 5,5% em relação ao ano anterior ao ativismo. Além disso, a remuneração dos CEO diminui nos anos após o ativismo e se torna mais ligada ao desempenho.

Em resumo, os investidores de private equity pressionam as empresas-alvo por mudanças, mas muitos parecem se contentar com pouco ou desistir cedo demais. Apenas um pequeno subconjunto de investidores ativistas tem os meios e o estômago para lidar com os gestores em exercício necessários para causar mudanças reais.

As firmas de private equity e os investidores ativistas conseguem obter retornos elevados?

É provável que, após esta longa introdução sobre aquisições e investidores ativistas fique a dúvida a respeito de se as firmas de private equity e os investidores ativistas obtêm retornos mais elevados do que aqueles do mercado acionário.

PRIVATE EQUITY

Para verificar se o private equity como um todo gera retorno excedente para seus investidores, analisei os retornos anuais de private equity e os comparei aos retornos obtidos no mercado público de ações na Figura 17.5.

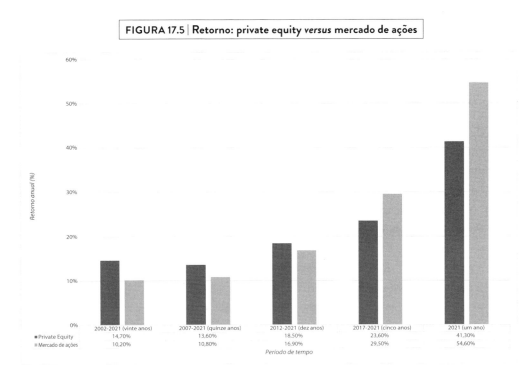

FIGURA 17.5 | Retorno: private equity versus mercado de ações

	2002-2021 (vinte anos)	2007-2021 (quinze anos)	2012-2021 (dez anos)	2017-2021 (cinco anos)	2021 (um ano)
Private Equity	14,70%	13,60%	18,50%	23,60%	41,30%
Mercado de ações	10,20%	10,80%	16,90%	29,50%	54,60%

Período de tempo

O private equity teve um desempenho superior ao mercado de ações durante períodos mais longos, variando de dez a vinte anos, mas alcançou um desempenho inferior nos últimos anos. Na verdade, há indicação de que quaisquer retornos excedentes registrados pelos investidores de private equity, em especial nos seus primeiros anos de existência, foram corroídos à medida que esse mercado ficou mais lotado e competitivo. Os resultados de um estudo de 2015 sobre os retornos dos fundos de aquisição reforçam essa conclusão, apontando que, embora os fundos de aquisição tenham rendido um média de 3 a 4% mais do que os fundos de ações públicas antes de 2005, esses retornos excedentes desapareceram, o que os colocou no mesmo nível das ações da bolsa desde então. Esse efeito pode ser visto na Figura 17.6, em que há a representação gráfica dos alfas de private equity em relação ao índice S&P 500:

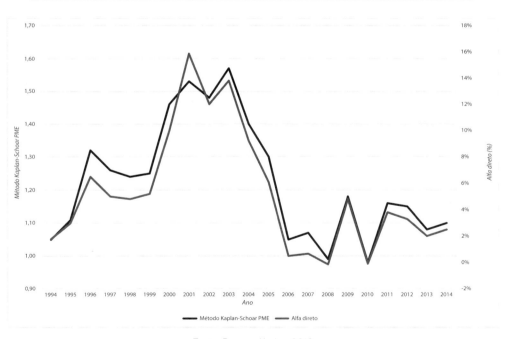

FIGURA 17.6 | Retornos excedentes (Alfas) para private equity versus S&P 500, 1993-2015

Fonte: Brown e Kaplan, 2019

Naturalmente, isso vale para todos os investidores de private equity, e é possível que, tal como para o venture capital, os melhores fundos de private equity tenham tido um desempenho muito melhor e mais consistente do que as médias sugerem. Mais uma vez, o que a pesquisa parece sugerir é que, embora os investidores de private equity tenham mostrado sinais de persistência, e os vencedores continuem ganhando nos dados anteriores a 2000, grande parte dessa persistência desapareceu de 2000 para cá. Ao avaliar os retornos dos private equity, vale notar que se baseiam em valores avaliados para investimentos não negociados nas carteiras, e, como no caso dos retornos reportados pelos venture capital, é preciso ter cuidado ao aceitar esses números como fidedignos.

INVESTIMENTO ATIVISTA

Em geral, as evidências a respeito de se os investidores ativistas ganham dinheiro são inconclusivas e variam a depender de qual grupo é estudado e de que maneira os retornos são medidos.

1. Os fundos mútuos ativistas parecem ter a menor compensação pelo ativismo, com poucas mudanças acumuladas para a governança corporativa, o desempenho ou os preços das ações das empresas-alvo. Os mercados parecem reconhecer isso, já que há estudos que examinam as chamadas "disputas por procuração" (proxy fights), e a conclusão é de que há pouca ou nenhuma reação do preço das ações a essas propostas feitas por investidores institucionais ativistas. Já os fundos hedge ativistas parecem obter retornos excedentes substanciais, com uma variação de 7% a 8% anualizados na extremidade mais baixa a 20% ou mais na extremidade mais alta da margem. Ativistas individuais parecem ficar no meio do caminho, obtendo retornos mais altos que investidores institucionais, mas mais baixos do que os fundos hedge.

2. Embora o retorno médio excedente obtido pelos fundos hedge e pelos ativistas individuais seja positivo, há certa volatilidade substancial, e sua magnitude é sensível ao índice de referência utilizado e ao processo de ajustamento ao risco. Em termos menos abstratos, os investidores ativistas sofrem reveses frequentes nas suas campanhas, e o retorno não é garantido nem previsível.

Definir as empresas certas como alvo, adquirir ações nelas, exigir representação no conselho e realizar disputas por procuração são processos muito caros, e os retornos nas empresas-alvo devem exceder os custos do ativismo. Embora em nenhum estudo mencionado até então tenha sido levado esses custos em consideração, um estudo concluiu que o custo de uma campanha ativista em uma empresa média era de 10,71 milhões de dólares e que o retorno líquido para o investimento ativista, se esses custos forem considerados, cai rumo ao zero. O retorno médio entre os investidores ativistas esconde um fator-chave: a distorção na distribuição, com retornos mais positivos entregues por investidores ativistas no quartil superior. O investidor ativista mediano talvez chegue apenas ao ponto de breakeven, ainda mais após contabilizados os custos do ativismo.

O que você pensa sobre o investimento ativista como fonte de retornos excedentes não importa; se você é acionista de uma empresa de capital aberto, a entrada de um investidor ativista em seu público acionista é uma boa notícia, já que os preços das ações aumentam bastante no anúncio de uma aquisição e continuam sua tendência de alta. A Figura 17.7 é oriunda de um estudo dos retornos de investimentos ativistas e fornece uma medida de como as ações de uma empresa-alvo respondem aos anúncios de uma campanha ativista, em geral pelo registro do protocolo 13D junto à SEC (Securities and Exchange Comission) — que indica a compra de 5% ou mais das ações de uma empresa negociada em bolsa de valores.

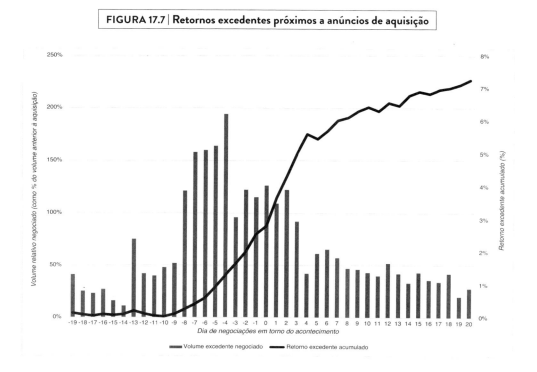

FIGURA 17.7 | Retornos excedentes próximos a anúncios de aquisição

Perceba que os preços das ações sobem não apenas com o registro do protocolo 13D (na prática, o momento em que os mercados tomam conhecimento da atividade ativista) como também nos dias anteriores e posteriores a essa data. A tendência nos dias anteriores talvez seja um indicativo de trading com base em informações privilegiadas, e a tendência após a data talvez indique o efeito do momentum. No mesmo artigo, os pesquisadores examinam os retornos do ativismo comparando os retornos obtidos pelos fundos hedge ativistas aos retornos de todos os fundos hedge e em ações negociadas na bolsa. Os resultados estão na Figura 17.8:

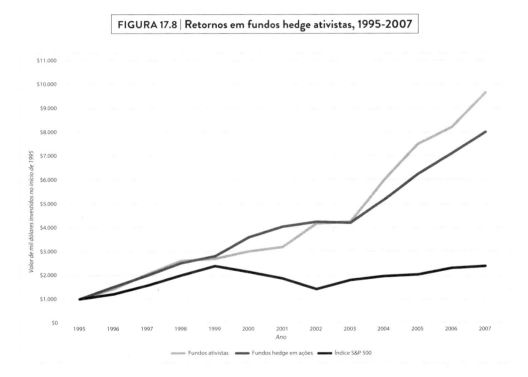

A recompensa acumulada no investimento de fundos hedge ativista excede os retornos sobre os fundos hedge de ações em geral, e os retornos do índice do mercado acionário ficam atrás de ambos.

Como nota final, devo apontar que, assim como no caso do venture capital, há sinais de que os melhores investidores ativistas ganham retornos mais altos que a média, e com consistência. Em um estudo de campanhas de investimentos ativistas entre 2008 e 2014, demonstrou-se que fundos hedge que adquirem uma reputação de influência e experiência, com base em sua capacidade de não apenas escolher as empresas certas como também permanecer nelas para forçar mudanças, têm impac-

Investimentos no declínio e em dificuldades | **481**

tos de preços muito maiores quando colocam o alvo em novas empresas e obtêm retornos mais altos por essa escolha.

Investimento abutre

Os investidores de private equity e os ativistas se concentram em mudar a gestão das empresas nas quais estão focados, e essa procura os faz prestar mais atenção nas empresas maduras e em declínio, mas outro grupo de investidores é atraído por esses mesmos tipos de empresa, embora por motivos diferentes. Em vez de tentar mudar as operações e os financiamentos das empresas, esse segundo grupo busca aquelas que seu julgamento determina valer mais se forem liquidadas ou desmembradas e tenta lucrar por meio da estratégia de colocar pressão para que esses processos aconteçam.

O que é investimento abutre?

Os investidores abutres assumem muitas formas, mas compartilham uma afinidade por investir ou negociar em empresas em declínio ou em dificuldades, firmes na crença de que esses investimentos acarretarão elevados retornos ajustados ao risco. Esses são vários tipos comuns de investidor abutre:

1. **Os liquidatários:** no Capítulo 13, no qual explico o valuation de empresas em distress e em declínio, aponto que os valores de algumas dessas empresas em continuidade operacional (going concern), administradas por uma gestão em negação, podem ser inferiores aos valores de seus ativos em liquidação. Alguns investidores notam essa disparidade, definem as empresas desse grupo como alvo de aquisição e, depois que as adquirem, as liquidam. Se estiverem certos em seu julgamento inicial (ou seja, que o valor de liquidação da empresa é maior que o seu valor em continuidade operacional) e puderem pagar um preço menor do que a liquidação renderá, ficarão com a diferença. Existem três desafios para quem segue essa premissa. O primeiro é que a avaliação inicial de que o valor em continuidade operacional é menor que o valor da liquidação pode estar errada. Já o segundo é que mesmo que a avaliação inicial esteja correta, esses investidores podem provocar o aumento dos preços das ações ao adquirirem a empresa, a ponto de não restar margem de valor excedente. Por fim, o terceiro é que o processo de liquidação pode ser caro e demorado, e esperar muito tempo para liquidar ou aceitar muito desconto de liquidação também pode acabar com os retornos excedentes.

2. **Especialistas em desmembramentos:** os especialistas em desmembramentos começam com a mesma premissa dos liquidatários (ou seja, que suas empresas-alvo não devem continuar em funcionamento), mas, em vez de liquidar ativos, seu objetivo é dividir, desmembrar ou separar a empresa em partes menores, cada uma seguindo em continuidade operacional. O sucesso nessa abordagem reside, mais uma vez, na escolha das empresas certas, mas também na precisão na escolha de desmembrar, separar ou desinvestir empresas.

3. **Traders:** esse grupo de investidores abutres engloba aqueles que acreditam que, embora as empresas em declínio possam enfrentar um futuro sombrio, é possível obter lucros comerciais durante o declínio e o distress. Em alguns casos, esses lucros podem vir da compreensão do processo legal de falência e da reestruturação de empresas que ocorre em torno do processo e do trade antecipando o mercado, seja pelo patrimônio, seja por dívidas. Em outros casos, os lucros de trading podem vir da negociação de diferentes títulos emitidos por uma empresa em declínio que estejam sendo mal precificados entre si. Assim, se uma empresa em declínio possui ações, títulos e títulos conversíveis que estão ativos e líquidos, será possível avaliar o preço desses papéis e criar posições quase sem risco, comprando títulos subprecificados e vendendo os sobreprecificados.

Tendências no investimento abutre

Para uma noção de quantos investidores seguem o caminho da liquidação, partimos da análise de todas as liquidações empresariais, mas muitas são liquidações forçadas, motivadas por falências, em que os tribunais supervisionam o processo e o momento em que a liquidação ocorre. São as liquidações corporativas voluntárias — ou seja, empresas que optam por liquidar seus ativos por conta própria, e não por pressão legal ou dos credores — que estão no cerne do investimento em liquidação, e há razões para que se acredite que essa subcategoria tem fluxos e refluxos ao longo do tempo, acompanhando as liquidações como um todo. Quanto às cisões (spin-offs) e separações (split-offs), as estatísticas são mais evidentes, e a Figura 17.9 resume o número de spin-offs por ano, de 2008 a 2021:

Investimentos no declínio e em dificuldades | 483

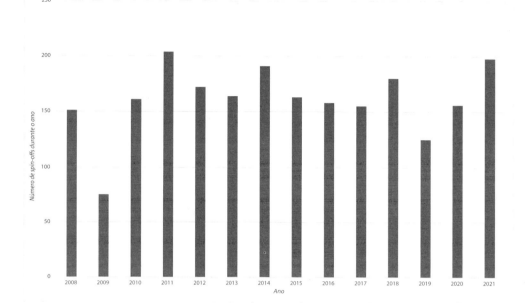

FIGURA 17.9 | Número global de spin-offs, por ano, 2008–2021

Há muitas empresas de destaque na lista de spin-offs recentes, e há diversos motivos para isso. O Altria Group, por exemplo, desmembrou sua unidade alimentar (Kraft Heinz) sob a preocupação de que um negócio (tabaco) contaminasse o outro. Já na HP o que aconteceu foi uma tentativa de recuperar um caminho para o crescimento, face aos desafios de crescimento e rentabilidade que enfrentava como empresa. Em outros casos, como o da Dell, o spin-off (neste caso, da VMware) foi uma tentativa de capturar os preços elevados que estavam sendo atribuídos pelos investidores ao negócio em desmembramento.

Quando se trata dos traders, em que os investidores operam comprados ou vendidos nas dívidas e no patrimônio de empresas em dificuldades, o mercado para esses papéis, em especial para as dívidas, cresceu bastante nos últimos anos, com títulos consolidados no mercado que caíram em distress complementados por emissões originais de papéis de dívida de alto rendimento. A Figura 17.10 traz um cenário dos diferentes componentes da dívida corporativa de baixo rating ao longo dos anos:

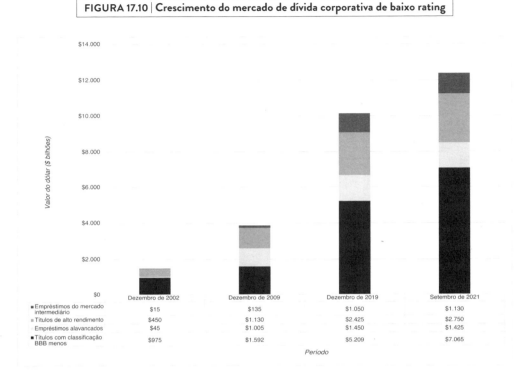

FIGURA 17.10 | Crescimento do mercado de dívida corporativa de baixo rating

Com o crescimento do mercado potencial para a negociação de dívidas de alto risco, também cresceram os fundos destinados a ele. A Figura 17.11 resume os ativos sob gestão (AUM) dos fundos em distress de 2000 a 2020:

FIGURA 17.11 | Ativos sob gestão em fundos de dívida em distress, 2000-2020

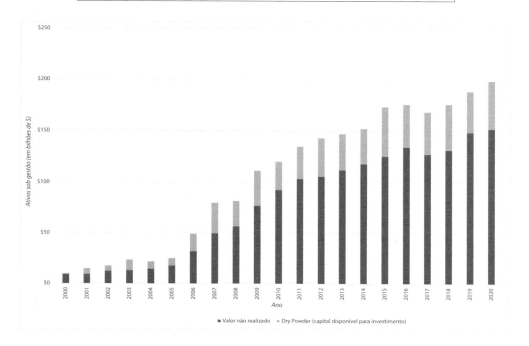

Em resumo, o investimento abutre, em todas as suas formas, teve crescimento na última década, mas com um conjunto diversificado de players jogando com diferentes objetivos.

Modus operandi

Acompanhando o ciclo de vida corporativo, notei que investir em startups e empresas muito jovens dificilmente é uma atividade passiva, e que os investidores de capital de risco, além de fornecer capital, também precisam dar apoio e aconselhamento para ajudar as empresas a criarem modelos de negócios funcionais. Avançando pelo ciclo de vida e com mais empresas abrindo capital, há a possibilidade de fazer investimentos ainda mais passivos, encontrando e comprando ações baratas para mantê-los. Na fase em declínio do ciclo, mais ativismo volta a ser exigido, uma vez que as mudanças pelas quais se está pressionando (seja nas operações e na estrutura de capital, como uma firma de private equity, seja pela liquidação e pelos desmembramentos, como um investidor abutre) não vão acontecer sem que esses investidores exerçam seu poder.

LIQUIDAÇÃO (VOLUNTÁRIA)

Caso seu objetivo final seja liquidar uma empresa por acreditar que o valor de liquidação supera o valor em continuidade operacional, é preciso seguir essa sequência depois de obter o controle da companhia:

1. O conselho administrativo terá que concordar com a liquidação. Após o consentimento, um liquidatário é nomeado.
2. O liquidatário vende os ativos no mercado por dinheiro e equivalentes, e em geral tem o poder legal de agir em nome da empresa.
3. Uma vez liquidados os ativos, o liquidatário seguirá a ordem das obrigações, a começar pela dívida mais sênior, passando então para a dívida subordinada e o chamado "financiamento mezanino". O caixa residual vai para investidores acionistas.

As chaves para lucrar com a estratégia seguem essa sequência. Em primeiro lugar, ao adquirir a empresa-alvo, é necessário garantir que o preço não será elevado a um nível superior ao valor de liquidação — um requisito óbvio, mas que muitas vezes é difícil de cumprir. Em segundo, os custos associados à liquidação, incluindo quaisquer descontos que possam ter de ser oferecidos pela venda mais rápida dos ativos e impostos devidos, precisam ser controlados para manter os lucros excedentes. Por fim, o investimento em liquidação tem maior probabilidade de sucesso quando os ativos da empresa-alvo são mais líquidos, para começar, e quando o valor de mercado da empresa em distress é muito inferior ao valor de liquidação daquilo que ela possui.

SPIN-OFFS E SPLIT-UPS

Outra ação para os investidores que visam empresas em declínio é pressionar pelo spin-off de parte ou grande parte dos negócios da empresa, ou pelo split-off da empresa entre suas partes, com a expectativa de que essas medidas tragam à tona seu valor oculto. Para compreender a escolha entre spin-off, split-off e split-up, vou traçar as semelhanças e diferenças entre essas ações:

a. **Spin-off:** a empresa controladora seleciona parte de seus negócios (uma subsidiária, uma região específica etc.) e cria uma empresa independente, com uma estrutura de governança independente. Os acionistas da empresa controladora recebem uma participação acionária proporcional na entidade resultante do spin-off.
b. **Split-off:** segue o mesmo script de um spin-off, já que empresa-mãe cria uma empresa independente que possui parte de seus negócios. No entanto, os acio-

nistas da empresa controladora têm a opção de trocar as ações dela pelas da empresa resultante do split-off ou de permanecerem como detentores de ações da empresa controladora.

c. **Split-up:** a empresa-mãe é dividida em duas ou mais entidades e então é liquidada, e os acionistas passam a receber ações nas novas entidades.

Para simplificar: as diferenças mais significativas entre spin-offs, split-offs, e split-ups estão na participação proprietária dos acionistas da empresa controladora, incluindo suas consequências fiscais.

Os benefícios de interromper uma empresa com um spin-off, split-off, ou split--up podem variar entre:

a. **Erros de mercado:** a lógica mais simples para uma divisão é que o mercado está avaliando de forma equivocada toda a empresa como menos do que a soma de suas partes.

b. **Partes contaminadas:** certa divisão de uma empresa pode estar sobrecarregada com passivos reais, percebidos ou potenciais que são grandes demais, a ponto de derrubar o valuation do restante. Essa foi a lógica das empresas de tabaco, diante de possíveis pagamentos de bilhões de dólares em ações ajuizadas por fumantes: os negócios não ligados ao tabaco foram desmembrados. Na mesma linha, uma empresa com uma subsidiária muito regulamentada ou limitada pode achar que essas restrições se espalham para seus outros negócios, tornando-os menos lucrativos.

c. **A narrativa da eficiência:** nas décadas de 1960 e 1970, algumas empresas foram desenvolvidas com o objetivo de abranger vários negócios, na presunção de que os conglomerados teriam vantagens significativas sobre seus concorrentes menores. Em estudos realizados nas últimas três décadas, sugere-se que tal otimismo estava equivocado e que os conglomerados são muitas vezes menos eficientes do que os concorrentes, obtendo retornos e margens de lucro mais baixos. Se a gestão das companhias multiempresas for pior do que a da concorrência, talvez porque os gestores estejam dispersos demais entre as empresas, ou porque há subsídios cruzados, então dividi-las nos negócios individuais deverá aumentar a eficiência, os lucros e o valor.

d. **A narrativa da simplicidade:** as multiempresas não são apenas mais difíceis de gerir, são também mais difíceis de avaliar. Empresas como a GE e a United Technologies, que contam com diferentes negócios, podem ter características de risco, fluxo de caixa e crescimento muito diferentes, e chegar a um número consolidado talvez seja complicado. Nos tempos bons, os investidores podem ignorar as complexidades do valuation, confiar nos gestores e dar um valor alto às multiempresas. Em tempos difíceis, eles não serão tão caridosos e punirão as empresas mais complexas, descontando seu valor. Dividir as empresas em porções pequenas, mais fáceis de avaliar, pode aumentar a quantia a que os investidores estão dispostos a pagar, ainda mais em um momento de "crise" no mercado.

e. **A narrativa tributária:** quando as leis fiscais são complexas, o desmembramento pode causa uma redução dos tributos. Por exemplo, vamos supor que o governo dos Estados Unidos decida tributar toda a receita gerada pelas empresas norte--americanas, em qualquer lugar do mundo, na taxa de imposto corporativo dos Estados Unidos no ano em que a renda é gerada (e não quando é repatriada de volta, como é a lei atual). Multinacionais como a GE e a Coca-Cola, que geram uma parcela significativa de impostos no mercado estrangeiro, a taxas de impostos mais baixas, poderão diminuir sua tarifa de impostos ao se dividir em corporações domésticas e internacionais independentes, com diferentes acionistas, gestores e estruturas de governança corporativa.

Do outro lado do balanço, também há custos oriundos da divisão:

a. **Perdas de economia de escala:** a combinação de empresas em uma organização maior pode criar economia de custos. Assim, um grupo de empresas de bens de consumo pode se beneficiar de ser consolidado em uma unidade, contando com custos compartilhados de publicidade e distribuição. A divisão vai resultar na perda dessas economias.

b. **Acesso reduzido ao capital (e custos mais elevados):** se os mercados externos de capitais (ações e títulos) não estiverem desenvolvidos ou estiverem pressionados, a combinação de negócios em uma empresa consolidada pode proporcionar acesso ao capital. Os fluxos de caixa excedentes de negócios ricos em caixa podem ser utilizados para financiar as necessidades de reinvestimento em empresas com pouco dinheiro.

c. **Perda de sinergias:** em algumas multiempresas, os diferentes negócios se alimentam do sucesso uns dos outros, tornando o todo maior que a soma de suas partes.

Em suma, a recompensa da divisão de uma empresa em partes depende de os aspectos positivos superarem os negativos.

DISTRESS E FALÊNCIA

Para estratégias de investimento construídas em torno do distress e da falência, é necessário entender a sequência de acontecimentos, apresentada na Figura 17.12:

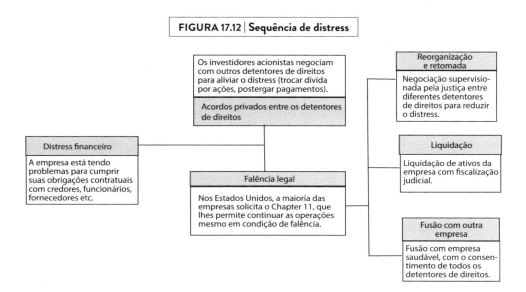

O caminho menos doloroso para uma empresa em distress é uma reestruturação financeira que resolva os seus problemas, seja por meio de uma negociação privada, seja como uma empresa de capital aberto, sem envolvimento judicial. Pela Lei de Falências dos Estados Unidos, se a reestruturação não funcionar, a empresa deve declarar falência, ao abrigo do Chapter 7 (pelo qual deve cessar as operações) ou do Chapter 11 (pelo qual pode continuar operando, com proteções legais, mas sob supervisão judicial). Embora o Chapter 7 seja seguido de liquidação, há três possíveis estratégias de saída do Chapter 11:

a. **Liquidação:** o processo de liquidação em caso de falência tem a estrutura semelhante a uma liquidação voluntária, com duas diferenças potencialmente significativas. A primeira é que o liquidatário é nomeado e responde perante o tribunal de falências, e não o conselho de administração ou os acionistas. A segunda é que as liquidações judiciais tendem a ser mais dispendiosas, e os custos de liquidação se tornam um obstáculo maior para as receitas.

b. Reorganização: na sequência de um pedido de falência, os diferentes detentores de direitos na empresa podem tentar reestruturar seus créditos de uma forma que alivie o distress, e a alternativa é a pressão proveniente da liquidação judicial. Qualquer plano que surja deve passar por votação e ser aceito pelos credores, detentores de títulos e acionistas, além de confirmado pelo tribunal. Em última análise, o tribunal pode desconsiderar a votação e ainda assim validar o plano, caso considere que ele trata credores e acionistas de forma justa.

c. Incorporação: há uma terceira opção, embora apenas em um subconjunto de casos, em que uma fusão com uma empresa saudável reduz o distress em uma empresa ou torna a situação menos iminente, o que viabiliza uma saída do processo de falência.

No contexto dessa estrutura, os investidores podem recorrer a quatro opções para gerar retornos excedentes:

1. **Retomada operacional:** para as empresas passando por dificuldades, a maneira mais fácil de sair da falência é retornar à lucratividade operacional, talvez até com crescimento. Em alguns casos, a recuperação pode ser impulsionada por uma economia mais forte ou por um boom setorial. Em outros, pode refletir mudanças implementadas na empresa que mudam o cenário operacional para melhor. Investidores que adquirem empresas em dificuldades na expectativa de recuperação operacional, caso estejam certos, serão beneficiados ao deterem a dívida ou participação na empresa.

2. **Valuation de liquidação/incorporação:** nos casos em que o retorno operacional não é possível, os investidores em uma empresa em distress podem se beneficiar caso uma liquidação entregue muito mais em receitas do que o esperado, ou um potencial comprador da empresa esteja disposto a pagar um prêmio.

3. **Reorganização dos créditos:** tanto nas reorganizações privadas como nas supervisionadas judicialmente, haverá uma reestruturação, e alguns detentores de créditos ficarão em melhor situação à custa de outros. Se você tiver direitos e conseguir encontrar uma maneira de ser beneficiário de uma reestruturação, o próximo passo será conseguir lucrar com seus créditos.

4. **Erro de precificação pelo mercado:** quando as empresas aderem ao Chapter 11, os títulos que emitiram no mercado podem continuar sendo negociados, enquanto os investidores embutem preço nesses papéis, o que reflete como esperam que o distress se desenrole. Como os mercados cometem erros em seus juízos de preços, os traders podem explorar essas diferenças comprando papéis subprecificados ou vendendo a descoberto títulos sobreprecificados. Em alguns casos,

traders podem até ser capazes de travar os erros de precificação e garantir lucros, ou seja, fazer arbitragem.

Retornos em investimentos abutres

O interesse em investir em empresas em declínio ou distress cresceu ao longo do tempo, e mais fundos acompanharam esse interesse, então vale a pena ponderar se os investidores nesse grupo superam, acompanham ou são superados pelo mercado. Os estudos que examinam essa questão se enquadram em dois grupos: o primeiro verifica como as ações das empresas se comportam próximo a anúncios, ocorrências de liquidações ou spin-offs, e o segundo analisa os retornos obtidos por investidores focados em empresas em distress.

Para exemplificar um caso do primeiro grupo de estudos, no qual as reações dos preços das ações aos acontecimentos são acompanhadas e registradas, avalie, a partir da Figura 17.13, como os preços das ações das empresas reagem a um spin-off, em um contexto no qual os pesquisadores analisaram todos os spin-offs entre 2010 e 2016.

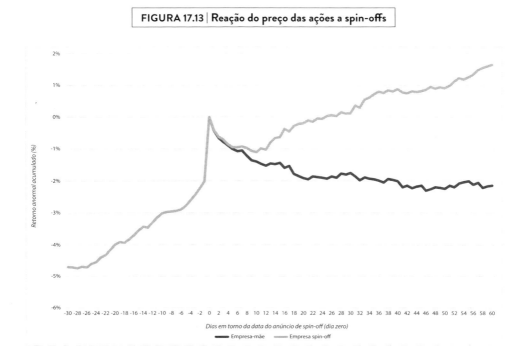

Os resultados são inconclusivos, em um cenário no qual o preço das ações da empresa spin-off sobe, mas da empresa-mãe cai, o que deixa os acionistas desta, que também recebem ações do spin-off, em uma operação neutra. Outro exemplo é o de um estudo que analisa como os preços de ações e títulos das empresas em distress se comportam perto do início desse distress, como visto na Figura 17.14:[1]

FIGURA 17.14 | Preços de ações e títulos próximo ao início da crise (distress)

Não surpreende que os preços das ações e dos títulos nas empresas em maior dificuldade caiam antes do início do distress, mas também se recuperem até quase igualarem os retornos das empresas em menor dificuldade. Embora isso deixe os investidores insensíveis a longo prazo, pelo menos oferece uma base para traders obterem lucros, se conseguirem acertar o timing das negociações nessas empresas em distress.

No segundo grupo de estudos estão aqueles que analisam os retornos entregues por investidores focados nas empresas em distress, em relação aos mercados e aos investidores em empresas saudáveis. Na Figura 17.15, comparo os retornos gerados por fundos hedge que investem em dívidas de distress e os retornos de fundos hedge de títulos corporativos e fundos hedge em ações em diferentes intervalos de tempo:

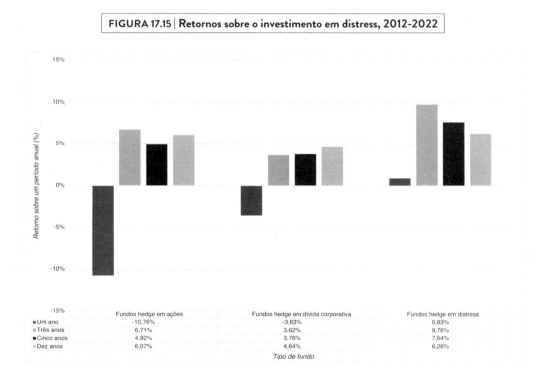

Os resultados, como se pode notar, são de que os fundos hedge de endividamento em distress tiveram um desempenho superior, pelo menos em média, aos fundos de ações e aos fundos de dívida empresarial, embora a diferença diminua à medida que analisamos períodos de tempo mais longos.

Conclusão

As empresas em declínio não são atrativas, ainda mais considerando o distress, mas ainda podem ser bons investimentos. Neste capítulo, analisei os investidores que habitam esse ambiente, a começar pelos fundos de private equity que visam empresas que consideram baratas, mas que necessitam de ajustes, para então comprá-las, repará-las e voltarem a abrir seu capital. Uma variante aproximada são os investidores ativistas que assumem participações nessas empresas e pressionam os gestores para que mudem a gestão. Para ambos os grupos, apresento provas de que, embora no agregado os dois obtenham retornos excedentes, isso diminui ao longo do tempo, sendo obtidos por um pequeno subconjunto de cada grupo.

Na segunda parte do capítulo, foquei os investidores que têm como alvo empresas em declínio e em distress com um objetivo, a começar pelos liquidatários, cuja intenção é de adquirir empresas que acreditam valer mais se forem liquidadas ou como a soma de suas partes do que ao manter a continuidade operacional. Por fim, analisei as empresas em distress e em processo de falência e os traders que tentam explorar os erros de precificação ou atritos desse processo para obter lucros. Do ponto de vista do investimento, as evidências de que esse grupo de investidores ganha dinheiro permanecem inconclusivas, em um cenário em que retornos excedentes são acumulados muitas vezes pelo subconjunto desses investidores que têm uma vantagem no campo jurídico, no qual muitas dessas empresas acabam em liquidação.

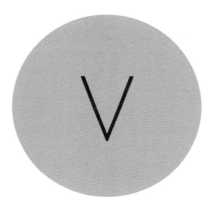

Gestão ao longo do ciclo de vida

18

Introdução à gestão:
Uma visão geral do ciclo de vida

SE PODEMOS TIRAR uma lição de nossa análise das diferentes dimensões ao longo do ciclo de vida corporativo, é que não há uma receita de bolo que sirva para todas as situações. Nos capítulos sobre financiamento corporativo, aponto que não é só o foco de uma empresa que muda ao longo do ciclo de vida, mas também a forma como são tomadas as decisões de investimento, financiamento e dividendos. Nos capítulos sobre valuation, defendo que os desafios desse processo mudam de acordo com o tipo de empresa sendo avaliado, sejam as empresas jovens, as maduras e até mesmo aquelas em declínio. Nos capítulos sobre investimento, examino como investidores com visões divergentes acerca de como os mercados cometem e corrigem erros visam empresas em diferentes estágios do ciclo para aplicar seus investimentos.

Neste capítulo, analiso os desafios de gestão que as empresas enfrentam ao avançarem no ciclo de vida e defendo que as qualidades que contribuem para uma boa gestão são diferentes nas empresas jovens, nas maduras e nas em declínio. Também aponto as incompatibilidades de gestões cujas competências não correspondem às exigidas pelas empresas sob sua administração. Depois de analisar algumas razões para essas incompatibilidades, examino a questão que arde no cerne da governança corporativa: se essas incompatibilidades podem ser corrigidas e, em caso afirmativo, de que forma.

Gestão ao longo do ciclo de vida

Nesta seção, começo por uma análise sobre as muitas funções e os muitos papéis desempenhados pela alta gerência, em particular o CEO. Em seguida, examino o significado das funções/dos papéis conforme a empresa passa pelo ciclo de vida, tendo isso como a base para argumentar que, apesar dos mitos, não existe um modelo único para um grande CEO, e que o CEO certo é aquele que reflete a posição especial e o ponto do ciclo de vida da empresa.

O que os gestores fazem?

Qual é o papel do gestor em um negócio? Dadas as muitas tarefas incluídas em criar, erguer e administrar um negócio, não é surpresa que a lista seja longa, mas eu classificaria os deveres de um gestor em cinco grandes grupos:

1. **Contar histórias:** como observo no Capítulo 9, todo negócio é construído em torno de uma história, que por sua vez determina o valuation e, às vezes, a precificação do negócio. Embora a história seja fundamentada nos produtos oferecidos e nos mercados que a empresa procura, é função do alto gestor elaborá-la e contá-la aos investidores, funcionários e consumidores. É evidente que a importância desse componente do trabalho de um CEO muda de acordo com a fase do ciclo de vida em que a empresa está, sendo ainda mais relevante nas duas extremidades.

2. **Administrar negócios:** é evidente que a função da alta gestão é administrar os negócios pelos quais está encarregada, mas isso envolve muitas coisas: em empresas jovens, por exemplo, envolve a elaboração de um modelo de negócios; nas de alto crescimento, engloba o trabalho na ampliação do negócio; já nas empresas maduras, envolve defender o modelo de negócios; por fim, à medida que a empresa entra na fase de declínio, a administração envolve reduzir e diminuir o negócio.

3. **Liderar pessoas:** as organizações são compostas por pessoas, o que inclui fornecedores, funcionários e clientes, e liderá-las é o trabalho da alta gestão, embora a natureza dessa liderança também mude à medida que a empresa envelhece. No início, quando a empresa ainda busca por um modelo de negócios e enfrenta o risco de fracassar, a liderança deve inspirar pessoas com visão e direção. À medida que as empresas crescem e amadurecem, a alta gestão deve criar uma cultura corporativa capaz de reter funcionários, enquanto os concorrentes tentam atraí-los. Na fase do declínio, quando a empresa está em período de cortes

de funcionários e em retração, a liderança deve encontrar uma maneira de fazer isso da forma mais humanizada possível a fim de realizar um pouso suave, sem destruir o moral.

4. **Representar a face pública:** para o bem ou para o mal, o CEO é o rosto da empresa para investidores, reguladores e outros, e o papel que desempenha varia entre esses grupos e ao longo do ciclo de vida. Com os investidores, a alta gestão enquadra a visão/narrativa para as empresas jovens e é fundamental para atrair capital novo. No caso das empresas maduras, ainda mais se forem negociadas na bolsa, as interações dos gestores são com investidores institucionais, na tentativa de gerir as expectativas e enquadrar os resultados. Com os reguladores e os políticos, o papel da alta gestão é, por vezes, desempenhar um papel de defesa, em circunstâncias na quais sua empresa é alvo de questionamentos de regulação, além de, por vezes, desempenhar um papel de ataque contra os concorrentes.

5. **Planejar a sucessão:** existe um aspecto final da responsabilidade da alta gestão que costuma ser ignorado, mas que talvez seja essencial para estender o ciclo de vida de uma empresa. É a preparação para a sucessão: ou seja, preparar uma nova gestão para assumir quando chegar a hora. É óbvio que a importância de criar planos de sucessão aumenta à medida que os principais gestores envelhecem, sobretudo em empresas passando de um estágio a outro do ciclo.

Em resumo, embora a lista de papéis assumidos pela alta gestão e as funções que desempenham seja longa, os elementos enfatizados mudam à medida que as empresas avançam ao longo do ciclo. Essa compreensão do que cabe à gestão fazer conforme atravessa o ciclo de vida é fundamental na tentativa de encontrar a alta gestão certa para uma empresa.

Quanto a gestão importa?

Cem anos de educação empresarial formal foram construídos com base na premissa de que os gestores são importantes e que uma boa alta gestão pode fazer a diferença entre o sucesso e o fracasso de uma empresa. Embora eu não discorde dessa premissa, o efeito de uma boa gestão pode ser maior em algumas empresas do que em outras, e há quatro fatores determinantes:

1. **Macro *versus* micro:** as empresas mais impulsionadas por movimentos macroeconômicos, como taxas de juro ou preços de matérias-primas, serão menos afetadas

pela gestão do que aquelas cujo sucesso pode ser atribuído a decisões específicas sobre quais produtos produzir, como precificá-los e onde comercializá-los. Assim, a gestão será mais importante em empresas de bens de consumo do que de matérias-primas, uma vez que o sucesso da primeira dependerá muito mais das decisões da gestão do que a segunda.

2. **Ciclo de vida corporativo:** correndo o risco de generalizar, a gestão é mais importante nas startups e nas empresas muito jovens, já que deve assumir não apenas a visão como também a função de elaborar e erguer o negócio, o que não é tão essencial nas empresas maduras, que têm fortes vantagens competitivas e estão em uma posição financeira boa o suficiente para que possam deixar a gestão no piloto automático. A importância da gestão volta à medida que as empresas entram em declínio, visto que uma gestão em negação ou em desespero pode custar muito caro aos acionistas.

3. **Vantagem competitiva:** a natureza das vantagens competitivas de uma empresa também pode afetar a proporção da importância da gestão. Nas empresas que contam com vantagens competitivas de longa data e legado, a gestão tem mais um papel de "cuidar das coisas" do que naquelas que precisam reinventar suas vantagens competitivas com regularidade. Não que eu queira subestimar os desafios que os gestores da Coca-Cola e da Aramco enfrentam, mas são menores do que os desafios dos gestores da Costco, uma empresa em um setor muito competitivo que está passando pela disrupção, ou da Nvidia, uma empresa de semicondutores que enfrenta a incessante demanda de redescobrir sua vantagem tecnológica.

4. **Transição:** a gestão é mais importante quando as empresas estão em pontos de transição — ou seja, startups que procuram capital de risco pela primeira vez, empresas à beira de uma oferta pública inicial, empresas maduras/em declínio antes de uma reestruturação —, quando as ações de gestão podem fazer uma diferença significativa entre o sucesso e o fracasso e, além disso, as reações dos investidores podem ser determinadas pelo seu grau de confiança na gestão.

5. **Potencial de alta ou de baixa:** há um último parâmetro pelo qual a gestão das empresas pode ser julgada, e envolve o fato de operarem em negócios nos quais o sucesso é determinado pela criação de potencial de alta (upside) ou pela proteção contra baixas (downside), o primeiro caindo na categoria de tirar vantagem de oportunidades, e o último, na área de gestão de riscos. Nas empresas jovens, a primeira categoria será a mais importante, mas, à medida que as empresas amadurecem, a segunda se torna a principal.

Em resumo, a gestão é sempre importante, mas seu grau de importância varia de uma empresa para a outra, e o ciclo de vida desempenha um papel significativo nisso.

O mito do grande CEO

Existe um conjunto de qualidades essenciais para um ótimo CEO? Para responder a essa pergunta, analisei duas instituições, uma acadêmica e outra de mercado, que apostam muito na ideia do "grande" CEO e dedicam um tempo considerável a essa premissa.

A primeira é a Harvard Business School, onde cada aluno que ingressa no programa de MBA é tratado como um futuro CEO, apesar da realidade de que não há vagas suficientes para acomodar todas essas ambições. A *Harvard Business Review*, ao longo dos anos, publicou vários artigos a respeito das características dos CEOs mais bem-sucedidos, incluindo um de 2017 no qual destaca quatro características que todos têm em comum: (a) tomar decisões depressa e com convicção, (b) engajar-se para causar impacto em funcionários e no mundo exterior, (c) adaptar-se às mudanças nas circunstâncias com proatividade e (d) ser confiável nas entregas.[1]

A segunda é a McKinsey, empresa de consultoria que também é descrita como uma "fábrica de CEOs" porque muitos de seus consultores se tornam CEOs de suas empresas clientes. Em determinado artigo, a McKinsey lista as mentalidades e práticas dos CEOs de maior sucesso, apresentadas na Figura 18.1:[2]

FIGURA 18.1 | **Mentalidade e práticas dos CEOs (de acordo com a McKinsey)**

Dada a proporção da influência dessas organizações em moldar a percepção do público, não surpreende que a maioria das pessoas esteja convencida de que exista um modelo de grande CEO a ser seguido, que se aplica a todos os tipos de empresa, e que os conselhos de administração em busca de novos CEOs devem usar esse modelo.[3]

Essa perspectiva também é alimentada por livros e filmes sobre CEOs de sucesso, reais ou fictícios. Consideremos Warren Buffett, Jack Welch e Steve Jobs, homens muito diferentes que foram mitificados na literatura empresarial e na cultura popular como grandes CEOs. Muitos livros sobre Buffett parecem mais hagiografias do que biografias, de tão impressionados que os autores ficam com ele. Mas, ao tratá-lo como uma divindade, prestam a Buffet um péssimo serviço. A derrocada da GE tirou um pouco do brilho da estrela de Jack Welch, mas, no seu auge, ele era encarado como alguém que os CEOs deveriam imitar. Já no caso de Steve Jobs, a imagem de um disruptor inovador e que assume riscos não vem apenas dos livros sobre ele, mas também de filmes que encobrem sua primeira e mais complicada passagem como CEO fundador da Apple na década de 1980.

O problema com o modelo único do "grande CEO" é que não resiste ao escrutínio. Mesmo se considerarmos os critérios da HBS e da McKinsey para o sucesso do CEO na ponta do lápis, existem quatro problemas fundamentais, ou peças faltantes:

Introdução à gestão: Uma visão geral do ciclo de vida | **503**

1. **Evidências seletivas e anedóticas:** mesmo que todos os CEOs de sucesso compartilhem das qualidades listadas pela *Harvard Business Review* e pela McKinsey, nem todas as pessoas, nem mesmo a maioria, que dispõem dessas qualidades se tornam CEOs de sucesso. Então existe um ingrediente a mais que levou algumas ao sucesso? Se sim, qual? Há um evidente viés de seleção nesse caso, e, até que isso seja solucionado, o modelo não é convincente.

2. **Todas boas qualidades:** acho estranho que não existam qualidades questionáveis na lista para um CEO de sucesso, ainda mais levando em consideração a evidência de que o excesso de confiança parece ser uma característica comum entre os CEOs, o que é justo esse fator que lhes permite agir de maneira decisiva e adotar perspectivas de longo prazo. Quando as apostas, muitas vezes feitas contra as maiores probabilidades, dão resultado, seus realizadores são encarados como bem-sucedidos, mas, caso contrário, esses mesmos realizadores são encarados como fracassados e reduzidos a cinzas. Para simplificar: é possível que a qualidade mais comum entre os CEOs de sucesso seja a sorte, uma qualidade que nem a Harvard Business School, nem a McKinsey são capazes de transmitir ou ensinar.

3. **Exceções à regra:** é evidente que alguns CEOs de sucesso, além de não possuírem muitas das qualidades listadas, em geral também apresentam características inversas. Se você acredita que Elon Musk e Marc Benioff (CEOs da Tesla e da Salesforce, respectivamente) são ótimos CEOs, quantas das características elencadas pela *Harvard Business Review* e pela McKinsey eles têm?

4. **Sucesso falho:** por fim, até os CEOs encarados como casos de sucesso nas revistas tiveram que lidar com o fracasso ou testemunharam seus respectivos legados manchados em retrospectiva. Steve Jobs teve uma primeira passagem pela Apple frustrada, quando a arrogância em prol do design e a teimosia que o fazia se recusar a admitir erros quase levou a empresa à falência, antes da lendária reviravolta que ele liderou em sua segunda passagem como CEO da marca. O sucesso de Jack Welch na GE, muito celebrado durante seu tempo, também lançou as bases para os fracassos da empresa nos anos após sua saída, o que levou a um questionamento retrospectivo acerca de seu mandato.

Embora possa servir aos propósitos de acadêmicos e consultores de gestão para vender a ideia monolítica da existência do grande CEO, a realidade é muito mais complexa. De fato, parece haver muito pouca ligação entre os CEOs de sucesso, em seus diversos formatos, tipos e proporções, e até os mais bem-sucedidos enfrentam problemas e fracassos.

O CEO certo: uma perspectiva pelo ciclo de vida

Acredito que a discussão sobre o que constitui um grande CEO é equivocada por uma simples razão: não existe um modelo que funcione para todas as empresas. Uma forma de compreender o porquê disso é observar como os desafios na gestão de empresas mudam ao longo de seu ciclo de vida, das startups (nascimento) às maduras (meia-idade) e às em declínio (velhice). Em cada fase do ciclo, o foco da empresa muda, assim como as qualidades necessárias para que a alta gestão contribua para o seu sucesso:

- No início do ciclo de vida, como a empresa precisa ganhar força com uma ideia de negócio que resolva uma demanda não atendida, é necessário um CEO visionário, capaz de pensar fora da caixa e com a capacidade de atrair funcionários e investidores com sua visão.
- Ao converter uma ideia em um produto ou serviço, a história sugere que o pragmatismo supera a pureza da visão, pois compromissos devem ser assumidos em relação ao design, à produção e ao marketing para converter uma empresa de ideias em um negócio. Quando os produtos/serviços da empresa começam a tomar forma, a capacidade de erguer uma empresa se torna o mais importante, pois as instalações de produção devem ser construídas, e as cadeias de suprimentos, implementadas — algo crucial para o sucesso dos negócios, mas obviamente não tão emocionante quanto vender sua visão.
- Depois que a ideia inicial se torna um sucesso nos negócios, a necessidade de continuar escalando pode demandar a criação de extensões de linhas de produtos ou a definição de novas regiões para manter o crescimento, situações quando um CEO oportunista e de ação rápida pode fazer a diferença.
- Assim que as empresas entram nas fases finais da meia-idade, mais importante do que encontrar novos mercados será a defesa da fatia de mercado já garantida, naquilo que considero ser a fase de "guerra de trincheiras" de uma empresa, quando manter os fossos de vantagem contra os competidores é mais relevante que o desenvolvimento de novos produtos.
- A fase mais difícil para uma empresa é o declínio, pois ela é desmantelada, vendida ou tem suas partes constituintes encerradas. O encarregado desse processo precisa suportar a dor e lidar com as más notícias relacionadas à empresa.

Apresento, na Figura 18.2, as diferentes fases de uma empresa, demarcando as chaves para o sucesso dos negócios e da gestão em cada fase, e o CEO certo para o momento:

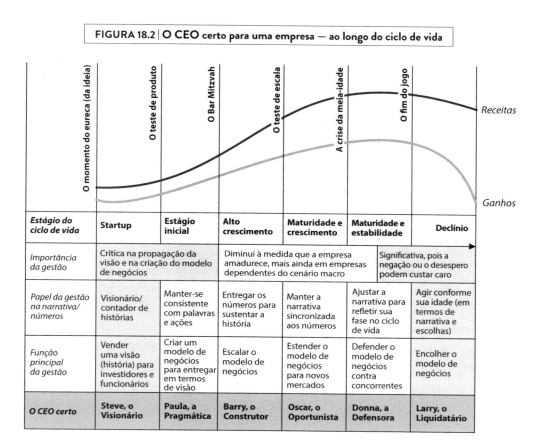

FIGURA 18.2 | O CEO certo para uma empresa — ao longo do ciclo de vida

Um grande CEO em uma empresa jovem, com sua habilidade de delimitar a narrativa da empresa e utilizá-la para induzir investidores a arriscarem seu capital e inspirar os funcionários a segui-la, pode não ser o ideal para uma empresa madura, na qual o conjunto de competências necessárias para um CEO bem-sucedido pode vir da proteção das vantagens competitivas existentes e da defesa contra concorrentes e reguladores.

Incompatibilidades de gestão

Se a gestão certa para uma empresa reflete seus drivers de valor e sua posição no ciclo de vida corporativo, é lógico que, mesmo que a gestão seja bem-vista, é possível que existam incompatibilidades entre a administração e os negócios. Nesta seção, analiso as razões para a incompatibilidade e como essas incompatibilidades se manifestam nas empresas (e CEOs) ao longo do ciclo de vida corporativo e quando as empresas passam a ser negociadas em bolsa, assim como naquelas que optam por manter seu capital fechado e/ou que são familiares.

Razões de incompatibilidade

O pessoal da gestão pode atender aos padrões de competência e ainda assim ser incompatível com as empresas às quais é chamado a administrar? Sem dúvida. Existem muitas razões pelas quais essas incompatibilidades podem ocorrer:

1. **Envelhecimento da gestão e/ou empresa:** as empresas e os gestores envelhecem e, com isso, mudam. No caso das empresas, apontei que, quando passam da fase de startups para a de crescimento e a de maturidade, o foco migra da construção de modelos de negócio para a defesa destes, e de mais para menos riscos assumidos. Com os gestores de topo, o envelhecimento cria a própria dinâmica, e estudos mostram que, quando envelhecem, os gestores costumam ficar menos propensos (ou dispostos) a assumir riscos ou a se envolver em inovações que possam prejudicar os produtos existentes.[4] No cenário incomum em que CEO e empresa mudam no mesmo compasso, é possível manter a mesma gestão, da fase de startup ao declínio sem perda de eficiência, mas, no cenário mais provável, em que o envelhecimento e as mudanças nas preferências de risco ocorrem em ritmos diferentes, podem ocorrer incompatibilidades. Como evidências para sustentar isso, em um estudo que analisou a conexão entre o valor da empresa e o mandato do CEO, conclui-se que, em circunstâncias nas quais os CEOs já possuem mandatos longos, o valor aumenta, em média, durante a primeira década de gestão, atinge o pico por volta dos doze anos, então diminui.[5]

2. **Negócio em transformação, gestão estática:** é um problema mais sutil, pois a empresa corresponde bem ao CEO em determinado momento, mas depois evolui ao longo do ciclo de vida, e o CEO, não. A evolução da empresa pode vir de

Introdução à gestão: Uma visão geral do ciclo de vida | **507**

mudanças na composição, talvez à medida que seu modelo de negócios evolui, ou da disrupção dos negócios como um todo, a partir de uma força externa, o que pode converter uma empresa madura e previsível em uma com riscos e em declínio. Um bom exemplo seria a Yahoo!, pioneira no cenário dos mecanismos de busca, cujos fundadores, Jerry Yang e David Filo, deixaram de ser aclamados como visionários de sucesso para serem esquecidos e tratados como fracassados no decorrer de uma década, enquanto a Google revolucionava o setor. O mesmo pode ser dito de uma série de empresas de varejo físico no início deste século, geridas por profissionais consolidados e muitas vezes conceituados, que ficaram perdidas quando a Amazon promoveu uma disrupção no negócio de varejo.

3. **Erros de contratação:** ao procurar substitutos para gestores que estão deixando o cargo, os conselhos de administração muitas vezes procuram executivos que, acreditam, serão administradores bem-sucedidos para a empresa — mas podem cometer erros nesse processo. Se o conselho de administração contratar alguém que foi um CEO de sucesso em uma empresa em outra fase muito diferente no ciclo de vida, existe o risco de incompatibilidade. Acredito que a Uber escapou disso em 2017, quando decidiu não contratar Jeff Immelt como CEO. Mesmo acreditando no sucesso de Immelt em seu trabalho anterior como CEO da GE (o que é discutível), ele teria sido uma má escolha para a Uber, uma empresa muito diferente da GE em todos os aspectos possíveis, não apenas em relação à idade corporativa.

4. **Apostando para renascer:** em alguns casos, o conselho de diretores escolhe um CEO incompatível de propósito, na esperança de que suas características sejam transferidas para a empresa. Em geral é o caso das empresas maduras ou em declínio que acreditam que um CEO visionário provocará sua reencarnação como empresa em crescimento. Embora o impulso de se tornar jovem outra vez seja compreensível, a tendência é que a aposta não dê certo, e o saldo será o comprometimento da reputação do CEO e uma empresa ainda pior. Foi por esse motivo que a Yahoo! contratou Marissa Mayer, em 2012, na esperança de que o sucesso dela na Google fosse transferido à empresa, um experimento que não terminou bem, nem para a Yahoo!, nem para Mayer.

De qualquer forma, a incompatibilidade entre CEO e empresa é um problema, mas suas consequências podem variar de inofensivas a graves, como ilustrado na Figura 18.3:

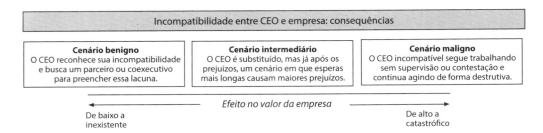

FIGURA 18.3 | Incompatibilidades entre empresa e CEO e seus efeitos no valor

No cenário mais benigno, um CEO incompatível reconhece sua incompatibilidade, deixa o ego de lado e encontra um parceiro ou coexecutivo que tenha as habilidades necessárias para a empresa. Na minha opinião, a diferença entre o primeiro mandato de Steve Jobs, durante o qual deixou sua visão fora de controle quase destruir a Apple, e o segundo, no qual liderou uma das reviravoltas corporativas mais impressionantes da história, foi sua escolha de contratar Tim Cook como diretor de operações e sua vontade de delegar autoridade operacional. Em resumo, Jobs conseguiu continuar aplicando suas habilidades visionárias enquanto Cook garantiu que as promessas dele fossem entregues como produtos reais. No cenário maligno, um CEO com grande incompatibilidade fica entrincheirado em sua posição, talvez porque o conselho de administração tenha perdido o poder, ou porque as regras de votação (ações com diferentes direitos de voto) favoreçam quem está no topo da hierarquia, mantendo a empresa em um caminho rumo à ruína. No caso intermediário, o conselho de administração, talvez pela influência de investidores ativistas e grandes acionistas, planeja uma mudança de CEO, mas só depois que alguns ou muitos danos foram causados.

Tipos de incompatibilidade

Ao revisar as razões para incompatibilidades entre empresa e gestão, conseguimos entender por que essas incompatibilidades podem ocorrer em qualquer etapa do ciclo de vida corporativo, da juventude ao declínio, e em todos os tipos de empresa: familiares, com capital fechado ou aberto.

AO LONGO DO CICLO DE VIDA

Em cada fase do ciclo, haverá casos em que a alta gestão não estará preparada para lidar com os desafios que se apresentarem, e estar ciente desses casos pode viabilizar que a gestão lide melhor com essas inadequações.

1. **Startups e empresas jovens:** as incompatibilidades são comuns, uma vez que nem fundador/gestor, nem empresa apresentam um histórico que possa ser usado para garantir uma boa adequação.

   a. **Fundador purista:** a primeira incompatibilidade comum ocorre em uma startup com um fundador purista, que se recusa a alterar ou adaptar o produto ou serviço para satisfazer as necessidades do mercado ou do negócio. Nas empresas de tecnologia, esse problema às vezes pode vir de fundadores tecnocratas, cujo objetivo é criar o produto de software ou hardware "perfeito", em vez de um produto "bom o suficiente", que atenda às demandas dos clientes e seja mais fácil de adequar a um modelo de negócios.

   b. **Fixação por controle:** as startups e as empresas jovens precisam de fluxos de caixa para converter ideias em produtos e depois construir modelos de negócios, mas não têm capacidade de endividamento. Por consequência, o sucesso muitas vezes exige que os fundadores cedam ações a investidores em troca de capital. Os fundadores focados em manter o controle total acabam levantando capital de maneiras disfuncionais, ou ficando sem fundos, sacrificando um negócio promissor para manter o controle.

   c. **Baixo interesse/habilidade na construção da empresa:** depois que uma ideia é convertida em um produto ou um serviço desejado pelos consumidores, a gestão deve trabalhar na elaboração de modelos de negócios para entregar esse produto ou serviço. Essa tarefa em geral envolve trabalho pesado e atenção aos detalhes, e alguns fundadores ou não querem dedicar tempo a isso, ou não têm as habilidades necessárias para o processo. Sem alguém responsável por erguer o negócio, as empresas não serão capazes de comercializar suas ofertas de produtos ou serviços.

2. **Empresas de alto crescimento:** o teste consiste em saber se (e até que ponto) uma empresa que funcionou em escala menor pode ser ampliada, e há fundadores que exageram em ambas as direções.

   a. **Escalar a qualquer custo:** alguns gestores ficam tão focados no crescimento das receitas que esse impulso se torna o motor de todas as decisões de negócio. Essas empresas vão conseguir gerar crescimento, mas muitas vezes à custa de encontrar caminhos para a rentabilidade e com enormes investimentos em aquisições ou novos produtos.

   b. **Recusa em escalar:** no outro extremo, uma obsessão por gerar lucros e fluxo de caixa positivo pode esses gestores afastarem as oportunidades de criação de valor pela escalada dos negócios, pois isso pode significar perder dinheiro ou manter os fluxos de caixa negativos por mais tempo.

3. **Empresas maduras em crescimento:** as taxas de crescimento começam a diminuir, mas o alto crescimento ainda é acessível se os gestores aproveitarem as oportunidades. É nessa fase que precisam decidir entre crescimento de receita ou lucratividade, pois o crescimento maior às vezes vem acompanhado de uma lucratividade menor, o que gera consequências para o valor que podem ser positivas ou negativas.

   a. **Priorizar o aumento da escala sobre os lucros:** como as empresas maduras em crescimento entram nessa fase após períodos de alto crescimento, em um cenário em que o crescimento sempre recebe prioridade sobre os lucros, os gestores às vezes ficam presos a esse paradigma. Isso os levará a investir mais do que deveriam em novos projetos ou em grandes aquisições e a criar empresas que crescem demais e ganham muito pouco.

   b. **Perseguindo o passado:** quando estão em estágio de alto crescimento, as empresas costumam ter mais oportunidades de investimento do que capital disponível, além de cargas leves ou nenhuma dívida e não retornam dinheiro aos investidores. Ao fazerem a transição para o crescimento maduro, essas circunstâncias mudam, uma vez que o aumento dos lucros dá origem à capacidade de endividamento, além de viabilizar o retorno em dinheiro (por meio de dividendos ou recompras de ações) para os proprietários. Os gestores às vezes lutam contra essas tendências ao optar por não tomar empréstimos ou retornar dinheiro só porque foi o que funcionou no passado.

4. **Empresas maduras estáveis:** o caminho sensato e prudente para a alta gestão é aceitar um crescimento menor, ao mesmo tempo que defende e aumenta os fossos (vantagens competitivas) que permitem que essas empresas continuem gerando lucros.

   a. **Ilusões de crescimento:** embora o baixo crescimento seja um resultado esperado na maioria das empresas maduras, algumas são administradas por uma alta gestão que anseia pelo retorno ao alto crescimento e age em busca disso. Na falta de projetos internos capazes de fazer a diferença no crescimento, procura aquisições, com tendência a negociações maiores. Ao fazer isso, desencadeia um processo em que pagar acima do preço se torna a regra, e não a exceção, e os erros vão ficando maiores e mais caros ao longo do tempo.

b. **Construtores de impérios:** em algumas empresas, a alta gestão se torna mais empenhada em construir impérios, em vez de negócios viáveis e rentáveis. Esse caso acontece sobretudo quando os CEOs possuem longos mandatos e o conselho de administração é submisso e interessado em expandir o tamanho da empresa (definido em termos de receitas ou mesmo de funcionários) a qualquer custo. Na década de 1970, esse foi o modelo utilizado por Charles Bluhdorn para converter a Gulf and Western em um conglomerado, em grande parte pelo uso de aquisições. Há quem relembre a gestão de Jack Welch na GE e questione se ele estava reinventando a empresa ou construindo um império.

c. **Confundir e negligenciar as vantagens competitivas:** se os principais drivers de valor em uma empresa madura são seus fossos ou vantagens competitivas, cabe à gestão estar ciente, acompanhar as mudanças e proteger essas vantagens. Se a alta gestão errar ao identificar as vantagens — por exemplo, ao acreditar que o nome da marca é sua vantagem competitiva, quando na verdade são as economias de escala —, suas atitudes vão refletir esse erro na identificação e pôr em risco as vantagens competitivas.

5. **Empresas em declínio:** nos capítulos sobre avaliação e investimento em negócios em declínio, apontei como pode ser difícil a gestão aceitar o declínio, mesmo que seja inevitável e óbvio. Por esse motivo, surgem muitos caminhos disfuncionais que a alta gestão pode seguir.

a. **Negação:** quando a gestão de uma empresa em declínio está em negação, atribuindo a queda nas receitas e margens de lucro a circunstâncias extraordinárias, acontecimentos macroeconômicos ou sorte, vai agir sob essa premissa e manter as práticas anteriores de investimento, financiamento e dividendos. Se a gestão permanecer no cargo, a verdade baterá à porta, mas não antes que mais dinheiro seja perdido em investimentos inadequados.

b. **Desespero:** a gestão pode estar ciente de que a empresa está em declínio, mas ser incentivada, por dinheiro ou fama, a fazer grandes apostas improváveis e esperar sucesso. Enquanto os proprietários quase sempre perdem, os gestores que acertam uma tentativa dessas se tornam superestrelas (e são rotulados como "especialistas em recuperação"), aumentando seu poder de ganhos, talvez até migrando para outras empresas.

c. **Sobrevivência a qualquer custo:** em algumas empresas em declínio, a alta gestão acredita que a sobrevivência empresarial deve ser a prioridade, acima da saúde empresarial, e age de acordo. No processo, esses gestores criam empresas zumbis ou mortas-vivas que sobrevivem, mas como maus negócios que perdem valor com o tempo.

O EFEITO DO CICLO DE VIDA CONCENTRADO

No Capítulo 3, aponto que, embora todas as empresas passem pelo processo de nascer, envelhecer e, em algum momento, entrar em declínio, a velocidade desse processo varia a depender do negócio. Para ser mais específico, quanto mais capital for necessário para entrar em um negócio e quanto mais inércia houver entre os players existentes (produtores, clientes), mais tempo será necessário para a empresa passar da fase de startup para a de crescimento maduro — mas, depois, as mesmas forças vão agir de forma contrária, permitindo a permanência em um estágio maduro por muito mais tempo e um declínio muito mais gradual.

Também no Capítulo 3, argumento que os ciclos de vida corporativos se concentraram nas últimas décadas, conforme as empresas de tecnologia, especificamente, marcaram presença nos mercados e na economia. As grandes empresas do século XX levaram décadas para crescer e passaram por grandes investimentos em infraestrutura e longas demoras antes da expansão, marcadas com vastos períodos como empresas maduras e retornando fluxos de caixa antes de entrar em períodos de quedas extensas e em geral graduais. Como exemplo, a Sears e a GE passaram um século como empresas de sucesso antes de serem atingidas pelo tempo e pelas circunstâncias, e a GM e a Ford lutaram por três décadas até estabelecerem sua capacidade fabril e aprimorarem a oferta de produtos antes de colherem os frutos do sucesso. Em contrapartida, pense na Yahoo!, uma empresa fundada em 1994 que conseguiu atingir 100 bilhões de dólares em capitalização de mercado na virada do século, mas desfrutou de apenas alguns anos de domínio antes que a Google chegasse e conquistasse o mercado, até enfim ser adquirida pela Verizon em 2017.

Acredito que esse ciclo de vida concentrado tem consequências para os gestores incompatíveis às empresas. No ciclo de vida longo que caracterizou o século XX, tanto empresas quanto gestores envelheceram ao longo do tempo, o que viabilizou as transições com mais naturalidade. Para entender o motivo, vamos considerar o desempenho da governança corporativa na Ford, uma gigante empresarial do século XX. Henry Ford, sem dúvida um visionário, mas também excêntrico em alguns sentidos, foi CEO da Ford de 1906 a 1945. Sua visão de tornar os automóveis acessíveis às massas, com o Modelo T, serviu para catapultar a Ford ao sucesso, mas, no fim de sua gestão, em 1945, seu estilo de administração já estava fora de sincronia com a empresa. Com Ford, o tempo e a mortalidade resolveram o problema, e o neto do fundador, Henry Ford II, cuidou melhor da gestão nas décadas seguintes. Para simplificar: quando a existência de uma empresa se estende por um século, a progressão do tempo cuida naturalmente das incompatibilidades e da sucessão. Para efeito de comparação, pense na rapidez com que a Blackberry decolou, como foi curta sua permanência no topo e como a sua queda foi acentuada, à medida que outras empresas começaram a produzir smartphones. Mike Lazaridis, um dos cofundadores, e Jim Balsillie, o CEO contratado em 1992 para guiar a empresa, comandaram tanto o sucesso crescente, sendo elogiados pelas habilidades de gestão, quanto o colapso, sob vaias daqueles que os elogiavam. Quando ocorreu uma mudança na alta gestão, em 2012, foi considerada muito pequena e muito tardia.

Essa concentração do ciclo de vida e seu potencial para a criação de incompatibilidades de gestão são ilustrados na Figura 18.4:

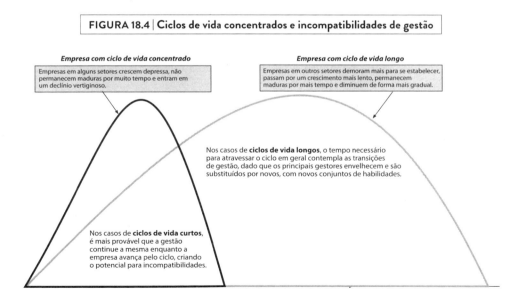

Em resumo, as empresas de tecnologia envelhecem em anos caninos. Uma empresa de tecnologia de 20 anos muitas vezes se assemelha a uma do ramo industrial de 100, sobrecarregada com modelos de negócio frágeis e enfrentando disrupções.

Na minha opinião, a próxima década trará mais conflitos, enraizados no ciclo de vida concentrado que as empresas atuais estão atravessando. Se eu escrevesse estudos de caso, não teria pressa em produzir livros ou estudos sobre CEOs de empresas de tecnologia de sucesso, porque muitos se tornarão exemplos de fracasso daqui a alguns anos.

Corrigindo as incompatibilidades de gestão

Sabemos que a governança corporativa abrange diversos detalhes, desde como os conselhos devem ser estruturados até quem deve votar nas reuniões anuais. Porém, na essência, no meu ponto de vista, a governança corporativa significa o poder que os proprietários têm, ou não, para substituir a gestão que se tornar incompatível com as necessidades da empresa. Nesta seção, exploro o processo pelo qual a gestão é substituída em empresas de capital fechado ou aberto e examino as consequências disso em todos os estágios do ciclo de vida.

Mudança de gestão: o processo

Quando a alta gestão é incompatível com a empresa, a solução óbvia é mudar os gestores, mas tanto pode não acontecer (e analiso as variáveis que determinam isso na próxima seção) como há o fato de que esse processo de mudança nem sempre é fácil ou oportuno.

1. **Empresas de capital fechado:** quando a empresa é de propriedade privada e apresenta uma incompatibilidade de gestão, surge um dilema quando o proprietário também é o gestor. Esse é muitas vezes o caso das startups, de empresas muito jovens que ainda não abriram o capital e de empresas familiares. Embora em alguns casos a sobreposição proprietário-gestor possa inviabilizar a transformações, existem processos de mudança tanto nas empresas geridas pelos fundadores como nas empresas familiares. Naquelas geridas pelos fundadores, a renovação por vezes vem com o capital de risco e investidores externos que têm participações acionárias no negócio e podem utilizá-las para remover e substituir os gestores-fundadores. Um estudo sobre substituição de fundadores em startups observou que, em 11.929 startups investidas por capital de risco, fundadas entre 1995 e 2008, pelo menos 15% substituíram o fundador no período.[6] Nas empresas familiares, a mudança deve vir da família, motivada pelo fraco desempenho

no negócio, e pode envolver a substituição dos gestores que fazem parte da família por outros parentes ou por pessoas de fora.

2. **Empresas de capital aberto:** depois que as empresas abrem o capital, o processo de mudança de gestão deve passar pelo conselho de administração. Como os membros do conselho são escolhidos pelos gestores em exercício, haverá uma tendência inerente de preservar a gestão existente. A pressão para mudar a gestão, porém, aumentará de acordo com o desempenho insuficiente apresentado, tanto em termos de mercado como de preços das ações, e, se um limite for atingido, o conselho de administração deverá substituir os gestores. Uma métrica dos altos e baixos da governança corporativa em determinado setor é o número de CEOs que são destituídos pelos conselhos de administração. Essa estatística para as empresas S&P 1500, de 1993 a 2018, é apresentada na Figura 18.5:

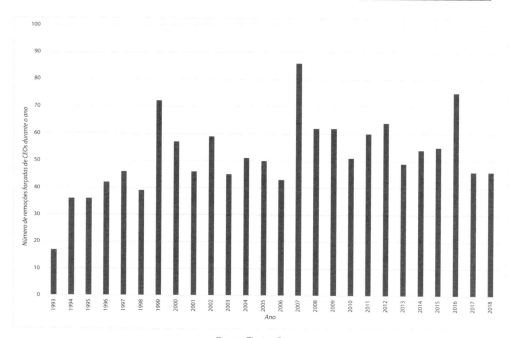

FIGURA 18.5 | Número de remoções forçadas de CEOs nas empresas do S&P 1500, 1993–2018

Fonte: Florian Peters

Como é possível notar, o número de remoções forçadas (ou demissões) de CEOs muda ao longo do tempo, e há um pico em 2007. Dito isso, mesmo em anos de pico, o número de remoções forçadas permanece baixo, o que sugere que forças poderosas mantêm os gestores em exercício na maioria das empresas, e examino essas forças na próxima seção.

Mudança de gestão: catalisadores e desafios

Quando existe uma incompatibilidade entre a gestão e o conjunto de competências necessárias para a empresa, por que a mudança ocorre depressa em algumas empresas, devagar em outras e, em mais algumas, nunca nem acontece? Nesta seção, abordo essa questão, examinando os catalisadores que originam a mudança na gestão e as forças mobilizadas contra ela, e analiso a razão pela qual ambos (catalisadores e desafios) podem mudar ao longo do ciclo de vida.

OS CATALISADORES

Mesmo quando há ampla aceitação de que é necessária, para que a mudança ocorra é necessário que existam catalisadores em ação, e é a presença ou ausência desses catalisadores que explica por que as mudanças são mais frequentes em algumas fases do ciclo de vida corporativo do que em outras.

- Em *startups e empresas muito jovens* de capital fechado, o catalisador de mudança costuma ser um capitalista de risco (ou um grupo deles) que "botam a cara" (ou seja, que investem quantidades significativas) e uma visão de que a gestão existente, muitas vezes o fundador ou fundadores, está mal equipada para administrar a empresa.
- Nas *empresas em estágio inicial de crescimento*, logo após abrirem seu capital e nos primeiros anos como uma empresa negociada em bolsa, o impulso para a mudança em geral vem de investidores internos — acionistas que possuem grandes participações na empresa, seja por causa de uma posição assumida pré-IPO, seja por uma participação adquirida na oferta pública.
- Nas *empresas de alto crescimento*, a mudança é muitas vezes empurrada para a linha da frente por investidores individuais ou institucionais que possuem grande participação e postura ativista. Os grandes acionistas precisam ser ouvidos, e o ativismo é necessário para convencer os outros acionistas a se juntarem ao movimento a favor das mudanças. O sucesso do movimento

vai depender em grande parte do sucesso da empresa nos seus esforços de aumentar a escala, sendo que uma expansão de pouco sucesso aumenta a pressão para a mudança.

- Nas *empresas de maturidade estável*, o catalisador de mudança pode ser resultado de transições naturais, quando o CEO atual se aposenta ou morre. Enquanto a maioria dos novos CEOs nessa posição segue o caminho estabelecido pela gestão anterior, limitada por um conselho escolhido pelo antigo CEO e por uma cultura corporativa calcificada, alguns usam a transição como uma oportunidade para redefinir o direcionamento da empresa. Quando Steve Ballmer se aposentou, em 2013, e Satya Nadella ocupou seu lugar, poucos esperavam que a Microsoft fizesse grandes mudanças em seu modelo e mix de negócios, mas as mudanças implementadas por Nadella colocaram a Microsoft em um caminho novo e muito mais lucrativo.
- Nas *empresas maduras* que são negociadas em bolsa, o catalisador da mudança são os investidores ativistas e os fundos hedge, muitas vezes como resposta ao decepcionante desempenho operacional e do mercado acionário. As mudanças defendidas costumam incluir maiores restrições em novos investimentos, sobretudo aquisições, mais dívida na estrutura de capital e mais dinheiro retornado aos acionistas.
- Nas *empresas em declínio*, as firmas de private equity se tornam catalisadores à medida que pressionam para comprar essas empresas e fechar seu capital enquanto implementam mudanças operacionais e financeiras. Em alguns casos, a pressão pode ser pela liquidação, caso os ativos valham mais liquidados do que em continuidade operacional, enquanto em outros a empresa pode ser dividida ou desmembrada, caso as empresas de private equity acreditem que o negócio vale mais segmentado.

OS DESAFIOS

Existe uma forte tendência de preservar a gestão incumbente nas empresas, mesmo quando há um consenso generalizado de que ela não é adequada ao negócio em questão. Começo esta seção examinando as restrições institucionais à mudança de gestão que se aplicam a todas as empresas e, em seguida, analiso as restrições no âmbito da empresa que podem atrapalhar a mudança e que variam à medida que avançamos pelo ciclo de vida corporativo.

a. Restrições institucionais

O primeiro grupo de restrições ao desafio da gestão em exercício é institucional e afeta todas as empresas cotadas em bolsa, embora em graus diferentes. Algumas dessas restrições podem ser atribuídas a dificuldades associadas à obtenção do capital necessário para financiar o desafio, outras, a restrições governamentais às aquisições hostis, e outras, à inércia.

1. **Restrições de capital:** o modo mais rápido e por vezes mais decisivo de mudar a gestão é angariar capital para adquirir empresas mal geridas, e quaisquer restrições a esse processo são capazes de impedir a mudança. Não surpreende que as mudanças sejam menos frequentes em economias nas quais os mercados de capitais (ações e dívida) não estão bem desenvolvidos. De fato, na Europa, durante grande parte do século passado, as empresas mal geridas estavam, pelo menos em parte, protegidas da mudança devido à ausência de um mercado ativo de títulos empresariais e à dependência das empresas por empréstimos bancários. Então, de maneira geral, pode-se argumentar que é mais provável que a mudança de gestão de empresas mal administradas ocorra quando os mercados financeiros são abertos e os fundos são acessíveis a uma ampla variedade de investidores (e não apenas a grandes empresas que apresentam boa classificação de crédito). As restrições de capital têm efeitos desproporcionais, o que garante maior proteção às empresas com maior capitalização na bolsa se comparado às menores, e, na medida em que as empresas mais jovens têm menos valor na bolsa do que as mais antigas, é mais provável que essa restrição atrase ou inviabilize a mudança de gestão nas empresas mais velhas.

2. **Restrições governamentais às aquisições e votos dos acionistas:** em muitos países, o Estado assume o lado dos gestores em exercício, o que dificulta a mudança da gestão. Em alguns, existem restrições ou até proibições diretas, tanto contra aquisições hostis quanto para investimentos ativistas. Em outros países, as restrições se aplicam à votação dos acionistas, por vezes com o critério de longevidade, em que os votos de longo prazo deles possuem mais peso do que os dos mais recentes no pool. Embora a justificativa para essas restrições seja criar uma perspectiva de longo prazo na tomada de decisões, elas favorecem a gestão incumbente, pelo menos em empresas de capital aberto.

As restrições impostas pelo capital e pelo Estado que impedem a mudança na gestão podem explicar porque a mudança é menos recorrente em empresas de determinadas regiões do que de outras, bem como em determinados períodos em comparação a outros. Essas restrições também explicam por que as mudanças de gestão ocorrem com mais frequência no início do ciclo de vida, quando as empresas ainda possuem capital fechado e muitas vezes são pequenas, e não mais adiante, à medida que amadurecem e se tornam negociadas em bolsa.

b. Restrições específicas da empresa

Os gestores em exercício, por mais incompatíveis que sejam em relação à empresa em que atuam, estão protegidos da pressão dos acionistas por determinações das próprias empresas que distorcem as regras do jogo de governança corporativa. Essa proteção pode assumir a forma de emendas à carta corporativa, estruturas cruzadas complexas, criação de ações com diferentes direitos de voto e grandes participações de acionistas com privilégios, mas os desafios para mudar variam entre empresas e regiões. Como mostro na próxima seção, os tipos de restrição que impedem a mudança de gestão variam ao longo do ciclo de vida, e é por isso que as reformas de governança corporativa costumam fracassar. Reformas que abrem caminho para mudanças de gestão em empresas maduras podem não ser de grande ajuda em empresas jovens.

Por último, a orientação voltada à maximização da riqueza dos stakeholders e do ESG (governança ambiental, social e corporativa) em algumas empresas dificulta que os acionistas implementem mudanças. No caso da riqueza dos stakeholders, tornar os gestores responsáveis perante todas as partes interessadas (desde os funcionários, passando pelos credores, até a sociedade) dilui sua responsabilização perante os acionistas e, na prática, não os responsabiliza perante ninguém. Quanto ao ESG, é espantoso que um conceito que tem governança no nome possa enfraquecer a governança corporativa, mas isso ocorre porque a governança em ESG é expandida para todas as partes interessadas.

A PROBABILIDADE DE MUDANÇA

O caminho para consertar as incompatibilidades de gestão é mudá-la, e são necessários catalisadores que levem a essa mudança e, ao mesmo tempo, a superação das barreiras do mercado e específicas à empresa. Uma pergunta prática e relevante a gestores e investidores é se é possível avaliar a probabilidade de mudança em uma empresa antes que ocorra. Uma abordagem estatística promissora são os modelos logit, ou probit, pelos quais se avalia a probabilidade de mudança de gestão, estabelecendo uma comparação entre as características das empresas em que a gestão mudou no passado e aquelas em que isso não ocorreu. Alguns pesquisadores aplicaram essa técnica para analisar as aquisições hostis e a mudança forçada de CEOs para obter as características das empresas nas quais é provável que isso venha a acontecer. A partir da pesquisa sobre aquisições hostis, apontou-se o seguinte:

- Em um dos primeiros artigos que avaliou a probabilidade de aquisições em uma comparação entre empresas que eram ou não alvo de aquisições, Krishna Palepu (1986) apontou que as empresas-alvo eram menores do que as empresas não alvo e que faziam investimentos ineficientes;[7]
- Em um artigo posterior, David North (2001) concluiu que as empresas que apresentavam baixa participação proprietária de insiders/gestores eram mais propensas a ser alvo de aquisições.[8] No entanto, nenhum dos artigos se concentrou especificamente em aquisições hostis. Robin Nuttall (1999) apontou que as empresas-alvo em aquisições hostis tendiam a negociar mais a índices preços/valor contábil do que outras, e Charlie Weir (1997) acrescentou a essa descoberta a observação de que essas empresas também obtiveram retornos mais baixos sobre o capital investido;[9]
- Por fim, Lee Pinkowitz (2003) não encontrou evidências que apoiassem o senso comum de que empresas com saldos de caixa substanciais têm maior probabilidade de se tornarem alvo de aquisições hostis.[10]

Portanto, para resumir, as empresas que são alvo de aquisições hostis tendem a ser menores, a negociar a múltiplos mais baixos em relação ao seu valor contábil e a obter retornos relativamente baixos sobre seus investimentos.[11]

Nos últimos anos, pesquisadores também examinaram em que momento é mais provável que ocorra a rotatividade forçada de CEOs.

- O primeiro fator é o desempenho do preço das ações e do lucro, e é mais provável que a rotatividade forçada aconteça em empresas que tiveram um desempenho ruim em relação às demais do grupo de pares e às expectativas.[12] Um sintoma da má gestão é pagar demais pelas aquisições, e há evidências de que CEOs que pagam demais por aquisições tem uma probabilidade muito maior de serem substituídos do que os que não fazem aquisições desse tipo.[13]
- O segundo fator é a estrutura do conselho, e as mudanças forçadas de CEO tem maior probabilidade de ocorrer quando o conselho é pequeno,[14] quando é composto por pessoas de fora da empresa[15] e quando o CEO não acumula a função de presidente do conselho de administração.[16]

Introdução à gestão: Uma visão geral do ciclo de vida | **521**

- O terceiro fator é relacionado à estrutura de propriedade da empresa; mudanças forçadas de CEO são mais comuns em empresas com altas participações institucionais e baixas participações internas.[17] Também parecem ocorrer com mais frequência em empresas mais dependentes dos mercados de ações para a busca de capital novo.[18]
- O fator final é a estrutura do setor, em que a probabilidade de CEOs serem substituídos é maior em setores competitivos.[19]

Em resumo, as empresas em que há mudança forçada de CEO compartilham de algumas características com aquelas que são alvo de aquisições hostis (são mal geridas e administradas), mas tendem a ter conselhos de diretores muito mais eficientes e investidores mais ativistas que podem mudar a gestão sem entregar a empresa em uma aquisição hostil.

Governança ao longo do ciclo de vida

Com base na ideia de que as incompatibilidades de gestão são centrais ao impulso para as mudanças de gestão e que a governança corporativa é a estrutura que determina se as mudanças ocorrerão, vamos mapear de que forma a governança se manifesta em cada fase do ciclo de vida corporativo.

STARTUPS E EMPRESAS JOVENS (ANTES DA ABERTURA DE CAPITAL)

As empresas sempre tiveram fundadores e, embora os conflitos entre eles e os demais indivíduos de uma empresa existam há décadas, o ciclo de vida corporativo concentrado exacerbou essas tensões e ampliou os problemas. Mais especificamente, pesquisas sobre CEOs fundadores produziram duas descobertas diferentes.

A primeira é que, nas fases iniciais das empresas, há níveis muito mais elevados de CEOs fundadores que deixam o cargo ou são afastados do que nas empresas mais estabelecidas.

A segunda é que os CEOs fundadores que conduzem suas empresas a uma condição mais bem estabelecida e às ofertas públicas de ação estão em situação mais fortalecida do que seus colegas em empresas maduras.

Para compreender o primeiro fenômeno (ou seja, a elevada taxa de remoção dos CEOs fundadores de empresas muito jovens), volto ao trabalho de Noam Wasserman, que se dedicou a fundo no tópico.[20] Ao utilizar dados sobre a rotatividade da alta gestão em empresas jovens, muitas de capital fechado, ele conclui que quase

30% dos CEOs são substituídos alguns anos após a fundação, em geral na fase de desenvolvimento de novos produtos ou de novos financiamentos. Grande parte desse fenômeno pode ser explicado por investidores de venture capital que apresentam grandes participações acionárias e pressionam as empresas por mudanças, mas uma parte das substituições são voluntárias. Para explicar por que um CEO fundador renunciaria por vontade própria, Wasserman usa o conceito de "dilema do fundador", no qual os fundadores trocam o controle total de uma empresa muito menos valiosa (em que eles próprios estão no comando) por um controle menor de uma empresa muito mais valiosa (em que outra pessoa está no comando). Na estrutura do ciclo de vida corporativo, há um reconhecimento por parte dos fundadores ou fornecedores de capital de que as competências necessárias para levar a empresa adiante exigem uma pessoa diferente no topo da organização, ainda mais quando a empresa passa para a próxima fase do ciclo.

EMPRESAS JOVENS E EM CRESCIMENTO COM CAPITAL ABERTO

Quando as empresas de capital fechado passam pela transição de serem negociadas em bolsa, seus fundadores, caso sobrevivam aos expurgos promovidos pelo capital de risco, permanecem no comando até a estreia da empresa nos mercados de ações. Eles costumam ser colocados em um pedestal, em relação aos CEOs de empresas estabelecidas — e, embora isso possa ser compreensível, em alguns casos, pode provocar uma perigosa adoração, na qual os fundadores são encarados como intocáveis e qualquer desafio à sua autoridade é tida como ruim, o que dificulta a mudança de gestão. Esse processo foi ainda mais distorcido pelos esforços para alterar as regras do jogo e evitar essas tentativas. Nos Estados Unidos, antes de 1980, era incomum ver ações com diferentes direitos de voto na mesma empresa. Esse cenário hoje é mais a regra do que a exceção, sobretudo em empresas de tecnologia, como pode ser conferido na Figura 18.6:

FIGURA 18.6 | Ações de classe dupla em IPOs, 1980-2021

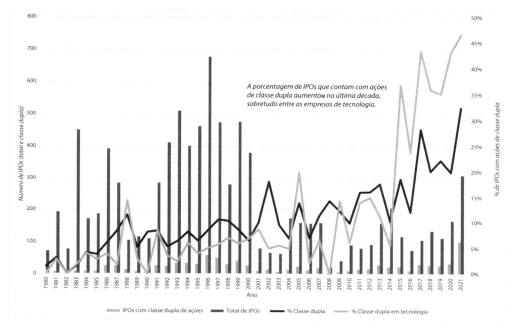

Fonte: Jay Ritter

Em 2021, quase metade de todas as empresas de tecnologia que abriram seu capital utilizaram ações com diferentes direitos de voto, dotando a gestão com maior poder para enfrentar os desafios de governança. Essa ideia parece ser particularmente ruim em empresas inseridas em ciclos de vida concentrados, uma vez que, como já postulado, é provável haver mais, e não menos, incompatibilidades de gestão entre as empresas e seus CEOs fundadores — e mais cedo do que tarde. Na minha opinião, por conta do ciclo de vida concentrado das empresas, a próxima década trará mais conflitos do tipo. Faz tempo que defendo que o investimento em jovens empresas de tecnologia significa um investimento em uma história sobre a empresa, e não em uma extrapolação de números. O ciclo de vida corporativo concentrado e o potencial desajuste entre CEO e empresa que isso gera, em conjunto com a rigidez que resulta da existência de ações com e sem direito a voto, acrescenta uma camada de incerteza adicional ao valuation. Para resumir: ao avaliar o valor da história de uma empresa jovem, também se está avaliando a capacidade da gestão de cumprir essa história, com a ressalva de que, se estiver errado sobre a gestão atual, você ainda poderá ficar preso às decisões dela.

À medida que as empresas jovens se tornam empresas em crescimento maduro, a presença de um grande acionista como gestor é muitas vezes um impedimento significativo para uma mudança de gestão. Pense em uma empresa como a Oracle, em que o CEO fundador, Larry Ellison, possuía quase 25% das ações em circulação, mesmo enquanto a empresa envelhecia e atravessava o ciclo de vida para se tornar uma empresa de crescimento maduro. Com tamanha participação, ele podia efetivamente impedir aquisições hostis e investidores ativistas. Além disso, quando empresas em crescimento maduro chegam à encruzilhada entre pressionar por mais crescimento (com mais investimento) ou agir de forma mais madura (com mais dívida e retorno de caixa), os investidores discordam sobre o caminho a seguir, o que dificulta estabelecer consenso sobre a mudança. As empresas em crescimento maduro também se protegem pelos sucessos do passado, quando entregavam crescimento operacional e altos retornos, o que aumenta a tendência de os acionistas concordarem com a gestão atual.

EMPRESAS MADURAS DE CAPITAL ABERTO

A mudança de gestor em empresas maduras sempre foi difícil, e esse é um momento em que a estrutura de propriedade acionária da empresa passa a ser o maior desafio, já que mais ações ficam nas mãos de instituições e menos nas de indivíduos de dentro e de fora da empresa. Em geral, os acionistas institucionais são passivos e preferem não se comprometer (vendendo ações de empresas que não consideram bem administradas). Por consequência, em vez de pressionar os gestores em exercício e suas decisões,[21] eles tendem a concordar, quase sempre votando com os gestores. Para aumentar o desafio, muitas empresas maduras modificam seus estatutos empresariais, acrescentando eleições escalonadas para o conselho, o que só permite a mudança anual de uma parte do conselho, o que se soma a cláusulas de maioria absoluta, que exigem mais de metade dos votos para que as mudanças aconteçam. Essas alterações, não importam suas motivações, acabam por dificultar a mudança.

Dito isso, a probabilidade de mudanças de gestão aumentou nas últimas décadas, por muitas razões. A primeira é que o capital controlado pelos fundos de private equity e hedge é muito maior do que três ou quatro décadas atrás, o que facilita a seleção de mais empresas e das muito maiores. A segunda é que o compartilhamento de tecnologia e informações facilitou a criação de coalizões em busca de mudanças. Por exemplo, a briga da solicitação de procuração, aquela em que os investidores que desafiam a gestão corrente tentam obter o controle de votos de procuração suficientes para mudá-la, hoje é majoritariamente on-line e com acesso direto aos acionistas.

Introdução à gestão: Uma visão geral do ciclo de vida | 525

Na mesma linha, as mídias sociais agora podem ser exploradas por investidores em desafiar narrativas de gestão e oferecer narrativas contrárias.

Há outra força abrindo o mercado do controle corporativo: a globalização. Nesse movimento dos investidores de se tornarem globais, podemos ver empresas que não teriam enfrentado questionamentos e desafios de seus investidores do mercado local expostas a essas demandas de uma base global de investidores. Na Europa, antes da criação da União Europeia, a maioria dos investidores era dos países em que essas empresas estavam sediadas, e os desafios à administração eram incomuns. Com a ampliação das bases dos investidores pela Europa, surgiram mais desafios às administrações. Investidores alemães parecem ter menos escrúpulos em desafiar as empresas francesas, e vice-versa.

EMPRESAS DE CAPITAL ABERTO EM DECLÍNIO E DISTRESS

Nas empresas em declínio, existem dois obstáculos significativos à mudança, mesmo que seja desesperadamente necessária para sua sobrevivência corporativa. O primeiro está na natureza das mudanças que serão proporcionadas pela nova gestão, uma vez que o declínio implica demissões e fechamentos, e ambos geram custos secundários para os grupos de stakeholders e a sociedade. Não é surpresa que, em Hollywood, os maiores vilões nos filmes sobre empresas sejam os investidores de capital privado que realizam aquisições alavancadas. O desafio de alterar a gestão de empresas em declínio não está nas mudanças em si, e sim em como elas se apresentam, pois muitas são capazes de causar sofrimento em stakeholders (funcionários, fornecedores) ou na sociedade. É uma das razões pelas quais as firmas de private equity, que nesse ambiente muitas vezes são os agentes de transformação, compram empresas de capital aberto em declínio e tentam fechar seu capital, para que as mudanças que pretendem implementar recebam menos escrutínio e talvez menos reações adversas. Nos últimos anos, o private equity expandiu seu alcance, passando das empresas cotadas em bolsa para as de capital fechado que consideram ter limitações ou necessidades de mudanças.

O segundo obstáculo é que, quando em declínio, em especial quando acompanhado de distress, as empresas ficam enredadas no sistema jurídico, o que diminui a velocidade das mudanças. Uma empresa que declara falência nos Estados Unidos e aciona o Chapter 11 da Lei de Falências está ganhando tempo, mas o sistema legal faz parte do processo de mudança, pois, uma vez que uma empresa declara falência, quaisquer alterações devem passar por aprovação judicial. Se o processo de falência for lento e caro o suficiente, a mudança será negativa em termos econômicos, e essas empresas serão deixadas à própria sorte, tendo que utilizar recursos e capital que poderiam ter fins melhores. De fato, investidores que buscam mudanças nessas empresas enfrentam um teste de resistência, e só perseveram aqueles com poder de permanência.

EMPRESAS DE CONTROLE E PROPRIEDADE FAMILIAR

Em grande parte do mundo, as empresas, mesmo as de capital aberto, são administradas por grupos familiares. Quando é composta por membros da família, a alta gestão sofre uma exposição peculiar às incompatibilidades entre empresa e CEO, ainda mais quando a segunda ou terceira geração entra na linha da gerência e/ou as famílias se inserem em novos negócios. Para entender como a narrativa da estrutura do ciclo de vida corporativo se manifesta em empresas de grupos familiares, vale lembrar que esses grupos em geral controlam empresas que englobam diversos negócios, e, devido ao alcance, na prática chegam a parecer conglomerados, mas são estruturadas como empresas individuais. Por consequência, não apenas é possível como também provável que um grupo familiar controle empresas em diferentes estágios do ciclo, variando de empresas jovens e em crescimento até empresas em declínio. De fato, uma das razões pelas quais os grupos familiares surgiram e prosperaram em economias em que os mercados de ação ainda eram subdesenvolvidos foi sua capacidade de utilizar o dinheiro gerado nas empresas maduras e em declínio para cobrir as necessidades de capital nos negócios em crescimento. Esse equilíbrio no mercado de capital intragrupo se complica ainda mais quando as empresas de grupos familiares abrem o capital, pois é necessário consentimento dos acionistas para essas transferências. Nos grupos familiares, a governança corporativa frágil é mais a regra do que a exceção, por isso é inteiramente possível que os acionistas das empresas mais maduras e geradoras de dinheiro sejam forçados a investir em empresas mais jovens e em crescimento do mesmo grupo.

Há pesquisas sobre rotatividade de CEOs em empresas de grupos familiares, e os resultados não surpreendem. Em um estudo, os pesquisadores analisaram 4.601 CEOs, classificando-os pelo fato de serem membros da família ou não, e descobriram que a rotatividade forçada era muito menos frequente no primeiro grupo.[22] Em outras palavras, os CEOs que fazem parte da família têm menor probabilidade de serem demitidos e maior chance de prosseguirem até que um sucessor seja encontrado, em geral dentro da família. Embora isso seja uma boa notícia em termos de continuidade, é ruim se houver uma incompatibilidade entre a empresa e o CEO, pois, até ser corrigida, causará estragos por muito mais tempo.

Introdução à gestão: Uma visão geral do ciclo de vida | **527**

O que os grupos familiares podem fazer para lidar com a incompatibilidade — quando o potencial de incompatibilidade aumenta, a disrupção transforma algumas empresas maduras e em crescimento em empresas em declínio, e o capital é transferido para novas empresas nas áreas de energia verde e tecnologia? Primeiro, o poder deve se difundir mais entre a família, afastando a ideia de um líder poderoso e indo em direção a um comitê familiar que viabilize a existência de diferentes perspectivas, necessárias para o sucesso em outras fases do ciclo de vida. Então, deve haver uma reavaliação séria sobre a posição das múltiplas empresas do grupo familiar dentro do ciclo, em especial quanto àquelas que estão em transição de fases.

Se os cargos da alta gestão forem restritos à família, o desafio será encontrar pessoas com as características necessárias para administrar os negócios ao longo de todo o ciclo. Por exemplo, como muitos grupos familiares se inserem no setor de tecnologia, atraídos pelo potencial de crescimento, a limitação pode ser encontrar na família um contador de histórias visionário. Se esse alguém não existir, a questão passa a ser se a família está disposta a trazer alguém de fora e conceder liberdade suficiente para essa pessoa administrar as empresas jovens e em crescimento. Por fim, se surgir uma incompatibilidade entre um CEO da família e a empresa sob sua responsabilidade, deve haver uma disposição para remover esse indivíduo do poder, mesmo com a certeza de que isso vai gerar tensões familiares e provocar brigas.

Para chegar ao motivo pelo qual o controle familiar pode ajudar em alguns casos e prejudicar em outros, mais uma vez é útil abordar o ciclo de vida corporativo. Nas fases em que são necessárias paciência e pulso firme, um integrante da família como CEO pode aumentar o valor, uma vez que essa pessoa estará mais inclinada a pensar nas consequências a longo prazo, em vez de priorizar lucros de curto prazo ou efeitos de precificação. Em contrapartida, caso o CEO da família esteja enraizado em uma empresa que está passando do crescimento para a maturidade, ou da maturidade para o declínio, e não for adaptável o suficiente para modificar sua forma de gerir os negócios, o efeito para o valor será negativo. As empresas de grupos familiares compostas sobretudo pelo primeiro grupo, portanto, serão negociadas a valores com prêmios, enquanto aquelas que incluem um número desproporcionalmente grande de empresas novas, ou que foram alvos de disrupção, sairão prejudicadas.

No subconjunto de empresas que são negociadas em bolsa, mas controladas pela família, a arma preferida contra a mudança é uma estrutura de holding mais complexa, incluindo pirâmides e propriedades cruzadas. Em uma estrutura de pirâmide, o investidor utiliza o controle de uma empresa para estabelecer controle em outras. Em uma estrutura cruzada, as empresas possuem ações umas das outras, permitindo que os acionistas controladores do grupo administrem todas as empresas envolvidas com menos de 50% das ações em circulação. Em ambas as estruturas, a mudança é bastante dificultada. Quase todas as empresas japonesas (keiretsu) e coreanas (chaebols) nas décadas de 1980 e 1990 foram estruturadas como propriedades cruzadas, mantendo sua administração livre da pressão dos acionistas.

Ciclo de vida e mudanças de gestão:
um resumo

Neste capítulo, analisei por que as incompatibilidades nas empresas ocorrem, os catalisadores que causam mudanças de gestão e os desafios que podem se apresentar ao implementar essas mudanças. Em cada tópico, argumentei que existem diferenças entre empresas, sendo o ciclo de vida corporativo um fator-chave disso.

A Figura 18.7 reúne os catalisadores e os desafios enfrentados para que mudanças sejam implementadas em empresas de cada estágio do ciclo:

Introdução à gestão: Uma visão geral do ciclo de vida | 529

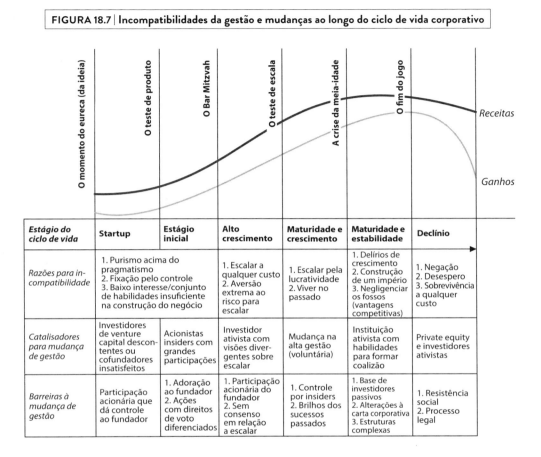

FIGURA 18.7 | Incompatibilidades da gestão e mudanças ao longo do ciclo de vida corporativo

Encontrar uma gestão adequada é uma tarefa contínua conforme tanto as empresas quanto seus gestores amadurecem. Embora seja importante em todas as fases do ciclo de vida, é uma questão mais crítica nas pontas do ciclo, que tem startups e empresas jovens em um extremo, e empresas em declínio e em distress no outro.

Conclusão

Não existe um modelo padrão para grandes gestores, pois os papéis que desempenham e suas principais funções variam conforme a empresa passa de startup para a fase de maturidade até, em determinado momento, entrar em declínio. No início do processo, os CEOs serão julgados pelas histórias que contam (sua visão) e as habilidades na construção do negócio. Com o amadurecimento das empresas, é mais provável que sejam avaliados pela capacidade de proteger as vantagens competitivas (fossos) e entregar resultados. Portanto, o CEO certo vai refletir a fase do ciclo de vida em que a empresa se encontra.

Com essa introdução, apontei que a gestão, mesmo competente e qualificada, pode se tornar incompatível com a empresa, seja devido às mudanças de ambos, trazidas pela passagem do tempo, seja por más escolhas do conselho administrativo na substituição dos gestores, ou por mudanças macroeconômicas que alteram a exposição da empresa ao risco. Caso o descompasso entre a gestão e a empresa persista, as consequências serão negativas para o crescimento e a rentabilidade e, em casos extremos, pode levar à falência. O processo de correção da incompatibilidade é a essência da governança corporativa, e examinei como os catalisadores para mudanças de gestão e seus obstáculos se transformam à medida que a empresa percorre o ciclo de vida.

19

A luta contra a idade:
Vantagens e desvantagens

SE HÁ UM TEMA CENTRAL neste livro, é que, para a maioria das empresas, a melhor resposta ao envelhecimento é aceitá-lo e fazer com que a administração reflita a maturidade da empresa. Neste capítulo, argumento que, da perspectiva dos proprietários ou acionistas, essa estratégia oferece não apenas as melhores chances, mas o melhor trade--off entre risco e retorno. Dito isso, diversos fatores induzem o combate ao envelhecimento, às vezes com sucesso. Alguns se baseiam na psicologia e na ideia de que encolher a empresa é visto como um fracasso, enquanto expandi-la é considerado sucesso; outros se baseiam em incentivos à gestão, com vantagens para os gestores que arriscam tudo em apostas de baixa probabilidade e de alto retorno, feitas com o dinheiro de terceiros. Neste capítulo, analiso os caminhos trilhados pelas empresas para interromper ou até reverter o processo de envelhecimento, de reformas superficiais até mudanças revolucionárias nos modelos de negócios, e examino os aspectos comuns entre aquelas que foram bem-sucedidas nessa empreitada. Para trazer equilíbrio e perspectiva, também avalio o que acontece com as empresas que tentam implementar mudanças e fracassam, e como esse fracasso pode provocar grandes quedas, morte súbita e empresas zumbis.

Aceitando o envelhecimento

Nos capítulos anteriores, menciono que, com o envelhecimento, o foco do negócio muda: deixa de ser sobre quanto e onde investir para se tornar sobre como os investimentos serão financiados, com dívida ou capital, e quanto do caixa (se houver) deve ser retornado aos acionistas. Caso a empresa aceite o envelhecimento, os gestores se adaptarão ao estágio atual do ciclo de vida e ajustarão as decisões de investimento, financiamento e dividendos para que reflitam a idade da empresa — ainda que isso signifique um crescimento baixo, nulo ou mesmo negativo que, em alguns casos, fará a empresa desaparecer. Crescer apenas por crescer, sobreviver apenas por sobreviver, não é um bom objetivo final.

O manual da aceitação

Para que a empresa envelheça com dignidade, a gestão deve começar aceitando a idade e redefinindo as ideias de sucesso e fracasso para o negócio. Em resumo, se o crescimento elevado for um pré-requisito para o sucesso, empresas maduras e em declínio encontrarão formas de lutar contra o destino e crescer, não importam os custos. Essa é uma das razões pelas quais argumento, no Capítulo 18, que a alta gerência e os CEOs de empresas maduras ou em declínio devem agregar uma mentalidade bastante diferente sobre os negócios, uma mentalidade que seja menos ambiciosa e mais ancorada na realidade do que a dos gestores ou CEOs de empresas no início do ciclo de vida. Se a gestão já corresponde à fase do ciclo, o restante do manual inclui:

1. **Narrativa que funciona:** se uma das funções da alta gestão é criar e transmitir uma narrativa para a empresa sob seu comando, uma gestão que aceita os fatos contará uma história corporativa que reflete seu momento do ciclo de vida. Com um negócio maduro, essa história será de baixo crescimento, talvez com perspectivas otimistas em termos de margens e retornos; com um negócio em declínio, será uma história em que a empresa reduz a base de ativos e se torna menor, respondendo a um mercado em retração.

2. **Consistência na política de investimentos:** uma narrativa empresarial que se baseia na realidade só tem credibilidade quando sustentada por ações que reflitam a crença dos gestores nessa narrativa. Assim, a gestão empresarial madura que conta uma "história empresarial madura" só será crível se evitar fazer grandes aquisições ou investir em novos negócios. Da mesma forma, os gestores que contam uma história de crescimento perderão credibilidade se recusarem os investimentos necessários para a expansão, mesmo que esses investimentos sejam financeiramente sólidos.

3. **Consistência no financiamento e retorno de caixa:** nos capítulos sobre financiamento e política de dividendos, observo as transições que acompanham o envelhecimento das empresas, da ausência de endividamento nos estágios iniciais, até as dívidas

A luta contra a idade: Vantagens e desvantagens | **533**

maiores na fase de amadurecimento. Também avalio a dependência de entrada de caixa dos acionistas no estágio inicial, até os grandes dividendos e as recompras ocorridas na maturidade empresarial. Uma administração em aceitação vai seguir esse script quando, ao administrar empresas em estágio inicial de crescimento, recusar empréstimos, ou aceitando-os apenas se não tiver outra opção, ou, no caso de empresas maduras, tomando mais empréstimos e promovendo a recompra de ações.

4. **Investidores que compram essa narrativa:** nos Capítulos 14 a 17, observo como os investidores com diferentes preferências por riscos e crescimento escolhem empresas em diferentes fases do ciclo de vida. Quando as empresas aceitam seu estágio no ciclo de vida, tendem a atrair investidores com a mesma visão, facilitando a manutenção das políticas que fazem sentido. De fato, essas empresas afastam investidores cujas preferências não correspondem ao que podem oferecer, dado sua fase no ciclo de vida, mesmo que isso signifique preços de ações mais baixos no curto prazo. É uma receita para o fracasso e os atritos quando, visando apenas o capital, as empresas buscam investidores que desejam o que elas não são capazes de entregar. Assim, empresas jovens e em crescimento não devem buscar investidores que gostam de dividendos, e empresas maduras devem evitar atrair aqueles que desejam um grande crescimento de lucros, do contrário criarão tensões que deixarão todos os envolvidos em situação ainda pior.

Em resumo, a gestão que aceita a posição da empresa no ciclo de vida corporativo não dá um passo maior que a perna nas decisões operacionais ou de financiamento. Também não exagera nas promessas de crescimento e lucratividade e busca por uma clientela de investidores que não apenas se sinta confortável com o que a empresa é capaz de oferecer, mas que possa inclusive pagar um prêmio por isso.

Por que a aceitação é tão difícil?

Aceitar a fase do ciclo de vida simplifica a gestão, que se torna menos propensa a erros, mas, para muitas firmas, essa aceitação permanece inacessível, pois os gestores elaboram planos e agem em desacordo com o estágio. Essa desconexão ocorre por vários motivos:

1. **Tédio:** é inegavelmente mais emocionante estar no comando de uma empresa em crescimento do que à frente de uma empresa madura ou em declínio. Como mariposas atraídas pela luz, gestores de empresas maduras e até os de empresas em declínio são atraídos pela emoção do crescimento.

534 | O ciclo de vida corporativo

2. **Esperança:** os seres humanos são programados para serem otimistas e terem esperança de que as coisas vão melhorar, e os gestores de muitas empresas maduras e em declínio acreditam que são apenas vítimas das circunstâncias ou de acontecimentos extraordinários. Eles tendem a acreditar que uma mudança está próxima, o que vai lhes permitir reverter, ou pelo menos parar, o envelhecimento empresarial.

3. **Incentivos à gestão:** nas empresas de capital aberto, sobretudo nas fases de maturidade e declínio, os gestores operam com incentivos e interesses diferentes dos acionistas. Quando a remuneração está relacionada a níveis absolutos de ganhos ou receitas, ou ao crescimento desses números, os gestores são incentivados a pressionar por crescimento, mesmo que isso custe demais, deixando os acionistas em uma situação ruim.

4. **Pressão dos pares:** ainda que os gestores consigam superar as barreiras rumo à aceitação, vão enfrentar um obstáculo adicional para permanecer no caminho certo, sobretudo quando atuam em empresas onde a maioria dos concorrentes continua trabalhando pelo crescimento. Com ambições mais discretas para o crescimento da receita e redução nos planos de reinvestimento nos negócios, as empresas administradas por esses gestores vão destoar dos seus pares. Um analista qualquer que considere maior crescimento como sinônimo de maior valor vai julgar insuficiente o crescimento da empresa, atribuindo-lhe uma recomendação negativa, e os investidores que acompanham essa linha de raciocínio podem diminuir os preços das ações, aumentando a pressão para a empresa se comportar de acordo com seu grupo de pares.

Por fim, nos negócios, um ecossistema atua sobre as empresas que aceitam seu status de maturidade ou declínio para que mudem de perspectiva. Correndo o risco de ser cínico, eu diria que grande parte das comissões de consultores de gestão e bancos de investimento estão relacionadas à sua capacidade de convencer as empresas de que são capazes de reverter o processo de envelhecimento e fazê-las agir de acordo com essa crença.

Exemplos de aceitação

O fato de que há tão poucos exemplos de empresas que se adaptam ao próprio estágio no ciclo de vida, sobretudo nas fases maduras ou em declínio, e tomam decisões de acordo com isso, é uma prova do poder das forças contrárias à aceitação. Em outras palavras, mesmo em setores que demonstram evidências notórias e incontestáveis de declínio nos negócios, algumas empresas aspiram ao crescimento, ainda que esse desejo nunca se manifeste. Um exemplo de empresa que contrariou essa tendência é a Severstal, uma siderúrgica russa que respondeu a um colapso na lucratividade nos negócios de aço global desinvestindo grande parte de suas participações fora da Rússia, tornando-se uma empresa menor, embora mais lucrativa, entre 2011 e 2016. Isso pode ser visto na Figura 19.1:

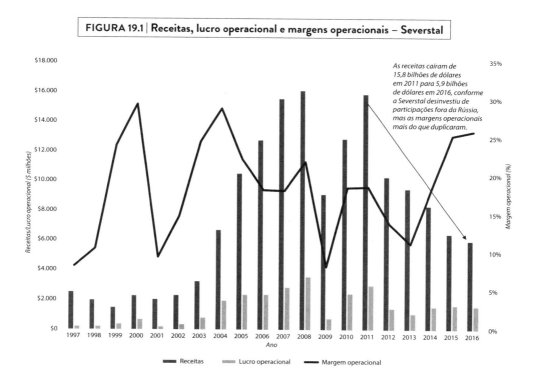

As receitas diminuíram mais de 60% entre 2011 e 2016, quando a Severstal vendeu grande parte de suas operações fora da Rússia, retendo um mercado interno que era muito mais rentável. O resultado foi que a Severstal se tornou uma empresa muito menor, porém mais lucrativa e valiosa.

Para a maioria das empresas, a aceitação só ocorre depois de tentativas ambiciosas de recuperar o crescimento e reverter o envelhecimento. Um exemplo de como é necessário que a gestão chegue à aceitação é a General Electric, uma empresa com um passado conhecido e uma história de sucesso que alcançou o século XXI. Durante grande parte deste século, a empresa tem lutado para alcançar sucesso em seus múltiplos negócios, espalhados por diferentes regiões. Em 2001, Jeff Immelt assumiu as rédeas das mãos de seu lendário antecessor, Jack Welch, o grande responsável pela construção da gigante corporativa, e sentiu a pressão não apenas para manter a empresa intacta, mas também para continuar o caminho de aquisições e crescimento trilhado por Welch. Em 2017, quando Immelt deixou o cargo de CEO, estava evidente que a GE caminhava para o precipício, mas foram necessários mais dois CEOs e três anos de sofrimento operacional para que a empresa anunciasse planos de desmembramento a fim de se tornar menor.

DETERMINANTES DA ACEITAÇÃO

Para entender por que a Severstal respondeu tão rápido às mudanças econômicas do mercado do aço, enquanto a GE demorou décadas, vale a pena analisar os fatores que determinam a velocidade com que as empresas avançam em direção à aceitação, bem como o nível de agressividade com que reagem:

1. **Arriscando a própria pele:** uma característica comum às empresas que respondem depressa às novas circunstâncias é o fato de serem de propriedade privada ou familiar; caso sejam de capital aberto, seus gestores detêm participações acionárias significativas. Voltando ao exemplo da Severstal, a empresa era majoritariamente detida e controlada por um indivíduo, Alexey Mordashov, durante o período de 2011 a 2016. Por outro lado, a base acionista da GE era sobretudo institucional, e a alta gerência detinha uma porcentagem muito pequena das ações em circulação.

2. **Problemas operacionais prolongados:** quando as empresas apresentam fraco desempenho operacional, a resposta inicial de muitos gestores é atribuir isso a circunstâncias extraordinárias ou eventos macroeconômicos e seguir com as mesmas práticas empresariais testadas e comprovadas. Ao longo dos muitos anos em que o fraco desempenho se prolonga, fica cada vez mais difícil sustentar essas desculpas, e a verdade acaba por se revelar.

3. **Pressão dos investidores:** em empresas maduras ou em declínio cujos gestores estão em negação, a aceitação será acelerada se houver investidores pressionando por mudanças. Por esse motivo, é saudável para um mercado ter investidores ativistas, contestando e responsabilizando a gestão. Como esse princípio está no centro da governança corporativa, é pouco provável, em mercados com forte governança corporativa, que as empresas se recusem a agir de acordo com a idade, e o oposto acontece em mercados onde a governança corporativa é fraca ou ausente.

4. **Humor do mercado e momentum:** em épocas boas, quando os mercados estão otimistas, e os preços das ações em alta, as empresas operam mais livremente, e o custo

de buscar o crescimento por meio de maus investimentos, ainda que se trate de uma empresa madura ou em declínio, poderá ser relevado. Com a mudança no humor do mercado e a queda nos preços das ações, essa margem desaparece rápido, e é mais provável que as fraquezas e limitações da empresa sejam expostas.

5. **Acesso e uso de endividamento:** na década de 1980, quando a primeira onda de aquisições alavancadas chegou ao mercado, Michael Jensen alegou que o endividamento poderia funcionar como uma força disciplinadora em algumas empresas. Embora não tenha mencionado explicitamente os ciclos de vida corporativos, o argumento era que os gestores de empresas maduras e em declínio teriam mais disciplina nas decisões de investimento. De forma implícita, ele argumentava que contrair mais empréstimos e se sobrecarregar com despesas de juros e seus pagamentos obrigatórios por contrato tornaria os gestores menos propensos a exagerar e assumir investimentos em maus negócios.

Em resumo, se as empresas estão na fase madura ou em declínio, são administradas por gestores que têm pouco a perder e enfrentam pouca pressão dos investidores para mudar seus métodos, então é muito provável que se recusem a agir de acordo com a idade. Essas empresas investirão como se estivessem em crescimento, causando prejuízos aos acionistas e utilizando o capital que seria muito mais produtivo nas mãos de empresas mais jovens e em crescimento.

Lutando contra o envelhecimento

As forças mobilizadas contra a aceitação são poderosas, e não surpreende que a maioria das empresas passando pela maturidade ou pelo declínio procurem formas de parar ou reverter o envelhecimento. Alguns casos são bem-sucedidos, proporcionando grandes recompensas aos acionistas e melhorando a reputação da alta gerência. Em outros casos, a gestão quebra a cara, destruindo o valor acumulado ao longo da vida corporativa.

Renovações, reformulações e renascimentos

É difícil lutar contra a idade, mas, ao menos no ciclo de vida corporativo, isso pode ser feito. Nesta seção, analiso as ações tomadas para reverter o processo de envelhecimento, começando com as renovações, quando as empresas tentam "consertar" seus negócios atuais para que voltem a crescer. Depois, vêm as reformulações, quando estendem seus negócios a novos mercados e novos produtos. Por último, os renascimentos, quando mudam o negócio, na esperança de reiniciar o relógio do envelhecimento corporativo. Confesso que os limites entre renovações, reformulações e renascimentos são difusos, e uma ação corporativa, como uma aquisição, pode se enquadrar em mais de uma categoria. O que começa como uma renovação ou reformulação pode se tornar um renascimento ao longo do tempo.

RENOVAÇÕES

Em uma renovação, a empresa segue atuando em grande parte dentro do negócio corrente, que está amadurecendo ou mesmo em declínio, mas implementa mudanças que lhe permitem voltar a crescer, pelo menos no curto prazo. A renovação inclui algumas das ações antienvelhecimento menos agressivas que uma empresa pode adotar, com a vantagem de que seu fracasso acarreta custos menores.

AÇÕES DE RENOVAÇÃO

As ações que se enquadram nesse grupo podem variar de mudanças estéticas, que são principalmente superficiais e pouco substanciais, a mudanças mais tangíveis, com a empresa buscando alterar a fabricação e comercialização de um produto, e talvez até a percepção dos clientes.

1. **Mudança do nome corporativo:** empresas podem mudar de nome por vários motivos, mas, se a mudança for projetada para alterar as percepções sobre a empresa e talvez permitir que expanda seu mercado, trata-se de uma renovação. As empresas gastam quantias significativas tentando construir o reconhecimento de suas marcas, então há um custo óbvio em abandonar um nome já estabelecido, mas há casos em que os benefícios podem superar os custos.
   a. **Expandir ou atualizar as ofertas de produtos:** se um nome comercial estiver limitando o mercado de produtos e serviços, e sua mudança permitir a inclusão em um mercado mais amplo, pode fazer sentido. Um exemplo foi quando o Boston Chicken, que expandiu suas ofertas de fast food, de apenas frango para uma variedade de outros alimentos, decidiu mudar o nome para Boston Market, refletindo seu mix diversificado de produtos.
   b. **Conexões tóxicas:** por vezes, um nome corporativo se torna tóxico, devido a notícias ou atitudes da empresa, e essa toxicidade afeta a capacidade de seguir com os negócios. Uma das razões pelas quais a Philip Morris, a maior empresa de tabaco do mundo, mudou o seu nome para Altria foi a esperança

A luta contra a idade: Vantagens e desvantagens | **539**

de reduzir a mancha de estar associada a um produto cancerígeno, assim como pelas mentiras que contou sobre os seus perigos. Também pode explicar parcialmente por que o Facebook, talvez um dos nomes corporativos mais reconhecidos do planeta, decidiu mudar seu nome para Meta após anos de notícias negativas sobre a empresa.

c. **Setores quentes:** durante o boom das empresas pontocom, na década de 1990, e a mais recente explosão das mídias sociais na última década, muitas empresas tentaram reformular suas histórias para os investidores e consumidores, mudando de nome para fazer com que parecessem integrar os setores mais "quentes". Um estudo sobre empresas que acrescentaram ".com" ao nome durante os anos 1990 constatou que o preço das ações subiu devido ao novo nome, mesmo sem mudanças operacionais.[1]

2. **Mudanças estratégicas:** "estratégico" é uma palavra vaga e, na minha opinião, muitas vezes usada para justificar decisões que seriam injustificáveis por números. Dito isso, o roteiro que orienta as escolhas de investimentos, financiamentos e política de dividendos é estratégico, e alterações nesse roteiro indicam mudanças no modo como essas escolhas são feitas. Em algumas empresas que enfrentam uma perspectiva de baixo crescimento, o primeiro passo para alterar essa perspectiva é fornecer roteiros das mudanças planejadas para investidores e consumidores. A reação vai depender em grande parte da credibilidade da gestão que define as mudanças, e em geral há mais credibilidade quando as mudanças são feitas por um novo CEO e uma nova gestão, em vez de pelas mãos em exercício. Em 2013, por exemplo, a Alcatel-Lucent, com Michel Combes como novo CEO, anunciou que mudaria o foco de equipamentos de telecomunicações para produtos de rede e banda larga, e a resposta foi um salto de 7% nas ações.[2]

3. **Remarketing e rebranding:** em alguns casos, as sementes para que uma empresa retome o crescimento está no redirecionamento do marketing de um produto ou de um serviço, na esperança que isso influencie os clientes existentes a comprar mais ou atraia novos. É mais provável tentarem essa abordagem em empresas de bens de consumo, sobretudo quando os nomes de marcas e a percepção do consumidor determinam a participação e o sucesso no mercado, mais do que eventuais diferenças tangíveis entre produtos concorrentes. Isso funcionou para a Abercrombie & Fitch, uma empresa fundada como loja de equipamentos para atividades ao ar livre, mas que usou seu marketing com grande eficácia para se tornar destino para os jovens consumidores nos anos 1990.[3]

4. **Redesign de produtos:** para algumas empresas cujas marcas estão envelhecidas, a chave para o crescimento é redesenhar os produtos e serviços para que atraiam diferentes bases de clientes. Esse foi o caminho que a LEGO adotou em 2003, quando teve que adaptar um produto que se manteve igual durante grande parte da vida da empresa para coleções inspiradas em franquias de filmes (Star Wars, Marvel e os próprios filmes da Lego) ou direcionadas aos fãs de jogos (Minecraft Legos) e afins, buscando um novo impulso no ciclo de vida. Por questão de equilíbrio, vale notar que a Coca-Cola também seguiu esse caminho em 1985, quando apresentou sua New Coke, o que teve efeitos desastrosos.

RECOMPENSA PELA RENOVAÇÃO

A maioria das empresas que lidam com crescimento lento traça planos de renovação e, embora algumas obtenham sucesso, muitas acabam com pouco resultado frente aos milhões ou bilhões de dólares gastos. Eu diria que os seguintes fatores determinam a probabilidade e a extensão do sucesso dos planos de renovação:

1. **Mudanças estéticas *versus* mudanças reais:** mudanças estéticas, como a alteração de nome, podem ter efeitos na percepção do investidor que, na minha opinião, desaparecem ao longo do tempo. As empresas cujas ações subiram de preço quando acrescentaram ".com" ao nome no final dos anos 1990 viram esse aumento cair por terra em 2001, com o estouro da bolha pontocom. Planos estratégicos, como o anunciado pela Alcatel, podem provocar reações favoráveis no mercado, mas, se a empresa não seguir adiante com as mudanças operacionais alinhadas ao plano, não apenas esses aumentos de preços das ações desaparecerão, como a gestão perderá credibilidade, o que afetará sua capacidade de fazer novas mudanças no futuro.

2. **Preço de mercado *versus* foco operacional:** em um ponto relacionado, para muitas empresas de capital aberto que fazem renovações, o foco parece estar em convencer os investidores de que a mudança está chegando e vai agregar valor, mais do que em fazer mudanças operacionais reais e discutir o que pode agregar crescimento e valor à empresa. É compreensível por que os investidores precisam participar de todo processo de renovação, mas quanto mais o plano de renovação se basear em mudanças operacionais que acrescentam valor, maiores serão as chances de a empresa voltar a apresentar crescimento.

3. **Comportamento individual ou de rebanho:** em alguns casos, o ímpeto de renovação ocorre em empresas individuais que estão sofrendo em setores com bons

resultados. Em outros casos, é um problema coletivo, em que muitas ou a maioria das empresas de um setor enfrentam desafios operacionais ao mesmo tempo. É mais fácil mapear planos de renovação quando os problemas são específicos da empresa do que se estiverem espalhados pelo setor, e por uma razão simples: quando várias empresas de um setor ou grupo apresentam redução de crescimento ao mesmo tempo, os planos para renovação tendem a ser muito semelhantes, o que pode afetar os resultados. Quando a Amazon trouxe disrupção ao setor de varejo, os planos de renovação para a maioria das varejistas físicas seguiram o mesmo script — que envolvia o corte de custos nas lojas e a expansão do varejo on-line —, o que limitou seus resultados. A lição que fica para os planos de renovação é que o sucesso é mais provável se os planos forem originais e diferentes, baseados nos pontos fortes e exclusivos da empresa.

4. **Clientes antigos *versus* clientes novos:** para atender ao compreensível desejo de atrair novos clientes, as empresas às vezes fazem mudanças que afastam a clientela atual, criando efeitos negativos líquidos para si. Por exemplo, a Gap, ao enfrentar uma desaceleração no crescimento nos anos 1990, decidiu fazer um rebranding para atrair um público mais jovem. Contudo, no processo, perdeu domínio sobre os clientes mais velhos, que formavam seu principal mercado. Em geral, os planos de renovação que resultam na alteração do mercado principal da empresa são mais arriscados do que aqueles baseados no próprio mercado.

REFORMULAÇÕES

No espectro das ações para combater o envelhecimento empresarial, as reformulações exigem mais mudanças do que as renovações. Não surpreende que, caso funcionem, sejam mais caras e gerem resultados positivos muito maiores. Nesta seção, discuto como as empresas que se aproximam da maturidade ou do declínio podem se reformular.

AÇÕES DE REFORMULAÇÃO

Em uma reformulação, as empresas aumentam seu portfólio com novos produtos ou expandem para novos mercados. Em alguns casos, isso pode incluir alterações nos modelos de negócios para oferecer melhores resultados operacionais e talvez mais crescimento, partindo dos produtos e serviços existentes.

1. **Novos produtos/serviços:** quando a empresa percebe que seu crescimento estagnou devido à competição ou à disrupção, às vezes pode encontrar um caminho

para expandir suas ofertas. À medida que os jornais perderam receitas de publicidade para os anunciantes on-line, o *New York Times* encontrou um caminho para sobreviver e até crescer, com uma presença digital baseada em seus pontos fortes. Em um experimento ainda em andamento, a Lululemon, empresa que se beneficiou do crescimento do mercado de roupas fitness femininas, mas notou a redução de crescimento com o avanço da concorrência, está tentando se redescobrir no setor de roupas casuais para homens e mulheres.

2. **Novos mercados:** para algumas empresas, a chave para voltar ao crescimento vem de encontrar novos mercados para seus produtos, seja atraindo novos clientes para produtos existentes ou encontrando novas regiões onde se expandir. Como exemplo da busca de novos mercados, a Goya, uma fabricante de alimentos dos Estados Unidos que atendia sobretudo o mercado hispânico até a década de 1980, encontrou crescimento vendendo seus produtos de maneira mais agressiva para não hispânicos.[4] Como exemplo da busca por novas geografias, a Bajaj Auto, uma empresa indiana baseada na venda de scooters em seu mercado doméstico usou a globalização para expandir seu alcance e ampliar seu crescimento.

3. **Novos modelos de negócios:** Em alguns casos, a empresa pode conseguir alterar a sua trajetória de crescimento modificando o modelo de negócios que utiliza para fabricar e vender os seus produtos ou serviços. Por exemplo, a Adobe, uma antiga fabricante de software, mudou o modelo de negócios em 2013, da venda de software e atualizações para um modelo de assinaturas. A mudança permitiu que a empresa recuperasse o crescimento e ainda estabilizou suas receitas.

Vale notar que essas escolhas de reformulação não são mutuamente exclusivas: a empresa pode introduzir novos produtos, expandir para novos mercados e/ou adotar novos modelos de negócio ao mesmo tempo, embora corra o risco de tentar fazer coisas demais.

RECOMPENSA PELAS REFORMULAÇÕES

As reformulações compensam? A resposta, novamente, está na natureza da reformulação e nas vantagens competitivas resultantes. Considere outra vez as histórias de sucesso que citei na última seção e seus pontos em comum.

- O *New York Times* teve sucesso ao ingressar no ambiente on-line — enquanto a maioria dos jornais falhou — porque se baseou no conteúdo criado por sua incomparável equipe de repórteres ao redor do mundo, colunistas de opinião com muitos seguidores e até mesmo em seu conteúdo de passatempos (como palavras cruzadas e Wordle). Por outro lado, a maioria dos jornais regionais e nacionais passou anos reduzindo seu conteúdo original, em geral buscando cortar custos e, portanto, passou a ter pouco a oferecer aos leitores on-line.

- A expansão bem-sucedida da Goya na década de 1980 resultou do posicionamento único como um dos poucos fabricantes de alimentos hispânicos no mercado dos Estados Unidos e da forte identificação da marca em seu mercado principal. Em resumo, por conta do prestígio da marca, os consumidores eram mais propensos a comprar feijão preto enlatado da Goya do que os da Campbell ou da Kraft com preços semelhantes.
- No caso da Bajaj Auto, a estrutura de custos mais baixos nas fábricas indianas trouxe uma vantagem, sobretudo na competição com fabricantes de scooters italianas ou japonesas, e explica por que a empresa conquistou uma fatia tão depressa no mercado global.
- Com a Adobe, o modelo de assinatura vingou depressa porque seu software já era dominante no mercado, e seus produtos (Photoshop, Acrobat etc.) se beneficiaram muito com a transformação digital.

Se há uma lição aqui, é que as empresas que planejam reformulações devem começar com uma avaliação de seus fossos (vantagens competitivas) e forças para tentar explorá-los a fim de desenvolver novos produtos e serviços, buscar novos mercados ou criar novos modelos de negócios. Um erro que muitas empresas e investidores cometem ao avaliar planos de crescimento é dar muita atenção ao tamanho do mercado buscado e pouca ao que a empresa pode trazer como pontos fortes únicos, que permitirão a captura de uma participação tangível do mercado-alvo. Essa é uma lição que vale a pena lembrar, ainda mais porque a inteligência artificial (IA) virou a grande palavra da moda, e toda empresa afirma estar desenvolvendo um caminho para ganhar dinheiro nesse universo.

RENASCIMENTOS

Em uma renovação, a empresa tenta encontrar novas oportunidades de crescimento com os produtos e o modelo de negócios existentes, utilizando rebranding e redesign para expandir seu mercado. Em uma reformulação, a empresa vai mais longe, com novos produtos e serviços, novos mercados e novos modelos de negócios como fatores de crescimento. Em um renascimento, a empresa se reconstrói em um novo negócio, talvez muito diferente do original.

O FASCÍNIO DOS RENASCIMENTOS

O ditado chinês 生, 老, 病, 死 ("você nasce, envelhece, adoece e morre") é uma lembrança da realidade dos seres humanos, mas não é exatamente uma das mais alegres, e não admira que muitos queiram fugir de suas amarras. Uma opção que quase todas as religiões oferecem é a possibilidade de vida após a morte, habilmente ligada ao seguimento fiel dos mandamentos da religião. Para as empresas que se aproximam das fases finais do ciclo de vida, essa opção é o fracasso, pois não existe um paraíso empresarial (a menos que consideremos que se tornar objeto de estudos de caso em Harvard seja algo celestial) ou inferno empresarial (embora o tribunal de falências chegue muito perto disso). A outra opção é um eventual renascimento ou reencarnação, pelos quais é possível se redefinir. Fico animado com histórias de pessoas que vivenciaram esse renascimento — atletas que se transformam em empresários de sucesso ou atores que se tornam presidentes. Nesse sentido, as empresas levam vantagem sobre as pessoas físicas, pois, como pessoas jurídicas, podem se reinventar e ainda manter suas identidades corporativas.

Há empresas que venceram as adversidades do ciclo de vida corporativo, lutaram contra o declínio e renasceram como empreendimentos de sucesso. Dois exemplos que me vêm à mente são a IBM, desde o fim dos dias gloriosos na década de 1980 e seu subsequente renascimento como empresa saudável e lucrativa na década de 1990, e a Apple, em sua retomada ao topo do ranking em capitalização de mercado em 2012 após os dias sombrios de 1997. Ao pensar nesses e em outros exemplos, vale notar que o fato de eu poder citar essas empresas sugere que são as exceções, e não a regra. Apesar dessa realidade preocupante, continua sendo útil analisar as histórias de sucesso, não só para compreender o que permitiu esse sucesso, mas também para desenvolver critérios prospectivos que possam ser utilizados nos investimentos.

INGREDIENTES PARA O SUCESSO

Para começar, devo admitir minha apreensão em relação a este exercício. Primeiro de tudo, não sou historiador ou estrategista de empresas, e tenho a certeza de que esqueço de mencionar muitos detalhes ao elaborar uma lista de critérios para "renascimentos". Em segundo lugar, receio tirar grandes lições de evidências anedóticas, reconhecendo como é fácil chegar a conclusões erradas. No entanto, vejo fatores comuns em histórias de renascimentos bem-sucedidos:

1. **Aceitação de que os métodos antigos não funcionam mais:** para que haja um renascimento corporativo, a empresa deve aceitar que os métodos antigos, por

A luta contra a idade: Vantagens e desvantagens | **545**

mais bem-sucedidos que tenham sido, já não funcionam. Essa aceitação, como observo em outros trechos deste capítulo, não é fácil nem rápida, e quanto mais longa e antiga for a história da empresa, mais tempo leva para acontecer. A IBM, no final da década de 1980, quase foi levada à irrelevância por uma série de CEOs que transformaram a negação em modalidade artística. A aceitação também exige mais do que apenas discurso de mudança e deve ser sustentada por ações que indiquem que a empresa está de fato disposta a abandonar grandes partes do passado.

2. **Um agente de mudança:** um clichê, mas a mudança começa pelo topo. Na IBM, o renascimento só começou de verdade quando Lou Gerstner se tornou CEO, em 1993. Na Apple, o agente de mudança foi obviamente Steve Jobs, o homem que, uma década antes, havia sido banido pela falta de foco, mas que retornou como CEO em 1997. Seria simplista dizer que o agente de mudança sempre deve vir de fora da empresa, pois há casos de insiders que passaram uma vida inteira na corporação e, apesar disso, demonstraram disposição para abalar suas estruturas. Porém, acho seguro afirmar que os agentes de mudança não costumam ser discretos e estão sempre prontos para abandonar o status quo.

3. **Um plano para a mudança:** salientar que as fórmulas atuais já não funcionam é importante, mas é inútil a menos que isso seja acompanhado de uma nova missão e de foco. Na IBM, Gerstner mudou a mentalidade da empresa (e de seus funcionários) logo no início do seu mandato, um feito incrível, tendo em vista que a mentalidade antiga estava profundamente enraizada nas práticas da corporação. Vindo da RJR Nabisco, ele trouxe o foco no cliente e a disposição de abandonar os erros do passado (alguém lembra do OS/2?), o que permitiu a criação da IBM moderna. Steve Jobs chocou os funcionários da Apple ao entrar em acordo com a Microsoft. Em troca de 150 milhões de dólares e da promessa de que a Microsoft continuaria produzindo o Office para o Mac, ele basicamente autorizou legalmente que a Microsoft usasse o sistema operacional do Mac na atualização do Windows. Jobs aproveitou a margem de manobra proporcionada por esse acordo para redefinir a Apple como uma empresa de entretenimento, não de computadores, e o resto, como dizem, é história.

4. **Aproveitar os pontos fortes de uma empresa:** se existe um tema comum que passa por renovações, reformulações e renascimentos, é o fato de que a reinvenção em um novo negócio deve ser baseada nos pontos fortes da empresa. A incursão bem-sucedida da Microsoft no ramo da computação em nuvem, sob o comando de Satya Nadella, foi alimentada pela experiência dos engenheiros de software

da Microsoft, assim como o sucesso da Apple em smartphones, com Steve Jobs no comando, foi construído em torno dos pontos fortes voltados ao design e aos sistemas operacionais proprietários.

5. **Mudar os negócios existentes:** em muitas empresas, o renascimento vai significar desistir de receitas e lucros gerados a partir de negócios com os produtos atuais, e aqueles que administram esses negócios resistirão, apontando para a canibalização como motivo para irem devagar em novos negócios. Esse comportamento levou Clayton Christensen a argumentar que, quando a disrupção ocorre, quase sempre vem de novos entrantes sem nada a perder, e não dos maiores e mais bem-sucedidos players naquele negócio. Em renascimentos bem-sucedidos, é fundamental que os tomadores de decisão com a responsabilidade de fazer a transição para um novo negócio tenham a mentalidade disruptiva, além de um CEO que os proteja da reação dos responsáveis pelos negócios existentes na empresa.

6. **Sorte:** por mais que eu quisesse atribuir o sucesso exclusivamente à grande habilidade e o fracasso à má gestão, continua sendo verdade que o fator primordial para um renascimento bem-sucedido é a sorte. Gerstner teve a sorte de fazer as mudanças na IBM na década de 1990, uma década de crescimento econômico robusto em geral, sobretudo para as empresas de tecnologia. Steve Jobs foi ajudado pela inépcia da concorrência, cega pelo investimento no status quo (empresas de música que vendiam CDs, empresas de telefonia que pensavam nos celulares como extensões de telefones fixos), que ou não reagiu ou reagiu muito lentamente às inovações da Apple.

Tenho certeza de que a lista não está completa e de que esqueci alguns itens, mas é um começo. As empresas que se tornaram armadilhas de valor, as chamadas value traps, ou as que estão destinadas a se tornarem negócios zumbis, podem vir a ser grandes investimentos caso encontrem um caminho para o renascimento. Um investidor que comprou ações da IBM em 1993 ou da Apple em 1997 lucrou imensamente com suas reencarnações. Como exercício de investimento, você pode preparar uma lista de empresas cujos preços das ações estagnaram por longos períodos e verificar quais possuem os ingredientes para renascer: uma aceitação de que os métodos antigos não funcionam (com evidências tangíveis sustentadas pelas decisões de investimento, financiamento e dividendos), um agente de mudança (nova gestão) e um novo foco (com ações que lhe deem suporte). O último fator, a sorte, é imune às avaliações, mas dá para consultar a astrologia ou fazer uma leitura na borra de café, se você acredita que isso vai ajudar a fazer escolhas certas.

A desvantagem: grandes quedas, morte súbita e zumbilândia

Se o sonho de toda empresa madura e em declínio é encontrar um caminho para a renovação, a reformulação ou o renascimento, as ações tomadas para impulsionar esse sonho podem, às vezes, originar cenários de pesadelo, com uma queda repentina na trajetória operacional histórica ou, em alguns casos, a necessidade de encerramento. Nesta seção, analiso esses desfechos negativos, bem como alguns dos fatores que explicam por que algumas empresas estão mais expostas a esses desfechos.

GRANDES QUEDAS

Há casos de empresas que parecem ter um futuro longo e lucrativo, mas enfrentam uma queda acentuada e um declínio precipitado do status de crescimento, ou saem da maturidade em direção a um cenário de declínio. Há uma infinidade de razões para essas grandes quedas, e é mais fácil se defender de algumas do que de outras.

1. **Dependência de uma personalidade:** se a empresa é construída em torno de uma personalidade, como um CEO fundador que também é o rosto da empresa e desempenha o papel principal em todas as decisões significativas tomadas pelo negócio, está exposta ao perigo de que a perda dessa pessoa reduza o valor da empresa em alguns casos de modo irrecuperável. Essa tem sido minha preocupação em investir na Tesla, uma empresa construída e nutrida por uma personalidade. Os interesses da empresa estão tão conectados aos do CEO que qualquer acionista otimista está apostando ao mesmo tempo na Tesla e em Elon Musk. Por outro lado, sua opinião sobre Bill Gates, da Microsoft, e Jeff Bezos, da Amazon, não são relevantes, pois eles construíram empresas com capitalizações de mercado de trilhões de dólares e criaram equipes de gestão profissional que vão além de sua presença. Em pequenas empresas, sobretudo aquelas construídas em torno de serviços pessoais, isso é chamado de efeito da pessoa-chave, e condiciona o valor da empresa à presença ou ausência dessas pessoas.

2. **Conexões políticas:** em algumas partes do mundo, uma das maiores vantagens competitivas de uma empresa são as conexões políticas que podem ser usadas para obter licenças de funcionamento e aprovação para expansões e aquisições. Conexões com o poder vigente podem ser usadas para aumentar o crescimento e a lucratividade, mas há uma ressalva: ser rotulado como uma empresa que está dando certo por causa das conexões com um lado do espectro político pode criar riscos caso o outro lado chegue ao poder, ou se essas conexões enfraquecerem. Pense no caso da Didi, da Alibaba e da

Tencent, empresas grandes e muito bem-sucedidas com operações na China, cujos valuations foram determinados durante grande parte de suas vidas pela suposição de que o governo chinês estava a seu lado, dando apoios e subsídios. Nos últimos dois anos, o governo chinês passou de aliado a adversário, e as métricas operacionais e os valulations de mercado dessas empresas passaram por grandes quedas.

3. **Sucesso concentrado (em produto, geografia, cliente):** algumas empresas grandes e muito bem-sucedidas podem atribuir seu sucesso operacional e de mercado a um ou dois de seus produtos, ou às vendas para um ou dois clientes muito grandes. Essa concentração pode reduzir os custos de marketing e gerar receitas e rentabilidade mais previsíveis, mas qualquer ameaça a um dos produtos ou clientes pode causar uma queda acentuada na rentabilidade e no valor. Como acionista da Apple, fico preocupado pela dependência de um produto — o iPhone —, responsável por grande parte do seu valor, expor a empresa ao risco de colapso.

4. **Disrupção dos negócios:** os três primeiros fatores que expõem as empresas às grandes quedas são em grande parte autoinfligidos, mas também existem forças externas capazes de causar quedas acentuadas nas receitas, e posso colocá-las genericamente sob a categoria de "disrupções". Como exemplo, considere as receitas das empresas de táxi de Nova York em 2008, quando os táxis efetivamente tinham o monopólio do serviço de mobilidade automotiva. Uma licença de táxi amarelo, necessária para operar na cidade, era vendida por mais de 1,5 milhão de dólares, e os proprietários justificavam o preço com base nos obstáculos para a entrada no negócio. Então, a Uber, a Lyft e outros negócios de compartilhamento de viagens devastaram o ramo, fazendo o valor de uma licença cair para menos de 150 mil dólares.

5. **Força maior:** durante grande parte da existência humana, as maiores ameaças para as empresas vieram de casos de força maior: desastres naturais, como inundações, incêndios e furacões, trouxeram prejuízos para empresas prósperas. Com acesso a produtos sofisticados de seguros e gerenciamento de riscos, alguns acreditavam que tínhamos deixado isso no passado, mas a quarentena da covid-19 em 2020 foi um lembrete de que esses riscos ainda existem. Enquanto a maioria das empresas que sofreram desaceleração nesse período esperou uma eventual retomada após a pandemia, há setores, como no caso das linhas de cruzeiro, em que os prejuízos podem ser de longo prazo.

As empresas podem agir para se tornarem menos propensas às grandes quedas causadas pelos três primeiros tópicos. Podem substituir a alta gestão individual por equipes de gestão, evitar uma relação excessiva com um lado do espectro político e

A luta contra a idade: Vantagens e desvantagens | **549**

diversificar os portfólios de produtos e receitas de clientes. Porém, nesse processo, no curto prazo, talvez tenham que abdicar dos lucros, por vezes em montantes significativos. As empresas podem não ser capazes de fazer muito em relação a desastres naturais ou disrupções imprevistas, mas podem criar mais resiliência nos seus modelos de negócio. Perceba que, quando as receitas caem drasticamente sem aviso prévio, as empresas com custos fixos elevados e muitas dívidas ficam mais expostas ao risco. A criação de estruturas de custos mais flexíveis, onde, à medida que as receitas diminuem, os custos também possam ser reduzidos depressa, pode ajudar na sobrevivência aos choques mais significativos nos negócios.

MORTE SÚBITA

Uma empresa em alto crescimento ou na fase madura pode sofrer uma morte súbita? É incomum, mas possível, e o evento catastrófico catalisador pode vir de dentro da empresa, de um acontecimento macro ou de uma combinação dos dois.

As empresas fracassam o tempo todo, mas, quase sempre, esses fracassos refletem o declínio a longo prazo dos seus negócios principais ou tentativas precipitadas de alavancagem. O que diferencia as empresas que sofrem morte súbita é que a falência ocorre, muitas vezes, na fase de crescimento ou maturidade. Há pelo menos três razões que posso apontar, embora tenha certeza de que esqueci algumas outras:

1. **Ameaça legal:** como mostrei várias vezes nas últimas décadas, uma empresa que está crescendo e é lucrativa, com um alto valor associado aos negócios, pode perder tudo diante de um grande processo que demanda seus ativos primários ou afirma que seus produtos ou serviços criaram custos significativos para os consumidores e a sociedade. Os processos relacionados ao amianto, um produto de construção que causa câncer em trabalhadores expostos a ele por longos períodos, levou a Johns Manville à falência em 1981. Os custos de litígio são tão comuns nos negócios de tabaco e de medicamentos que as empresas desses setores desenvolveram modelos de negócios que incorporam ou tentam se proteger contra esse risco.
2. **Ações regulatórias:** em setores como os de serviços financeiros e de telecomunicações, nos quais as empresas precisam de aprovação regulatória para permanecer em atividade, a violação de uma restrição ou regra regulatória pode levar não apenas a uma punição, mas também ao encerramento das atividades. Durante a crise de 2008, alguns bancos foram fechados à força, ou forçados a fundir-se a outros, em resposta às preocupações de que não tinham capital regulamentar suficiente para continuarem em funcionamento.

3. Fraude e comportamento criminoso: uma terceira razão para o encerramento é a fraude, seja legal ou contábil, quando há exposição de mentiras ou enganações feitas para investidores e consumidores ao longo de anos. Consideremos a rapidez com que a Enron passou de uma empresa com capitalização de mercado de 70 bilhões de dólares para uma estrutura corporativa sem ativos e sem negócios, como consequência por seu mau comportamento na década de 1990.

Como se proteger da morte súbita? Uma forma óbvia é criar margens de segurança contra as restrições, para conseguir superar os efeitos de um choque. No contexto do setor bancário, os bancos mais prudentes saíram da crise de 2008 reconhecendo que ter apenas capital suficiente para atender aos mínimos regulatórios os deixam expostos à morte súbita. Se há outra lição que todas as empresas devem levar a sério, é que há um benefício em construir restrições do tipo "bom cidadão" na tomada de decisões. Simplificando, pode haver investimentos que a empresa deve optar por não fazer, mesmo que sejam lucrativos e criem valor, porque vão colocar a empresa muito perto do limite entre o legal e o ilegal, ou o certo e o errado.

ZUMBILÂNDIA

Embora eu tenha traçado paralelos entre seres humanos e o ciclo de vida das empresas, há uma diferença fundamental. Os seres humanos morrem, não importa as heroicas tentativas de mantê-los vivos. As empresas, por outro lado, podem sobreviver muito tempo depois de seus modelos de negócios terem definhado, tornando-se zumbis do mundo corporativo, capazes de criar danos aos investidores e a quem mais estiver próximo.

Neste livro, falo sobre essas empresas e os incentivos aos gestores e investidores para mantê-las em operação mesmo após a morte. Para recapitular, essas corporações tendem a compartilhar as seguintes características:

1. Modelo de negócio falido: o modelo de negócios da empresa está morto, e as causas variam: inépcia na gestão, forte concorrência, choques macroeconômicos ou apenas azar. Seja qual for o motivo, há pouca esperança de uma reviravolta e menos ainda de uma recuperação. Os sinais estão aí para quem quiser ver, inclusive a redução acentuada das receitas, o declínio das margens e os repetidos fracassos em novos empreendimentos/produtos/investimentos.

2. Gestão entrincheirada e em negação: porém, os gestores dessas empresas agem como se pudessem mudar o rumo, colocando um bom dinheiro em investimentos ruins, criando novos produtos e serviços sob a alegação de terem encontrado a fonte da juventude. Eles são fortalecidos por sistemas de governança corporativa fracos ou inexistentes e, por vezes, por laços familiares (se a empresa for controlada por uma família ou de propriedade familiar).

3. **Ecossistema permissivo:** os gestores em negação são auxiliados e autorizados por consultores (que cobram comissões por seus tônicos rejuvenescedores), bancos de investimento (que ganham dinheiro com estratégias desesperadas) e jornalistas (por ignorância ou por não haver nada melhor sobre o que escrever além de uma empresa se debatendo em busca de salvação).

4. **Recursos para desperdiçar:** enquanto quase todas as empresas em declínio compartilham as três características listadas acima, as empresas zumbis se destacam pelo fato de terem acesso a recursos para continuar na rota rumo a lugar nenhum, devendo ser mantidas vivas por razões legais, regulatórias ou fiscais. Os recursos necessários podem assumir a forma de dinheiro disponível, linhas de auxílio do governo e/ou mercados de capitais que perderam a sanidade.

O desafio enfrentado pelos investidores de uma empresa zumbi é não poder avaliar seu valor com base na suposição de que os gestores da empresa tomarão ações racionais: fazer bons investimentos, financiá-los com o mix certo de dívida e capital próprio, e com retorno de caixa excedente aos acionistas. Como observo no Capítulo 13, para obter avaliações realistas de valor, é preciso supor que os gestores às vezes agem de forma destrutiva, pondo dinheiro em investimentos com baixa probabilidade de sucesso com possível retorno elevado (pense em bilhetes de loteria), financiando-os com misturas desequilibradas de endividamento e capital próprio (se está em direção a lugar nenhum, você não se importa muito com quem vai levar junto) e retendo o dinheiro dos acionistas. Incorporar essas decisões no valuation vai produzir valores mais baixos para essas empresas, e a extensão do desconto dependerá da separação entre gestão e participação proprietária (é mais fácil ser destrutivo com o dinheiro de terceiros), da capacidade dos gestores em destruir valor (que depende do dinheiro/capital ao qual eles têm acesso e será maior conforme o tamanho da empresa) e dos controles colocados sobre os gestores (por mecanismos de proteção, restrições e investidores ativistas). No limite, os gestores sem qualquer controle sobre seus impulsos destrutivos, com tempo suficiente, podem aniquilar o valor de uma empresa. Para quem investe em valor, essas empresas costumam ser armadilhas, parecendo baratas em quase todas as métricas do investimento, mas sem nunca entregar os retornos prometidos, pois os gestores estão sempre comprometendo esses planos.

Em dezembro de 2011, escrevi sobre a Blackberry (que na época se chamava Research in Motion), argumentando que a empresa precisava agir de acordo com

552 | O ciclo de vida corporativo

sua idade, aceitando que nunca seria um concorrente sério no mercado de massa de smartphones e se contentando em ser um player de nicho.[5] Esse artigo, que publiquei quando a Blackberry tinha uma capitalização de mercado de 7,3 bilhões de dólares, defendia que a empresa deveria desistir de lançar novos tablets ou telefones e reverter para um modelo único (que chamei de "Blackberry Chato"), atendendo às corporações paranoicas (que não querem seus funcionários acessando o Facebook ou jogando em smartphones). Também sugeri que a Blackberry estabelecesse um plano de liquidação de cinco anos para retornar dinheiro aos acionistas.

Fui acusado de ser mórbido e excessivamente pessimista, mas, quando voltei a olhar para a Blackberry, três anos depois, seu valor de mercado havia caído para 5,3 bilhões de dólares e, nos três anos desde a publicação, a empresa gastou 4,3 bilhões de dólares em pesquisa e desenvolvimento, enquanto suas receitas anuais caíram de 18,4 bilhões de dólares em 2011-12 para 4,1 bilhões de dólares em 2014-15, e os lucros operacionais passaram de 1,85 bilhão de dólares em 2011-12 para um prejuízo operacional de 2,7 bilhões de dólares em 2014-15. O novo modelo da Blackberry pode ter sido uma maravilha tecnológica, mas o mercado de smartphones evoluiu para um ponto em que o celular é tão poderoso quanto seu ecossistema de aplicativos e outros acessórios disponíveis. Se, em 2011, já era verdade que a Blackberry não conseguia competir com a Apple e a Google no mundo dos sistemas operacionais, em 2015 isso só se agravou, pois qualquer uma dessas gigantes poderia ter comprado a Blackberry por alguns trocados. (O saldo de caixa da Apple era de 163 bilhões de dólares, o da Google, de 63 bilhões de dólares, e o valor empresarial da Blackberry era de 4,1 bilhões de dólares). Talvez eu estivesse deixando alguma coisa escapar nessa análise, mas de fato não via uma luz no fim do túnel dos smartphones para a Blackberry.

Em 2015, as opções para a BlackBerry, na minha opinião, eram ainda menores do que em 2011, fazendo com que até a opção de se concentrar em um nicho do mercado não parecesse mais viável. Na verdade, vi apenas duas maneiras de a empresa gerar qualquer valor. A primeira era esperar que um comprador estratégico endinheirado percebesse algum valor na tecnologia da BlackBerry e a comprasse. A segunda era mais radical: em um mundo onde empresas de mídia social como Facebook, Twitter e LinkedIn agregam um valor imenso, com cada usuário gerando cerca de 100 dólares em valor de mercado incremental, a BlackBerry poderia pensar em se reinventar como empresa de mídia social e criar um BlackBerry Club, em que os usuários de sua tecnologia poderiam permanecer conectados.

Em resumo, os problemas das empresas zumbis pioram enquanto durar sua sobrevida, assim como suas opções.

Fazendo sua escolha

Um gestor deve jogar com as cartas que tem em mãos, não com as que gostaria de ter — e esse aprendizado é a base da boa administração. Quem tiver a sorte de estar no comando de um negócio de alto crescimento, com fortes vantagens competitivas e um mercado em expansão, sem dúvida vai ter mais facilidade em entregar sucesso operacional do que alguém administrando uma empresa que opera em declínio, com poucas vantagens competitivas e sobrecarregada por dívidas. Essa percepção de senso comum gera as seguintes implicações:

- **Medição da qualidade da gestão:** em análises financeiras, sou treinado para extrair números das demonstrações financeiras, calcular métricas e índices operacionais (como taxas de crescimento de receita, margens operacionais e retornos sobre o capital investido) e usá-los para julgar não apenas o sucesso do negócio, mas também a qualidade de sua gestão. Vale ressaltar que a qualidade da gestão é capturada não pelos níveis desses índices, mas pelo modo como a presença e as ações da gestão são capazes de alterá-los. Há empresas dotadas de vantagens competitivas, como o acesso a recursos naturais de baixo custo ou uma marca centenária, na qual a gestão acrescenta muito pouco ao sucesso e, quando muito, mais atrapalha do que ajuda. Por outro lado, há empresas com pouca ou nenhuma vantagem competitiva, que sofrem para obter retornos correspondentes ao seu custo de capital em mercados maduros, nos quais uma boa equipe de gestão só conseguirá um escasso retorno excedente. Uma solução simplista é comparar as margens ou retornos de uma empresa com as médias do setor, mas trata-se de uma abordagem grosseira, pois pressupõe que todas as empresas de um setor possuem as mesmas características.
- **Os perigos das evidências anedóticas:** ao longo das décadas, os maiores sucessos e fracassos das empresas se tornaram objetos de estudo de estimação dos pesquisadores, que dissecam todos os aspectos de cada grupo, procurando pontos em comum para criar um modelo para o próximo grande sucesso nos negócios ou para evitar o próximo fracasso catastrófico. Embora haja valor na narrativa, sobretudo com um narrador hábil, acredito que, além de as lições de sucessos e fracassos terem poder extrapolativo limitado, a sorte e o momento certo às vezes podem ser tudo o que separa os dois grupos.
- **O jogo das expectativas:** os mercados financeiros fornecem avaliações mais justas do impacto da gestão, pois as expectativas equilibram o jogo dos investimentos, de forma que é mais difícil ser bem-sucedido do que julgar o sucesso das em-

presas. Este argumento é muito mais bem elaborado no Capítulo 16, no qual demonstro a diferença entre boas empresas e bons investimentos. De certa forma, os gestores têm mais facilidade em entregar sucesso ao mercado em uma empresa em declínio, com pouca ou nenhuma vantagem competitiva, do que em uma empresa no pico de lucratividade e com um crescimento forte e constante, pois os investidores esperam muito pouco da empresa em declínio e demais da empresa pujante.

Conclusão

Nos estágios finais da fase madura, ou na beira do precipício para o declínio, as empresas enfrentam uma escolha. Para a maioria, a escolha que oferece as melhores chances e requer pouco contorcionismo é a aceitação: os gestores as adaptam para o fato de liderarem empresas maduras ou em declínio e agem de acordo com essa posição. No entanto, muitas dessas empresas vão em busca de caminhos alternativos, projetados para interromper ou reverter envelhecimento, e por duas razões. A primeira é que os sistemas de incentivos são feitos para recompensar os gestores que seguem esse caminho, e o sucesso lhes rende um status de supergestores, enquanto o fracasso, sobretudo com o dinheiro de terceiros, traz menos consequências. A segunda é a presença de um ecossistema de consultores que vendem métricas e ferramentas que prometem reverter o envelhecimento e bancos de investimento que ganham comissões com aquisições e acordos.

Na esperança de reencontrar a juventude, as empresas podem tomar medidas superficiais, como uma mudança de nome empresarial, ou empreender transformações completas, em que os negócios e os modelos de negócio são alterados. Embora as chances de sucesso sejam baixas, as empresas que aproveitam seus pontos fortes nas tentativas de renovação, reformulação ou renascimento têm maior probabilidade de sucesso. No outro extremo do espectro, as empresas também devem estar conscientes dos riscos de quedas acentuadas, caso sejam construídas centradas em pessoas ou personalidades-chave, ou dependam de um único produto ou de alguns clientes, ou utilizem ligações políticas como base para sua principal vantagem competitiva; ou do risco de morte súbita, caso uma decisão legal ou regulamentar ou uma disrupção no negócio principal consiga encurtar suas vidas. Se há uma lição que deveria ter sido aprendida ao longo das últimas duas décadas de crises e disrupções, são os benefícios na construção de empresas mais adaptáveis.

20

Envelhecer com elegância: Em busca da serenidade

O CICLO DE VIDA CORPORATIVO tem sido a peça central deste livro. Nos capítulos sobre finanças corporativas, é usado para falar sobre o foco na administração de uma empresa no percurso da fase de startup à maturidade e ao declínio. Nos capítulos sobre valuation, mostro por que os desafios enfrentados no processo de valuation provavelmente serão diferentes durante a avaliação das empresas jovens e das mais maduras. Nos capítulos sobre filosofia de investimento, falo do que determina o sucesso do investimento em cada estágio do ciclo de vida. Também mostro como as qualidades que compõem um bom gestor mudam quando a empresa envelhece. Neste capítulo, encerro a discussão argumentando primeiro que a qualidade aspirada por um gestor, avaliador ou investidor em qualquer negócio é a serenidade. Também resumo os argumentos do livro na forma de "lições do ciclo de vida corporativo", primeiro para gestores ou proprietários, depois para investidores. Encerro com lições mais amplas, que podem ser absorvidas pelos reguladores do mercado e formuladores de políticas econômicas a partir do entendimento do ciclo de vida das empresas.

A essência da serenidade

A serenidade é uma qualidade muito procurada — não apenas nos retiros espirituais, mas em quase todas as principais religiões do mundo. No Budismo, é a serenidade (samatha-bhavana) que abre portas para o insight (vipassana-bhavana); no hinduísmo, quem deseja seguir o caminho da iluminação precisa contar com essa qualidade. No Cristianismo, sua presença mais visível, pelo menos na vida cotidiana, está na oração da serenidade, criada por Reinhold Niebuhr, um teólogo dos Estados Unidos, mas sua busca tem raízes mais profundas nos ensinamentos bíblicos.

Apesar do apelo onipresente, a serenidade ainda é mal definida e mal compreendida por muitos dos que afirmam buscá-la. Antes de mais nada, ao contrário do que alguns argumentam, não se trata da crença de que nenhum mal lhe acontecerá (como indivíduo ou como empresa). Na verdade, estamos tão expostos aos bons e aos maus resultados da vida com serenidade quanto sem, mas a serenidade permite lidar com ambas as possibilidades de uma forma muito mais saudável. Em segundo lugar, isso não significa que você desistiu e simplesmente deixará que as coisas ruins aconteçam, numa visão distorcida e derrotista do Karma, e sim implica que não se esgotará em lutas invencíveis. Na verdade, as palavras da oração da serenidade captam a essência do conceito, com a aceitação daquilo que não podemos mudar, a coragem para mudar o que podemos e, mais importante, a sabedoria para saber diferenciar as situações.

Como essa definição de serenidade funciona em um ambiente corporativo? Se há uma lição que espero ter sido capaz de transmitir neste livro é que, à medida que envelhecem, as empresas precisam encontrar o equilíbrio entre lutar com unhas e dentes contra todos os aspectos do envelhecimento e desistir, aceitando tudo o que acontece do envelhecimento à capitulação. A sabedoria que leva as empresas a serem capazes de diferenciar os aspectos do envelhecimento que podem ou não mudar vem da compreensão de seus clientes, de sua concorrência e, mais importante, de seus próprios pontos fortes e fracos.

Lições de serenidade para gestores e proprietários

Caso você possua um negócio ou seja gestor de uma empresa de capital aberto, os capítulos de 5 a 8 explicam como o foco nas finanças corporativas muda no momento em que a empresa envelhece. No Capítulo 18, examino os conjuntos de habilidades essenciais aos gestores em diferentes estágios do ciclo de vida. Nesta seção, quero resumir esse aprendizado em uma série de lições para gestores e proprietários de empresas.

Envelhecer não é fácil e exige esforço

Diziam que Joe DiMaggio, o grande jogador dos Yankees, fazia parecer fácil jogar beisebol, mas tenho certeza de que a facilidade com que ele balançava o taco ou patrulhava o centro do campo era resultado de muito trabalho e treinamento. As empresas precisam reconhecer que o envelhecimento não só é inevitável, como também exige ajustes que não serão indolores. Em primeiro lugar, conforme transitam de uma fase do ciclo de vida para a seguinte, não apenas há custos para a transição, mas também mudanças na gestão. Assim, os proprietários de startups que conseguem seus primeiros investimentos de capital de risco terão que abrir mão de participações acionárias e deverão permitir que os investidores de venture capital façam contribuições nas decisões. Passar de uma empresa de capital fechado para uma negociada em bolsa, por meio de uma oferta pública inicial, trará novos requisitos de divulgação e relacionamento com investidores. Em segundo lugar, conforme envelhecem, as empresas encontrarão limites que talvez não tenham enfrentado na juventude; alguns resultam da expansão e do crescimento, outros surgem da concorrência. Terceiro, à medida que envelhecem, as empresas adquirem histórias e, se estas incluírem sucessos significativos, haverá nostalgia pela glória passada que poderá alimentar más decisões operacionais e empresariais. Por exemplo, uma varejista que faz a transição de uma fase de alto crescimento para a maturidade pode continuar com a prática histórica de abrir dezenas de novas lojas todos os anos, mesmo que o mercado tenha mudado.

> **LIÇÃO** *Conforme as empresas envelhecem, devem esperar desconforto, reconhecer seus limites (mesmo que tenham planos de superá--los) e celebrar seu passado sem tentar revivê-lo.*

É preciso sobreviver para entregar todo o seu potencial

Na maioria das empresas, fracasso não é uma palavra falada abertamente, seja por causa da esperança de que a negação o manterá longe, seja pela percepção de que falar a respeito ou ter planos que incluam maus resultados é sinal de fraqueza. Embora essa possa não ser uma questão para empresas estáveis (em crescimento ou maduras), pode ser um problema para aquelas nas pontas do ciclo de vida corporativo.

- Nas empresas jovens, como já observei diversas vezes, fracassar é um risco real e significativo. Ignorar a existência do risco de falência ou embuti-lo despreocupadamente nas taxas de desconto, como alguns investidores tendem a fazer, não o fará desaparecer; na verdade, talvez aumente a exposição a ele. Reconhecer a existência do risco de falência e examinar suas causas ajuda os gestores a tomar decisões que reduzam a probabilidade de falência. Para as empresas jovens, por exemplo, a realização de grandes investimentos por etapas ou a busca por um parceiro de capital de risco com vastos recursos financeiros pode reduzir o potencial de ganhos, caso os investimentos deem certo, mas também são fatores que reduzem substancialmente o risco de fracasso.

- Nas empresas em declínio, o primeiro desafio ao lidar com o fracasso é definir o que isso significa. Afinal, uma empresa em um negócio em declínio que liquida seus ativos e devolve dinheiro aos proprietários pode fracassar se sua definição de sucesso for a continuidade nos negócios, mas está tomando o curso de ação correto, dadas suas perspectivas. Se o fracasso significar falência ou inadimplência, uma empresa em declínio pode reduzir sua exposição a esse risco vendendo seus ativos menos produtivos e pagando dívidas à medida que encolhe as operações.

- Em todas as empresas, há forças macroeconômicas capazes de empurrá-las em direção ao risco de falência, como é o caso daquelas de características cíclicas em meio a uma grave recessão econômica, ou daquelas de matérias-primas quando os preços das commodities caem drasticamente. Mais uma vez, estar ciente dessa exposição pode reduzir o risco de que aconteça; as empresas de características cíclicas devem contrair empréstimos com base no que geram como lucros no meio do ciclo econômico e não nos períodos de pico ou piso.

> **LIÇÃO** *Reconhecer que o risco de falência existe, considerando os fatores que determinam a probabilidade de fracasso e, em seguida, agir para reduzir a exposição ao risco. Isso inclui preservar uma margem para a capacidade de endividamento, usando produtos de gerenciamento de riscos e criando modelos de negócios mais adaptáveis e flexíveis.*

Negociar é fazer trocas, e não há escolhas sem custo

Administrar um negócio é fazer trocas, e quase não há ações que tragam apenas vantagens. Estar ciente dos trade-offs (ou seja, das compensações) e fazer uma avaliação explícita de como vão se desenrolar ao longo do tempo são passos essenciais para a empresa envelhecer com elegância. Os tipos de trade-offs mudam ao longo desse envelhecimento. Trago alguns exemplos:

- No início do ciclo de vida, ao ser confrontado com uma escolha de modelos de negócios, talvez seja preciso escolher entre um modelo de baixa intensidade de capital (que requer menos investimento para entrar em um mercado, permitindo crescer muito mais depressa, mas com menos barreiras à entrada de concorrentes) ou um modelo de alta intensidade de capital (em que a necessidade de mais investimento antecipado diminui o crescimento durante a criação de um modelo de negócios mais defensável a longo prazo).
- Para uma empresa jovem que lida com a questão de priorizar escala (em busca de alto crescimento) ou construir um modelo de negócio melhor (em busca de maior longevidade), vale notar que ambição e longevidade podem entrar em conflito. Algumas das empresas mais longevas do mundo são familiares, de nicho, que permaneceram pequenas e focadas.
- Para uma empresa madura que opera em um negócio competitivo e em um mercado grande, embora já maduro, a compensação pode estar entre o aumento das receitas, por meio de um crescimento mais rápido, e o aumento da rentabilidade, uma vez que o maior crescimento pode exigir que os produtos sejam mantidos a preços baixos para competir pela participação de mercado.
- Para uma empresa em declínio, que enfrenta um mercado que está encolhendo e se tornando menos rentável, a escolha pode ser entre continuar em operação, se esforçando para obter retornos que, longe de superar, ao menos empatem com o custo de capital ou as potenciais receitas da liquidação de ativos, ou fechar as portas.

Diante dessas compensações, não há escolha que funcione para todos, mas há uma escolha certa para cada empresa. Assim, caso se trate de uma empresa familiar que busca grande longevidade, você pode ir devagar no crescimento e ser mais cauteloso ao entrar em novos mercados, enquanto o gestor de uma empresa de capital aberto pode se sentir mais pressionado a entregar resultados imediatos. Como tomador de decisão em um negócio, você deve ter claro qual é o seu objetivo final e agir de acordo.

> **LIÇÃO** *Encare com ceticismo qualquer decisão ou ação apresentada como totalmente positiva, sem desvantagens. Sempre há uma compensação.*

Construir uma empresa é sobretudo transpiração, e não inspiração

À medida que a empresa passa da ideia ao produto, o foco muda da geração de ideias e do levantamento de capital para a construção dos negócios — e, em geral, construir empresas demanda mais trabalho pesado do que criatividade, exigindo atenção aos detalhes e disposição para meter a mão na massa. Para os fundadores que se alimentam do entusiasmo da criação de ideias e anseiam pela adrenalina de vender suas visões a investidores e funcionários, encontrar meios de produção mais econômicos e trabalhar nas cadeias de abastecimento pode ser desanimador. No entanto, se os fundadores decidirem colocar essas atividades em segundo plano apenas por serem chatas, há um risco substancial de o negócio já nascer morto. Como já mencionei, este é o grande aprendizado dos "empreendedores em série", muitas vezes após duras lições sobre sobrevivência e fracasso nas primeiras tentativas de iniciar negócios, que é incorporado nas tentativas subsequentes. Foi também o aprendizado mais difícil de Steve Jobs em sua primeira passagem pela Apple e que ele resolveu ao contratar Tim Cook, que tinha mais facilidade em construir negócios, como diretor de operações na sua segunda e mais bem-sucedida passagem pela empresa.

> **LIÇÃO** *Como fundador, caso não queira gastar tempo construindo o negócio, encontre alguém que o faça e dê a essa pessoa liberdade para tomar grandes decisões operacionais, sem questioná-las.*

Escalar é difícil, e nem sempre é a melhor ideia

Vivemos em um mundo onde o crescimento é glorificado, e expandir um negócio é muito mais valorizado do que o encolher. Os heróis do mundo corporativo são criadores de impérios, sejam CEOs ou fundadores de novos negócios, aclamados pela academia e pelo mercado. Neste livro, contrario esse senso comum ao observar que escalar um negócio traz custos, um dos quais é um atraso no caminho pela lucratividade, e outro é o reinvestimento necessário para viabilizar essa expansão. Há empresas que devem permanecer pequenas e, nessa escala, podem ser lucrativas; para outras, a expansão faz sentido, não porque a empresa aumenta, mas porque fica mais valiosa. Os capítulos sobre valuation deixam explícita essa conexão entre escalar os negócios e os reflexos disso no valor, transpondo os benefícios dessa expansão em receitas, e os custos em margens de lucro mais baixas e reinvestimento mais alto, para então calcular o efeito líquido no valor.

Os incentivos para escalar um negócio ficam ainda mais fortes se gestores são recompensados com base na escala ou no crescimento e se estiverem investindo o dinheiro de terceiros (acionistas), o que cria cenários que incorporam investidores de private equity e fundos hedge ativistas para equilibrar o jogo.

> **LIÇÃO** *Tenha clareza sobre os custos e os benefícios de escalar as operações. Caso o efeito líquido seja negativo e você ainda assim decida pela expansão, seja honesto sobre quais interesses serão atendidos.*

Um bom ataque constrói as empresas, mas uma boa defesa as preserva

Quando uma startup ou uma empresa jovem trazem disrupção ao mercado ou entram em um novo negócio, estão quase que apenas jogando no ataque, simplesmente porque ainda não possuem nada a defender. Essas empresas podem se dar ao luxo de correr grandes riscos, pois o potencial de ganhos é muito alto se os riscos compensarem, e, caso contrário, há pouco a perder. À medida que os negócios amadurecem e crescem, os ativos se tornam mais substanciais, então sua perda pode implicar em potenciais prejuízos pela tomada de riscos. É essa dinâmica que levou à tese de Clayton Christensen de que a disrupção, quando acontece em um setor, quase sempre vem de novos players, e não dos já existentes no mercado.

Quando uma empresa avança pelo ciclo de vida, sua gestão será julgada tanto (ou mais) pela sua capacidade de defender o que já foi construído quanto pelas suas competências em procurar novos mercados ou buscar crescimento. Usando uma analogia esportiva, embora sempre exista valor em ter um bom ataque, uma boa defesa é mais importante para empresas maduras.

> **LIÇÃO** Como proprietário ou gestor, é preciso avaliar, levando em consideração a fase em que a empresa se encontra em seu ciclo de vida, se deve jogar no ataque ou na defesa e, no último caso, quais as vantagens competitivas ou fossos serão defendidos.

A imortalidade corporativa não é o objetivo final

"Sustentabilidade" é a palavra da vez nos negócios, e, embora existam versões benignas do conceito, sua forma mais maligna trata sobre o que as empresas podem fazer para viver mais, ou até para sempre. Com esse objetivo em mente, consultores e bancos de investimento apresentam planos de ação que prolongam a vida útil de um negócio, às vezes à custa da lucratividade e do valor, produzindo o protótipo de uma empresa zumbi. Diante da tentação da perspectiva de uma vida mais longa para a sua empresa, vale lembrar duas verdades simples. A primeira é que, por mais criativo e inteligente que sejam seus consultores, nenhum negócio dura para sempre. A segunda é que uma empresa é uma entidade legal e, se o motivo de sua existência (administrar um negócio viável e lucrativo) desaparecer, o caminho mais prudente é deixá-la desaparecer também. Pegar a casca vazia que sobrou de uma empresa e preenchê-la com um novo conteúdo não costuma ser eficiente nem produtivo.

> **LIÇÃO** Parafraseando a letra de uma lendária música country, ao administrar um negócio, é preciso saber quando jogar e quando entregar as cartas. Não seja uma empresa zumbi.

Renascimento e reencarnação

Apesar das poucas chances de sucesso, entendo o apelo de um possível renascimento ou reencarnação para empresas que estão envelhecendo. Afinal, quem não quer ser jovem de novo? Para os gestores que escolhem esse caminho, tenho três conselhos. Primeiro, para que um plano de renascimento funcione, você precisa de diversos outros fatores a seu favor, inclusive estar no lugar certo na hora certa e ter concorrentes que fazem más escolhas. Segundo, para aumentar suas chances de sucesso, é preciso construir sobre os pontos fortes que a empresa já possui e reconhecer que não há atalhos. Terceiro, não se cerque de consultores e bancos de investimento que oferecem conselhos sobre o melhor plano de renascimento, porque o melhor para eles não é o melhor para você.

> **LIÇÃO** *Caso decida seguir o caminho do renascimento, aproveite seus pontos fortes, não tenha pressa e reze para ter boa sorte.*

O envelhecimento das empresas não segue o relógio cronológico

A parte complicada do envelhecimento corporativo é que não segue um relógio cronológico. Como observei na discussão sobre o ciclo de vida concentrado, uma empresa em um negócio de baixa intensidade de capital, onde escalar é fácil, vai crescer muito mais depressa, ficar no topo por um período muito mais curto, e encolher mais rápido do que uma empresa de um setor de infraestrutura. Além disso, quando a disrupção se torna uma ameaça real em mais setores, o ciclo de vida pode ser acelerado para empresas que são alvo da disrupção, com muitas delas passando de maduras para zumbis em curtos períodos. Embora eu tenha usado a idade corporativa como referência para o estágio em que a empresa se localiza no ciclo de vida, são as métricas operacionais (crescimento da receita, margens operacionais e reinvestimento) que mais indicam o verdadeiro envelhecimento. Uma equipe de gestão que olha para o futuro vai acompanhar essas métricas ao longo do tempo para receber um aviso prévio de que o envelhecimento está diminuindo o ritmo da empresa.

> **LIÇÃO** *Como o envelhecimento tem menos a ver com a idade da empresa, e mais com as métricas de crescimento e lucratividade, a melhor forma de atrasá-lo é trabalhar para manter o crescimento da receita em níveis razoáveis, preservando e aumentando as margens de lucro.*

O destino de uma empresa nem sempre está em suas próprias mãos

Fui ensinado a acreditar que o destino das empresas está nas mãos de seus gestores e, por extensão, boas empresas são administradas por bons gestores, e más empresas por gestores de competência duvidosa. Essa afirmação pode servir às escolas de negócios, pois justifica os preços exorbitantes cobrados pelo que afirmam credenciar bons administradores, mas a verdade é mais complicada. Muito do que acontece em uma empresa é causado por movimentos em variáveis macroeconômicas, variações de risco no país e mudanças políticas, nenhuma das quais é controlada pelos gestores. Em alguns casos, a empresa pode se beneficiar dos infortúnios ou erros de um concorrente ou pode ser atrasada por uma mudança regulatória ou desdobramento na legislação. Como observo no Capítulo 18, o efeito da gestão em uma empresa pode ser maior (de maneiras boas e ruins) nas duas pontas do ciclo de vida corporativo, e fica muito mais discreto no período mais central. Correndo o risco de ser considerado cínico, para algumas empresas, tanto faz que sejam administradas no piloto automático, por um robô ou pela equipe de gestão (e seus altos salários).

> **LIÇÃO** *Embora gestores não consigam prever eventos de força maior ou cenários macroeconômicos inesperados, devem estar atentos e vigilantes para construir empresas adaptáveis, capazes de reagir depressa às mudanças.*

Lições para investidores

O ciclo de vida gera lições para quem investe, pois os desafios enfrentados pelo investimento e pelo trading mudam à medida que as empresas envelhecem. Embora tenha examinado esses desafios com mais detalhes entre os capítulos 9 a 17, primeiro nas seções sobre o valuation, e depois nos capítulos sobre o investimento, nesta seção resumo o que considero lições para investidores.

A incerteza é uma característica, não um bug

Ao avaliar ou investir em empresas, os investidores sempre enfrentam incerteza ao tentar prever o futuro, mas a magnitude e os tipos de incerteza enfrentados mudam ao longo do ciclo de vida corporativo. A incerteza é maior em empresas jovens, com pouco histórico operacional e modelos de negócios ainda não formados, e tende a diminuir durante o envelhecimento. Encarar a incerteza como um problema a ser evitado causará uma concentração de investimentos em empresas maduras e, embora isso possa parecer positivo, traz limitações. Pelo outro extremo, negar a existência de incerteza e/ou adotar regras arbitrárias para contorná-la, como as taxas-alvo estabelecidas pelos investidores de venture capital, levará a investimentos em empresas jovens, mas sem uma avaliação séria dos riscos enfrentados.

O caminho mais indicado é encarar a incerteza, fazendo suas melhores estimativas dadas as informações disponíveis, depois usar ferramentas estatísticas, como a análise de cenários e as simulações, para lidar com a incerteza dos diferentes resultados. No Capítulo 10, quando fiz o valuation de startups, e depois no Capítulo 15, quando discuti o investimento nesse mesmo tipo de empresa, tentei colocar esse preceito em prática. Ignorar a incerteza não vai fazê-la desaparecer, e a ironia é que seus maiores retornos virão de investimentos em que há maior incerteza.

> **LIÇÃO** *Enfrente a incerteza, aceite sua existência e tente transformá-la em uma vantagem.*

Não negue seu viés

Investidores e analistas têm fetiche pela objetividade, mas, na verdade, são sempre tendenciosos. Com as empresas jovens, alguns fundadores serão mais queridos do que outros, e suas narrativas às vezes serão apaixonantes. Quando isso ocorre e há o desejo de que uma história de negócios seja verdadeira, costuma haver uma reunião seletiva de fatos para embasar essas crenças. Com empresas mais maduras, o viés pode vir de experiências de investimento anteriores, boas ou ruins, que levam você a manter suas ações, ou pode haver influência da opinião de investidores que você respeita sobre essas empresas. Nos dois casos, ser tendencioso faz de você um investidor pior, pois sua orientação o levará a não fazer a lição de casa ou a ignorar dados contrários, tornando-o incapaz de agir com sensatez, até que seja tarde demais.

Embora haja pouco o que fazer a respeito de suas inclinações, encará-las com franqueza o deixará ciente de como suas suposições e decisões estão sendo alteradas por suas premissas, e talvez gere mais cautela ao seguir com sua análise. Também é útil ouvir aqueles que discordam a respeito de um investimento e inclusive considerar incorporar seus pontos de vista.

> **LIÇÃO** *Seja franco sobre seu viés, mesmo que não consiga fazer muito a respeito, e mantenha aberto o canal de feedback, cercando-se de pessoas que não pensam como você.*

Investir é um campo minado

Ainda que você seja um investidor de sucesso, a maioria dos seus investimentos vai perder para o mercado, mas são os grandes acertos que colocarão sua carteira à frente do mercado. Essa assimetria nos retornos existe para as empresas de todas as fases do ciclo de vida, mas é maior para as mais jovens. Como devemos lembrar do Capítulo 15, em startups, os capitalistas de risco mais bem-sucedidos perdem quase 60% de seus investimentos, mas seus investimentos bem-sucedidos têm um desempenho suficientemente bom não só para cobrir as perdas, como também para gerar um excedente. Essa assimetria nos retornos também se aplica quando analisamos investidores, dado que a maioria perde para o mercado, e há apenas alguns vencedores consistentes. Mais uma vez, essa assimetria é mais extrema para quem investe em empresas jovens, com um fosso mais amplo entre os investidores de venture capital mais bem-sucedidos e os menos bem-sucedidos, do que para quem investe em empresas maduras.

Essa natureza distorcida de retornos dos investimentos deveria trazer cautela em relação às fórmulas milagrosas tão repetidas no ambiente de investimentos e trading. A ideia de que manter uma carteira concentrada, aplicando todo o dinheiro em um pequeno número de empresas, é sinal da convicção do investidor faz parte da tradição do investimento em valor, mas caso esses critérios rígidos para seleção de ações fizer você deixar de lado os maiores vencedores, o resultado é ficar abaixo do mercado. No outro extremo, o argumento dos traders de que é possível utilizar gráficos e indicadores técnicos para determinar o momento da compra e venda de ações pode levar à venda de suas ações mais vencedoras pouco antes de começarem a ganhar, ou à compra das maiores perdedoras pouco antes de caírem.

> **LIÇÃO** *Tenha cautela ao ampliar ou reduzir seu portfólio com base no desempenho de curto prazo ou por razões emocionais. Ao confiar seu dinheiro a terceiros, procure tanto consistência quanto bom desempenho.*

Seja realista sobre o efeito da administração

Ao investir em uma empresa, é preciso ter duas preocupações relativas à gestão. A primeira é quanto à qualidade: uma boa gestão acrescenta valor à empresa, e a má gestão faz o contrário. A segunda tem a ver com os conflitos de interesses entre gestão e propriedade: o que é bom para os gestores pode ou não ser bom para os acionistas.

Se for um investidor em empresas jovens, nas quais fundadores ou insiders detêm participações acionárias significativas e a gestão pode fazer uma diferença muito maior no valor, seu foco deve estar na qualidade da gestão e em encontrar maneiras de melhor avaliá-la, ainda mais considerando a escassez dos dados de desempenho histórico. Como observo no Capítulo 15, essa é a razão pela qual os capitalistas de risco mais bem-sucedidos tendem a ser melhores em avaliar os fundadores pela capacidade de converter ideias em negócios.

Em empresas mais maduras, nas quais a gestão em geral faz menos diferença no valor e os gestores muitas vezes têm participações acionárias menores, o maior desafio será avaliar a governança corporativa. Reconhecer que os interesses de gestores e os de acionistas são divergentes não apenas reduz a frustração ao ver as empresas não agirem de acordo com a idade, mas também permite direcionar o dinheiro para empresas dirigidas pelos proprietários ou cujos gestores são incentivados a agir mais em nome do interesse dos acionistas.

> **LIÇÃO** *Os dados coletados e as avaliações feitas sobre a gestão passarão da qualidade da gestão para a governança corporativa à medida que as empresas envelhecem.*

A reversão à média funciona, até que pare de funcionar

A essência da reversão à média é que as métricas operacionais e a precificação de uma empresa convergem para as médias, históricas ou entre as empresas, e os investidores usam o poder dessa reversão para planejar estratégias de investimento, com algumas diferenças importantes.

- Em alguns casos, os investidores partem do pressuposto de que ocorrerá uma reversão para médias históricas, tanto em relação às métricas operacionais como crescimento e margens operacionais, quanto em relação aos preços das commodities. Isso os leva a comprar ações de empresas petrolíferas quando o preço do petróleo está baixo, e ações de empresas de bens de consumo quando suas margens atingem níveis abaixo das normas históricas, esperando ganhar dinheiro durante a recuperação.

- Em outros casos, a reversão é para médias do setor, novamente para métricas operacionais (margens, retorno sobre capital) ou preços (índices PL, valor da firma/EBITDA). Na prática, grande parte do investimento ativo se baseia na presunção de que, quando uma empresa é negociada por um múltiplo de precificação muito diferente (para cima ou para baixo) da média do setor, haverá uma correção, na qual seu múltiplo convergirá para a média. Assim, a compra de uma ação negociada com uma relação PL mais baixa do que seu grupo de pares compensa à medida que o PL da empresa converge para a média daquele setor.

Embora a reversão à média seja uma força poderosa que funciona na maior parte do tempo, há dois limites. O primeiro é o timing, já que a convergência no longo prazo não vai funcionar a seu favor caso seu horizonte de tempo seja muito mais curto. Segundo, a reversão à média só funciona se não houver mudança estrutural nos processos ou sistemas subjacentes. Na primeira década deste século, supor que as margens operacionais e o crescimento em empresas de varejo com lojas físicas voltariam às médias históricas teria sido desastroso para os investidores, uma vez que a disrupção do varejo pela Amazon mudou a dinâmica desse mercado.

Mesmo que a reversão à média como força exista ao longo de todo o ciclo de vida, seu fascínio aumenta com a quantidade de dados históricos disponíveis, tornando-a um fator maior para investimentos em empresas maduras e setores com histórias mais longevas. Na prática, a reversão à média pode ser responsabilizada por um dos cenários mais temidos para o investimento em valor, a chamada "armadilha de valor", quando se investe em uma empresa que parece barata (em relação ao seu histórico ou ao seu setor), mas o preço dela se torna cada vez mais baixo, em parte porque seus fundamentos ficaram deteriorados.

> **LIÇÃO** *Quando há mudanças estruturais, como é o caso das disrupções ou das mudanças macroeconômicas, recorrer à reversão à média é buscar um falso conforto.*

Avaliar a qualidade da empresa é fácil, avaliar a qualidade do investimento é difícil

No Capítulo 16, ao abordar o investimento em valor, estabeleci uma distinção entre boas empresas e bons investimentos, argumentando que, enquanto a avaliação de empresas se baseia em métricas operacionais como crescimento, margens e retornos sobre o capital investido, julgar investimentos depende de como foi feita a precificação. A forma como essa diferença se manifesta depende de o foco do investimento ser em empresas jovens ou mais maduras:

- Com startups e empresas jovens, a qualidade dos negócios pode ser medida com base no tamanho potencial do mercado, na economia unitária e nas vantagens competitivas, mas alguns investidores parecem acreditar que qualquer preço é justificável para negócios de alta qualidade com potencial. Evidentemente não é verdade, e podemos ver que, nessas empresas, isso se reflete em correções de precificação, à medida que as expectativas são reduzidas para corresponder à realidade.
- Com as empresas maduras, o foco ao medir a qualidade da empresa está na capacidade de lucros, com mais lucros (e fluxos de caixa) levando a um valor mais alto, e fossos econômicos, com mais valor atribuído a fossos de defesa maiores e mais duradouros. Caso sua análise de investimento pare por aí, você corre o risco de pagar demais por boas empresas, ainda mais se houver consenso no mercado em torno do fato de serem boas empresas.

É por esse motivo que argumentei que os melhores investimentos estão em empresas onde há uma incompatibilidade entre as qualidades de negócios e de investimento. Em empresas jovens, os melhores investimentos ocorrem quando o consenso é que não há muito potencial de crescimento, quando na verdade seus mercados são muito maiores. Em empresas maduras, os melhores investimentos ocorrem quando o consenso é que as empresas não têm fossos de defesa, mas a verdade é que possuem vantagens competitivas fortes e sustentáveis.

> **LIÇÃO** *O sucesso do investimento não vem apenas da avaliação da qualidade dos negócios ou da gestão, mas também das suas avaliações sobre uma empresa que diverge da visão de consenso.*

Quanto menos se coloca na mesa de investimento, menos se deve esperar de retorno

Para vencer nos investimentos, acredito que você deve trazer algo único ou, pelo menos, algo incomum para a mesa. Quando usamos os mesmos dados que todos e trabalhamos com as mesmas ferramentas, como esperar que isso traga um retorno sobre o investimento? Os investidores bem-sucedidos têm um nicho ou uma vantagem cultivada, e esse nicho ou essa vantagem podem ser diferentes para investidores em estágios distintos do ciclo de vida.

- Com as empresas jovens, a capacidade de avaliar a qualidade do fundador, o risco de fracasso e o tamanho potencial do mercado (para produtos ou serviços ainda não formados) dará uma vantagem aos investidores que se saírem melhor na avaliação.
- Com empresas de alto crescimento, a capacidade de selecionar melhor as empresas que podem crescer mais depressa e com maior lucratividade daquelas que terão dificuldades para crescer ou farão isso às custas da lucratividade é o fator determinante que separa o sucesso do fracasso no investimento.
- Com negócios mais maduros, a chave para o sucesso do investimento são avaliações mais acertadas sobre as vantagens competitivas ou os fossos de defesa das empresas, em conjunto com a capacidade de prever a disrupção.

Porém, em cada um desses casos, os investidores trazem qualidades pessoais para a mesa, como paciência e disposição para resistir à pressão dos pares, capazes de aumentar os retornos do investimento.

> **LIÇÃO** *Encontre seu nicho ou sua vantagem, construa uma filosofia de investimento em torno disso e encontre uma forma de monetizar.*

Assumir riscos não garante o direito de ser recompensado

O risco faz parte do investimento, e todos os modelos de risco e retorno em finanças são baseados na conexão entre um risco mais alto a retornos esperados mais elevados. Porém, essa ligação não é uma garantia, e investidores que assumem riscos esperando retornos mais elevados não têm direito a esses retornos, ainda que façam o trabalho de casa e tenham horizontes de longo prazo. Este é um ponto que vale a pena salientar, porque os investidores com essa crença no próprio trabalho duro, mas que não recebem retorno, não só ficam amargurados, culpando os mercados pelas perdas, como também agem de acordo com isso. Eles acabam dobrando apostas ruins, obtendo retornos piores e ficando mais frustrados — e o ciclo continua.

A maneira como essa dinâmica se manifesta varia dependendo das empresas que os investidores visam em suas filosofias de investimento. Quando os investimentos em empresas jovens têm desempenho ruim, os investidores culpam as forças macroeconômicas ou o pensamento de curto prazo de pessoas que não veem o potencial de crescimento daquelas empresas. Se a venda a descoberto é um fator na queda dos preços, rotular quem opera como especulador, beneficiando-se da destruição, se torna uma saída fácil. Com investidores em negócios maduros, o desempenho inferior é atribuído ao fato de o restante do mercado estar em uma bolha, com traders e investidores superficiais sustentando os preços.

> **LIÇÃO** *Se fizer sua lição de casa e encontrar "bons" investimentos, mantenha a expectativa de ser recompensado, mas não pense que possui o direito a essa recompensa.*

Investidor ou Trader?

No Capítulo 14, utilizo o contraste entre o valor, determinado pelos fundamentos, e o preço, determinado pelo humor e pelo momentum, para explicar a distinção entre investidores e traders. Os investidores, argumento, avaliam o valor, tentam comprar a um preço inferior a esse valor e ganham dinheiro com essa convergência. Observei que os traders jogam um jogo mais simples, comprando a um preço baixo e vendendo a um preço mais alto, usando todas as ferramentas que podem para aproveitar a força e as variações do momentum. Existem investidores e traders em todas as fases do ciclo de vida, mas o equilíbrio entre os dois tende a mudar ao longo do ciclo de vida. No caso das empresas mais jovens, os traders dominam os mercados, e os investidores se mantêm afastados, relutantes ou incapazes de lidar com as incertezas inerentes a essas empresas. Quando as empresas amadurecem, e os investidores se sentem mais confortáveis em fazer estimativas e lidar com as incertezas, há mais investimentos.

Caso opte pelo investimento em vez do trade, você pode seguir o caminho convencional, concentrando-se inteiramente em empresas maduras, ou pode ir na contramão e procurar empresas subvalorizadas nas fases iniciais do ciclo de vida. É provável que você encontre mais erros de mercado, mas fazer o valuation dessas empresas exigirá mais esforço, e haverá uma maior preocupação de que o trading possa afastar, em vez de convergir, o preço do valor no curto prazo. Caso você seja um trader, seu foco nas negociações vai mudar para empresas em qualquer estágio no ciclo de vida, com um trading mais baseado em momento e em reversões no início do ciclo de vida, e mais baseado em informações (sobre divulgações de lucros ou anúncios de fusões) no caso das empresas mais maduras.

> **LIÇÃO** *Escolha o jogo que quer jogar, entenda por que acha que pode ganhar no jogo escolhido e pare de se enganar. Resumindo, se estiver no trading, não se faça passar por investidor nem fale sobre valor; se estiver investindo, fique longe dos jogos de precificação.*

A sorte supera a habilidade

Ao longo do último século, muitos tentaram transformar o investimento em uma disciplina, e alguns até utilizaram as vastas quantidades de dados resultantes de investimentos para argumentar que se trata de uma ciência. Porém, a verdade é que há coisa demais que os investidores não podem controlar, de forma que investir está muito longe de sequer parecer uma ciência. Em termos práticos, isso significa que é muito difícil, talvez até impossível, separar a sorte da competência ao avaliar o desempenho de investimentos. Esse é o caso sobretudo das empresas mais jovens, que se distribuem entre grandes vencedoras e muitas perdedoras, uma vez que qualquer investidor ou trader que compre ações de uma vencedora, por mais absurdo que seja o motivo, vai parecer vencedor.

Há duas lições que os investidores podem tirar disso. Primeiro, ser honesto consigo mesmo fará de você um investidor melhor: como investidor, quanto do seu sucesso vem de estar no lugar certo, na hora certa? Além disso, frente ao sucesso do investimento, a humildade é a resposta mais prudente. Isso não apenas o tornará mais agradável como pessoa, mas também permitirá mais proteção no momento da falha, uma vez que assumir todo o crédito pelo sucesso também significa que você será totalmente responsável pelo fracasso.

> **LIÇÃO** *Veja o sucesso e o fracasso dos investimentos como dois lados da mesma moeda, não aceitando nenhum como medida de seu valor como pessoa ou como investidor.*

Lições para os órgãos reguladores

Ao longo deste livro, analisei as empresas em seu ciclo de vida, mas principalmente da perspectiva de seus gestores e investidores. Essas empresas operam em mercados, então o que divulgam e a forma como estão estruturadas são determinados por regras e restrições regulamentares. Nesta seção, argumentarei que os reguladores devem modificar as regras sobre divulgação, governança corporativa e proteção dos investidores para que as empresas reflitam o estágio em que se encontram no ciclo de vida corporativo.

Divulgações

Nas últimas décadas, assistimos a uma explosão nos requisitos de divulgação, principalmente para empresas cotadas na bolsa. Embora a motivação para essa ampliação seja informar os investidores, em muitos aspectos tem sido contraproducente, gerando investidores menos, não mais informados. Acredito que isso ocorra porque as regras de divulgação, à medida que evoluíram, foram escritas com base em algumas crenças:

1. **Tamanho único:** a ortodoxia predominante em relação às divulgações é de um "modelo padrão" que determina os mesmos requisitos de divulgação para todas as empresas, mesmo que estejam expostas apenas de forma tangencial. Embora seja defendida como justa e imparcial, essa prática aumenta o volume de divulgações, já que as divulgações úteis para avaliar algumas empresas são exigidas mesmo para aquelas em que essas informações trazem pouco valor. Como argumento mais adiante, os tipos de informação que os investidores em empresas jovens desejam ou necessitam para avaliar o valor são muito diferentes das necessidades dos investidores em empresas maduras.

2. **Mais é melhor:** mais divulgação é sempre melhor? Há quem acredite que sim, argumentando que os investidores têm sempre a opção de ignorar as divulgações que não querem utilizar e concentrar-se naquelas que lhes interessam. Não surpreende o viés expansivo dessa visão, que considera que se alguém, em algum

lugar, puder encontrar utilidade para os dados, eles deverão ser divulgados. O acúmulo de pesquisas sobre a sobrecarga de informação sugere que isso não é verdade e que mais dados podem levar a decisões menos racionais e fundamentadas, por três motivos:

a. A mente humana se distrai com facilidade, e, com protocolos mais longos e incoerentes, é fácil perder a missão de vista e sair pelas tangentes.

b. Com as divulgações se acumulando em múltiplas dimensões, vale lembrar que nem todos os detalhes têm a mesma importância. Simplificando, separar as informações importantes dos muitos pontos de dados que não importam é mais difícil quando um relatório 10-K ou S-1 tem 250 páginas.

c. Pesquisas comportamentais indicam que, inundada com mais dados, a mente costuma desligar e reverter para "atalhos mentais", ferramentas mais simplistas de tomada de decisão que descartam a maior parte ou todos os dados que deveriam ajudar na tomada de decisão.

Pondo em termos simples, os investidores estão soterrados por divulgações e cada vez menos informados. A saída desse labirinto de dados exige colocar esses fundamentos de cabeça para baixo.

3. **Menos é mais:** já ultrapassamos o ponto dos rendimentos decrescentes com mais divulgações, que por sua vez precisam ser reduzidas. É mais fácil falar do que fazer, pois é muito mais complicado retirar requisitos de divulgação do que adicionar. Sugiro três ações, embora existam grupos de interesse que vão rejeitar cada uma delas. Primeiro, uma forma de reduzir as divulgações é perguntar aos investidores (não aos contadores ou aos advogados) se eles as consideram úteis. (Um teste mais objetivo do valor dessas divulgações para os investidores é observar a reação do preço de mercado a elas e, se não houver nenhuma, pressupor que não ajudam.) Segundo, quando um novo requisito de divulgação é adicionado, um requisito anterior, de mesma extensão, deve ser eliminado — o que, naturalmente, criará uma competição saudável entre necessidades de divulgação concorrentes. Terceiro, quaisquer divulgações que se baseiem desproporcionalmente em linguagem padronizada (as seções de risco são notórias por serem preenchidas com linguagem jurídica completamente inútil) precisam ser reduzidas ou mesmo eliminadas.

4. **Divulgações adaptadas:** à primeira vista, os requisitos para tornar as divulgações mais concisas e informativas podem parecer contraditórios, uma vez que os excessos vieram em grande parte de tentativas bem-intencionadas para que as empresas revelem mais sobre si mesmas. As divulgações adaptadas, personalizadas

Envelhecer com elegância: Em busca da serenidade | 575

à construção e às histórias de uma empresa, oferecem uma solução, em que o que é divulgado reflete o que os investidores dessa empresa consideram mais importante na avaliação de seu valor. O ciclo de vida corporativo pode ajudar a adaptar as divulgações conforme o estágio em que a empresa se encontra, como mostra a Figura 20.1:

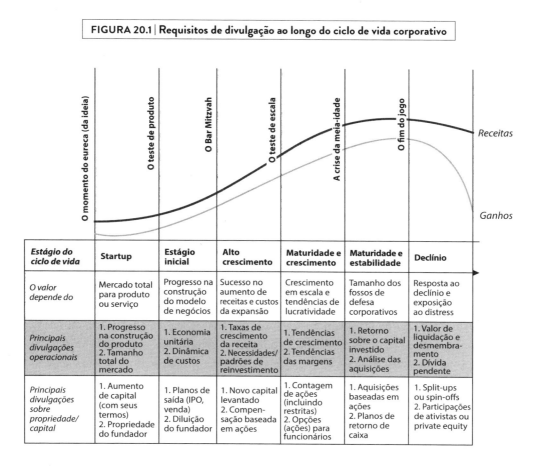

Os investidores em startups estão muito mais interessados em saber como uma ideia está se transformando em produto ou serviço e qual é o tamanho do seu mercado potencial do que em uma categorização do capital de giro em suas partes constituintes no balanço. Em termos de divulgações sobre propriedade e capital, saber quanto capital de risco foi levantado, e sob quais condições, é fundamental para julgar o valor de uma startup. Nas empresas jovens, o valor da empresa depende da economia unitária, e as informações mais úteis para sua avaliação se relacionam com quanto custa produzir uma unidade (ou adquirir um novo usuário ou assinante) e os custos marginais de fornecer essa unidade (ou atender ao usuário). Conhecer o plano de saída dos proprietários para esse jovem negócio — ou seja, se pretendem manter uma operação de capital fechado, vender a uma empresa de capital aberto ou fazer uma IPO, uma oferta pública inicial — também pode ajudar a avaliar o valor de uma empresa jovem.

A noção de divulgação adaptada não exige reformulação das leis de divulgação. Empresas em todas as fases do ciclo de vida ainda precisarão fornecer demonstrações financeiras completas (demonstração de resultados, balanço, demonstrações de fluxo de caixa), mas as divulgações adicionais exigidas devem refletir onde a empresa se encontra no ciclo de vida. Em um artigo que analisa as divulgações em ofertas públicas iniciais, defendo que, para uma empresa baseada em usuários ou assinantes, essa divulgação adicional deve incluir informações detalhadas sobre a economia do usuário, mas, para uma empresa do setor de infraestrutura, esse detalhe deve recair sobre cronogramas de projeto de infraestrutura.[1]

Governança corporativa

A pressão regulatória por uma melhor governança corporativa é irregular, e escândalos corporativos aumentam a pressão para tornar os gestores mais responsáveis frente aos acionistas. Nos Estados Unidos, os colapsos da Enron, da Tyco e da Worldcom fizeram os legisladores aprovarem a Lei Sarbanes-Oxley, um conjunto detalhado de regras pensadas para fortalecer a governança corporativa nas empresas, e também fez a SEC, comissão de valores mobiliários do país, enrijecer as regras sobre votações por procuração e atividades dos acionistas. No entanto, muito do que vimos como reforma para governança corporativa, nos Estados Unidos e em outros países, se baseia na presunção de que o principal conflito de interesses que deve ser resolvido vem de gestores que não possuem ações suficientes de uma empresa, então não pensam como acionistas. Assim, as soluções tentam corrigir esse conflito oferecendo recompensas aos gestores, na forma de compensação baseada em ações, ou castigos, que tentam tornar os conselhos de diretores mais representativos e responsivos aos acionistas (ao exigirem que os diretores sejam independentes e restringindo o mandato).

Esse tipo de reforma na governança corporativa pode funcionar em empresas mais maduras, nas quais os gestores tendem a ter pouca ou nenhuma participação proprietária e, como consequência, tendem a colocar seus interesses como gestores à frente dos interesses dos acionistas. Mas, ao olhar para o ciclo de vida corporativo, podemos perceber que o desafio da governança muda. Nas startups e empresas jovens, são os fundadores ou os acionistas internos que mantêm grandes participações de propriedade, e a eles é confiada a administração da empresa. Isso evita o conflito central que a governança corporativa convencional tenta resolver, mas o substitui por um conflito diferente entre o que é bom para fundadores e acionistas internos e o que é bom para acionistas externos. É interessante notar que, há mais de vinte anos, desde que a Lei Sarbanes-Oxley foi escrita, ostensivamente para proteger os acionistas, vimos empresas jovens, em especial no ramo da tecnologia, passarem a utilizar ações com diferentes classes de voto, dando a acionistas internos uma grande vantagem no jogo do controle sobre a empresa.

Proteção ao investidor

Por fim, vamos analisar a terceira parte da preocupação regulatória, que é a proteção ao investidores. Mais uma vez, muito do que consideramos proteção decorre de três pressupostos sobre o risco e a sofisticação do investidor:

1. **Consciência do risco:** uma premissa fundamental na divulgação e regulamentação parece ser a crença de que os investidores optam por investir em empresas muito arriscadas porque não têm consciência de quanto risco existe nesse tipo de empresa. Em outras palavras, os reguladores parecem acreditar que, se os investidores estivessem cientes dos riscos, não investiriam. Isso ignora a realidade de que o risco traz potenciais ganhos e perdas e que investimentos com alto risco de queda também oferecem mais potencial de alta. Em resumo, os investidores que optam por colocar seu dinheiro em empresas de risco o fazem precisamente porque são arriscadas, e ter cem páginas de divulgação de riscos não vai mudar a opinião de ninguém.

2. **Sofisticação dos investidores:** grande parte da ação regulamentar sobre proteção aos investidores adota uma visão paternalista dos investidores individuais e de varejo. Especificamente, os reguladores parecem acreditar que, além de serem incapazes de se informar e fazer julgamentos fundamentados sobre as compensações entre risco e retorno, os investidores individuais devem ser protegidos de seus próprios erros. A verdade, mais uma vez, é muito mais complexa. Investidores individuais e institucionais têm acesso a muitas das mesmas informações

fundamentais, e não só são igualmente capazes de usá-las para tomar decisões de compra e venda, como também estão menos sujeitos a realizar o trading baseado na emoção e motivado pelo pânico.

3. **Risco da empresa *versus* risco da carteira:** os reguladores parecem acreditar que seu trabalho é regular o risco específico de cada empresa, embora os investidores tenham a opção de diversificar entre múltiplas empresas e a maioria aproveite essa possibilidade. Por que isso é importante? Em vez de gastar a maior parte dos recursos na contenção e na regulação do risco ao nível da empresa, o que será compensado pela média de toda a carteira, os reguladores devem se concentrar mais na exposição aos riscos macroeconômicos ou de mercado que influenciarão nas carteiras.

Correndo o risco de dizer o óbvio, para definir as proteções aos investidores, é preciso ter em mente quem se está querendo proteger. Os investidores em empresas jovens correm mais riscos e são traders que esperam usar o humor e o momentum para ganhar dinheiro, e informá-los de que seus investimentos são arriscados é tanto inútil quanto ofensivo. Nas empresas maduras, os investidores são quase todos institucionais, e as proteções que buscam devem se concentrar mais nos excessos de gestão do que em erros ou riscos operacionais.

Resumo

Nesta seção, defendi que as regras de regulamentação e as restrições à divulgação, governança corporativa e proteção aos investidores são baseadas em conceitos fundamentalmente equivocados, tanto em relação às empresas que estão sendo reguladas quanto aos investidores dessas empresas. Em defesa dos reguladores, vale notar que muitas das regulamentações básicas foram colocadas em prática para regular os mercados acionários dos Estados Unidos no século passado, quando a maioria das empresas, pelo menos nas bolsas de valores, eram maduras ou quase maduras, com bases homogêneas de investidores. O problema para os reguladores é que os mercados mudaram, e as empresas cotadas em bolsa hoje não só são mais diversificadas em termos de fase do ciclo de vida, como também têm bases de investidores heterogêneas. Ou os reguladores mudam sua abordagem à função que ocupam, ou correrão o risco de cair na irrelevância.

Lições para os formuladores de políticas

Os responsáveis por formular as políticas econômicas deveriam se preocupar com o ciclo de vida corporativo? Acredito que sim, e nesta última seção explicarei a razão. Se considerarmos que uma economia é composta por uma carteira de todas as empresas que a integram, podemos ver que esse mix de empresas, com base no ponto em que se encontram no ciclo de vida, pode ser diferente em diferentes economias. Vamos considerar três cenários:

- Uma economia composta principal ou inteiramente por empresas maduras terá o benefício da estabilidade econômica geral, mas à custa de inovação e do crescimento.
- Uma economia composta quase inteiramente por startups e empresas em estágio inicial de crescimento terá mais inovação e emoção tanto na economia quanto nos mercados, mas com o custo de instabilidades muito maiores ao passar de bons para maus períodos de mercado.
- Uma economia composta principal ou inteiramente de empresas em declínio e distress dificilmente não refletirá essas características.

Uma economia saudável terá equilíbrio ao longo de todo o ciclo de vida: empresas maduras constituem a âncora para a estabilidade econômica, mas empresas jovens e startups trazem inovação, e cortes necessários ocorrem à medida que negócios em declínio são liquidados ou desmembrados.

Visando criar uma economia composta por empresas espalhadas ao longo do ciclo de vida, podemos mapear os desafios que os formuladores de políticas talvez enfrentem na transição para esse cenário ideal a partir da situação atual da economia. Em uma economia de empresas maduras ou em declínio, se houver intenção de aumentar o número de startups e empresas em estágio inicial de crescimento, há algumas lições que aprendi observando países ou regiões que tentaram realizar esse processo:

1. **Capital de risco *versus* capital subsidiado:** muitos países que têm pressa em desenvolver uma classe empreendedora tentaram fazê-lo oferecendo capital diretamente a essas empresas, muitas vezes sob a forma de empréstimos ou recursos subsidiados. Infelizmente, isso não parece fazer muito mais do que queimar bilhões de dólares ao longo do tempo, enriquecendo várias entidades, mas sem qualquer retorno em termos de novos negócios autossustentáveis. A solução a longo prazo que tem poder de permanência é a disposição dos investidores

em aplicar dinheiro em negócios de risco (startups e empresas jovens) na expectativa de obter retornos elevados, mas também com a consciência de que muitas vezes essas empresas fracassarão. Acredito que essa cultura de assumir riscos pode ser cultivada em qualquer ambiente, mas, para que isso aconteça, é necessário trabalhar na construção de liquidez nos mercados e em um sistema jurídico equilibrado.

2. **De cima para baixo *versus* de baixo para cima:** os formuladores de políticas tendem a superestimar sua capacidade de mudar o modo como pensam os investidores e os empresários, acreditando que seus anúncios e ajustes nas políticas são capazes de mudar comportamentos. Assim como a cultura de risco tem desenvolvimento lento por parte do investidor, o impulso empreendedor, em que um indivíduo ou indivíduos abandonam empregos bem remunerados para iniciar novos negócios, deve ocorrer de baixo para cima. Um fator que parece fazer a diferença são os exemplos próximos de sucesso empresarial. Para ilustrar, a economia indiana, durante grande parte de sua existência, foi dominada por empresas familiares em que assumir riscos era visto com maus olhos, o poder de obter lucros era reverenciado e as ligações sociais/políticas eram a barreira definitiva para a entrada no mercado. Foi o sucesso de um punhado de empreendedores em tecnologia nas décadas de 1980 e 1990, que criaram empresas com pouco mais do que seu capital humano e as transformaram em negócios bem-sucedidos e valiosos, que mudou a percepção sobre a postura de assumir riscos.

3. **Cronogramas:** os formuladores de políticas costumam trabalhar com cronogramas mais relacionados com ciclos eleitorais e mandatos burocráticos do que com a realidade. A criação de prazos artificiais e completamente irracionais para transformar uma economia não só acaba com qualquer hipótese de sucesso desde o início, como também transforma essas ações em dinheiro desviado para consultores, fraudes e operações obscuras disfarçadas de negócios. Essa é mais uma razão para o ceticismo em relação aos planos de governo para a transformação econômica.

Conclusão

Comecei este livro apresentando o ciclo de vida corporativo como um construto que pode ser usado para explicar muito do que vejo nas empresas e nos mercados. Saber em que estágio do ciclo de vida as empresas estão pode explicar em que aspecto das finanças corporativas (investimento, financiamento ou retorno de caixa) devem se concentrar, que métodos de análise utilizar e as consequências de não agir de acordo com a própria idade. Compreender os principais fatores determinantes do valor e as informações disponíveis (ou sua ausência) ao fazer as melhores estimativas é um componente essencial para avaliar empresas ao longo de todo o ciclo de vida. Compreender as diferenças entre as filosofias de investimento também evidencia por que os investidores de empresas jovens podem ter mentalidades muito diferentes em relação aos de empresas maduras. Neste capítulo, completei o giro, com lições de ciclo de vida corporativo para gestores e investidores, conforme administram empresas ou investem nelas; para os reguladores, ao definir novas regras sobre divulgação, governança corporativa e proteção aos investidores; e para os formuladores de políticas que pretendem construir economias vibrantes e em crescimento. Caso você, como indivíduo ou empresa, passe pela tentação de combater o envelhecimento, vale lembrar que envelhecer é inevitável, mas crescer é opcional.

AGRADECIMENTOS

Para Noah e Lily, que estão no início de seus próprios ciclos de vida, com esperança e orações de que tenham alegria e sucesso durante seu crescimento.

NOTAS

CAPÍTULO 1

1. "Harry M. Markowitz — Biographical", The Nobel Prize. Disponível em: www.nobelprize. org/prizes/economic-sciences/1990/markowitz/biographical. Acessado em 18 out. 2023.
2. FAMA, E. F. "Efficient Capital Markets: A Review of Theory and Empirical Work", *Journal of Finance* 25, nº 2, maio. 1970, pp. 383–417.
3. ROSS, S. A. "The Arbitrage Theory of Capital Asset Pricing", *Journal of Economic Theory* 13, n° 3, dez. 1976, pp. 341–60.
4. FAMA, E. F., FRENCH, KR. "The Cross-Section of Expected Stock Returns", *Journal of Finance* 47, n° 2, jun. 1992, pp. 427–65.
5. HARVEY, C. R.; LIU, Y.; ZHU, C. H. ". . . And the Cross-Section of Expected Returns", *Review of Financial Studies* 29, nº 1, jan. 2016, pp. 5–68.
6. ZUCKERMAN, G. *O homem que decifrou o mercado: Como Jim Simons criou a revolução quant*. Rio de Janeiro: 2020.
7. TVERSKY, A.; KAHNEMAN, D. "Judgment under Uncertainty: Heuristics and Biases", *Science* 185, nº 4157, 27 set. 1974, pp. 1124–31.
8. AKERLOF, G. A.; SHILLER, R. J. *O espírito animal: como a psicologia humana impulsiona a economia e a sua importância para o capitalismo global*. Rio de Janeiro: 2010.
9. ADIZES, I. *Managing Corporate Lifecycles* (Nova York: Prentice Hall Press, 1999).
10. MILLER, D.; FRIESEN, P. H. "A Longitudinal Study of the Corporate Life Cycle", *Management Science* 30, nº 10, out. 1984, pp. 1161–83.
11. DAMODARAN, A. *The Dark Side of Valuation: Valuing Young, Distressed, and Complex Businesses* (Nova York: Pearson FT Press, 2018).

CAPÍTULO 2

1. AZOULAY, P.; JONES, B. F.; KIM, J. D.; MIRANDA, J. "Research: The Average Age of a Successful Startup Founder Is 45", *Harvard Business Review*, 11 jul. 2018. Disponível em: https://hbr.org/2018/07/research-the-average-age-of-a-successful-startup-founder-is-45.
2. FRESE, M.; GELNICK, M. M. "The Psychology of Entrepreneurship", *Annual Review of Organizational Pyschology and Organizational Behavior*, 1, mar. 2014, pp. 413–38.
3. WASSERMAN, N. "The Founder's Dilemma", *Harvard Business Review* 86, fev. 2008, pp. 102–19.
4. WASSERMAN, N. "Founder-CEO Succession and the Paradox of Entrepreneurial Success", *Organizational Science* 14, nº 2, mar.-abr. 2003, pp. 149–72.

CAPÍTULO 3

1. MAUBOUSSIN, M. J.; CALLAHAN, D.; MAJD, D. "Measuring the Moat", *Credit Suisse*, 2016.

CAPÍTULO 4

1. NICHOLAS, T. *VC: An American History* (Cambridge, Massachussetts: Harvard University Press, 2019).
2. Na prática, os capitalistas de risco recebem opções de venda com seu investimento, e, se essa opção de venda tiver um valor de 5 milhões de dólares, o investidor está injetando 15 milhões de dólares (50 milhões – 15 milhões) por 5% da empresa, o que deixa o valor desta em apenas 700 milhões de dólares.
3. "Attractive M&A Targets: Part 1: What do buyers look for?" *Cass Business School, City University London, and Intralinks*, set. 2016. Disponível em: www.mergermarket.com/assets/Attractive_M&A_Targets_PART%201_v2.pdf.

CAPÍTULO 6

1. Mesmo que o custo do capital próprio (cost of equity) não possa ser explicitamente declarado, o preço que você paga por ação refletirá suas expectativas de risco e o retorno exigido sobre esse capital. Se os fluxos de caixa esperados forem mantidos constantes, à medida que o custo do capital próprio aumenta, o preço que você pagará pelo capital próprio diminuirá.

CAPÍTULO 7

1. Merton Miller e Franco Modigliani fazem uma defesa convincente de que o valor de uma empresa independe de suas escolhas de endividamento, mas apenas em um mundo sem impostos ou risco de inadimplência. A introdução de um ou de ambos desses fatores altera esse veredito.

CAPÍTULO 8

1. Há evidências que apoiam essa hipótese. Em média, os anúncios dos aumentos (ou redução) do valor dos dividendos são acompanhados pelos aumentos (ou quedas) dos preços

das ações, mas o efeito de sinalização dos dividendos parece ter enfraquecido nas últimas décadas.

2. PINKOWITZ, L.; WILLIAMSON, R. "What Is the Market Value of a Dollar of Corporate Cash?", *Journal of Applied Corporate Finance* 19, nº 3, 10 set. 2007, pp. 74–81.

CAPÍTULO 10

1. Se você está familiarizado com a terminologia do valuation, o reinvestimento de uma empresa é dividido em "despesas de capital líquidas" (despesas de capital menos depreciação) e variação no capital de giro. O número que estimo para o reinvestimento é uma consolidação desses dois itens e inclui aquisições, P&D e até custos de aquisição de clientes.

2. Embora muitos analistas façam uma distinção entre caixa operacional e caixa excedente, sendo apenas o excedente adicionado ao valor, sugiro que a distinção deveria ser entre caixa ocioso (wasting cash) e produtivo (non-wasting), com este último investido em títulos negociáveis (como títulos do tesouro e papéis comerciais), a uma taxa de retorno justa. É este último que deve ser utilizado para chegar ao valor e, uma vez que a maioria das empresas investe a maior parte do caixa em títulos negociáveis, recomendaria adicionar todo o saldo de caixa.

3. Para avaliar as opções, é preciso usar os modelos de precificação de opções. Há vários disponíveis e o valor resultante reflete a probabilidade de que as opções sejam exercidas no futuro e têm um prêmio de tempo sobre o que seria obtido como fluxos de caixa caso as opções sejam exercidas hoje.

CAPÍTULO 11

1. METRICK, A. *Venture Capital and the Finance of Innovation* (Nova York: John Wiley & Sons, 2006).

2. Veja meu valuation para a Tesla, em 2013, como uma empresa automobilística de luxo: DAMODARAN, A. "Valuation of the Week 1: A Tesla Test", Musings on Markets (blog), 4 set. 2013. Disponível em: https://aswathdamodaran.blogspot.com /2013/09/valuation-o-f-week-1-tesla-test.html.

CAPÍTULO 12

1. A taxa livre de risco do euro no momento do valuation era de 2,1%, e o prêmio de risco de ações da Unilever, considerando as regiões do mundo onde obtém receita, era de 7,20%.

2. Caso seu conhecimento estatístico esteja enferrujado, essa é uma regressão linear simples. As diferenças nas margens operacionais explicam 38% (o R^2) da variação nas razões valor da firma/vendas, e os números entre parênteses abaixo dos coeficientes de regressão são estatísticas t (com valores acima de 2 indicando significância estatística).

3. SWENEY, M. "Top Investor Castigates Unilever After Failed £50bn Bid for GSK Arm" *The Guardian* (Londres), 20 jan. 2022. Disponível em: https://www.theguardian.com/business/2022/jan/20/top-investor-castigates-unilever-after-failed-pounds-50bn-bid-for-gsk--arm-terry-smith.

4. CHAUDHURI, S. "Unilever to Add Activist Investor Nelson Peltz to Board", *The Wall Street Journal*, 31 maio 2022. Disponível em: www.wsj.com/articles/unilever-to-add-activist-investor-nelson-peltz-to-board-11653980567.

CAPÍTULO 13

1. Os betas de regressão são calculados utilizando longos períodos de retornos históricos. Como a empresa esteve saudável (ou mais saudável do que está no momento) durante parte desse período, o beta de regressão subestima o beta verdadeiro.
2. Utilizei os dados sobre as taxas de falência para títulos em diferentes ratings para a avaliação do risco de falência. Cerca de 23,74% dos títulos com classificação B1 emitidos em 2008 apresentaram inadimplência dentro de um período de dez anos após a emissão.

CAPÍTULO 14

1. Em meados de 2010, o trading de alta frequência, em que os investidores institucionais utilizavam computadores potentes e dados em tempo real para realizar negociações muito grandes, desfrutou de um momento de destaque. Os lucros obtidos por esses traders desapareceram depressa à medida que o volume de dados e o poder computacional se equilibraram entre os traders concorrentes.
2. JEGADEESH, N. "Evidence of Predictable Behavior of Security Returns", *Journal of Finance* 45, nº 3, jul. 1990, pp. 881–98; LEHMANN, N. "Fads, Martingales, and Market Efficiency", *Quarterly Journal of Economics* 105, nº 1, fev. 1990, pp. 1–28.
3. JEGADEESH, N.; TITMAN, S. "Returns to Buying Winners and Selling Losers: Implications for Stock Market Efficiency", *Journal of Finance* 48, nº 1, mar. 1993, p. 65–91; JEGADEESH, N.; TITMAN, S. "Profitability of Momentum Strategies: An Evaluation of Alternative Explanations", *Journal of Finance* 56, nº 2, abr. 2001, pp. 699–720.
4. DANIEL, K. "Momentum Crashes", Working Paper, SSRN #1914673, 2011.
5. FAMA, E. F. "Market Efficiency, Long Term Returns and Behavioral Finance", *Journal of Financial Economics* 49, nº 3, 1 set. 1998, pp. 283–306.
6. BROWN, K. C.; HARLOW, W. V.; TINIC, S. M. "Risk Aversion, Uncertain Information, and Market Efficiency", *Journal of Financial Economics* 22, nº 2, dez. 1988, pp. 355–85.
7. O estudo original deste fenômeno está em: BALL, R.; BROWN, P. "An Empirical Evaluation of Accounting Income Numbers", *Journal of Accounting Research* 6, nº 2, outono 1968, pp. 159–78. O estudo foi atualizado por Bernard e Thomas, com dados diários em torno dos anúncios trimestrais de lucros. Consulte BERNARD, V.; THOMAS. J. "Post-Earnings Announcement Drift: Delayed Price Response or Risk Premium?", *Journal of Accounting Research* 27, 1989, pp. 1–48. O gráfico foi criado a partir de uma atualização desse estudo por NICHOLS, D. C.; WAHLEN, J. M. "How Do Accounting Numbers Relate to Stock Returns: A Review of Classic Accounting Research with Updated Numbers", *Accounting Horizons* 18, nº 4, jan. 2005, pp. 263–86.
8. BERNARD, V.; THOMAS, J. "Post-Earnings Announcement Drift: Delayed Price Response or Risk Premium?" *Journal of Accounting Research* 27, 1989, pp. 1–36.

Notas | 589

9. LIANG, C. Y.; ZHANG, R. "Post-Earnings Announcement Drift and Parameter Uncertainty: Evidence from Industry and Market News", *Review of Quantitative Finance and Accounting* 55, 2020, pp. 1–44.

10. BARTOV, E.; RADHAKRISHNAN, S.; KRINSKY, I. "Investor Sophistication and Patterns in Stock Returns After Earnings Announcements", *Accounting Review* 75, nº 1, jan. 2000, pp. 43–63.

CAPÍTULO 15

1. LITTLE, I. M. D. "Higgledy Piggledy Growth", *Oxford Bulletin of Economics and Statistics* 24, nº 4, nov. 1962, pp. 387–412.

2. DREMAN, D.; LUFKIN, E. "Do Contrarian Strategies Work Within Industries?", *Journal of Investing* 6, nº 3, outono 1997, pp. 7–29; DREMAN, D.; LUFKIN, E. "Investor Overreaction: Evidence That Its Basis Is Psychological", *Journal of Psychology and Financial Markets* 1, nº 1, 2000, pp. 61–75.

3. Uma razão pela qual as ações são classificadas com base na razão LP, em vez de PL é para evitar que empresas que apresentam prejuízo saiam da amostragem. Uma empresa que tem um preço de ação de 10 dólares e um lucro por ação de -50 centavos de dólar tem um índice de PL que "não é significativo" ou não pode ser calculado, mas seu índice de LP de -5% (lucro por ação/preço por ação) ainda pode ser computado e utilizado.

4. Embora relevante do ponto de vista estatístico, a correlação entre o desempenho das ações de crescimento e o crescimento dos lucros é de cerca de 6%, o que indica que essa estratégia pode render ganhos a longo prazo, mas com muitos erros e acertos ao longo do caminho.

5. MALKIEL, B. G. "Returns from Investing in Equity Mutual Funds 1971 to 1991", *Journal of Finance* 50, nº 2, 1995, pp. 549–72.

6. GIVOLY, D.; LAKONISHOK, J. "The Quality of Analysts' Forecasts of Earnings", *Financial Analysts Journal* 40, nº 5, set.-out. 1984, pp. 40–47.

7. HAWKINS, E. H.; CHAMBERLIN, S. C.; DANIEL, W. E. "Earnings Expectations and Security Prices", *Financial Analysts Journal* 40, nº 5, set.-out. 1984, pp. 20–38.

8. COOPER, R. A.; DAY, T. E.; LEWIS, C. M. "Following the Leader: A Study of Individual Analysts Earnings Forecasts", *Journal of Financial Economics* 61, nº 3, set. 2001, pp. 383–416.

9. CAPSTAFF, J.; PAULDAY, K.; REES, W. "Revisions of Earnings Forecasts and Security Returns: Evidence from Three Countries", Working Paper, SSRN #253166, 2000.

10. GLEASON, C.; LEE, C. M. C. "Analyst Forecast Revisions and Market Price Discovery", *Accounting Review* 78, nº 1, jan. 2003, pp. 193–225.

11. Se os lucros projetados forem altos devido ao alto crescimento no próximo ano, e esse alto crescimento ocasionar uma alta taxa de crescimento nos próximos cinco anos, você vai subestimar sua razão PEG.

CAPÍTULO 16

1. GRAHAM, B. *Security Analysis: The Classic 1934 Edition* (Nova York: McGraw-Hill Education, reimpressão de 1996).

590 | Notas

2. WILLIAMS, J. B. *The Theory of Investment Value* (Flint Hill, Virgínia: Fraser Publishing Company, reimpressão de 1997).
3. GRAHAM, B. *The Intelligent Investor* (Nova York: Harper Business, 2007).
4. W. E. Buffett to Limited Partners, 29 maio 1969, Buffett Partnership Letters, Ivey Business School, 129. Disponível em: www.ivey.uwo.ca/media/2975913/buffett-partnership-letters. pdf. Acessado em: 13 dez. 2023.
5. "Berkshire Hathaway Inc., Shareholder Letters", Berkshire Hathaway. Disponível em: www.berkshirehathaway.com/letters/letters.html. Acessado em: 28 nov. 2023.
6. MUNGER, C. T. *Poor Charlie's Almanack: The Wit and Wisdom of Charlie T. Munger* (Marceline, Missouri: Walsworth Publishing Company, 2005).
7. BANZ, R. W. "The Relationship between Return and Market Value of Common Stocks", *Journal of Financial Economics* 9, nº 1, mar. 1981, pp. 3–18.
8. FAMA, E. F.; FRENCH, K. R. "The Cross-Section of Expected Return", *Journal of Finance* 47, nº 2, jun. 1992, pp. 427– 65.
9. Anuário global de retornos de investimentos do Credit Suisse 2022, Credit Suisse.
10. DEBONDT, W. F. M.; THALER, R. "Does the stock market overreact?", *Journal of Finance* 40, nº 3, jul. 1985, pp. 793–805.
11. JEGADEESH, N.; TITMAN, S. "Returns to Buying Winners and Selling Losers: Implications for Stock Market Efficiency", *Journal of Finance* 48, nº 1, mar. 1993, pp. 65–91.

CAPÍTULO 17

1. BRAV, A.; JIANG, W.; KIM, H. "Hedge Fund Activism: A Review", *Columbia Business School Research Archive*, 2010. Disponível em: https://business.columbia.edu/faculty/research/hedge-fund-activism-review. Acessado em 28 nov. 2023.
2. KAPLAN, S. "The Effects of Management Buyouts on Operating Performance and Value", *Journal of Financial Economics* 24, nº 2, 1989, pp. 217–54.
3. GUO, S.; HOTCHKISS, E.; SONG, W. "Do Buyouts (Still) Create Value?", *Journal of Finance* 66, nº 2, abr. 2011, pp. 479–517.
4. COHN, J. B.; MILLS, L. F.; TOWERY, E. M. "The Evolution of Capital Structure and Operating Performance after Leveraged Buyouts: Evidence for US Corporate Tax Returns", *Journal of Financial Economics* 111, nº 2, fev. 2014, pp. 469–94.
5. GANTCHEV, N. "The Costs of Shareholder Activism: Evidence from a Sequential Decision Model", *Journal of Financial Economics* 107, nº 3, mar. 2013, pp. 610–31.
6. BROWN, G. W.; KAPLAN, S. N. "Have Private Equity Returns Really Declined?", *Journal of Private Equity*, nº 22, 2019, pp. 11–18.
7. HARRIS, R. S.; JENKINSON, T.; KAPLAN, S. N.; STUCKE, R. "Has Persistence Persisted in Private Equity? Evidence from Buyout and Venture Capital Funds", Working Paper, SSRN #2304808, 2020.
8. BRAV, A.; JIANG, W.; PARTNOY, F.; THOMAS, R. "Returns to Hedge Fund Activism", *Financial Analysts Journal* 64, nº 6, nov.-dez. 2008, pp. 45–61.

Notas | 591

9. KRISHNAN, C. N. V.; PARTNOY, F.; THOMAS, R. S. "The Second Wave of Hedge Fund Activism: The Importance of Reputation, Clout, and Expertise", *Journal of Corporate Finance* 40, out. 2016, pp. 296–314.

10. AVRAMOV, D.; CHORDIA, T.; JOSTOVA, G.; PHILIPOV, A. "The Distress Anomaly Is Deeper than You Think: Evidence from Stocks and Bonds", *Review of Finance* 26, nº 2, mar. 2022, pp. 355–405.

CAPÍTULO 18

1. BOTELHO, E. L.; POWELL, K. R.; KINCAID, S.; WANG, D. "What Sets Successful CEOs Apart", *Harvard Business Review*, maio-jun. 2017. Disponível em: https://hbr.org/2017/05/what-sets-successful-ceos-apart.

2. DEWAR, C.; HIRT, M.; KELLER, S. "The Mindsets and Practices of Excellent CEOs", McKinsey, out. 2019. Disponível em: www.mckinsey.com/capabilities/strategy-and-corporate-finance/our-insights/the-mindsets-and-practices-of- excellent-ceos.

3. IRELAND, S. "What Makes a Great CEO", CEOWORLD, out. 2020. Disponível em: https://ceoworld.biz/2020/10/12/what- makes-a-great-ceo/.

4. HAMBRICK, D. C.; MASON, P. A. "Upper Echelons: The Organization as Reflection of Its Top Managers", *Academy of Management Journal* 9, nº 2, abr. 1984, pp. 193–206.

5. BROCHET, F.; LIMBACH, P.; SCHMID, M.; SCHOLZ-DANESHGARI, M. "CEO Tenure and Firm Value", *Accounting Review* 96, nº 6, nov. 2021, pp. 47–71.

6. EWENS, M.; MARX, M. "Founder Replacement and Startup Performance", *Review of Financial Economics* 31, nº 4, 2018.

7. PALEPU, K. G. "Predicting Take-Over Targets: A Methodological and Empirical Analysis", *Journal of Accounting and Economics* 8, nº 1, mar. 1986, pp. 3–35.

8. NORTH, D. S. "The Role of Managerial Incentives in Corporate Acquisitions: The 1990s Evidence", *Journal of Corporate Finance* 7, nº 2, jun. 2001, pp. 125–49.

9. NUTTALL, R. "Take-Over Likelihood Models for UK Quoted Companies", Working Paper, SSRN #155168, 1999; WEIR, C. "Corporate Governance, Performance and Take-Overs: An Empirical Analysis of UK Mergers", *Applied Economics* 29, nº 11, 1997, pp. 1465–75.

10. PINKOWITZ, L. "The Market for Corporate Control and Corporate Cash Holdings", Working Paper, SSRN #215191, 2003. A partir deste estudo de aquisições hostis entre 1985 e 1994, conclui-se que as empresas com grandes saldos de caixa são menos (e não mais) propensas a serem alvo de aquisições hostis.

11. Em uma descoberta contrária, Julian Franks e Colin Mayer (1996) não encontram evidências de mau desempenho em empresas-alvo em aquisições hostis no Reino Unido; Ver: FRANKS, J.; MAYER, C. "Hostile Takeovers and the Correction of Management Failure", *Journal of Financial Economics* 40, nº 1, jan. 1996, pp. 163–81.

12. WARNER, J.; WATTS, R.; WRUCK, K., 1988, "Stock Prices and Top Management Changes", *Journal of Financial Economics* 20, nº 1–2, 1992, pp. 461–92; MURPHY, K.; ZIMMERMAN, J. "Financial Performance Surrounding CEO Turnover", *Journal of Ac-*

counting and Economics 16, nº 1–3, jan.-jul. 1993, pp. 273–316; PUFFER, S.; WEINTROP, J. B. "Corporate Performance and CEO Turnover: The Role of Performance Expectations", *Administrative Science Quarterly* 36, nº 1, mar. 1991, pp. 1–19

13. LEHN, K.; ZHAO M. "CEO Turnover after Acquisitions: Are Bad Bidders Fired?" Working Paper, SSRN #444360, 2006.

14. FALEYE, O. "Are Large Boards Poor Monitors? Evidence from CEO Turnover", Working Paper, SSRN #498285, 2003. Utilizando um modelo de risco proporcional, Olubunmi Faleye descobriu que cada diretor adicional em um conselho reduz a probabilidade de uma mudança forçada de CEO em 13%.

15. WEISBACH, M. "Outside Directors and CEO Turnover", *Journal of Financial Economics* 20, jan.-mar. 1988, pp. 431–60.

16. GOYAL, V. K.; PARK, C. W. "Board Leadership Structure and CEO Turnover", *Journal of Corporate Finance* 8, nº 1, jan. 2002, pp. 49–66.

17. DENIS, D. J.; DENIS, D. K.; SARIN, A. "Ownership Structure and Top Executive Turnover", *Journal of Financial Economics* 45, nº 2, ago. 1997, pp. 193–221.

18. LINN, S.; HILLIER, D.; MCCOLGAN, P. "Equity Issuance, Corporate Governance Reform and CEO Turnover in the UK", Working Paper, SSRN #484802, 2003. A partir do estudo, conclui-se que os CEOs são mais propensos a serem removidos de imediato antes de novas emissões ou colocações (placings) de ações.

19. DEFONDT, M. L.; PARK, C. W. "The Effect of Competition on CEO Turnover", *Journal of Accounting and Economics*, 27, nº 1, fev. 1999, pp. 35–56.

20. WASSERMAN, N. "Founder-CEO Succession and the Paradox of Entrepreneurial Success", *Organizational Science* 14, nº 2, mar.-abr. 2003, pp. 149–172.

21. PARRINO, R.; SIAS, R.W.; STARKS, L. T. "Voting with Their Feet: Institutional Ownership Changes around Forced CEO Turnover", *Journal of Financial Economics* 68, nº 1, abr. 2003, pp. 3–46. A partir do estudo constata-se que a propriedade institucional agregada cai cerca de 12% no ano anterior a uma mudança forçada de CEO, e que a propriedade individual aumenta. Os investidores institucionais mais bem informados e mais preocupados em manter ações com baixo risco têm maior probabilidade de vender durante esse período.

22. HAMILTON, B. H.; HANNA, S.; HINCAPIÉ, A.; LYMAN, N. "Family CEOs, Turnover, and Firm Performance", Working Paper, Washington University of St. Louis, 2020.

CAPÍTULO 19

1. COOPER, M. J.; DIMITROV, O.; RAU, P. R. "A Rose.com by Any Other Name", *Journal of Finance* 56, nº 6, dez. 2001, pp. 2371–88.

2. ABBOUD, L. "New CEO Begins Alcatel Makeover", *Reuters*, 19 jun. 2013. Disponível em: https://www.reuters.com/article/us-alcatel-reorganisation/new-ceo-begins-alcatel-makeover-idUKBRE95I06O20130619.

3. Sobre a história da Abercrombie & Fitch, o crescente sucesso da empresa na década de 1990 teve um fim dramático, sendo acusada de discriminação racial uma década depois.

Notas | 593

Consulte: HORTON, A. "'Discrimination Was Their Brand': How Abercrombie & Fitch Fell Out of Fashion", *The Guardian*, 19 abr. 2022. Disponível em: https://www.theguardian.com/film/2022/apr/19/abercrombie-fitch-netflix-documentary-fashion-discrimination.

4. "Goya Sales Target: Not Just Hispanic", *The New York Times*, 26 mar. 1984. Disponível em: www.nytimes.com/1984/03/26/ business/goya-sales-target-not-just-hispanic.html.

5. DAMODARAN, A. "Living within Your Limits: Thoughts on Research In Motion (RIM)", *Musings on Markets* (blog), 16 dez. 2011. Disponível em: https://aswathdamodaran.blogspot.com/2011/12/living-within-your-limits-thoughts-on.html.

CAPÍTULO 20

1. COHEN, M.; DAMODARAN, A.; MCCARTHY, D. "Initial Public Offerings: Dealing with the Disclosure Dilemma", Working Paper, SSRN #3936750, 2021.

ÍNDICE REMISSIVO

A Teoria do Valor de Investimento (livro de Williams)

Abercrombie & Fitch, 539

aceitar o envelhecimento, 531-554, 545
   determinantes, 536-554
   dificuldade em, 533-534
   exemplos de, 534-554
   guia para, 532-533

Ackman, Bill, 375, 466

ações de classe dupla, 50

ações de empresas em situação crítica, 363

ações em distress como opção, 362-363, 363

Adizes, Ichak, 23–24, 24

Adobe, 176, 543

África
   distribuição de empresas por idade, 60

dividendos e recompras, 201

financiamento por venture capital, 43, 95

taxas de juros por moeda, 141

agentes de mudança, 545

Airbnb, 73, 83, 243
   fluxo de caixa aos acionistas (free cash flow to equity, FCFE), 190-191, 191
   mix ideal de endividamento, 178, 178–179, 179, 180

alavancagem financeira, 146, 335, 454, 472, 475

alcance geográfico, 71

Alcatel, 539, 540

Alemanha, 164, 421

Alibaba, 548

Alipay, 246

alto crescimento (fase de alto crescimento), 48–50, 87, 263–264
   análise do ponto de equilíbrio (breakeven), 295-296
   complementos e adendos, 292, 292–297
   desafio do negócio, 48, 48–49
   desafios de capital e propriedade, 49-50
   desafios, 265–266, 269, 286-287
   dividendos, 208-209
   estudo de caso, Tesla, 277-278
   estudo de caso, Tesla, 289–290, 291, 292

Etapa 1: conte uma história, 269-270, 419, 419
Etapa 2: execute o teste 3P, 270
Etapa 3: converter a história em inputs do modelo de valuation, 270–271
Etapa 5: ciclo de feedback, 277
filosofias de investimento, 393-394, 395
finanças corporativas, 132–133
gestão, 517
incerteza, 122, 122-123
incompatibilidades, 509, 528-529
métricas operacionais, 263-264
os CEOs certos, 503–63, 505, 508–509
passo 4: avalie o negócio, 275
precificação, 231, 231–232, 286–287
princípio do financiamento, 185, 185-186
requisitos de divulgação, 574–575, 576
respostas, 269-270, 288-289
retornos excedentes, 292, 292-295, 293, 294
situação financeira, 49
Tesla, 296-297
tomada de decisão de investimento, 157, 159

valuation, 222-223, 223, 265-266
visão geral, 34
Altria Group, 483, 538
Amazon, 245, 255
American Express, 434
American Research and Development (ARD) Corporation, 89–90
amortização, 188
análise de média-variância. *Ver* teoria moderna do portfólio
análise do ponto de equilíbrio (breakeven), 295-296
Tesla, 296-297, 297
"anos caninos", 78, 513
anúncios de lucros
ao longo do ciclo de vida, 146–147
como taxa mínima de atratividade (hurdle rate), 138–139
distribuição global, 147, 148
distribuição nos Estados Unidos, 146–147
inputs para, 140–141
medida de risco relativo, 145, 145–146
mix ideal de endividamento, 178, 178–179, 180
otimização, 174-175, 176
por decil de idade, empresas dos Estados Unidos, 147-148
prêmio de risco de ações (ERP), 143, 143–144

processo de estimativa, 176–177
razão de endividamento e, 174-175
retornos excedentes após, 384–385
retornos excedentes em torno de, 383-384, 384
spread de inadimplência (default) para dívidas, 140
taxa livre de risco, 140-141, 142
Apple, 25, 445, 548, 552, 560
armadilha da "grande aquisição", 159
crescimento maduro, 50–51, 51, 52
gestão, 503-504, 508, 545, 560
renascimento, 544-545, 546
aquisições alavancadas (leveraged buyouts, LBOs), 112, 463, 465–466, 536–554
alvos certos em, 467–468
maiores fundos de aquisições em 2021, 466, 466
motivos para aquisições, 468-469
mudança de propriedade nas, 109, 109
o que fazem, 470–471, 471

Índice remissivo | 597

por ano, 2000-2021, 465, 465-466

aquisições (buyouts), 95, 463, 465–466, 536–554

alvos certos em, 467–468

maiores fundos de aquisições em 2021, 466, 466

motivos para aquisições, 468-469, 469

mudança de propriedade nas 109, 109

o que fazem, 470–471, 471, 471

por ano, 2000-2021, 465, 465-466

aquisições hostis, 468, 475, 518-519, 520

arbitragem especulativa, 386

arbitragem pura, 386

arriscar a própria pele, 517, 536, 537

"atalhos mentais", 573

ativos de crescimento, 304-306

balanço financeiro, 126, 126, 127

empresas de alto crescimento, 267, 268, 270

empresas em declínio, 158, 336–337

empresas maduras, 304–306

investimento em valor *versus* investimento em crescimento, 388, 388–389

ativos em operação, 126

empresas em declínio, 158, 335-336, 361

empresas maduras, 303– 304, 312, 326

investimento em valor *versus* em crescimento, 388, 388–389, 394, 429

ativos sob gestão, 484, 485

auge do ciclo de vida, 70-73

Austrália

distribuição de empresas por idade, 60

dividendos e recompras, 201

financiamento por venture capital, 43, 95

start-ups, 38, 38

taxas de juros por moeda, 141

autoconfiança, 39–40

"aversão à perda", 371

Bajaj Auto, 542, 543

balanço patrimonial, 123-124, 126

Ballmer, Steve, 517

Balsillie, Jim, 513

bancos de investimento, papel no processo de IPO, 97, 98, 99–100

bancos e taxas de juros, 446

banqueiros, papel no processo de IPO, 97, 98, 99–100

Banz, Rolf, 434

barreiras à entrada, 69, 319, 450, 548, 559

Baruch, Bernard, 431

Bed Bath and Beyond (BB&B)

inputs, 349–350

precificação, 290, 290-291, 291

resultados operacionais, 347–348, 348

valuation, 347-348, 350

Benioff, Marc, 503

Berkshire Hathaway, 432–433, 433, 447

beta desalavancado, 177

betas "bottom-up", 274, 358

Bezos, Jeff, 547

biotecnologia, 74, 183, 242

crescimento da receita, 65, 65-66

retornos excedentes, 294

Blackberry, 552

Blackstone Inc., 107, 465, 466, 466

Bluhdorn, Charles, 511–512

boa gestão, 448-449, 454

"boas" empresas, 448–449, 451, 454, 569

bolha das empresas ponto-com, 95, 255, 257, 400, 443, 538, 540

capital de risco e, 94, 94

bom ataque *versus* boa defesa, 561–562

"bons" investimentos, 450-451, 451, 454, 569

book to market (razão entre valor contábil e valor de mercado), 19–20, 435

Boston Chicken, 538

Boston Market, 538

Brasil, 141, 144, 172, 318

Budismo e serenidade, 555–556

Buffett, Warren, 27, 373–374, 430, 432–433, 439, 442, 444–445, 448, 503
caixa excedentes, 95, 132, 488
Canadá
   distribuição de empresas por idade, 60
   financiamento por venture capital, 43, 95
   start-ups, 38, 38
capacidade de endividamento, 53, 179, 180, 195, 274, 302, 511
capital
   acesso ao, 73–74, 76, 488. *Ver* ofertas-públicas iniciais; private equity; capital aberto (public equity)
   custo de. *Ver* custo de capital
   inclinação (curva) do ciclo de vida e, 73-74, 76
   restrições à mudança de gestão, 518-519
   retorno sobre, 151, 151-152, 275, 327, 450
   risco. *Ver* capital de risco
capital de risco (venture capital, VC), 89-96, 397-398
   breve história, 89–90
   cláusulas de proteção e recompensas, 92-93, 93
   consequências, 400-401

corporativo, 89, 95
determinantes do sucesso, 405-406
estratégia ativista, 389-390
fluxos e refluxos, 93-94, 94
inclinação do ciclo de vida, 73–74
IPOs, 96-97, 99
negociações por região, 42-43, 43
precificação projetada, 91, 91–92, 235–236
precificação, 398–399
private equity *versus*, 107
processo, 90, 90-93
retornos em estágio inicial, 2004-2013, 403–404
retornos sobre private equity e mercado de ações, 2002-2021, 401–402, 403
start-ups e estágio inicial de crescimento, 42-43, 43, 46-47, 47
taxas de retorno alvo, 92, 236, 236–237
valor pré-investimento *versus* valor pós-investimento, 92
valuations, 235-236, 398
vencedores e perdedores, 401-402
capital de risco corporativo, 89, 95
capital pré-semente, 47, 90

capital semente, 47, 90, 90
capital, risco *versus* subsídio, 580
capitalização de mercado, 435
Capstaff, John, 421
Carlyle Group, 111, 465, 466
CEOs (diretores executivos)
   aceitação e, 532-533
   ao longo do ciclo de vida, 521-522
   efeitos de bons CEOs, 499-500
   funções, 498-499
   grandes quedas, 547–548
   holdings, por classe de idade corporativa, 167, 167
   incompatibilidades, 506-507
   lições de serenidade para, 556–557
   mito do grande CEO, 500–501, 501
   mudança de gestão, 514–515
   perspectiva do ciclo de vida, 503-504, 505
   remoções forçadas ou demissões, 475, 514–515, 515
   renascimentos, 545-546
Chaddah, Pankaj, 244
chaebols, 528
Chamberlin, Stanley, 420
Chapter 11 (falência nos Estados Unidos), 27, 222, 308, 309, 333, 489, 489–490, 525

Índice remissivo | 599

Chapter 7 (falência nos Estados Unidos), 489

Chicago Mercantile Exchange, 75

China
distribuição de empresas por idade, 60
dividendos e recompras, 201
mercados de entrega de alimentos, 246, 246, 247
start-ups, 38, 38
taxas de juros por moeda, 141

Christensen, Clayton, 546, 561

Chrysler, 78

ciclo de feedback
empresas de alto crescimento, 277
empresas em declínio, 347
empresas jovens, 243–244
empresas maduras, 312

ciclo de vida concentrado, 77, 79

ciclo de vida corporativo
contrastando, 76, 76-77
custo de capital ao longo do, 146–147, 149
decisão de investimento ao longo do 156-157, 159
dimensões e determinantes do, 68–77, 76
dividendos ao longo do 201-202, 208-209, 209
escolhas de dívida ao longo do, 170-171
FCFE ao longo do, 191–192, 195
filosofias de investimento, 393-394, 395
finanças corporativas 132-133
financiamento ao longo do 185, 185-186
gestão e CEOs, 503–504, 505, 508–509
incerteza ao longo do, 122, 122–123
incompatibilidades, 521-522, 529
investimento ativista, 389-390
métricas e medidas, 59-68
Modelo de Adizes, 23–24, 24
precificação ao longo do, 228–229, 231
recompras ao longo do, 201-202
seis fases padronizadas, x, xii, 25, 56-57, 34.
trading baseado em informações e, 385-386
transições, 85-112, 87
valuation ao longo do 222-223, 223
Ver fases específicas
visão geral de, 23–24

ciclo de vida discreto, 77

ciclo de vida. *Ver* ciclo de vida corporativo

ciclos de vida contrastantes, 76, 76–77

classificações de títulos, 142, 142, 177, 305, 311, 355

Coca-Cola, 75, 357–358, 488, 500, 540

Columbia University, 432

Combes, Michel, 539

compensações (trade-off)
dívida-capital próprio, 161-162
ao longo do ciclo de vida, 170–171
benefícios fiscais, 164, 165, 165-166
compensações (trade--offs) financeiras, 164-165
custos de agência, 164, 165, 168–169, 186
custos de falência, 164, 165, 167–168
dívida casada (matched debt), 128
dívida descasada (mismatched debt), 128–129
empresas em declínio, 337
fricção no balanceamento, 171-172, 173
maior disciplina, 166-167, 167, 536–554
mix de financiamento, 126–127
motivos ilusórios, 127, 161-162, 163
por classe de idade corporativa, 170-171

600 | Índice remissivo

relação dívida/capital, 171, 181
tipo de financiamento, 127–128
comportamento criminoso, 550
comportamento de rebanho, 225, 295, 540
comprar e manter, 430
conexões políticas, 548, 554
conexões tóxicas, 538
conglomerados, 80-81, 487
Consolidated Edison, 69
construção do negócio, 509, 560
construtores de impérios, 511-512, 561
contadores de histórias, gestores como, 498
contaminação, 483, 487
controle, valor do, 324-330
Con-way, 75
Cook, Tim, 508, 560
Cooper, Rick, 420–421
Costco, 500
covenants (mecanismos de proteção) de empréstimos, 118, 164, 170, 172, 173, 551
crenças fundamentais de investimento, 375-376
crescimento "impulsionado por aquisições", 303, 304–306, 334–335
crescimento desordenado (higgledy piggledy growth), 413
crescimento esperado nos fluxos de caixa, 182

crescimento estável
empresas em declínio, 338
empresas de alto crescimento, 274–275
valor terminal, 306-307
crescimento inorgânico, 303, 304-306
crescimento maduro (fase de crescimento maduro), 50–52
desafios de capital e propriedade, 52
desafios do negócio, 50–51, 51, 52
dividendos, 116, 208–209
filosofias de investimento, 393-394, 395
finanças corporativas, 132–133
gestão, 517
incerteza, 122, 122-123
incompatibilidades, 528-529
os CEOs certos, 503–504, 505, 508–509
precificação, 231, 231-232, 316-317
valuation, 222–223, 301–302
visão geral, 34, 34, 87
princípio do financiamento, 185, 185-186
requisitos de divulgação, 574–575, 576
situação financeira, 52-53
tomada de decisão de investimento, 157, 159

crise financeira de 2008, 446, 550
Cristianismo e serenidade, 555–556
crowdfunding, 89, 95
curva de aprendizado, 44
custo da dívida, 138, 138–139, 177, 337
custo de capital, 138–139, 174–175
custos da agência, 168-169
compensações dívida-capital próprio, 164, 165, 168-169, 186
custos de negociação, 387, 411
custos de reposição, 353
Daniel, Wayne, 420
Day, Theodore, 420–421
declínio (fase de declínio), 34, 35, 55–57
capital e propriedade, 55
desafio, 56-57
desafios do negócio, 55-56
filosofias de investimento, 393-394, 395
finanças corporativas, 132–133
incerteza, 122, 122-123
princípio do financiamento, 185, 185-16
requisitos de divulgação, 574–575, 576
situação financeira, 56
tomada de decisão de investimento, 158, 159
visão geral, 25

declínios do mercado, 340–341

deflação, 140

delírios de crescimento, 511

Dell, 483

Departamento de Estatísticas do Trabalho (Bureau of Labor Statistics), 40

depreciação, 188

desconto de conglomerado, 360

desespero, 394

e investimentos, 107, 131, 229, 475

empresas em declínio e, 334, 339, 344, 345, 346, 463, 500, 511

empresas em declínio, 158, 334–335, 339, 345, 349

empresas maduras, 310

desvio de comportamento individual, 370

desvios de comportamento do mercado, 370-371

a erros de mercado, 372

identificando, 370-371

determinar, 238, 371

Didi, 295, 400, 548

Digital Equipment Corporation, 89–90

"dilema do fundador", 44, 522

diluição das ações, 46–47, 50, 106, 167, 172, 389, 458

diluição de equity (ações), 46-47, 50, 106, 167, 172, 389, 458

DiMaggio, Joe, 556

dimensões do ciclo de vida corporativo, 68–77, 76

auge do ciclo de vida, 70-73

duração do ciclo de vida, 69-70

ficando no topo, 74-76, 75

inclinação do ciclo de vida, 73–74

Dimson, Elroy, 436

dinâmica do preço (momentum), 380-381, 385, 393, 420

Disney, 362

Disrupção

Amazon e, 81, 322, 540, 568

efeito disruptor, 81-83

grandes quedas, 548

valuation de empresas maduras, 322–323, 324

disrupção, 81, 322, 540, 568

distress, 35, 488–489. *Ver* falência; empresas em declínio

incompatibilidades de gestão, 525-526

retornos, 491–492, 492, 493

sequência, 488-489

distribuições de probabilidade, 251–252, 456

diversificação, 457-458

dívida com taxa flutuante, 116, 128, 161, 182, 305–306

dívida de taxa fixa, 116, 128, 161, 182, 305-306

Dívida

abordagem do custo de capital, 174-175

avaliação do grupo de pares, 180–181

custos da agência, 168-169

mix de financiamento, 126–127, 174–175

por classe de idade corporativa, 170-171

spreads de inadimplência (default), 142

taxa fixa, 116, 128, 161, 182, 305-306

taxa flutuante, 116, 128, 161, 182, 305-306

taxa mínima de atratividade (hurdle rate), 138, 139

tendências de investimento abutre, 482-43

tipo de financiamento, 127–128, 129

dividendos fixos, 131, 196, 197-198, 199

dividendos, 187-188, 532-533. *Ver* retorno de caixa

ao longo do ciclo de vida, 201–202, 202, 208–209

disfunção e consequências, 203-204, 205

efeitos sobre o valor 198, 198–199

em empresas dos Estados Unidos, 1988-2021, 199–200

empresas em declínio, 208–209, 209, 335, 471, 475

medir potencial, 187-188, 190, 191, 191

mudanças em empresas dos Estados Unidos, 1988-2021, 196–197

por região global, 200–201

potencial. *Ver* fluxos de caixa aos acionistas

práticas, 196-197, 197

princípio. *Ver* princípio dos dividendos

quadro geral, 26, 116, 116, 450

recompras de ações *versus*, 131–132

recompras *versus*, 198, 198-199

rigidez, 131, 196, 197-198, 199

divulgações adaptadas, 574-575

divulgações, 576-577

requisitos ao longo do ciclo de vida, 574–575, 576

DoorDash, 258–259

Doriot, Georges, 89–90

Draper, William, 89

Dreman, David, 415–416

duração do ciclo de vida, 69-70

EBITDA, 181, 228, 256, 319, 351–352, 468

economia saudável, 579-580

economia unitária, 45, 239-240, 246, 248, 280, 281-282, 575

economias de escala, 488, 511

compensações (trade--off) dívida-capital próprio, 165

crescimento maduro, 50

empresas de alto cresci-mento, 264

start-ups e empresas em estágio inicial de crescimento, 241, 253

valuation, 240, 310

efeito disruptor, 81-83

efeito do ciclo de vida concen-trado, 511–512, 513, 563

Efeito fundador, 38-40

eficiência do mercado. *Ver* mercados eficientes

Ellison, Larry, 524

empresas automobilísticas, 45, 71, 78. *Ver* empresas específicas

precificação, 290, 290-291, 291

empresas de aquisição de propósito específico (SPACs), 100

empresas em declínio, 55–57, 333–334

ações em distress como opção, 362-363

características, 334–335

complementos e aden-dos, 357–358

conglomerados, 80

desafios, 335–336, 339

desafios, 351-352

dividendos, 208-209, 209, 334, 471

entregando todo o potencial, 557

estudo de caso, Bed Bath and Beyond, 347-348, 350

estudo de caso, Bed Bath and Beyond, 355–356, 356

Etapa 1: Conte uma história, 340-341

Etapa 2: execute o teste 3P, 341–342

Etapa 3: converta a his-tória em inputs para o modelo de valuation, 343–344, 346

etapa 4: avalie o negócio, 346

etapa 5: ciclo de feedba-ck, 347

gestão, 517-518

incompatibilidades, 525-526, 529

investimentos, 461-462. *Ver* inves-timentos ativistas; private equity; inves-timento abutre

liquidação, 360–361

os CEOs certos, 503–63, 505, 508–509

precificação, 231, 231–232, 351–352

respostas, 340-341

Índice remissivo | 603

respostas, 352–353
SOTP (soma das partes), 357–358
valuation, 222-223, 223, 333–334
  empresas em estágio inicial de crescimento, 240
  habilidades de projeção, 426
  incerteza, 121, 122, 122, 456
  macroeconomia, 69, 219, 373, 450, 559
  negócios em declínio, 56
  papel da gestão, 499
empresas familiares e controladas por famílias, 525–526, 560
empresas farmacêuticas, 53, 183, 240, 309, 339, 343, 457
empresas jovens e start-ups, 222–223, 223, 233–234
  complementos e aprimoramentos, 251–252
  desafios, 234–235
  estudo de caso, Zomato, 244-245, 246, 247, 248, 249
  Etapa 1: Conte uma história, 237, 237-238
  Etapa 2: execute o teste 3P, 238, 238
  Etapa 3: converta a história em inputs para o modelo de valuation, 239–240, 241

Etapa 4: avalie o negócio, 241–242, 243
Etapa 5: ciclo de feedback, 243–244
respostas, 235-236
empresas maduras, 222-223, 223, 301-302
  características, 302-303
  complementos e adendos, 322-330
  controle, 324–330, 325, 326
  desafios, 303-304, 308
  disrupção, 322-323, 324
  estudo de caso, Unilever, 314-315, 316
  Etapa 1: Conte uma história, 308–309
  Etapa 2: Execute o teste 3p, 309
  Etapa 3: converta a história em inputs para o modelo de valuation, 309–310
  Etapa 4: avalie o negócio, 311–312
  Etapa 5: ciclo de feedback, 312
  formas de aumentar o valor, 327
  respostas, 308-309
  Unilever, 329, 329-330, 330
empresas maduras, 301–331
  características, 302-303
  complementos e adendos, 322-330
  controle, 324–330, 325, 326

crescimento. Ver incompatibilidades de gestão nas empresas maduras em crescimento, 524-525
  desafios, 303-304, 308
  desafios, 317-318
  disrupção, 322-323, 324
  estáveis. Ver estabilidade madura
  estudo de caso, Unilever, 316, 320–321
  Etapa 1: Conte uma história, 308–309
  Etapa 2: Execute o teste 3p, 309
  Etapa 3: converta a história em inputs para o modelo de valuation, 309–310
  Etapa 4: avalie o negócio, 311–312
  Etapa 5: ciclo de feedback, 312
  formas de aumentar o valor, 327, 327
  precificação, 231, 231–232, 316–331
  respostas, 308-309
  Unilever, 329, 329-330, 330
  valuation, 222–223, 223, 223, 301–302
empresas zumbis, 550-551, 562
encolhimento, 222, 336–337, 344, 349
Enron, 550, 576

604 | Índice remissivo

entretenimento, 36, 81, 147, 294, 294–295, 546

envelhecer
aceitando, 531-554, 545
com elegância, 532, 555-556
determinantes, 536-554
dificuldade em, 5 33-534
essência da serenidade, 555-556
exemplos de, 534-554
fazer a escolha, 553–554
grandes quedas, 547-548
guia para, 532-533
lutar contra, 537-554
morte súbita, 549-550
para gestores e proprietários, 556–557
para investidores, 564–565
para os formuladores de políticas, 579-580
para os órgãos reguladores, 576–578
reformulações, 542–544
renascimentos, 544-545
renovações, 537-542
zumbilândia, 550–551

envelhecer com elegância, 532, 555-556
essência da serenidade, 555–556
para gestores e proprietários, 556–557
para investidores, 564–565
para os formuladores de políticas, 579-580

para os órgãos reguladores, 576–577

equação linear 18

Equity
fluxos de caixa. *Ver* fluxos aos acionistas
mix de financiamento, 126-127
privado. *Ver* private equity
público. *Ver* capital aberto (public equity)
tipo de financiamento, 127–128, 129
trade-off com a dívida. *Ver* compensações dívida-capital próprio

Ernst & Young, 62

erro de precificação
compensação (trade-off) dívida-capital próprio, 172, 186
critérios de seleção (screening), 452–453, 454
desvios de comportamento do mercado a erros de mercado, 372
empresas em dificuldades (distress), 57
empresas maduras, 430
filosofias de investimento, 392, 394
trading de arbitragem, 386, 392

erros de contratação, 507

"erro de valor", 388–389

erros relacionados à velocidade de aprendizagem, 370–371, 382

escalar, 561
auge do ciclo de vida, 70-73
empresas de alto crescimento, 48, 48–49, 265–266, 269, 270–271, 509
empresas em declínio, 351-352
empresas maduras, 317, 511
preço para a métrica, 229

Escola de Economia de Chicago, 19

ESG (governança ambiental, social e corporativa), 294-295, 519

especialistas em desmembramento de empresas, 482

esperança e aceitação, 533

estabilidade madura (fase estável e madura), 52-55
desafios, 46–47, 47, 256-257
desafios de capital e propriedade, 55
desafios do negócio, 53
dividendos, 116, 208–209
entregando todo o potencial, 557

estágio inicial de crescimento (young growth), 43–47, 61. *Ver* start-ups

estudo de caso, Zomato, 258–259

filosofias de investimento, 393-394, 395
finanças corporativas, 132–133
gestão, 517
incerteza, 122, 122-123
incompatibilidades, 522-523, 528-529
incompatibilidades de gestão, 529
   os CEOs certos, 503–504, 505, 508–509
   precificação, 231, 231-232, 316-317
   princípio do financiamento, 185, 185-186
   requisitos de divulgação, 574–575, 576
   situação financeira, 53
   tomada de decisão de investimento, 157-158, 159
   valuation, 222–223, 223, 301–302
   visão geral, 24–25, 34, 34, 87
investir em, 397-398. *Ver* capital de risco (venture capital)
investimento em crescimento, 406-407
   os CEOs certos, 503–504, 505, 508–509
   precificação, 231, 231-232, 256-257

princípio do financiamento, 185, 185-186
respostas, 257-258
requisitos de divulgação, 574–575, 576
situação financeira, 45–46
tomada de decisão de investimento, 156-157, 159
valuation, 222–223, 233–234
   complementos e aprimoramentos, 251–252
   desafios, 234–235
   respostas, 235-236
   visão geral, 34
estimativa de incerteza, 121, 122
estratégia "surfe na onda", 411-412
estratégia de revisão de lucros, 420–421
estratégia do porrete, 410, 411
estrutura de propriedade e governança, 69-70
estudo de caso, Unilever, 329, 329-330, 330
evidência anedótica, 553
excesso de confiança, 39-40
Exxon Mobil, 69, 311
Facebook, 71, 81, 99, 538
   crescimento maduro, 50–51, 51, 52
falência, 56, 488-499, 489
   Chapter 11 (legislação dos Estados Unidos), 27, 222, 308, 309, 333, 489, 489–490, 525

compensações dívida-capital próprio, 127, 127, 164, 165, 167-168, 186
   custos, 164, 165, 167-168, 186
Fama, Eugene, 19–20, 381, 434–435
FANGAM, 51–52, 51, 52
Fase 1. *Ver* start-ups
fase 2. *Ver* estágio inicial de crescimento
fase 3. *Ver* alto crescimento
Fase 4. *Ver* crescimento maduro
fase 5. *Ver* estabilidade madura
Fase 6. *Ver* declínio
fases de crescimento. *Ver* alto crescimento; crescimento maduro; estágio inicial de crescimento
FCFE. *Ver* fluxos de caixa aos acionistas
fechamento do valuation, 215, 217, 217
Federal Reserve, 446
Ferrari, 71
ficar no topo, 74-76
   fossos de defesa, 75, 75-76, 320
Fidelity Investments, 95
Filo, David, 507
filosofias de investimento, 369-370
   ativista *versus* passivo, 389-390
   benefícios, 375-376
   categorizando, 376–377

ciclo de vida corporativo, 393-394, 395
definição 369–370
em contexto, 391, 391–392, 392
Etapa 1: Identificar o comportamento humano nos mercados, 370–371
Etapa 2: dos desvios de comportamento até os erros de mercado, 372
Etapa 3: desenvolvimento de táticas e estratégias de investimento, 373
Etapa 4: um teste para adequação, 373-374
investimento *versus* trading, 377–378, 378, 393
valor *versus* crescimento, 326, 387–388, 388, 429, 442–443
visão geral, 369–370
finanças comportamentais, 21-23, 226, 232, 370-371, 371, 573
finanças corporativas
ao longo do ciclo de vida, 132-133
o objetivo final, 117–118
princípio de investimento, 115, 116, 120–121
princípio do financiamento, 116, 116, 123-124
princípio dos dividendos, 116, 116, 129–130

quadro geral, 115-117
stakeholders, 117, 117-118
uso do termo, 115
visão geral, 115-135
financiamento anjo, 42, 44
financiamento secundário, 103-106
custos de emissão por tipo de emissão, 105-106, 106
custos de emissão por tipo de financiamento, 104-105
escolhas, 103-104
fontes para empresas dos Estados Unidos, 103, 103-104
processo, 104-106
financiamento série A, 47, 90
financiamento série B, 47
financiamento série C, 47, 90
financiamento série D, 47
financiamento, 161-162
ao longo do ciclo de vida corporativo, 185, 185–186
ao longo do ciclo de vida, 191-192, 195
compensação (trade-off) dívida-capital próprio, 161-162, 163. Ver também compensação (trade-off) dívida-capital próprio
em Airbnb, Adobe e Kraft Heinz, 190-191, 191

estimativa, 187-188, 190
fluxo de caixa aos acionistas (FCFE, free cash flow to equity), 130, 130-131, 188-189
mix, 126–127, 127, 174–175
na Tesla, 191-192, 191
por idade corporativa, 195, 195
princípio da correspondência, 181-182, 183
princípio, 116, 116, 123–124
quadro geral, 26, 116, 116, 450
retorno de caixa *versus*, 205, 205
retornos de caixa e saldos de caixa, 206, 206-207
tipo, 127–128, 128, 129
fluxo de caixa
descontado. *Ver* fluxo de caixa descontado
dívida, 188, 194, 194
lucros contábeis *versus*, 124, 149, 150, 158
princípio da correspondência, 181-182, 183
retornos de investimento, 120, 124–9
valuation de empresas jovens, 241-242
visão geral, 26–27
fluxo de caixa aos acionistas (free cash flow to equity, FCFE), 190-191, 191

fluxo de caixa da dívida, 188, 194, 194

fluxo de caixa descontado, 79, 152–153, 224, 225, 227, 357
   empresas de alto crescimento, 267, 275

fluxo de caixa residual, 129–130, 203–204, 205

força maior, 548-549

Ford Model T, 513

Ford Motor Company, 78, 513

Ford, Henry, 513

Ford, Henry, II, 513

formuladores de políticas, lições de serenidade para, 579–580

fossos de defesa, 27, 53, 75, 75–76, 320

fraude, 304, 387, 550, 576

French, Kenneth, 19–20, 434–435

fricção no balanceamento, 171-172, 173

Friesen, Peter H., 23

fronteira da eficiência, 2–17, 17, 19, 370, 434–435

fundadores puristas, 509

fundadores
   alto crescimento, 49-51
   ambições, 41-42, 239
   crescimento maduro, 50
   estágio inicial de crescimento, 44, 46-47, 47
   holdings, por classe de idade corporativa, 167, 167
   idade, 38–39, 39

IPOs e 99

purista, 509

start-ups, 34, 38-40, 41–42, 406, 522

traços de personalidade para o sucesso, 39–40

transições, 86-87

fundos de hedge, 57, 372, 468-469, 475, 478-479
   retornos em 1994-2007, 479-480

fundos de pensão, 89, 95, 107, 202

fundos patrimoniais, 89, 95, 107

fusões, 490

Gap (empresa), 542

garantia de preço, em IPOs, 97, 98, 407, 407-408

Gates, Bill, 547

General Electric (GE), 69, 487, 488
   gestão, 503-504, 507, 511, 513, 535–536
   SOTP (soma das partes), 357-358

General Motors (GM), 78, 513

Gerstner, Lou, 545–546

gestão (administração), 497–498. *Ver* envelhecimento dos CEOs, 532–533, 534, 553
   CEO certo, 503–504, 505
   ciclo de vida corporativo, 503–504, 505, 508–509
   determinantes de uma boa gestão, 499-500

deveres dos gestores, 498-499

empresas "boas", 448–449, 451, 454, 454

empresas em declínio, 339-340

incompatibilidades. *Ver* incompatibilidades de gestão

lições de serenidade para, 556-564

mito do grande CEO, 500–501

gestão, 507, 547

gestores corporativos, 117

gestores de carteiras, filosofias de investimento, 375-376, 389-390, 391, 412-413

gestores de negócios, 498

Givoly, Dan, 420

globalização, 95, 112, 317–318, 447, 525, 542

Google, 71, 78, 81, 507, 513, 552
   capital de risco, 47
   crescimento maduro, 50–51, 51, 52

Gove, Sue, 349

Goya, 542, 543

Goyal, Deepinder, 244

Grab, 295, 400

Graham, Ben, 27, 430, 432–433, 434, 439, 446–447

Grande Depressão, 432

grandes quedas, 547-548

Guerra Fria, 171-172

Gulf and Western, 511–512

Harvard Business Review, 38–39, 501

Harvard Business School, 89, 501–502

Hawkins, Eugene, 420

Hinduísmo e serenidade, 555–556

histórias de valuation, 218–221, 219, 222–223
- empresas de alto crescimento, 269–270
- empresas em declínio, 340-341
- empresas jovens, 237, 237-238, 243-244
- empresas maduras, 308-309

holdings, 80-81

holdings, por classe de idade corporativa, 167, 167

horizonte de tempo, 70, 124, 274, 326
- capital de risco, 400
- filosofias de investimento, 381, 391-392, 426
- retornos de investimento, 120, 124–125
- reversão à média, 568

humildade, 576

humor, 225-226, 536

I/B/E/S (Institutional Brokers' Estimated System), 420, 424

IBM, 544–547

Icahn, Carl, 375, 466

idade corporativa, 60-62
- aceitar o envelhecimento, 531-554

distribuição por geografia, 60, 60–61

estrutura de propriedade e, 462, 462–463

FCFE, 195, 195

incompatibilidades de gestão, 506

métricas operacionais, 61, 61

mix de endividamento, 171

seguindo o relógio cronológico, 563

idade, corporativa. *Ver* idade da empresa

ilusão de investimentos idênticos, 386-387

Immelt, Jeff, 507, 535–536

imortalidade corporativa, 562

Impostos
- compensações dívida--capital próprio, 164, 165, 165-166
- empresas em declínio, 488
- mix de financiamento, 126–127
- taxa corporativa, 164, 174, 179, 180, 488
- taxa efetiva por classes de idade corporativa, 165-166

incerteza econômica, 121, 122

incerteza, 371, 397, 456, 564
- ao longo do ciclo de vida corporativo, 122, 122–123

detalhamento de incertezas nas empresas, 120–121

opcionalidade, 254-255

simulação de Monte Carlo, 251–252

inclinação do ciclo de vida, 73–74

incompatibilidades de gestão, 506-507
- ao longo do ciclo de vida, 521-522, 529
- catalisadores, 515–516
- consertar ou mudar, 514–515
- desafios, 518–519
- efeito do ciclo de vida concentrado, 511-512, 513
- empresas familiares e controladas por famílias, 525–526
- probabilidade de mudança, 519–520
- processo, 514-55
- razões para, 506-507, 508
- remoções forçadas (ou demissões), 514–515
- tipos de, 508-509

indexação, valor, 441-442

indexadores de valor, 441-442

Índia
- distribuição de empresas por idade, 60
- dividendos e recompras, 201
- mercados de entrega de alimentos, 246, 246, 247

start-ups, 38

indicadores de atraso no desempenho, 273, 305, 400, 468, 480, 490-491

Índices SPIVA (S&P *versus* Active), 443–444

inflação, 121, 124, 140-141, 182, 240, 334

    taxas livres de risco, 140–141

inputs para o modelo de valuation

    empresas de alto crescimento, 270-271

    empresas em declínio, 343–344, 346

    empresas jovens, 239–240, 241

    empresas maduras, 309-310

insiders, 50, 109

inteligência artificial (AI), 544

Investidor Inteligente, O (livro de Graham), 432, 448

investidores híbridos, 379

investidores marginais, 123, 137, 139, 160

investidores racionais, 370-371

investidores seletivos de IPO, 412

investimento "da poltrona", 394

investimento abutre, 481-482

    ativos sob gestão, 484–485

mercado de dívida corporativa de baixo rating, 483-484

    modus operandi, 485-486

    número de spin-offs globais, por ano, 2008–2021, 482–483

    retornos, 490–491, 492

    tendências, 482-483

    tipos de, 481-482

investimento ativista, 27, 375, 389-390, 466-481, 493

    alvos certos em, 467–468

    aquisições alavancadas (leveraged buyouts, LBOs), 465-466, 470-475

    conexão com o ciclo de vida, 462–463

    estrutura de propriedade e envelhecimento corporativo, 462, 462–463

    "investidor de poltrona" *versus* demandas e taxas de sucesso, 474, 474-476

    mudanças de gestão e 517, 521

    passivo *versus*, 389-390, 394

    retornos, 476, 478-481, 479, 480

    tendências em investimento privado, 465-467

investimento ativo em valor, 439–440

investimento contrário, 27, 370, 393, 430, 440, 440–441

investimento de crescimento, 27, 387-388, 393, 412-413

    capital aberto (public equity), 406–407

    crescimento esperado dos lucros, 416-417

    curva de rendimento e retorno, 419, 419

    determinantes do sucesso, 425-426

    estratégia de revisão de lucros, 420–421

    estratégias de trading, 420-421

    histórico de taxas de crescimento, 413-414, 415

    histórico, 417-418, 419

    IPOs, 407-408

    níveis de crescimento em retornos e lucros, 418, 418

    retorno de caixa, 130, 130

    retornos em ações dos Estados Unidos, por decil de lucro/preço 1951-2021, 417, 417-418

    transições do ciclo de vida, 86–87

    valor *versus*, 326, 387–388, 388, 393, 429, 442–443

610 | Índice remissivo

investimento em valor, 27, 373-374, 387-388, 393, 429-459
argumentos, 432–433,
ativo, 439–440
boas empresas *versus* bons investimentos, 448–449, 569
buscando precificações incorretas, 452-453, 454
crescimento *versus*, 326, 387-388, 429, 442-443
explicações e justificativas, 446-447
na última década, 442-443
novo paradigma, 454–455
prêmio de valor volátil, 437-438, 438
ramo da história, 432-433
ramo dos números 434–435
reação contrária, 437-446
SPIVA, 443–444
uso do termo, 429-430
variantes, 429-430
Investimento GARP (growth at a reasonable price), 422-423, 425
investimento passivo, 27, 56, 375, 389–390, 394
ativista *versus*, 389-390, 394
investimento por momentum, 410-411

investir (investimentos), 137-138, 369-494
abutres. *Ver* investimento abutre em empresas jovens, 397-398
ativistas. *Ver* investimento ativista
capital aberto (public equity). *Ver* capital aberto (public equity)
capital de risco. *Ver* capital de risco (venture capital)
crescimento. *Ver* taxa mínima de atratividade (hurdle rates) para investir em crescimento. *Ver* taxas mínimas de atratividade (hurdle rates) na meia-idade empresarial, 429-459
decisão de investimento. *Ver* regras para decisão de investimento
em declínio e distress, 461–462
estudo de caso, Tesla, 282–283
lições de serenidade para investidores, 564–565
passivo. *Ver* filosofias de investimento passivo. *Ver* princípio de filosofias de investimento. *Ver* princípio de investimento
private equity. *Ver* Private Equity

proteções regulatórias, 577–578
quadro geral, 25–26, 450
reinvestimentos. *Ver* trading *versus*, 377–378, 393
trading. *Ver* trading
valor. *Ver* investimento em valor
visão geral, 27-28
iPhone, 548
IPOs com listagem direta, 99, 99–100
IPOs. *Ver* ofertas públicas iniciais
Irlanda, 164
Japão
idade corporativa, 60, 60-61, 70
start-ups, 38, 38
taxas de juros por moeda, 141
Jegadeesh, Narasimhan, 380
Jensen, Michael, 166, 536–554
Jobs, Steve, 503–504, 508, 545, 546, 560
jogo de expectativas, 553–554
jogo de precificação, 377–378
jogo do valor, 377–378
Johns Manville, 549
Kahneman, Daniel, 21, 371
keiretsu, 528
KKR & Co. Inc., 107, 112, 465, 466, 466
Knight Capital, 75
Kongo Gumi, 69

Índice remissivo | 611

Kraft Heinz, 176, 483
em diferentes índices de endividamento, 177, 177–178
fluxo de caixa aos acionistas (free cash flow to equity, FCFE), 190-191
mix ideal de endividamento, 178, 178–179, 180
Lakonishok, Josef, 420
Lazaridis, Mike, 513
Lei Sarbanes-Oxley de 2002, 576
Lewis, Craig, 420–421
Lintner, John, 17–18
liquidação (liquidatários), 481, 486, 489, 494
liquidez, 49-50
como driver de preço, 225, 226
IPOs, 96-97
Little, Ian, 413
lucro contábil, 124, 149, 150, 158, 188
lucro líquido, medir retorno de caixa, 187-188, 190, 192, 192
lucro operacional, 168, 168, 176, 177, 267
lucro por ação (EPS), 288, 288
lucros gerenciados, 304
lucros
contabilidade, 124, 149, 150, 158, 188
medição de retorno de caixa, 187-188, 190

Lufkin, Eric, 415–416
Lululemon, 542
lutando contra o envelhecimento, 537-554
fazer a escolha, 553–554
grandes quedas, 547-548
morte súbita, 549-550
reformulações, 542–544
renascimentos, 544-545
renovações, 537-538
zumbilândia, 550–551
Lyft, 257, 259, 295, 322, 398, 400, 548
Malkiel, Burton, 419–420
margem de segurança, 456-457
margens operacionais, 66–68, 239–240, 241, 310, 334, 355
Bed Bath and Beyond, 349
Tesla, 281, 285, 297, 297
Unilever, 315, 315, 316
Zomato, 246, 248, 249, 253, 254
Markowitz, Harry, 16–17
Marsh, Paul, 436
Mauboussin, Michael J., 75
Mayer, Marissa, 507
McKinsey, 48, 501–502
mecanismos de proteção, 118, 164, 170, 172, 173, 551
medida de risco relativo (coeficiente beta), 145, 145-146, 177, 267
Medline, 111
Mellon, Andrew, 89
mercado cinza, 89, 99-101

mercado de dívidas corporativas, 483-484
mercado total endereçável (total addressable market, TAM), 239
mercados de aprendizado lento, 382, 382, 385
Mercados de IPO "quentes", 411–412
mercados de reação exagerada, 383, 383
mercados eficientes, 223, 224
ajuste de preços em, 381-382
Meta, 538
me-too financeiro, 181
métricas (medidas), 59–68
idade corporativa, 60-62
operacionais, 67-68
outros substitutos (proxies), 68
setor, 62-66
métricas operacionais, 66–68
empresas em declínio, 351–352, 355
nos estágios iniciais, 263-264, 264
micro incerteza, 121, 122
Microsoft, 25, 45, 50–51, 51, 52, 95, 517, 546–547
Miller, Danny, 23
mix ideal de endividamento, 178, 178–179, 179, 180
modelagem de equações estruturais, 21
modelo de precificação de ativos de capital (CAPM), 17-4, 4, 19, 434-435

modelo de precificação por arbitragem (APM), 19

modelo de três fatores Fama-French, 19-20, 435, 435-436

modelo de três fatores, 19–20, 435–436

modelo do "grande CEO", 500–501

modelo, 325–326, 326

modelos de precificação baseados em dados, 19-20

moedas
dos fluxos de caixa, 182
Federal Reserve e, 446
inércia do cliente, 74, 76, 323
taxas de juros por 140-141, 141

Mordashov, Alexey, 536

Morgan, J. P., 89

morte súbita, 549-350

motivos ilusórias, 127, 161-162, 163

mudança de marca (rebranding), 539, 542, 544

mudanças de nome corporativo, 538

mudanças estratégicas, 539

múltiplos de preços, 91, 229, 235–236, 452–453, 454

Munger, Charlie, 433–434, 448

Musk, Elon, 284–285, 285, 503, 547

Nadella, Satya, 517, 546

não negociabilidade, 387

negação, 371, 394, 551

empresas em declínio e, 339, 344, 345, 346, 347, 355, 463, 500, 511

Netflix, 44, 50–51, 51, 52, 81, 240, 295

networking, 71, 247

New York Times, 542, 543

Niebuhr, Reinhold, 556

North, David, 520

novos mercados, 339–340, 345, 542, 560

novos produtos/serviços, 542

Nuttall, Robin, 520

NVIDIA, 500

NYSE Euronext, 75

O Almanaque do Pobre Charlie (livro de Munger), 433–434

ofertas de produtos, 538

ofertas públicas iniciais (IPOs), 96-101, 407-408
ações de classe dupla, 1980-2021, 523, 523
características da empresa, 101, 101
dia da oferta e cenário posterior, 407, 407-408
estratégia "surfe na onda", 411-412
estratégia do investidor seletivo, 412
estratégia do porrete, 410, 411
estratégias de investimento, 410-411
fase de alto crescimento, 49-50

liderada por uma SPAC (empresa de aquisição de propósito específico), 100, 100
listagem direta, 99, 99–100
número e valor, 99, 99
processo, 97, 98, 99–100
retornos ajustados ao mercado e ao risco em 3 anos, 409–410
retornos após, 408-409
taxa de crescimento de receita após, 271-272
tendências em 99-101, 411-412
trade-off da abertura de capital, 96-97

Ola, 295

opcionalidade, 254-255

opções de ações, 242, 249, 362–363

opções de venda (put options), 93

opções reais, 153-154
diagrama de recompensa, 155

opções sem valor intrínseco (out-of-the-money)

Oppenheimer, Henry, 439

Oracle, 75, 524

órgãos reguladores, lições de serenidade para, 576-577

P/L (razão preço/lucro), 228, 288–289, 417
determinantes fundamentais, 452–453
Investimento GARP, 422-423, 425

Índice remissivo | **613**

pandemia de Covid-19, 245, 249, 280-281, 294, 548-549

Paudyal, Krishna, 421

PEG (relação preço/lucros para o crescimento), 229, 422-423, 425
setor automotivo, 291, 291

pegada, 90, 323

Peltz, Nelson, 329

pensamento de grupo, 225, 226, 370, 540

Petrobras, 172

petróleo/gás, 78, 182, 294, 294–395, 309, 568

Philip Morris, 538

Pinkowitz, Lee, 520

planejamentos sucessórios, 499

política de dividendos disfuncional, 203-204, 205

Porsche, 226

portfólio eficiente de Markowitz, 16–17, 17, 19

potenciais dividendos. *Ver* os fluxos de caixa aos acionistas

potencial de mercado, 41–42

precificação de opções, 153, 255-256, 363

precificação por momentum, 224, 225-226, 226, 536

precificação projetada
capital de risco, 235–236
empresas de alto crescimento, 288, 288, 291, 291
empresas em declínio, 353

precificação *versus*, 224, 224-225

precificação, 213–364
alto crescimento, 231, 231–232, 286–287
ao longo do ciclo de vida, 228–229, 231
capital de risco, 398-399
consequências, 400-401
desafios, 256-257, 286-287, 317-318, 351-352
drivers, 225–226
empresas em declínio, 231, 231–232, 351-352
empresas maduras, 231, 231-232, 316-317
erros de precificação. *Ver* precificação incorreta de opções, 153, 255–256, 363
estudo de caso, Bed Bath and Beyond, 355–356
estudo de caso, Tesla, 289–290, 291, 292
estudo de caso, Unilever, 320–321
estudo de caso, Zomato, 258–259
fatores (drivers). *Ver* precificação projetada
mecânica de, 226–227, 228
modelo de precificação de ativos de capital (CAPM), 17–18, 19, 434–435

respostas, 257-258, 288-289, 319–320, 352–353
soma das partes (SOTP), 359–360
start-ups e estágio inicial de crescimento, 231, 231-232, 256-257
valor *versus*, 224, 224-225
visão geral, 223–224

preço de exercício, 362-363

preço padronizado, 227, 256, 257

prêmio Buffett, 444-445, 445

prêmio de risco de ações (ERP), 143–144
para os Estados Unidos, 143, 143
por país, 144, 144-145

prêmio de risco de volatilidade, 437–438, 438

prêmio de risco
prêmio de risco de ações (equity risk premium, ERP), 143–144
para os Estados Unidos, 143, 143
por país, 144, 144-145
volatilidade, 437-438, 438

primeira fase. *Ver* start-ups

princípio da correspondência, 181-182, 183
crescimento esperado nos fluxos de caixa, 182

duração do projeto, 181-182

moeda(s) dos fluxos de caixa, 182

sensibilidade à inflação dos fluxos de caixa, 182

princípio de investimento, 115, 116, 120–121

taxas mínimas de atratividade (hurdle rates), 120–121

princípio dos dividendos, 129–130

como fluxo de caixa residual, 129–130, 130

dividendos em potencial, 130, 130-131

retorno de caixa, 129–130

private equity, 57, 106-112, 461-481

alvos, por setor e valor de mercado, 469–470, 470

aquisição alavancada típica, 109, 109

aquisições alavancadas (leveraged buyouts, LBOs), 465-466, 470-471

características das empresas visadas, 107, 108, 109

cronograma, 109, 110

estrutura de propriedade e envelhecimento corporativo, 462, 462–463

número de alvos, por ano, 466–467

processo, 107, 109-110, 110

retornos de ações de capital aberto *versus*, 476, 476-477

retornos excedentes *versus* S&P 500, 1993-2015, 477, 477–478

retornos, 465-466

tendências para o private, 465-466

tendências, 111, 111-112

uso do termo, 106, 461-462

valor de negociações por ano, 111, 111

valuation de empresas de alto crescimento, 267-268

venture capital e retornos, 403

Procter & Gamble, 320, 328

produtos pessoais, 320–321

Programa para Empresas de Investimentos em Pequenos Negócios (Small Business Investment Companies Act, SBIC), 90

proprietários, lições de serenidade para, 556–557

protocolo 13D (Estados Unidos), 479

public equity (ações de empresas de capital aberto), 95, 96-106. *Ver* também ofertas públicas iniciais

financiamento secundário, 103-106

investimento em crescimento, 406-407

retornos de private equity *versus*, 476, 476-477

valuation de empresas de alto crescimento, 267-268

venture capital e retornos, 403

quarta fase. *Ver* crescimento maduro

quase arbitragem, 386

quinta fase. *Ver* estabilidade madura

"racionalidade limitada", 21

ramo dos números, investimento em valor, 434–435

razão preço/valor contábil (PBV), 439–440

retornos, 1927-2021, 435, 435-436, 437-438, 438

valor *versus* crescimento, 1930-2019, 442–443

razão preço/valor contábil (price to book value, PBV). *Ver* grupos de pares

preço/valor contábil

empresas em declínio, 353–534

empresas maduras, 317-318

mix de financiamento, 180–181

precificação, 229–230, 256–257, 259, 260

razão vendas/capital, 273-274, 283, 285

recapitalizações, 133

receitas estagnadas, 35, 334. *Ver* empresas em declínio

recompra de ações, 131-132, 335

    ao longo do ciclo de vida, 201–202

    crescimento de, 199-200

    crescimento maduro, 52

    dividendos *versus*, 131-132, 198, 198–199

    efeitos sobre o valor 198, 198–199

    em empresas dos Estados Unidos, 1988-2021, 199-200

    estabilidade madura, 53

    por região global, 200–201

recompras. *Ver* recompras de ações

redesign de produtos, 539

Rees, William, 421

reformulações, 542–544

    ações, 542-543

    recompensas, 543-542

regras de decisão de investimento, 149–150

    ao longo do ciclo de vida, 156–157, 159

    medidas de fluxo de caixa descontado, 152-153

    opções reais, 153-154

    retornos contábeis, 149–152

regulamentação (ações regulatórias), 71–73, 74, 576–577

    compensação (trade-off) dívida-capital próprio, 171-172, 173

    divulgações, 576-577

    fase de crescimento maduro, 52

    governança corporativa, 576

    morte súbita, 550

    proteção ao investidor, 577-578

regulamentos governamentais, 71–73, 74, 576–577

    compensação (trade-off) dívida-capital próprio, 171-172, 173

    divulgações, 576-577

    fase de crescimento maduro, 40

    governança corporativa, 576

    morte súbita, 550

    proteção ao investidor, 577-578

registros de empresas, 37–38.

    por país, 2021, 38, 38

    por setor industrial, 2005–2021, 36–37, 37

registros no Census Bureau, 2005-2021, 35, 36

    Ver start-ups

reinvenções, 339-340, 344, 345, 346

reinvestimentos, 45, 52, 107, 153

empresas de alto crescimento, 264, 270, 273–274, 275, 292

empresas em declínio, 345, 346

empresas em estágio inicial de crescimento, 240, 241

empresas maduras, 310-311

    nas empresas dos Estados Unidos, por decil de idade corporativa, 193, 193

    Tesla, 282–283

reivindicações sobre direitos residuais, 70, 118, 362-363

relações preço-lucro. *Ver* razão P/L

remarketing, 539

remoções forçadas (ou demissões) de CEOs, 514–515

remuneração baseada em ações, 45, 47, 242–243, 576

renascimentos, 507, 544-545, 562

    fascínio de, 544–545

    ingredientes para o sucesso, 545–546

    uso do termo, 537

renda bruta, receitas (GOV), 259

renovações, 537-538

    ações, 538-539

    recompensas, 540-541

    uso do termo, 537

Índice remissivo

rentabilidade
empresas em declínio,
344-345, 346
empresas maduras, 310
Tesla, 282, 282, 297
valuation de alto cresci-
mento, 272-273
valuation de empresas
jovens, 239–240, 241
reorganizações, 489-490
responsabilidade limitada,
362–363
restrições institucionais
na mudança de gestão,
518-519
retornos contábeis, 124-125,
126, 149-152
ao longo do ciclo de
vida, 151, 151–152,
158
equity *versus* todo o
capital, 150
questões de medição,
150–151
valor do crescimento,
292-293
retorno de caixa, 129-130,
187-188
ao longo do ciclo de
vida, 201–202
em aquisições, 471
FCFE *versus*, 205, 205
forma de 131-132
medir potencial,
187-188, 190, 191,
191.
política de dividendos
como fluxo de caixa
residual, 129–130

práticas e consequências,
196-197
saldos de caixa, 206
Ver dividendos
Ver fluxos de caixa aos
acionistas
retorno sobre capital
(ROC), 151, 151-152,
275, 327, 450
retornos de fluxo de caixa,
124–125, 149, 311–312
retornos de investimento,
120, 124–125
estimativa, 124-125, 126
retornos desejados, 236,
236–237
retornos excedentes globais,
293-294, 294
retornos excedentes,
292-293
retornos excedentes, 294,
294-295
retornos ponderados pelo
tempo (time-weighted
returns, TWRs), 124, 149,
153
reversão à média, 83, 316,
415-416, 568
reversão para a média. Ver
reversão à média
risco contínuo, 121, 122
risco discreto, 121, 122
risco legal, 549
risco, 120-121, 570-571
custo de capital,
140–141, 142
detalhamento de
riscos das empresas,
120-121, 122

diversificável *versus*
não diversificável,
122–123
empresas de alto cresci-
mento, 274
empresas em declínio,
337–338, 345, 346
empresas em estágio
inicial de crescimento,
240, 241
empresas maduras, 311
proteção ao investidor,
577–578
taxa mínima de
atratividade (hurdle
rate), 120, 120–121,
137–138
uso de termo, 120
valuation, 217, 217, 217
riscos diversificáveis,
122-123
riscos não-diversificáveis,
122-123
riscos políticos, 144, 244,
548, 549, 563, 580
RJR Nabisco, 545–546
ruídos, 146, 404, 413
saldos de caixa, 206,
206-207, 207
Salesforce, 75, 503
samatha-bhavana, 555
saúde, 74, 95
crescimento da receita,
65, 65-66
métricas operacionais,
63
private equity, 470
retornos excedentes,
294, 294-295

Índice remissivo | 617

taxa de fracasso de start-ups, 41
screeners, 430, 439–440, 446–447
Sears, 513
segunda fase. *Ver* estágio inicial de crescimento
serenidade, 555-556
  para investidores, 564–565
  para gestores e proprietários, 556–557
  para os formuladores de políticas, 579-580
  para os órgãos reguladores, 576–577
serviços essenciais
  métricas operacionais, 63, 65
  taxa de fracasso de start-ups, 42
setores quentes, 538
setores, 62-66
  crescimento da receita, 65, 65-66
  divisão de empresas por 63, 63-65
  métricas operacionais e idade, 65, 65
  Análise de Investimentos (livro de Graham), 432–433, 447–448
Severstal, 534–535, 535, 536
sexta fase. Ver declínio
Sharpe, William F., 17–18
Shiller, Robert, 21
shinise, 70
Simons, Jim, 20

simulação de Monte Carlo, 251–252, 456
Zomato, 252–253, 254
smartphones, 71, 74, 513, 546, 552
Snowflake, 445
"sobrevivência a qualquer custo", 29, 512
soma das partes (SOTP), 357–358
  precificação, 359–360
  valuation, 358–359
soma das partes SOTP, 358–359
sorte, 546, 547, 550, 576
spin-offs, 482–483, 483, 486–487, 491, 491
split-offs, 486–487
split-ups, 486–487
Spotify, 44
spread de inadimplência (default) para dívidas, 138-139, 142
stakeholders, maximização do valor dos acionistas, 117, 117-118, 135, 519
start-ups (estágio de start-up), 35–43
  capital e propriedade desafios, 42-43, 43
  desafios do negócio, 40–42
  desafios, 234–235 256-257
  dividendos, 208-209
  Efeito Fundador, 38–40. 39
  filosofias de investimento, 393-394, 395

finanças corporativas, 132–133
gestão, 517
incerteza ao longo do, 122, 122–123
inclinação do ciclo de vida, 73–74
incompatibilidades, 522, 529
investindo em 89-96, 397-398.
IPOs. *Ver* ofertas públicas iniciais
os CEOs certos, 503–504, 505, 508–509
os números, 35-38, 36, 37
por país, 2021, 38, 38
precificação, 231, 231-232, 256-257
princípio do financiamento, 185, 185-186
requisitos de divulgação, 574–575, 576
respostas, 235-236, 257-258
restrições estatais na mudança de gestão, 518-519
situação financeira, 42-42
taxa de falência/fracasso, 40-42, 41, 42
tendências de financiamento em, 94-96
tomada de decisão de investimento, 156, 159
transições, 86-87, 87, 89-96

Ver investimentos em crescimento; capital de risco

valuation, 222–223, 223, 233–234

complementos e adendos, 251–252

visão geral, 34

Staunton, Mike, 436

stock picking (seleção de títulos), 376-377, 392

subprecificação, 172, 398, 410, 411, 412, 490

subsídios cruzados, 80, 487

sucesso concentrado, 548

Suprema Corte da Califórnia, 244

"sustentabilidade", 75, 562

Sutter Hill Ventures, 90

Swiggy, 245

T. Rowe Price, 95

tabaco, 55, 294, 295, 340, 341–342, 483, 487, 538, 549

Tata Consultancy Services, 81

Tata Group, 81, 80–81

Tata, Jamsetji, 81, 81–81

taxa de crescimento da receita, 52, 64–65

empresas de alto crescimento, 270–271

empresas em declínio, 344, 346

empresas maduras, 310

indústrias com maior, 65, 65

indústrias com menor, 65–66, 66

margens operacionais, 67–68

métricas operacionais, 66–68

taxa de desconto ajustada ao risco, 219-220, 220, 335

taxa de desconto alvo, 91

taxa de desconto, 123, 152, 214, 216, 217, 305

ajustado ao risco, 219–220, 220

valuation de empresas jovens, 242, 243

taxa de falência/fracasso

ao longo do tempo, 40-41, 41

fase de start-up, 40–42, 42

por setor, 41–42, 42

taxa de imposto corporativo marginal, 164, 174, 179, 180, 488

taxa de sobrevivência

ao longo do tempo, 40-41, 41

por setor, 41–42, 42

start-ups, 40-42, 42

taxa interna de retorno (TIR), 123, 123, 143, 149, 152-153

taxa livre de risco, 17, 386

taxas de cobertura de juros, 168, 168

taxas de juros, 118, 121, 422-423

por moeda, 140–141

taxas mínimas de atratividade (hurdle rates), 120, 120–121, 137–138

custo da dívida, 138, 139

custo de capital, 138, 138-39

custo de equity, 139, 139

detalhando incertezas/riscos de negócios, 120–121, 122

Tecnologia

ciclos de vida de empresas não-tech *versus*, 78-79

crescimento da receita, 65, 65-66

FANGAM, 51–52, 52, 52

métricas operacionais, 62-65, 63, 65

taxa de fracasso de start-ups, 42

tédio, 533

Telecom Italia, 112

Tencent, 548

teoria moderna do portfólio, 16–17, 17, 19, 370, 434–435, 456

teorias unificadoras, 15–23

econômicas, 18–19

modelos baseados em dados, 19–20

modelos comportamentais, 21–23

terceira fase. *Ver* alto crescimento

Tesla, 503, 547

análise do ponto de equilíbrio (breakeven), 296-297

efeito Musk, 284-285

fluxo de caixa aos acionistas (free cash flow

to equity, FCFE), 191-192

lucratividade esperada, 282, 282

precificação, 289–290, 291, 292

receitas e lucros, 279

receitas esperadas, 2032, 281, 281

reinvestimento, 282-283

risco operacional e de falência, 283–284

taxa de receita e crescimento, 265-266

valor de mercado, 278, 278

valuation e história atualizada, 279–280

valuation, 265-266, 277-278

Teste 3P (Possível? Plausível? Provável?)

  empresas de alto crescimento, 270

  empresas em declínio, 341-342

  empresas em estágio inicial de crescimento, 238, 238

  empresas maduras, 309

teste de escala, 48

Thaler, Richard, 21

timing (temporização) de mercado, 376-377, 392, 405

Titman, Sheridan, 380

títulos conversíveis, 482

títulos do governo, 140, 141

títulos do Tesouro, 423

tomada de controle (takeovers), 468, 475, 518-519, 520

traços de personalidade de fundadores de sucesso, 39–40

trade-offs (compensações), 559-560

traders, 482

trading baseado em informações, 381-382

  ajuste de preços em mercados com reação exagerada, 383, 383

  ajuste de preços em mercados de aprendizado lento, 382, 382

  ajuste de preços em mercados eficientes, 381-382

  retornos excedentes após anúncios de lucros, 384–385

retornos excedentes em torno dos anúncios de lucros, 383–384

trading de alta frequência, 380, 380n

trading de arbitragem, 386–387, 392, 394

trading por momentum (negociação dinâmica), 370, 375, 379-380

trading, 27, 377–378

  arbitragem, 386-387, 392, 394

  baseado em informações, 381-382

empresas de alto crescimento, 267

empresas em declínio, 352

estratégias de crescimento, 420-421

facilidade de negociação, como driver de preço, 225, 226

investimento *versus*, 377–378, 393

momentum, 370, 375, 379-380

riscos, 123

transações pouco transparentes, 399

transições de governança, 86-87, 87

transições financeiras, 86-87, 87

transições operacionais, 86-87, 87

transições, 85-112, 87, 500

  fase de start-up, 86–87, 87, 89–96

  financeiras, 86-87, 87

  governança, 86-87, 87

  operacionais, 86-87, 87

  private equity, 106-112

  public equity, 96–106

Tritton, Mark, 349

Tversky, Amos, 21, 371

Tyco, 576

Uber

  acesso ao capital, 73

  disrupção, 74, 83, 295, 322, 548

  economias de escala, 240

escalar, 71

gestão, 507

IPO, 96

precificação por grupo de pares, 256-257, 398, 400

valuation, 243–244

Unilever

precificação, 320–321

receitas e lucro operacional, 314, 314-315

resultados operacionais por negócio, 315

valuation, 314–315, 316, 328, 328–330, 330

United Technologies, 487

Universidade de Chicago, 19

Universidade de St. Gallen, 62

Vale S.A., 172

valor adicionado, 126, 153, 234

valor contábil (book value)

ao longo do ciclo de vida, 151, 151–152, 158

escalar, 228, 229, 352–353

retornos contábeis, 150, 151, 158, 228

valor de mercado versus, 128

valor da empresa em continuidade operacional (going-concern), 362, 362, 481, 486

valor de mercado, 146, 170-171, 207, 228, 268, 288, 352–353

valor do acionista

maximização, 117, 117–118, 135, 519

valor esperado, 324–325, 325

valor ideal, 324–325

valor patrimonial por ação, 243

valor presente (VP), 215–216, 242, 303, 335. Ver valor presente líquido

valor presente líquido (VPL), 123, 152–153, 222

valor status quo, 308, 324–325

valor temporal do dinheiro, 124, 151, 214, 277. Ver valor presente líquido; valor presente

valor terminal, 64, 215-216, 216, 216, 217, 222, 242, 274, 275

declínio, 338

empresas maduras, 306-307

valor versus preço, 377-378, 393, 454-454

valuation "bottom-up", 580

valuation "top-down", 239, 580

valuation agregado, 357–360

valuation baseado em histórias, 218–221, 219, 222–223

empresas de alto crescimento, 269–270

empresas em declínio, 340-341

empresas jovens, 237, 237-238, 243-244

empresas maduras, 308-309

ramos do investimento em valor, 432-433

valuation baseado em números, 218–221, 219, 222–223, 223

valuation de equity, 214, 215, 242

valuation de liquidação, 217, 360–361

empresas em declínio, 341, 346, 351, 352, 357, 358, 360–361

valuation pela soma das partes versus, 358

valuation de longevidade da empresa, 215–216

valuation desagregado, 357–358

valuation intrínseco, 75, 213-214, 223

ao longo do ciclo de vida, 222-223

fatores determinantes (drivers) de valor, 216–217, 219–220, 220

mecânica, 214, 214-215, 216

quatro inputs básicos, 216-217, 218

start-ups ou empresas jovens, 237–238

valuation post-money, 92

Índice remissivo | 621

valuation, 213-364
  ações em distress como opção, 362-363
  análise do ponto de equilíbrio (breakeven), 295-296
  ao longo do ciclo de vida, 222-223
  características, 334–335
  complementos e adendos, 292, 292–297
  complementos e adendos, 357–358
  desafios, 265–266, 269, 335–336, 340
  empresas de alto crescimento, 222-223, 265-266
  empresas em declínio, 222–223, 223, 333–334
  estudo de caso, Bed Bath and Beyond, 347-348, 350
  estudo de caso, Tesla, 277-278
  Etapa 1: Conte uma história, 269–270, 340-341
  Etapa 2: execute o teste 3P, 270, 341–342
  Etapa 3: converta a história em inputs para o modelo de valuation, 270–271, 343–344, 346
  etapa 4: avalie o negócio, 346
  Etapa 5: ciclo de feedback, 277, 347

fatores determinantes (drivers) de valor, 216–217, 219–220, 220
inputs básicos, 216-217, 218
liquidação, 360–361
passo 4: avalie o negócio, 275
respostas, 269-270, 340-341
retornos excedentes, 292, 292-295, 293, 294
SOTP (soma das partes), 357–358
Tesla, 296-297
varejo, 69, 81, 123, 507, 540, 557, 568
  Bed Bath and Beyond, 347–348, 350
  crescimento da receita, 65
  start-ups, 37
  taxa de fracasso de start-ups, 41
  valuation e precificação, 294, 294–295, 322, 339, 343–344
vantagem competitiva, 53, 71, 74-76, 83, 454, 500, 553
  empresas maduras, 302, 319, 320, 447
  fossos de defesa, 27, 53, 75, 75–76, 320
variáveis "probabilísticas", 251–252
venda de ativos, 470-471, 475

Verizon, 513
viés, 15, 62, 219, 288, 503
  determinar, 371
  lutar contra, 319
  negar, 566
viés de seleção, 62, 503
visão geral, 26–27, 213–223
VMware, 483
Volkswagen, 71
votação dos acionistas, 518-519
Wasserman, Noam, 44, 522
Weir, Charlie, 520
Welch, Jack, 503–504, 511, 535–536
Williams, John Burr, 432
WorldCom, 576
Wythes, Paul, 89
Yahoo!, 78, 507
Yang, Jerry, 507
Zacks (ranking de ações), 424
Zomato, 159
  opcionalidade e argumentos do grande mercado, 255-256
  precificação, 290, 290-291
  simulação de Monte Carlo, 252-253, 254
  valuation, 347-348, 350
"zoológico de fatores", 20
zumbilândia, 550–551

intrinseca.com.br

@intrinseca

editoraintrinseca

@intrinseca

@editoraintrinseca

intrinsecaeditora

1ª edição	MARÇO DE 2025
impressão	IMPRENSA DA FÉ
papel de miolo	LUX CREAM 60 G/M²
papel de capa	CARTÃO SUPREMO ALTA ALVURA 250 G/M²
tipografia	ADOBE CASLON PRO